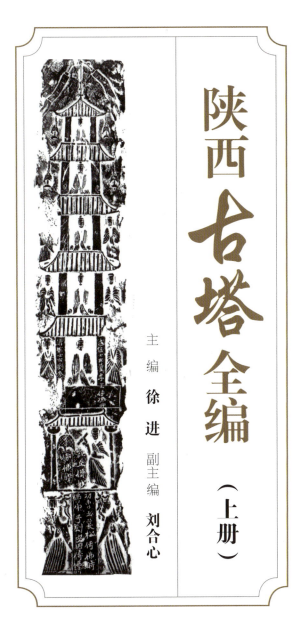

陕西古塔全编（上册）

主编 徐 进
副主编 刘合心

西北大学出版社

图书在版编目（CIP）数据

陕西古塔全编：上下 / 徐进主编. --西安： 西北大学出版社，2019.6
ISBN 978-7-5604-4365-2

Ⅰ.①陕… Ⅱ.①徐… Ⅲ.①古塔-介绍-陕西 Ⅳ.①K928.75

中国版本图书馆CIP数据核字（2019）第111333号

陕西古塔全编（上、下册）

主　　编：	徐　进
出版发行：	西北大学出版社
地　　址：	西安市太白北路229号
邮　　编：	710069
电　　话：	029-88302825
网　　址：	http://nwupress.nwu.edu.cn
经　　销：	新华书店
印　　装：	重庆新金雅迪艺术印刷有限公司
开　　本：	889毫米×1194毫米　1/16
印　　张：	70
版　　次：	2019年6月第1版
印　　次：	2019年6月第1次印刷
字　　数：	790千字
书　　号：	ISBN 978-7-5604-4365-2
定　　价：	780.00元（上、下册）

本版图书如有印装质量问题，请拨打电话029-88302966予以调换。

《陕西古塔全编》编委会

主　　任：强　跃
副 主 任：徐　进
委　　员：王炜林　　程　旭　　田景超　　庞雅妮　　魏成广
　　　　　朱　铭　　晏新志　　程　俊　　高　嵘　　徐　合
　　　　　王长缨　　马军辉　　陈增斌　　谭前学　　董　理
　　　　　梁彦民　　步　雁　　文　军　　邵小龙　　王　洪
　　　　　张　静　　赵　慧　　杨文宗　　王　峰　　刘合心

主　　编：徐　进
副 主 编：刘合心
顾　　问：张在明　　吴晓丛
编　　辑：陈　亮　　刘　栓　　翟丽薇　　张姗姗　　陈　科
　　　　　马育兴　　王晶晶　　邢　静　　杨景艳　　杨君侠
　　　　　任小兵　　陈　磊

摄　　影：刘合心　　马建岗　　王保平　　王　沛　等
三普摄影：西安普查队　　铜川普查队　　宝鸡普查队
　　　　　咸阳普查队　　渭南普查队　　榆林普查队
　　　　　延安普查队　　汉中普查队　　安康普查队
　　　　　商洛普查队

陕西古塔分布图

SHAANXI GUTA FENBUTU

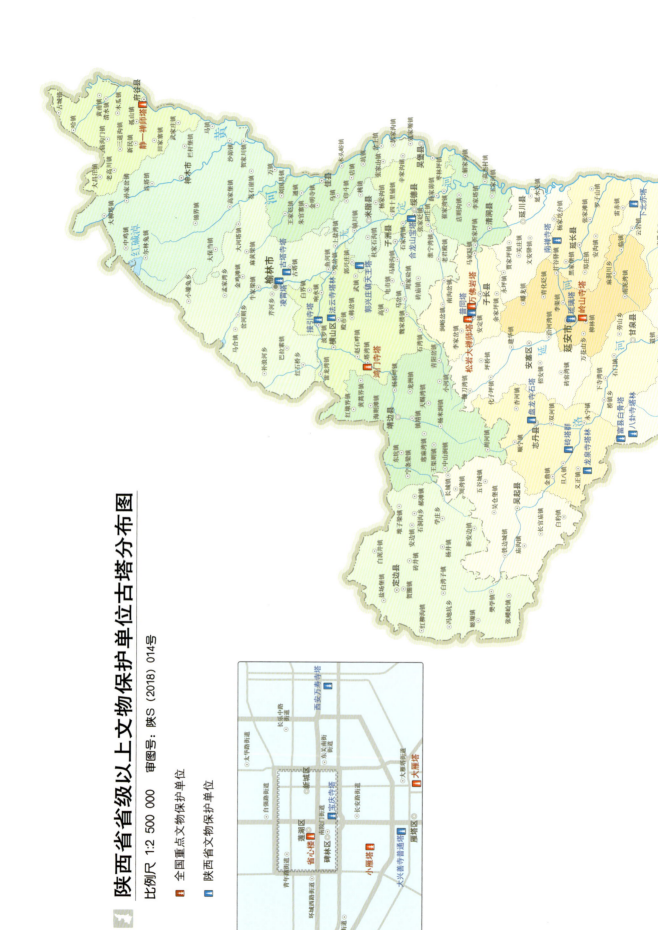

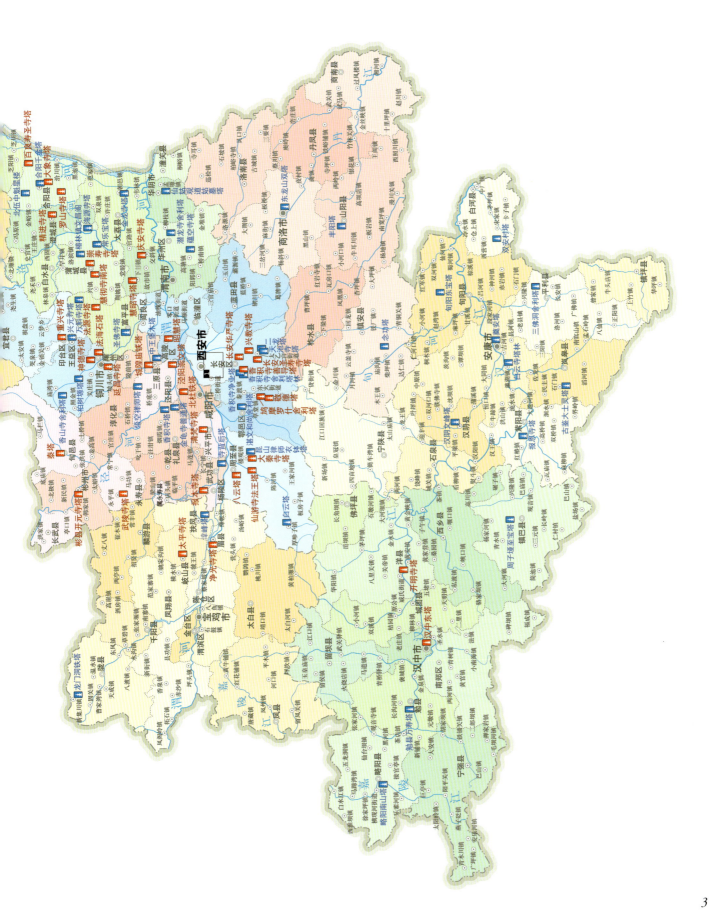

关中地区县级以上文物保护单位古塔分布图

比例尺 1:1 080 000　　审图号：陕S（2018）014号

- 全国重点文物保护单位
- 陕西省文物保护单位
- 市、区、县级文物保护单位

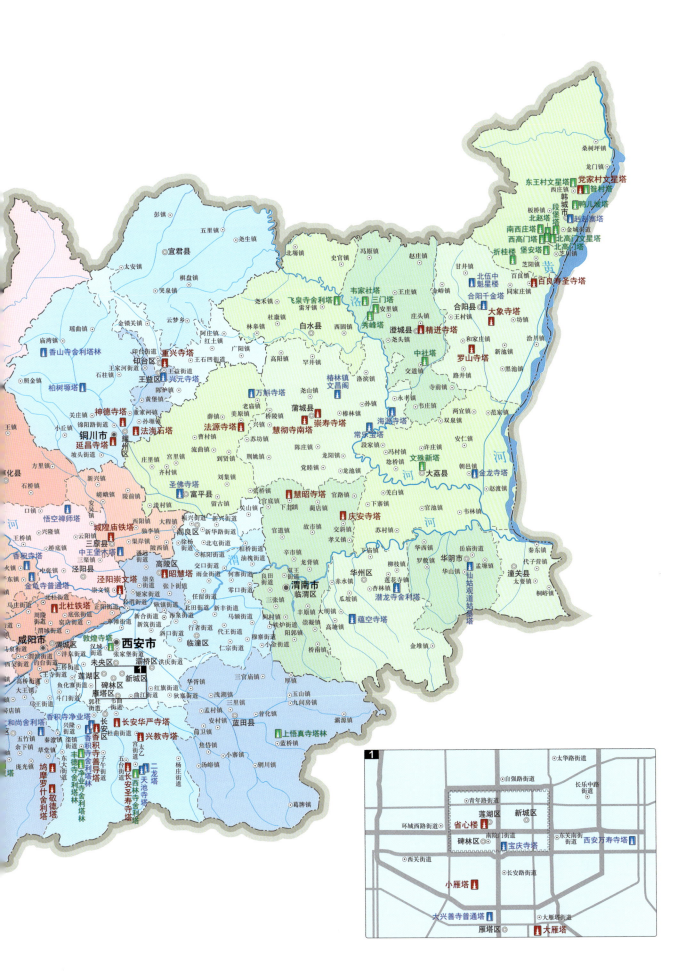

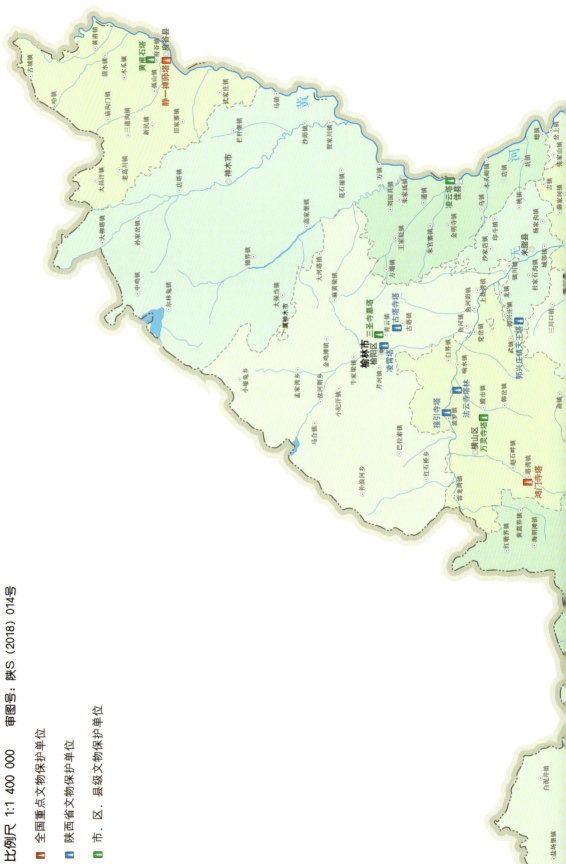

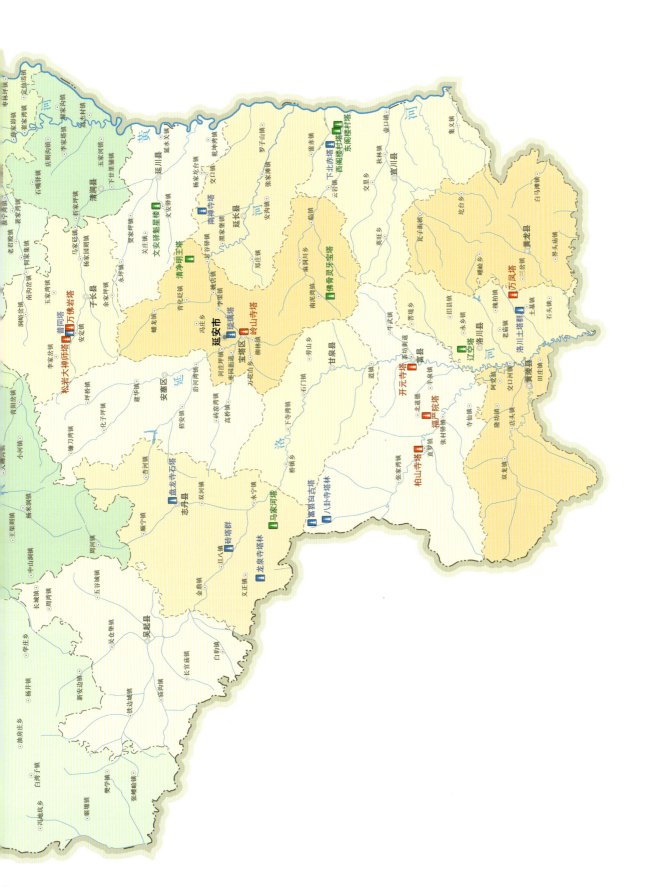

陕南地区县级以上文物保护单位古塔分布图

比例尺 1:1 320 000　　审图号：陕S（2018）014号

🔻 全国重点文物保护单位

🔻 陕西省文物保护单位

🔻 市、区、县级文物保护单位

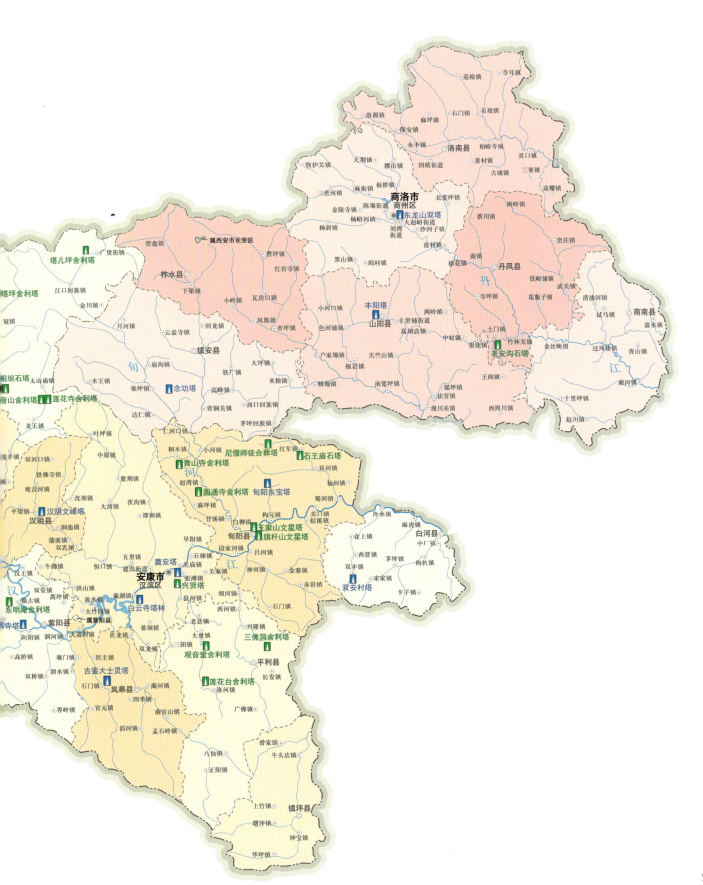

引 言

一

本书以第三次全国文物普查（陕西）数据库（以下简称"三普"）为基本依据，结合第二次全国文物普查（陕西）（以下简称"二普"）资料以及20世纪五六十年代陕西省文物管理委员会留存的一些资料和截至2017年年底古塔项目组踏查、访探及考证、梳理资料成编。

谓之全编，盖因有三：

一是迄今所见陕西古塔著录，凡收境内不可移动古塔一般在80～280座。本书则全方位扫描，收录境内不可移动古塔517座。古塔属性涵盖佛塔、道士塔、宣礼塔（伊斯兰教"邦克楼"）、文星塔、料敌塔、风水塔、灯塔等；质地则砖、石、铁、木、土、琉璃等一应俱有。可谓将陕西境内可见的古塔遗存，无论完整、残损抑或修复和迁建者皆囊括其中。

二是所见著录，鲜少谈及近一个世纪因自然因素和人为因素造成大批古塔倾圮乃至湮灭的现象。本书则将此作为项目子课题，潜心钩沉，单独成篇，曰《近百年消失的陕西古塔》，结题刊于《文博》2016年第3期（本书统编时予以修订），借此可增文史、宗教史、建筑史、民俗史和社会发展史（诸如陕南开发史）资料，并引起研究者的重视。

三是学界著述，基本涉及的是地上现存的不可移动古塔，很少谈及佛塔塔身、佛塔地宫、天宫中瘗藏舍利的供奉塔和石窟寺中雕凿的石造像塔，佛教徒在寺院和家庭佛堂中供奉的各类石质、陶瓷、象牙、金、银等小型佛塔，以及信士、居士墓中雕刻的画像砖塔等。本书亦将此作为子课题，钩稽考订，梳理成章，曰《陕西发现佛教供奉塔、造像塔和画像砖塔述要》，结题刊于《文博》2016年第6期（本书统稿时亦予以增删、修订），冀望以此带动相关学术研究。

二

本书为"陕西古塔、楼阁、阙台资料调查和研究项目"的阶段性成果。

众所周知，古塔、楼阁、阙台是华夏文明、宗教信仰、古代城乡建设和古建筑艺术的重要载体。作为周秦汉唐京畿之地的陕西，代表古代中国高层建筑水平的古塔、楼阁、阙台曾广为分布，现在仍遗存丰富。它们之中，有的曾为旧时京城、皇城、府城、县城、村镇以及帝王陵寝的标志性建筑，铭刻着时代烙印；有的则成为连接东西方文明的"丝绸之路"的重要标志，被列入《世界遗产名录》；有的则是僧侣、道士灵骨的静息之所，保存着高德大士的生平信息。

这些凝聚着中华民族智慧、信仰、创造力和工匠精神的珍贵遗存，随着时间的流逝和受多重因素的影响，有的已经凋残、剥蚀、风化乃至消失，有的则在社会的合力保护下得以幸存。自20世纪50年代以来，关于这一方面的调查资料、研究、介绍和著录尽管时有刊出，但系统性和完整性的研究著述尚少。

为了完整地著录和展现陕西古塔的丰富内涵，我们有必要调查、整理全省目前尚存或记录在案的1949年以前的这一方面遗存（包括民间记忆和民众口述情况），在资料整理、研究、甄别、厘清的基础上，建立陕西古塔数据库，并编辑出版《陕西古塔全编》一书。通过横向和纵向的比较研究，我们力图较全面地体现和展示陕西古塔的历史沿革、建筑环境、风貌及工艺水平。同时，这将弥补陕西自民国以来系统研究著述之空缺，并推动相关方面的深入探讨和建立相对可靠的年代序列。

三

本书内容分为上、下两编：

上编三章，依次介绍关中、陕北和陕南地上现存的不可移动古塔；下编两章，分别记述近一个世纪消失的陕西古塔和陕西发现的佛教供奉塔、造像塔、壁塑塔和画像砖塔。

为检索方便和行文规范，本书在编纂过程中遵循了以下规定：

（1）各章所列古塔名谓，如"仙游寺法王塔""慧彻寺南塔""中王堡木塔""兴平南塔"等，均按国务院，陕西省政府，各市（区、县）政府公布或曾经公布的各级文物保护单位名称形成条目，俗称、别称、异名等亦在文中有所体现；未列入文物保护单位者，名称由编者按学界惯例酌定。

（2）各市辖下的区、县古塔条目，一般以时代早晚为序；学术观点有分歧者和存疑者在文中有所陈述或参见脚注。涉及王朝纪年者，大都后加括号，写入对应公元纪年的阿拉伯数字，如"大雁塔始建于永徽三年（652）"；凡对应为公元前纪年者，阿拉伯数字前面统一加"前"，如"汉高祖五年（前202）始置长安县"。

（3）书中所述由陕西省人民政府先后公布的省级以上文物保护单位之保护范围，凡原公布为A、B、C三区者，一律对应写为重点保护区、一般保护区、建设控制地带；凡原公布为A、B两区者，一律对应写为保护范围和建设控制地带；凡保护范围涉及地名已更易者，仍遵循政府原文件行文。

此外，本书注意人文关照和地理环境的衬托，于上编每章之下的各市、县（区）条目前，均置有市、县（区）名源流，历史沿革，地理环境概况，古迹遗存现状等数百字至上千字简陈，使读者在了解古塔的同时，有一些外延知识辅助和外部世界映照。

上编冠名"穹顶之下"和下编冠名"寂灭与呈现"也出于相同的考虑，旨在彼此照应，给予同一个天空、同一片土地上的行者以广阔的思想空间和广袤的丈量域界。

概　述

　　中国古建筑中的"塔"，是随着佛教在华传播而引入并融合汉民族传统楼阁而形成的独特建筑类型，是开放、包容的中华文明汲取外来文化的产物和成功范例。那些为名山大川、城镇街衢、乡村田野增色的各式各样耸峙的高塔，无不成为当时当地的标志性建筑，从多视角、多层面展示了社会嬗变、建筑精进、人文积淀、民众信仰和审美的精华所在。作为中国古代十四个王朝建都地的陕西，被联合国教科文组织列入《世界遗产名录》的文物遗存已有2项8处，其中古塔占据3处5座（即西安大雁塔，西安小雁塔和兴教寺玄奘塔、窥基塔、圆测塔），可见古塔在陕西不可移动文物中所占的比重和分量。同时，陕西作为中国的文物大省，截至2018年7月列入省级以上文物保护单位的各类重要遗存已有1 326处，其中"古建筑"类占据410处，比例接近1/3。在省级以上文物保护单位及其附属遗存中，古塔又占据108处163座，加上县级文物保护单位和未定级单位，陕西现存地面不可移动古塔总计389处517座（见第30页附表），堪称中国古塔大省之一，并与佛教传华、佛塔曾在京畿之地广为分布，以及后续发展和衍生出各种塔型的情况相吻合。

一、古塔源流及其广泛应用

　　"塔"是梵文Stupa的汉语音译缩略，属于佛源外来词。
　　佛源外来词是指通过佛教传华输入古汉语的梵文、巴利文、吐火罗文词汇，这个引进过程从汉代持续到唐代，达数百年之久。诸如"佛""僧""菩萨""罗汉""世界""因缘""觉悟""境界""智慧""因果""报应""忏悔""劫难""轮回""刹那""一尘不染""慈悲为怀"等单音节、双音节、多音节词汇都属于这个系列。据语言学家刘正琰先生统计，源于梵文的外来词有1 050条之多。

梵文Stupa本义是"坟冢"的意思，融入中国传统建筑后成为供奉佛的特定场所。东汉至三国时期，Stupa（巴利文又称Thupa）音译有"窣堵波""窣堵坡""苏偷婆""私偷簸""斗薮婆""兜坡""偷婆""浮图""浮屠""佛图"等名谓，到东晋葛洪《字苑》才第一次出现了"塔"字。唐朝释玄应《一切经音义》卷六云："塔字，诸书所无，唯葛洪《字苑》云：塔，佛堂也。"

塔，最初仅限于佛教建筑范畴，用于瘗藏和供奉佛祖真身舍利、法身舍利（经卷、佛像）以及高僧灵骨等。随着时代的演进，中国乡土文化和其他宗教也进行了借用，如广泛见于乡村山野的风水塔和寺庙内外的文昌塔（儒教）、道士塔（道教）、宣礼塔（伊斯兰教）等。还被引申为对古埃及法老陵墓和中世纪基督教、天主教堂钟楼的汉语式称谓，如埃及胡夫金字塔（古埃及第四王朝法老胡夫陵墓）、意大利比萨斜塔（比萨大教堂钟楼）、德国科隆双塔（科隆大教堂钟楼）等，还被借指为点式高耸的功能性和纪念性地标建筑，如法国巴黎于1889年建成的埃菲尔铁塔，用以迎接世博会和庆祝法国大革命胜利100周年。总之，"塔"一经引入，开始仅指佛塔，后来被广泛地借用或借指那些矗立地上的有相当高度并带有尖顶或宝刹的点式建筑，其中经典者被后人视为当地悠久历史传承和文化的象征。

二、文明载体与早期佛塔

当代学术语境中，文字、城市、礼制与宗教建筑，是人类文明史的三大载体。在古代中国，礼制为尚，多元兼容，宗教穿梭其中；而在域外，如古印度、古希伯来、古罗马则宗教至尊，维系邦国始终和宗教徒的一生。

中国史前蕴含宗教意义的神殿基址，是20世纪80年代发现的红山文化"牛河梁女神庙"遗址，其出土了被誉为"中华民族共祖的女神头像"，连同祭坛和积石冢的发现，苏秉琦先生认为："从这里我们看到了五千年文明的曙光。"

进入有文字记载的商文明时期，祭祀天神、地祇和人鬼的宗教氛围仍显浓重，但到西周时期，相应的宗教观念趋向淡薄，礼制占据上风。春秋战国时期，礼制建筑如坛庙、宗祠、明堂、辟雍等大规模兴起。

汉代，随着凿空西域，丝路开通，一种令朝野颇感新鲜的域外宗教——古印度佛教，由南亚次大陆经中亚传入中土。据《三国志》注引《魏略·西戎传》载：汉哀帝元寿元年（前2），大月氏王使臣伊存来到京城长安，并口授《浮屠经》给一位名叫景卢的博士弟子。这是佛教传入汉地的最早文献记录。魏晋南北朝时期，也屡有著述提及汉明帝永平七年（64）遣使西域拜求佛法，永平十年（67）白马驮载佛经返回洛阳以及朝廷敕建白马寺之说。赵朴初先生据此认为："佛教的传入中国虽不始于汉明帝，而佛教作为一个宗教，得到了政府的承认崇信，在中国初步建立了它的基础和规模，可以说是始于汉明帝年代。"此外，尚有学者认为：佛教除由陆路从西域传入中原，也有经海路传入吴楚之地的可能。依据是史书记载汉明帝的弟弟楚王刘英"喜黄老，修浮屠祠"（袁宏《后汉纪》），以及楚地佛教的传播比起中原似乎更盛一些的情况。事实上，佛教传入中土，最初被视为神仙方术的一种，对汉时期本土的黄老道教有较大的吸收融合，并由此形成了汉地佛教（又称"汉语系佛教"），而佛寺和塔也相应地融合了汉地建筑形式。

就目前所知，见于中国史籍最早的佛塔、佛像建造于东汉晚期。《后汉书·刘虞公孙瓚陶谦列传》载：时任下邳国（今徐州睢宁县一带）国相的笮融，以聚敛之财"大起浮屠寺，上累金盘，下为重楼，又堂阁周回，可容三千许人。作黄金涂像，衣以锦采。每浴佛，辄多设饮饭，布席于路，其就席及观者且万余人"。《三国志·吴书·刘繇传》中的记载与之亦相似："（笮融）乃大起浮屠祠，以铜为人，黄金涂身，衣以锦彩。垂铜盘九重，下为重楼、阁道，可容三千余人。"这些记述可以管窥：笮融所建"浮屠寺（祠）"是一座融合汉式"重楼"建筑的中心塔寺，即以木结构的佛塔为寺（祠）中心，周围设置许多"堂阁"；佛塔为重楼建制，塔内供奉涂金铜佛像，塔顶累"九重"铜相轮。孙机先生在《中国早期高层佛塔造型之渊源》一文中曾援引笮融"大起浮图寺"之记载，对汉式重楼结合印度式相轮塔刹的可能性提出过假说。而2008年湖北襄阳东汉墓出土的黄釉陶塔模型则用实例说明，汉式重楼与印度式相轮塔刹结合，构成了汉地早期佛塔造型，是确证无疑的。类似的发现还有四川什邡出土的东汉画像砖塔，该塔为三层楼阁式，各层塔身皆为四柱三间，塔檐作四阿式斜坡，塔顶立刹竿并安置三重相轮和宝珠塔刹。以上两件出土文物与文献记载互为印证，形象地反映了早

◎湖北襄阳出土的东汉黄釉陶塔

◎四川什邡出土的东汉画像砖塔（实物照及拓片）

期佛塔的造型特征。

三、丝路梵音和盛世之巅

司马迁在《史记·大宛列传》中誉称博望侯张骞"凿空"西域，意即开辟了通西域孔道。19世纪，德国学者李希霍芬在他1877年出版的《中国：我的旅行与研究》一书中首次将这条连接东西方文明的陆路贸易通道称为"丝绸之路（Silk Road）"，这一认知很快就被学术界和大众所接受。与开辟陆路通道差不多同时，以中国南海为中心的通向东南亚诸国和经过马六甲海峡进入印度洋的海上航道也已成型，《汉书·地理志》对此有详尽记载，今人为区别李希霍芬定名的陆上丝绸之路而称其为"海上丝绸之路"。

随着陆路和海上丝路的开通，从汉朝至唐朝的数百年间，其他宗教如祆教（拜火教）、摩尼教、犹太教、景教（基督教分支）、伊斯兰教等也先后传入中土，但真正形成规模并具朝野影响力的只有佛教一宗，甚至南朝梁武帝时期和唐朝武则天时期曾奉佛教为国教。据研究者统计，梁武帝萧衍在位期间，其治下的佛寺多达2 846座，僧尼82万余众，而梁武帝本人亦曾3次舍身入寺，营造了举国崇佛的气氛。很多年后，当唐朝诗人杜牧凭吊南朝故都建康（今南京）时，咏出了"南朝四百八十寺，多少楼台烟雨中"之感喟。

佛教进入中国，是世界交通史和宗教史的重大事件，并以汉帝国的崛起和匈奴草原帝国的分崩离析为其历史背景和时代标志。在丝路梵音缭绕汉唐京畿的数百年间，关中有3座寺院及塔颇值一提：

一是兴平清梵寺及塔。相传汉明帝永平十年（67），天竺国高僧摄摩腾和竺法兰携经卷随大汉使臣去东都洛阳，途经关中槐里（今兴平）时，两位高僧在此驻锡，为民众宣讲《佛说四十二章经》（即传入东土的第一部佛经），民众受此法化感佩不已，为铭记两位高僧及佛法东来而筹资建"清梵寺"。因汉明帝皇后马氏（伏波将军马援之女）是槐里人，朝廷特予拨款修寺并赐额，其规模宏阔，占地60余亩。岁月延宕，寺院几度建废。传唐贞观年间（627—649）重修并建造了即今所见七级"清梵寺塔"。清梵，指诵经之声，古人有"清梵含吐，一唱三叹"句，又有"名香连竹径，清梵出花台"

语。清梵寺于"宋太平兴国三年秋赐改额为保宁寺";民国时期,寺院占地尚有5亩,后续又有瘦身,圈入塔院一隅;20世纪70年代末有僧尼进驻,复名清梵寺。鉴于该寺在中国佛教史上的特殊地位,后人誉称清梵寺塔为佛教东传、丝路西通的纪念塔;2013年5月,国务院公布"清梵寺塔"为第七批全国重点文物保护单位。

二是扶风法门寺及塔。法门寺素有"关中塔庙始祖"之称,传建于东汉桓、灵年间,因寺内有"瘗佛手指骨一节"的阿育王塔,自汉至北魏亦名阿育王寺。隋开皇三年(583)改名"成实道场",唐武德八年(625)始称"法门寺"并成为唐王朝的皇家寺院。有唐一代,皇室曾先后7次举行盛大的迎佛骨活动,将佛指舍利供奉于皇宫佛堂。法门寺塔原为木结构,屡建屡毁。唐贞观五年(631)再度重修,仍为木塔;明万历七年(1579)始重建为八角十三层楼阁式砖塔;清顺治十一年(1654),甘肃天水大地震波及陕西,法门寺塔开始倾斜;1976年,四川松潘大地震再次波及,塔身倾斜加剧;1981年8月,塔身西半边倒塌。1987年清理塔基时,在唐懿宗咸通十五年(874)封闭的石砌地宫内出土各种质地的珍贵文物600余件(组),特别是1枚真身佛指舍利和3枚舍利"影骨"的出土,是世界佛教史上的重大事件和中国佛教考古的重大发现,证实了法门寺在唐代已成为皇家寺院和世界佛教文化重地。2005年6月,国务院公布"法门寺遗址"为第五批全国重点文物保护单位。

三是西安大慈恩寺及大雁塔。大慈恩寺始建于唐贞观二十二年(648),是高宗李治为太子时,为追念生母文德皇后长孙氏的养育之恩,在隋代无漏寺旧址上建造的皇家寺院。据《大慈恩寺三藏法师传》载,当时寺内重楼复殿,云阁禅房,计10多个院落,共1 897间。寺建成不久,高僧玄奘即由弘福寺迁至寺东院"译场"译经,创立了中国佛教一大宗派——慈恩宗。永徽三年(652),玄奘为保存从天竺带回长安的经卷佛像奏请建塔,经高宗敕许,乃于大慈恩寺西院营建雁塔(俗称大雁塔,又称慈恩寺塔、慈恩寺浮图)。玄奘则"亲负篑畚,担运砖石,首尾二周(年),功业始毕"。雁塔初为方形五层,武则天长安年间(701—704)改建为七层;五代时修葺。明万历年间(1573—1620)对残破的塔身加砌砖面，形成今日外观。1991年5—8月维修塔檐及塔顶时，发现明代包砌的外层塔壁距离内层的唐代塔壁2～3厘米，形成了良好的内外层隔离式保护空间。大雁塔历经千年风雨，以智慧的方式保存下来并屹立至今，实测通高64.517米，是唐长安城保留至今的重要标志之一，也是世界建筑史的典范和中国古代盛世之巅的象征。

8世纪初的世界三大帝国——大唐帝国、阿拉伯帝国（倭马亚王朝）和拜占庭帝国（东罗马），正处于势力此消彼长的关键时期。在华夏之域以西，倭马亚王朝极度扩张，版图一度横跨亚欧非三大陆，并确立了阿拉伯人在地中海上的优势；在华夏中土，唐玄宗肇启了"开元盛世"，李唐王朝进入鼎盛时期，经济、文化、科技、建筑等诸方面成就均为世人景慕和向往。唐长安为当时世界上唯一拥有百万人口的国际大都会，大雁塔则是这座神一样都市的制高点，其点缀盛世景观和眺望山水风光的功用尤为凸显。天宝十一载（752）秋，时任安西幕府判官的边塞诗人岑参返回长安述职，相邀高适、薛据等同僚诗友登临大雁塔，遂触景生情作五言诗云："塔势如涌出，孤高耸天宫。登临出世界，磴道盘虚空。突兀压神州，峥嵘如鬼工。四角碍白日，七层摩苍穹。下窥指高鸟，俯听闻惊风。连山若波涛，奔走似朝东。青槐夹驰道，宫馆何玲珑。秋色从西来，苍然满关中。五陵北原上，万古青蒙蒙。净埋了可悟，胜因夙所宗。誓将挂冠去，觉道资无穷。"（《与高适薛据同登慈恩寺浮图》）悉心品读，一轴雁塔凌空、秦岭逶迤、惊风贯耳、驰道悠长、宫馆相接、五陵苍茫的长安画卷次第展开……3年后，"安史之乱"爆发，京城沦陷，千年长安至此走向衰微。

长安、罗马、耶路撒冷，是我们这颗星球负载最重的历史名城。从"文王作丰，武王治镐"伊始，被视为膏腴之地、天府之国的古长安，在曾经千年的农业发展史、城市交通史、民族融合史，以及宗教传播、人文交流、科技进步的方方面面都发挥着不可替代的主轴功能与作用。它留下的重要遗存：秦始皇陵、汉长安城未央宫遗址、唐长安城大明宫遗址、大雁塔、小雁塔、兴教寺塔等被相继列入《世界遗产名录》。

四、陕西古塔的分布、类型、质地及特征

据不完全统计，中国内地和港澳台地区现存历代塔4 000多座，其中以西藏、河南、陕西、北京、山东、青海、山西、宁夏、广东、福建等10省、市、自治区拥有数量居多，约占总数的8成以上。另据古建筑史专家张驭寰先生推测：中国的塔，约有2万座——这个数字主要是根据文献记述及实地考察做出的判断。事实上，大部分塔随着时间的推移和受多重因素的影响而湮灭不存，保留下来的只是较少的一部分。作为藏传佛教重地的西藏，现存历代达赖、班禅灵塔和各式喇嘛塔1 300余座，是保存藏式佛塔最多的地区；作为中国历史文化积淀最为厚重的陕西，古塔亦曾数以千计，现仍保存500余座，其中在宗教史、建筑史上具有重要地位的唐宋佛塔达40余座，是保存唐宋时期高规格汉式佛塔最多的省份。

（一）陕西不可移动古塔的分布情况

陕西简称"陕"或"秦"，古属《尚书·禹贡》所载九州中的"雍州"和"梁州"，位于中国内陆腹地，由北向南跨黄河、长江两大流域中部，东西横亘的秦岭山脉和子午岭、黄龙山将陕西划分为地理、气候和自然风光迥异的陕北、关中和陕南3个区域。全省面积20.56万平方公里，辖西安、铜川、宝鸡、咸阳、渭南、榆林、延安、汉中、安康、商洛以及杨凌等11市（区）计107县（市、区）；全省现存地上不可移动古塔517座，分布于3个区域80县（市、区）。这些古塔之中，有县级以上文物保护单位及其附属遗存共165处244座，其中含"国保"单位及其附属遗存47处50座，"省保"单位及其附属遗存61处113座，"市、区、县保"单位及其附属遗存57处81座。具体如下：

1. 关中地区

关中地区包括西安、铜川、宝鸡、咸阳、渭南及杨凌6市（区），涵盖秦岭以北，子午岭、黄龙山以南，陇山以东，潼关以西的区域。这一区域被文史和地理学者誉为"八百里秦川"沃土，是历史上周秦汉唐的京畿地区和中国古塔的荟萃之地。该区域现存唐代至民国

时期不可移动古塔336座，分布于41个县（市、区），其中，西安市67座、铜川市9座、宝鸡市15座、咸阳市19座、渭南市226座。按时代划分，该区域计有唐塔19座、唐—宋塔2座、宋塔17座、金塔3座、元塔2座、明清塔288座、民国塔5座，其中县级以上文物保护单位及其附属遗存计94处130座。该地区是陕西省内保存唐宋金时期高规格汉式佛塔最多的地区，并是陕西明清时期风水塔、文峰塔的广布之地。

2. 陕北地区

陕北地区包括榆林和延安两市，涵盖子午岭、黄龙山以北，毛乌素沙漠以南的黄土高原区域。这一区域为中国黄土高原的中心部分，占据黄土高原约1/6的面积，习惯上称为"陕北黄土高原"，自古为中原民族与北方游牧民族交流、融合之地，汉以后逐渐发展为半农半牧区，被称为拱卫京师的咽喉之地（延安）和前沿阵地（榆林）。该区域现存唐代至民国时期不可移动古塔101座，分布于16个县（市、区），其中，榆林市22座、延安市79座。按时代划分，该区域计有唐塔1座、宋塔3座、元塔1座、宋—元明塔11座（有待甄别）、明清塔83座、民国塔2座，其中县级以上文物保护单位及其附属遗存计37处73座。

3. 陕南地区

陕南地区包括汉中、安康和商洛3市，涵盖秦岭以南、大巴山以北的秦巴山地和汉江盆地。这一区域属中国长江流域中部偏北的地区，自古为秦蜀、秦楚文化的交流、融合之地，沿秦岭古道和汉江黄金水道修筑的寺庙及塔也较为多见。该区域现存南宋至民国时期不可移动古塔80座，分布于23个县（区），其中，汉中市24座、安康市45座、商洛市11座。按时代划分，该区域计有宋塔3座、明清塔75座、民国塔2座，其中县级以上文物保护单位及其附属遗存计34处41座。

（二）陕西古塔的类型、质地及特征

陕西古塔的类型主要有楼阁式塔、密檐式塔、亭阁式塔、经幢式塔、喇嘛塔、多宝塔、五轮塔、造像塔、普通塔、锥形塔，以及画像砖塔、善业泥塔、香泥塔、醮炉塔等。属性涵盖佛塔，道士塔，宣礼塔（邦克楼），文峰塔（文昌塔、文星塔），料敌塔，风水塔，天灯塔（航标灯塔）等；质地则砖、石、铁、木、土、瓷、陶、琉璃等一应俱有。兹分叙如下：

1. 楼阁式塔

楼阁式塔是汉式楼阁与印度式相轮塔刹融合的产物，也是汉地最早产生和流行时间最久的塔型。早期楼阁式塔为木结构，因易毁于火灾，汉至唐代的木塔无实物保存下来。就目前所知，国内现存时代最早的木楼阁塔为山西省应县佛宫寺的释迦塔（俗称应县木塔），建于辽清宁二年（1056）。陕西古塔序列中则有三原县的中王堡木塔存世，其建于明万历二十二年（1594）。

为使塔体能免于火灾，唐及唐以后楼阁式塔多用砖石构筑，以砖塔为大宗，其特征：底部筑有塔基（含地宫）或塔座；塔身上下层之间距离较大，各层高宽自下而上逐级收分；塔顶（含天宫）叠涩攒尖，置仰覆莲座和釉陶质、瓷质或金属质地相轮、宝刹。塔身以三、五、七、九层的奇数递增为常见，也有二、四、六、八、十层的偶数递增情况。

唐塔壁面多以素洁为尚，层间叠涩出檐，少部分隐作仿木结构倚柱、阑额、斗栱及菱角牙子，斗栱形式多为"单栱"（一斗三升）；宋、金塔出现双排椽头、瓦垄和平座钩栏，斗栱出跳华丽、凸显，且补间铺作增多，阑额上始用普柏枋；明代较高的砖塔或加宽平座，形成外廊，边沿置木质栏杆，游人可走出券门凭栏远眺，如泾阳崇文塔的平座宽达1.4米，民国时尚存栏杆，后毁，类似情况还见于大荔县的金龙寺塔。平面形态上，唐塔基本都为方形，偶见八角形；宋、金塔多见八角形、六角形；明清至民国时期塔多为六角形。内部结构有空心和实心之分。唐宋空心塔以藏经塔居多，内部加设隔层木板和木梯，游人可拾级而上，登高望远，如西安大慈恩寺的大雁塔、延安市富县的开元寺塔、咸阳市礼泉县的香积寺塔等；实心塔多为高僧舍利塔，局部辟有龛室，不能登临，如长安华严寺杜顺塔和兴教寺玄奘塔、窥基塔等。

宋塔平座超常表现者有永寿县的武陵寺塔，其残存四层，每层增设凸显的平座钩栏，其高度几乎占每层的1/2（据此，多有著述将现塔误认作七层者），且雕饰富丽，是禀赋异质的北宋名塔。享誉遐迩的旬邑县的泰塔则由《易·泰》定位，取意乾坤和畅，道路通达，是国内现存以卦象选址并命名的北宋大型风水塔的代表作。

明代砖塔多为壁内折式结构，设有盘旋而上的阶梯可供登临，个别高塔顶部还设有城垛式护墙。如泾阳崇文塔，八角十三层，实测通高87.218米，塔身设有砖雕灯龛，塔顶周围圈以城垛式护墙，远观如擎天一柱，耸立于泾渭平原上，逢晴朗日登顶，省城西安、泾河、渭河、骊山、华山皆历历在目，为中国现存最高的古塔。

位于古代边防和城防前沿的高塔有做料敌之用的实例，如榆林市的凌霄塔就具备这种性质，并是明代军事重镇榆林卫城发展史的重要见证。该塔八角十三层，通高43米，底周长33米；塔身底层每面嵌"八卦"方位石匾，二层以上每层辟4个券洞，自下而上逐层相错；塔内为壁内折式结构，沿阶梯可登临塔顶俯瞰全城。史载，明末李自成、李过攻打榆林和1947年榆林战役，进攻方都以首先攻占该塔为进取榆林城的制高点，塔身至今仍留有炮火痕迹。

地处汉江及其支流的清代航标灯塔在安康市汉滨区尚有保留，如马河天灯塔立于河道一侧山岩上，方形三层砖结构，顶层四面辟灯龛，贴檐部位饰彩绘挂落图案，是代表陕南"黄金水道"航标物的孑遗。灯塔最早见于古埃及，据载，托勒密二世曾委派希腊建筑师在法罗斯岛东端建造了世界上第一座灯塔。罗马帝国时期开始兴建一系列灯塔。此后，阿拉伯人、印度人也相继建造灯塔。中国现存最早的灯塔，为明洪武二十年（1387）民间修建的福建省惠安县的崇武灯塔。永乐十年（1412），地方官府在长江口浏河口筑起一座"方百丈、高三十余丈的土墩，其上昼则举烟，夜则明火"指引船舶进出长江口，是为中国官修航标的首例。浙江舟山的航标建筑尚存10座，多为官修，是19世纪末20世纪初航标建筑的典型。陕南天灯塔虽仅存1座，却反映了明清时期中国内陆航道筑有航标灯塔的史实。

2. 密檐式塔

密檐式塔由楼阁式塔衍生而来，以塔檐密叠有别于楼阁式塔檐的疏朗，个别塔则兼具楼阁式和密檐式造型。如高陵区的昭慧塔，一至八层形似楼阁，九层以上层高与面宽锐减，塔檐密叠，整体呈现楼阁式和密檐式的混合式样。

密檐式塔的特征：底层高大，系全塔重心所在；二层以上迅速缩矮，各层塔檐紧密摞叠，外观上或比例协调有致，或形成如纺锤的柔和曲线，极具艺术感染力。平面形态上，唐代以方形为主，宋、金以六角形居多。塔身层数上，以七、九、十一、十三、十五的奇数递进为常见。内部结构上亦有空心和实心之分，空心塔设有登临阶梯，但塔内层数往往少于塔檐层数，表现为内部层级不受外部限制的随意性；实心塔一般为高僧舍利塔，体量相对较矮。

唐代密檐式塔代表作有西安荐福寺的小雁塔、长安香积寺善导塔，宝鸡市眉县的净光寺塔，渭南市的百良寿圣寺塔；宋代有西安市周至县的八云塔（即瑞光寺塔，地宫为唐建），宝鸡市岐山县的太平寺塔，渭南市蒲城县的崇寿寺塔，铜川市的重兴寺塔、延昌寺塔、神德寺塔、柏树塬塔，延安市富县的柏山寺塔及福严院塔、洛川县的万凤塔，汉中东塔（净明寺塔）、开明寺塔，商洛市的丰阳塔；金代有蒲城县的海源寺塔、常乐宝塔（金陵寺塔），两塔挺拔俊丽，雕工精细，仿木构双排橡头和双抄五铺作斗栱式样如出一辙，是陕西省内鲜见并基本保存完整的珍贵金塔，为陕西古塔研究和建立相对可靠的年代序列提供了实例。较之楼阁式塔的庄重、简朴，密檐式塔更注重外表的秀丽装饰，有塔壁饰塔的手法应用。如唐代始建、南宋重建的汉中东塔和洋县的开明寺塔，均以每层塔身券龛两侧各饰一小型方塔为其显著特征。这种现象最早见于西安小雁塔的局部装饰：其第五至十一层南券窗两侧各饰一方形小塔，由此可见唐宋砖塔艺术的传承关系。

国内现存时代最早的密檐式砖塔为河南省登封市的嵩岳寺塔，建于北魏正光元年（520），等边十二角十五层，并是国内现存十二角形砖塔的孤例。由此想到：有学者著述认为唐及唐以前，陕西尚无八角形砖塔产生。显然，这个观点是不成立的。南北朝至隋唐是中国佛教发展的鼎盛时期，除方形砖塔之外，六角、八角乃至十二角形砖塔都有可能产生，只是岁月磨蚀，存世者鲜少而已。宋金以后，密檐式塔衰微，陕西存世者仅有明万历十三年（1585）所建的渭南市的合阳千金塔等个例。另有已消失的白水县的寒崇寺塔，为内折型八角七级砖塔，即塔体每面内折，携带塔檐内折，与通常所见古塔相异，是国内十分罕见的密檐式塔型，惜于"文革"

初期被毁。

3. 亭阁式塔

亭阁式塔是汉式亭阁与印度式塔刹、须弥座结合的产物，也是汉地较早出现的一种塔型，流行于南北朝至隋唐时期，宋金以后衰落，明清时期仍有孑遗。早期亭阁式塔为木结构，后期被砖石所取代。

亭阁式塔一般都为单层，极个别为双层（亭上置阁）。最初多作空心结构，内设塔室供奉佛像、舍利等；中唐以后多作实心，用为高僧舍利塔。国内现存时代最早的亭阁式塔为山西五台佛光寺的祖师塔，建于北魏孝文帝时期（471—499），六角二层砖结构，高约8米。陕西长安百塔寺塔林、鄠邑草堂寺兴福塔院都曾有唐代亭阁式石塔存世，惜毁于民国和"文革"时期，现仅存鸠摩罗什舍利塔，置于草堂寺内。该塔又称"八宝玉石塔"，通高2.47米，由底座、须弥山仙境、八角塔身、方形塔顶和扁圆宝珠刹等组成。其底座和须弥山仙境构成了早期"须弥座"雏形，较之后世常见的简单化须弥座形式要复杂很多，故被有的学者称赞为"华丽的须弥座"。座上为八角塔身，雕出倚柱、阑额、板门和直棂窗等。塔顶为四角攒尖式，雕出椽头、屋脊和瓦垄。塔刹由须弥座、受花、仰覆莲及扁圆宝珠构成。塔体各部分比例匀称，雕饰适度，造型端庄、典雅，为中国现存时代较早且鲜见的亭阁式玉石雕作之塔，为研究"须弥座"早期式样提供了珍贵的实例。

明清亭阁式石塔见于蓝田县的上悟真寺塔林，现尚存2座。其中一座通高4.6米，下部为方形须弥座，束腰部位浅浮雕缠枝花卉；塔身方形，辟一竖方龛，内嵌塔铭；塔顶四角攒尖，置仰覆莲座，承宝瓶式塔刹。宝瓶中央辟有圭形龛，应为天宫所在。这类情况在中国古塔中较为鲜见，如1989年在河南省登封市的嵩岳寺塔塔顶发现2座天宫，分别位于宝珠中部和相轮中。上悟真寺的这座亭阁式石舍利塔，从造型和装饰风格判断，时代应在明清之际。清代亭阁式塔有被用为道士塔的实例，如安康市汉滨区的祖师庙道士塔，以打磨规整的石构件套接而成，塔座为方形二层台，塔身方形，素面，塔顶为重檐四角攒尖，置宝瓶式塔刹。该塔小巧玲珑，雕工精致，为省内鲜见的小型石雕道士塔遗存。此外，陕西多处寺院遗址和佛塔地宫陆续出土有小型亭阁式供奉塔，收录在本书第五章。

4. 经幢式塔

经幢式塔简称幢式塔，是仿造佛寺"经幢"的一种塔型。"幢"本是中国古代军中用以统领的旌幡，亦是王者的仪卫之物。佛教传入中国后，寺院中一种柱状系丝帛的法器，被称为"幢幡"。起先是将佛经誊写或绣在幢幡上，后为保持经久不灭而改刻在石柱上，因主要镌刻《佛顶尊胜陀罗尼经》《般若波罗蜜多心经》等，故称"经幢"。

幢式塔在唐代开始兴起，宋金时期盛行，一直延续到清代。其特征：底部为须弥座，束腰部位或刻托塔力士；中间为塔身，一般如经幢纤瘦，乃至如旗杆纤细，层间套接塔檐，随塔身逐级收分；塔顶置华盖和宝珠刹。平面形态上，多呈六角形或八角形。少数经幢式塔只作经塔，多数成为僧人舍利塔，形制上或有变异发生。单层塔造型简单，形如经幢；多层塔则有局部套接圆鼓形塔身的情况，用以辟佛龛置佛像等。陕西列入县级以上文物保护单位及其附属遗存的幢式塔有鄠邑区的凝灵塔，铜川市的兴元寺塔，宝鸡市的天台寺舍利塔、慧公大和尚塔，府谷县的黄甫石塔，绥德县的兴善寺舍利塔，子长县的松岩大禅师塔，志丹县的龙泉寺塔林（空聪禅师塔等5座），旬阳县的圆通寺舍利塔（2座），宁陕县的莲花寺舍利塔等，加上未定级的塔共20余座。其中，绥德县的兴善寺舍利塔和未定级的绥德县的宝台寺塔分别建于明景泰二年（1451）和正统七年（1442），各高六级10米和五级7.5米；两塔形制、风格几乎相同，远观均似一柱旗杆，修建时间仅间隔9年，或为一匠所为，是陕西现存有明确纪年的多层幢式塔典型。龙泉寺空聪禅师塔为六角七级，高7.7米，各层均由整块六角形塔身和六角挑檐套接而成，挑檐雕出瓦垄、滴水；塔顶覆六角华盖，置七级串珠式塔刹。第三层正面刻铭"延安府僧纲司都纲本寺空聪禅师舍利之宝塔"，落款"白水石匠李唐，大明正德十年十一月初二日"。都纲，为朝廷授予僧人之官职，掌管延安府佛教事务。空聪禅师任此职，可见龙泉寺在当时的重要地位。塔铭刻"白水石匠"名讳，在明代陕北、陕南石塔刻铭中较为常见，所谓"物勒工名，以考其诚"，体现了关中白水匠人对陕西明代石塔建造的独特贡献。

5. 喇嘛塔

喇嘛塔又称覆钵式塔、宝瓶式塔、藏式佛塔，是藏传佛教（喇嘛教）的一种独特建筑类型，与印度的"窣堵波"略相近。其特征：下部为砖石砌筑的方形或六角形、八角形塔基（多呈须弥座式样），束腰部位或雕有转角圆柱和镂空装饰；中间为圆形塔身，形如覆钵或圆鼓状，俗称塔肚子，有些塔身还辟有小龛（俗称眼光门）；上部为一圈圈逐级收缩的螺旋形圆轮，俗称塔脖子，轮圈最多可至十三层，称为"十三天相轮"；塔顶置华盖和宝珠刹。这种类型的塔的雏形，早在南北朝到隋唐之初的石窟和壁画中就有出现，盛唐墓葬明器中的"塔式罐"也是这种形式。蒙元时期，随着王朝更替和喇嘛教的兴盛，藏式佛塔再一次传入中土。建于至元八年（1271）的北京妙应寺白塔，是内地可见时代最早、体量最大的喇嘛塔，并是元大都保存至今的重要标识。

喇嘛塔一般为砖石构筑，也有浮雕于石壁上的石雕塔、塑于寺院墙上的壁塑塔、摆放于家庭佛堂的小型供奉塔等，如蓝田水陆庵明代壁塑群中就有6座彩绘泥塑喇嘛塔。陕西列入县级以上文物保护单位及其附属遗存的喇嘛塔：长安区的净业寺舍利塔林（2座）、丰德寺舍利塔林（5座），鄠邑区的湛文和尚舍利塔，蓝田县的上悟真寺塔林（2座），太白县的青峰寺舍利塔林（4座），武功县的寺背后塔（释迦文佛舍利宝塔），榆阳区的三圣寺舍利塔，横山区的法云寺塔林（4座），紫阳县的东明庵舍利塔，丹凤县的老安沟石塔（2座）等20余座，均为佛舍利塔或高僧灵骨塔之属。其中，坐落于净业寺后山壁上的高浮雕喇嘛塔，造型浑圆、古朴，具有西夏—蒙元时期喇嘛塔风格，是国内鲜见、陕西省内仅见的一座元代高浮雕石喇嘛塔。建于明正德十三年（1518）的武功县的寺背后塔，通高9.1米，下部为六角形双重须弥座，塔肚子南、北面嵌有碣铭，塔身上部砌作仿木构"四出轩"形式；塔脖子刻作"十三天"相轮，上覆华盖，缀风铃6枚，顶置莲座，承陶瓷质宝珠式塔刹。该塔是陕西省内现存有明确纪年且工艺精湛的喇嘛式砖塔的代表作。明清之际，陕北地区的喇嘛塔形制多有变异，出现了双层覆钵式塔肚子，如榆阳区的三圣寺舍利塔和未定级的横山区的清凉寺塔等。陕南山阳清代宝峰塔的塔脖子四角饰刻山花蕉叶，仿若"宝箧印塔"的局部变异，为陕西省内所罕见。

6. 多宝塔

多宝塔又称多宝佛塔，是供奉多宝如来佛之塔的省称。多宝佛为《法华经》中的佛名，又译作大宝佛、宝胜佛，是为东方宝净世界之教主。唐书法家颜真卿于天宝十一载（752）所书《多宝塔碑》云："妙法莲华，诸佛之秘藏也；多宝佛塔，证经之涌现也。……凡我七僧，聿怀一志，昼夜塔下，诵持《法华》。"该碑全称为《大唐西京千福寺多宝塔感应碑文》，岑勋撰，颜真卿书，全文2 244字，原碑置于长安城安定坊千福寺，北宋移藏于西安碑林。作为颜真卿的早期作品，多宝塔碑是后人初习颜体楷书的通行范本。作为历史记载，它反映了盛唐时期京城内外多宝塔并不少见，以及僧侣在塔下昼夜诵经的情景。

早期多宝塔形制与楼阁式塔无异，两者的区别：多宝塔以开龛供奉造像为主，因此，亦可视为"造像塔"之属。国内现存时代最早的多宝塔，是建于南宋绍兴十七年至二十五年（1147—1155）的重庆市大足区的多宝塔，该塔为楼阁式与密檐式塔的混合造型，八角十三级，通高33米，塔内外共辟127龛，内置各种造像。明清时期，多宝塔用为僧人舍利塔的情况较普遍，基本都为石构造，其特征：底部为须弥座或仰覆莲座；塔身覆钵形、圆鼓形、六角形或八角形错落搭配，并辟有佛龛，层间挑角出檐；塔顶覆华盖，承宝珠刹。陕西现存多宝塔主要分布于陕南安康和陕北榆林、延安两地，如岚皋县的古鉴大士灵塔，汉滨区的奠胜宝塔、观音庙墓塔，旬阳县的阳明寺舍利塔、天池山舍利塔，宁陕县的田坝石塔、藏文禅师舍利塔、观音山舍利塔、塔儿坪舍利塔、红莲寺舍利塔(2座)、塔坪舍利塔（2座）、宝塔坪舍利塔、雷家沟舍利塔，横山区的万灵寺塔、响水镇龙池寺双塔、王皮庄多宝塔，志丹县的龙泉寺塔林(3座)、盘龙寺石塔等20余座。其中，旬阳县的天池山舍利塔通高6.8米，塔基为方形须弥座，浮雕宝相花、莲花、缠枝花卉。塔身底层下部为圆鼓形，南侧辟龛，额刻楷书"翠峰□严禅师宝塔"，另一侧阴刻塔铭；底层上部套接六角形塔身，每面镂雕上、下两个小方龛。二层为六角形，每面镂雕小方龛；三层为仰覆莲座托圆鼓形塔身，覆六棱华盖；顶置莲座，承宝瓶式塔刹。该塔造型美观，雕工精细，为陕南保存完整的明代多宝塔的代表作，位于横山区的万灵寺塔，建于明嘉靖三十六年（1557），塔身各层由整块圆鼓石、八棱石和方形石雕挑檐构成，底层辟长方形龛，刻铭"嘉靖三十六年丁巳四月乙巳／辛卯释子性道祭心启建多宝佛塔一座……"等内容，是陕西唯一见到的自铭"多宝佛塔"，对研究明代多宝佛塔定名、形制及断代具有重要的参考价值。

7. 五轮塔

五轮塔又称法界五轮塔，由5个模块（轮）堆叠而成，自上而下分别代表宇宙"空、风、水、火、地"5大要素。张驭寰先生在《中国塔》一书中认为，这种塔极富变化，形式多样，但基本特征：下有简单台基，上置圆球体作为塔身，其上置一单层塔檐，其上为塔刹。

五轮塔起源于佛教密宗，8世纪末传入日本，用作供养塔和墓石。就目前所知，这种塔型主要流行于日本平安时代（794—1192），相当于中晚唐到南宋中期。五轮塔是根据密宗《大日经》而设的，《大日经疏》卷十四曰："一切世界皆是五轮之所依持。世界成时，先从空中而起风，风上起火，火上起水，水上起地。"

早期五轮塔为供养塔之属，后期演化为僧人墓塔。现日本仍遗存有为数可观的五轮塔，且保持着它的原始造型。但在发源地中国，这种形式的塔已然鲜见，而陕西目前尚有5座存世，其中蓝田县的上悟真寺塔林有4座、宝鸡市的塔坝村僧人舍利塔中有1座。上悟真寺塔林中的悟安禅师塔为花岗岩质地，通高2.3米；塔基为覆斗形，上置方形须弥；塔身为鼓形，辟一碑龛，内嵌圆首碑石（已残）。碑铭曰："供奉，传临济正宗三十九世悟安智川禅师灵塔／同治三年□□／万安、维安、海娃／僧徐仁等仝立。"可证上悟真寺塔林中的形制相似的4座五轮塔，时代应为清代晚期。

8. 造像塔

造像塔凡塔身雕造佛、菩萨、弟子像者皆可谓之造像塔。早期造像塔主要出现于北魏至初唐石窟寺和寺院中，多为石壁浮雕和寺院供奉的小型造像塔，也有雕刻在石窟中央（接顶柱）和造像碑侧的作品。

位于安塞区寺湾山的北魏云岩寺石窟，其5号窟中央有一接地连顶的中心柱式方形三层楼阁式石造像塔，其每层四面均雕刻佛、弥勒、菩萨像等，是陕西目前发现的唯一在石窟内以中心塔柱表现为礼佛场所的例证，保留了佛教传入中国后佛教徒、信士和居士礼佛活动的原始场景，也是研究佛塔与寺庙始合后分、逐步发展演变的重要实例、孤例。洛川县土基镇鄜城村出土的北魏神龟元年（518）的刘文郎造像碑，其碑侧浮雕五层楼阁式造像塔，各层塔室内均浮雕跏趺坐佛1尊，是陕西目前所见有明确纪年的最早的楼阁式塔的图形资料。铜川市耀州区药王山保存有北魏时期的阿育王造像石塔3座，均由基座、塔身和覆钵塔顶3部分组成，塔身四面辟龛造像，塔顶四角饰刻山花蕉叶（又称"受花""请花"），中间为圆形覆钵，上为塔刹；整个塔顶呈"宝箧印塔"造型，保留了印度阿育王时代"窣堵波"的基本形态。西安市莲湖区醴泉寺遗址出土的北魏四方亭式造像塔，四面各辟一龛，内雕一佛二菩萨，雕刻十分精美，为寺院佛堂供奉的小型造像塔珍品。西安市灞桥区出土的歇驾寺石造像塔，为八角亭阁式造型，须弥座束腰部位雕有8个半圆形倚柱，塔身八面宽、窄相间，宽面各辟一壶门形龛，内雕坐佛1尊；塔顶套接八棱华盖、仰莲座和宝珠刹。由佛造像和须弥座造型风格判断，该塔为唐代早期遗物。

　　宋代石窟寺造像塔在陕北较为多见，如延安市的吕川石窟造像塔、万安禅院石窟造像塔、清凉山万佛洞石窟造像塔（4座）、凤凰山千佛洞石窟造像塔等。陕北为宋王朝边防重地，相继增凿和开凿了许多迄今享有盛名的石窟，它们既体现了趋于世俗化的宋代石窟艺术的高峰，还反映了灾荒和战乱频仍的陕北地区，亟借宗教膜拜，抚死慰生，以使"边民稍定"（《宋史纪事本末·西夏用兵》）的历史状况。

　　金代遗存的法海石塔则颇值品评，塔主自己就是画匠和雕塑家，由此带出了高弟为其雕刻造像塔。原塔置于铜川市赵家坡村延昌寺内，20世纪迁至孙原乡药王山博物馆。据《法海石塔碑铭》载，法海生于宁州（今甘肃）丹青世家，游学陕西，"得画圣之笔法"而"独步关中"。31岁出家，驻延昌寺，"极力营葺，彩绘殿堂，创造佛帐，雕镂金碧"。卒后10载，由高弟惠湛等人于明昌四年（1193）"创建石坟塔一所而葬焉"。今存石塔为方形十层楼阁式造像塔，通高2.65米。塔身层层出檐，每层各面均作仿木结构两间，刻有倚柱、斗栱、阑额、椽子和瓦垄等；每间辟一方龛，内雕一佛二弟子二菩萨，每层计40躯，加顶部每坡开龛造佛各1躯，总计雕像404躯。造型小巧，雕技精细，为国内鲜见，是珍贵的金代石舍利塔暨造像塔的代表作。

明代石、铁、琉璃造像塔在陕北和关中尚有遗存，如志丹县的盘龙寺石塔（已迁建城东炮楼山）、赵畔千佛塔，延安市唐家坪村的琉璃塔（已迁建清凉山仙人洞一侧），咸阳市的北杜铁塔（千佛铁塔）等。赵畔千佛塔由红砂石雕凿砌筑，塔身八角九层，一至五层每面均雕刻小千佛3层，每层每面18尊，各层八面合计720尊；六至九层每面雕刻小千佛2层，每层每面10~12尊不等，各层八面合计350余尊。该塔收分柔和，造型秀丽，通体雕刻佛像近千尊，堪称陕西明代石造像塔之冠。琉璃塔以蓝、绿、黄等色琉璃砖砌筑，塔心以土坯泥浆填实，以柏木桩牵拉固定。塔身八角七层，底层每面饰一佛二天王，间以小千佛像；二层每面饰一佛二菩萨二飞天，间以小千佛像；三层饰形态各异的飞龙，其中一面为二龙盘旋；四层饰凤凰、朱雀、麒麟、鹿、马等灵物；五层以上每面均饰一佛，间以小千佛像。该塔做工细致，图案精美，色泽绚丽，为陕西省内仅见的一座琉璃造像塔。北杜铁塔始建于明万历三十三年（1605），竣工于万历三十八年（1610），八角九层，通高21.5米；底层东南、西南、西北、东北四面铸四大天王像，以上各层外壁铸铁佛多尊，以及密布的小千佛和莲花、芭蕉等花草图案，腾龙、舞狮、凤凰、仙鹤、麒麟、奔马、老虎、犀牛望月、猴子摘桃等祥瑞图案。其铸刻精细，造型挺拔，为中国现存古代第二高铁塔。

9. 普通塔

普通塔又称普同塔、普同堂、极乐堂等，意谓不分彼此，悉有所归，寄福往生。其源于道家的"生基"文化，后被佛教及民间吸收，衍化为合葬形式的瘗骨塔。就佛教而言，寺院内或设有"普同生基"供奉僧人剃度出家时解下的衣（俗装）发（头发、胡须），以此作为修行的一种方式，往生后其骨灰、舍利等一同瘗入塔内。普通塔在宋代开始流行，延至清代。陕西现存最早的碑文记录是扶风县发现的北宋庆历五年（1045）《普通塔记》，其载："今智颙师，能尽力于亲而又悲其类，作普通塔，使游方之徒，来者未来者，死悉有所归，其用可嘉也。"

普通塔多为楼阁式造型，结构有空心和实心之分，实心者或"塔项开一穴，以备后之送骨"（见《普通塔记》文）。陕西明清古塔序列中，额题"普同塔""普通塔""普通宝塔"或"普通堂"的有子长县的普同塔，长安区的嘉午台普同塔、净业寺普通塔，礼泉县的金龟寺普通塔，乾县的香严寺塔，耀州区的香山寺普通塔，雁塔区的大兴善寺普通塔，汉滨区的白云寺觉性和尚塔，共8座。建于清康熙初年的金龟寺普通塔，八角十层，通高36米。塔身底层门两侧线刻青龙白虎，并浮雕持剑力士像；门楣上浮雕一组人物故事，画面为一僧人岸边挥手相送，中间一仙人手持芭蕉扇肩挑药葫芦在水面行走，对面有船夫划小舟迎接。底层每面依次嵌有上下排列的石碣2方，下排各浮雕仙人1尊，上排逐次刻乾、坤、震、巽、坎、离、艮、兑八卦方位。二至七层相间辟券窗和神龛，上下相错，龛内嵌石雕神像。第八层每面砖刻圆形八卦符号，九、十层每面嵌石雕神像。底层和八至十层每角悬铁马1枚。层间叠涩出檐，施砖雕斗栱、额枋、花卉、垂莲柱和菱角牙子3排，各层檐角施砖雕龙头和单昂装饰。塔顶八角攒尖，置火焰宝珠刹。该塔造型雄伟，雕刻精细传神，为佛道儒合璧的大型瘗骨塔暨风水塔代表作。此外，位于蒲城县的金代"常乐宝塔"，其碑碣、额题俱佚，据判断，亦为普通塔之属。

10. 锥形塔

锥形塔指造型为方锥、圆锥体的各类砖、石、土塔（含瓮砖塔），与中国乡土文化和民间信仰密不可分，其中的土塔，源于古代夯土高台建筑。东汉刘熙《释名·释宫室》曰："台，持也。言筑土坚高能自胜持也。"锥形塔主要流行于关中渭南和陕北延安两地，以夯土或瓮砖的风水塔、文峰塔为主，也有少部分具佛塔、道士塔性质，还有一些或为特殊历史背景下的民间瘗骨塔。土塔为乡村经济贫弱的产物，是折射黄河流域华夏农耕文明的一种遗存，从一个侧面反映了明清时期底层民众的某种心理需求和精神慰藉。

关中渭南是陕西土塔（含瓮砖塔）最为集中之地，早年及"三普"记录在册的土塔逾160座。时代大部分为清，少数不排除上至明末，下迄民国；性质多为村寨风水塔；造型以夯筑方锥体为大宗，部分仍保留有顶部塔楼（砖结构或砖木结构）和塔身甓砖痕迹，个别呈现"双峰"式样（夯台上矗立双塔），犹如"文笔双塔"，祈愿文脉昌盛；坐落方位以村寨东南为主（面向西北），少数位于村东、村西和村北，或不排除今见位置实因后代析分村寨所致。

渭南合阳县土塔是陕西土塔的典型代表，数量占渭南土塔的半数以上。陕西土塔的结构方式，在这里都能觅见原型。其中，峪北村土塔上部有木桩加固遗存。此迹象为首次发现，对研究土塔结构有重要的参考价值。项村风水塔为夯土甓砖结构，塔身东、南两面有较深的夯筑夹板凹痕；东面残留有少量青砖；塔顶亦有青砖散落。由遗存迹象判断，原塔顶部应搭建有塔楼。据了解，今存的大量土塔，曾有相当部分为内部夯土，外表包砖。因风雨剥落蚀，许多包砖被村民捡拾扒走另派用场，类似经济学家克洛德·弗雷德里克·巴斯夏在《看得见的与看不见的》一文中讲述的"破窗效应"。这种现象，主要发生在20世纪五六十年代，作为当时稀缺的建筑材料，有的用于家中盖房铺地，有的用于生产队搭建饲养室，还有的用于"大跃进"时期修筑土法炼钢炉等，只有耄耋老人保存了些许记忆。关于土塔年代鉴定，向为学界之疑难。但也不是无迹可寻。以合阳县的罗山寺土塔（2座）为例，两塔分别置于罗山寺塔西北和西南两侧，为清顺治十年（1653）添建，意使三塔并峙，形如笔架，以补合阳文脉。据清乾隆本《郃阳县志》卷一载："乳罗山在县南……旧有塔一，形家谓文峰太孤，故邑进士仵魁，倡筑二墩云。"两塔建于清初，其时称为"墩"，犹言土墩或墩台。墩台是明清时期举烟报警的烽燧建筑，形制为方锥形夯土台，四面甓砖。明景泰七年（1456），举人黄瑜有诗云："车骑连云炮震雷，边墙如月接墩台。"据此得到两点启发：一是关中渭南和陕北洛川等地多见的方锥形夯筑土塔，因形如墩台，当时亦俗称为"墩"；二是陕西土塔的建筑年代，一般可定为早至明季，晚至清末到民国初期。由于没有确切的碑碣纪年，本书记述的土塔个体一般都定在清代。

陕北延安现存锥形砖、石、土塔20多座，其中以"洛川土塔群"为典型。洛川土塔大都建于乡野地势较低、距沟壑较近，且正对村庄的位置，目的是补地气，引祥瑞，逢凶化吉。其造型有圆锥体、方锥体、长方锥体等；一般高 10 米左右，个别高 20 余米，均为黄土夯筑；有些塔身辟有神龛，个别塔顶筑有砖楼或神龛；塔刹通常以瓷瓮替代。由于风雨侵蚀、剥落，原塔状貌都有不同程度的改变，有的仅剩半壁，时有倒塌之虞。延安圆锥形石塔有狗头山石塔、南坡猴子庙塔、王庄文峰塔等。南坡猴子庙塔为塔庙一体，通高约 7 米；塔身以块石环砌，以石板压檐，顶部置石雕硬山顶庙宇模型，饰瓦垄和脊吻；模型正中辟壸门形神龛，原置神像已佚。该塔为国内仅见的猴子庙遗存［湖南邵阳有清乾隆年间（1736—1795）建九井湾猴子塔，似与庙宇无关］。猴子系古印度神物，梵文史诗《罗摩衍那》就有神猴哈奴曼的形象，今印度、尼泊尔、斯里兰卡等地尚有猴子庙存世。胡适曾认为《西游记》中的美猴王原型即取自哈奴曼，陈寅恪、季羡林亦认同此说。位于富县的清代白骨塔为有明确纪年的方锥形砖石瘗骨塔，正视如金字塔形，塔碑详载了同治年间（1862—1874）"百姓遭劫，人民涂炭，遭伤无数，尸体横野，白骨成垒，无人掩盖"的悲怆史实，对研究清末陕甘民族史和地方史有重要的参考价值。

锥形塔流行于渭南、延安两地，且绝大多数都没有名谓（应属名谓失传），当地通常呼其为"风水塔"，并众口一词地认为它有"祈福、镇邪、避灾"的作用。这种现象似与特定历史背景下的灾变有关，其中相当部分的锥形塔，不应排除是同治年间兵燹之后各地修建的类似白骨塔性质的镇邪瘗骨塔。当时，陕西兵燹死伤最多的，一是渭南地区的渭北各县，二是延安地区的洛川、富县，而这两个地区恰是锥形塔分布最多之地。至于该类塔的陋简，应与其时战乱甫平、产业凋敝、百业待兴有关。

11. 画像砖塔

画像砖是用拍印和模印方法制成并经过焙烧的图像砖，表现题材为阙楼桥梁、车骑仪仗、舞乐百戏、珍禽异兽、神话典故、射猎、宴饮等。画像砖艺术出现于战国晚期，在东汉墓葬中开始流行，主要见于陕西、河南、山东、四川等地。国内可见最早的画像砖塔，出土于四川什邡（见《四川汉代画像砖上的佛塔图像》，《四川文物》1987 年第 4 期）。

墓葬中，砌置图像精美、主题丰富、表现各种生活场景和愿景的画像砖，盖源于古代中国"事死如事生"的传统丧葬习俗。佛教信士、居士辞世后，其遗属也有将模印的画像砖塔砌置于墓中的惯例，用以满足墓主继续供奉的心愿。近年，延安地区陆续发现的金代画像砖塔，如宝塔区的李渠镇金墓画像砖塔、冯庄金墓画像砖塔、柳林金墓画像砖塔，安塞区的谭家营金墓画像砖塔等即是佐证。这一类画像砖塔还往往配有组合题材，融入了传统二十四孝故事之一的"王裒闻雷泣墓"等场景，它们从一个侧面反映了宋金时期延安地区民众的社会生活、信仰、伦理和思想意识形态。

12. 善业泥塔

善业泥塔为小型泥质陶造像塔之属。善业泥是南北朝时期流行的模压成型经过焙烧的泥质浮雕陶佛像，俗称善业泥像，其含义是祈求"善业"，攘除"恶业"。隋唐时期还出现并流行有善业泥塔，造型为方形三层楼阁式，由塔座、塔身和塔刹3部分组成，一般高12～13厘米，幅宽9.5～10厘米，厚2.5厘米左右。20世纪和21世纪初，陕西各地发现的善业泥像和善业泥塔数以千计，因体积纤小，便于携带，流失情况较为严重，但仍有部分品相出众者被相关部门妥为收藏。如扶风县凤泉寺出土的隋仁寿四年（604）的善业泥陶造像塔、麟游县博物馆馆藏的隋仁寿四年的善业泥陶造像塔、西安市长安区百塔寺遗址出土的唐代善业泥陶造像塔，以及1950年西北历史文物陈列馆（1955年改"陕西省博物馆"）收藏的唐永徽元年（650）的比丘法律造多宝佛塔等。后者塔座为三层台式，台面饰联珠纹和网格纹图案；塔身层间叠涩出檐，饰椽头和几何纹图案；塔顶四角攒尖，置三层串珠式塔刹，刹顶置一尊坐佛。塔身底层辟圆拱顶双联龛，内置释迦、多宝佛并坐像；二、三层辟圆拱龛，内置一尊坐佛；塔身外两侧对称分布10个小坐佛、2个立姿胁侍菩萨和2个托塔天王造像，间隙处布设环形联珠图案。据考，释迦、多宝佛并坐像最早出现于北魏石窟造像中，其题材出自《法华经·见宝塔品》。西北历史文物陈列馆收藏的这座比丘法律造多宝塔背面模印有48字铭文："大唐国至相寺比丘法律从永徽元年已来为□国及师僧父母法界苍生敬造多宝佛塔八万四千部流通供养永为铭记矣。"由铭文可知，善业泥陶造像塔是寺院的僧人为装饰寺庙佛殿所用，亦是寺院僧人为师僧、父母、法界、苍生们赠送的为方便供佛而创造出的一种艺术形式。佛教徒和信士们得到这种陶善业泥后，也会恭恭敬敬地供奉在家庭佛堂内。

13. 香泥塔

香泥塔亦称善业泥塔，是印度"窣堵波"的衍生品。季羡林主编的《大唐西域记校注》卷九云："印度之法，香末为泥，作小窣堵波，高五六寸，书写经文，以置其中，谓之法舍利也。"可见其渊源在此。

陕北神木市博物馆收藏有玲珑纤小的清代香泥塔多件，其造型更接近蒙古包样式，亦像圆亭子和谷仓，一般高4~6厘米。塔身呈圆筒状，素面；塔顶为圆锥形，多数直径小于塔身，个别大于塔身，形成出檐，边缘饰联珠纹一圈。沿塔顶一周有模压成型的8个喇嘛式小塔装饰。这种小型香泥佛塔，在一些寺院遗址出土较多，其用途是送给佛教徒在家庭佛堂内供奉，或便于携带，可以随时随地供奉。神木地界连缀毛乌素沙漠，与内蒙古接壤，这些小型便携的供奉塔做成蒙古包样式，亦间接地反映了北方沙漠草原一带的民族生活习俗。

14. 醮炉塔

醮，古为祈祷神灵的祭礼，《广雅》："醮，祭也。"后专指道士设坛祭祀的道场，元明清时期衍变为焚香行祭的铁质塔型"醮炉"，通常置于城隍庙、岳庙、真武庙、关帝庙等道教庙宇中。

陕西现存三原县城隍庙铁塔、兴平东街铁塔（2座）、陇县龙门洞铁塔，共4座，均为仿木结构醮炉式铁塔。兴平东街铁塔为明代城隍庙遗物，已迁置兴平文庙（今兴平市博物馆）内。该两座塔分别铸于明崇祯二年（1629）、三年（1630），各为八角四层和五层亭阁式与楼阁式混合造型。其中一座通高6.74米，底部为叠涩须弥座，铸有覆莲瓣和八足着地等装饰。塔身一层为镂空八角亭阁式，铸有八根盘龙柱，承八角挑檐；二层为三重仰莲瓣托八角塔身、塔檐，塔身铸有神像和装饰图案；三层、四层收分明显，层间出八角挑檐。一、二、四层均置平座栏杆，形制、装饰各异。塔顶置八角镂空平座，承胡人牵狮，托宝瓶式塔刹。三原县的城隍庙铁塔形制与前者大同小异，唯塔身第三层铸有转角七踩斗栱，更显出仿木构建筑之特征。陇县的龙门洞铁塔，又称望峰塔，铸于清康熙三十三年（1694），是清初醮炉铁塔的代表作。其铭文提到"各府州县十方众姓人等，各舍资财，同发愿心，铸造醮炉一座，供奉阖山众圣前，上为国家祀鳌，下与万民祈福"等募资祝祷辞，为研究道教活动和"醮炉"的祈神祝祷功用提供了实物资料。

五、古今塔殇和现代立法与科技保护

塔的前世今生，塔在特定历史背景下的安危存亡一直是宗教史、古建筑史和文物保护史的重要议题；对包括古寺、古塔在内的古建筑、古遗址的科学立法与科技保护，也是国家和各级地方政府实施文化建设、助力文明传承的重要选项。同时，中国古塔作为世界建筑遗产的重要组成部分，其所负载的过去岁月信息，所具有的珍贵历史、科学和艺术价值，亦愈来愈受到联合国教科文组织的关注与重视。有鉴于此，编纂一部全景式反映陕西古塔（包括已消失古塔）的著述，成为笔者多年来的未解夙愿。在此过程中，每当我们远足踏勘，记录相关数据，核对有关资料，那些尚存的和消失的古塔影像都会在脑海里沉降起伏，勾勒出或惋惜或慰藉或对明天和未来寄予期望的祝福与愿景。

1. 古今塔殇回溯

1952年，位于蒲城中学校园的慧彻寺南塔（蒲城南塔），因风雨侵蚀，常有塔砖滑坠，危及学生安全，校方专题报告呈西北军政委员会，请示拆除。时任军政委员会代主席的习仲勋先生批复："校可迁，塔不可毁"，遂由军政委员会拨出专款，于1953年秋对南塔进行了保护性维修，并派专家进行技术指导和监修。该塔完好地保存下来后，相继公布为"省保"和"国保"单位，赢得了良好的社会评价。这仅仅是侥幸个案。在当时和后来的"大跃进"及"文革"中，坐落于城镇和乡村的许多著名古塔尚且被人为因素拆除，分布于荒郊野地的知名或不知名古塔被人为或自然因素摧毁的不知又有多少。据有关学者不完全统计，仅"文革"期间全国范围内被毁古塔在5 000座以上。其中，殊为可惜的是河北邢台开元寺和天宁寺两处塔林，约120座唐至明清的古塔在1967年前后被尽数毁没，有的高塔甚至用炸药定点爆破三四次才轰然倒下。古建筑史专家刘敦桢先生曾于1935年拍摄到这批古塔的历史照片。从披露的部分照片来看，中国历史上出现过的各种类型的塔，这里几乎都有，尤以密檐式塔和喇嘛塔的建造工艺为典型，有的塔照还被设计为邢台工业产品的商标，但也未能逃脱被毁的命运。类似事例还有河南襄城乾明寺塔林，约370座唐至清代砖塔在"文革"中被毁；陕县空厢寺塔林约400座舍利塔，在抗日战争及"文革"时期陆续被战火和各种人为因素摧毁。在陕西关中，长安百塔寺塔林自民国三十年（1941）设立"中央陆军军官学校第七分校"后，被陆续拆毁；西安大兴善寺塔林约200座舍利塔，于20世纪50年代初拓建省军区大院和1958年迁建"西安音乐专科学校"（今西安音乐学院）及1959年建立"西安市儿童剧团"（今西安歌舞剧院）后，被陆续拆除；西安罔极寺塔林约20座喇嘛塔，在"大跃进"时期被拆除，塔砖用于搭建土法炼钢炉；曾公布为"省保"单位的"兴平南塔""周至楼观台古塔"也相继于"大跃进"和"文革"中被拆除。在陕南，洋县智果寺塔林约50座舍利塔，于20世纪50年代被拆除，塔砖用于修建当地学校；安康文兴塔，于"文革"期间两派武斗后被拆除。在陕北，清凉山石窟寺塔林约40座舍利塔，在"大跃进"及平整土地、平坟运动中被毁。

　　梳理陕西历史上古塔毁坏因素，无外乎地震、雷击、火灾、风蚀、水浸、滑坡、战争、盗掘，以及"法难"和各项运动等。其中，地震灾害是造成古塔毁坏的一大因素。如渭南市临渭区的慧照寺塔、庆安寺塔俱在嘉靖三十四年十二月十二日（1556年1月23日）华州大地震中崩毁。《庆安寺重修宝塔记》云："值于我皇上嘉靖三十四年十二月十二日夜三更三点，地大震焉，前塔崩倒。当斯时也，震风解瓦，飞沙压镇，五尺之童，无不惊骇。"据《明史·五行志》记载：此次地震"压死官吏军民奏报有名者八十三万有奇，其不知名未经奏报者不可数计。"据现代地震工作者研究，华州大地震相当于里氏8.5级，波及中国10余省，死亡人数位于世界地震灾害之首。可以想见，古塔震毁者亦当不计其数，是为冠绝古今的塔殇——由自然灾变所造成。雷击酿成的古塔毁坏情况亦不容小觑。《新唐书·五行志》载有唐长安城（今西安）庄严寺塔因雷击起火的事例："大历十年二月，庄严寺浮图灾。初有疾风震电，俄而火从浮图中出。"事实上，比起猝不及防的自然灾害，人为因素如历史上"三武一宗灭佛"造成的古塔毁坏情况则更为严重。

所谓"三武一宗灭佛"，是指北魏太武帝灭佛、北周武帝灭佛、唐武宗灭佛、后周世宗灭佛等4次"法难"事件。法难情形由诏令措辞可见一斑，如①北魏太武帝诏："诸有佛图形象及胡经，尽皆击破焚烧，沙门无少长，悉坑之"（《魏书·释老志》）；②北周武帝诏："断佛、道二教，经像悉毁，罢沙门、道士，并令还民，并禁诸淫祀，礼典所不载者，尽除之"《周书·武帝本纪》；③唐武宗会昌五年（845）敕令：规定西京长安只许保留4座寺院，每寺留僧10人，东京洛阳留2寺，其余节度使的州治共34州各留1寺，其他寺庙全部摧毁，僧尼皆令还俗，所没收铜铸佛像、钟磬全部销熔铸钱，铁铸的交本州销铸为农具（《旧唐书·武宗本纪》）；④后周世宗诏："非敕赐寺额者皆废之"（《周世宗本纪》）。历次灭佛的结果：①北魏，幸得太子拓跋晃故意拖延宣诏，使僧尼大都闻风逃匿，佛像经卷也大都密藏，只有寺庙佛塔等多遭捣毁；②北周，约4万座寺庙被没收，约300万僧尼、道士被迫还俗；③唐武宗，凡废毁大、中寺院4 600余所，小寺庙4万余所，僧尼还俗260 500余人，毁佛的同时，景教、祆教也受到波及；④后周，凡废毁寺院30 336所，僧尼还俗61 200余人。三武一宗灭佛的重灾区在陕西及整个北方地区（前两次因统治地域所限，江南得以避过），灭佛的原因、动机主要在国家政治、经济和儒道释之争的文化冲突层面，但僧人修为的缺陷和僧俗之间的经济利益纠葛也构成了朝廷"灭佛"的借口和导火索。历史翻过这一页后，曾为饱学儒士的云门名僧宗颐（约1053—1106）为之作偈检讨："天生三武祸吾宗，释子回家塔寺空，应是昔年崇奉日，不能清检守真风。"

2. 现代立法与科技保护

人类社会进入20世纪，相继经历了两次世界大战和多次局部地域战争。当硝烟散去之后，国际有识之士开始为保护历史古迹共商预防法案。1964年5月，第二届历史古迹建筑师及技师国际会议在威尼斯拟定了《国际古迹保护与修复宪章》（又称《威尼斯宪章》），文中对历史古迹的定义、宗旨、保护、修复、发掘及出版等相关内容进行了阐述，是为具有普适性的国际宪章，为中国历史古迹的立法保护提供了可资借鉴的法律基础。1972年11月，联合国教科文组织巴黎会议通过了《保护世界文化和自然遗产公约》，借此向所有国家发出呼吁：世界遗产是全人类文明历史的精华，是极其罕见和不可再生、不可复制的。在它们受到威胁之前，就应该建立一个制度，把它们保护起来。从此，立法保护文化和自然遗产就成为全人类的共识。1982年11月，《中华人民共和国文物保护法》颁布，从而为中国文物保护事业提供了法律保障；1985年12月，中国正式加入《保护世界文化和自然遗产公约》；1992年5月，《中华人民共和国文物保护法实施细则》出台；1999年10月，中国当选为世界遗产委员会成员。

2002年7月，联合国教科文组织修订颁布了《执行世界遗产公约的操作准则》，文中关于"世界文化遗产"的评选标准，要求在符合真实性标准的同时，至少要符合以下其中1种特质：①代表一种独特的艺术成就，一种创造性的天才杰作；②能在一定时期内或在世界某一文化区域内，对建筑艺术、纪念物艺术、城镇规划或景观设计的发展产生过重大影响；③能为一种已经消失的文明或文化传统提供一种独特的或至少是特殊的见证；④可作为一种建筑物或建筑群或景观的杰出范例，展示出人类历史上一个（或几个）重要阶段；⑤可作为传统的人类居住地或使用地的杰出范例，代表一种（或几种）文化，尤其是处在不可逆转的变化之下，容易损毁的地点；⑥与具有特殊普遍意义的事件或现行传统、思想、信仰或文学艺术作品有直接或实质的关联，具有突出的普遍意义。

对照以上评选标准，陕西现存古遗址、古墓葬、古建筑（主要为唐宋佛塔）、石窟寺中的典型范例，至少有几十处符合其中的3种特质，可资备选"世界文化遗产"清单。值得欣慰的是，经过政府和文物工作者的不懈努力，截至2014年6月，已有2项8处遗产点被联合国教科文组织列入《世界遗产名录》，它们分别是秦始皇陵、汉长安城未央宫遗址、唐长安城大明宫遗址、大雁塔、小雁塔、兴教寺塔、彬县大佛寺石窟、张骞墓。其中，大雁塔是为保存唐玄奘法师经陆上丝绸之路带回长安的经卷佛像而建；小雁塔是为保存唐代高僧义净沿海上丝绸之路西行求法带回的经卷佛像而建；兴教寺三塔，分别是玄奘法师及其弟子窥基、新罗弟子圆测的舍利灵塔。截至2017年7月，中国已有世界遗产52项，其中世界文化遗产36项、世界文化与自然双重遗产4项、世界自然遗产12项，在世界遗产名录国家里排名第二，仅次于意大利（53项）。

中国自汉代开始建塔，迄今已有两千年历史，其装饰工艺和工程技术本身已经造就了一种独立的建筑艺术体系，并带动了东亚地区古建筑的发展。作为中国古塔大省之一的陕西，在依照文物保护法保护古塔的同时，如何运用好现代科技，实施更为全面、系统的科技保护，从而使饱受岁月磨蚀的古塔一代代传承下去，已成为陕西古建筑科研领域的一项重要课题。

2018年3月，由陕西省文物局主办、陕西省文化遗产研究院承办的"建筑遗产——古塔保护技术研讨会"在西安举行。来自意大利、日本及中国多地的专家学者，围绕古塔工程勘察、保护措施比选及结构加固设计等展开研讨。古塔的保护维修，是一项系统工程，主要涉及测量测绘、无损检测、动力特性测试、模型试验与有限元分析、结构性能评价、地基基础加固与塔体扶正、塔身加固、构件修缮、防火防雷以及周边环境综合治理等。客观地说，中国古塔的维修，由于形式、材质、技法的多样，目前尚未形成制式，还有很长的探索路程要走。在遵循文物安全和"修旧如旧"的前提下，如何让传统技艺秉承自身优点，兼容现代科技手段，不断为古塔的历久弥新发挥作用，应是今后古塔保护与研究的方向。

3. 尾记

本书上编收录陕西地上现存不可移动古塔389处517座，其中由国务院和省、市、区、县政府公布为各级文物保护单位及其附属遗存者，计165处244座；本书下编记述陕西近百年消失的古塔80处400余座，介绍佛教供奉塔、造像塔、壁塑塔、画像砖塔43处70座。这些古塔上至北魏，下迄民国，时间跨越1 500余年，它们和陕西现存古城墙、楼阁、阙台、寺庙等共同构成了中国建筑史的重要篇章，是陕西自北魏以来宗教史、文化史和社会发展史的实物见证。

苏轼《前赤壁赋》云："寄蜉蝣于天地，渺沧海之一粟。"今天，当我们怀着深深的感喟，浏览中国大地千人一面的县城和那些注定只会成为过客的建筑赝品时，怎能不怀念那些坐落于一城、一镇、一山、一水间的一座座古塔，它们作为或雄峻、或庄严、或俊秀、或玲珑的独特地理标志和令人遐想不尽的东方韵味，在世界建筑史上留下了永不磨灭的一页，也安抚了这个熙熙攘攘的世界。

附表

陕西省关中、陕北、陕南三地区现存各时代古塔简表

地区	古塔座数	唐代	唐—宋	宋代	金代	元代	宋—元明	明清	民国	县级以上文物保护单位及其附属遗存
关中	336	19	2	17	3	2		288	5	94处130座
陕北	101	1		3		1	11	83	2	37处73座
陕南	80			3				75	2	34处41座
合计	517	20	2	23	3	3	11	446	9	165处244座
备注	（1）全省合计517座，依次为关中地区西安市67座、铜川市9座、宝鸡市15座、咸阳市19座、渭南市226座；陕北地区榆林市22座、延安市79座；陕南地区汉中市24座、安康市45座、商洛市11座 （2）陕北列入宋—元明11座，系两处有年代争议的塔林，即富县的八卦寺塔林和志丹县的砖塔群 （3）县级以上文物保护单位及其附属遗存共165处244座，其中含"国保"单位及其附属遗存47处50座，"省保"单位及其附属遗存61处113座，"市、区、县保"单位及其附属遗存57处81座									

总　目

·上册·

陕西古塔分布图 / 1
引　言 / 1
概　述 / 1

 上编　穹顶之下

第一章　关中古塔 / 3

一、西安古塔 / 4
二、铜川古塔 / 132
三、宝鸡古塔 / 156
四、咸阳古塔 / 184
五、渭南古塔 / 250

·下册·

 上编　穹顶之下

第二章　陕北古塔 / 529

一、榆林古塔 / 530
二、延安古塔 / 576

第三章　陕南古塔 / 679

一、汉中古塔 / 680
二、安康古塔 / 730
三、商洛古塔 / 812

下编　寂灭与呈现

第四章　近百年消失的陕西古塔 / 831

一、已消失的关中古塔 / 836
二、已消失的陕北古塔 / 905
三、已消失的陕南古塔 / 916

第五章　陕西发现的佛教供奉塔、造像塔、壁塑塔和画像砖塔 / 925

一、供奉于寺院或信士家庭佛堂内的塔 / 933
二、石窟寺中的石造像塔和寺庙壁塑中的泥塑塔 / 986
三、信士墓室内的画像砖塔 / 1032

参考文献 / 1038
后　记 / 1043

上册细目

陕西古塔分布图 / 1

陕西省省级以上文物保护单位古塔分布图 / 2
关中地区县级以上文物保护单位古塔分布图 / 4
陕北地区县级以上文物保护单位古塔分布图 / 6
陕南地区县级以上文物保护单位古塔分布图 / 8

引言 / 1

概述 / 1

上编　穹顶之下

第一章　关中古塔 / 3

一、西安古塔 / 4

001·小雁塔 / 10
002·宝庆寺塔 / 14
003·省心楼 / 19
004·文昌塔 / 21
005·西安万寿寺塔 / 23
006·敦煌寺塔 / 25
007·大雁塔 / 29
008·大慈恩寺舍利塔林（6座）/ 34
008—1·憨月圆禅师塔 / 35
008—2·粲然和尚塔 / 36
008—3·治宽和尚寿塔 / 37
008—4·清悟和尚灵骨塔 / 38
008—5·觉科和尚寿塔 / 39

008—6·纯公和尚灵骨塔 / 40
009·大兴善寺普通塔 / 41
010·长安圣寿寺塔 / 45
011·印光法师影堂石塔 / 48
012·兴教寺塔（3座）/ 51
012—1·玄奘塔 / 52
012—2·窥基塔 / 54
012—3·圆测塔 / 55
013·二龙塔 / 57
014·香积寺善导塔 / 61
015·香积寺净业塔 / 64
016·香积寺舍利塔林（9座）/ 66
017·长安华严寺塔（2座）/ 68
017—1·杜顺禅师灵塔 / 70
017—2·清凉国师灵塔 / 72
018·天池寺塔 / 74
019·丰德寺舍利塔林（5座）/ 76
020·净业寺舍利塔林（5座）/ 78
020—1·净业寺高浮雕石喇嘛塔 / 80
020—2·净业寺石喇嘛塔 / 82
020—3·净业寺普通塔 / 83
020—4·圆明禅师塔 / 84
020—5·印月禅师塔 / 85
021·玉皇坪舍利塔 / 86
022·嘉午台普同塔 / 88
023·西林寺舍利塔（2座）/ 90
024·青华山舍利塔 / 91
025·昭慧塔 / 92
026·鸠摩罗什舍利塔 / 96
027·敬德塔 / 100
028·湛文和尚舍利塔 / 102
029·凝灵塔 / 104
030·上悟真寺塔林（8座）/ 105
030—1·悟真寺石喇嘛塔之一 / 106
030—2·悟真寺石喇嘛塔之二 / 107

030—3・悟真寺亭阁式石塔之一 / 108

030—4・悟真寺亭阁式石塔之二 / 109

030—5・悟真寺五轮塔之一 / 110

030—6・悟真寺五轮塔之二 / 111

030—7・悟真寺五轮塔之三 / 112

030—8・悟安禅师塔 / 113

031・仙游寺法王塔 / 114

032・八云塔 / 120

033・大秦寺塔 / 123

034・昆山律师衣钵塔 / 125

035・白云塔 / 128

二、铜川古塔 / 132

036・重兴寺塔 / 135

037・延昌寺塔 / 137

038・法海石塔 / 140

039・柏树塬塔 / 142

040・神德寺塔 / 144

041・香山寺舍利塔林（3座）/ 148

041—1・天衣禅师舍利塔 / 149

041—2・监院心贞塔 / 150

041—3・香山寺普通塔 / 152

042・兴元寺塔 / 153

三、宝鸡古塔 / 156

043・净光寺塔 / 159

044・太平寺塔 / 162

045・南宗禅师舍利塔 / 166

046・龙门洞铁塔 / 168

047・漳峰塔 / 170

048・青峰寺舍利塔林（4座）/ 173

049・塔坝村僧人舍利塔（2座）/ 175

050・天台寺舍利塔 / 178

051・续超老和尚灵塔 / 179
052・慧公大和尚塔 / 180
053・鹿母寺僧人灵塔 / 182

四、咸阳古塔 / 184

054・北杜铁塔 / 188
055・香积寺塔 / 193
056・金龟寺普通塔 / 196
057・武陵寺塔 / 200
058・七泉寺舍利塔 / 204
059・彬县开元寺塔 / 205
060・泰塔 / 210
061・悟空禅师塔（2座）/ 214
061—1・振锡寺塔 / 214
061—2・悟空禅师塔（残体）/ 216
062・泾阳崇文塔 / 218
063・中王堡木塔 / 223
064・城隍庙铁塔 / 226
065・清梵寺塔 / 228
066・兴平东街铁塔（2座）/ 232
066—1・兴平东街铁塔之一 / 232
066—2・兴平东街铁塔之二 / 234
067・报本寺塔 / 236
068・寺背后塔 / 243
069・香严寺塔 / 246
070・兴化寺塔 / 248

五、渭南古塔 / 250

071・慧照寺塔 / 263
072・庆安寺塔 / 266
073・蕴空寺塔（3座）/ 269
073—1・蕴空法师塔 / 271
073—2・普乾法师塔 / 273

073—3·无名氏墓塔 / 274
074·潜龙寺舍利塔 / 275
075·峪口黑龙塔 / 277
076·坡坡山塔 / 280
077·赳赳寨塔 / 281
078·党家村文星塔 / 284
079·昝村塔 / 287
080·鸭儿坡塔 / 289
081·运庄塔 / 290
082·北赵塔 / 291
083·北高门塔 / 292
084·北高门文星塔 / 293
085·西高门塔 / 294
086·堡安塔 / 295
087·东王村文星塔 / 297
088·段堡塔 / 298
089·南西庄塔 / 299
090·折桂楼 / 300
091·文衡塔 / 302
092·阿池村土塔 / 303
093·爱帖村土塔 / 304
094·城北村土塔群（3座）/ 305
095·大鹏村土塔 / 307
096·东英村土塔 / 308
097·高许庄土塔 / 309
098·马陵庄土塔 / 310
099·三甲村土塔 / 311
100·西英村土塔 / 312
101·下干谷土塔 / 313
102·赵村土塔 / 314
103·渚北村土塔（2座）/ 315
104·东马村土塔（2座）/ 316
105·慧彻寺南塔 / 319
106·崇寿寺塔 / 322
107·海源寺塔 / 324

108·常乐宝塔 / 326

109·晋城塔 / 328

110·椿林镇文昌阁 / 329

111·地母塔 / 330

112·大孔村土塔 / 331

113·党南村土塔 / 332

114·马家村土塔 / 334

115·飞泉寺舍利塔（2座）/ 335

116·白堡村土塔 / 337

117·北塬村土塔（2座）/ 338

118·富卓村土塔 / 340

119·沟南村土塔 / 341

120·雷村土塔 / 342

121·南纪庄土塔 / 343

122·通道村土塔 / 345

123·王家南头村土塔 / 346

124·小卓村土塔 / 347

125·精进寺塔 / 348

126·中社塔 / 352

127·秀峰塔 / 353

128·三门塔 / 354

129·韦家社塔 / 355

130·文章庙塔 / 356

131·蔡邓村土塔 / 358

132·东习村土塔 / 359

133·东严庄土塔（2座）/ 360

134·十甲沟土塔群（3座）/ 361

135·雷家庄土塔 / 362

136·梁家嘴土塔 / 363

137·灵泉村土塔（2座）/ 365

138·灵泉村舍利塔 / 367

139·岭上村土塔 / 368

140·庙洼村土塔 / 369

141·南庄土塔 / 370

142·西丰洛土塔 / 371

143·西干浴土塔 / 372
144·西观村娘娘庙塔 / 373
145·咸和村土塔 / 374
146·遮路村土塔 / 375
147·郑家坡土塔 / 376
148·北酥酪土塔 / 377
149·百良寿圣寺塔 / 379
150·罗山寺塔 / 382
151·罗山寺土塔（2座）/ 384
152·大象寺塔 / 386
153·合阳千金塔 / 388
154·城村奎星塔 / 390
155·北伍中奎星塔 / 392
156·南伍中村奎星塔 / 393
157·英庄太阳塔 / 394
158·安阳村土塔 / 395
159·白灵村土塔 / 396
160·百里村土塔 / 397
161·柏瑞村土塔 / 398
162·保宁村土塔 / 399
163·北陈峪土塔 / 400
164·北伏蒙村土塔 / 401
165·北郭村土塔 / 402
166·北雷村土塔群（4座）/ 403
167·北渠西村土塔 / 406
168·北吴仁村土塔 / 407
169·北伍中村土塔 / 408
170·北岳庄土塔 / 409
171·曹家坡土塔 / 410
172·崔卢村土塔 / 411
173·大伏六村土塔（2座）/ 412
174·大原头土塔群（3座）/ 414
175·党家庄塔 / 416
176·导基村土塔 / 418
177·东雷村土塔（2座）/ 420

178・东马村土塔 / 422

179・东蒙村土塔 / 423

180・东明村文昌塔 / 424

181・东清善村土塔 / 425

182・东如意土塔 / 426

183・东吴村土塔（2座）/ 427

184・东庄子土塔 / 429

185・豆庄土塔（2座）/ 430

186・富礼坊土塔 / 432

187・高池村土塔 / 433

188・顾贤村土塔 / 434

189・官道河土塔 / 435

190・金家庄土塔 / 436

191・井溢村土塔（2座）/ 437

192・旧堡村土塔 / 439

193・坤龙村土塔 / 440

194・雷家洼土塔 / 441

195・良石村土塔（2座）/ 442

196・临河村土塔（2座）/ 444

197・刘家岭土塔 / 446

198・刘家庄土塔 / 447

199・路二村土塔 / 448

200・麻阳村双塔（2座）/ 449

201・马坊村土塔 / 451

202・孟家庄土塔 / 452

203・南百坂土塔 / 453

204・南蔡村土塔 / 454

205・南渠西村土塔群（4座）/ 455

206・南王村土塔 / 459

207・南吴仁村土塔 / 460

208・念吉村土塔 / 461

209・坡赵村土塔 / 462

210・朴鲁村土塔 / 463

211・前咀村土塔 / 464

212・渠西凸村土塔 / 465

213·如意南庄土塔 / 466

214·山阳村土塔 / 467

215·太定村土塔（2座）/ 468

216·太枣村土塔 / 470

217·同北村风水塔 / 471

218·王家洼土塔 / 472

219·王家庄风水塔（2座）/ 473

220·王家庄双塔（2座）/ 475

221·文昌阁土塔 / 477

222·西宫城村土塔 / 478

223·西马庄土塔 / 479

224·西四村土塔 / 480

225·西休村土塔 / 481

226·项村风水塔 / 482

227·辛庄双塔（2座）/ 483

228·杨家坡土塔 / 484

229·油王村土塔 / 485

230·峪北村土塔（2座）/ 486

231·中蒙村土塔 / 487

232·张家庄土塔 / 488

233·金龙寺塔 / 489

234·安一村土塔 / 492

235·北坝村土塔 / 494

236·北健村土塔 / 495

237·北王阁土塔 / 496

238·东白池土塔 / 497

239·东堤双峰土塔 / 498

240·东高城土塔群（5座）/ 500

241·加西村土塔 / 502

242·上石槽土塔 / 504

243·南吉草土塔 / 505

244·太夫雷土塔 / 506

245·西寺土塔 / 507

246·相底村土塔 / 508

247·长城村土塔 / 509

248·文殊新塔 / 510
249·仙姑观道姑墓塔 / 512
250·柏庙村土塔 / 515
251·宋峪村土塔（2座）/ 516
252·华山杨公塔（2座）/ 518
253·法源寺塔 / 521
254·万斛寺塔 / 524
255·圣佛寺塔 / 526
256·忽家村土塔 / 528

上编

穹顶之下

QIONGDING ZHIXIA

第一章 关中古塔

关中地区包括西安、铜川、宝鸡、咸阳、渭南及杨凌6市（区），涵盖秦岭以北，子午岭、黄龙山以南，陇山以东，潼关以西的区域。这一区域被文史和地理学者誉为『八百里秦川』沃土，是历史上周秦汉唐的京畿地区和中国古塔的荟萃之地。该区域现存唐代至民国时期不可移动古塔336座，分布于41个县（市、区），其中，西安市67座、铜川市9座、宝鸡市15座、咸阳市19座、渭南市226座。按时代划分，该区域计有唐塔19座、唐—宋塔2座、宋塔17座、金塔3座、元塔2座、明清塔288座、民国塔5座，其中县级以上文物保护单位及其附属遗存94处130座。关中地区既是陕西省内保存唐宋（金）时期高规格汉式佛塔最多的地区，也是陕西明清时期风水塔的集中之地。

一、西安古塔

西安地名源自明洪武二年（1369）改奉元路为西安府，取义"安定西北"。民国三十六年（1947）和1953年曾升格为中央政府直辖市，1954年6月改为省辖市。其位于陕西省渭河流域中部关中盆地，东经107°40′~109°49′，北纬33°42′~34°45′之间，南依秦岭，北临渭河，东以零河和灞源山地为界，西以太白山地及青化黄土台塬为界。辖境东西长约204公里，南北宽约116公里，总面积10 108平方公里，其中市区面积3 582平方公里，辖新城、碑林、莲湖、雁塔、灞桥、未央、阎良、临潼、长安、高陵、鄠邑11区，蓝田、周至2县。

西安地质构造兼跨秦岭地槽褶皱带和华北地台两大单元。境内海拔高度差异悬殊，巍峨峻峭的秦岭群峰与坦荡舒展的渭河平原界线分明，构成西安市的地貌主体。秦岭山脉主脊海拔2 000~2 800米，渭河平原海拔400~700米，其中东北端渭河河床最低处海拔345米。西安城区坐落于渭河南岸二级阶地上。

西安古称丰京、镐京、大兴、长安，先后有西周、西汉、新莽、东汉、西晋、前赵、前秦、后秦、西魏、北周、隋、唐12个王朝建都或迁都于此，历时1 100余年，是世界四大古都之一，为华夏文明的重要发祥地和连通亚欧大陆桥的丝绸之路的起点。据考古资料证实，早至100万年前的旧石器时代就有亚洲北部最早的直立人——蓝田人于此繁衍生息；7 000年前的半坡、姜寨先民在此留下了繁荣的母系氏族社会聚落缩影；近年发掘的高陵杨官寨遗址，为目前庙底沟文化类型发现的唯一保存完整的环壕聚落（城的雏形），将西安的建城史提前到5 500年前，是中国文明形成中的一个重要节点。截至2014年6月，西安共有2项6处遗产被联合国教科文组织列入《世界遗产名录》，分别为秦始皇陵、汉长安城未央宫遗址、唐长安城大明宫遗址、大雁塔、小雁塔、兴教寺塔（3座）。西安地下和地面文物遗迹丰富，以周秦汉唐遗存为大宗，从多层面、多角度体现了古代中国辉煌时期的历史风貌和文化蕴含。

西安市现存历代古塔67座，其中，碑林、新城、莲湖、未央区6座，雁塔区8座，长安区35座，高陵区1座，鄠邑区4座，蓝田县8座，周至县5座。由秦岭黑水峪口迁至金盆村北梁上的仙游寺法王塔是中国现存最早的方形楼阁式砖塔之一，所出《仙游寺舍利塔铭》为一碑两代刻铭，系告知后人的唯一可凭借的隋唐文字信息；矗立于雁塔区大慈恩寺的大雁塔和碑林区荐福寺的小雁塔分别为中国楼阁式砖塔和密檐式砖塔的典型代表，并是唐长安城保留至今的重要标志和象征；坐落于莲湖区的西安清真寺省心楼为八角二层三滴水，木架砖结构，顶层屋架系用各种木件叠架，造型独特，巧具匠心，是国内现存伊斯兰教宣礼塔（邦克楼）的代表性建筑。长安区地跨樊川和秦岭山地，隋唐时期的"樊川八大寺"和秦岭北麓的众多寺院，香火绵亘，形成了早至唐高僧玄奘，晚迄民国印堂法师的舍利塔链，可谓历代高僧灵骨的安息地。其中，长安圣寿寺塔（应身大士圆寂塔）坐落于秦岭峡谷中，壁面光洁，鲜见风蚀痕迹，为关中地区唐代楼阁式塔的代表作；兴教寺玄奘塔、窥基塔、圆测塔呈"品"字形排列，为玄奘师徒的静息之所，被后世所瞻仰；坐落于净土宗祖庭的香积寺善导塔是早期密檐式砖塔的典型代表，塔身各层均当心间辟券门、次间朱绘直棂假窗乃其显著特征；雕凿于沣峪口后山壁的净业寺高浮雕石喇嘛塔，造型浑圆、古朴，具有西夏—蒙元时期喇嘛塔风格，是国内鲜见、陕西省内仅见的元代高浮雕石喇嘛塔；位于秦岭蛟峪、土门峪之间梁坡上的二龙塔，归属寺院阙载，但从释读"三普"发现的丰德寺明永乐六年（1408）"觉大乘山独空通禅师塔"铭得悉，曾募资修塔"助缘"的寺院涉及10余家，其中有"二龍（龙）寺"，这也是该寺颓废几百年后首次发现其名谓延续于明代的实物佐证，该资料的发现对研究西安地区古刹分布及历史沿革具有重要的价值，尤其使长期悬而未决的"二龙塔"最终有了寺院归属（当适时更正为"二龙寺塔"）；位于高陵区的昭慧塔（高陵塔）为楼阁式与密檐式塔的混合造型，仰视如耸峙的巨型莲花台，颇具建筑艺术感染力；置于鄠邑区草堂寺的鸠摩罗什舍利塔，雕有"须弥山仙境"，是中国现存时代较早且鲜见的亭阁式玉石雕作之塔，为研究"须弥座"早期式样提供了珍贵的实例；建于北宋元祐七年（1092）的紫阁峪的敬德塔（宝林寺塔），方正典雅，雕饰精细，是宋代方形楼阁式塔的典型代表；蓝田县的上悟真寺塔林保存有2座完整的石喇嘛塔和4座五轮塔，为陕西古塔序列提供了明代石喇嘛塔和清代五轮塔标本实例；迁至大兴善寺的普通塔，是明清时期西安城外最大的一处舍利塔林孑遗，见证了一段被遗忘的沧桑历史。

西安古塔列表

序号	古塔名称	时代	形制	保护级别	地址
001	小雁塔	唐代	方形十五级密檐式空心砖塔	国保	碑林区友谊西路西安博物院内
002	宝庆寺塔	明代	六角七层楼阁式砖塔	省保	碑林区书院门街西口北侧
003	省心楼	明代	伊斯兰教楼阁式宣礼塔	"国保"附属遗存	莲湖区北院门化觉巷清真寺内
004	文昌塔	明代	方形二层楼阁式实心砖塔	未定	碑林区柏树林街南段路西
005	西安万寿寺塔	明代	六角六层楼阁式空心砖塔	省保	新城区韩森寨万寿中路西侧
006	敦煌寺塔	清代	六角七层楼阁式砖舍利塔	市保	未央区汉城街道青西村
007	大雁塔	唐代	方形七层楼阁式空心砖塔	国保	雁塔区雁塔南路北口大慈恩寺
008	大慈恩寺舍利塔林（6座）	清代	八角三层幢式石舍利塔和六角单层、二层楼阁式砖舍利塔	未定	雁塔区雁塔南路北口大慈恩寺内
008—1	憨月圆禅师塔	清代	八角三层幢式石舍利塔	未定	雁塔区雁塔南路北口大慈恩寺内
008—2	粲然和尚塔	清代	六角单层楼阁式砖舍利塔	未定	雁塔区雁塔南路北口大慈恩寺内
008—3	治宽和尚寿塔	清代	六角二层楼阁式砖舍利塔	未定	雁塔区雁塔南路北口大慈恩寺内
008—4	清悟和尚灵骨塔	清代	六角二层楼阁式砖舍利塔	未定	雁塔区雁塔南路北口大慈恩寺内
008—5	觉科和尚寿塔	清代	六角二层楼阁式砖舍利塔	未定	雁塔区雁塔南路北口大慈恩寺内
008—6	纯公和尚灵骨塔	清代	六角二层楼阁式砖舍利塔	未定	雁塔区雁塔南路北口大慈恩寺内
009	大兴善寺普通塔	清代	六角五层楼阁式砖舍利塔	"省保"附属遗存	雁塔区兴善寺西街大兴善寺内
010	长安圣寿寺塔	唐代	方形七层楼阁式空心砖塔	国保	长安区五台街道南五台山圣寿寺
011	印光法师影堂石塔	民国	方形三层楼阁式石舍利塔	未定	长安区五台街道南五台山圣寿寺
012	兴教寺塔（3座）	唐·宋	方形楼阁式砖塔	国保	长安区杜曲街道西韦村兴教寺内
012—1	玄奘塔	唐代	方形五层楼阁式砖塔	国保	长安区杜曲街道西韦村兴教寺内
012—2	窥基塔	唐代	方形三层楼阁式砖塔	国保	长安区杜曲街道西韦村兴教寺内
012—3	圆测塔	北宋	方形三层楼阁式砖塔	国保	长安区杜曲街道西韦村兴教寺内
013	二龙塔（二龙寺塔）	唐代	方形多级密檐式空心砖塔	省保	长安区太乙宫街道温家山村东南
014	香积寺善导塔	唐代	方形十三级密檐式空心砖塔	国保	长安区郭杜街道香积寺村香积寺内

续表

序号	古塔名称	时代	形制	保护级别	地址
015	香积寺净业塔	唐代	方形五层楼阁式砖塔	"省保"附属遗存	长安区郭杜街道香积寺村香积寺内
016	香积寺舍利塔林（9座）	清代	楼阁式砖舍利塔和经幢式石舍利塔	"省保"附属遗存	长安区郭杜街道香积寺村香积寺内
017	长安华严寺塔（2座）	唐·元—清	方形和六角楼阁式砖舍利塔	国保	长安区韦曲街道东四府村少陵原畔
017—1	杜顺禅师灵塔	唐代	方形七层楼阁式砖舍利塔	国保	长安区韦曲街道东四府村少陵原畔
017—2	清凉国师灵塔	元—清	六角五层楼阁式砖舍利塔	国保	长安区韦曲街道东四府村少陵原畔
018	天池寺塔	明代	六角七层楼阁式砖塔	省保	长安区太乙宫街道蛟峪山中
019	丰德寺舍利塔林（5座）	明代	喇嘛式石塔	"区保"附属遗存	长安区滦镇街道沣峪口村东南
020	净业寺舍利塔林（5座）	元—清	喇嘛式石塔和方形砖舍利塔	"区保"附属遗存	长安区滦镇街道沣峪口村南
020—1	净业寺高浮雕石喇嘛塔	元代	喇嘛式石塔	"区保"附属遗存	长安区滦镇街道沣峪口村南
020—2	净业寺石喇嘛塔	明代	喇嘛式石塔	"区保"附属遗存	长安区滦镇街道沣峪口村南
020—3	净业寺普通塔	清代	方形单层砖舍利塔	"区保"附属遗存	长安区滦镇街道沣峪口村南
020—4	圆明禅师塔	清代	方形单层砖舍利塔	"区保"附属遗存	长安区滦镇街道沣峪口村南
020—5	印月禅师塔	清代	方形二层砖舍利塔	"区保"附属遗存	长安区滦镇街道沣峪口村南
021	玉皇坪舍利塔	明—清	喇嘛式三层石舍利塔	未定	长安区滦镇街道玉皇坪村西侧
022	嘉午台普同塔	明—清	六角五层楼阁式砖舍利塔	未定	长安区引镇街道十里庙村西嘉午台山
023	西林寺舍利塔（2座）	清代	六角三层楼阁式砖舍利塔	"区保"附属遗存	长安区太乙宫街道西岔村南五台
024	青华山舍利塔	清代	喇嘛式石塔	未定	长安区滦镇街道青华山卧佛寺内
025	昭慧塔	唐代	八角十三层空心砖塔	国保	高陵区鹿苑街道昭慧广场
026	鸠摩罗什舍利塔	唐代	亭阁式石塔	国保	鄠邑区草堂街道草堂寺内
027	敬德塔	宋代	方形七层楼阁式砖塔	国保	鄠邑区太平乡紫阁村紫阁峪内

续表

序号	古塔名称	时代	形制	保护级别	地址
028	湛文和尚舍利塔	明代	喇嘛式石塔	"省保"附属遗存	鄠邑区秦渡街道北庞村罗汉寺内
029	凝灵塔	明代	经幢式石舍利塔	区保	鄠邑区石井镇栗峪口村西南
030	上悟真寺塔林（8座）	明—清	喇嘛式、亭阁式、五轮式石塔	"县保"附属遗存	蓝田县普化镇王顺山上
030—1	悟真寺石喇嘛塔之一	明代	喇嘛式石塔	"县保"附属遗存	蓝田县普化镇王顺山上
030—2	悟真寺石喇嘛塔之二	明代	喇嘛式石塔	"县保"附属遗存	蓝田县普化镇王顺山上
030—3	悟真寺亭阁式石塔之一	明—清	方形亭阁式石舍利塔	"县保"附属遗存	蓝田县普化镇王顺山上
030—4	悟真寺亭阁式石塔之二	明—清	方形亭阁式石舍利塔	"县保"附属遗存	蓝田县普化镇王顺山上
030—5	悟真寺五轮塔之一	清代	五轮式石塔	"县保"附属遗存	蓝田县普化镇王顺山上
030—6	悟真寺五轮塔之二	清代	异形五轮式石塔	"县保"附属遗存	蓝田县普化镇王顺山上
030—7	悟真寺五轮塔之三	清代	异形五轮式石塔	"县保"附属遗存	蓝田县普化镇王顺山上
030—8	悟安禅师塔	清代	异形五轮式石塔	"县保"附属遗存	蓝田县普化镇王顺山上
031	仙游寺法王塔	唐代	方形八层楼阁式砖塔	国保	周至县马召镇金盆村北梁上
032	八云塔	唐—宋	方形十三级密檐式空心砖塔	国保	周至县二曲街道中心街南
033	大秦寺塔	宋代	八角七层楼阁式砖塔	国保	周至县楼观镇塔峪村南侧
034	昆山律师衣钵塔	清代	六角三层楼阁式道士塔	"省保"附属遗存	周至县楼观镇楼观台
035	白云塔	清代	六角四层楼阁式汉白石塔	"省保"附属遗存	周至县厚畛子镇老县城村
合计	67座		含县级以上文物保护单位及其附属遗存共29处56座。其中"国保"12处15座，"省保"4处4座，"市、区保"2处2座；"国保"附属遗存1处1座，"省保"附属遗存6处14座，"区、县保"附属遗存4处20座		

碑林区、新城区、莲湖区、未央区

碑林区因辖地内有肇始于唐代国子监所立《石台孝经》《开成石经》继而创始于北宋名臣吕大忠建立的府学"碑林"而得名。新城区名源自民国时期易名的"新城"，此城原名"王城"，乃明代秦王府之府城；清代改称"满城"，为"八旗校场"；1927 年相继易名"红城""新城"，沿用至今。莲湖区名源自辖地内有明秦王朱樉引水植荷的"莲花池"，1916 年辟为"莲湖公园"，为民国时期西安创立公园之始。未央区名源自境内汉未央宫遗址，意为"繁荣兴盛，不尽不衰"。此四区毗连，北临渭河，南望秦岭，为汉唐京畿的核心区域、连通亚欧大陆桥的丝绸之路的起点，坐拥数以千计的历代重要遗址和遗存。该区域内现存古塔 6 座。其中，位于碑林区的唐代小雁塔是中国密檐式塔的典型代表；坐落于莲湖区化觉巷清真寺的省心楼为国内现存明代伊斯兰教宣礼塔（邦克楼）的代表性建筑。

001·小雁塔

唐代方形十五级密檐式空心砖塔·全国重点文物保护单位。又称荐福寺塔，位于唐长安城安仁坊荐福寺内（今西安市碑林区友谊西路西安博物院内），是中国早期密檐式塔的代表作，与大雁塔同为唐长安城保留至今的重要标志。寺始建于唐睿宗文明元年（684），名大献福寺，以高宗李治驾崩百日，皇族贵戚为其"献福"而修，故名；武则天天授元年（690）易名大荐福寺。神龙二年（706），义净在寺内译出佛经 56 部，计 230 卷，并著成《大唐西域求法高僧传》一书。景龙年间（707—710）在寺南安仁坊另辟塔院，建造荐福寺塔（即小雁塔）。唐末，寺院毁于兵燹，唯塔存；宋时，塔院名圣荣院；明清时，以塔院为荐福寺沿袭至今。

现寺内建筑除小雁塔外，均为明清及近代所建，殿宇集中在山门直对小雁塔的中轴线上，大体保存着明正统年间（1436—1449）重修时的布局。寺内主体建筑有慈氏阁（二层）三间、大雄宝殿五间、藏经楼（二层）三间、小雁塔1座、白衣阁（二层）三间，两侧有钟楼、鼓楼、配殿、碑亭和新建长廊等。现存北宋政和六年（1116）《大荐福寺修塔碑》、金明昌三年（1192）铁钟、明正统十四年（1449）青石线刻荐福寺殿堂图、清康熙二十九年（1690）《补修荐福寺宝塔碑》、雍正十二年（1734）《荐福寺来源碑》等。其中，金代铁钟高3.5米，口径2.5米，重10余吨，以其音质洪亮，被誉为"雁塔晨钟"，列为"关中八景"之一。

小雁塔始建于唐中宗景龙元年（707），北宋政和六年修葺。明洪武年间（1368—1398）、宣德七年（1432）和正统十四年（1449）相继维修。明成化二十三年（1487）和嘉靖三十四年十二月（1556年1月）关中大地震使塔顶坠毁，塔身中裂。民国十五年（1926），刘镇华统领镇嵩军围困西安城达8个月之久，其间发生的城南制高点"小雁塔争夺战"即是西安南郊的主要战事。战事争夺中，镇嵩军先后集中重兵攻占小雁塔2次，均经守军组织反攻克复。幸运的是，小雁塔未被战火所戕，可见交兵双方都对这座唐代精美的建筑杰作保持了某种敬重和克制。

现塔残存十三级，实测残高43.395米，底层每边长11.38米。塔基座为甃砖方台，底边长23.38米，高3.2米。基座下为砖砌地宫，由前室、甬道和后室组成。基座以下及四周为唐代夯土，分布于基座周围约30米内。靠近基座的夯土深2.35～3.6米，外围延伸夯土深1.4～1.7米。塔身底层较高，南北向辟券门，以上各层均南北向辟券窗。二层以上高度逐层递减，越上越紧促，整体轮廓呈自然缓和的梭形曲线。层间以砖叠涩出檐，砌一排至两排菱角牙子。其中，第五至十一层南券窗两侧饰有方形小塔各一（现存有须弥座）。第十四层以上早年已毁。塔身结构为单壁中空，内设木构楼层及砖阶梯供登临。底层青石门楣、框上线刻有天人供养图案及牡丹、蔓草、祥云纹饰，各层塔壁有唐至清代题刻多处。据明正统十四年荐福寺殿堂线刻石，原塔刹由圆形刹座、两层相轮和宝珠刹尖组成。

1964—1965年对小雁塔进行了修整加固，并发掘了塔基。维修时，保持了500年来无十四层以上的旧状。1989年11月采用"三角高程"测量法测定一至十四层的层间高度,并据此推算原塔总高(含塔刹)为 50～55 米。

1961 年 3 月,国务院公布"小雁塔"为第一批全国重点文物保护单位。

1992 年 4 月,陕西省人民政府公布小雁塔保护范围。重点保护区为塔与塔基;一般保护区为寺院围墙内,南北长 450 米,东西宽 270 米;建设控制地带以塔基东至长安路约 420 米,西至朱雀大街 270 米,南至夏家庄约 450 米,北至友谊西路约 200 米。

1963 年成立西安市小雁塔保管所。

2007 年,西安博物院(主体建筑)落成,正式对外开放,小雁塔隶属西安博物院管辖。

2012 年确立小雁塔为丝绸之路中国段 22 个申遗项目之一。2014 年 6 月,在"第 38 届世界遗产大会"上,以中哈吉三国跨国联合申报"丝绸之路:长安—天山廊道路网"而入选《世界遗产名录》。

◎小雁塔(历史照片)

◎塔身局部

◎小雁塔

002 · 宝庆寺塔

明代六角七层楼阁式砖塔·省文物保护单位。又称花塔、华塔，位于碑林区书院门街西口北侧，距离西安南城墙约50米。寺始建于隋仁寿年间（601—604），寺址一说在唐长安城安仁坊，与小雁塔同处一坊。唐文宗大和、开成年间以五色砖建塔，故又称花塔寺。会昌五年（845）毁佛时废弃，五代时再遭兵燹，殿宇尽毁，唯塔存。寺及塔何时迁建今址，无考。明景泰二年（1451）重修，万历三十七年（1609）前的一段时间内，"关西夫子"冯从吾以寺院为讲学场所，传授关学，听众最多时达几千人，直至寺院东侧建起"关中书院"为止。清雍正元年（1723）"住僧闻天重修寺阁"，嗣后又有修葺。寺院于清末毁圮。

现仅存砖塔，通高23米，底边长2.68米。塔身实心，层间以砖叠涩出檐；一、二层檐下施砖雕斗栱，一层檐下加饰龙凤图案；二、四层每面辟龛，六层仅辟一龛，内置北魏、隋、唐石刻造像。塔顶平砖攒尖，置宝瓶式塔刹。原寺内有高廷贵造像赞、李永嗣造像赞、韦均造像赞、肖光睿造像赞等碑刻20余尊，清末散佚，大多流失海外，存于西方各大博物馆。现存明景泰二年重修碑1通，20世纪50年代初曾有维修。

1957年5月，陕西省人民委员会公布"宝庆寺华塔"为第二批陕西省文物保护单位。

1992年4月，陕西省人民政府更其名为"宝庆寺塔"，并公布保护范围。重点保护区为宝庆寺塔；一般保护区为重点保护区外延23米以内；建设控制地带为一般保护区外延46米以内。

◎宝庆寺塔

◎塔身二层佛龛唐代佛造像一

◎塔刹

◎塔身二层佛龛唐代佛造像二

◎塔身二层佛龛唐代佛造像三

◎塔身一层檐下砖雕一

◎塔身一层檐下砖雕二

003 · 省心楼

明代伊斯兰教楼阁式宣礼塔·全国重点文物保护单位"西安清真寺"附属建筑。又称"邦克楼"（宣礼塔的阿拉伯语音译），传为郑和监修，位于莲湖区北院门化觉巷清真寺内。塔为八角二层三滴水，木架砖结构，通高约12米。塔基石砌，东、西两侧设四级如意踏跺。底层每边长4.1米，地面嵌有石雕二龙戏珠图案；中间为八角形砖砌塔室，辟东、西券门；周围廊，置8根圆木立柱。二层亦周围廊，由廊底至廊顶置楷书"省心楼"3字巨幅竖匾。层间均出八角翘檐，覆青灰板瓦，饰孔雀蓝琉璃脊兽。塔顶八角攒尖，置琉璃宝瓶刹。每层檐下均施有斗栱，分别按三、五、七踩出跳。顶层屋架用各种木件叠架，造型独特，别具匠心。

据载，清真寺增设宣礼塔始于倭马亚王朝（661—750）。哈里发穆阿维叶下令将大马士革清真寺原教堂的望楼改造为宣礼塔。阿拔斯王朝（750—1258）时期，邦克楼建筑广为普及，各地清真寺多依照所在地高塔的传统形式而建，风格各异，造型多样，有圆柱形、正方形、方锥形、圆锥形、六角形、八角形、螺旋形、圆柱狼牙形等，塔内设有旋梯，可拾级而上。布局亦多样，一寺一塔至九塔不等，或独立于寺院中央，或设在寺门两侧，或建在寺院四隅，也有的与礼拜大殿毗连，形成勾连搭结构。中国清真寺宣礼塔多为传统的楼阁式，以木架砖结构为主，西安清真寺省心楼和北京牛街礼拜寺邦克楼为其代表作。

西安清真寺原名清修寺，亦称化觉巷清真寺，始建于明洪武二十五年（1392），嘉靖元年（1522）、万历三十四年（1606）及清乾隆二十九年（1764）予以重修、扩建。一说寺始建于唐天宝元年（742），宋、元修葺，明洪武年间（1368—1398）敕赐"礼拜寺"额。因地处西安大学习巷清真寺之东，俗称东大寺。现寺院占地面积约1.2万平方米，坐西朝东，呈长方形五进院式布局，东西245米，南北47米，建筑面积约4 000平方米，为国内现存规模最大的中国传统建筑风格的清真寺。

2013年搭架维修省心楼。

1956年8月，陕西省人民委员会以"清真寺"名称公布为第一批陕西省文物保护单位。

1988年1月，国务院公布"西安清真寺"为第三批全国重点文物保护单位。

1992年4月，陕西省人民政府公布保护范围。重点保护区为寺院内木牌楼、南北宾厅、五间楼、石牌坊、敕修殿、讲经堂、省心楼、南宫殿、南北厅、凤凰亭、礼拜大殿、月台、看月楼；一般保护区为寺院围墙内；建设控制地带为东至北院门，西至北广济街，南至南围墙外50米，北至西羊市街。

◎省心楼

004 · 文昌塔

明代方形二层楼阁式实心砖塔。又称文峰塔,位于碑林区柏树林街南段路西居民院内,与原西安府文庙(今西安碑林博物馆)一墙之隔,为明清时期咸宁县文昌庙(又名文昌宫)附属建筑。史念海《西安历史地图集》引《咸宁县志》曰:"文庙东有文昌宫",所记地望吻合。塔方形,底边长4.1米,通高14米。塔身素面,层间叠涩出檐较浅,施两排菱角牙子。塔顶平砖攒尖,置三级串珠式孔雀蓝琉璃塔刹和铁质戟叉。现塔被民宅包围,环境逼仄。

建塔缘由:清嘉庆本《咸宁县志》载,"万历戊午乡试榜发,咸宁无中试者。左布政使高第作培风脉,于二门外建砖塔、城头巽位置魁星楼"。所言砖塔,即文昌塔。其时,作为"培风脉"分别在文昌庙内和南城墙上建造了彼此相望的砖塔和魁星楼,不能不说是明清西安城墙有别于其他古城墙的特别之处,也从一个侧面反映了明清时期西安作为西北军事重镇的同时又是西北文化重镇的鲜明个性。据有关资料载,魁星楼为方形三层攒尖顶砖木结构楼阁,修竣后"安魁星像于楼上,为学宫左护,请贶冥冥,意以勤矣"。许是巧合,此后历次乡试,咸宁县再未发生脱榜之事。

长久以来,西安城一直由咸宁县(曾为"万年县")、长安县分管(县治设于城内),直至民国三年(1914)撤销咸宁县,并入长安县,方结束了唐代以来一城由两县分管的局面。①

---

①武伯纶《唐代长安县和万年县乡里考》云:"唐长安城以朱雀门大街为界分为东西两部,街东归万年县辖,街西归长安县辖。以此为界线,从城南面正中的明德门引伸出去,笔直达南山石砭峪的大路,就是万年、长安两县郊区的分界。这条大路,唐人亦名天门街,简称天街,盖和宫城的承天门有关。"(见《考古学报》1963年第2期)

◎魁星楼(历史照片)

◎文昌塔

005·西安万寿寺塔

明代六角六层楼阁式空心砖塔·省文物保护单位。又名藏经塔，位于新城区韩森寨万寿中路西侧西光中学校园内。寺始建于唐元和年间（806—820），名章敬寺；一说大历二年（767），内侍鱼朝恩为章敬皇后而建。清乾隆二十五年（1760）重修，易名万寿寺，同治初年毁于兵燹，光绪二十五年（1899）再度重修。20世纪50年代寺院颓废，仅存砖塔。

塔通高22.26米，底边长3.05米。塔身层间以砖叠涩出檐，砌两排菱角牙子，其中一、二层檐下施砖雕莲花、蔓草图案，且一层檐下有角科、平身科斗栱装饰；三层南面辟券龛，砖刻楷书"藏经塔"铭。塔顶平砖攒尖，置仰莲座托琉璃宝瓶式塔刹（现已不存）。21世纪初测出塔体向西北倾斜约15度，当地呼其为"斜塔"。

追溯塔体倾斜始于初建时夯土不实、周围古墓穴相继坍塌、塔体周围地基土含水量过高，以及1969年挖防空洞使塔基下沉等原因。2011年5月，西安连降大雨，使倾斜加剧。6月初，文物部门采取应急措施，以钢架支撑和拉拽塔身，灌注沙子、水泥、生石灰汲取塔基土水分，以提高其密实度和抗压强度。2013年春，开始实施塔体纠偏工程。施工人员用软棉毛毡包裹塔身，外面围上木板，套上钢箍，对塔基则采用混凝土预加固，并连续采取抽土迫降法，迫使塔体凭借自重还原。工程历时20多个月，于2015年元月1日公布纠偏改正2.64米，使"斜塔"基本归正。

2014年6月，陕西省人民政府公布"西安万寿寺塔"为第六批陕西省文物保护单位。保护范围为塔体四周外延5米；建设控制地带为保护范围外延10米。

○西安万寿寺塔

006·敦煌寺塔

清代六角七层楼阁式砖舍利塔·市文物保护单位。位于未央区汉城街道青西村敦煌寺遗址内。寺始建于西晋太康七年（286）。清雍正本《陕西通志》卷二十八引《敦煌寺碑记》载：其时有"敦煌菩萨"竺法护驻此译《法华经》，后世僧人遂建塔"龛其灵骨及舍利"。"金皇统五年住持僧政公重建，大定二年赐额胜严禅院"。明正统、成化年间及清代多次重修寺院，光绪年间（1875—1908）并入广仁寺，作为达赖和班禅进京途中的住锡之地。1966年年初，寺院尚有占地9亩的规模，坐东朝西，有山门三间、伽蓝殿一间、大殿三间。"文革"中寺院被毁，仅存砖塔；寺址先后被石灰厂、酿造厂和造纸厂所占用。

历史上，敦煌寺塔经历过多次重修、葺缮。现塔为清顺治年间（1644—1661）重建，据《陕西通志·祠祀》记载："本朝顺治间塔圮，露舍利灵骨，时复为函以瘗之，仍葺其寺。"塔通高16.09米，底层每边长2.28米，下有青石基座。塔身一、三、五层均东面辟券门，三、五层西南和西北面设假券门。第三层门额砖雕"诠源"2字，第六层正东砖雕"白毫藏"3字。层间叠涩出檐，施菱角牙子，其中，一至四层檐下饰有二龙戏珠、瑞兽、牡丹、蔓草等祥瑞图案。塔顶平砖攒尖，置仰莲座托宝葫芦塔刹。底层壁砖上多模印有"敦煌塔砖"字样。砖铭"白毫藏"意为供养舍利，典出《佛藏经·了戒品九》："如来灭后，白毫相中百千亿份，其中一份供养舍利及弟子。"

敦煌寺及高僧竺法护在中国佛教史上占有重要的地位。据考，竺法护原籍月氏，本名支法护，出生敦煌，8岁出家，拜印度沙门竺高坐为师，遂改师姓。因其世居敦煌，人称"敦煌菩萨"。后随师游历西域36国，精通各国语言。当时中原地区虽礼拜寺庙、佛像，然而大乘经典未备，竺法护"乃慨然发奋，志宏大道"，携带大批经典来到长安，开创了中国佛教史上最早的大规模翻译佛经的先河，敦煌寺也因此成为中国第一个大规模翻译佛经的道场。史载该寺"结众千余""四方世庶，闻风响集，宣隆佛化……"可见其当时已成为全国佛教的中心。

近年遗址内有新修庙宇三间，新立"胜严寺"碑，新翻刻光绪甲午年（1894）《胜严寺并入广仁寺管理记》碑，以及新建喇嘛塔2座。

◎敦煌寺塔（历史照片）

◎敦煌寺塔

◎ 一层塔身檐下戳印和砖雕

◎ 一层塔身檐下砖雕

雁塔区

雁塔区因辖地内有享誉遐迩的慈恩寺大雁塔而得名。其地处西安市南城区，东隔浐河与灞桥区相望。历史上先后或交替立有杜伯国、杜县、杜陵县、杜城县、万年县、大兴县、咸宁县、长安县（部分地域），1944年设为西安市第九区，1954年始易今名。区内有汉宣帝杜陵、唐长安城遗址、曲江池遗址、青龙寺遗址等，邻近大雁塔一侧设有陕西历史博物馆，遗存有大慈恩寺舍利塔林、大兴善寺普通塔等。始建于唐永徽三年（652）的大雁塔，是中国楼阁式塔的典型代表和连通亚欧大陆桥的丝绸之路的标志与象征，已列入《世界遗产名录》；大兴善寺普通塔是晚清时期西安城外最大一处舍利塔林的孑遗，见证了一段被遗忘的沧桑历史。

007 · 大雁塔

唐代方形七层楼阁式空心砖塔·全国重点文物保护单位。又名慈恩寺塔，是高僧玄奘的藏经塔，位于唐长安城晋昌坊（今西安市雁塔区雁塔南路北口）大慈恩寺内，为唐长安城保留至今的重要标志之一。大慈恩寺始建于唐贞观二十二年（648），是高宗李治为太子时，为追念生母文德皇后长孙氏的养育之恩，在隋代无漏寺旧址上建造的皇家寺院。据《大慈恩寺三藏法师传》载，当时寺内重楼复殿，云阁禅房，计10多个院落，共1 897间。寺建成不久，玄奘即由弘福寺迁至寺东院"译场"译经，创立了中国佛教一大宗派——慈恩宗。永徽三年（652），玄奘为保存从天竺带回长安的经卷佛像奏请建塔，经高宗敕许，乃于大慈恩寺西院营建雁塔（俗称大雁塔）。玄奘则"亲负篑畚，担运砖石，首尾二周（年），功业始毕"。唐代以后，寺院屡遭兵燹。

今寺内大雄宝殿、法堂暨藏经楼、东西厢房、钟鼓楼、山门等，均为明清时期重建。大雄宝殿面阔五间，硬山顶，五架梁；殿内供泥塑三世佛，东西两壁前塑十八罗汉及文殊、普贤像；梁架有清光绪年题记1则。法堂暨藏经楼，为硬山顶二层楼阁建筑，底层为法堂，上层为藏经楼；殿内供明代弥陀铜像1尊。寺内另有舍利塔林，存清代至近代舍利塔9座，除1座为八角形幢式石塔外，其余均为六角形砖塔，高4.5～7.6米。

大雁塔始建于永徽三年，时为方形五层；武则天长安年间（701—704）改建为七层（一说十层）；五代时修葺。明万历年间（1573—1620）对残破的塔身包砌一层砖面，形成今日外观。1991年5—8月维修塔檐及塔顶时，发现明代包砌的外层塔壁距离内层的唐代塔壁2～3厘米，形成了良好的内外层隔离式保护空间。现塔实测通高64.517米，底层每边长25.5米。塔基方形，每边长45.5～48.5米。塔身作仿木结构，以砖隐出倚柱、阑额，将壁面分作五至九间。其中一、二层为九间，三、四层七间，五层以上五间。倚柱各承栌斗一朵，其上为叠涩出檐，施菱角牙子。每层均当心间辟券门，内设方形塔室。塔内有木梯盘旋而上。塔顶平砖攒尖，置釉陶宝葫芦塔刹。其造型雄伟、庄重，风格简朴、明快，为中国古代楼阁式砖塔的典型代表。底层青石门楣、框镌刻有精美的花纹、人物和佛殿图，后者工巧华丽、细致入微，是了解唐代建筑形制的宝贵图形资料；南券门两侧辟碑龛，分别立有唐太宗撰《大唐三藏圣教序》和唐高宗撰《大唐三藏圣教序记》碑2通，均由褚遂良书，字体瘦劲秀丽，为中国书法艺术的珍品。

大雁塔称谓的由来：据玄奘《大唐西域记》卷九载，在摩伽陀国的因陀罗势罗娄河山中，有雁塔，相传雁投身欲开悟小乘教徒。这一记事可谓雁塔名称的初始出处。而名大雁塔，也是为了有别于小雁塔（荐福寺塔）之故。另外，为彰显新科进士及第之荣耀，自唐中宗神龙年间（705—707）始，"雁塔题名"已成为京城风俗和一道景观。凡新科进士及第，先一同游览曲江池，在杏园参加御宴，然后登临大雁塔，并题名塔下留念。当年27岁的白居易成为进士，写下了"慈恩塔下题名处，十七人中最少年"的诗句。

1956年成立西安市大雁塔保管所。

1954—1955年、1989年、1991年相继对其进行维修，加固了塔基，翻修了内壁、楼梯、楼板，整修了塔檐、塔顶，安装了避雷设施。

1989年测出塔身轴心向西北方向偏离1.005米。

2008年5月12日，四川省汶川县发生里氏8.0级特大地震，波及西安地区，造成塔身轻微损伤。嗣后，进行了局部维修。

2016年5—9月实施搭架维修，补葺了残损塔砖，消除了砖缝增大和空鼓现象。

1961年3月，国务院公布"大雁塔"为第一批全国重点文物保护单位。

1992年4月，陕西省人民政府公布大雁塔保护范围。重点保护区为塔及塔基；一般保护区为大雁塔北至北院墙以北80米，东、西、南三面至围墙；建设控制地带以塔向东340米、西171米、南390米、北130米。

2012年确立大雁塔为丝绸之路中国段22个申遗项目之一。

2014年6月，在"第38届世界遗产大会"上，以中哈吉三国跨国联合申报"丝绸之路：长安—天山廊道路网"而入选《世界遗产名录》。

◎大雁塔（历史照片）

◎塔刹

◎大雁塔

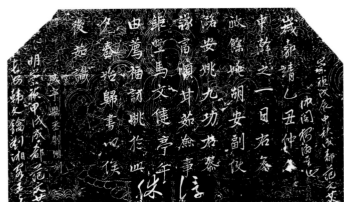

◎塔身一层四门门额历代名士题记（拓片）

◎塔身一层线刻佛像（拓片）

008·大慈恩寺舍利塔林（6座）

清代至近代僧人墓塔林。位于雁塔区雁塔南路大慈恩寺内大雁塔东南侧。存舍利塔9座，高4.5～7.6米。本书收录的其中6座为清代僧人墓塔，分别建于康熙、雍正、嘉庆、道光、咸丰、光绪年间。其中1座为八角形幢式石塔，其余均为六角形砖塔，近年有修缮，塔身南面均嵌塔铭，分别记载僧人法号、世系、立塔年月日等。

◎大慈恩寺舍利塔林一角

008—1 · 憨月圆禅师塔

建于清康熙四十四年（1705）。八角三层幢式石舍利塔，通高4.5米。下部为后世围砌的方形砖台基，底边长1.6米，叠涩内收九级。石质塔体由后世铁网架围护。塔座和一、二、三层塔身为八角形，层间以八角雕花石板出平檐。塔身三层上覆仿木构八角挑檐，上置仰莲座，覆八角攒尖宝顶，承宝珠式塔刹。塔身铭文："传曹洞正宗第三十一世憨月圆禅师塔／清康熙四十四年岁次己酉七月十五日。"据道光十二年（1832）《重修慈恩寺碑记》载："寺有憨公和尚，绸缪未雨；又有印可上人，经营鸠工，接踵而修，聊以避风雨而已。"可知，憨月和尚曾对寺院做过维修。乾隆十一年（1746）《慈恩寺功行碑记》载：憨月圆禅师"以正法眼藏，游情翰墨，功行圆满，偈谛流传"。

◎ 憨月圆禅师塔

008—2 · 粲然和尚塔

建于清雍正九年（1731）。六角单层楼阁式砖舍利塔，高约 5 米。下部为六角形须弥座，底边长 0.9 米，束腰部位砖刻花卉及麒麟等瑞兽图案，上下饰刻仰覆莲瓣。塔身下部南向辟龛，内嵌塔铭："传曹洞正宗第三十二世慈恩堂上粲然过老和尚塔／雍正岁次辛亥桂月建立。"塔身上部砖雕额枋、角昂、垂莲柱和蔓草图案等，雕工精细。塔顶平砖攒尖，承石质宝葫芦刹。乾隆十一年（1746）《慈恩寺功行碑记》载：粲然和尚"超悟其功，勤息其行，不斤斤语言文字，而神明内彻。丈室闷恤，斋厨严整，四方冠簪，远近至者无虚日"，是继憨月圆禅师后又一位有造诣的僧人。

◎ 粲然和尚塔

008—3·治宽和尚寿塔

建于清嘉庆年间（1796—1820）。六角二层楼阁式砖舍利塔，高约4.5米。下部为六角形须弥座，根基部位已埋入地下。塔身一、二层均南面嵌塔铭，一层塔铭漫漶，二层塔铭为："传曹洞正宗第三十五世慈恩堂上治宽和尚寿塔"，年款可辨嘉庆字样。层间出檐较浅，檐下施砖雕额枋、角昂、垂莲柱及蔓草图案等。塔顶平砖攒尖，置石质宝葫芦刹。

◎治宽和尚寿塔

008—4·清悟和尚灵骨塔

建于清道光二十五年（1845）。六角二层楼阁式砖舍利塔，高约5米。下部为六角形须弥座，底边长0.77米，高0.81米。塔身一层嵌石质塔铭，二层面南辟小龛。塔铭为："法门弟子觉真觉礼等／曹洞正宗第三十六世慈恩堂上圆寂慧彻清悟和尚灵骨塔／徒觉兴率孙胜理、曾孙隆德隆法立石／道光二十五年九月吉日。"层间出檐平浅，檐下施砖雕额枋、角昂、垂莲柱和蔓草图案等。塔顶平砖攒尖，置石质宝珠刹。

◎清悟和尚灵骨塔

008—5 · 觉科和尚寿塔

建于清咸丰九年（1859）。六角二层楼阁式砖舍利塔，高约 5 米。下部为六角形须弥座，下半部已埋入地下。塔身一层嵌石质塔铭，二层面南辟小龛。塔铭为："法门弟子海智海茂海勋率法孙了贵立石／曹洞正宗第三十七世慈恩堂上瑞林觉科和尚寿塔／徒大动大懋大法暨孙教贵教金教序建修／咸丰九年嘉平谷旦。"层间出檐平浅，檐下施砖雕额枋、角昂、垂莲柱及蔓草图案等。塔顶平砖攒尖，置石质宝珠刹。

◎ 觉科和尚寿塔

008—6·纯公和尚灵骨塔

建于清光绪二十五年（1899）。六角二层楼阁式砖舍利塔，高约 6 米。下部为六角形须弥座，底边长 0.85 米，高 1.1 米。塔身一层嵌塔铭，二层南面辟小龛。塔铭为："庄严／清传曹洞正宗第三十九世圆寂慈恩堂（上）净（下）成纯公和尚灵骨塔／法门了洲、了缘，嗣法门悟□、悟安等督工建立／剃度徒德慧，孙自兴、自喜／剃度徒侄德禄、德静，侄孙自修／光绪二十五年十月吉日立。"层间出檐平浅，檐下施砖雕额枋、角昂、垂莲柱和蔓草图案等。塔顶平砖攒尖，置石质宝珠刹。

◎ 纯公和尚灵骨塔

009·大兴善寺普通塔

清代六角五层楼阁式砖舍利塔·省文物保护单位"大兴善寺"附属建筑。位于雁塔区兴善寺西街大兴善寺院内。大兴善寺为中国佛教密宗道场，在海内外享有盛誉。据载，西晋泰始年间（265—274）敕建"遵善寺"，北周明帝时扩建，改称"陟岵寺"。隋文帝开皇二年（582）迁建陟岵寺于大兴城（唐改长安城）靖善坊，取所在城名、坊名，改称"大兴善寺"。世称"开皇三大师"的印度僧那连提黎舍、阇那崛多和达摩笈多，以及被誉为"开元三大士"的印度僧善无畏、金刚智和不空，先后驻寺主持译务或传授佛教密宗。当时寺院占尽一坊之地，面积约合今26万平方米，为长安城最负盛名的佛寺和佛经三大译场之一。唐武宗会昌五年（845）禁佛时，寺院几近毁废，宋时曾予以修葺，明永乐年间（1403—1424）予以重建，清顺治、康熙、乾隆各朝曾数次对其予以重修、增建。1945年，太虚法师在寺内创立世界佛学苑——巴利学院。

今存普通塔为该寺舍利塔林的孑遗，塔通高约18米。塔座方形，每边长5.3米，高4.4米，南面辟券门，内设方形塔室，门额砖铭"普通塔"3字。塔身实心，层间以砖叠涩出檐，各层每面均辟龛，内置一菩萨像。塔顶平砖攒尖，置石雕宝珠式塔刹。该塔原址在陕西省军区内，1990年8月迁建现址，于塔座周围加砌了方形台基，置雕花栏板、栏杆及踏跺。普通塔，即僧人灵骨合葬塔，据陕西省内现有资料载，"普通塔"一词最早见于北宋塔铭（见附录）。

关于寺院塔林的情况，据《西京佛教》载："东塔院有塔21座，西塔院有塔31座。"而依民间口述资料，数字出入较大。据陕西省军区离休干部王宏儒先生20世纪80年代中期讲述，当初军区机构进驻时，尚见僧人墓塔200余座。据陕西省文物系统古建研究专家何修龄、刘最长两位先生于20世纪80年代初期讲述，约在20世纪50年代初，尚存大小墓塔100多座。由此推测，大兴善寺塔林曾经矗立有各种类型的舍利塔100~200座，是当年西安城外最大的一处舍利塔林。或可认为，此处塔林应系外地僧人来寺庙挂单，其间不幸辞世，以及本寺和西安城内离世僧人的集中埋骨地。

1956年8月，陕西省人民委员会公布"兴善寺"为第一批陕西省文物保护单位。

1992年4月，陕西省人民政府恢复寺名为"大兴善寺"，并公布保护范围。重点保护区为山门、金刚殿、钟鼓楼、大雄殿、观音殿、法堂、唐转轮藏经殿遗址；一般保护区和建设控制地带为现大兴善寺院墙内。

附录

北宋庆历五年（1045）《普通塔记》录文

弟子沙门可度书，张遵刻。

塔非中国之有也，制起于西域。自东汉世，旁行书来，为教以示人，日既侵炽。塔则或大或小，郡县几普矣。谓藏佛骨舍利之所也，外则其□能焯扬经律论。暨施用，厚者死，则其徒咸起以贮骨焉。重真寺天王院沙门智颙，姓李氏，京兆武功人。自幼依师为浮图，嗣长，则能供养父母，久以孝闻。父母死，又能以送终之礼封树之，此其浮图嗣之难者也。复常悲其寓，泊僧骨弃露零散，乃于寺之南城外不尽一里，募施掘地为圹，际水起塔，出地又丈余，用砖万余。塔既成，近左收掇得亡僧骨仅四十数。于庆历二年二月二十一日夜建道场，请传戒师，为亡僧忏罪受戒。塔项开一穴，以备后之送骨。呜呼！古称葬者，藏也，欲人之不得见也。今智颙师，能尽力于亲而又悲其类，作普通塔。使游方之徒，来者未来者，死悉有所归，其用可嘉也。五年己酉春二月一日，前宁州以事□□过其院，智颙悉以事白，余素熟其行，回应请而记。

太庙斋郎刘□

文林郎宁扶风县尉任化成

三班备职前监凤翔府岐阳镇商税兼巡防刘昌珏

右班殿直监凤翔府岐阳镇商税兼巡防李用衡

助缘　张守斌　马忠象　姚文仗　魏德辅　尧宗说　齐女和

赵　关　郭士新　潘守用　潘　永　李定基　杨守贵

王全胜　程　垠　巨　立　安　宥　杨文玉等施石

师弟智广　智仙　师侄智全

地藏院主僧义光　吉祥院主僧琼玉　左会院主表白　沙门登演

（笔者按：此碣正方形，长宽各0.7米，厚0.15米，周边线刻花卉图案。楷书。原镶在法门寺钟楼之北墙外壁。1981年钟楼倒塌，《普通塔记》坠落，才发现此碣是利用北周碑石磨掉原文后刻制的。石碣一侧还残留有北周刻辞七行。现藏于法门寺博物馆。）

◎大兴善寺普通塔（历史照片）

◎塔身一层内的佛龛中心柱

◎大兴善寺普通塔

长安区

长安区名源自汉长安县和长安城，意为"大汉一统，长治久安"，迄今已逾2 200余载。其地处关中平原腹地，南依秦岭。据文献记载，汉高祖五年（前202）始置长安县，七年（前200）从栎阳迁都长安，汉惠帝元年（前194）始筑长安城垣。长安县素无县城，从公元前202年至1939年，县署一直设在古长安城中（后来的西安府城）。历史上，长安县域和名谓多有变更，但长时期都以长安城为中心向四方辐射，幅员广大，涵盖了渭河南岸至秦岭北麓的大片膏腴之地。1949年后，长安县相继归属陕甘宁边区咸阳分区、陕西省人民政府、西安市人民政府，2002年撤县设区。辖地内文物古迹众多，唐宋砖塔和元明清舍利塔荟萃，可谓是高僧灵骨的安息地。长安区现存古塔35座。其中，瘗埋玄奘及其弟子灵骨的兴教寺塔（3座）已列入《世界遗产名录》；长安圣寿寺塔和香积寺善导塔分别是关中地区早期楼阁式塔和密檐式塔的典型代表；净业寺高浮雕石喇嘛塔是国内鲜见、陕西省内仅见的一座造型完整的高浮雕石喇嘛塔。

010·长安圣寿寺塔

唐代方形七层楼阁式空心砖塔·全国重点文物保护单位。位于长安区五台街道南五台山塔寺沟内。寺始建于隋仁寿年间（601—604），唐大历六年（771）始称南五台圣寿寺。北宋太平兴国三年（978）夏，因该地前后6次出现五色圆相、祥云等瑞象，宋太宗敕额"五台山圆光寺"，历代多次予以重修。现寺院占地面积约9 000平方米，坐西向东，走势狭长。现存殿宇均系清代和近代建筑。沿塔寺沟前行，有山门三间和前殿三间形成一个院落，经此向西247米，有大殿五间和僧房五间形成又一院落。大殿北侧有圣寿寺塔，再向北约50米有近代高僧印光法师影堂石塔。寺内现存清道光二十九年（1849）《观音大士伏龙赋并序》碑及民国三十四年（1945）《莲宗十三祖印光大师遗像》碑各1通。出寺院沿山径盘旋而上，依次可抵观音、灵应、舍身、送灯、清凉等五台，各台上均有近代庙宇，景致清幽。白居易曾赋七绝《登观音台望城》曰："百千家似围棋局，十二街如种菜畦。遥认微微入朝火，一条星宿五门西。"

长安圣寿寺塔又名"应身大士圆寂塔"，传建于隋仁寿年间。现塔为唐代风格，局部有宋代补葺的痕迹。塔通高29.5米，底边长7.5米。塔身一、三、五、七层南北两面和二、四、六层东西两面辟券门，层间以砖叠涩出檐，施两排菱角牙子。二层以上壁面作仿木结构，每面三间，以砖隐出倚柱、阑额及斗栱。塔顶平砖攒尖，置七圈铁质相轮，上覆八角攒尖式铁质塔刹。塔内原有木梯供登临，已毁。该塔造型与唐总章二年（669）兴教寺塔相近，铁质相轮式样与铜川宋代重兴寺塔相似，应系唐代重建、宋代修葺之物。因坐落于峡谷中，壁面光洁，鲜见风蚀痕迹，为关中地区唐代楼阁式塔的代表作。

关于"应身大士圆寂塔"名谓的由来：民间传说，隋仁寿年间有毒龙化为羽人，在京城以药为饵，毒杀生灵。观音大士遂化身和尚，降伏之。为感铭观音大士普救众生之恩，时人修建了此塔，并祭观音大士为"应身大士"。

1992年4月，陕西省人民政府公布"圣寿寺塔"为第三批陕西省文物保护单位，同时公布保护范围。重点保护区为塔；一般保护区为寺院围墙内；建设控制地带为寺门外延6.5米内。

2006年5月，国务院公布"长安圣寿寺塔"为第六批全国重点文物保护单位。

◎塔刹

◎长安圣寿寺塔（左）

011·印光法师影堂石塔

民国方形三层楼阁式石舍利塔·圣寿寺附属建筑。位于长安区五台街道南五台山圣寿寺塔北侧约50米处。印光法师（1861—1940），俗姓赵，名丹桂，字绍伊，法名圣量，自称"常惭愧僧"。陕西郃阳（今合阳）路井镇赤东村人。幼年随兄习儒，颖悟非常。因读程朱、韩、欧之书，受其影响而辟佛。15岁后，病困数载，几乎失明，至是一心念佛，目疾乃愈。清光绪七年（1881）在南五台莲花洞从道纯和尚出家，次年于安康双溪寺受具足戒。先后在北京红螺山资福寺、龙泉寺，浙江普陀山法雨寺，苏州灵岩山报国寺等处研习、弘扬净土佛法。一生收有海内外俗弟子10余万众，并办佛教义赈会、慈幼院等，致力于慈善事业，广种福田，被尊为"莲宗十三祖"和民国四大高僧之一（另三位为虚云、太虚、弘一）。著有《净土决议录》《宗教不宜混滥论》《印光法师文钞》《印光法师佳言录》《印光法师诗钞》等。

印光法师圆寂后，俗弟子分请舍利供养于苏州灵岩山、西安南五台、广州九龙、四川华阳、江苏无锡、上海真如寺等地。史载，

◎印光法师像

民国三十四年（1945），十方信士将印光法师舍利和影像迎回南五台圣寿寺，建塔供奉。塔为方形三层楼阁式，块石砌筑，通高8.41米，底层每边长3.55米。层间微出平檐，沉稳庄重。塔顶四角攒尖，置石雕宝瓶式塔刹。底层东面辟方形塔门，额嵌于右任题"印光大师影堂"石铭；内筑方形塔室，面积约4平方米，供有印光法师遗像；影堂北壁嵌《莲宗十三祖师印光大师塔铭》2方，释太虚撰、张凤翙书。二层原嵌有楷书"印光大师舍利之

塔"铭，现已无存。三层额题"佛光宝塔"4字，为"中华民国"国民政府主席林森遗墨。"文革"期间，各地印光舍利塔尽毁，唯南五台印光法师影堂仅存。1972年，中日邦交正常化后，时任日本首相田中角荣访华所赠落叶松，周恩来总理特批植于印光影堂四周；2011年9月，西安市绿化委员会刻立《日本落叶松名木群保护碑》予以说明。

◎ 印光法师影堂石额

◎印光法师影堂石塔

◎ 玄奘塔（历史照片）

012 · 兴教寺塔（3座）

唐高僧玄奘和弟子窥基、圆测的灵塔，3座·全国重点文物保护单位。位于长安区杜曲街道西韦村西北360米处的少陵原畔。唐总章二年（669），因迁葬玄奘灵骨建塔，次年建寺，全称"大唐护国兴教寺"，冠樊川八大寺之首，大和二年（828）予以重修。宋代仍具规模，时人张礼在《游城南记》中描述兴教寺："殿宇法制，精密庄严。"宋以降，历代屡有重建、修葺。清乾隆五十二年（1787），僧大荣改建寺宇，邑生员胡日德铸钟。同治年间（1862—1874），寺殿悉数毁于兵燹，唯3座灵塔幸存。民国八年至民国十三年（1919—1924），朱子桥及寺僧先后重修寺院和灵塔，并立《重修长安樊川兴教寺》碑。民国十九年至民国二十三年（1930—1934），朱子桥再度主持增修寺宇，重塑玄奘、窥基、圆测三师像，并立《重修慈恩塔院记》碑。1939年经民国政府批准，改寺额为"护国兴教寺"。现寺院占地面积17 344平方米，坐北朝南，由3个院落组成。中院自南而北依次为山门、大雄宝殿、法堂和新建卧佛殿，两侧有钟楼、鼓楼和僧寮。东跨院为藏经院，有五楹藏经楼1幢，内藏明清梵本佛经和近代影印佛经数千册。西跨院名慈恩塔院，矗立灵塔3座，呈"品"字形排列，玄奘塔居中，窥基塔和圆测塔分列为两侧。

3座灵塔北侧另有刹殿三间，内陈"玄奘负笈图"及其两弟子石刻影像赞。诸塔于

1957 年及 1980—1981 年分别予以维修。

1957 年 5 月，陕西省人民委员会公布"兴教寺"为第二批陕西省文物保护单位。

1961 年 3 月，国务院公布"兴教寺塔"为第一批全国重点文物保护单位。

1992 年 4 月，陕西省人民政府公布兴教寺保护范围。重点保护区为寺内所有古建筑；一般保护区及建设控制地带为寺院围墙之内。

2012 年确立兴教寺塔为丝绸之路中国段 22 个申遗项目之一。

2014 年 6 月，在"第 38 届世界遗产大会"上，以中哈吉三国跨国联合申报"丝绸之路：长安—天山廊道路网"而入选《世界遗产名录》。

012—1 · 玄奘塔

唐代方形五层楼阁式砖塔。玄奘（602—664），俗姓陈，名祎，河南偃师县缑氏镇人，13 岁出家。为中国佛教唯识宗创始人之一，尊号三藏法师，俗称"唐僧"，与鸠摩罗什、真谛、不空并称为中国佛教四大翻译家。贞观二年（628），玄奘"冒越宪章，私往天竺"，出长安城，沿丝绸之路赴天竺（古印度国名）取经，贞观十九年（645）返回，主持译出佛经 75 部，凡 1 335 卷，并撰《大唐西域记》12 卷。麟德元年（664）圆寂于玉华寺（位于今陕西铜川市），初葬白鹿原，总章二年（669）改葬今址建塔，开成四年（839）修葺。

灵塔坐北朝南，通高 21.04 米，底层每边长 5.2 米。塔身底层南面辟龛室，内置玄奘泥塑像；北壁嵌开成四年《唐三藏大遍觉法师塔铭》碣 1 方。二层以上塔壁作仿木结构，每面三间，以砖隐出倚柱、阑额及单栱式斗栱，其中第二、四层面南辟券龛，内置供物。层间以 11 层平砖叠涩出檐，施两排菱角牙子，檐角缀风铃。塔顶平砖攒尖，置宝瓶式塔刹（系民国时补葺）。

◎ 玄奘行旅图

◎ 玄奘塔

012—2 · 窥基塔

唐代方形三层楼阁式砖塔。窥基（632—682），玄奘嫡传大弟子。俗姓尉迟，系唐开国大将军尉迟敬德之侄，17岁出家，参与玄奘主持的译务，能博采众长，以创新精神阐发唯识宗的精义，被赞为"百部疏主"。

灵塔始建于唐永淳元年（682），大和三年（829）予以重建。该塔坐北面南，高6.76米，底层每边长2.4米。塔身底层面南辟龛室，内置窥基泥塑像；北壁嵌有《大慈恩寺大法师基公塔铭并序》碣。二层南壁镶有"基师塔"砖铭。层间叠涩，檐下施一排菱角牙子，塔顶平砖攒尖，置宝瓶式塔刹。

◎ 窥基塔

012—3 · 圆测塔

北宋方形三层楼阁式砖塔。圆测（613—696），玄奘门下的新罗（朝鲜）弟子。传为新罗王孙，3岁出家，唐初来中国，从学于玄奘法师，对唯识宗经典的研究颇有造诣，后受朝廷派遣，至洛阳大内助译。武则天万岁通天元年（696）圆寂，遗骨分葬于龙门香山寺北谷和终南山丰德寺东岭。北宋政和五年（1115），又将丰德寺的一部分遗骨葬于玄奘塔侧，与窥基塔一起伴师。两塔形制几乎相同，圆测塔通高7.10米。塔身底层面南辟龛室，内置圆测泥塑像；北壁嵌有《大周西明寺故大德圆测法师舍利塔铭并序》碣，系民国时朱子桥重刻（原碣石藏于西安八仙庵，现已断为三截）。二层南壁镶有"测师塔"砖铭。

◎圆测塔

013 · 二龙塔

唐代方形多级密檐式空心砖塔·省文物保护单位。位于长安区太乙宫街道温家山村东南1.5公里处的蛟峪与土门峪间的梁坡上。为二龙寺仅存建筑遗构，其始建年代失载，原层级有七级、九级、十一级、十三级四说。1988年文物普查资料显示，其建筑风格与香积寺善导塔、西安小雁塔近似。普查时残存六级，残高18.65米，底边残长7米。塔身底层较高，二层以上锐减，每层南北两面辟券门。层间叠涩出檐较短，檐下施两排菱角牙子。塔身底部残蚀较甚，壁砖大面积剥落，残存壁厚2.16～2.20米，暴露地宫遗有唐初典型的莲花纹方砖。塔内原有木质楼梯，清末毁于兵燹。塔刹流散在塔北1.5公里处的吴家沟村，系块石雕成，平面呈方形，边长0.5米，高0.6米；分四层，逐层递减高宽，第四层雕出圆形宝顶。据有关资料和实地采访可知，1958年全民大炼钢铁，该塔第七层被拆除，塔砖用于搭建小高炉（继续拆除时因故终止）。"文革"期间，附近两家生产队为建牲畜饲养室拆用塔砖引发争执，不久被当地政府制止，该塔得以幸存。2005年，长安区文物局筹资对塔体进行保护性维修，按照"修旧如旧"原则，补葺塔壁和塔檐，维持"残存六级"的旧状。修葺后，实测底层每边长7.35～7.61米，西壁南偏东20度；原底层券门下半部用砖封堵，示意不能入内。维修时，塔身地面添建有砖砌方台，每边长12.5米，高0.18米。

关于二龙塔的性质，历来有佛塔和风水塔（镇水）两说。持风水塔论者认为，该地古时常有（秦岭）山洪侵袭，因传为制止水患频发而修筑该塔，冀望镇住蛟峪、土门峪两条毒龙。就古人语境而言，诗人王维有"安禅制毒龙"句，可见在唐人意识中，内心"毒龙"和自然界"毒龙（水患）"宜以修禅或修塔镇之。另有学者认为，该塔实为"昙远禅师塔"。依据是明代赵崡在《游城南》中述及："考寺直至玉案山北，是故龙池寺。东北坡上，有昙远禅师塔。"此说未得到实物资料佐证，地望亦不合。

据"三普"资料得悉，在滦镇丰德寺发现的明代永乐六年（1408）"蒋大乘山独空通禅师塔"铭，内容涉及"助缘"寺院10余座，其中有"二龍寺"，这也是该寺颓废几百年后，首次发现其名谓存在于明代的实物佐证。该资料的发现对研究西安地区古刹的分布有重要的价值，尤其使长期悬而未决的"二龙塔"最终有了寺院归属（当适时更正为"二龙寺塔"）。

2003年9月，陕西省人民政府公布"二龙塔"为第四批陕西省文物保护单位。保护范围为塔身及其基址四面外延20米；建设控制地带为保护范围南外延40米，东、西、北各外延10米。

◎二龙塔（历史照片）

◎二龙塔

◎维修前塔身内部结构

◎塔身用的莲花纹方砖和条砖

014 · 香积寺善导塔

唐代方形十三级密檐式空心砖塔·全国重点文物保护单位。位于长安区郭杜街道香积寺村香积寺内，地处滈水和潏水交汇一侧的神禾原上。香积寺系佛教净土宗祖庭，始建于唐永隆二年（681），曾兴盛一时；历经了安史之乱、建中四年（783）朱泚叛乱、会昌五年（845）毁佛事件后，寺院渐趋衰落。宋太平兴国三年（978）改名开利寺，旋复旧名；历元、明、清渐趋荒圮，清同治年间（1862—1874）毁于兵燹，光绪年间（1875—1908）予以重修。20世纪70年代末，陕西省人民政府出资整修，恢复寺院面积18 460平方米，其时尚存善导塔、净业塔及清末建殿宇三间，另迁建子午镇城隍庙大殿五间、新建法堂三间、僧房10间。1980年5月举行了善导大师圆寂1 300周年大祭。

善导（613—681），俗姓朱，山东临淄人，被称为净土二祖。抄有《阿弥陀经》数万卷，绘"净土变相"300余壁。其《观经四帖疏》于8世纪传入日本，日僧法然据此创立日本净土宗，并广为流传。

善导灵塔、供养塔均始建于唐永隆二年，一说供养塔建于神龙二年（706）。现存为供养塔，原为方形十三级，1979年整修时，残存十一级，残高33米。底层每边长9.5米，高约5.5米。以上各层高度骤减，层间叠涩出檐，施两排菱角牙子。塔壁仿木结构，每面均作三间，以砖隐出倚柱、阑额及斗栱。各层均当心间辟券门，次间施朱绘直棂假窗。底层南门额刻"涅槃盛事"4字，系清乾隆年间（1736—1795）添置。关于善导塔旧貌，宋明两代文人笔记有"中多石像，塔砖中裂"和"寺塔中裂，院宇荒凉"等记载，可见塔身"中裂"现象延宕近千年之久。整修时弥合裂隙，做了钢筋混凝土内框架，并逐层做了塔体内圈梁和外腰箍（隐蔽处理），在增强抗震能力的同时，保持了"残存十一级"的旧状。

1956年8月，陕西省人民委员会公布"香积寺塔"为第一批陕西省文物保护单位。

1992年4月，陕西省人民政府以"香积寺"名称公布保护范围。重点保护区为善导、净业师灵塔；一般保护区为寺院墙内；建设控制地带为一般保护区外延 5 米内。

2001 年 6 月，国务院公布"香积寺善导塔"为第五批全国重点文物保护单位。

◎香积寺善导塔（历史照片）

◎香积寺善导塔

015 · 香积寺净业塔

唐代方形五层楼阁式砖塔·省文物保护单位"香积寺"附属建筑。俗称净业师灵塔，位于长安区郭杜街道香积寺善导塔东约100米处。净业（654—712），俗姓赵，名象，祖籍甘肃天水。自幼慕法，出家后能"旋登法座""讲诵经典""剖析玄微"，且能"早开灵键，入如来密藏，践菩萨之空门"，秉其归戒者甚众，为善导高足弟子，曾主持香积寺20余年。净业塔始建于唐延和元年（712），一说建于唐开元十二年（724），后世有修葺。

塔通高15.12米，底层每边长4.5米。下为方形台座，高1.8米，设有踏道。塔身底层面南辟券门，以上各层均面南辟券龛。层间叠涩出檐，施两排菱角牙子。塔顶平砖攒尖，置石质宝瓶式塔刹。史载，净业法师于"延和元年示微疾，六月，诫诲门人，端坐念佛而入寂，世寿五十八。门人思顼等集录遗编，毕彦雄撰《大唐龙兴大德香积寺主净业法师灵塔铭并序》"。该塔铭并序，见录《全唐书》，落款"开元十二年六月十五日"。毕彦雄，太原毕氏后裔，工楷书，活跃于唐玄宗朝。

1956年8月，陕西省人民委员会公布"香积寺塔"为第一批陕西省文物保护单位。

1992年4月，陕西省人民政府以"香积寺"名称公布保护范围。重点保护区为善导、净业师灵塔；一般保护区为寺院墙内；建设控制地带为一般保护区外延5米内。

◎ 香积寺净业塔

016 · 香积寺舍利塔林（9座）

　　清代楼阁式砖舍利塔和经幢式石舍利塔，9座·省文物保护单位"香积寺"附属遗存。位于长安区郭杜街道香积寺村香积寺院内，原塔林在"文革"时期被拆除，成为散件，近年寺僧将其部分恢复。其中1座为砖舍利塔，六角二层攒尖顶，高约5米，形制与大慈恩寺觉科和尚寿塔相似。其余8座为石舍利塔，形制多为经幢式样，高1.5～2.9米，单层塔和二、三层塔皆有。塔身或为鼓形，或为六角形，或兼具鼓形和六角形。塔顶大多置华盖，承宝珠或宝葫芦刹。此类重新恢复的经幢式石舍利塔，系散置石构件拼接而成，往往与原型存在一定的差距。

◎ 香积寺舍利塔林之一

◎ 香积寺舍利塔林之二

017·长安华严寺塔（2座）

华严宗初祖杜顺和四祖清凉国师的灵塔，2座·全国重点文物保护单位。位于长安区韦曲街道东四府村东北侧少陵原畔。寺始建于唐贞元年间（785—805），为樊川八大寺院之一，是中国佛教华严宗的发祥地。寺内曾有东阁法堂、会圣院、澄襟院及真如塔等建筑，历宋、金、元、明而渐趋荒落。清乾隆年间（1736—1795）少陵原崩塌，寺殿尽毁，仅存砖塔2座。

东侧为杜顺禅师灵塔，西侧为清凉国师灵塔。两塔立于原畔，常年受滑坡之扰，塔身有不同程度的倾斜。1986—1988年，清凉国师灵塔迁建于原址东侧距杜顺禅师塔约20米处。

◎杜顺禅师灵塔（左）和清凉国师灵塔（右，迁建后）

017—1 · 杜顺禅师灵塔

杜顺（557—640），雍州万年县（今陕西西安）人，俗姓杜，18岁出家，法号法顺。著有《华严法界观门》《华严五教止观》等，被尊为华严宗初祖。唐太宗曾招其入宫诊病，赐号"帝心"，亦谓"帝心尊者"。圆寂后，唐太宗供养7日，恭送少陵原畔安葬。

该塔为方形七层楼阁式砖舍利塔，始建于唐贞观十五年（641）。通高22.88米，底层每边长5.58米。基座方形，底边长9.8米，高2.33米，南辟券门，内筑龛堂。塔身层间叠涩出檐，一层檐下砌三排菱角牙子，以上各砌二排。二层以上塔壁作仿木结构，每面三间，以砖隐出倚柱、阑额、斗栱、角昂等。塔顶平砖攒尖，置宝瓶式塔刹。第三层嵌有"无垢净光宝塔"碣，第七层横额刻"严主"2字，三层以上檐角风铃俱在。基座部位券门今已封堵，龛堂内原有杜顺石刻影像等物已不存。塔前原有唐大中六年（852）"杜顺禅师碑"，现已迁至西安碑林博物馆。

◎ 杜顺禅师灵塔

017—2 · 清凉国师灵塔

清凉国师澄观（738—839），俗姓夏侯，越州山阳（今浙江绍兴）人，11岁出家。历玄宗至文宗九朝，被尊为国师，赐号"清凉"，官授僧统。著述300多卷，皆阐扬华严教义，被尊为华严宗第四祖。

该塔为六角五层楼阁式砖舍利塔，系元至元九年（1272）重建；清乾隆年间（1736—1795）顶崩，塔毁，遂以残塔为基座，续建五级。埋藏的基座于1986年暴露，为六角双重束腰须弥座式样，高约6米，迁建时置于地面上。现塔为元代（须弥座）和清代砖塔合璧风格，通高16.7米，底边长2.2米。塔身实心，层间叠涩出檐，施砖雕额枋、斗栱及菱角牙子。塔顶平砖攒尖，置宝瓶式塔刹。二层南壁嵌有"大唐僧统清凉国师妙觉之塔"12字碣。拆迁时，在基座和一、二层塔心发现清代鎏金铜佛像、千佛碑和用黄色麻布包裹的佛经等。塔下地宫内发现石函，长0.6米，宽0.4米，高0.4米，其内装有盛舍利的白玉瓶等。塔前有清末《重修华严寺四祖清凉国师塔记》碑，记述清凉国师生平，碑文由近代宋伯鲁、宋联奎楷书。

1956年8月，陕西省人民委员会公布"华严寺塔"为第一批陕西省文物保护单位。

1992年4月，陕西省人民政府公布华严寺塔保护范围。重点保护区为杜顺塔、妙觉塔；一般保护区为杜顺塔周围外延21米内，妙觉塔周围外延12米内；建设控制地带为一般保护区外延2米内。

2006年5月，国务院公布"长安华严寺塔"为第六批全国重点文物保护单位。

◎三层塔身出土的鎏金铜菩萨像（左）、地宫出土的琉璃瓶和舍利子（右）

◎清凉国师灵塔（迁建前）

018 · 天池寺塔

明代六角七层楼阁式砖塔·省文物保护单位。位于长安区太乙宫街道蛟峪山中，因靠近"仰天池"而得名。寺始建于隋代，称龙池寺，唐初更名普光寺。明洪武年间（1368—1398）开拓御道，扩寺为上、下两院，时有殿宇、僧舍百余间，藏经千卷；清道光十五年（1835）予以重修。该寺占地面积约 8 400 平方米，现存大殿 1 座、僧舍 10 余间。大殿面阔五间，进深三间，硬山灰瓦顶，七架梁。殿内有人物、花卉壁画。殿前立明代《重修普光吉祥禅寺》碑 1 通（残），另存明正德八年（1513）铁磬 2 件（已迁离）、清康熙六十一年（1722）铁钟 1 口、道光二十一年（1841）"重修普光上院碑" 1 通。

天池寺塔立于新修钟楼南侧，建于明正德八年，为六角七层楼阁式砖塔，通高 20.3 米。塔基为石砌须弥座，每边长 2.3 米，高 1.53 米。塔身底层高大，正面辟有竖方龛。二、三层饰砖雕门扇、菱格方窗和券窗。塔身收分柔和，层间叠涩出檐，施砖雕斗栱、额枋、椽头及菱角牙子。斗栱形式为一、二层檐下为五踩双翘单下昂，平身科二攒；三、四、五层为三踩单翘，平身科二攒；六、七层无斗栱装饰。塔顶平砖攒尖，置铁质塔刹（已倾斜）。塔身各层檐角和塔刹华盖均缀有风铃，五至七层塔壁风蚀较甚，塔砖多有脱落。

近年寺址内新修前殿、后殿、钟楼、鼓楼及僧寮房等。

2014 年 6 月，陕西省人民政府公布"天池寺塔"为第六批陕西省文物保护单位。保护范围为塔基四周外延 5 米；建设控制地带为保护范围外延 5 米。

◎三层塔身局部

◎塔刹

◎ 天池寺塔

019 · 丰德寺舍利塔林（5座）

明代喇嘛式石塔，5座·区文物保护单位"丰德寺"附属遗存。位于长安区滦镇街道沣峪口村东南1公里。寺始建于唐永徽年间（650—655），明永乐三年（1405）予以重修，清代多次予以修葺。该寺占地面积约1 900平方米，坐北朝南。中轴线南起依次有前殿、韦陀殿、大殿，两侧有东、西廊房。大殿面阔五间，进深三间，硬山灰瓦顶，五架梁，前后带单步梁。檐下施斗栱，前檐残留彩画。寺中有经幢及清代碑刻2通。寺南塔林尚存明代石喇嘛塔5座，均残（佚塔脖子），残高0.83～2.3米不等。其中一座塔身正面辟方龛，内嵌永乐戊子年（1408）"茸大乘山独空通禅师塔"铭。各塔现状为：

佚名石喇嘛塔1，残留覆钵部分，残高0.83米，直径0.74米。

佚名石喇嘛塔2，残留覆钵部分，残高0.88米，直径1.07米。

佚名石喇嘛塔3，遗存须弥座、覆钵体、华盖等，残高1.69米。塔身辟有方龛，高0.46米，宽0.42米，进深0.13米。须弥座露出地表0.25米。

佚名石喇嘛塔4，遗存须弥座、覆钵体、华盖等，残高2.09米。塔身辟有方龛，高宽各0.53米，进深0.1米。须弥座露出地表0.32米。

空通禅师塔，遗存须弥座、覆钵体、华盖等，残高2.3米。塔身辟有方龛，高0.78米，宽0.68米，进深0.12米。须弥座露出地表0.3米。塔身方龛内嵌"茸大乘山独空通禅师塔"铭，首题"十方丰德万寿禅师参学门徒并助缘者"，内容涉及"永寿寺""开福寺""圆通寺""翠微寺""弘华寺""悟真寺""香城寺""二龙寺""香严寺""道安寺""宝林寺""普光寺""荐福寺""法林寺"等10多座寺院、百余位僧人。落款为"大明永乐戊子年辛酉月吉日本山主持本宗德注募缘建塔"。该资料的发现对研究西安地区的古刹分布有重要的价值，尤其是"二龍寺"名谓的出现，使长期悬而未决的省保单位"二龙塔"最终有了寺院归属。

◎ 丰德寺舍利塔林

◎ 空通禅师塔

◎ 空通禅师塔塔铭

020·净业寺舍利塔林（5座）

　　元明清僧人墓塔，5座·区文物保护单位"净业寺"附属遗存。位于长安区滦镇街道沣峪口村南3公里。寺始建于唐初，系佛教律宗祖庭、律宗创始人道宣的道场。道宣（596—667），俗姓钱，江苏丹徒人。15岁出家，曾助玄奘译经，与孙思邈过往甚密。鉴真（688—763）即其门下弘景的弟子。

　　唐麟德二年（665），道宣在净业寺建石戒坛，以其所制仪规为诸州大德授具足戒，著有《广弘明集》《续高僧传》《大唐内典录》等。唐以后，寺渐荒圮，明正统二年（1437）至清道光十二年（1832）数次予以重葺、修缮。现寺院占地2 079平方米，坐北朝南。有山门、韦陀殿、大殿、东西禅堂、斋堂及僧寮共18间；大殿后山壁凿有文殊、普贤、观音洞3孔，寺下方石坪和后山壁有元明清代舍利塔5座、近年新恢复舍利塔10余座。另存历代经幢、碑碣等10余通（方）。山顶原有道宣律师灵塔，"文革"期间毁圮，20世纪80年代末予以重建。

◎近年新恢复的舍利塔

020—1·净业寺高浮雕石喇嘛塔

元代。位于后山壁上,由一巨石半圆雕而成,通高 3.35 米。底部为半圆雕仿六角形须弥座,高 0.7 米。塔肚子(塔身)为半圆雕覆钵形,正面辟方龛,内雕跏趺坐佛 1 尊。塔脖子刻作"十三天"相轮,收分明显;其上饰圆形华盖,刻出不规则形覆莲瓣和两排联珠纹饰。塔顶刻作矮圆形宝葫芦塔刹。整体造型浑圆、古朴,具有西夏—蒙元时期喇嘛塔风格。紧贴须弥座一侧,圆雕有无字碑 1 通。类似现象,在陕西省内宋金元石窟中亦有发现。

对该塔的时代定性,有著录认为"从建筑风格上应该是唐代建造"[1],也有著述者将其定为"时代不详"[2]。据现有实物资料显示,宁夏青铜峡"一百零八塔"为西夏—蒙元时期喇嘛塔的典型,而内地可见喇嘛塔,最早的为元代,北京妙应寺白塔为其代表,并是元大都保存至今的重要标识。结合有关资料对比,我们认为:净业寺高浮雕石喇嘛塔的建造时间应为元代,且是国内鲜见、陕西省内仅见的一座造型完整的高浮雕石喇嘛塔。

[1] 马建岗编著.陕西古塔[M].西安:三秦出版社,2014:38.
[2] 赵克礼著.陕西古塔研究[M].北京:科学出版社,2007:147.

◎净业寺高浮雕石喇嘛塔

020—2 · 净业寺石喇嘛塔

明代。位于石坪上。塔体残损，残高 2.1 米。底部为方形折角仰覆莲须弥座，高 0.8 米。塔肚子（塔身）覆钵形，正面辟壶门形龛；覆钵上置仿木结构歇山顶建筑。塔脖、塔刹不存（现塔刹为新近添置）。塔身上置仿木结构建筑模型见于明代喇嘛塔，如武功县的寺背后塔（释迦文佛舍利宝塔），其塔身上部砌作"四出轩"式建筑即是一例。

◎ 净业寺石喇嘛塔

020—3·净业寺普通塔

建于清康熙年间（1662—1722）。方形单层砖砌僧人合葬塔，高约 3.6 米。塔身辟上、下两龛（已被今人砌砖封堵），两龛中间嵌石质塔铭，可辨修塔年款、修塔人姓名等。塔顶四角攒尖，置砖砌宝珠式塔刹。塔下散置有六角形石座、长方形石条等，石座上有减地刻莲瓣图案。

◎净业寺普通塔（右）

020—4·圆明禅师塔

建于清雍正六年（1728）。方形单层砖舍利塔，高约 3.2 米。塔身正面嵌砖刻匾额，减地阳刻"圆明寂照"4 字。匾额由两块长方形青砖合璧而成，右侧阴刻"雍正六年季春吉日"，左侧阴刻"渭北比丘镜月湘题"，匾额下面嵌有石刻塔铭 1 方。塔顶平砖攒尖，塔刹不存。

◎圆明禅师塔

◎匾额

020—5·印月禅师塔

建于清乾隆年间（1736—1795）。方形二层砖舍利塔，高约3.5米。底层正面嵌石刻塔铭1方，二层辟券龛，内嵌碑铭已佚。层间以3层平砖叠涩出檐。塔顶四角攒尖，塔刹不存。

◎印月禅师塔

021 · 玉皇坪舍利塔

明清喇嘛式三层石舍利塔。位于长安区滦镇街道观坪寺村玉皇坪村西侧，西邻观音山，北距新修观音庙2米。寺院早年颓废，沿革不详。

现存砂岩质三层石塔，通高4.7米。底座六边形，每边长1.4米。塔身一层为覆钵形，东面辟一方龛，面宽0.3米，高0.4米。二层为六棱柱形，高1.15米，各面阴刻花卉。三层为圆柱形，高1.05米，柱面刻作"十三天"相轮。层间出檐，饰单线阴刻仰莲纹。顶置华盖，承宝瓶式塔刹（现已毁，以水泥制品替代）。该塔形制为喇嘛塔和经幢式塔的合璧，塔身同时具有覆钵体（一层）、六棱柱体（二层）和圆柱体（三层），应是舍利塔散件的拼接组合形式。据当地民众讲述，该塔20世纪80年代被修复。

◎ 玉皇坪舍利塔

022 · 嘉午台普同塔

明清六角五层楼阁式砖舍利塔。位于长安区引镇街道十里庙村西4公里的嘉午台山梁上。嘉午台由奇峭突兀的5座山峰组成，怪石嶙峋，景观别致，素有"小华山"之称，最高处海拔1 810米。隋唐时期就已香火旺盛，延续至民国之末。现存五层砖舍利塔，系僧人合葬塔。传说每层都曾供有僧人骨灰，共祀有5代和尚[①]。

塔通高7.16米，底层每边长0.8～0.85米。塔身底层南北辟方龛，以上各层均南面辟方龛。层间出檐平浅，檐下或施菱角牙子，或砌作横砖、立砖等装饰图案。其中，第二层檐下每面砌3块青砖横额，面南一侧每砖刻一字，合读为"普同塔"（与"普通塔"同义）。各层檐角缀风铃。塔顶六角攒尖，置石雕宝瓶式塔刹。原塔顶残损严重，2015年予以修复。依建筑风格，该塔时代或在明清之际。

[①] 樊耀亭.终南山佛寺游访记[M].西安：陕西人民出版社，2003.

©嘉午台普同塔
（历史照片）

◎ 嘉午台普同塔

023 · 西林寺舍利塔（2座）

清代六角三层楼阁式砖舍利塔，2座·区文物保护单位"西林寺"附属遗存。位于长安区太乙宫街道西岔村南五台后山上。西林寺又名茅庵、大茅棚。寺始建于北朝，盛于隋唐，后代屡有重修。清光绪十六年（1890），觉郎禅师建大茅棚。民国高僧印光法师曾驻寺讲经，时有常驻僧50余人。该寺现存大殿1座、僧舍2间、经室1间，遗有明代铁香炉、铁磬、铁瓦等。寺东有金牛洞，原置有石雕罗汉像数尊，毁于"文革"时期。寺东南约100米处有觉郎禅师塔、慧净禅师塔（1991年修复），两塔高度相若，形制几乎相同。

觉郎禅师塔，高约8米。塔基为六角须弥座。塔身三层，一层正面嵌《清故圆觉茅庵觉郎禅师塔铭》1方；三层嵌"圆觉茅庵主人觉郎空禅师之塔"刻石。层间出檐平薄，檐下施砖雕额枋、垂莲柱和蔓草图案。塔顶平砖攒尖，置石雕宝瓶式塔刹。

◎ 西林寺舍利塔

024 · 青华山舍利塔

　　清代僧人喇嘛式石塔·卧佛寺附属遗存。位于长安区滦镇街道青华山卧佛寺内。寺始建于唐武德元年（618），历代屡有建废，清道光元年（1821），本然禅师予以重建。地处秦岭北麓，青华山正顶。

　　现存喇嘛式石舍利塔，残高 3.89 米，整体以花岗岩雕凿。底座方形，边长约 1 米，高 0.7 米。塔肚子（塔身）覆钵形，正面辟圆拱龛，面宽 0.35 米，高 0.39 米，进深 0.2 米。塔脖子上部已残，华盖和塔刹不存。底座正面有后人题写"雷峰塔"3 字，实与该塔无关。

◎青华山舍利塔

高陵区

高陵区因境内有奉正塬高隆如陵而得名。古属雍州,秦孝公十二年(前350)始置高陵县。汉以降,县名、建制和隶属屡有改易,县境屡有增析,至清代起基本趋于稳定。2015年8月,高陵撤县设区。其地处关中平原腹地,泾河、渭河两岸,素有关中"白菜心"之称,是河流交汇"泾渭分明"的原典出处。境内有渭河滩智人化石地点、杨官寨遗址、东渭桥遗址、李晟碑等重要遗迹、遗物。高陵区现存昭慧塔1座,唐建明修,八角翘檐,为楼阁式与密檐式塔的混合式样,仰视如耸峙的巨型莲花台,颇具建筑艺术感染力。

025 · 昭慧塔

唐代八角十三层空心砖塔·全国重点文物保护单位。又称高陵塔、三阳寺塔,位于高陵区鹿苑街道昭慧广场(原高陵中学院内)。为旧时高陵县的标志性建筑,是唐代昭慧院遗址仅剩的建筑遗存。据宋敏求、李好文《长安志·长安志图》和明嘉靖本《高陵县志》载,昭慧院建于唐大中年间(847—860)。因地处泾阳、咸阳、渭阳交界处,又称三阳寺,塔亦因名。吕柟《泾野先生文集》录《重修昭慧院记》云:"正德庚辛间,住僧满慭率寺旁居民银奈、银孟尝、陈景阳诸人,各捐货物,召匠重修。佛殿僧房,次第改新;周垣百堵,坚高倍昔。"(正德庚辛间或指1510—1511年,即庚午—辛未,或1520—1521年,即庚辰—辛巳)《高陵县志》录马理《重修昭慧记》云:"嘉靖间,塔基坏,就倾,邑人银孟尝等修之,于是塔固而殿宇亦咸新矣。"可见正德间和嘉靖间,寺院建筑有过两次重修;而嘉靖间重修,直接提到"塔基坏",或与嘉靖三十四年十二月(1556年1月)华州大地震有关。两篇"重修记"

◎昭慧塔(历史照片)

均提及"银孟尝"一人，倘按地震发生时间算，时长跨越35年或45年，其中或有抵牾，亦未可知。

现存砖塔，通高53米，底周长31.6米。塔身每面一间，底层南北辟券门，二层以上皆东、西、南、北四面辟券窗或假券窗，唯第十三层开作圭形窗。层间叠涩出檐，施菱角牙子，其中四层以上菱角牙子刻作花瓣形。各层檐角微上挑，檐下隐作阑额，施转角和补间斗栱，转角为一斗三升出蚂蚱头，补间为一斗加麻叶头。塔顶平砖攒尖，置朱漆宝瓶式塔刹。塔内设砖梯可登临。该塔形制较异，一至八层形似楼阁，九层以上层高与面宽锐减，层檐密叠，收分骤急，整体呈现楼阁式和密檐式的混合式样。斗栱形式和花瓣形菱角牙子则体现了明代砖塔的装饰风格。可见，明嘉靖三十四年华州大地震后的重修对原塔风格改易较大。九层以上塔身匆匆收束，或因资金、材料和技术条件所限而致。关于该塔的建筑年代，尚有宋代[1]、明代[2]两说。寺址内曾出土北周石造像和唐代遗物等。另存明正德十六年（1521）重修昭慧院碑1通。

1981—1982年全面维修，恢复塔檐并安装了108个风铃。

2005年铺设塔基散水，重修九层以上塔身。

2011年对整体予以维修。

1956年8月，陕西省人民委员会公布"高陵塔"为第一批陕西省文物保护单位。

1992年4月，陕西省人民政府公布保护范围。重点保护区为塔；一般保护区为塔围墙内；建设控制地带为重点保护区外延100米内。

2006年5月，国务院公布"昭慧塔"为第六批全国重点文物保护单位。

---

[1] 张志高著.中国古塔[M].西安：三秦出版社，1994；

赵立瀛.陕西古建筑[M].西安：陕西人民出版社，1992.

[2] 张驭寰著.中国塔[M].太原：山西人民出版社，2000；

赵克礼著.陕西古塔研究[M].北京：科学出版社，2007.

◎昭慧塔

◎八层以上塔檐局部

◎塔刹

鄠邑区

鄠邑区原称鄠县、户县，源自周平王东迁，以岐丰之地赐秦襄公，改"扈"为"鄠"邑。秦孝公十二年（前350）迁都咸阳后置鄠县。2000多年来，隶属关系时有变更，县名及县制设置相沿未改。1964年9月，改"鄠县"为"户县"（便于识读），2016年12月，撤县设区。其地处西安市西南部，南依秦岭，北临渭河，区内地下和地面遗存丰富，祖庵重阳宫被奉为"全真圣地"；名播遐迩的草堂寺被尊奉为中国佛教三论宗、华严宗和日本佛教日莲宗的祖庭。鄠邑区现存古塔4座。其中，鸠摩罗什舍利塔，为中国现存时代较早也是鲜见的亭阁式玉石雕作之塔，并为研究"须弥座"早期式样提供了珍贵的实例。

026·鸠摩罗什舍利塔

唐代亭阁式石塔·全国重点文物保护单位。位于鄠邑区草堂街道草堂寺舍利塔院内。草堂寺原为后秦姚兴所建的逍遥园，鸠摩罗什入居后，更名草堂寺。原址在汉长安城东南，唐时迁建今址，唐中叶曾易名栖禅寺。宋初重修，改称清凉建福院，但草堂、栖禅之称谓，历金元明清仍沿用。清同治年间（1862—1874）遭兵燹，殿宇焚烧殆尽，今存殿舍均为近现代所建，唯"鸠摩罗什舍利塔"为唐代遗构。

鸠摩罗什（344—413），天竺（今尼泊尔、印度一带）僧人，与真谛、玄奘、不空并称中国佛教四大译家。后秦弘始三年（401）住入草堂寺，受姚兴礼拜，奉为国师，创佛教"三论宗"和"成实宗"。

塔由八色大理石及玉石分段拼雕而成，又称八宝玉石塔，现塔通高2.47米，由底座、须弥山仙境、八角塔身、方形塔顶和扁圆宝珠刹等组成。底座方形，边长1.69米，周围有16组浅浮雕图案。其上为递升的四个层次合成想象中的须弥山仙境：底部为幅面较大的圆盘状，沿盘面浮雕山峦及佛、兽等。以上层次均呈圆形，依次雕饰海浪水波、二重流云、蔓草花纹等。底座和须弥山仙境构成了早期"须弥座"雏形，较之后世常见的简单化须弥座形式要复杂很多,故被有的学者称赞为"华丽的须弥座"。其上托八角塔身,雕出倚柱、阑额、板门、直棂窗等。塔顶为四角攒尖式,雕出椽头、屋脊和瓦垄。塔刹由须弥座、受花、仰覆莲及扁圆宝珠构成。塔体各部分比例匀称,雕饰适度,造型端庄、典雅,但塔刹受花以上已被后世改动。

该塔为中国现存时代较早也是鲜见的亭阁式玉石雕作之塔,并为研究"须弥座"早期式样提供了珍贵的实例。

1956年8月,陕西省人民委员会公布"草堂寺(含鸠摩罗什舍利塔)"为第一批陕西省文物保护单位。

1992年陕西省人民政府公布保护范围。重点保护区为舍利塔、圭峰碑、铁钟、大殿、碑廊、烟雾井;一般保护区为寺围墙内;建设控制地带为一般保护区外向南延伸200米,向东、西、北各延伸100米内。

2001年6月,国务院公布"鸠摩罗什舍利塔"为第五批全国重点文物保护单位。

◎鸠摩罗什塑像

◎鸠摩罗什舍利塔

◎鸠摩罗什舍利塔测绘图

◎浮雕塔座上佛教故事"舍身饲虎"

◎塔刹

027·敬德塔

宋代方形七层楼阁式砖塔·全国重点文物保护单位。又称宝林寺塔，位于鄠邑区东南25公里的太平乡紫阁村南紫阁峪内。传寺于唐贞观年间（627—649）敕建，尉迟敬德监修（后人因附会称此塔为敬德塔），清同治元年（1862）毁于兵燹。原塔历史上屡有建毁，史无详载。

现塔建于北宋元祐七年（1092），残高16.98米，底层每边长2.8米。塔身底层较高，面西辟券门，门高1.6米，宽0.7米，塔檐下施五铺作双抄斗栱。二层以上实心，每面作仿木结构三间，以砖隐出倚柱、阑额、平座钩栏；当心间辟券龛，两侧饰菱花假窗；层间叠涩出檐，砌作椽头、菱角牙子；檐下及平座钩栏均施四铺作单抄斗栱，补间铺作一朵。塔顶残损。1988年文物普查时，在五层西券龛内发现塔铭1方，高26.5厘米，宽24.5厘米，其上刻铭："紫阁山主贵师伯寺主大师崇净小塔主得用舍塔、上铃人阿周薛清、本院主官王庆、东京靸鞋人曹佯、木作都科刘顺、本县修塔都科扬升、塔下庄功德人郑明，元祐七年八月十五日起塔。"该塔铭为现塔的建筑年代提供了确证。此前，有唐建和五代建两说。近年有学者认为，宝林寺塔原系保存唐玄奘灵骨的舍利塔，此说未得到实物资料的佐证。另外，宝林寺遗址内曾有砖砌六角形僧人舍利塔3座，俱毁于"文革"时期。

1957年5月，陕西省人民委员会公布"敬德塔"为第二批陕西省文物保护单位。

1992年4月，陕西省人民政府公布保护范围。重点保护区为塔及塔基；一般保护区为塔基外延17米内；建设控制地带为一般保护区外延25米内。

2013年5月，国务院公布"敬德塔"为第七批全国重点文物保护单位。

◎ 敬德塔

◎ 塔身局部

◎ 塔铭（拓片）

028・湛文和尚舍利塔

明代喇嘛式石塔・省文物保护单位"罗汉寺"附属遗存。位于鄠邑区秦渡街道北庞村南 150 米。寺始建于东汉永平元年（58），初名白马招觉院；晋太安元年（302）敕建行香院；唐武德年间（618—626）改为庄严院，贞观十九年（645）改为白马寺；金大定三年（1163）更名洪福院；元代复称行香院；明洪武年间（1368—1398）改称罗汉寺，永乐三年（1405）改为罗汉禅寺，景泰二年（1451）、嘉靖元年（1522）修葺，嘉靖三十四年十二月（1556 年 1 月）华州大地震后重修，复称罗汉寺；清代修葺。原寺规模较大，现仅存大殿和石塔 1 座。

现塔 20 世纪 90 年代予以恢复，残高约 3 米，由石塔散件拼成，已非原型。《户县志》有原塔照片，自下而上为叠涩八角形台基、八角形须弥座、仰莲盘、覆钵式塔身、八角形华盖、塔脖子（相轮）、八角形华盖、圆形刹座和宝珠刹。塔身阴刻铭文："大明正德三年九月十九日／钦除鄠县僧会湛文之塔／嘉靖十八年十二月初七日立。"现塔丢失了部分构件，同时混入了其他石构件。

湛文（1462—1539），俗姓张，明代鄠县花园里人。12 岁出家，后在罗汉寺受具足戒。正德三年（1508）被朝廷任命为鄠县僧会司僧会。"僧会"的职责是"掌钤束一县之僧人"。

寺内另存明、清《重修罗汉寺画廊记》碑、《罗汉寺图》碑、《尚书礼部牒洪福院》碑、《三教问答会名》碑等 6 通，分别记述了明嘉靖年间（1522—1566）地震对寺院的破坏情况、寺庙四至、历史沿革，以及佛教传入长安的具体年代等。

2008 年 9 月，陕西省人民政府公布"罗汉寺"为第五批陕西省文物保护单位。保护范围为寺院院墙以内；建设控制地带为保护范围四周各外延 50 米。

◎罗汉寺大殿

◎湛文和尚舍利塔（历史照片）

◎湛文和尚舍利塔

029·凝灵塔

明代经幢式石舍利塔·区文物保护单位。位于鄠邑区石井镇栗峪口村西南,为明阳寺仅存建筑遗构。据载,明正统元年(1436)建寺,亦称金峰寺下院,正德十五年(1520)重修,清同治年间(1862—1874)毁于兵燹。现仅存遗址,遗有残石塔1座,造型为六角幢式石舍利塔,上部残缺,残高约2米。塔座和塔身有线刻佛像、经文,记有"牛首山明阳寺□□禅师凝灵塔"字样。原有明阳寺碑已佚。

◎凝灵塔

蓝田县

蓝田县因出"蓝田玉"而得名。秦献公六年（前379）始置蓝田县。汉以降，建制和隶属屡有改易，县境屡有增析，至清代中期基本稳定下来。其地处秦岭北麓、关中平原东南部。灞河（古称滋水）、浐河穿境而过，是人类先祖的发祥地之一，115万年前就有人类在此繁衍生息。历史上，秦修驰道自咸阳、经蓝田、通武关、抵襄阳，为京畿通往东南各地的要道之一。境内有20世纪中国最重要的考古发现之一——蓝田猿人遗址，名播遐迩的华胥陵、蓝关古道、鼎湖延寿宫遗址、蔡文姬墓、北宋吕氏家族墓、水陆庵明代壁塑，以及辋川溶洞、王维别业、汤泉湖等重要遗迹和景观。蓝田县现存上悟真寺塔林8座。其中，保存完整的2座喇嘛塔和4座五轮塔，为陕西古塔序列提供了明代石喇嘛塔和清代五轮塔的标本实例。

030 · 上悟真寺塔林（8座）

明清僧人舍利塔，8座·县文物保护单位"悟真寺"附属遗存。位于蓝田县城东10公里的普化镇秦岭支脉王顺山上。悟真寺始建于隋开皇十四年（594），唐初扩建。唐贞观九年（635），善导大师入驻，一生在此弘法近30年，被称为净土二祖。寺院鼎盛时拥有上下两院，常住僧达千人以上。上悟真寺又称竹林寺，为其六大寺院群落之一，唐末毁于战火，宋代重建，改称崇法寺，后又改回悟真寺。明代重修，清代增建、修葺。寺院三进，原有殿宇30余间，部分建筑毁于"文革"时期。现存前殿三间、配殿三间、大殿五间、藏经楼五间。周遭环境已失旧貌，但依山而建的气势犹存。诸殿内仍残留部分壁画和塑像，前殿门额置民国八年（1919）款"上悟真古寺"石匾1方。寺西北一崖窟内遗存北宋摩崖题刻2方。寺院周围有明清僧人舍利塔8座，高2.3～4.6米，其中2座为方形亭阁式石塔，其余为石喇嘛塔和五轮塔。

030—1·悟真寺石喇嘛塔之一

位于上悟真寺东北约100米处。花岗岩质地,通高3.83米。底部为方形台基,每边长1.9米,上置方形束腰四出轩式须弥座,底边长1.75米,高0.5米,其上下沿饰刻仰覆莲瓣。塔肚子(塔身)为覆钵形,以整石雕成,中部辟壶门形龛,宽0.3米,高0.4米,进深0.12米。塔身上为四出轩式塔檐,折角分明。塔脖子刻作"十三天相轮",上置圆形仰覆莲瓣华盖,承宝瓶式塔刹。整体造型与武功县明正德十三年(1518)的寺背后塔(即释迦文佛舍利宝塔)十分相近,可谓明代石喇嘛塔的典型代表。

◎悟真寺石喇嘛塔之一

030—2 · 悟真寺石喇嘛塔之二

位于上悟真寺东北约 100 米处。花岗岩质地，高约 4 米。塔基为叠涩方形，以条石铺砌，上置方形束腰四出轩式须弥座，上下沿饰刻仰覆莲瓣。塔肚子（塔身）为覆钵形，以整石雕成，上覆四出轩式塔檐，叠涩两层，折角分明。塔脖子饰刻菱形网状图案，上置圆形华盖，承宝瓶式塔刹。整体造型与前一座塔相近，唯塔脖子网状图案代替"十三天"相轮的装饰做法较为鲜见。

◎悟真寺石喇嘛塔之二

030—3 · 悟真寺亭阁式石塔之一

位于上悟真寺东南约 300 米处。花岗岩条石砌筑，通高 4.6 米。下部为方形束腰叠涩须弥座，底边长 1.88～1.96 米，束腰部位浅浮雕缠枝花卉，上下沿饰刻仰覆莲瓣。塔身方形，辟一竖方龛，内嵌塔铭仅余 1/3，字迹磨泐。塔顶四角攒尖，置仰覆莲座，承宝瓶式塔刹。宝瓶中央辟有圭形龛，应为天宫所在。这类情况在中国古塔中不常见，如 1989 年河南省古建筑研究所在嵩岳寺塔塔刹内发现 2 座天宫，分别位于宝珠中部和相轮中。上悟真寺的这座亭阁式石舍利塔，从造型和装饰风格判断，时代应在明清之际。

◎ 悟真寺亭阁式石塔之一

030—4 · 悟真寺亭阁式石塔之二

位于上悟真寺西北约 200 米处。花岗岩条石砌筑，通高 3.3 米。下部为方形束腰须弥座，底边长 1.25 米。塔身方形，边长约 1 米，南面辟一方龛。塔顶四角攒尖，置仰覆莲座，承宝珠式塔刹。整体造型与前一座亭阁式塔相近，时代或在明清之际。

◎悟真寺亭阁式石塔之二

030—5 · 悟真寺五轮塔之一

位于上悟真寺西北约 200 米处。五轮塔形制，花岗岩质地，通高 2.3 米。整体由 5 部分构成，自下而上依次为方形须弥座、圆鼓形塔身、方形翘角塔檐、覆斗形刹座和方锥体塔刹。五轮塔又称法界五轮塔，由 5 个模块（轮）堆叠而成，自上而下分别代表宇宙"空、风、水、火、地" 5 大要素。五轮塔起源于佛教密宗，唐时传入日本，在平安时代后期开始流行，主要作为供养塔或墓石祭奠。现日本仍遗存有为数可观的五轮塔，且保持着它的原始造型。但在发源地中国，这种形式的塔已然鲜见。张驭寰先生在《中国塔》一书中认为，这种塔极富变化，形式多样，但是基本特征为下有简单的台基，上置圆球体作为塔身，其上置一单层塔檐，塔檐常作屋顶形象，其上为塔刹。

◎ 悟真寺五轮塔之一

030—6 · 悟真寺五轮塔之二

位于上悟真寺西约 30 米处。花岗岩质地，通高 2.6 米。塔基为叠涩覆斗形，上置方形须弥座。塔身为圆鼓形，辟有圆拱龛，内嵌塔铭已佚；塔身饰刻竖行条纹，如瓜棱状。其上为方形华盖，置六角锥形刹座，承宝瓶式塔刹。这种形式的塔，可当作异形五轮塔看待，时代在清晚期。

◎悟真寺五轮塔之二

030—7·悟真寺五轮塔之三

位于上悟真寺野竹林中。花岗岩质地，通高 2.3 米。底部为方形束腰须弥座。塔身为异形圆鼓状，即上部鼓形，下部矮柱状，中间辟圆拱龛，这种造型的塔身较为罕见。其上置圆形华盖和六角锥形刹座，承宝瓶式塔刹。整体造型与前一座塔接近，亦可视为异形五轮塔，时代在清晚期。

◎悟真寺五轮塔之三

030—8·悟安禅师塔

位于上悟真寺西南约 300 米处。建于清同治三年（1864）。花岗岩质地，通高 2.3 米。塔基为覆斗形，上置方形须弥座。塔身为鼓形，辟一碑龛，内嵌圆首碑石。碑文为："供奉，传临济正宗三十九世悟安智川禅师灵塔／同治三年□□／万安、维安、海娃／僧徐仁等全立。"塔身覆方形华盖，置方锥形塔刹。整体造型与前两座塔接近，亦可视为异形五轮塔。据悉，悟安禅师碑原散置于配殿台基上，近年得以归位。

◎悟安禅师塔

周至县

周至原名盩厔,因"山曲为盩,水曲为厔"而得名。西周时属京畿地,春秋时为秦国管辖,汉武帝太初元年(前104)始置盩厔县。汉以降,建制和隶属屡有改易,县境屡有增析。1964年9月,改"盩厔"为"周至"(便于识读)。其地处西安市西南部,南依秦岭,北濒渭河。境内有老子讲经地暨道教文化发祥地楼观台、白居易《长恨歌》诞生地仙游寺、关中大儒李颙墓等重要遗存。周至县现存古塔5座。其中,蜚声海内外的仙游寺法王塔,是中国现存最早的方形砖塔;唐建宋修的八云塔(瑞光寺塔)为关中地区密檐式空心砖塔的代表作。

031 · 仙游寺法王塔

唐代方形八层楼阁式砖塔·全国重点文物保护单位。本名仙游寺舍利塔,俗称法王塔,"法王"是对佛的尊称,原址位于周至县马召镇金盆村南600米处的秦岭黑水峪口。寺始建于隋开皇十八年(598),原名仙游宫,系隋文帝避暑行宫;仁寿元年(601)易宫为寺,并立舍利塔。唐开元年间(713—741)重修塔及寺院;元和元年(806),白居易驻寺作《长恨歌》;大中年间(847—860)扩建为三寺,分置黑水两岸,南岸的仍称仙游寺,亦称南寺。明正统六年(1441)重建,更名普缘禅寺。清康熙二年(1663)重修,复称仙游寺;乾隆、道光年间及民国初年又曾修葺。1988年文物普查资料显示,寺院尚存大雄宝殿五间、配殿三间、法王塔1座,另有明清僧人舍利塔6座(其中3座残),明代铁钟1口、清代碑石16通。

塔为方形七级塔檐而外观八层塔身,实测残高34.65米,底边长8.7米。底层南面辟券门,内设方形八角攒顶塔室,边长约3米,顶高4.38米。二层以上单壁中空,每面一间,均南面辟券门。塔身逐层收分,层间叠涩,檐下施菱角牙子。其中,第三级塔檐下砌四排菱角牙子,其余塔檐下均砌作三排。塔顶平砖攒尖,塔刹及塔内木梯已毁。底层东、北、西三面各嵌碣石2方，东面南侧碣上有线刻人物像。值得注意的是，现塔底层系原塔台座"副屋"（木结构"回廊"部分）因故损毁，使砖结构主体暴露在外，经后代整修所致。故外观上，由底向上，8个券门依次洞开，呈现8个层级。实际情况是，底层与二层隔离，长久以来，佛事活动仅限于底层塔室。该塔砖缝细密，宛如水磨，是中国现存最早的方形砖塔之一。所处位置因山环水绕，景色宜人，白居易曾在此写下叙事名篇《长恨歌》，又因地势险阻，唐末黄巢、明末高迎祥、清末曹沛都曾屯兵于此。

1998年10月，为配合西安市黑河引水枢纽工程，经国务院批准，对"仙游寺法王塔"进行保护搬迁。拆迁过程中揭现塔体天宫和地宫。地宫在塔室地基下方，由砖砌甬道、石门和石宫室组成。出土有青石双面铭文《仙游寺舍利塔铭》1方、石函1具、熏香炉1件。石函内藏有鎏金铜棺1具，内置琉璃瓶1件，瓶中瘗藏舍利子10枚。

所出《仙游寺舍利塔铭》为一碑两代刻铭。碑阳刻隋代"舍利塔下铭"，文内有"维大隋仁寿元年岁次辛酉十月辛亥朔十五日丁丑，皇帝普为一切法界，幽显生灵，谨于雍州盩厔县仙游寺奉安舍利，敬造灵塔"等字样。碑阴为唐开元十三年（725）"仙游寺舍利塔铭"，内文有"此塔即大隋仁寿元年十月十五日置也。至大唐开元四年重出舍利，本寺大德沙门敬玄、道门若节，远近谢其精诚，神机尔朗，合寺钦其高行。乃眷彼前修，情深仰止，谨舍衣钵之资，用崇斯塔。……至开元十三年岁次乙丑十二月十五日甲子朔，庄严事毕，重入灵塔。其塔乃莹以丹青，饰以朱漆，致使固齐天地，岿然独存"等内容。由隋唐一碑两代"塔铭"确证：仙游寺法王塔始建于隋仁寿元年，至唐开元四年（716）"重出舍利"，本寺大德沙门敬玄等人遂"谨舍衣钵之资，用崇斯塔"，即言重修之意。至开元十三年"庄严事毕，重入灵塔"，即谓工程告竣，前后历时9年。这也是"塔铭"告诉后人的唯一可凭借的文字信息，弥足珍贵。

2001年8月—2003年10月完成法王塔整体搬迁复建工程，新址位于原址北约2.8公里的金盆村北梁上。搬迁复建方案经国家文物局审批，国家文物局古建专家组组长罗哲文任搬迁复建工程总顾问，并莅临现场指导。全部工程用资 500 余万元，动迁 50 余万块手印纹旧砖。搬迁和复建过程中，对塔体的每一层、每一个局部、每一块砖都进行了绘图、编号、照相，在新址复建归位，少量补葺新砖，均模印有一个"佛"字，以别旧砖。复建后的塔体安装有避雷设施，原塔室所嵌碣石及相关文物移藏新建的仙游寺博物馆。

1992 年 4 月，陕西省人民政府公布"仙游寺"为第三批陕西省文物保护单位，同时公布保护范围。重点保护区为东至守贞和尚墓，西至仙桥古渡南 25 米内，南至南狮山北麓 30 米内，北至玉女洞、马融石室北 30 米内；一般保护区为东至涵峪口，西至象岭东坡，南至狮山北麓，北至东岭南坡；建设控制地带同一般保护区。

1996 年 11 月，国务院公布"仙游寺法王塔"为第四批全国重点文物保护单位。

法王塔搬迁新址后，保护范围尚待重新划定。

◎仙游寺法王塔（历史照片）

◎仙游寺法王塔

◎仙游寺法王塔（迁建后）

◎仙游寺法王塔天宫

◎地宫出土的隋代石函

◎地宫出土的舍利子

◎塔身天宫出土的舍利子

◎隋代塔铭（拓片）

◎唐代塔铭（拓片）

◎仙游寺原貌

032 · 八云塔

唐宋时期方形十三级密檐式空心砖塔·全国重点文物保护单位。又称瑞光寺塔，位于周至县二曲街道中心街南，为旧时周至县城的标志性建筑。瑞光寺始建于唐景龙二年（708），一说建于元和十四年（819），后因兵燹毁圮。北宋太平兴国三年（978）改建为崇明寺；明初复建为瑞光寺，永乐六年（1408）整修，更名善盛寺。清代复名瑞光寺，清末焚毁，唯塔存。

瑞光寺塔创建于唐代，历代屡有修葺。因塔身底层每面有两朵云状阴湿痕迹，合计8朵，俗称"八云塔"，此称谓最早见于清道光年间（1821—1850）进士王禹堂的诗歌体地方志《土风草》内。据2000年末抢救发掘八云塔地宫资料辨析，该塔地宫为唐代所建，塔体为宋代改建或重建。现塔残存十一级，残高35.74米，底层每边长9.05～9.23米。塔身底层特高，达8.06米，北面正中辟券门，门高2.96米，宽1.52米，壁厚3米；另三面皆为假券门。壁面装饰为以砖刻出普柏枋，上托"斗口跳"形式的斗栱。二层以上（除四、五、六层外）每层各辟二券门，两相对开，上下位置逐层相错。其中，二至五层每面作仿木结构三间，以砖隐出倚柱、阑额、栌斗；六层以上无斗栱装饰。塔身收分柔和，层间叠涩出檐，砌两排菱角牙子。塔顶早年已毁，多年来保留了无十一级以上的旧状。塔内结构为单壁中空，原有木梯供登临，清末焚毁。据2000年末地宫发掘实测：地宫周长5.6米，为方形叠涩攒尖顶，其上添置有0.68米见方的小"上室"。出土有石函、石棺、汉白玉佛龛造像、石磨盘以及早至汉代"半两""五铢"晚至北宋"庆历重宝"等历代铜钱铁币1 200余枚。其中，石函石棺线刻有四神图案和飞天、护法天王、弟子、高僧说法、迎送舍利等与佛教有关的题材画像，从雕刻技法、内容和艺术风格来看，应为唐代作品。汉白玉佛龛造像分为上下两层，上层正面雕一佛二弟子二菩萨，背面雕弥勒菩萨、二弟子、二胁侍菩萨；下层正、背面皆雕赤身力士足踏狮子头，手托底座形象；左右两侧上半部雕佛龛，下半部刻发愿文。从雕刻风格和发愿文内容来看，其应为北朝时期作品。铜钱则以唐"开元通宝"和北宋多种年号的钱币为大宗,主要出土于地宫封门砖中(263 枚)、盗洞扰土内(900 余枚)和地宫"上室"(27 枚,压于磨盘下)。根据相关考古资料和年号最晚的"庆历重宝"出土情况,可初步推断:地宫自唐代建成后,最后一次封闭应在北宋庆历年间(1041—1048),塔的改建或重建,亦应在这个时段。

1986 年成立八云塔文管所。

1987—1992 年对塔体进行全面整修。塔基四周打入 1 008 个梅花桩,并用钢筋水泥柱支撑塔基。

2008 年,"5·12"汶川特大地震波及陕西,使塔体受损,并向东北方倾斜;塔身四周出现数条裂隙,有碎砖块散落。嗣后予以修葺。

1957 年 5 月,陕西省人民委员会公布"周至古塔"为第二批陕西省文物保护单位。

1992 年 4 月,陕西省人民政府更名"周至古塔"为"八云塔",并公布保护范围。重点保护区为塔与塔基;一般保护区为塔基周围外延 36 米;建设控制地带为一般保护区外延 72 米。

2001 年 6 月,国务院公布"八云塔"为第五批全国重点文物保护单位。

◎八云塔(历史照片)

◎八云塔

033 · 大秦寺塔

宋代八角七层楼阁式砖塔·全国重点文物保护单位。又称镇仙宝塔，位于周至县楼观台西约2公里的塔峪村南侧山坡上。寺始建于唐，于20世纪毁圮，近年有简陋僧舍搭建和僧人入驻。塔为宋代建筑风格，苏东坡《游大秦寺》诗有"忽逢孤塔迫，独向乱山明"句，确证北宋中期已存此塔。清同治年间（1862—1874）曾补修。

实测现塔高38.26米，底层每边长4.4米。塔身每面一间，底层北面辟券门，东、南、西三面作假券门；二至六层各辟二券门，两两相对，上下位置逐层相错；顶层东、南、西、北四面辟门。层间叠涩出檐，以砖隐出角柱、阑额、斗栱和菱角牙子。各层斗栱情况有别：一层檐下刻作"三伏云"式样，平身科四攒（为清代补修时所作）；二、三层和六、七层施四铺作单抄斗栱，补间铺作一朵；四、五层檐下无斗栱。菱角牙子情况亦不同：一层塔檐在叠涩砖的夹隙中隐现一排菱角牙子（为清代补修痕迹），二层和七层塔檐砌出三排菱角牙子，其余三、四、五、六层均为两排菱角牙子。塔顶平砖攒尖，置宝珠式塔刹。近年维修，补葺受损的砖面，并测出塔体向北偏西倾斜超过4度。

关于大秦寺敕建和"镇仙宝塔"名谓的由来，旧有两说。一谓玄武门事变后，唐太宗李世民夜寐不宁，常梦见李建成、李元吉提血头索命。由是魏徵献策：建成、元吉二人已然化仙，宜建宝塔相镇，以保万世太平。太宗遂敕令修建此塔。因太宗即位前为"秦王"，寺亦因名。另一说是，大秦寺为高宗敕建，属大秦景教（基督教一支）寺院，塔亦因名。此二说，目前尚无实证资料的支持。

1957年5月，陕西省人民委员会公布"周至楼观乡塔村古塔"为第二批陕西省文物保护单位。

1992年4月，陕西省人民政府更名"周至楼观乡塔村古塔"为"大秦寺塔"，并公布保护范围。重点保护区为塔与塔基；一般保护区西至塔基西55米，东至柿林43米，南、北至塔基外45米内；建设控制地带为西由塔峪沟东岸向西60米，东由柿林向东200米，南由塔南第二坡道向南50米，北由一般保护区向北250米。

2006年5月，国务院公布"大秦寺塔"为第六批全国重点文物保护单位。

◎大秦寺塔

034 · 昆山律师衣钵塔

清代六角三层楼阁式道士塔·省文物保护单位"楼观台"附属遗存。又称刘合仑衣钵塔，位于周至县楼观台国家森林公园内，希声堂北侧100米处。刘合仑，道教龙门正宗第十六代传人，号昆山。祖籍河南禹州，生于乾隆二十一年（1756），幼失父母，依兄长大。兄亡，乃入本州岛书堂山王母洞学道，于苏真人坛下受戒。后随张寿山演钵从游，成为传法弟子。嘉庆十四年（1809）春，在京师善士蔡西林的资助下，重修楼观台。晚年归隐三圣宫"听松歌桂，以自优游"。

现存衣钵塔竣工于清嘉庆十三年（1808），系法传弟子朱教先为昆山律师53岁生日所献寿礼（寿塔）。塔为砖筑，高约10米。塔基为六角形须弥座，底边长0.95米。塔壁磨砖对缝，层间出檐平浅，檐下施砖雕额枋、角昂、垂花柱和蔓草图案等，其中二、三层每面嵌有铁拔钉1枚。塔顶平砖攒尖，置石雕瓜棱形塔刹（有别于佛塔的仰覆莲座、相轮、宝瓶和宝珠刹）。底层正面上方嵌道光四年（1824）款"昆山律师衣钵塔"石匾，其下嵌《龙门正宗第一十六代昆山刘合仑衣钵塔铭》1方，朱教先撰文。

据塔铭载："师姓刘氏，派出彭城，上合下仑，昆山其号也，豫之禹州人，乾隆丙子年辜月十八日诞育。……诣本州岛书堂山王母洞苏真人坛下，簪冠学道，求度世术。会寿山张律师同主书堂山，师演钵从游，燕履鹿车，遍历名胜，得性命圭旨，归隐书堂。律师羽化，师建塔立碣，庐墓三载。嘉庆丁巳，冯翊羌白镇绅耆慕师道范，延主三圣宫，开期演钵，得戒子三十余人。丙寅入京都白云观放戒，公卿访道接踵，蔡善人尤至心皈依，捐资渡迷通常。制军叶中丞延师主楼观台、八仙庵，师青词紫字，大振丛林。十三年，本庵开期，教先力承法戒，受心叩妙谛，推使主教。自归三圣宫，听松歌桂，以自优游。"该塔铭记事详尽，弥足珍贵。

现塔周围有近年增设的六角形石质围栏。

楼观台肇创于周，鼎盛于唐，曾为老子讲经地和有唐一代规模最大的皇家道观和道教圣地。李唐以降，屡遭兵燹，宋、元、明、清多次予以重葺、修缮。

1956年8月，陕西省人民委员会公布"楼观台"为第一批陕西省文物保护单位。

1992年4月，陕西省人民政府公布保护范围。重点保护区为围墙内所有古迹基址，碑石，石刻，古建筑等；一般保护区为东、西、北至围墙，南至上善池南1米内；建设控制地带为东至田峪河，西至塔峪口，北至南环路，南至炼丹峰。

◎ 塔铭

035·白云塔

　　清代六角四层楼阁式汉白石塔·省文物保护单位"佛坪厅故城"附属遗存。位于周至县厚畛子镇老县城村东城门东北方向90米，北邻湑水河。塔由当地所产汉白石构筑，通高5.78米。底部为六角形石台基，每边长1.82米。上置六角形须弥座，素面。塔身如笋状收分，层间出六角翘檐。一层正面辟方龛，额题"口静口"（已漫漶），左侧竖刻"应作如是观"，右侧残损字失。二层正面辟方龛，额题"法身非相"4字，两侧刻楹联"宝塔藏舍利，月里现法身"，正中高浮雕佛像及左右侍从，均头残。三层正面高浮雕观音坐像，头部已残。四层每面刻一字，合读为"南无阿弥陀佛"。塔顶六角攒尖，置宝葫芦塔刹。整体造型清隽，玲珑有致，为陕西省内鲜见的汉白石舍利塔遗存。

　　佛坪厅故城俗称老县城，为清代佛坪厅治所。据清光绪本《佛坪厅志》记载，道光五年（1825），析盩厔、洋县两地设佛坪厅，属汉中府。民国二年（1913）二月，改为佛坪县。鼎盛时，人口超过2万人。清末至民国初年，因"匪荡掠城邑，袭杀同知"等祸患频发，民国十五年（1926），迁县治于今佛坪县址，故城遂废。久而久之，"老县城"作为一段历史的载体而演化为当地村名。作家叶广芩在《老县城》一文中说："我应该为这座消逝的城池写点什么，再过一百年，它或许会变做秦岭的一股清风，从我们耳畔吹过，淡淡的，轻轻的，了无痕迹……趁着今天它还没有走远，抓住它！哪怕是残缺不全。"

　　佛坪厅故城处于长安通汉中的傥骆道之要冲。城址呈不规则长方形，周长1 197.2米；东、西、南墙中间分别设"景阳""丰乐""延熏"3座城门，城内有衙署、文庙、监狱、演武场、城隍庙、戏楼、客栈等建筑遗址，并有碑刻、石构件、砖、瓦等遗物。21世纪以来，文物系统对故城进行了一系列考古调查和发掘，基本弄清了文庙、文昌宫、迎秀书院、县衙等处院落的建筑结构、布局和特点。

　　2003年9月，陕西省人民政府公布"佛坪厅故城"为第四批陕西省文物保护单位，并公布保护范围。

（1）佛坪厅故城保护范围为城区，东、西城墙基址外延30米，南、北城墙基址外延60米；建设控制地带为保护范围四面外延30米。

（2）白云塔、佛爷庙、城隍庙、火神庙保护范围为白云塔、佛爷庙、城隍庙、火神庙等基址四面外延10米；建设控制地带为保护范围四面外延15米。

（3）药王洞保护范围为药王洞洞体四面外延60米；建设控制地带为保护范围四面外延100米。

（4）牛氏墓园保护范围为牛氏墓园四面外延100米；建设控制地带为保护范围四面外延20米。

（5）西关接官亭、演武场、历坛，东关土地庙、关帝庙、社稷坛、先农坛等基址，以及松树坪塔松，保护范围为上述遗存基址四面外延10米；建设控制地带为保护范围四面外延30米。

◎ 白云塔

二、铜川古塔

铜川因境内有铜官川而得名。前秦永兴二年（358）设铜官护军，北魏太平真君七年（446）置铜官县，北周改为同官县，民国三十五年（1946）避"潼关"同音改为铜川，1958年设立铜川市。其位于陕西省中部、关中盆地和陕北高原交接地带，东经108°35′~109°29′，北纬34°48′~35°35′之间。辖境南北长84.025公里，东西宽80.97公里，总面积3 882平方公里；辖王益、印台、耀州3区和宜君1县。

铜川地质构造属于鄂尔多斯台向斜区东南缘渭北隆起带，境内山峦纵横，峪谷相间，台塬广布，梁峁交错，形成一个不规则的网状结构。最高点位于市辖区北部、宜君县境内的庙山，海拔1 734.2米；最低点位于耀州区楼村乡张家坪的赵氏河谷地，海拔536米。全市呈西北高、东南低的倾斜地势。铜川市区坐落于丘陵山地狭谷内，是关中通向陕北的天然门户，素有"北山锁钥""关辅襟喉"之美誉。

铜川历史悠久，文化积淀厚重，西晋哲学家傅玄，唐代医学家孙思邈、史学家令狐德棻、书法家柳公权，宋代书画家范宽均出于此。境内重要遗存有五里镇遗址、前申河遗址、王家河遗址、殁祤宫遗址、太子寺石窟、花石崖石窟、秦家河摩崖造像、陀罗尼经幢、柳公权墓、令狐德棻墓，以及玄奘圆寂地——唐玉华宫遗址、"关中北部第一关"——金锁关关址及题刻、驰名中外的黄堡镇耀州窑遗址、陈炉窑址、药王山庙、药王山石刻、孙思邈故里、姜女祠、耀州文庙、井勿幕故居、陕甘边照金革命根据地旧址等。

铜川市现存历代古塔9座，其中，印台区1座，耀州区7座，王益区1座。建于北宋的重兴寺塔（铜川塔）为关中北部密檐式塔的典型，其全套铁质刹件由仰莲座、覆钵、相轮和宝珠构成，刹件之完整系陕西省内鲜见；位于步寿塬上的神德寺塔（耀县塔）为铜川第一高塔，2004年秋维修塔身时，于第四层南面券洞中发现金元时期手抄经、印刷经、纸本印刷和绢本粉彩佛传画等30余种，对研究神德寺的历史沿革和寺院佛教活动具有重要的价值；迁至药王山的法海石塔，通体雕佛、弟子、菩萨像404躯，为国内鲜见的金代石造像舍利塔遗存。

铜川古塔列表

序号	古塔名称	时代	形制	保护级别	地址
036	重兴寺塔	宋代	六角七级密檐式砖塔	国保	印台区北街宋塔巷宋塔文管所内
037	延昌寺塔	宋代	六角九级密檐式砖塔	国保	耀州区正阳路街道赵家坡村
038	法海石塔	金代	方形十层楼阁式石舍利塔暨造像塔	一级文物	耀州区孙原乡药王山博物馆内
039	柏树塬塔	宋代	六角七级密檐式砖塔	省保	耀州区柳林镇柏树塬村
040	神德寺塔	宋代	八角九级密檐式空心砖塔	国保	耀州区城北步寿塬塔坡上
041	香山寺舍利塔林（3座）	清代	六角三层和四层楼阁式砖舍利塔	"省保"附属遗存	耀州区庙湾镇瑶玉村香山上
041—1	天衣禅师舍利塔	清代	六角三层楼阁式砖舍利塔	"省保"附属遗存	耀州区庙湾镇瑶玉村香山上
041—2	监院心贞塔	清代	六角三层楼阁式砖舍利塔	"省保"附属遗存	耀州区庙湾镇瑶玉村香山上
041—3	香山寺普通塔	清代	六角四层楼阁式砖舍利塔	"省保"附属遗存	耀州区庙湾镇瑶玉村香山上
042	兴元寺塔	明代	六角四层幢式石舍利塔	省保	王益区王益街道高坪村
合计	9座		含县级以上文物保护单位及其附属遗存共6处8座。其中"国保"3处3座，"省保"2处2座；"省保"附属遗存1处3座。另有一级文物1座，参照"国保"单位标绘		

印台区

印台区因境内有印台山而得名，相传轩辕黄帝为镇服龙虎置印于此，化为印台山。其为北魏铜官县域和20世纪铜川老城区所在地，2000年4月设为印台区。其地处关中盆地北缘、渭北旱塬中部，境内山峦纵横，沟壑相间，梁峁交错，丘陵台塬广布。平均海拔1 097米，最高点位于西北部的凤凰山，海拔1 671米；最低点位于区政府驻地川道，海拔900米左右。区内有唐"离宫"玉华宫遗址、"关中北部第一关"金锁关城遗址和延续700年陶瓷烧造历史的中国耀州陈炉镇窑场。建于北宋的重兴寺塔，为关中北部密檐式塔的典型代表，曾是同官古城的标志性建筑。

036 · 重兴寺塔

宋代六角七级密檐式砖塔·全国重点文物保护单位。又称铜川塔，位于印台区北街宋塔巷宋塔文管所院内，是旧时铜川的标志性建筑。寺始建于隋，后代屡有修葺，清康熙二十二年（1683）重修，今寺已无存。

塔建于北宋，明嘉靖三十四年十二月（1556年1月）华州大地震，致塔体微斜，塔刹倒挂。现塔通高15余米，底边长2.3米。塔身底层南面辟券门，内置石雕跏趺坐佛1尊（已残）。二层以上实心，每面作仿木结构三间，以砖隐出倚柱、阑额、普柏枋等；二至四层增设平座钩栏，饰板门、棂格窗。层间双排椽头出檐，一至四层檐下施五铺作双抄斗栱，六层和七层施四铺作单抄斗栱。顶置铁质塔刹，全套刹件由仰莲座、覆钵、相轮和宝珠构成，刹件之完整系陕西省内鲜见。该塔地处同官古城一侧高坡上，依山而建，形制挺拔，雕饰富丽，曾是同官古城的标志塔。

1982年陕西省文物局曾拨款修葺，维修时发现青石佛头7件，造像座1块，像座一侧刻有隋"开皇十五年乙卯"年款，还同出唐代八棱青石经幢1通，高1.7米，上刻"金刚经"文。它们当系原重兴寺遗物，确证隋唐时期该寺已建置。

1956年8月,陕西省人民委员会公布"铜川塔"为第一批陕西省文物保护单位。

1992年4月,陕西省人民政府公布保护范围。重点保护区为塔;一般保护区为东至开关厂后门房东,西到文化馆院内护坡下,北至文化馆办公楼前,南至文化馆龙门内边;建设控制地带为东至开关厂办公楼前,西至文化馆住宿楼后护坡下,北至开关厂库房院内,南至文化馆东西水泥路面南。

2013年5月,国务院公布"重兴寺塔"为第七批全国重点文物保护单位。

◎重兴寺塔

◎重兴寺塔(历史照片)

耀州区

耀州区因唐天祐二年（905），凤翔节度使李茂贞改茂州为耀州而得名，传境内有宝鉴山，遇丰年山中光耀明如镜，故名之。后世建制虽有改易，但多以"耀州"见称，沿用至清。民国二年（1913）改为耀县，2002年6月设为耀州区。其地处关中平原与渭北高原接壤地带，属乔山山脉南支、鄂尔多斯台地南部边缘。地势北高南低，东、西、北三面环山，中部多丘陵沟壑，南部较为平缓。相对高差1 196米，最高处为长蛇岭，海拔1 732米；最低处为赵氏河谷，海拔536米。区内有驰名中外的药王山石刻、耀州窑遗址，以及耀州文庙、药王故里、薛家寨景点等。耀州古称祋祤、宜州、华原，历史悠久，文化积淀厚重，西晋哲学家傅玄，唐代医学家孙思邈、史学家令狐德棻、书法家柳公权，宋代书画家范宽均出于此。耀州区现存古塔7座。其中，延昌寺塔为关中北部宋代密檐式塔的代表作；法海石塔是国内鲜见的金代石造像舍利塔。

037·延昌寺塔

宋代六角九级密檐式砖塔·全国重点文物保护单位。又称万佛寺塔，位于耀州区正阳路街道赵家坡村。寺始建于北魏延兴年间（471—476），因传说延昌公主"持戒行结庵于此，手塑万佛，人遂称万佛寺"（陈仕林《耀州志》卷十）。延昌元年（512），帝屡诏公主归，公主坚辞，遂敕寺额曰延昌寺。历史上，该寺屡有建毁，曾于清康熙八年（1669）重修。今寺已不存，仅存寺塔，为北宋建筑风格。

现塔残高18.62米，底边长2.65米。塔身底层西北面辟券门，门宽0.94米，内设塔室。二层南、北面辟券龛，原置佛像已佚。二层以上实心，每面作仿木结构三间，隐出倚柱、阑额，三层增设平座钩栏；二至四层当心间多饰作板门，次间作卧棂窗。层间双排椽头出檐，施五铺作双抄斗栱，补间铺作一朵。塔顶残毁。1983年曾予以维修。现塔身向东北倾斜约有10度。

寺址内原有金明昌四年（1193）法海石塔1座，20世纪迁至药王山博物馆，另有《延昌寺宗派图》碑、"王扶梨造像碑"、"王木欣女造像碑"存藏于耀州碑林。此外，原有金明昌七年（1196）《耀州华原县延昌寺三门记》碑、大定二十八年（1188）《延昌寺记》碑、承安二年（1197）《延昌寺创修助缘檀越姓名记》碑等，均于"文革"期间被砸成碎石砌作水池，幸《陕西金石志》录有《三门记》碑全文，且有存世碑拓。

2008年9月，陕西省人民政府公布"延昌寺塔"为第五批陕西省文物保护单位。保护范围为塔基四周外延10米；建设控制地带为保护范围四周各外延20米。

2013年5月，国务院公布"延昌寺塔"为第七批全国重点文物保护单位。

◎延昌寺塔（历史照片）

◎延昌寺塔

038 · 法海石塔

金代方形十层楼阁式石舍利塔暨造像塔·一级文物。原址在铜川新区赵家坡村延昌寺内，20世纪迁至耀州区孙原乡药王山博物馆。法海，一作法诲。据《法海石塔碑铭》载，法海（1114—1183），俗姓徐，字仲宣，宁州（今甘肃）真宁县人。生于丹青世家，游学陕西，"得画圣之笔法"，而"独步关中"。31岁出家，驻延昌寺，"极力营茸，彩绘殿堂，创造佛帐，雕镂金碧"。卒后10载，由高弟惠湛等人于明昌四年（1193）"创建石坟塔一所而葬焉"。

今存石塔，为方形十层楼阁式，系整块青石雕成。通高2.65米，底层每边长0.55米；塔座高0.25米，边长0.68米。塔身层层出檐，塔顶为四面坡，收成圆平状，顶径0.08米。每层各面均作仿木结构两间，刻有倚柱、斗拱、阑额、椽子、瓦垄等，每间辟一浅方龛，内雕一佛二弟子二菩萨，每层计40躯，加顶部每坡开龛造佛各1躯，总计雕像404躯。有学者认为，其造像式样总体上趋近于唐代风格。塔身题名为"化主毛信姬、化主佛中晖"。塔基题名为"四面都化主魏洪达"。另有后代补刻题名。

该塔造型小巧，雕技精细，国内鲜见，是珍贵的金代石舍利塔暨造像塔遗存。

◎法海石塔

039・柏树塬塔

宋代六角七级密檐式砖塔・省文物保护单位。位于耀州区柳林镇柏树塬村内。属佛寺遗构。寺院早年废毁，沿革不详。附近有北魏白寺遗址，或为寻迹线索。

塔为宋代砖塔建筑风格，通高约 12.5 米，底层每边长 1.67 米。塔身底层较高，面西辟券门，门宽 0.5 米，高 1.36 米，内设塔室。二层以上实心，逐层收减高宽。二、三、四层每面作仿木结构三间，其中，二层东北和三层东面当心间辟券龛，其余各面分别饰假门、卧棂窗和菱花图案。层间叠涩檐出双排椽头，饰五铺作双抄斗栱，当心间置补间铺作一朵。塔顶平砖攒尖，塔刹无存。"文革"期间，塔身底层曾遭破坏，1982 年予以修复。

2008 年 9 月，陕西省人民政府公布"柏树塬塔"为第五批陕西省文物保护单位。保护范围为塔基外延 12.5 米；建设控制地带为东到 50 米处土崖，西到 45 米处的土崖，南至稠安公路，北至 220 米处的农耕路。

◎ 柏树塬塔

040 · 神德寺塔

宋代八角九级密檐式空心砖塔·全国重点文物保护单位。又称耀县塔，为旧时耀县的标志性建筑，位于耀州区城北约500米处的步寿塬塔坡上，处于漆、沮二河交界处。此地汉宣帝神爵三年（前59）建有步寿宫，北魏建有龙华寺，隋代增建大像阁（供弥勒佛），隋唐时期更名神德寺，宋时香火最盛，增修有九级砖塔。宣和年间（1119—1125），宋金交兵，寺院毁于战火。金承安年间（1196—1200）重建，更名明德寺。明嘉靖二年（1523），知州赵时为纪念范仲淹（989—1052）治耀功绩，于寺内增建"范文正公祠"。明以降，史料阙载。

现仅存寺塔，残高29米，底层每边长3.2米。塔身底层特高，东、西两面各辟券门和假券门，东券门高2米，宽1.26米，青石门楣、框上分别线刻一佛二菩萨、持剑和持箭天王像等。二层以上每面作仿木结构三间，隐出倚柱、阑额、普柏枋等；二至五层交错辟券龛，龛两侧或饰卧棂假窗。倚柱、阑额、假窗均涂有朱红色。层间双排椽头出檐，施五铺作双抄斗栱，补间铺作一朵。九层以上残毁。塔内原有木梯可登临，现已不存。塔身二层南面嵌《皇明科第提名》碣1方，上刻永乐十三年（1415）至嘉靖十六年（1537）间数十位进士、举人名录及官职。2004年秋维修塔身时，于第四层南面券洞中发现金元时期手抄经、印刷经、纸本印刷和绢本粉彩佛传画等30余种。这些经卷和传画基本属于露天存放，没有保护措施，致使大部分经卷腐烂黏结，损坏严重。从打开的几种来看，都属于卷轴。保存较好的是手抄纸本《金光明经》，幅宽26厘米，残长283厘米，小楷书法，字体端庄，结构严谨，与唐宋写经体有相近之处，惜无落款和书写者姓名。印刷体经卷无法打开，仅能从残片辨认。纸本和绢本佛传画都已严重残损，但可初步看出其时代特征。这批经卷和传画的发现，对研究耀州神德寺的历史沿革和寺院佛教活动具有重要的价值。早年曾在神德寺塔旧址地宫出土隋仁寿四年（604）舍利石函1具，内刻《舍利塔下铭》124字，这为研究神德寺塔的早期建置提供了珍贵的实物资料。

1956年8月，陕西省人民委员会公布"耀县塔"为第一批陕西省文物保护单位。

1992年4月，陕西省人民政府公布保护范围。重点保护区为塔；一般保护区为重点保护区外延50米内；建设控制地带为一般保护区外延500米内。

2006年5月，国务院公布"神德寺塔"为第六批全国重点文物保护单位。

◎神德寺塔（历史照片）

◎神德寺塔

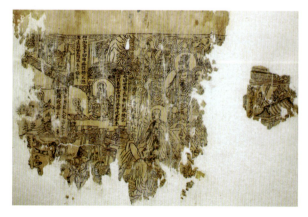

◎出土的经卷

◎地宫出土的鎏金铜圆盒

◎地宫出土的大隋皇帝舍利宝塔铭（拓片）

◎底层塔门线刻菩萨（左）、持剑天王（中）和持弓箭天王（右）（拓片）

041·香山寺舍利塔林（3座）

清代僧人砖舍利塔，3座·省文物保护单位"香山寺遗址"附属遗构。位于耀州区庙湾镇瑶玉（姚峪）村香山上。香山又名三石山，因三峰突起而得名，系佛教八小名山之一，其最高处为西峰，海拔1 430.6米，山体为白垩纪砾岩，大面积分布有落叶松、矮木灌草等植物，植被丰富，郁葱茂密。清代《重修香山寺碑记》赞曰："三峰耸翠，巍然射入云间；碧色秀气，隐若寓于群芳。"

据民国《大香山志》记载，寺始建于前秦苻坚时期，历代屡有重修，香火不绝。清代中晚期鼎盛时，有楼阁殿宇90余间，民国九年（1920）毁于火灾。佛寺中心为中峰天然石洞，清咸丰年间（1851—1861）于洞前建铁瓦殿三间，用铁瓦3 000余页，筑石台阶500余级。各峰有白雀寺、云岩寺、永善堂、龙泉寺等。

20世纪80年代"二普"调查时，仅存永善堂及香山寺僧人墓地，有砖舍利塔3座；各寺址内遗存北宋雍熙二年（985）造像碑、清乾隆五十五年（1790）《香山寺翻修庙宇碑》、乾隆六十年（1795）《严禁租户抗租典卖香山庙地告示碑》、道光十五年（1835）《重修香山道路碑》、同治元年（1862）慈禧太后御题"宣慈昭佑"匾额以及民国年间修庙碑数通，采集有原铁瓦殿铁瓦11件。

2008年"三普"复查时，确认僧人墓地2处，遗存清代砖舍利塔3座。

近年来，香山寺重修庙宇建筑，佛事活动恢复正常，并开发大香山寺风景区。香山正会为每年农历三月十五日与十月十五日两次，影响遍及香港、澳门、台湾及东南亚各国佛教界。

2008年9月，陕西省人民政府公布"香山寺遗址"为第五批陕西省文物保护单位。保护范围为遗址四周外延8米；建设控制地带为保护范围四周各外延2米。

041—1·天衣禅师舍利塔

位于东侧,通高 5.1 米。塔基为六角形束腰须弥座,每边长 0.97 米。塔身收分柔和,层间叠涩出檐,檐角微翘,檐下施一排菱角牙子。底层东南向嵌塔铭,刻"皇清""天衣禅师神位"等铭文;西北面嵌《天衣禅师墓志铭记》1 方。三层辟一竖方龛,原置供物已佚。塔顶平砖攒尖,置石雕宝瓶式塔刹。

◎天衣禅师舍利塔

041—2·监院心贞塔

位于西侧，建于清光绪乙巳年（1905），高约5.5米。塔基为六角形须弥座，底边长0.89米。塔身略瘦，层间叠涩出檐，檐角微翘，檐下施一排菱角牙子。塔顶平砖攒尖，置石雕宝瓶式塔刹。二层嵌塔铭1方，横刻"极乐世界"4个大字，左右竖刻"监院心贞塔冥记""光绪乙巳菊月立"。监院为总领众僧之职，负责协助方丈管理寺院事务，寺院住持也习惯上享此尊称。菊月，即农历九月。

另一处墓地位于东峰后坡以北300米处，遗存有香山寺普通塔1座。

◎ 监院心贞塔

041—3 · 香山寺普通塔

建于清光绪三十二年（1906），六角四层楼阁式砖舍利塔，高约6米。塔基为六角形须弥座，塔身层间叠涩出檐，檐角微翘，檐下施一排菱角牙子。塔顶平砖攒尖，塔刹不存。二层嵌有"□统塔院，光绪三十二年三月上浣日立"等字样塔铭。三层辟有小方龛，原置供物已佚。塔北侧有地宫暴露，系盗挖所致。地宫形制、结构尚完整，有砖阶、甬道、壁龛等。

◎ 香山寺普通塔

王益区

传元朝宗室益王曾隐居于此，明初以王为姓，故名。为北魏铜官县治和20世纪铜川老城区所在地，2000年4月设为王益区。其地处铜川中部偏东南方向的丘陵山地，漆水河穿境而过，地势西北高、东南低，由北向南呈倾斜状。境内沟壑纵横，梁峁相间，川塬山丘交错，形成两个自然区。东南部为黄土丘陵地带，海拔一般在1 000～1 400米之间；西北部是以黄土梁为主的丘陵山地，海拔一般在600～1 200米之间。区内有闻名中外的黄堡镇耀州窑遗址，其"十里窑场"留下了极为丰富和珍贵的制瓷作坊、窑炉遗址遗迹以及陶瓷文物，其代表产品宋代刻花青瓷被誉为"中国北方刻花青瓷之冠"，耀州窑博物馆即设立于黄堡镇西南。王益区现存明代幢式石舍利塔1座，为兴元寺址遗构。

042·兴元寺塔

明代六角四层幢式石舍利塔·省文物保护单位。又称高坪石塔，位于王益区王益街道高坪村内。寺始建于隋开皇十三年（593），南宋绍兴九年（1139）和明正德二年（1507）两度重修，清末至民国初年废毁，仅存寺址、碑刻和石塔等遗迹遗物，寺址内陆续建起民居。

现塔坐落于一村民院内，塔下新砌有挨墙的青砖方台。塔身由砂岩石雕件套接而成，呈现为明代舍利塔风格，现存残高3.17米。塔基为六角形须弥座，上置仰覆莲出檐，直径1.16米，束腰部位各角雕有托塔力士像。塔身一层为六角形，每边长0.38米，各面浮雕有狮、象等瑞兽和线刻有莲花、牡丹等图案。二层为圆鼓形，周长2.83米，面南辟一龛，内置圆雕跏趺坐佛1尊（头部已残）。三层为六角形，刻有《般若波罗蜜多心经》，字迹风蚀漫漶。四层为六角形，刻有花卉图案，已磨泐。塔顶六角形，刻作十三天相轮。塔身层间均以整块六角形石板平压出檐，随塔身逐层收分。塔刹残毁。塔身三层以上已倾斜。从塔造型观察，该塔应为寺院毁圮后，由信众收集倒塌零落的石塔构件拼接而成，故非原塔之本来形制。

现塔下仍散布有若干石塔构件，其中有六角形挑檐等。原寺址内应曾经散落有多座石塔构件。

2008年9月，陕西省人民政府公布"兴元寺塔"为第五批陕西省文物保护单位。保护范围为东至学校东围墙，南至村路南外沿，西至住户外下市西路边，北至学校后墙外耕地约20米；东西约100米，南北约60米。建设控制地带为东至住户外墙，南至打麦场15米处，西至小麦场外沿，北至耕地40米处；东西约140米，南北约95米。

◎兴元寺塔

三、宝鸡古塔

宝鸡古称陈仓，唐至德二年（757）以"昔有陈仓宝鸡鸣之瑞"改为宝鸡。其位于陕西省关中平原西部，南倚秦岭，北跨渭河，地处东经106°18′～108°03′，北纬33°35′～35°06′之间，为陕、甘、宁、川四省（区）结合部。辖境东西长156.6公里，南北宽160.6公里，总面积18 117平方公里；辖金台、渭滨、陈仓3区，凤翔、岐山、扶风、眉县、陇县、千阳、麟游、凤县、太白9县。

宝鸡地质构造兼跨秦岭褶皱带、渭河断陷带和鄂尔多斯台向斜区三大单元，具有南、西、北三面环山，以渭河为中轴向东拓展，呈尖角开口槽形的特点；巍峨峻峭的秦岭群峰与平畴沃野的渭河平原互为映衬，构成宝鸡的地貌主体。海拔高度差异悬殊，最高点位于太白县境的秦岭主峰——太白山，《尚书·禹贡》谓之"悖物山"，海拔3 771.2米；最低点位于扶风县揉谷乡北石村，海拔438米。宝鸡山地占全境总面积的56%，跨渭河、汉江（亦即黄河、长江）两大水系。宝鸡城区坐落于渭河南北两岸阶地上，陇海线、宝成线、宝中线在此交会。

宝鸡为早期黄河流域文明的中心，是周、秦王朝的发祥地。周先祖古公亶父时，举族迁居周原（今岐山县），历百年经营，日臻强盛。嗣后，文王作邑于丰，武王迁都于镐，形成东进问鼎之势，约公元前1046年（夏商周断代工程数据），武王借"牧野之战"灭商，建立西周王朝。公元前770年，秦襄公以护送周平王东迁有功，被封作诸侯，并赐以"岐西之地"，秦始建国。此后，中国进入春秋战国时代。秦人则以其尚武精神和鼓励耕战政策，不断收复周王畿故土，接连迁都东进，先后跻身春秋五霸和战国七雄之列，并最终一统华夏，建立大秦帝国。秦末"明修栈道，暗度陈仓"出典于此；蜀汉丞相诸葛亮伐魏驻军于此；北宋大儒张载"关学"创立于此；以出土佛骨舍利而闻名于世的法门寺在盛唐时期已成为皇家寺院和世界佛教文化重地。境内有驰名考古界的北首岭遗址、福临堡遗址、茹家庄遗址、周原遗址、秦雍城遗址、雍山血池遗址、隋仁寿宫·唐九成宫遗址等重要遗迹、墓地、宫殿和代表性遗存。晚清至今出土有毛公鼎、大盂鼎、散氏盘、虢季子白盘、何尊、逨盘等青铜重器，被誉为"中国青铜器之乡"。其他重要遗存有桥镇遗址、益家堡遗址、赵家台遗址、凤凰山遗址、水沟遗址、杨家村遗址、成山宫遗址、慈善寺石窟、麟溪桥石窟、千佛院摩崖造像、蔡家河摩崖造像、杨珣碑、李茂贞墓，以及钓鱼台、金台观、周公庙、五丈原诸葛亮庙、张载祠、梁星源祠、扶风城隍庙、南昌宫（小蓬壶）、龙门洞、凤翔东湖园林等。

宝鸡市现存历代古塔15座，其中，眉县、岐山、凤翔、扶风、陇县各1座，太白县4座，凤县6座。眉县的净光寺塔、岐山县的太平寺塔是唐宋时期关中西部密檐式塔的代表作；凤翔县的南宗禅师舍利塔为有明确纪年、刻铭的明代石喇嘛塔，对研究临济正宗谱系和喇嘛塔造型、断代等，具有重要的参考价值；陇县的龙门洞铁塔（望峰塔）是清初醮炉式铁塔的珍品，铭文赞唱"各府州县十方众姓人等，各舍资财，同发愿心，铸造醮炉一座，供奉阖山众圣前，上为国家祀鳌，下与万民祈福"等祝祷辞，为研究道教活动和"醮炉"的缘起、作用及形制提供了实物资料；扶风县的潭（沣）峰塔为清代风水塔的典型，塔身底层浮雕"二龙戏珠""丹凤朝阳""天马腾空"及"狮子滚绣球"等吉祥图案，体现了当地的民间信仰和志趣向往；凤县的会云禅师塔为鲜见的异形五轮塔遗存，弥足珍贵。

宝鸡古塔列表

序号	古塔名称	时代	形制	保护级别	地址
043	净光寺塔	唐代	方形七级密檐式砖塔	国保	眉县城关镇西街县政府院内
044	太平寺塔	北宋	八角九级密檐式砖塔	国保	岐山县城太平路实验小学院内
045	南宗禅师舍利塔	明代	宝瓶式石喇嘛塔	未定	凤翔县姚家沟镇寺沟庙村
046	龙门洞铁塔	清代	六角二层醮炉式铁塔	"省保"附属遗存	陇县新集川乡庄房村景福山上
047	潭峰塔	清代	八角九层楼阁式砖塔	省保	扶风县段家镇东宫村赵家沟
048	青峰寺舍利塔林（4座）	明清	喇嘛式和多宝塔式石塔	"市保"附属遗存	太白县鹦鸽镇高码头村西北青峰山之山坪处
049	塔坝村僧人舍利塔（2座）	明清	二层幢式石舍利塔和异形五轮式塔	未定	凤县留凤关镇长坪村塔坝村
050	天台寺舍利塔	清代	六角三层幢式石舍利塔	"县保"附属遗存	凤县红花铺镇红花铺村山卯上
051	续超老和尚灵塔	清代	六角三层幢式石舍利塔	未定	凤县凤州镇凤州村豆积山下
052	慧公大和尚塔	清代	六角四层幢式石舍利塔	县保	凤县红花铺镇魏家湾村五里庙
053	鹿母寺僧人灵塔	清代	六角幢式石舍利塔	未定	凤县凤州镇鹿母寺村杨家庄
合计	15座		含县级以上文物保护单位及其附属遗存共7处10座。其中"国保"2处2座，"省保"1处1座，"县保"1处1座；"省保"附属遗存1处1座，"市、县保"附属遗存2处5座		

眉县

眉县因境内古时有郿坞、郿邑而得名。秦设郿县，汉因之，历代屡有改易、撤并。1961 年 9 月恢复郿县建制，1964 年 9 月改为眉县（便于识读）。其地处关中平原西部，南依秦岭，北临渭河，海拔在 442 ~ 3 767 米之间，相差 3 300 余米，属黄河中游川塬沟壑区。眉县是战国秦大将白起的出生地，并是古代青铜文化和酒文化之乡。2003 年，杨家村出土大批西周单氏家族窖藏青铜器，名播海内外。眉县唐代净光寺塔为宝鸡地区现存时代最早的古塔。

043 · 净光寺塔

唐代方形七级密檐式砖塔·全国重点文物保护单位。又称眉县塔，位于眉县城关镇西街县人民政府院内，是旧时眉县的标志性建筑。寺已废毁。

据遗存的唐代经幢铭刻有"郿城净光修建佛塔"及"元和十一年""咸通五年"等署款和相关县志与文史资料推断，塔始建于唐元和十一年（816），落成于咸通初年。北宋、明代及民国时均有修葺。民国初年的修葺由朱子桥先生主持。现塔通高 20.44 米，底层每边长 4.65 米。塔基有沉降，露出地表部分高 1.5 米。塔身素面，底层南面辟拱券门，内筑穹窿顶小方室，高约 3.5 米。二层以上实心，层间叠涩出檐，施两排菱角牙子。塔顶平砖攒尖，上覆石雕莲座，置宝瓶式塔刹。存唐代陀罗尼经幢 1 通，青石质，座佚，高 1.92 米。21 世纪初，测出塔身向北倾斜，塔顶中心点偏离垂直中心线近 2 米。2001 年 8—11 月，由陕西省文物保护修复中心采用"掏土、注水"之法对塔体进行纠偏修缮，纠偏 0.912 8 米，至 2002 年又纠偏 0.1 米。

2003 年 9 月，陕西省人民政府公布"净光寺塔"为第四批陕西省文物保护单位。保护范围为塔基四面外延 30 米；建设控制地带为保护范围东、西、南外延 5 米，北外延 20 米（含陀罗尼经幢所在地）。

2013 年 5 月，国务院公布"净光寺塔"为第七批全国重点文物保护单位。

◎净光寺塔（历史照片）

◎塔刹

◎净光寺塔

岐山县

岐山县因境内有岐山（又名箭括岭）而得名。古称西岐，有"凤鸣岐山"之典，为周王室肇基和周文化的发祥地。隋开皇十六年（596）始设岐山县。其地处关中平原西部，北枕千山，南接秦岭，中为广阔平原，海拔在 495～2 160 米之间。境内山、川、塬皆有，渭河、韦水河穿境而过，形成"两山夹一川，两水分三塬"的地形地貌特征。岐地素称周礼之乡，有周公庙、周原遗址，以及诸葛亮庙、太平寺塔等重要遗存，太平寺塔为关中地区宋代密檐式砖塔的典型代表。

044 · 太平寺塔

北宋八角九级密檐式砖塔·全国重点文物保护单位。又称岐山塔，位于岐山县城太平路实验小学院内，为旧时岐山县的标志性建筑。寺院早年已废。

塔建于北宋元祐三年（1088），通高 31.055 米，底层每边长 2.6 米。基座呈八角形，高 1.18 米，底边长 4.75 米。塔身底层南向辟券门，二至五层逐级交错辟二券门。二至七层每面作仿木结构三间，以砖隐出倚柱、阑额、平座钩栏，间饰方形假门、假窗，层间叠涩檐出双排椽头，施五铺作双抄斗栱，当心间补间铺作一朵。八层檐施四铺作斗栱，九层无斗栱。塔顶平砖攒尖，塔刹无存。塔身二层檐上的平座钩栏以三层铺地莲瓣做装饰，其他层位平座无装饰。塔体端庄秀丽，为关中地区宋代密檐式砖塔的典型代表。塔内供跏趺坐菩萨像 1 尊，青石质，首佚，残高 1.2 米。塔基西侧立有清嘉庆二十一年（1816）《重修太平寺碑记》1 通，青石质，圆首方额，通高 1.15 米，幅宽 0.69 米，碑文楷书 18 行，满行 35 字，记述当时修葺太平寺的参与人员、规模和捐款人名录等。

1984 年 4 月，陕西省文物局拨款，由长安县炮里古建队施工，对塔基、塔身、塔檐、塔顶进行加固维修，并增设基座青石栏杆。工程于 1987 年 12 月底竣工验收。

◎ 太平寺塔（历史照片）

2008年5月12日，四川省汶川县发生里氏8.0级特大地震，波及宝鸡地区，造成一层塔体损伤较多，塔身八面均出现横向和竖向裂隙，宽处达3～5厘米。东面塔壁底部向外倾斜6～8厘米；南北二券洞正中上方亦有竖向裂隙。嗣后，对局部进行修葺。

1957年5月，陕西省人民委员会公布"岐山塔"为第二批陕西省文物保护单位。

1992年陕西省人民政府更其名为"太平寺塔"，并公布保护范围。重点保护区为东起职中油漆库房，西至塔外围墙，南至塔外南墙根，北至职中宿办楼墙根；一般保护区以塔基中心为基点，周围外延30米；建设控制地带为一般保护区外延30米。

2006年5月，国务院公布"太平寺塔"为第六批全国重点文物保护单位。

◎太平寺塔

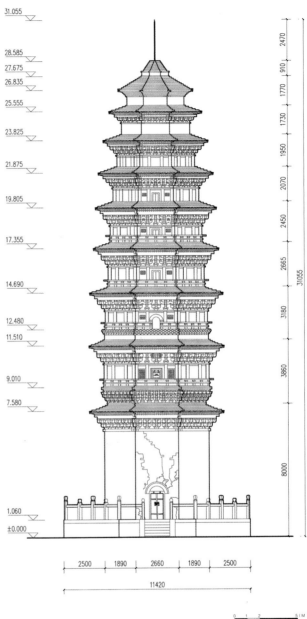

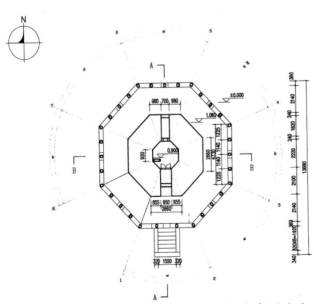

◎太平寺塔测绘图

◎太平寺塔底部平面图

凤翔县

凤翔县因传说"凤鸣于岐，翔于雍"而得名，古称"雍"，为周秦发祥之地、华夏九州之一，是春秋战国时期秦都城所在地。秦统一全国后置雍县，唐至德元年（756）设凤翔郡，金大定十九年（1179）置凤翔县，沿用至今。其地处关中平原西部，境内山、川、塬俱有，地势总特征为北山、南塬、西河谷。凤翔为陕西省历史文化名城，素有"青铜器之乡"和"西凤酒乡"之誉，有早年发掘的秦公大墓和入选"2016年全国十大考古发现"的雍山血池秦汉祭祀遗址，以及石佛寺和苏轼疏浚的东湖（古称"饮凤池"）等。凤翔县现存明代喇嘛塔1座。

045·南宗禅师舍利塔

明代宝瓶式石喇嘛塔。位于凤翔县姚家沟镇寺沟庙村山坡上。寺早年已废。

塔建于明成化十九年（1483），通高3.48米。塔基为方形须弥座，上托仰覆莲瓣。塔肚子（塔身）呈覆钵形，正面辟龛，内雕跏趺坐佛1尊。其上复为须弥座，覆六角形宝盖出檐。塔脖子呈锥状收分，刻作九层相轮，上置圆形宝盖和宝珠刹（已失）。塔基须弥座正中为塔铭，楷书阴刻："凤翔县东北距30里有山，曰翠峰；其山之阳有梵刹，曰蓝若禅寺。住山第一传佛心印续临济宗二十四代指南宗禅师灵塔之记，第二代住山弟子月江正明鼎薪焚香建立。大明成化十九年龙集癸卯仲夏四月八日佛旦日立。"

附近另有一塔，1988年调查时尚存塔身、塔脖子，残高1.3米。今已无存。

◎南宗禅师舍利塔

陇县

陇县因境内有陇山而得名。古为矢国领地，西周时为秦非子驻地，是秦人重要的发祥地。秦始皇二十六年（前221）为汧邑；汉高祖元年（前206）改设汧县，置陇关；西魏恭帝元年（554）设陇州；辛亥革命后废州留县。其地处渭北高原西部边缘地区（关山东麓），西北与甘肃接壤，为陕、甘、宁"三省通衢"和边贸重镇。境内川原狭小，山大沟深，地势险要，是关中通往西北的主要关隘之一、古代兵家必争之地。陇县有道教龙门派福地"龙门洞"及附属建筑龙门洞铁塔等。

046·龙门洞铁塔

清代六角二层醮炉式铁塔·省文物保护单位"龙门洞"附属遗存。又称望峰塔，位于陇县新集川乡庄房村陇山支脉景福山西峰上。塔铸于清康熙三十三年（1694），残高2.6米。底部为六角形须弥座，每边长0.5米，铸有六足着地，足上端饰兽头。塔身一、二层均作仿木结构六角亭式样，层间出六角挑檐，铸瓦垄，檐角饰龙头，下缀风铃。一层檐下每面铸有饰花匾额，分别铸铭："地宁""天清""物阜""民安""水流""山寿"。各层六面棱角饰飞龙缠柱支撑檐角，塔顶置覆莲瓣刹座，塔刹已失。塔身铭文曰："龙门洞重建□□殿铸造醮炉。陕西凤翔府陇州龙门洞主持薛教玉等慕化，各府州县十方众姓人等各舍资财，同发愿心，铸造醮炉一座，供奉阖山众圣前，上为国家祀鳌，下与万民祈福。录姓名开列于后：……山西平阳府蒲州赵河镇金火匠范之俊、范之杰、男含□、侄含春。大清康熙三十三年六月吉日造。主持□□、教玉□□□许增鳌。"

龙门洞古名灵仙岩。据碑刻记载，其"始于春秋，建于西汉"。宋金时期，道教全真派创始人王重阳高徒"七真人"中的马丹阳、丘处机曾栖居龙门，弘扬道法。丘处机居此7年，创立了道教龙门派。元至元三年（1266），张志宽、贺至真等道人在龙门洞丘处机旧居开始兴建道观，历10年，建成藏经阁、朝元阁和灵官祠。明万历年间（1573—1620）又有华山派道士主持大规模修建工程，对朝元阁进行改建，对三官、玄坛、三清、玉皇、药王、灵官、雷祖、山神诸殿祠进行修缮。明末，大部分殿宇毁于兵燹。清顺治十一年（1654）至康熙五十二年（1713），张显中、曾守云等道人先后主持重建工程。龙门洞地势东高西低，为陡坡山地，南北长约500米，东西宽约300米，占地面积约15万平方米。建筑主要分布在龙门峡谷东西陡峭山坡上，现存建筑20余座。主要有北极宫、丘祖楼、太上殿、太白殿、王母宫、八仙殿、药王殿、四公祠、玉皇阁、三清殿、混元阁等。另存元明清碑碣、摩崖50余通（方），其中元至元十六年（1279）《陇州龙门景福山玉宸宫记》碑置于八仙楼前，为龙门洞保存年代最早的碑石。

1992年4月，陕西省人民政府公布"龙门洞"为第三批陕西省文物保护单位，同时公布保护范围。重点保护区为东至白杨林龙门洞便道，西至晒药台，南至早阳洞，北至道；一般保护区为东至烟雾洞，西至晒药台20米处，南至九道湾，北至庄房村；建设控制地带为一般保护区外延50米。

◎龙门洞铁塔

扶风县

扶风取"扶助京师，以行风化"之意而得名。汉武帝太初元年（前104）设右扶风、京兆尹、左冯翊三辅管理关中地区，当时的右扶风辖咸阳以西21县。三国魏改置扶风郡，唐武德三年（620）始设扶风县。其地处关中平原渭河盆地中西部，地势由西北向东南倾斜，北高南低。境内自北而南自然形成低山丘陵、山前洪积扇、黄土台塬和渭河阶地，南北呈阶梯跌落。扶风素有"佛教圣地"之名，有闻名海内外的法门寺遗址和曾出豪言"以马革裹尸还葬耳"的伏波将军马援墓。扶风县原有明代法门寺塔（1981年倒塌）及其唐代地宫（详见本书下编）。其境内现存清代大型风水塔1座。

047 · 漳峰塔

清代八角九层楼阁式砖塔·省文物保护单位。位于扶风县段家镇东宫村赵家沟（自然村）东北约200米处，周遭地势平坦，东、南两侧为耕地，西临赵家沟东岸，北距台塬边缘约30米。系地方风水塔，创建于清乾隆二十二年（1757），因位于漳峰山而得名。通高24.8米，底边长3.1米。塔基方形。塔身底层西北向辟券门。额嵌"漳峰塔"3字石匾；正南嵌乾隆二十三年（1758）"扶邑募建塔疏"碣，其余各面均嵌募化人名录碣。二至八层每面均辟券窗，真假相间。层间叠涩出檐，一至四层檐下施砖雕仿木构斗栱、额枋及花卉图案，五层以上施菱角牙子，其中第一层檐下每面另浮雕三组动物图案，内容为"二龙戏珠""丹凤朝阳""天马腾空"及"狮子滚绣球"等。塔顶平砖攒尖，置仰月宝珠式塔刹。塔内原有木梯可登临，惜毁于20世纪60年代。1982年予以维修，封闭了塔门。

2008年5月12日，四川省汶川县发生里氏8.0级特大地震，波及宝鸡地区，造成塔刹部分受损，塔身一层券门上方出现两条裂隙，西南方第四层出檐处有裂缝，正南面第六层券门上方有裂痕。

2014年6月，陕西省人民政府公布"漳峰塔"为第六批陕西省文物保护单位。保护范围为漳峰塔塔体；建设控制地带为保护范围外延10米。

◎漳峰塔

◎塔铭（拓片）

◎底层塔檐砖雕一

◎底层塔檐砖雕二

◎底层塔檐砖雕三

太白县

太白县因境内有秦岭最高峰太白山而得名。1953 年划宝鸡、岐山、眉县、留坝、洋县、佛平、凤县部分地域设太白区；1961 年 8 月，陕西省人民委员会按照区划调整方案设立太白县。其地处秦岭西部，横跨黄河、长江两大水系，境内群峰峻立，山环水绕，海拔在 740～3 767 米之间，相差 3 000 余米。境内有沿用几千年的褒斜古道横穿县境 114 公里，历史上"明修栈道，暗度陈仓"及"诸葛亮北伐"行军路线均与此有关；诗仙李白亦曾吟游至此。青峰山上有明清古刹遗址和清代舍利塔 4 座。

048 · 青峰寺舍利塔林（4 座）

明清时期喇嘛式和多宝塔式石塔林，4 座·市文物保护单位"青峰寺庙址"附属遗构。位于太白县鹦鸽镇高码头村西北青峰山之山坪处，地貌略呈北高南低之势，西、南、北三面山峰环抱，东邻大箭河。原寺庙已废。1988 年调查，遗存石喇嘛塔和多宝塔式石塔 7 座，多残。2008 年复查，尚存 4 座，其中 1 座多宝塔式石塔较完整。其高 3.27 米，底边长 1.2 米。塔基为二层台式，置须弥仰莲座。一层塔身呈鼓形，置仰莲座；二层为八角柱形，置方形盖，四角攒尖，托串珠式宝刹。其余 3 塔仅存仰覆莲座和鼓形塔身，残高 1 米上下不等。近年，当地僧人在鼓形塔身上添置有仰莲座和塔顶构件等，随意性较强，已失原貌（图片来自马建岗：《陕西古塔》，三秦出版社 2014 年版，第 135 页）。

清雍正本《陕西通志》卷二十八载："青峰万寿禅院即青峰寺，有二所，俱在县东南一百八十里。上院楚禅师开山，陈仓人，有名塔基址存焉；下院晋天福二年建，有记。"清版《宝鸡县志·古迹》载："青峰山原有青峰、万寿两禅院，为后唐同光帝驻跸之所……明为王府山场。"1992 年版《宝鸡县志·文物胜迹·寺庙》载："青峰寺在今宝鸡县天王镇南青峰山上。明天顺三年，僧妙圆建。传云，唐太宗之妹在此山带发为尼。"

现寺址面积约 9 000 平方米，遗存有铁瓦、残碑石、明万历二十四年（1596）铁钟、清康熙五十二年（1713）铁钟等。

◎青峰寺舍利塔之一　　　　　◎青峰寺舍利塔之二

◎青峰寺舍利塔之三　　　　　◎青峰寺舍利塔之四

凤县

凤县因境内有凤凰山、凤凰岭而得名。古称"凤州",明洪武七年(1374)改为凤县。其地处宝鸡西南,北依秦岭主脊,南接紫柏山,古栈道贯通全境,嘉陵江为境内最大河流(一说为嘉陵江发源地),历史上为秦、蜀、陇咽喉地带及入川孔道。秦末,刘邦经此进驻汉中,"明修栈道,暗度陈仓"亦发生于此;唐安史之乱,唐玄宗避战祸经此逸往四川;南宋吴玠、吴璘曾长期屯兵于此抗金。凤县境内现存塔坝村僧人舍利塔、天台寺舍利塔、续超老和尚灵塔、慧公大和尚塔等6座。其中,塔坝村会云禅师塔为陕西省内鲜见的异形五轮塔遗存。

049 · 塔坝村僧人舍利塔(2座)

明清时期僧人灵塔,2座。位于凤县留凤关镇长坪村塔坝村内,地势西高东低,呈缓坡状。东距长坪河约40米,存砂石质僧人墓塔2座,两者相距约7米,北距村民住宅约3米。

一座为会云禅师塔,系异形五轮塔式样,残高2.2米。底部为方形基座,其上依次堆叠圆形塔座、鼓形塔身、圆形塔檐、圆形刹座。塔刹已失。塔身表面刻满铭文,上部铭刻"智道德广福慧园明性海妙用□□□真成祖会云禅师";下部刻"陕西凤鸣白水县石匠邓平郭海";背部减地刻出尖拱龛,内雕坐佛1尊,风化严重,面相模糊;其他部位刻录众弟子姓名。五轮塔又称法界五轮塔,由5个模块(轮)堆叠而成,自上而下分别代表宇宙"空、风、水、火、地"5大要素。张驭寰先生在《中国塔》一书中认为,这种塔极富变化,形式多样,但基本特征为下有简单台基,上置圆球体作为塔身,其上置一单层塔檐,其上为塔刹。

另一座为清代二层幢式石舍利塔,残高2.8米。底部为方形须弥座,其上依次堆叠圆形塔座、方形塔身、方形塔檐、六角形塔身、圆形塔檐和刹座。塔刹已失。六角形塔身表面刻铭"戒弟子/□□/祥光/□依弟子通□/通记通□/通义通□/临济正宗三十三世□□"等，字迹多漫漶。

有著述认为，这两座塔为元代遗存，显系疏误。根据后一座塔铭有"临济正宗三十三世"记述，建塔时间当在有清一代。而前一座异形五轮塔，形制与西安市蓝田县的上悟真寺五轮塔有较大的差异，且刻铭中有白水石匠出现（白水石匠多出现于陕北、陕南的明代塔铭中），时代或为明清之际。

◎会云禅师塔

◎塔坝村僧人舍利塔之二

050·天台寺舍利塔

清代六角三层幢式石舍利塔·县文物保护单位"天台寺遗址"附属遗构。位于凤县红花铺镇红花铺村三组西北约 2.5 公里处的山岇上，西北依高山，西南临西沟河，其余三面为深沟。天台寺又名天开寺、天佛寺，早期为佛教寺院，晚清时期融入儒、道因素，原正殿供奉有释迦牟尼、孔子、老子 3 尊塑像，四壁绘有"封神榜""西游记"等内容壁画，惜殿宇、塑像、壁画等毁于"文革"时期。

尚存幢式石舍利塔 1 座，砂岩质地，由 10 块整石雕刻套合而成，通高 3.1 米。塔座为六角二层台式，高 0.55 米，底边长 0.57 米。塔身六角三层，逐级收分，棱角分明，层间出六角翘檐。底层三面刻"曹洞宗第三十一代真心道亿老和尚宝塔位"及其徒弟、信士名录，并载有诸山寺庙法师参与赞助之事等，署"大清道光二十八年十月二十日"款。二层正面辟龛，内雕一坐佛。三层每面刻一字，合读为"南无阿弥陀佛"。塔刹为石雕葫芦形。

遗址内尚存偏殿"关帝庙"1 座，内有民国时期绘制的"三国演义"题材壁画 30 余平方米。另有清同治六年（1867）、光绪二十八年（1902）、光绪三十年（1904）残石碑 3 通，已漫漶；明嘉靖四十二年（1563）铁钟 1 口，早年已移村内。

◎ 天台寺舍利塔

051·续超老和尚灵塔

清代六角三层幢式石舍利塔。原称豆积山舍利塔，位于凤县凤州镇凤州村豆积山下，地处嘉陵江北岸一处平地上，南为新修吊桥，东、北为临时土路，西为冲沟。灵塔建于清光绪十六年（1890），残高3.4米。地基为后修水泥二级圆台，直径约2.5米。塔基为六角二级台阶式，底边长0.55米。塔身棱角分明，层间出六角翘檐，逐级收分。塔顶六角攒尖，塔刹不存。塔身各层皆有刻铭，除第一层塔铭为石灰岩质外，其余均为砂岩质。塔铭正面楷书题刻"临济正宗第二十代续超老和尚之塔"，署"光绪庚寅年九月初二"款；其余各面楷书阴刻，记载续超和尚生平、修塔募资寺院和造塔工匠等。顶层塔身每面刻一字，合读为"南无阿弥陀佛"。

据当地村民讲述，灵塔原位于该村南坡的山腰上，为开发旅游搬迁至此，塔刹用黑瓷瓮替代。据塔铭记述，造塔工匠为向印武；修塔募资寺院有华严寺、朝阳寺、鱼池寺、平门寺、鹿母寺、桑园寺、莲花寺、柏林寺、周坪庵、连云寺、城隍庙、锣钵庵、天台寺、青峰寺、西圣宫、景禅寺、明月寺、□隆寺等。它反映了清代宝鸡南部山区寺庙林立的状况，是研究清后期当地佛教发展的重要实物资料。

现塔身表面风化严重。

◎ 续超老和尚灵塔

052 · 慧公大和尚塔

清代六角四层幢式石舍利塔·县文物保护单位。又称五里庙僧人墓塔，位于凤县红花铺镇魏家湾村五里庙陈宅北侧，地处山前小台地上，北距212省道约100米。砂岩质石塔，残高2.7米。基座方形，每边长1.60米。其上为六角形塔座，每边长0.82米。塔身呈六角形，逐级收分，第三、四层局部残损。层间出六角翘檐，棱角分明。塔顶六角攒尖，置仰覆莲座，塔刹无存。底层六面均有刻铭，记述大和尚孙口祖籍、生卒年月和修塔募资寺院名录及诗文等。其诗曰："惠犹星斗现，公同日丹悬，禅院通云理，师范和人天，周法真渺界，身心获大千。"第三层面西设一竖龛，内刻"圆寂恩师慧公大和尚之塔"铭，署"同治十年孟秋月十日"款；龛眉、框雕饰蝙蝠5只，神态各异。龛额雕成斜翘遮檐式，其上镌文曰："万法归正宗，明心见性通，寂光如秋高，出世破愚蒙。"第四层每面刻一字，合读为"南无阿弥陀佛"。

据塔铭记载，造塔人为"四川巴州石匠严子发"；修塔募资寺院有广佛寺、景禅寺、清风寺、镙钵寺、鹿母寺、桑园寺、兴际寺、莲花寺、西圣宫、关帝庙等16个寺庙。

◎慧公大和尚塔

053 • 鹿母寺僧人灵塔

　　清代六角幢式石舍利塔。位于凤县凤州镇鹿母寺村杨家庄三组谢宅东北约 30 米处的山坡台地上，地势北高南低，呈缓坡状。寺早年已毁，遗存砂岩质石塔构件 3 件，呈 1 米范围内散置状。分别为方形基座，每边长 0.51 米，高 0.15 米；六角形三级塔座，每边长 0.36～0.44 米不等，高 0.30 米；长方形塔铭，幅宽 0.37 米，高约 0.6 米。塔铭表面磨光，减地刻出拱形龛，正中阴刻"曹洞圆寂恩师增福字沧海觉灵位"；龛两侧竖刻"永垂千年在""不朽万代兴"楹联；龛楣刻"壬山丙"3 字横额；紧临侧面刻有送葬僧人名号。

　　值得注意的是，横额"壬山丙"乃八卦占卜"壬山丙向"方位之省谓。古时地域分成东西南北四方，又分成八卦，每卦分成三山，总计二十四山。壬、丙皆是二十四山中的一山。壬居北，丙居南，"壬山丙"即是坐壬山向丙山之意，犹言坐北向南，为古时选宅基地和墓地的占卜吉语。

　　鹿母典出《佛说鹿母经》，由西晋竺法护所译，见载于《乾隆大藏经大乘单译经》第五百一十二卷，内容讲述了鹿母舍身护佑鹿子，终将猎人感化的故事。后人据此建寺修禅，虽时空更易，殿宇颓废，却留下了鹿母寺村名。

◎塔铭

四、咸阳古塔

咸阳因地处九嵕山之南、渭河之北，山水皆阳而得名。也有人根据《史记》和秦都咸阳出土陶文，以为商鞅在此置"咸亨""阳里"，公元前350年，秦孝公将两名合一，即为咸阳。其位于关中平原中部，东经107°38′～109°10′，北纬34°11′～35°32′之间，是中国大地原点所在地。辖境南北长145公里，东西宽106公里，总面积10 246平方公里；辖兴平、彬州2市，秦都、渭城2区，三原、泾阳、乾县、礼泉、永寿、长武、旬邑、淳化、武功9县。

咸阳地质构造属华北地台鄂尔多斯盆地南缘及渭河地堑北缘。境内大小11条土石山岭，集中在北部。最高处为东北部的石门山，海拔1 885.5米；最低处为东南部三原县大程镇清河出境地，海拔362米。以东西走向的嵯峨山、九嵕山、五峰山为界，其南属关中平原，北为黄土高原沟壑区。境内主要有渭河及其一级支流泾河两大河流，咸阳主城区坐落于渭河北岸一、二、三级阶地上。

咸阳是华夏历史上第一个大一统帝国"秦王朝"的建都地和"秦汉文化"的重要发祥地，是汉唐丝绸之路的第一站和京畿长安通往大西北的要冲。战国晚期至秦代的都城遗址犹存；驰名遐迩的彬县大佛寺石窟被列入《世界遗产名录》；迢递如带的咸阳原上置有汉高祖长陵、景帝阳陵、武帝茂陵等9座西汉帝陵，自西向东绵延近百里，气势恢宏；凿建于礼泉九嵕山的唐太宗昭陵、合葬于乾县梁山的唐高宗与武则天乾陵，代表了古代中国辉煌时期"依山为陵"的帝王瘗葬范式。境内重要遗存还有郑国渠首遗址、梁山宫遗址、甘泉宫遗址、沙河古桥遗址、霍去病墓、苏武墓、苻坚墓、隋文帝泰陵、武则天母顺陵、杨贵妃墓，以及昭仁寺大殿、马家河石窟寺、三原城隍庙、武功城隍庙、教稼台、泾阳文庙、兴平文庙大成殿、太壸寺大殿、古龙桥、凤凰台、东里花园、孟店民宅、安吴青训班旧址等。

咸阳市现存历代古塔19座，其中，渭城区1座、礼泉县2座、永寿县2座、彬州市1座、旬邑县1座、泾阳县3座、三原县2座、兴平市3座、武功县2座、乾县2座。传建于唐贞观年间（627—649）的兴平市的清梵寺塔，与纪念天竺国高僧摄摩腾和竺法兰途经槐里（今兴平）驻锡传法有关，被誉为佛教东传、丝路西通的纪念塔；坐落于永寿县虎头山的武陵寺塔，雕饰富丽，每层增设凸显的平座钩栏，其高度几乎占每层的1/2，是禀赋异质的北宋名塔；重建于皇祐五年（1053）的彬县开元寺塔，工艺精湛，为陕西省内有确切纪年的北宋八角形楼阁式砖塔的代表作；礼泉县的香积寺塔（薄太后塔）与汉文帝感铭当地乡邻救母之恩的传说有关，造型与北宋元祐七年（1092）建于鄠邑区的宝林寺塔（敬德塔）接近，细部如砖雕椽头、五铺作双抄斗栱和平座钩栏等，皆与宝林寺塔相似，并与学界认同的宋塔建筑特征吻合；北宋重建的武功县的报本寺塔，承载着唐太宗为报母恩而曾经建寺修塔的信息和历史故事；历时13年建成的泾阳崇文塔如擎天一柱，通高87.218米，每层设有平座（外廊），塔内为穿心结构，设券顶式环廊（内廊），塔顶周围圈以城垛式护墙，体现了明代高超的建筑工艺水平，为国内现存最高的古塔；渭城区的北杜铁塔（福昌寺塔）通体铸佛像近千尊，是国内现存的古代第二高铁塔，由塔铭得悉：自金代僧人杜福昌建寺，到明代司礼监杜茂监修寺塔，杜氏族人围绕"福昌寺"活跃了500余年，可谓香火承继，德被后世；由明代工部尚书温纯倡议修建的三原县的中王堡木塔（文峰木塔）为通柱结构、亭阁式做法，其设计精巧，造型端秀，为陕西省内仅存的古代木塔；建于明正德十三年（1518）的武功县的寺背后塔（释迦文佛舍利宝塔）是陕西省内有明确纪年的喇嘛式塔的典型代表，塔身上部砌作仿木构"四出轩"形式，工艺精致，引人注目；具有宋代建筑风格的旬邑县的泰塔，体量壮硕，是以卦象选址并命名的北宋大型风水塔；礼泉县的金龟寺普通塔为佛道儒合璧的大型葬骨塔暨风水塔，清乾隆二十一年（1756）《补修金龟寺碑记》载录了邑人吴堆生平及其"云游西蜀"得"异人传授密论"而归故里建寺修塔之经过；三原县的城隍庙铁塔为明代醮炉式铁塔的典型代表，此类设施通常置于城隍庙、岳庙、关帝庙等道教庙宇内，用以祭祀祈福。

咸阳古塔列表

序号	古塔名称	时代	形制	保护级别	地址
054	北杜铁塔	明代	八角九层楼阁式铁塔	国保	渭城区北杜镇北杜西村
055	香积寺塔	宋代	方形七层楼阁式砖塔	省保	礼泉县烽火镇刘家村
056	金龟寺普通塔	清代	八角十层楼阁式砖塔	省保	礼泉县阡东镇底照吴家村西侧
057	武陵寺塔	北宋	八角五层楼阁式砖塔	国保	永寿县永平镇裕丰村南虎头山
058	七泉寺舍利塔	明代	六角三层楼阁式砖塔	未定	永寿县常宁镇东邑村东南
059	彬县开元寺塔	北宋	八角七层楼阁式砖塔	国保	彬州市城关镇西街开元广场
060	泰塔	北宋	八角七层楼阁式砖塔	国保	旬邑县城北街旬邑中学院内
061	悟空禅师塔（2座）	唐·明	六角五层楼阁式砖石塔和喇嘛式石塔	省保	泾阳县蒋路乡嵯峨山第二峰顶
061—1	振锡寺塔	唐代	六角五层楼阁式砖石塔	省保	泾阳县蒋路乡嵯峨山第二峰顶
061—2	悟空禅师塔（残体）	明代	喇嘛式石塔	省保	泾阳县蒋路乡嵯峨山第二峰顶
062	泾阳崇文塔	明代	八角十三层楼阁式砖塔	国保	泾阳县崇文镇太平村崇文塔院
063	中王堡木塔	明代	六角四层楼阁式木塔	省保	三原县安乐镇中王堡村
064	城隍庙铁塔	明代	八角三层醮炉式铁塔	"国保"附属遗存	三原县城关镇东大街城隍庙内
065	清梵寺塔	唐—宋	八角七层楼阁式砖塔	国保	兴平市东城街道北寺巷北端
066	兴平东街铁塔（2座）	明代	八角多层醮炉式铁塔	未定	兴平市东城区县门街文庙大成殿前（原属城隍庙遗物）
066—1	兴平东街铁塔之一	明代	八角四层醮炉式铁塔	未定	兴平市东城区县门街文庙大成殿前（原属城隍庙遗物）
066—2	兴平东街铁塔之二	明代	八角五层醮炉式铁塔	未定	兴平市东城区县门街文庙大成殿前（原属城隍庙遗物）
067	报本寺塔	宋代	八角七层楼阁式砖塔	国保	武功县武功镇正心街
068	寺背后塔	明代	宝瓶式砖喇嘛塔	省保	武功县小村镇（原薛固乡）寺背后村观音寺内
069	香严寺塔	明代	方形五层楼阁式砖舍利塔	未定	乾县灵源镇樊家村南
070	兴化寺塔	清代	六角三层楼阁式砖舍利塔	未定	乾县梁村镇中曲村东南
合计	19座		含省级以上文物保护单位及其附属遗存13处14座。其中"国保"7处7座，"省保"5处6座；"国保"附属遗存1处1座		

渭城区

渭城区因南临渭水而得名。其地处咸阳市区东半部，南隔渭河与西安相望，为国家新设"西咸新区"的核心区。历史上先后或交替立有毕国、程国、咸阳县、新城县、渭城县、长陵县、安陵县、阳陵县、石安县等，亦先后数次并入长安县。1987年5月，设为渭城区。区内有秦咸阳城遗址、秦公陵、秦永陵、汉高祖刘邦长陵、汉惠帝刘盈安陵、汉景帝刘启阳陵、汉成帝刘骜延陵、汉哀帝刘欣义陵、北周武帝孝陵、唐武则天母杨氏顺陵，以及汉代班婕妤墓、唐高祖之父李昞墓等，契合了"咸阳原上埋皇上"的俗语。渭城区有明代建造北杜铁塔1座，铸刻精细，造型挺拔，为中国现存第二高古代铁塔，也有认为以塔身（刨去基座）测量，实为中国第一高古代铁塔。

054 · 北杜铁塔

明代八角九层楼阁式铁塔·全国重点文物保护单位。又称千佛铁塔、福昌寺塔，位于渭城区北杜镇北杜西村。原寺为僧人杜福昌建于金大定年间（1161—1189），故名福昌寺，布局有山门、献殿、大殿、左右配殿和舍利塔林等。大殿于1962年被拆毁，殿内曾有明代铜佛像1尊，高2.2米，现藏于咸阳市博物馆（原文庙内）。其他殿宇及塔林亦先后被拆除，仅存铁塔。

塔始建于明万历三十三年（1605），竣工于万历三十八年（1610）。通高21.5米，底边长2.42米。塔座为砖砌八角形，高3.08米，南、北辟券门，内设砖阶梯。塔座转角施圆形倚柱、垂莲柱；座顶施砖雕额枋、蔓草图案，置平身科斗栱。塔身外铁内砖，底层南、东、西、北四面辟圆拱门，有门框、楣、槛（原装铁门已毁），东南、西南、西北、东北四面铸四大天王像；二层以上辟门或方窗，逐层相错（四层以上门窗内面皆以砖砌实）；第九层全部铁铸，并设有八个方向的瞭望窗口。塔身各层外壁铸铁佛多尊，以及密布的小千佛和莲花、芭蕉等花草图案，腾龙、舞狮、凤凰、仙鹤、麒麟、奔马、老虎、犀牛望月、猴子摘桃等祥瑞图案；檐下铸仿木构七踩斗栱，檐面铸瓦垄、椽头等。宝瓶式塔刹，稍倾斜。塔内中空，一至三层设梯，三层以上为"壁内折上式"，可登临顶层。

塔座北券门额刻"千佛塔"3字砖匾。南券门额嵌楷书"千佛塔"3字铁匾，长1.02米，宽0.51米，落款"大明万历三十八年岁次庚戌吉日立"，署监修人为"司礼监管文书房太监杜茂"。塔身二层有多处铸铭，内容有"发心造塔人智瑗、杜天瑞，泾阳县金火匠人陈孝宰、陈向学"等。从僧人杜福昌建寺，到杜茂监修寺塔，杜氏族人围绕"福昌寺"活跃了500余年，可谓香火承继，德被后世。

杜茂（1540—1620），字子康，别号瑞庵，咸阳北杜人，生于嘉靖十九（1540）十一月，嘉靖三十八年（1559）被选入宫，初为南书房行走太监，后为司礼监太监，生平多有善举。卒于泰昌元年（1620）十月。1986年，北京市海淀区八里庄百花印刷厂院内发现一座明代宦官墓葬，出土泰昌元年《明故司礼监秉笔太监管监事瑞庵杜公墓志铭》1合，志盖边长0.74米，篆书"司礼监太监杜公墓志"9字，志石边长0.78米，正书36行，满行42字，记杜茂生平。墓志现藏于海淀区博物馆。

关于千佛铁塔，当地民谚曰："铁塔寺，九层子，八棱子，二十四个窗门子。"所言确凿。该塔铸刻精细，造型挺拔，为中国现存古代第二高铁塔。据民国本《陕西通志稿》记载，清乾隆五年（1740），咸阳地震，致塔"顶微欹"。

1990年设立铁塔文管所。

2008年予以维修，补葺台基、散水，扶正塔刹。

2013年重建大殿，嗣后，建东、西配殿。

1956年8月，陕西省人民委员会公布"铁塔"为第一批陕西省文物保护单位。

1992年4月，陕西省人民政府更其名为"千佛铁塔"，并公布保护范围。重点保护区为铁塔；一般保护区为铁塔周围外延90米；建设控制地带为一般保护区外延200米。

2013年5月，国务院以"北杜铁塔"名称公布为第七批全国重点文物保护单位。

◎ 北杜铁塔

◎塔身天王造像一　　　◎塔身天王造像二　　　◎塔身天王造像三

◎塔刹

◎塔身麒麟

◎塔身铭文

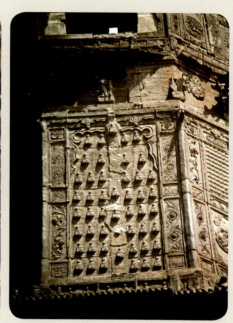
◎塔身小千佛

◎福昌寺明代铜佛像

◎铁匾额

礼泉县

礼泉县原名醴泉县，因境内有醴泉而得名。隋文帝开皇十八年（598）始置醴泉县，唐初废而复置，后世亦有撤并、复置。1964年9月，改醴泉为礼泉（便于识读）。其地处关中平原中部，地势西北高、东南低，泾河沿东北边界流向东南，北部五峰山、九嵕山、朝阳山、芳山等由西向东绵延40余里。境内有凿建于九嵕山的唐太宗昭陵和武将山的唐肃宗建陵，驰名中外的石雕"昭陵六骏"曾置于陵园玄武门内至祭坛，而建陵石雕亦工艺上乘，是唐十八陵中迄今保存最为完好的神道石刻群之一。礼泉县现存宋代香积寺塔和清代金龟寺普通塔2座，后者为陕西省内鲜见的佛道儒合璧的大型葬骨塔暨风水塔。

055 · 香积寺塔

宋代方形七层楼阁式砖塔·省文物保护单位。俗名薄太后塔、望母塔，位于礼泉县烽火镇刘家村（原薄太后村），北与九嵕山相望。寺传建于北魏至隋唐之间，后世屡有建废。清雍正本《陕西通志》载，康熙十八年（1679）重修。20世纪中叶废毁，仅存塔。

传香积寺塔建于唐大和八年（834）。现存为宋代建筑风格。实测通高27.618米，底边长6.5米。塔身底层较高，南北各辟一券门。南券门宽1.25米，高3.03米，壁厚2.15米，门额题"望母塔"3字（系后人所加）。二至四层为隔层交错辟券门，五至七层为四面辟券门。二层以上每面作仿木结构三间，以砖砌出倚柱、阑额、平座钩栏和平座斗栱。层间叠涩出檐，施菱角牙子、椽头、瓦垄和五铺作双抄斗栱，补间铺作置一朵。塔顶四角攒尖，塔刹无存。塔内设木梯可登临。现每层檐角悬风铃，为1985年添置。塔旁遗存唐代经幢3座及柱础石等。该塔秀丽典雅，造型与北宋元祐七年（1092）建于鄠邑区的宝林寺塔（敬德塔）近似，细部如砖雕椽头、五铺作双抄斗栱和平座钩栏等，皆与宝林寺塔相似，并与学界认同的宋塔的建筑特征吻合，应系宋代重建之塔。

关于俗名"薄太后塔""望母塔"的由来，当地讹传薄太后为礼泉县此地人，村名因之，塔亦因名；也有传汉高祖薄姬怀子（后来的汉文帝）遭吕后嫉恨构陷，被贬于野，逃经此地受到乡邻护佑，后辗转他地生下汉文帝刘恒。文帝即位后，为感铭乡邻救母之恩，诏令更原村名为"薄太后村"，视为舅家，又建塔一座曰"望母塔"。据《史记》《汉书》等典籍载录，薄太后为吴郡吴县（今江苏苏州）人，而塔（浮屠）在中国的肇始时代为东汉中晚期，故传说只是民间故事和良好的愿景。

1985年设立文管所；同年，陕西省政府拨款维修，次年10月竣工。维修中，发现塔身五层南券门东壁有墨书五绝一首。记录了清同治元年（1862）"回民起事"的一些史实。据县志载："同治二年正月，回民军遍布醴泉。"

1992年4月，陕西省人民政府公布"香积寺塔"为第三批陕西省文物保护单位，同时公布保护范围。重点保护区为香积寺围墙内；一般保护区为东、北至围墙外20米，西至公路西边，南至围墙外30米；建设控制地带为塔周围外延150米。

◎香积寺塔（历史照片）

◎香积寺塔

056 · 金龟寺普通塔

　　清代八角十层楼阁式砖塔·省文物保护单位。又称"普通宝塔",位于礼泉县城东南约 27 公里的阡东镇底照吴家村西侧。寺及塔为邑人吴堆创建于清康熙初年,乾隆二十一年(1756),吴氏族人重修寺院。原寺早年废毁,仅存砖塔,系佛道儒合璧的大型葬骨塔暨风水塔。

　　现塔通高 36 米,底层每边长 3.9 米,壁厚 3.1 米。塔座下部砌 3 层石条,塔身青砖砌筑。底层南面辟门(今已封堵),额刻篆书"普通宝塔"4 字;内设塔室,直径 3.4 米;门两侧线刻青龙白虎,并浮雕持剑力士像;门楣上浮雕一组人物故事,画面为一僧人岸边挥手相送,中间一仙人手持芭蕉扇肩挑药葫芦在水面行走,对面有船夫划小舟迎接。底层每面依次嵌有上下排列的石碣 2 方,下排各浮雕仙人 1 尊,上排逐次刻乾、坤、震、巽、坎、离、艮、兑八卦方位。二至七层相间辟券窗和神龛,上下相错,龛内嵌石雕神像。八层每面砖刻圆形八卦符号,九、十层每面嵌石雕神像。底层和八至十层每角悬铁马 1 枚。层间叠涩出檐,施砖雕斗栱、额枋、花卉、垂莲柱和菱角牙子 3 排,各层檐角施砖雕龙头和单昂(现多损佚)。塔顶八角攒尖,置火焰宝珠刹。塔内中空,原有木梯已毁。

　　塔前有清乾隆二十一年《补修金龟寺碑记》1 通。据碑载,金龟寺由邑人吴堆创建,非佛亦非道。吴堆生于明末,少时"云游西蜀",得"异人传授密论",言谈举止"飘然有神仙气"。康熙初"旋归故里",四方信众"供给布施者相继不绝",遂修建了金龟寺,并于寺中"累浮图(立塔)"。吴堆"享年八旬有余,无疾而逝"。此后香火渐稀,"殿堂倾圮,神像暴露"。乾隆年间(1736—1795),当地生员吴含英、吴玉玺、吴含锟等集资重修寺院。现塔坐落于学校后侧果园中,神龛石像已部分佚失。近年有僧人于塔旁修筑简易殿舍,种植格桑花,入驻维护。

　　礼泉金龟寺是民间泛神信仰的载体。一般认为:佛教常以金龟寓意生死即涅槃,而道家奉龟为四灵之一,是北方"玄武"神的主要组成部分(龟蛇一体)。

1992年4月,陕西省人民政府公布"金龟寺普通塔"为第三批陕西省文物保护单位,同时公布保护范围。重点保护区为塔分别向北45米、东50米、南46米、西30米内;一般保护区为塔四周外延100米;建设控制地带为一般保护区外延50米。

◎金龟寺普通塔(历史照片)

◎金龟寺普通塔

◎ 塔门及门额

◎ 塔刹

◎ 塔身局部

永寿县

永寿县因境内有广寿原而得名。西魏大统十四年（548）置广寿县，北周明帝二年（558）改永寿县，北宋初年易名长寿县，旋改永寿县，到元至大元年（1308），县境基本稳定下来。其地处渭北高原南缘，地形北高南低，以永寿梁为轴线，北部为泾河流域，南部为渭河流域。境内有西汉名臣陆贾墓、娄敬墓，唐太尉长孙无忌墓、代国公安金藏墓，以及云寂寺金代铁钟等。永寿县现存古塔2座。其中，北宋武陵寺塔残存四层，其二层以上平座钩栏凸显，过去著录者往往将其视作塔身而误认为七层。

057 · 武陵寺塔

北宋八角五层楼阁式砖塔·全国重点文物保护单位。又称永寿塔、永平古塔，位于永寿县城西北约20公里的永平镇裕丰村南虎头山（旧名武陵山、亦名翠屏山）半坡上，为旧时永寿县的标志性建筑。据地志资料记载，武陵寺建于北魏天兴年间（398—404）。清雍正本《陕西通志》引《永寿县志》言武陵寺"内有塔，后魏平阳王熙建，明碧峰禅师居此，寺中多名人题咏"。另据清嘉庆元年（1796）县志记载，明嘉靖年，关中大地震使塔身受损倾斜，曾于泰昌元年（1620）修葺一次。清道光十一年（1831）又曾重修寺院。清光绪本《永寿县志》记云："武陵寺（俗名南寺）在县西南武陵山……遭兵废。"

现塔残存四层，外观为宋代建筑风格。塔身矗立于20世纪修筑的砖砌护塔平台上，平台呈不规则四边形，通长39.3米，宽25.8米，周有砖砌扶栏。台上塔身残高27.5米，底层每边长2.8米。底层西北向辟券门（现已封堵），门宽0.98米，高1.63米，壁厚2.4米；以上每层辟四券门，隔层位置交错。二层以上每面作仿木结构三间，砌出角柱、阑额、普柏枋等；每层增设凸显的平座钩栏，其高度几乎占每层的1/2（据此，多有将现塔误认作七层者），施转角和补间平座斗栱；各层当心间辟门或饰带乳钉的假板门，两侧饰直棂窗。层间叠涩檐出双排椽头或双层勾头滴水，施转角和当心间补间铺作斗栱。层檐和平座斗栱均为六铺作出三抄，钩栏花板砖雕有龙凤、流云和菱格等装饰图案。塔身第五层残毁（有关地志资料记为民国十八年（1929）陕西大地震所致，但无确切地震资料支持）。现塔为四层结顶，平砖收束，保持了残损后的旧状。塔内设有木质旋梯和隔层板，原可登临，现已封门禁止。

1982—1984 年全面整修时，于残塔顶部发现北宋"大观元年五月初……"墨书题记和"熙宁重宝"钱币等文物，可证武陵寺塔实为北宋重建之塔。该塔造型端庄，雕饰富丽，塔身几无收分，为国内鲜见。

21 世纪以来，寺塔周遭环境被整饬一新，广植花木，设登山踏跺。拾级而上，沿半山置双连亭一座，分别竖立清道光十一年《重修武陵寺碑记》和民国二十三年（1934）"虎山"碑各 1 通。另存附属文物残石佛 2 尊（头佚）和石建筑构件若干。有资料记述，20 世纪 80 年代测定"塔身轴心已向东北偏离 0.8 米"，呈斜塔状态。2014 年 4 月实地勘查，塔身实际向西北严重倾斜。

1985 年设立武陵寺塔文管所。

1957 年 5 月，陕西省人民委员会公布"永寿旧县城古塔"为第二批陕西省文物保护单位。

1992 年陕西省人民政府更名"永寿旧县城古塔"为"武陵寺塔"，并公布保护范围。重点保护区为塔基东西各外延 126 米，南北各外延 67 米；一般保护区为重点保护区东西各外延 74 米，南北各外延 180 米；建设控制地带为南至虎头山石碑，北至永平汽车站，东至原西兰公路，西至裕丰村。

2006 年 5 月，国务院公布"武陵寺塔"为第六批全国重点文物保护单位。

◎武陵寺塔（历史照片）

◎武陵寺塔

058 · 七泉寺舍利塔

明代六角三层楼阁式砖塔·七泉寺遗址附属遗存。位于永寿县常宁镇东邑村东南约 1.5 公里处（原草滩沟村）的山坡上。七泉寺之名见于隋唐文献，一些地方有建，以祀当地水神。中唐诗人王建有五绝《元太守同游七泉寺》和五古《七泉寺上方》传世。永寿七泉寺建毁于何时，尚无资料载录。据"二普"调查资料载，寺址面积约 7 000 平方米，遗有明代砖舍利塔 1 座、砂石质佛像 5 尊，其中一尊坐佛背部刻有明万历年款，可见寺院在明时期仍香火鼎盛。

该塔高约 5 米，底边长 1.04 米。塔身向上逐层内收，层间以砖叠涩出檐。塔顶六角攒尖，塔刹无存。底层嵌石碣 3 方，中层一面砖雕仿木构槅扇门，门内置砂石佛像 3 尊。"三普"复查时，塔身底层和中层一侧已被严重破坏。在附近新建黄龙菩萨庙门前，散置有砂石质佛像底座、佛头；在新辟窑洞（今名佛祖洞）内置砂石质佛像 1 尊。

◎七泉寺舍利塔

彬州市

彬州市古为豳州、邠州核心地域，民国二年（1913）废州设立邠县，1964年9月改为彬县（便于识读）。2018年撤县设市，改为彬州市。其地处渭北高原西部、陕甘两省交界处，属陇东黄土高原塬梁丘陵沟壑区。历史上，曾为周人先祖公刘居地，在此建立豳邑，后由此迁岐。唐初秦王李世民（后来的唐太宗）率军与薛举、薛仁杲割据势力在豳州地界展开浅水塬大战（主战场在长武），一举奠定胜局。境内有先周时期公刘墓、汉丞相公孙贺墓、前秦苻坚墓、五代冯晖墓，列入《世界遗产名录》的大佛寺石窟，以及唐至明豳州（邠州）故城等。现存彬县开元寺塔，雕饰精美，为陕西省内有确切纪年的北宋八角形楼阁式砖塔的代表作。

059·彬县开元寺塔

北宋八角七层楼阁式砖塔·全国重点文物保护单位。又称邠县塔、邠州塔，位于彬州市（原彬县、邠县）城关镇西街南侧紫微山下的开元广场，为旧时彬县的标志性建筑。传寺始建于唐贞观年间（627—649），由尉迟敬德监修，天宝末年发生安史之乱后毁圮。明邠州司马张金度咏塔诗曰："浮图耸矗碧山头，顶上藤罗老树秋。天宝乱离经过来，开元遗迹亦还留。"据此推测，开元寺塔始建于中唐初期以前，历战乱而颓废。1985年4月修葺该塔时，在塔刹莲花座上发现铸有"大宋皇祐五年岁次癸巳秋八月十四建成谨记"19字塔铭，确证该塔重建于北宋皇祐年间（1049—1054）。

现塔坐北朝南，通高47.84米，底层每边长5.74～5.99米。塔身单壁中空，底层南向辟券门，门高2.95米，宽1.45米，壁厚5.13米；其他东、西、北三面辟假券门，门高2.06米，宽1.29米。二层以上每面作仿木结构三间，以砖砌出倚柱、阑额和平座钩栏，加饰平座斗栱。每层当心间辟券门或带乳钉的假板门，券门和假板门依次相间，隔层位置交错，券门两侧饰直棂窗，假板门两侧饰海棠花窗。层间叠涩檐出双排椽头，施菱角牙子、瓦垄和五铺作双抄斗栱，其中一至四层当心间置补间铺作两朵，五层和六层各一朵。塔顶平砖攒尖，置铁质仰覆莲座、相轮构成塔刹，由4根铁链系住。

1985年修葺塔身时，在塔刹莲花座下及周围（即天宫部位）还发现神态各异的铜佛像21尊，以及佛座、铜棺（无棺盖）、铜镜、莽币、宋代铁钱等遗物。修缮后的塔内设170级木梯盘旋而上，可供游人登临，并于塔顶安装有避雷设施。该塔造型庄重，雕饰精美，收分柔和，整体显出和谐华贵之美，可称陕西现存北宋八角形砖塔的代表作。

1956年8月，陕西省人民委员会公布"彬县塔"为第一批陕西省文物保护单位。

1992年4月，陕西省人民政府更名"彬县塔"为"开元寺塔"并公布保护范围。重点保护区为东至县委西墙，北至保护标志，南至塔南10米处，西至塔西10米处；一般保护区为塔基四周外延300米内；建设控制地带同一般保护区。

2001年6月，国务院公布"彬县开元寺塔"为第五批全国重点文物保护单位。

◎ 彬县开元寺塔（历史照片）

◎彬县开元寺塔

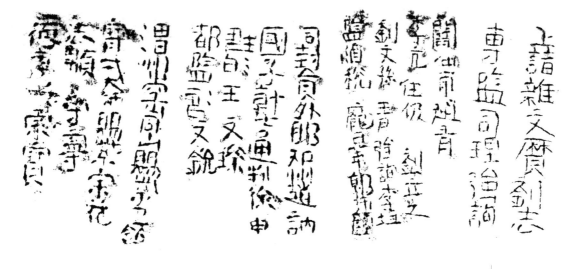

◎塔刹铭文（拓片）一

◎塔刹铭文（拓片）二

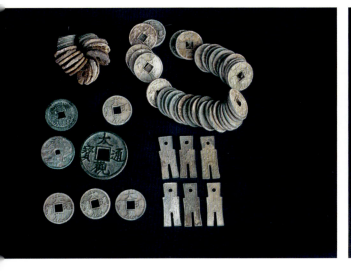

◎天宫出土的历代货币　　　　　　　　　　◎天宫出土的鎏金铜佛像一

◎天宫出土的鎏金铜佛像二

◎塔刹铭文（拓片）三

旬邑县

旬邑县因古有"栒邑"而得名。西周置栒邑，属王畿；秦置栒邑县，汉因之；魏晋时期改置三水县（因三水河得名），以后隶属多有更易，但三水县名相沿不改。民国三年（1914）复名栒邑县，其后隶属、撤并、复置交替进行；1964年9月，改栒邑为旬邑（便于识读）。其地处关中平原北界，陕北高原南限，属渭北黄土高原沟壑区，地形主要以山地、塬面为主。出土有距今300万年的黄河剑齿象和犀牛化石，体长分别为8.45米和4.8米，是研究黄河中游黄土高原古地质、古气候、古地貌和古生物的重要标本。境内有安仁瓷窑遗址、马家河石窟、悟空洞石窟，以及唐家民宅、马栏革命旧址等。现存泰塔，瑰丽挺拔，为陕西省内宋代砖塔的珍品。

060·泰塔

北宋八角七层楼阁式砖塔·全国重点文物保护单位。又称宝塔寺塔、旬邑塔，位于旬邑县城北街东侧旬邑中学院内，为旧时旬邑县的风水塔和标志性建筑。"泰塔"之名的由来，一般认为与《易经》卦象有关，即塔的选址在"卦十一"《易·泰》之位，取意乾坤和畅，道路通达，故称。传宝塔寺始建于唐，早年已毁。清乾隆本《三水县志》记为"旧《志》载唐吐蕃入寇，塔经火焚，积久损伤，塔遂东斜，万历间县人文运开葺之"。所记唐时已有此塔，因兵燹和岁月磨损，明万历年间（1573—1620）有过修葺。

现塔为宋代建筑风格，通高53米，底径12米。塔身底层北面辟券门，内设塔心室，以上每层辟四券门，隔层位置交错。二层以上每面作仿木结构三间，以砖砌出倚柱、阑额、平座钩栏；当心间辟券门或饰方形假板门，两侧雕饰直棂窗或菱格窗。层间叠涩出檐，以石材作角梁，外端雕成龙头形螭首，自翼角伸出，上系风铃。每层檐下和平座均施砖雕斗栱，形式为五铺作出双抄，当心间置补间铺作一朵。塔顶八角攒尖，置石雕宝瓶式塔刹（为20世纪50年代整修时所加），顶部还置有铁人两对，相向而跪，颈系铁索，连缀塔顶中央。塔身结构为单壁中空，内设木梯可登临。该塔造型瑰丽、挺拔，雕饰精湛、典雅，为陕西境内现存宋代砖塔的珍品。清顺治年间（1644—1661），文人周崇雅曾题诗《宝塔凌空》誉其气势曰："玲珑金刹跨豳阳，七级芙蓉舍利藏。风雨翠屏形突兀，云霞白色镜苍茫。"

1957—1958年对泰塔实施全面整修。维修中，主持工程的杨正兴先生在塔身六层北面东侧槛窗上发现一砖刻题记，上刻北宋"嘉祐四年正月中建"字样，借此得到建塔确切时间。或可认为，唐代已有泰塔，因故损毁，现塔为北宋嘉祐四年（1059）重建。

1978年修复塔内木梯及部分门窗。

1998年对塔基及四周排水重新做加固处理。

2005年测出"泰塔向东北倾斜，偏离中心线2.051米，倾斜度达到1度55分48秒，且墙体出现几处裂痕"。次年，陕西省文物局拨付专款，用于局部维修。

2008年5月12日，汶川8级特大地震波及陕西，造成塔身倾斜加剧。事后测出"塔顶中心点偏移2.154米，较2005年增加了10.3厘米"。

1957年5月，陕西省人民委员会公布"泰塔"为第二批陕西省文物保护单位。

1992年4月，陕西省人民政府公布保护范围。重点保护区为塔周围外延53米；一般保护区和建设控制地带同重点保护区。

2001年6月，国务院公布"泰塔"为第五批全国重点文物保护单位。

◎泰塔

◎塔顶四角上的铸铁力士之一

泾阳县

泾阳县因位于泾河之北而得名（古以水北为阳）。其名最早见于《诗·小雅·六月》："猃狁匪茹，整居焦获，侵镐及方，至于泾阳。"战国秦始置泾阳县，并置云阳县（今县域西北部）、弋阳县（今县域东南部），此三县称谓、隶属及撤并更易在后世屡有发生，到元至元三年（1266）复置泾阳县而基本稳定下来。其地处关中平原中部，泾河下游，为国家大地原点所在地。境内有"为秦统一中国奠定了经济基础"的大型灌溉工程郑国渠首遗址，有依山为陵的唐德宗崇陵、唐宣宗贞陵、明代太壸寺大殿、清代泾阳文庙，以及近代水利专家李仪祉墓、安吴青训班革命旧址和1978年12月建成的"国家大地原点"等。泾阳县现存古塔3座。建于明万历年的泾阳崇文塔高87米，为国内现存最高的古塔。

061·悟空禅师塔（2座）

唐代六角五层楼阁式砖石塔·省文物保护单位。本名振锡寺塔，附近另有明代喇嘛式"悟空禅师塔"残体，位于泾阳县蒋路乡嵯峨山第二峰顶，海拔1 375米，南距县城约18公里，周遭清寂，人踪稀少，为关中北部现存海拔最高的2座古塔。

振锡寺始建于唐元和七年（812），今已不存。寺址内尚见振锡寺塔1座，还散布有喇嘛式"悟空禅师塔"残体，以及碑碣残石、龟趺和残砖瓦等。所见二塔被后人混淆，致使公布名称张冠李戴，现予以厘清。

061—1·振锡寺塔

始建于唐大中十四年（860），明嘉靖年间（1522—1566）重修。现塔残高13.3米，塔基每边长2.35米。塔基和塔身一、二层为石砌，以上为青砖砌筑；一至三层收分柔和，四、五层收分骤急，有匆匆收束之感。塔身每面作一间，一至三层各辟一券门，其余各面均设一小龛（内置佛像散佚）。一层以石板平铺出檐，下饰矮小圆柱和浮雕斗栱，补间铺作置一朵；二层以上为砖叠涩出檐，施菱角牙子、倚柱、阑额和砖雕单抄四铺作斗栱，补间铺作置一朵。塔顶平砖攒尖，塔刹无存。现塔身向西北倾斜严重。原塔底层嵌有塔铭1方，记载沿革及修塔事宜，已佚。

◎振锡寺塔

061—2 · 悟空禅师塔（残体）

建于明嘉靖二十年（1541），现存为覆钵形石质塔身，系喇嘛式石舍利塔遗构。塔身高 1 米余，直径 0.85 米，其上刻铭："大明新建嵯峨山中五台振锡寺 / 唐悟空禅师之塔 / 嘉靖二十年三月望日僧人如通立"34 字。塔基、塔脖子、塔刹等均已不存。此系"悟空禅师塔"名谓的出处。早年情况应为：寺院内既有振锡寺塔，同时还有"悟空禅师塔"，以及其他僧人舍利塔等，他们可能在某一时期先后残损或塌毁，后于明嘉靖年间（1522—1566）陆续予以重修。当寺院最终颓废，成为遗址，所见二塔疏忽间混为一谈。事实上，所公布之塔应为"振锡寺塔"，而"悟空禅师塔"仅存 1 米高的残体。

据载，悟空禅师（732—812），唐京兆云阳（今陕西泾阳西北）人。俗姓车氏，名奉朝，御赐法号"悟空"。系后魏拓跋之远裔，曾官至左卫泾州四府门别将。天宝十载（751）随张韬光等 40 余人出使西域，后在犍陀罗国患病，痊愈后剃度出家，贞元五年（789）返国抵京，元和七年（812）于上都章敬寺（位于唐长安城通化门外）圆寂。大中十四年（860）八月十三日在泾阳嵯峨山建塔供奉。原塔早年塌毁，形制不详，明嘉靖二十年"新建"为喇嘛式石舍利塔，是为纪念。吴承恩《西游记》唐僧原型即融合了玄奘、悟空禅师二人的生平事迹和传说。

2008 年 9 月，陕西省人民政府公布"悟空禅师塔"为第五批陕西省文物保护单位。保护范围以塔为中心，向四周延伸 50 米；建设控制地带为保护范围分别向四周延伸 50 米（悟空禅师塔之谓，当适时更名为振锡寺塔）。

◎悟空禪師塔

062 · 泾阳崇文塔

明代八角十三层楼阁式砖塔·全国重点文物保护单位。又称泾阳塔、铁佛寺塔，位于泾阳县城东南约10公里的崇文镇太平村崇文中学院内，为旧时泾阳的标志性建筑和昌盛文脉的文星巨塔。寺始建年代不详，传寺内曾供奉有硕大的铁佛。明清时期臻盛，成为佛道儒合璧的寺庙。原占地面积约4.8万平方米，中轴线上依次有山门、关帝庙、罗汉殿、圆觉殿、药师殿、天王殿、大雄宝殿，两侧有钟鼓楼、乐楼、东西寮房等。清同治元年（1862）"回民起事"，寺院被焚，仅存塔与五间山门。

塔始建于明万历二十一年（1593），历时13年才竣工。据塔旁现存清顺治十六年（1659）碑石记载，塔由李世达（号渐庵）于万历十九年（1591）主持重修寺院时提议修建，旨在倡导泾阳、三原、高陵三县学童努力向学；于万历二十一年正式起塔，每年建一层，每层均刻有捐资人姓名；修至第九层时李世达病故，遂由其女继承父愿于万历三十三年（1605）修竣。据塔身底层西南面所嵌"皇明万历二十一年"碑石记载，修塔匠人为"镇江塔匠丁良益、龚念肆，邑匠田得时、高汝清"等。

现塔1998年实测通高87.218米，由塔基、塔身和塔刹3部分组成。塔基为砖石砌八角形须弥座，底边长10.5米，高1.9米。塔身砖砌，每边长9米。塔身底层作重檐，南向辟拱券门，额题"崇文宝塔"4字；其余各面设佛龛，现存4尊石佛像，头均佚。二层以上每层辟四券门、四佛龛，上下层门、龛依次相错，龛内均置佛像1尊，其中，四层正南龛内为贴金佛像。层间叠涩出檐，施仿木结构椽头、额枋、斗栱和菱角牙子，额枋上饰砖雕莲花、瑞兽、飞天、寿星等图案。塔壁角施砖雕圆柱，檐角缀风铃；二、四、六层增设垂莲柱，将每面分为三间。各层塔檐上砌有宽1.4米的平座（外廊），上置木质栏杆（早年已毁），供人凭栏远眺。塔顶八角攒尖，置铜质宝葫芦塔刹，周围圈以城垛式护墙。塔内构造为穿心式结构，内设券顶式环廊（内廊），有砖阶梯沿中心柱盘旋而上。塔身二至十层门、龛旁设有砖雕灯龛1对（据此，该塔还兼具"灯塔"性质），每至佳节，层层灯火，蔚为壮观。据何平主编《泾阳县志》载："塔顶原暗藏鎏金铜造像 8 尊，系释迦牟尼、如来佛、弥勒佛及天王等，现存县博物馆。"经查，1984 年，崇文中学几位学生登上塔顶，在刹座（天宫）部位发现明代鎏金真武像，后由文物部门采集鎏金弥勒像、天王像、释迦牟尼涅槃像等，现藏于泾阳县博物馆。塔前尚存明代《泾阳县崇文塔乙酉科提名记》、万历四十二年（1614）《泾阳县壬子科崇文塔提名记》、万历四十四年（1616）季春《泾阳县崇文塔提名记》、清顺治十六年（1659）《铁佛崇文塔寺常住田供众记》等碑石 5 通。该塔造型雄伟，设计精巧，气势磅礴，远观如擎天一柱，耸立于泾渭平原上，逢晴朗日登顶，省城西安、泾河、渭河、骊山、华山皆历历在目。为中国现存最高的古塔。

1985 年完成塔体整修工程，安装避雷设施。同年成立崇文塔文管所。

1992 年修复塔内底层、二层、十三层砖阶梯，二层以上全部门洞加设铁栏杆。

2008 年 5 月 12 日，汶川特大地震波及陕西，造成塔壁内外和各层券洞顶部有明显裂缝，裂隙最宽处 3～4 厘米，间有砖块脱位欲坠现象。嗣后，予以修葺。

2013 年搬迁崇文中学，拓宽新修崇文塔院，周围筑工艺花墙，辟东南西北院门（兼办公场所），塔身四周铺设青砖广场和花圃。

1956 年 8 月，陕西省人民委员会公布"崇文塔"为第一批陕西省文物保护单位。

1992 年 4 月，陕西省人民政府公布保护范围。重点保护区为塔、碑石；一般保护区为塔基四周各外延 50 米；建设控制地带为一般保护区外延 80 米。

2001 年 6 月，国务院公布"泾阳崇文塔"为第五批全国重点文物保护单位。

◎泾阳崇文塔（历史照片）

◎塔身局部

◎ 泾阳崇文塔

◎天宫出土的明代鎏金铜释迦牟尼涅槃像（上）

◎天宫出土的鎏金铜弥勒像（左）、鎏金天王像（中）和鎏金铜真武像（右）

三原县

三原县因境内有孟侯原、丰原、白鹿原而得名。前秦苻健皇始二年（352）设三原护军，北魏太平真君七年（446）改置三原县。其后县名、治所和隶属有变更，到元至元二十四年（1287）迁县治于龙桥镇（今三原县城）基本稳定下来。其位于关中平原中部，地处西安、咸阳、渭南、铜川等周边大中城市的弧心位置。境内有西汉池阳宫遗址（五帝坛遗址）、追尊唐太祖永康陵、唐高祖献陵、唐敬宗庄陵、唐武宗端陵，以及明代理学家马理墓、工部尚书温纯墓、西北地区著名的古龙桥、陕西省内现存规模最大的三原城隍庙、园林胜景东里花园、民居瑰宝孟店民宅等。三原县现存明代木塔、铁塔各1座。其中，安乐镇的中王堡木塔为陕西省内仅见的古代木塔。

063 · 中王堡木塔

明代六角四层楼阁式木塔·省文物保护单位。旧名文峰木塔，又称文峰寺塔、木塔寺塔，位于三原县城东南约3公里的安乐镇中王堡村北，为旧时文峰塔和风水塔之属。据清雍正本《陕西通志》载，文峰寺"弘治元年建，万历重修"。寺内原有大雄宝殿、钟鼓楼等建筑，今已不存。塔始建于明万历二十二年（1594），由工部尚书温纯（字希文）倡议修建。清康熙十九年（1680）实施过大规模整修，民国二十九年（1940），田仲琪先生曾领衔募捐又进行过一次维修。

现塔通高约20米，由砖石塔座和木结构塔身组成。塔座为六角形，每边长12.5～13米，座高4米，面北辟长斜坡磴道，两侧设砖护栏。塔身四层，底层塔壁砖砌，每边长6米，面西北辟矩形方门，槛前两侧置石狮1对，其余各面辟圆窗，每壁面等距离嵌铁拔钉四枚（固定内柱）；二层以上为全木结构。塔身自基座至顶用6根通柱，底层柱包砌在墙内，施周围廊构成下檐。二、三层出檐由平座"永定柱"并挑枋吊柱支承挑檐檩，不施斗栱；挑檐逐层收进，上层柱脚落在下层柱脚枋（抱头梁）上。塔顶构架由额枋及数层抹角梁叠架而成，雷公柱落在太平梁上，如亭阁式做法。塔身二层以上每面辟格子窗；各层檐角均起翘并系风铃。六角攒尖顶，置串珠式宝刹。塔内设扶梯可登临。现存清康熙十九年《重修文峰寺大雄宝殿碑记》和康熙年间（1662—1722）《创建福缘庵碑记》2通。该塔结构简明，设计精巧，造型端秀，为陕西仅存的一座木塔。

关于修塔缘起：三原地处关中平原中北部，北有嵯峨山，南为平原地带。《三原县志》说，因县域南面较低影响文脉，故需修建文峰塔来弥补风水之不足。

1982年迁建三原文庙木牌楼于木塔北侧。

1984—1986年，陕西省文物局拨款曾先后加固塔座，增修排水设施，翻修塔檐。

1985年设立文峰木塔文管所。

2001年后拓宽保护围墙。院墙总占地约1.6万平方米，内设花圃、园林，植松柏、银杏、枫、槐上百株，并新建六角石亭2座。

1957年5月，陕西省人民委员会公布"三原中王堡木塔"为第二批陕西省文物保护单位。

1992年4月，陕西省人民政府简其名为"中王堡木塔"，并公布保护范围。重点保护区为塔及木牌楼；一般保护区为塔围墙外东西各95米，南北各220米；建设控制地带同于一般保护区。

◎ 中王堡木塔

064·城隍庙铁塔

明代八角三层醮炉式铁塔·全国重点文物保护单位"三原城隍庙"附属建筑。位于三原县城关镇东大街城隍庙内。铁塔仿木结构，通高6米，底径1.71米。底部为叠涩须弥座，铸有覆莲瓣、兽头及八足着地等装饰。塔身一层铸转角倚柱，柱顶饰龙首衔环，上为叠涩仰莲瓣出檐。二层每面辟镂空壶门，门两侧铸神人、侍从等形象，转角为龙缠柱装饰，柱顶为斗栱出昂，额枋正中铸一兽头，上为出檐椽头、瓦垄和脊兽等。三层铸转角七踩斗栱，上为出檐椽头、瓦垄和脊兽。塔顶置仰覆莲座，承立狮，托宝瓶式塔刹。

据载，三原城隍庙始建于明洪武八年（1375），永乐至清咸丰年间曾多次增建、修葺。坐北朝南，占地面积约1.3万平方米，建筑面积5 350平方米。中轴线自南而北依次为砖雕影壁、木牌楼、庙门、木牌楼、石牌楼、戏楼、木牌楼、拜殿、大殿、无梁门（垂花门）、明禋亭、寝宫；两侧对称排列盘龙铁幡杆1对、石狮1对、东西碑廊、东西廊庑、钟楼、鼓楼、东西配殿及铁醮炉（即铁塔）等，计有房舍115间。大殿和拜殿呈"勾连搭"形式，拜殿歇山卷棚顶，似为清代所加。钟、鼓楼重檐歇山十字脊，造型挺秀，脊饰华美，斗栱疏朗。影壁为水磨砖砌，正中砖雕"鲤鱼跳龙门"图案。东西碑廊嵌有摹刻岳飞书诸葛亮《前出师表》《后出师表》碣石40方。整座庙宇院落重重，呈纵深布局。为陕西省内现存规模最大和最完整的城隍庙古建筑群。

1957年5月，陕西省人民委员会公布"三原城隍庙"为第二批陕西省文物保护单位。

1992年4月，陕西省人民政府公布保护范围。重点保护区为城隍庙现围墙内；一般保护区为重点保护区外延5米；建设控制地带为东至新合巷，西至箔子巷，南至停车场南墙下，北至清峪河岸。

2001年6月，国务院公布"三原城隍庙"为第五批全国重点文物保护单位。

◎城隍庙铁塔

兴平市

兴平市原为兴平县。唐武则天大足元年（701）置兴平军，至德二年（757），兵马使李奂统领兴平军平安史之乱告捷，置兴平县，取"兴唐平叛"之意。历史上，兴平地界曾为犬戎族聚居之地，称"犬丘"；周懿王二年（前898）避狁犹对镐京的威胁，迁都犬丘。平王东迁洛邑后，秦改犬丘为"废丘"，置县。汉高祖三年（前204）改为槐里县（春秋时即有"槐里"，老子西游入秦讲经曾驻此），后世曾析茂陵县，后置始平县、金城县等，俟兴平军平叛告捷，始改金城县为兴平县，沿用至今。1993年，撤县设市。其地处关中平原腹地，南临渭河。境内重要遗存有黄山宫遗址、汉武帝茂陵、大将军卫青墓、骠骑将军霍去病墓，以及班昭墓、杨贵妃墓、文庙大成殿等。兴平市现存古塔3座。其中，兼具唐宋建筑风格的清梵寺塔，被当地民众誉为佛教东传、丝路西通的纪念塔。

065 · 清梵寺塔

唐宋时期八角七层楼阁式砖塔·全国重点文物保护单位。又称兴平北塔、保宁寺塔，位于兴平市东城街道北寺巷北端，地处渭河北岸二级阶地、咸阳原（又称"北原"）下，为旧时兴平的标志性建筑，被当地誉为佛教东传、丝路西通的纪念塔。

相传汉明帝永平十年（67），天竺国高僧摄摩腾和竺法兰携经卷随大汉使臣去东都洛阳，途经关中槐里（今兴平）时，两位高僧在此驻锡，为民众宣讲《佛说四十二章经》（即传入东土的第一部佛经），民众受此法化感佩不已，为铭记两位高僧及佛法东来而筹资建"清梵寺"。因汉明帝皇后马氏（伏波将军马援之女）是槐里人，朝廷特予拨款修寺并赐额，其规模宏阔，占地60余亩。岁月延宕，寺院几度建废。传唐贞观年间（627—649）重修并建造了即今所见的七级"清梵寺塔"。清梵，指诵经之声。古人有"清梵含吐，一唱三叹"句，又有"名香连竹径，清梵出花台"语。

清梵寺于宋太平兴国三年（978）秋赐改额为保宁寺；清乾隆

四十七年（1782）重修；民国时期，寺院占地尚有 5 亩，后续又有减少，圈入塔院一隅；20 世纪 70 年代末有僧尼进驻，复名清梵寺，为尼寺。

现存清梵寺塔兼具唐宋建筑风格，残高 38.6 米，底边长 4.35 米。塔身底层南、北辟券门，内设八角形塔室，每边长 1.84 米，塔壁厚 2.8 米。以上各层南、北、东、西四面辟券门或假券门，上下层真假相间。塔壁作仿木结构，每面一间，以砖隐出角柱、阑额，向上逐层收分。层间叠涩出檐，施两排菱角牙子。其中，一至三层檐下隐作斗栱，补间铺作置一朵；四层以上仅柱头置栌斗，不施补间铺作。塔顶八角攒尖，塔刹残毁。塔内中空，原有转角阶梯通塔顶，"文革"中被毁。现存清乾隆四十七年《重修保宁寺并建万寿宫碑》1 通，碑文楷书，谢天爵撰，傅应旗书。碑文记载清梵寺于"宋太平兴国三年秋赐改额为保宁寺"及募资补修大雄宝殿和创修万寿宫等事宜。

该塔造型简明、古朴，在陕西省内唐宋砖塔中（除武功报本寺塔）鲜有类比者，时代或在唐宋之际。

民谚"七层子，八棱子，二十四个窟窿子"是当地对清梵寺塔的形象描述。每逢春夏，数以千计的胡燕绕塔嬉戏，鸣啾之声，不绝于耳，被誉为"胡燕闹塔"，为兴平一大景观。

清梵寺塔曾与兴平南塔遥相对峙，蔚为大观，兴平亦因此被称为"双塔县"。兴平南塔于 1958 年全民大炼钢铁时被拆除，塔砖用于砌筑小高炉，塔刹移存至兴平文庙内。

经风雨剥蚀和 2008 年汶川地震影响，塔体出现多处裂隙，塔檐各层常有砖块脱落。2017 年夏对塔体实施了维修。

1957 年 5 月，陕西省人民委员会公布"兴平北塔"为第二批陕西省文物保护单位。

1992 年 4 月，陕西省人民政府公布保护范围。重点保护区为塔院围墙内；一般保护区为塔基周围外延 40 米；建设控制地带为一般保护区外延 80 米。

2013 年 5 月，国务院以"清梵寺塔"名称公布为第七批全国重点文物保护单位。

◎清梵寺塔（历史照片）

◎清梵寺塔

066·兴平东街铁塔（2座）

明代八角多层醮炉式铁塔，2座·兴平城隍庙遗物。现址位于兴平市东城区县门街文庙大成殿前左右两侧。兴平城隍庙原址在县城东街，始建于明洪武年间（1368—1398），嘉靖、崇祯和清代屡有修葺，曾香火鼎盛，颇具规模。清宣统三年（1911），符瑞亭等响应辛亥革命，举义成功，组建"复汉团"200余人进驻城隍庙维持城乡社会秩序，庙宇遂成兵营。20世纪50年代后，庙宇逐一被拆除，庙内2座铁塔迁置兴平文庙内。

066—1·兴平东街铁塔之一

八角四层醮炉式铁塔。铸于明崇祯二年（1629），通高6.74米，底径2.16米。底部为叠涩须弥座，铸有覆莲瓣和八足着地等装饰。塔身一层为镂空八角亭阁式，铸有八根盘龙柱，承八角挑檐。二层为三重仰莲瓣托八角塔身、塔檐，塔身铸有神像和装饰图案。三、四层收分明显，层间出八角挑檐。一、二、四层均置平座栏杆，形制、装饰各异。塔顶置八角镂空平座，承胡人牵狮，托宝瓶式塔刹。

◎兴平东街铁塔之一

066—2 · 兴平东街铁塔之二

八角五层醮炉式铁塔。铸于明崇祯三年（1630），残高 4.81 米，底径 2 米。底部为叠涩须弥座，铸有覆莲瓣和八足着地等装饰。塔身一、二层为亭阁式结构，铸有八根盘龙柱，层间出八角挑檐。三层铸有神像、盘龙等图案。四、五层紧密相接，收分明显，有镂空和简单装饰。塔顶置莲座、卧狮，上承塔刹已失。

兴平文庙始建于明洪武五年（1372），后世屡有重修。20 世纪 50 年代废除，仅存大成殿（1992 年公布为第三批陕西省文物保护单位）。2000 年辟为兴平市博物馆，除早年迁置城隍庙铁塔 2 座外，还收藏有 1958 年拆除的兴平南塔之汉白石刹座和铁质塔刹。

◎兴平东街铁塔之二

武功县

武功县因古时境内有武功山而得名。秦孝公十二年（前350）始置武功县，治所在今眉县境内，后世屡有撤并更易，武功县、郡也屡次交替设置。元代复置武功县，明、清沿袭。1958年并入兴平县，1961年复置至今。其位于关中平原腹地，南临渭河。历史上曾是周人始祖后稷教民稼穑之地，也是汉忠臣苏武的故里和唐太宗李世民的诞生地。境内有新石器时代香尧遗址、商周时期郑家坡遗址、西汉苏武墓、隋炀帝陵，以及武功城隍庙、后稷祠、教稼台等。武功县现存古塔2座。其中，报本寺塔与唐太宗出生宅第有关；寺背后塔（释迦文佛舍利宝塔）为陕西省内有明确纪年且工艺精湛的喇嘛式砖塔的典型代表。

067 · 报本寺塔

宋代八角七层楼阁式砖塔·全国重点文物保护单位。又称武功塔、武功古塔，位于武功县武功镇正心街（原老城北关），为旧时武功县的标志性建筑。寺始建于唐代。据宋敏求、李好文《长安志·长安志图》卷十四记报本寺："本唐神尧（高祖李渊）宅，大中元年建为报本寺。"明正德本《武功县志》载："报本寺，高祖别宅也，在北门外。"清雍正本《武功县志》载："报本寺，见前《志》，内有塔高数十仞，世传寺塔太宗为太穆皇后建，故名报本。"所记略约说明：寺及寺塔乃唐太宗为报其母太穆皇后养育之恩而建；抑或原建筑已毁而重建于大中元年（847）。唐以降，历代屡有重修。至民国时寺院尚完整，20世纪50年代后废圮，仅存寺塔。20世纪80年代塔体严重倾斜，塔顶残毁。按照"修旧如旧"原则予以拆除重修。工程始于1994年7月26日，封顶竣工于1998年5月28日。工程实施前，先后清理地宫文物数十件、钱币数千枚，并发现北宋"宝元二年造"錾刻器铭和"治平三年"砖铭等，可证原塔为北宋重建之塔。

据载，原塔曾于明万历三十五年（1607）甃砖加固塔身，拆除前实测残高 37.9 米。现塔修竣后残高 39.66 米，底边长 4.7 米，壁厚 3.55 米。塔身底层东向辟券门，宽 1.6 米，高 2.77 米（现已封堵）。一层檐下施仿木结构额枋和五踩重昂斗栱，平身科一攒，各角装饰垂莲柱（保留了明代局部重修时的式样）；以上各层东、南、西、北四面辟券门或假券门，隔层真假相间。二层以上壁面作仿木结构，以砖隐出角柱、阑额、斗栱，其中，二至五层补间铺作置一朵，六、七层仅转角置栌斗。层间叠涩出檐，施菱角牙子。塔顶平砖收束，保持了重修前无塔刹的旧状。在原塔拆除过程中，1987 年 6 月在地宫内发现北宋彩绘石椁、银椁、金棺、豹斑玉筒、舍利子、铜镜、钱币、白釉净水瓶、琉璃葫芦瓶及彩绘仰覆莲石座等。另外 1984 年 6 月，在附近居民家中征集到明万历年间（1573—1620）《重修报本寺塔记》碣 1 方，文内述及万历三十五年四月由邑人张涉，修塔匠人张士茂、鲁山、李公、乔公邦琦暨社友闵万策、李瀚、魏继兴等 20 余人组成修塔主持会，在署县冲玄尉公的资助下，对塔进行了一次维修。修塔的范围仅限于一层。具体做法是对一层门洞券顶及塔外破损处做了补修，并在塔外包砌了一层砖面。现塔身一层砖面和塔檐八角的垂莲柱，即为万历年间补修时的旧貌复原，展示出塔体局部的明代建筑特征。附近另有古槐 2 株，形冠古朴奇秀，号为"唐槐"。每年春季，群燕掠飞塔顶，人称"胡燕朝塔"，为"武功八景"之一。

1957 年 5 月，陕西省人民委员会公布"武功古塔"为第二批陕西省文物保护单位。

1992 年 4 月，陕西省人民政府更名"武功古塔"为"报本寺塔"，并公布保护范围。重点保护区为塔；一般保护区为塔基四周各外延 160 米；建设控制地带为一般保护区周围外延 80 米。

2013 年 5 月，国务院公布"报本寺塔"为第七批全国重点文物保护单位。

◎报本寺塔（历史照片）

◎塔身铭文（拓片）

◎地宫出土的金银椁（左）、金棺（右）

◎地宫出土的彩绘石椁、金银椁、金棺

◎地宫出土的琉璃葫芦瓶

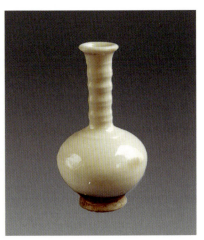

◎地宫出土的白釉净水瓶

◎地宫出土的彩绘仰覆莲瓣棺椁石座

◎地宫出土的舍利子

◎地宫出土的"说法图"银函

068 · 寺背后塔

明代宝瓶式砖喇嘛塔·省文物保护单位。又称释迦文佛舍利宝塔，当地俗称观音寺塔、白云寺塔、马佛寺塔等，位于武功县小村镇（原薛固乡）寺背后村东南隅观音寺内。寺院早年已废，21世纪重建，新修有拜殿、献殿等，为尼寺。

塔始建于明正德十三年（1518），通高9.1米。下部为六角形双重须弥座，底边长1.7米，高2.35米，六面镶有碑碣，记述建塔事由和布施者籍贯、姓名。塔肚子（塔身）呈瓶形，南、北面嵌有正德十四年（1519）碣铭2方，铭文多漫漶，可辨"释迦文佛舍利宝塔"和"岢正德十三年岁次"等字样；肩部东、西、南、北面各设一小龛。塔身上部砌作仿木构"四出轩"形式，工艺精致。其上为塔脖子，呈圆柱形，刻作"十三天"相轮，上覆华盖，缀风铃6枚。顶置莲座，承陶瓷质宝珠式塔刹。塔前有铁钟1口，铸有"大明国陕西西安府武功县渭源里马营奉侍"铭文。据此，俗谓马佛寺塔，应源于供养人姓氏。而观音寺旧称白云寺，故谓白云寺塔，亦因之。碑碣所称"释迦文佛"即释迦牟尼佛，"文"为"牟尼"之意译。该塔是陕西省内现存有明确纪年的明代喇嘛式砖塔的代表作，弥足珍贵。

1982年曾予以维修。

2008年9月，陕西省人民政府公布"寺背后塔"为第五批陕西省文物保护单位。保护范围为（塔）四周围墙；建设控制地带为保护范围四周各外延5米。

◎寺背后塔

◎ 塔刹

◎ 塔身铭文（拓片）

乾县

乾县因乾陵而得名。历史上为岐周之地，西周时设"好畤"为祭天之所，秦孝公十三年（前349）置好畤县，汉沿用，后世几度撤并、复置。唐时，高宗李治谥号"天皇大帝"，取"乾为天"之意为陵号，置奉天县以祀乾陵。唐昭宗乾宁二年（895）以奉天县置乾州，后世屡有更迭，民国二年（1913）降乾州为乾县，沿用至今。其地处关中平原中段北侧、渭北高原南缘，地势西北高、东南低。境内有秦甘泉宫遗址、梁山宫遗址、秦好畤故城、唐好畤故城、唐奉天故城、唐高宗李治与武则天合葬之乾陵、唐僖宗李儇靖陵，以及陪葬乾陵的永泰公主墓、章怀太子墓、懿德太子墓等。乾县尚存明、清砖塔共2座，俱为僧人灵塔。其中，香严寺塔形制古朴，颇具唐宋砖塔遗风。

069 · 香严寺塔

明代方形五层楼阁式砖舍利塔。又称香严寺普通宝塔、樊村塔，位于乾县灵源镇樊家村南果园（原肖河故道一侧）内，为僧人灵骨合葬塔。香严寺又称白马香严寺，传建于唐代。加白马，盖与汉永平年间（58—75）白马驮载佛经入东土的记载有关。历经岁月磨蚀，寺院颓圮，至20世纪50年代寺址周围尚存大小舍利塔7座，到"文革"时期几近全毁，仅存普同宝塔1座。20世纪90年代后，当地群众集资恢复前殿、后殿，供奉有菩萨塑像等。

现塔方形五层，残高8.5米。下部为方形须弥座，每边长3.6米，四面砖雕朱雀、游鱼、花卉等图案。塔身底层南、北辟龛，二层以上四面辟龛，原置石佛像已佚。层间叠涩出檐，其中第二层檐下施三踩斗栱，平身科置二攒。各层塔檐原系风铃，现尚存铃钩。塔顶残损较甚，塔刹已毁。原二层嵌有明代塔铭1方，现存附近村民樊氏家中。塔铭幅宽0.4米，高0.42米，厚0.13米；楷书："临潼王府殿下秉修与图平书府家佛堂香严寺／主持无比禅师远立／普通宝塔一座大明弘治十七年皇明岁次甲子孟冬吉日。"

该塔形制古朴，有唐宋砖塔遗风，当为明代参考曾存在过的寺塔而重修之塔。

◎香严寺塔

070 · 兴化寺塔

清代六角三层楼阁式砖舍利塔。又称心公和尚灵塔，位于乾县梁村镇中曲村东南农田内。寺始建于唐贞观八年（634），元、明、清三代屡有重修。清康熙年间（1662—1722）寺院占地尚有百余亩。20世纪50年代后改为当地学校，仅存后殿五间。曾有元代重修兴化寺碑、清代兴化禅院免粮碑等已佚。尚存咸丰元年（1851）重修兴化寺碑，高2.41米，宽0.71米，现存于梁村中曲校园内。今存心公和尚灵塔1座，当地称中曲寺塔，建于清嘉庆年间（1796—1820），塔身二层添置有民国二十五年（1936）塔铭，系"本邑后学师古训、上官斌顿首拜撰、书"。

塔为六角三层，实心，通高9.5米。下部为六角形须弥座，底边长1.1米。塔身收分柔和，层间叠涩出檐平浅，施额枋、角昂和垂莲柱。第三层每面嵌一方石，内刻一字，合读为"南无阿弥陀佛"6字。塔顶六角攒尖，置宝瓶式塔刹。二层东南嵌有塔铭，文中有"庄严圆寂兴化堂上传临济正宗十七世恩师比丘自性心公老和尚一性觉灵宝绶徒弟源福、金年、治理、徒孙广慧纳石／本邑后学师古训、上官斌顿首拜撰、书／中华民国二十有五年岁次丙子三月立"等内容。

◎兴化寺塔

五、渭南古塔

渭南地名源自汉高祖二年（前205）设渭南郡，以郡治在渭河南岸而得名。其位于陕西省关中渭河平原东部，东经108°50′~110°38′，北纬34°13′~35°52′之间。东濒黄河与山西相望，倚潼关与河南毗邻，南凭秦岭与商洛为界，北靠桥山与延安、铜川接壤，素有陕西"东大门"之称。辖境南北长182.3公里，东西宽149.7公里，总面积13 134万平方公里；辖临渭、华州2区，韩城、华阴2市，潼关、蒲城、白水、澄城、合阳、大荔、富平7县。

渭南域界以渭河为轴线，形成南北两山、两塬和中部平川五大地貌类型区，中部渭河冲积平原是八百里秦川最宽阔的地带。地势属于华北地台的陕甘宁盆缘区，地质呈现南北隆起，中部断陷的阶梯状地堑构造。南北高、中间低、东西开阔，呈仰瓦状。海拔最高处2 645米（秦岭支脉），最低处330米（黄渭河谷），平均海拔675米。外围是台塬，垦耕历史悠久；南部黄土台塬与洪积扇相间，素有"长捻原"之美称；南北边缘为石质山地，南缘耸立有秦岭支脉分水脊北侧的奇崛高峰"西岳华山"，海拔2 154.9米，为历代君王祭拜之所。

渭南古称下邽、莲勺，是中华民族和华夏文明的重要发祥地之一。"华夏"之华即取自"华山"之华。中国历史文化进程中的史圣司马迁、字圣仓颉、酒圣杜康均从这里走出并定格于此。境内史前遗迹和历代遗存丰富：甜水沟遗址发现的早期人类头骨化石，被命名为"大荔人"，其在中国及东亚早期人类演化史的研究中具有重要的地位；老官台遗址（即"老官台文化"命名遗址）的发现，对于追溯仰韶文化的渊源具有重要的意义；元君庙遗址保存有一片基本完整的仰韶文化时期墓地，为探索母系氏族社会制度提供了系统的资料；梁带村遗址发现的两周之际高等级贵族墓地为了解和研究陕西及黄河沿岸周代的考古学文化、西周晚期至春秋时期的墓葬制度以及社会历史等都具有重要的价值；沿渭河北岸北山山系绵亘百余公里的唐十八陵，有9座"依山为陵"者坐落于境内，分别为蒲城县境的唐玄宗泰陵、睿宗桥陵、宪宗景陵、穆宗光陵，富平县境的唐中宗定陵、代宗元陵、顺宗丰陵、文宗章陵、懿宗简陵，其中桥陵石刻为"唐十八陵"神道石刻存留最完整者，与乾陵石刻并称为代表盛唐石刻艺术的巅峰之作。其他重要遗存有泉护村遗址、魏长城遗址、洛渭漕渠遗址、徵邑漕仓遗址、京师仓遗址（华仓）、汉太上皇陵（万年陵）、司马迁墓和祠、仓颉墓与庙、杜康墓、前赵永垣陵、西魏文帝永陵、北周文帝成陵、唐让帝惠陵，以及潼关城遗址、十二连城烽火台遗址、华山摩崖题刻、韩城文庙、韩城城隍庙、韩城九郎庙、玉皇后土庙、法王庙、大禹庙、玄武庙青石殿、禅修寺、蕴空寺、渭南鼓楼、岱祠岑楼、丰图义仓、蒲城文庙、考院、六龙壁、毓秀桥、赤水桥上桥、郭子仪祠、王鼎家祠、勿幕图书楼、杨虎城故居、习仲勋故居、李仪祉故居和韩城党家村古建筑群等。

渭南市现存历代古塔226座，约占全省古塔总数的44%，超过陕北、陕南古塔之和，是陕西省内和国内名副其实的古塔大市。境内各区、市、县分布情况：临渭区2座、华州区6座、韩城市30座、华阴市6座、潼关县2座、蒲城县10座、白水县12座、澄城县28座、合阳县106座、大荔县20座、富平县4座。其中，蒲城县的慧彻寺南塔（即蒲城南塔）是关中东部现存时代最早的砖塔，新中国成立初期，有关方曾递交拆塔请示，习仲勋批复："校可迁,塔不可毁"，遂由西北军政委员会拨款维修而存世；崇寿寺塔是关中东部现存最高的砖塔，形制上多有模仿慧彻寺南塔之处，同时又具有宋塔特征（如叠涩檐施椽头、瓦垄等），对唐、宋塔的断代研究有重要的参考价值；海源寺塔和常乐宝塔是陕西省内鲜见并保存基本完整的金代砖塔，为陕西古塔研究和建立相对可靠的年代序列提供了实例。合阳县的百良寿圣寺塔，造型纤瘦、俏丽，为关中地区唐代名塔之一；罗山寺塔的底层门额上方，横置有2.5米长的柏木桩，这种做法在长安二龙塔门额上亦有发现，是唐代砖塔的一种结构方式，主要起到稳固塔身和塔门的作用。富平县的法源寺塔工艺精湛，雕饰华丽，保留有宋、明两代修葺的痕迹；而万斛寺塔朱绘卧棂假窗的手法则与西安市的香积寺塔一致。北宋庆历七年（1047）重建的澄城县的精进寺塔，为陕西乃至中国北方古塔断代的重要参考物，对研究中国宋塔建筑艺术具有重要的价值。临渭区的慧照寺塔经历华州大地震塌毁、重修，明万历年修塔碣文追记有北宋名相寇准与该塔的因缘、事迹等；安庆寺塔亦经历地震塌毁、重修，嘉靖年修塔碣文详载有华州大地震惨烈情况，被称为"地震刻石"，是研究中国地震史的珍贵实物资料。北宋重建的华州区的蕴空法师塔是关中东部现存时代最早的高僧舍利塔，而寺内的普乾法师塔传为崇祯第四子灵塔，为俗语"蕴空禅院看悬棺"之所在。唐代始建、明代重建的大荔县的金龙寺塔原有平座（外廊）设置，这种情况与明代修建的泾阳崇文塔类似，为研究明代大型砖塔建筑艺术提供了实例。

渭南是全陕土塔最为集中之地（另一地为陕北洛川），早年及"三普"记录在册的土塔逾160座，时代大部分为清，少数不排除上至明末，下迄民国。性质多为村寨风水塔，造型以夯筑方锥体为大宗，部分仍保留有顶部塔楼（砖结构或砖木结构）和塔身甃砖痕迹，个别呈现"双峰"式样（夯台上矗立2塔），犹如"文笔双塔"，祈愿文脉昌盛。坐落方位以村寨东南为主（面向西北），少数位于村东、村西和村北，或不排除今见位置实因后代析分村寨所致。合阳土塔是陕西土塔的代表，数量占渭南土塔的半数以上，陕西土塔的结构方式，在这里都能觅见原型。其中，峪北村土塔上部有木桩加固遗存，此迹象为首次发现，对研究渭北土塔结构有重要的参考价值。项村风水塔为夯土甃砖结构，塔身东、南两面有较深的夯筑夹板凹痕，东面残留有少量青砖，塔顶亦有青砖散落，由遗存迹象判断，原塔顶部应搭建有塔楼。据渭北一带村民反映：现今所见的大量土塔，曾有相当部分为内里夯土，外表包砖。因风雨剥落，许多包砖被当地村民捡回家另派用场，也有被蓄意扒走的情况，类似于经济学家克洛德·弗雷德里克·巴斯夏在《看得见的与看不见的》一文中讲述的"破窗效应"。这种现象，主要发生在20世纪五六十年代，包砖作为当时稀缺的建筑材料，有的用于家中盖房铺地，有的用于生产队搭建饲养室等，只有耄耋老人保存了些许记忆。

关于土塔年代的鉴定，向为学界之疑难，但也不是无迹可寻。以合阳县的罗山寺土塔（2座）为例，两塔分别置于罗山寺塔西北和西南两侧，为清顺治十年（1653）添建，意使三塔并峙，形如笔架，以补合阳文脉。据清乾隆本《郃阳县志》卷一载："乳罗山在县南……旧有塔一，形家谓文峰太孤，故邑进士仵魁，倡筑二墩云。"两塔建于清初，其时称为"墩"，犹言土墩或墩台。墩台是明清时期举烟报警的烽燧建筑，形制为方锥形夯土台，四面砌砖。明景泰七年（1456），举人黄瑜有诗云："车骑连云炮震雷，边墙如月接墩台。"据此得到两点启发：一是关中渭北和陕北洛川等地多见的方锥形夯筑土塔，因形如墩台，当时亦俗称为"墩"；二是陕西土塔的建筑年代，一般可定为早至明季，晚至清末到民国初期。由于没有确切的碑碣纪年，本书记述的土塔个体一般都定在清代。

渭南古塔列表

序号	古塔名称	时代	形制	保护级别	地址
071	慧照寺塔	明代	方形九层楼阁式砖塔	国保	临渭区下邽镇慧照寺内
072	庆安寺塔	明代	方形九层楼阁式砖塔	国保	临渭区交斜镇东堡村南
073	蕴空寺塔（3座）	北宋·清代	方形三层和二层楼阁式砖舍利塔	"省保"附属遗存	华州区大明镇里峪口村蕴空禅院
073—1	蕴空法师塔	北宋	方形三层楼阁式砖舍利塔	"省保"附属遗存	华州区大明镇里峪口村蕴空禅院
073—2	普乾法师塔	清代	方形三层楼阁式砖舍利塔	"省保"附属遗存	华州区大明镇里峪口村蕴空禅院
073—3	无名氏墓塔	清代	方形二层楼阁式砖舍利塔	"省保"附属遗存	华州区大明镇里峪口村蕴空禅院
074	潜龙寺舍利塔	清代	六角三层楼阁式砖塔	"省保"附属遗存	华州区莲花寺镇贺家崖村
075	峪口黑龙塔	清代	方形单层砖筑风水塔	未定	华州区金惠乡寺王村峪口组南面
076	坡坡山塔	清代	六角三层楼阁式砖塔	未定	华州区金惠乡杜塬村南

续表

序号	古塔名称	时代	形制	保护级别	地址
077	赳赳寨塔	清代	八角六层楼阁式空心砖塔	省保	韩城市古城区金城大街北端台塬上
078	党家村文星塔	清代	六角六层楼阁式空心砖塔	"国保"附属遗存	韩城市西庄镇党家小学院内
079	昝村塔	清代	六角五层楼阁式空心砖塔	市保	韩城市昝村镇昝村东鱼塘边
080	鸭儿坡塔	清代	方形单层楼阁式空心砖塔	市保	韩城市新城区鸭儿坡村东
081	运庄塔	清代	六角二层楼阁式砖塔	未定	韩城市新城区重阳村运庄东侧
082	北赵塔	清代	六角五层楼阁式空心砖塔	市保	韩城市嵬东镇北赵村东南
083	北高门塔	清代	六角三层楼阁式砖塔	市保	韩城市嵬东镇北高门村北
084	北高门文星塔	清代	六角三层楼阁式砖塔	市保	韩城市嵬东镇北高门村东南
085	西高门塔	清代	六角五层楼阁式空心砖塔	市保	韩城市嵬东镇西高门村东南
086	堡安塔	清代	六角五层楼阁式空心砖塔	市保	韩城市嵬东镇堡安村东南
087	东王村文星塔	清代	六角五层楼阁式空心砖塔	市保	韩城市西庄镇东王村东南
088	段堡塔	清代	六角二层楼阁式空心砖塔	市保	韩城市金城区段堡村东南
089	南西庄塔	清代	方形三层楼阁式砖塔	市保	韩城市嵬东镇南西庄东南
090	折桂楼	清代	六角四层楼阁式空心砖塔	市保	韩城市芝阳镇王村东南巷道
091	文衡塔	清代	方形二层楼阁式砖塔	未定	韩城市芝阳镇石佛村东南
092	阿池村土塔	清代	方锥形夯筑风水塔	未定	韩城市龙亭镇阿池村南
093	爱帖村土塔	清代	方锥形夯筑风水塔	未定	韩城市龙亭镇爱帖村西南
094	城北村土塔群（3座）	清代	方锥形夯筑风水塔	未定	韩城市龙亭镇城北村
095	大鹏村土塔	清代	方锥形夯筑风水塔	未定	韩城市龙亭镇大鹏村南
096	东英村土塔	清代	方锥形夯筑风水塔	未定	韩城市芝阳镇东英村东
097	高许庄土塔	清代	方锥形夯筑风水塔	未定	韩城市西庄镇高许庄东
098	马陵庄土塔	清代	方锥形夯筑风水塔	未定	韩城市龙亭镇马陵庄南
099	三甲村土塔	清代	方锥形夯筑风水塔	未定	韩城市龙亭镇三甲村南

续表

序号	古塔名称	时代	形制	保护级别	地址
100	西英村土塔	清代	方锥形夯筑风水塔	未定	韩城市芝阳镇西英村东南
101	下干谷土塔	清代	方锥形夯筑风水塔	未定	韩城市昝村镇下干谷村东
102	赵村土塔	清代	方锥形夯筑土塔	未定	韩城市新城区赵村
103	渚北村土塔（2座）	清代	方锥形夯筑风水塔	未定	韩城市龙门镇渚北村东北
104	东马村土塔（2座）	清代	方锥形夯筑风水塔	未定	潼关县南头乡东马村
105	慧彻寺南塔	唐代	方形十一层楼阁式砖塔	国保	蒲城县蒲城中学院内
106	崇寿寺塔	宋代	方形十三级密檐式砖塔	国保	蒲城县西大街县政府对面
107	海源寺塔	金代	六角九级密檐式砖塔	省保	蒲城县永丰镇温汤村西南
108	常乐宝塔	金代	六角十三级密檐式砖塔	省保	蒲城县平路庙乡常乐村西
109	晋城塔	清代	方锥形夯土墼砖风水塔	未定	蒲城县龙池乡晋城村东南
110	椿林镇文昌阁	清代	六角三层楼阁式空心砖塔	省保	蒲城县椿林镇敬母寺村西南
111	地母塔	清代	方锥形夯筑土塔	未定	蒲城县兴镇尖角村东
112	大孔村土塔	清代	方锥形夯筑风水塔	未定	蒲城县大孔乡大孔村
113	党南村土塔	清代	六角形夯筑风水塔	未定	蒲城县党睦镇党南村南
114	马家村土塔	清代	方锥形夯筑风水塔	未定	蒲城县洛滨镇马家村南
115	飞泉寺舍利塔（2座）	清代	六角三层楼阁式砖舍利塔	县保	白水县雷牙镇腰家河村北
116	白堡村土塔	清代	方锥形夯筑风水塔	未定	白水县冯雷镇白堡村南
117	北塬村土塔（2座）	清代	方锥形夯筑风水塔	未定	白水县北塬乡北塬村
118	富卓村土塔	清代	方锥形夯筑风水塔	未定	白水县雷牙镇富卓村小学南
119	沟南村土塔	清代	方锥形夯筑风水塔	未定	白水县雷牙镇沟南村东南
120	雷村土塔	清代	方锥形夯筑风水塔	未定	白水县雷村乡雷村东南
121	南纪庄土塔	清代	方锥形夯筑风水塔	未定	白水县雷牙镇南纪庄村东南
122	通道村土塔	清代	方锥形夯筑风水塔	未定	白水县雷村乡通道村北
123	王家南头村土塔	清代	方锥形夯筑风水塔	未定	白水县纵目乡王家南头村南

续表

序号	古塔名称	时代	形制	保护级别	地址
124	小卓村土塔	清代	方锥形夯筑风水塔	未定	白水县雷牙镇小卓村西北
125	精进寺塔	北宋	方形九层楼阁式空心砖塔	国保	澄城县城东大街文化馆内
126	中社塔	明代	方形五层楼阁式空心砖塔	县保	澄城县交道乡中社村东南
127	秀峰塔	清代	六角五层楼阁式空心砖塔	县保	澄城县安里乡张卓村东南
128	三门塔	清代	六角六层楼阁式空心砖塔	县保	澄城县安里乡三门村东南
129	韦家社塔	清代	方形四层楼阁式实心砖塔	县保	澄城县冯原镇韦家社村东南
130	文章庙塔	清代	方锥形夯土鏊砖塔	未定	澄城县罗家洼乡陈家醍醐村
131	蔡邓村土塔	清代	方锥形夯筑风水塔	未定	澄城县王庄镇蔡邓村五组南
132	东习村土塔	清代	方锥形夯筑风水塔	未定	澄城县寺前镇东习村七组东
133	东严庄土塔（2座）	清代	方锥形夯筑风水塔	未定	澄城县善化乡严庄村东
134	十甲沟土塔群（3座）	清代	方锥形夯筑风水塔	未定	澄城县交道镇十甲沟村
135	雷家庄土塔	清代	方锥形夯土鏊砖风水塔	未定	澄城县冯原镇雷家庄村
136	梁家嘴土塔	清代	方锥形夯土鏊砖风水塔	未定	澄城县刘家洼乡梁家嘴村东
137	灵泉村土塔（2座）	清代	方锥形夯筑风水塔	未定	澄城县王庄镇灵泉村南
138	灵泉村舍利塔	清代	六角二层砖舍利塔	未定	澄城县王庄镇灵泉村南
139	岭上村土塔	清代	方锥形夯筑风水塔	未定	澄城县雷家洼乡岭上村东
140	庙洼村土塔	清代	方锥形夯筑风水塔	未定	澄城县雷家洼乡庙洼村东南
141	南庄土塔	清代	方锥形夯筑风水塔	未定	澄城县罗家洼乡许庄村南庄组
142	西丰洛土塔	清代	方锥形夯筑风水塔	未定	澄城县王庄镇侯庄村西丰洛组
143	西干浴土塔	清代	方锥形夯筑风水塔	未定	澄城县王庄镇西干浴村
144	西观村娘娘庙塔	清代	方形三层夯土鏊砖塔	未定	澄城县寺前镇西观村西
145	咸和村土塔	清代	方锥形夯筑风水塔	未定	澄城县赵庄镇咸和村东南
146	遮路村土塔	清代	方锥形夯筑风水塔	未定	澄城县罗家洼乡遮路村
147	郑家坡土塔	清代	方锥形夯筑风水塔	未定	澄城县韦庄镇郑家坡村西北

续表

序号	古塔名称	时代	形制	保护级别	地址
148	北酥酪土塔	清代	方锥形夯筑风水塔	未定	澄城县寺前镇北酥酪村北
149	百良寿圣寺塔	唐代	方形十三级密檐式实心砖塔	国保	合阳县百良镇百良中学院内
150	罗山寺塔	唐代	方形九层楼阁式空心砖塔	国保	合阳县和家庄镇岱堡塔村乳罗山
151	罗山寺土塔（2座）	清代	方锥形夯筑风水塔	未定	合阳县和家庄镇岱堡塔村乳罗山
152	大象寺塔	宋代	方形十三级密檐式实心砖塔	国保	合阳县城关镇安阳村东北
153	合阳千金塔	明代	八角十三级密檐式空心砖塔	省保	合阳县城天合园广场
154	城村奎星塔	清代	六角五层楼阁式实心砖塔	未定	合阳县甘井镇城村西南
155	北伍中奎星塔	清代	六角七层楼阁式实心砖塔	省保	合阳县甘井镇北伍中村内
156	南伍中村奎星塔	清代	方形七层楼阁式实心砖塔	未定	合阳县城关镇南伍中村南
157	英庄太阳塔	清代	方形三层楼阁式砖塔	未定	合阳县同家庄镇英庄村南
158	安阳村土塔	清代	方锥形夯筑风水塔	未定	合阳县城关镇安阳村东
159	白灵村土塔	清代	方锥形夯筑风水塔	未定	合阳县知堡乡白灵村东南
160	百里村土塔	清代	方锥形夯筑风水塔	未定	合阳县城关镇百里村东
161	柏瑞村土塔	清代	方锥形夯筑风水塔	未定	合阳县同家庄镇柏瑞村南
162	保宁村土塔	清代	方锥形夯筑风水塔	未定	合阳县马家庄乡保宁村南
163	北陈峪土塔	清代	方锥形夯筑风水塔	未定	合阳县甘井镇北陈峪村东南
164	北伏蒙村土塔	清代	方锥形夯筑风水塔	未定	合阳县坊镇北伏蒙村东
165	北郭村土塔	清代	方锥形夯筑风水塔	未定	合阳县马家庄乡北郭村南
166	北雷村土塔群（4座）	清代	方锥形夯筑风水塔	未定	合阳县黑池镇北雷村
167	北渠西村土塔	清代	方锥形夯筑风水塔	未定	合阳县和家庄镇北渠西村东
168	北吴仁村土塔	清代	方锥形夯筑风水塔	未定	合阳县马家庄乡北吴仁村东
169	北伍中村土塔	清代	方锥形夯筑风水塔	未定	合阳县甘井镇北伍中村东
170	北岳庄土塔	清代	方锥形夯筑风水塔	未定	合阳县百良镇北岳庄村
171	曹家坡土塔	清代	方锥形夯筑风水塔	未定	合阳县知堡乡曹家坡村西北

续表

序号	古塔名称	时代	形制	保护级别	地址
172	崔卢村土塔	清代	方锥形夯筑风水塔	未定	合阳县马家庄乡崔卢村东
173	大伏六村土塔（2座）	清代	方锥形夯筑风水塔	未定	合阳县坊镇大伏六村南
174	大原头土塔群（3座）	清代	方锥形夯筑风水塔	未定	合阳县知堡乡大原头村
175	党家庄塔	清代	方锥形砖表土心风水塔	未定	合阳县城关镇七里村
176	导基村土塔	清代	方锥形夯筑风水塔	未定	合阳县黑池镇导基村东
177	东雷村土塔（2座）	清代	方锥形夯筑风水塔	未定	合阳县坊镇东雷村北
178	东马村土塔	清代	方锥形夯筑风水塔	未定	合阳和家庄镇东马村东
179	东蒙村土塔	清代	方锥形夯筑风水塔	未定	合阳县坊镇东蒙村北
180	东明村文昌塔	清代	方锥形夯筑土甃砖塔	未定	合阳县路井镇东明村东南
181	东清善村土塔	清代	方锥形夯筑风水塔	未定	合阳县坊镇东清善村东
182	东如意土塔	清代	六角形夯土甃砖风水塔	未定	合阳县杨家庄乡东如意村东南
183	东吴村土塔（2座）	清代	方锥形夯筑风水塔	未定	合阳县路井镇东吴村南
184	东庄子土塔	清代	方锥形夯筑风水塔	未定	合阳县路井镇范家洼村东
185	豆庄土塔（2座）	清代	方锥形夯筑风水塔	未定	合阳县黑池镇豆庄村
186	富礼坊土塔	清代	方锥形夯筑风水塔	未定	合阳县马家庄乡富礼坊村西北
187	高池村土塔	清代	方锥形夯筑风水塔	未定	合阳县马家庄乡高池村西北
188	顾贤村土塔	清代	方锥形夯筑风水塔	未定	合阳县城关镇顾贤村
189	官道河土塔	清代	方锥形夯筑风水塔	未定	合阳县同家庄镇官道河村南
190	金家庄土塔	清代	方锥形夯筑风水塔	未定	合阳县坊镇金家庄村东南
191	井溢村土塔（2座）	清代	方锥形夯筑风水塔	未定	合阳县王村镇井溢村
192	旧堡村土塔	清代	方锥形夯筑风水塔	未定	合阳县同家庄镇旧堡村东南
193	坤龙村土塔	清代	方锥形夯筑风水塔	未定	合阳县坊镇坤龙村东
194	雷家洼土塔	清代	方锥形夯筑风水塔	未定	合阳县知堡乡曹家坡村雷家洼组

续表

序号	古塔名称	时代	形制	保护级别	地址
195	良石村土塔（2座）	清代	方锥形夯筑风水塔	未定	合阳县和家庄镇良石村
196	临河村土塔（2座）	清代	方锥形夯筑风水塔	未定	合阳县百良镇临河村
197	刘家岭土塔	清代	方锥形夯筑风水塔	未定	合阳县城关镇刘家岭村西北
198	刘家庄土塔	清代	方锥形夯筑风水塔	未定	合阳县城关镇刘家庄村东
199	路二村土塔	清代	方锥形夯筑风水塔	未定	合阳县路井镇路二村东南
200	麻阳村双塔（2座）	清代	方锥形砖表土心风水塔	未定	合阳县甘井镇麻阳村北
201	马坊村土塔	清代	方锥形夯筑风水塔	未定	合阳县黑池镇马坊村南
202	孟家庄土塔	清代	方锥形夯筑风水塔	未定	合阳县知堡乡孟家庄村东南
203	南百坂土塔	清代	方锥形夯筑风水塔	未定	合阳县城关镇南百坂村西北
204	南蔡村土塔	清代	方锥形夯筑风水塔	未定	合阳县王村镇南蔡村西
205	南渠西村土塔群（4座）	清代	方锥形夯筑风水塔	未定	合阳县和家庄镇南渠西村
206	南王村土塔	清代	方锥形夯筑风水塔	未定	合阳县王村镇南王村西
207	南吴仁村土塔	清代	方锥形夯筑风水塔	未定	合阳县马家庄乡南吴仁村东南
208	念吉村土塔	清代	圆锥形夯土甃砖石风水塔	未定	合阳县皇甫庄镇念吉村南
209	坡赵村土塔	清代	方锥形夯土甃砖顶风水塔	未定	合阳县新池镇坡赵村南
210	朴鲁村土塔	清代	方锥形夯筑风水塔	未定	合阳县黑池镇朴鲁村东南
211	前咀村土塔	清代	方锥形夯筑风水塔	未定	合阳县知堡乡前咀村南
212	渠西凸村土塔	清代	方锥形夯筑风水塔	未定	合阳县和家庄镇南渠西村
213	如意南庄土塔	清代	方锥形夯筑风水塔	未定	合阳县杨家庄乡如意南庄村东南
214	山阳村土塔	清代	方锥形夯筑风水塔	未定	合阳县王村镇山阳村
215	太定村土塔（2座）	清代	方锥形夯筑风水塔	未定	合阳县黑池镇太定村
216	太枣村土塔	清代	方锥形夯筑风水塔	未定	合阳县百良镇太枣村东南
217	同北村风水塔	清代	方锥形四级砖塔	未定	合阳县百良镇同北村东
218	王家洼土塔	清代	方锥形夯筑风水塔	未定	合阳县百良镇王家洼村东南

续表

序号	古塔名称	时代	形制	保护级别	地址
219	王家庄风水塔（2座）	清代	方锥形夯土塔和甃砖塔	未定	合阳县城关镇王家庄村东南
220	王家庄双塔（2座）	清代	方锥形夯筑风水塔	未定	合阳县坊镇王家庄村东南
221	文昌阁土塔	清代	方锥形夯筑风水塔	未定	合阳县路井镇东吴村南
222	西宫城村土塔	清代	方锥形夯筑风水塔	未定	合阳县百良镇西宫城村
223	西马庄土塔	清代	方锥形夯筑风水塔	未定	合阳县知堡乡西马庄村西北
224	西四村土塔	清代	方锥形夯筑风水塔	未定	合阳县和家庄镇西四村东南
225	西休村土塔	清代	方锥形夯筑风水塔	未定	合阳县黑池镇西休村东南
226	项村风水塔	清代	方锥形夯土甃砖塔	未定	合阳县知堡乡项村东南
227	辛庄双塔（2座）	清代	方锥形夯筑风水塔	未定	合阳县杨家庄乡辛庄村东南
228	杨家坡土塔	清代	方锥形夯筑风水塔	未定	合阳县知堡乡杨家坡村南
229	油王村土塔	清代	方锥形夯筑风水塔	未定	合阳县黑池镇油王村南
230	峪北村土塔（2座）	清代	方锥形夯筑风水塔	未定	合阳县黑池镇峪北村
231	中蒙村土塔	清代	方锥形夯筑风水塔	未定	合阳县坊镇中蒙村
232	张家庄土塔	民国	方锥形夯筑风水塔	未定	合阳县新池镇张家庄村东南
233	金龙寺塔	明代	八角七层楼阁式砖塔	省保	大荔县朝邑镇大寨子村东
234	安一村土塔	清代	方锥形夯土甃砖风水塔	未定	大荔县安仁镇安一村北
235	北坝村土塔	清代	方锥形夯土甃砖风水塔	未定	大荔县两宜镇北贝村东南
236	北健村土塔	清代	方锥形夯土甃砖风水塔	未定	大荔县两宜镇北健村东南
237	北王阁土塔	清代	方锥形夯筑风水塔	未定	大荔县八鱼乡北王阁村南
238	东白池土塔	清代	方锥形夯筑风水塔	未定	大荔县高明镇东白池村东南
239	东堤双峰土塔	清代	高台式夯土甃砖双峰塔	未定	大荔县朝邑镇东堤浒村
240	东高城土塔群（5座）	清代	方锥形夯筑风水塔	未定	大荔县高明镇东高城村
241	加西村土塔	清代	方锥形夯筑风水塔	未定	大荔县范家镇加西村东南

续表

序号	古塔名称	时代	形制	保护级别	地址
242	上石槽土塔	清代	圆锥形夯筑风水塔	未定	大荔县户家乡上石槽村
243	南吉草土塔	清代	方锥形夯筑风水塔	未定	大荔县步昌乡南结草村东南
244	太夫雷土塔	清代	方锥形夯筑风水塔	未定	大荔县两宜镇太夫雷村东南
245	西寺土塔	清代	方锥形夯筑风水塔	未定	大荔县范家镇西寺子村西南
246	相底村土塔	清代	方锥形夯筑风水塔	未定	大荔县双泉镇相底村东南
247	长城村土塔	清代	方锥形夯筑风水塔	未定	大荔县段家镇长城村东南
248	文殊新塔	民国	六角七层楼阁式空心砖塔	县保	大荔县城关镇北门外文殊广场
249	仙姑观道姑墓塔	清代	六角二层楼阁式砖塔	"省保"附属遗存	华阴市华山镇西岳华山北麓玉泉院
250	柏庙村土塔	清代	方锥形夯土鏊砖风水塔	未定	华阴市孟塬镇柏庙村西南
251	宋峪村土塔（2座）	清代	方锥形夯筑风水塔	未定	华阴市孟塬镇宋峪村
252	华山杨公塔（2座）	民国	方锥形和六角锥形石塔	未定	华阴市华山镇西岳华山东峰和西峰之巅
253	法源寺塔	唐代	八角九层楼阁式空心砖塔	国保	富平县美原镇西寺小学内
254	万斛寺塔	唐代	方形七层楼阁式砖石塔	省保	富平县峪岭乡漫町村东北
255	圣佛寺塔	清代	八角七层楼阁式空心砖塔	省保	富平县城关镇尖角村尖角中学内
256	忽家村土塔	清代	方锥形夯筑风水塔	未定	富平县到贤镇忽家村东南
合计	226座	含县级以上文物保护单位及其附属遗存39处42座。其中"国保"9处9座，"省保"9处9座，"市、县保"17处18座；"国保"附属遗存1处1座，"省保"附属遗存3处5座			

临渭区

临渭区原称渭南县、渭南市。前秦甘露二年（360）始置渭南县，以县境在渭河南岸而得名（故址在今老城北），后世撤并，隶属几经变更。明洪武十四年（1381），下邽划归渭南县，县境始跨渭水北岸。1984年改设渭南市（县级），1995年设立地级渭南市，原县级市改为临渭区，为渭南政治、经济、文化中心，素有"省垣首辅""形胜甲于三秦"之誉。地势南高北低，海拔330～2 400米，由南向北依次为秦岭山地、黄土台塬、渭河平原。境内重要遗存有新石器时代北刘遗址、灰堆遗址、史家遗址、战国至秦崇宁宫遗址、步高宫遗址、洛渭漕渠遗址（临渭段），以及汉张禹墓、北宋寇准墓、明清渭南老城址、渭南鼓楼、文庙大成殿等。临渭区现存明代砖塔2座。其中，慧照寺塔经历华州大地震塌毁、重修，明万历年修塔碣文追记有北宋名相寇准与该塔的因缘、事迹等；安庆寺塔亦经历地震塌毁、重修，嘉靖年修塔碣文详载有华州大地震惨烈情况，被称为"地震刻石"，是研究中国地震史的珍贵实物资料。

071 · 慧照寺塔

明代方形九层楼阁式砖塔·全国重点文物保护单位。又称下邽塔，位于临渭区下邽镇慧照寺内，为旧时下邽的标志性建筑。下邽为古地名，秦汉时置县，其后屡有废置，元初并入渭南县，明清及今设下邽镇（1978年曾更名下吉镇，2012年4月恢复旧名）。寺始建于隋代（一说肇建于晋）。唐以降，历代屡有重修。

塔始建于晚唐，但未竣工；北宋重修时，寇准曾为之施银。另据明万历九年（1581）季秋八日书刻《下邽慧照寺重修塔记》载，塔始建于北宋咸平二年（999），景德年间（1004—1007），寇准罢相归谒于此，因绘真像于塔后。越大观（1107—1110）重修，功尚未完，迄至元泰定帝（1324—1328在位）接修，始观厥成焉。明嘉靖三十四年十二月（1556年1月）华州大地震塌毁，万历九年重修。史载，北宋景德元年（1004），寇准与参知政事毕士安一同出任宰相（同平章事）；景德三年（1006）二月，寇准被免去相位，改任陕州知州。寇准"真像"石刻现藏于西安碑林博物馆。

现塔通高36米。塔基方形，边长6.6米。塔身每面作仿木结构三间，以砖隐出倚柱，上承小额枋及斗栱。底层南面辟券门，塔壁四下角各承石雕金刚力士1尊；二层以上每面明间辟券窗，层间叠涩出檐，施菱角牙子。塔顶平砖攒尖，置宝瓶式铜刹。底层门楣浮雕二龙戏珠、麒麟瑞兽，两侧石雕楷书楹联："云护诸天垂象教，虹盘万劫奠皇图。"门外东侧壁嵌万历九年《下邽慧照寺重修塔记》1方（见附录）。塔前尚存明建清修五间大殿，内供高2米余的明代铜佛、菩萨像5尊，分别为释迦牟尼佛、药师佛、阿弥陀佛、弥勒菩萨和观世音菩萨。

1972年和1985年曾两次予以维修，加固塔基，增修排水设施。1996年划归临渭区佛教协会管理。2010年维修一层塔身及塔檐。

1957年5月，陕西省人民委员会公布"渭南下邽镇古塔"为第二批陕西省文物保护单位。1992年4月，陕西省人民政府更其名为"下邽塔"并公布保护范围。重点保护区为塔基周围外延20米内；一般保护区同重点保护区；建设控制地带为一般保护区外延30米内。

2008年9月，陕西省人民政府公布"慧照寺塔"为第五批陕西省文物保护单位。保护范围为西至下吉镇政府，东至下吉卫生院，南临街道，北至下吉中学操场（此处为重复公布，保护范围亦属重新划定）。

2013年5月，国务院以"慧照寺塔"名称公布为第七批全国重点文物保护单位。

附录

《下邽慧照寺重修塔记》碣文

余考故迹所记与父老相传，塔始建于宋真宗咸平之二年。景德中，寇准免相归谒于此，因绘真像于塔后。越大观重修，功尚未完，迄至元泰定帝接修,始观厥成焉。迫我皇明嘉靖三十四年十二月关中大震,塔复折毁。时居僧扬师讳日受,刘师讳日众,二僧幻悟、聪敏、善明等,额既而访道于南京,绘水陆神无可解归,顾塔而叹曰:"此塔倾复久矣,欲举故迹而重具备,吾人所当从事也。"乃乞吉镇父老为功德主,于是岁七月望日起工而重修焉。父老曰此僧之知所务也,今塔基廓焉而增贰门宇,焕然而复新,四方乡民无日而不睹。若吾数人者,有时不在也,不为之记,千载而下,熟知吾数人为之也。因属余策名于石,以为积善者之所表扬云尔。

大明万历九年季秋八日吉镇庠生肖希望书。

◎慧照寺塔

◎寇准"真像"石刻

072·庆安寺塔

明代方形九层楼阁式砖塔·全国重点文物保护单位。又称来化塔、镇风宝塔，位于临渭区交斜镇东堡村南100米（原明代来化镇地界内）。寺已无存，寺址面积约2万平方米，散布有宋至明代的龙纹、兽面瓦当，布纹板瓦、玻璃饰件及耀窑系青釉瓷碗、盏残片等。

塔始建年代不详，北宋重修。另据明嘉靖本《渭南县志》卷五载，塔建于北宋天禧三年（1019），明天顺三年（1459）重修。嘉靖三十四年十二月（1556年1月）华州大地震时塌毁，嘉靖三十七年（1558）重建。

现塔通高约30米，底边长5.8米。塔基方形，塔身底层南面辟券门，门宽0.93米，高2.12米，额刻楷书"镇风宝塔"4字；二层以上每面辟券龛或假龛，隔层真、假相间，对称配置。层间叠涩出檐，一层檐下施仿木结构额枋、椽头和砖雕斗栱、挂落、垂莲柱，斗栱形式为坐斗加麻叶出卷云头，平身科二攒；二层檐下施额枋、斗栱，平身科二攒；三层至顶层檐下仅施一排菱角牙子做装饰。塔顶平砖攒尖，塔刹曾毁，2004年维修时新添塔刹。

该塔结构简明，造型清俊挺拔，属风水塔性质。底层砖额"镇风宝塔"两边刻有小字，东边："维大明国嘉靖三十四年十二月十二日夜，忽大震地裂，摇倒舍利宝塔壹所。"右边："后至嘉靖三十七年正月二十七日吉重修。"二层龛内嵌《庆安寺重修宝塔记》碣，首题"大明国陕西西安府渭南县来化里来化镇庆安寺重修宝塔记"25字，嘉靖三十七年正月二十七日刊石，全文约500字（见附录），述及地震情况曰："……不幸值于我皇上嘉靖三十四年十二月十二日三更三点，地大震焉。前塔崩倒。当斯时也，震风解瓦。飞沙压镇，五尺之童，无不惊骇……"所述与明史记载相符。国家地震局已载录备案，《陕西省志·地震志》已载其文。该石碣俗称"地震刻石"，弥足珍贵。

1972年和1979年曾加固塔基。2004年，国务院拨付专项资金整修塔体，增设围墙。

2006年5月，国务院公布"庆安寺塔"为第六批全国重点文物保护单位。保护范围尚待划定。

附录

《大明国陕西西安府渭南县来化里来化镇庆安寺重修宝塔记》碣文

　　夫上古设塔之时，左有洛水，右驿柳林，于是望景观卜而竖塔于此，待以壮风光、美瞻观、镇四方。盖未喻其创自何氏，竖于何岁，通无碑文之考焉。以塔形而言，高则九基，悚然十丈，周围三间，广阔九十，其功甚详密乎。予尝亲睹其迹也，未得其竖塔之英华也。不幸值于我皇上嘉靖三十四年十二月十二日夜三更三点，地大震焉。前塔崩倒。当斯时也，震风解瓦，飞沙压镇，五尺之童，无不惊骇。于是选于稠人之中，而得僧人杨广恩以为造塔之纲领，更其摸谍，焕然新造。呜呼！功故不如发人，庶于善继先人之志，善述先人之事，压镇一方暴风焉。每年二会，每月双日、一十五市也。嘉靖三十七年正月二十七日吉旦立。

◎ 塔身碣文（拓片）

◎ 塔身砖额

◎庆安寺塔

华州区

华州区因古时州境内有华山而得名，辖境及建制屡有变更。北魏太和十一年（487）始置华州，治所在今蒲城县东北；永平三年（510），移治华阴县（当时华阴县治在今大荔县）；西魏废帝二年（553）改华州为同州，废帝三年（554）改东雍州为华州，治郑县（即今华州所在地），领华山郡、白水郡。其后隶属及下辖郡、县屡有更易，至民国二年（1913）华州始改华县（华山已在辖境外）；1958年末，华县并入渭南县；1961年，恢复华县建制；2016年撤县设区。其位于秦岭北麓、渭水南岸，地势南高北低。境内重要遗存有新石器时代老官台遗址（即"老官台文化"命名遗址）、元君庙遗址、泉护村遗址，战国至秦东阳古墓群、郑桓公墓、李元谅碑，以及华州文庙、禅修寺、宁山寺、潜龙寺、永庆寺、蕴空寺、郭子仪祠、高塘会馆、赤水桥上桥等。华州区现存古塔6座。其中，北宋重建的蕴空法师塔是关中东部现存时代最早的高僧舍利塔；普乾法师塔传为崇祯第四子灵塔，为俗语"蕴空禅院看悬棺"之所在；峪口黑龙塔，当地俗称"黑虎塔"，由祈雨拜水神（黑龙）转为拜财神（坐骑为黑虎的赵公明），从一个侧面反映了民间信仰的多样化和嬗变轨迹。

073 · 蕴空寺塔（3座）

北宋及清代僧人舍利塔，3座·省文物保护单位"蕴空禅院"附属遗存。蕴空禅院又称蕴空寺、大明寺，位于华州区大明镇里峪口村郝垚组南2公里的蕴空山北麓。东、南、西三面与山坡相连，北为深崖。寺始建于唐代；北宋时名云寂院，后因蕴空法师重葬于此，易名蕴空寺；明、清臻于全盛，时东西轴线长逾千米；晚清后败落。现寺院占地面积约2 800平方米，尚存大殿1座、僧寮两排12间，以及北宋蕴空法师塔、清普乾法师塔和无名氏墓塔各1座。大殿为明建清修，砖木结构，面阔三间10米，进深三间12米，硬山灰瓦顶，抬梁式构架，脊檩上有墨书"原籍山西太原府兴县出俗资福寺……创建"题记1则。殿内供释迦牟尼佛、文殊菩萨、普贤菩萨塑像3尊，置有木鱼、磬等法器，磬为清宣统年间（1909—1911）制。

2008年9月，陕西省人民政府公布"蕴空禅院"为第五批陕西省文物保护单位。保护范围为东至崖边，西、北、南至院墙；建设控制地带为东同保护范围，其余各方外延至山崖边沿。

◎蕴空寺塔

073—1 · 蕴空法师塔

位于大殿西南 20 米处，为方形三层楼阁式砖舍利塔，北宋治平三年（1066）重建。塔残高约 8 米，底边长 2.2 米。塔身底层北侧辟券门，西侧嵌北宋熙宁二年（1069）石刻题记 1 方，长 0.3 米，宽 0.28 米，记众人捐资修塔事宜；南侧嵌治平三年塔铭："维大宋治平□岁岁次丙午□月癸丑朔二十四日□□□弟子杨氏重兴此塔，蕴空和尚□柩……"字迹多漫漶。二层设券龛。层间以平砖加饰菱角牙子共 11 层叠涩出檐，檐下施转角铺作，补间铺作置一朵，斗栱形式为单栱。塔顶平砖攒尖，塔刹无存。据石刻题记和塔铭记述，蕴空禅师塔重建于北宋治平三年至熙宁二年。

蕴空禅师塔"石刻题记"录文："施主元贵，女□□□□□社人张升、女弟子刘□□、社人王顺杨氏、社人田□□、社人郭昇田氏、社人杨□田文德东氏、社人宋顺王氏、高行者翟许伙记：此山后至岭前，至云寂院，西岭至坡下，东岭至坡下。熙宁二年十月一日□修。员攻和尚，合社清吉，永□供养，鱼池社众。"

◎蕴空法师塔石刻题记

◎蕴空法师塔

073—2 · 普乾法师塔

位于蕴空法师塔东南 5 米处，为方形三层楼阁式砖舍利塔，建于清代早期。塔残高约 7 米，底边长 2.82 米。塔身底层北面辟券门，高 1.55 米，宽 0.73 米，门额篆书阳刻"了空踪迹"4 字，内置普乾法师塑像 1 尊。二层东、西两面各镶有功德碑 1 方，长 0.46 米，宽 0.4 米。塔身层间叠涩出檐较短，仅在第三层施一排菱角牙子。塔顶四角攒尖，塔刹无存。东侧有小屋一间，可见塔下地宫。地宫为拱券顶，高 2.2 米，宽 1.1 米，进深 2.16 米，顶部有一凹槽，内置横向铁柱，以铁链悬棺一副。

传普乾法师昌明乃崇祯第四子，明朝亡覆后，潜入佛门避难，因有"生不做清臣，死不沾清土"遗愿，圆寂后，弟子们遵嘱将其灵柩用铁链悬空，四周不着土，并置此墓屋，每日按时入墓诵经祈福。多年后，当地开始流传"蕴空禅院看悬棺"之语，且有大明乡（今改镇）、大明村、大明寺等，总以"大明"命名。

◎ 普乾法师塔

073—3 · 无名氏墓塔

位于普乾法师塔南侧 5 米处,为方形二层楼阁式砖舍利塔,建于清代。残高 2.7 米,底边长 0.9 米。塔身底层已损坏,壁砖多有脱落;二层辟有方龛。塔顶四角攒尖,塔刹不存。

◎无名氏墓塔

074 · 潜龙寺舍利塔

清代六角三层楼阁式砖塔·省文物保护单位"潜龙寺"附属遗存。潜龙寺又称蟠龙寺、藏龙寺，位于华州区莲花寺镇贺家崖村蟠龙山上。传刘秀曾在此潜藏，躲过新莽军追捕，其子汉明帝为报答此处潜藏先父行迹之恩，特下诏建"潜龙寺"。唐时僧人周钵住寺，嗣后代有传人。明嘉靖三十六年（1557）重建，清乾隆十二年（1747）及道光、咸丰、光绪年间相继予以重修。现存建筑为清代风格，部分殿宇和厢房于1994年重建。占地面积约3 000平方米，坐北朝南。中轴线上依次有山门、前殿、中殿、上殿，两侧各有厢房（配殿）十三间，寺东南有清代砖舍利塔1座。存明成化四年（1468）至清咸丰四年（1854）碑石7通，分别为"重修殿宇并造藏经碑"嵌于上殿东墙；《中兴终南山蟠龙寺碑记》和《重修潜龙寺记》嵌于上殿西墙；《蟠龙山□方义林记》和《蟠龙山兴词导案碑记》置于中殿背后东西两侧；"盝顶碑"和"六棱座圆首碑"置于东厢房内。另有明正统十四年（1449）款铁钟1口，清印藏经96套。后院有传为汉代植"柏抱槐"1株，树径1.7米，冠径约10米，周身布满小孔，形若钉眼，亦谓"挂甲柏"。

舍利塔位于潜龙寺东南约500米处坡地上，地处秦岭东段少华山山脉东部，周遭林木参天，植被茂盛。山下有东西向村间水泥路，西200米为少华大道，东临贺崖村。塔为青砖砌筑，内实土坯。坐北朝南，残高约5米，底边长1.2米。塔身一、二层南面辟方龛，龛两侧砖刻卷草纹图案。三层南面辟券龛，龛楣砖刻"回"字形和草叶纹图案；左右侧辟方龛，纹饰同一、二层。各层方龛、券龛均遭不同程度破坏，以一层为甚，原有塔铭不存。层间叠涩出檐平浅，施菱角牙子。三层顶部残毁，塔刹无存。据当地村民讲述，该塔为僧人塔或圆寂塔。据各层均辟有方龛、券龛的形制特征，该塔应为潜龙寺僧人合葬的普通塔。

◎潜龙寺舍利塔

075 · 峪口黑龙塔

清代方形单层砖筑风水塔。位于华州区金惠乡寺王村峪口组南面，地处金堆峪口入峪 3 公里西侧的半山坡上，属秦岭余脉。四周植被茂盛，附近有野猪、野兔、山鸡、果子狸等秦岭动物出没。

塔建于清雍正十二年（1734）三月，为祈雨拜神之作，后有重修。塔坐西朝东，残高 2.2 米，底边长 0.97 米，顶边长 0.9 米。塔身磨砖对缝，构筑精良。檐下施砖砌额枋、菱角牙子。塔顶四角攒尖，塔刹不存。塔身东面辟方龛，原设有神坛已不存。北面嵌砖刻"祈雨重修碣"1 方，边长 0.3 米，内容为："良侯里，祈雨，故城堡、留村二堡首事人同拜，□□十九年□□□□重修"，年款已磨泐。南面嵌青石圆首记事碑 1 通，额题"皇清碑记"，正文为："前雍正十年，值天大旱，秋禾几槁，爰奉州主示谕，□二□取水于金堆峪黑龙泉中，水行雨降，捷若影响，夫是水也，乃□□□□□□□源也，然不有以志之，何以见神之保障乎一方，亦何以见人之报赛乎神明，故修葺神龛，勒石记事，以垂不朽云（以下为捐资、施石人名录）"，碑文多处漫漶，署款"雍正十二年三月二十四日立"。正文两侧饰水波纹。塔南有一株柿子树，高约 4 米，径 0.3 米，枝蔓覆盖塔顶。

该塔当地俗称"黑虎塔"。黑虎见诸古代神话传说，为财神赵公元帅的化身（赵公明身跨黑虎为其形貌特征）。黑虎亦乃道教信奉的神祇，传真武帝修炼时，始终有黑虎伴随，得道后遂封黑虎为元帅。但据该塔记事碑载，所祭神祇为黑龙（泉），所记"金堆峪"名，今仍沿用。黑虎显系讹传，却从一个侧面反映了民间信仰的嬗变，由祈雨拜神（黑龙）转为拜财神（赵公明），以求荣华富贵。

◎峪口黑龙塔

◎祈雨重修碣

◎记事碑

076 · 坡坡山塔

清代六角三层楼阁式砖塔。位于华州区金惠乡杜塬村南 2 公里的坡坡山顶。坡坡山属秦岭余脉，四周植被丰茂，附近有野猪、野兔、山鸡、果子狸等动物出没。

塔坐东朝西，残高 3.5 米，底周长 4.25 米。塔身略有收分，二层西面辟龛，原设有神坛已不存；北面嵌砖刻题记 1 方，边长 0.33 米，已残。层间出檐平浅，只具象征性。塔顶平砖攒尖，顶部已毁，塔刹不存。现塔已向西北倾斜。塔身有现代补葺痕迹。属当地风水塔。

◎坡坡山塔

韩城市

韩城古称龙门、夏阳、少梁。隋开皇十八年（598）始置韩城县，以地处韩国故地及《括地志》所云"韩原"而得名。唐天祐二年（905）更名韩原县；后唐天成元年（926）复名韩城县，沿用至今；1984年撤县设市（县级）。其位于关中盆地东北隅、黄河西岸，隔岸与山西相望。黄河流经"龙门"（又称禹门），破门而出，一泻千里，为"大禹凿山导河，鲤鱼竟跃龙门"传说的出处，且是史圣司马迁的乡梓和安息地。境内重要遗存有韩侯城遗址，梁带村遗址，夏阳故城，魏长城遗址（龙亭段），扶荔宫遗址，三义墓（赵武、程婴、公孙杵臼之墓），司马迁墓和祠，王峰摩崖造像，龙凤山千佛洞，七佛洞石窟，法王庙，大禹庙，关帝庙正殿，普照寺，北营庙，东营庙，三清殿，弥陀寺，庆善寺，以及韩城文庙，韩城城隍庙，韩城九郎庙，玉皇后土庙，毓秀桥，韩城党家村古建筑群等。韩城市现存清代砖塔、土塔共30座。其中，金代始建、清代重建的赳赳寨塔为韩城现存体量最大的砖塔；党家村文星塔亦体量高大，是韩城这一类塔的代表作。其余土塔占到总数的一半，其形制简单，省工省料，均为村寨风水塔。

077·赳赳寨塔

清代八角六层楼阁式空心砖塔·省文物保护单位。又称圆觉寺塔、谭法塔、金塔，位于韩城市古城区金城大街北端台塬上（原赳赳寨内），登塔可俯瞰古城。圆觉寺一说始建于隋代；另一说始建于唐，北宋咸平元年（998）重修，后世屡有建废。新中国成立初期辟为"烈士陵园"，近年设为金塔公园。

圆觉寺塔始建于金大定十三年（1173），故有金塔之谓；又因悟空禅师曾于此谈经说法，又谓之谭法塔（谭、谈同义）。据民国十四年（1925）《韩城县续志》卷三："谭法塔，在圆觉寺，俗名纠纠寨塔。近于塔下摹素一砖，得谭法之名。"

据承安四年（1199）圆觉寺铁钟铭文记载，塔为圆觉禅院悟空禅师圆寂后，受业僧都会为其师修建的舍利塔。明嘉靖三十四年十二月（1556年1月）华州大地震致塔体塌毁，清康熙四十一年（1702），县令康行偘捐俸并募化重建。原塔形制不详，重建之塔已改观，具备了清代文峰塔的造型和寓意，塔座门洞题有楹联："虎踞龙盘永绥乐土，蛟腾凤起辈出英才。"

塔坐落于方形台座上，通高28米。塔座高7.2米，每边长8米，东西两侧设升降踏跺和扶栏。塔身八角六层，底层每边长3.17米，南面辟券门，有额题。以上各层均辟券窗，二、三、四、五层各4孔，隔层变换方位；第六层5孔。层间以砖叠涩出檐，施菱角牙子和转角斗栱。塔顶八角攒尖，置宝瓶式金属塔刹。塔座东墙嵌金大定十三年修建宝塔碑碣2通（方），南边为青石碣，刻铭："悟空子法浩告上者去履不依损自福大定十三年癸巳记之"等24字，为护塔之告诫语；北边为砂石碑，署款："皆大金大定十三年岁次癸巳五月五日修建宝塔都会……"（以下字迹磨泐）。另存金承安四年款圆觉寺铁钟1口，通高2.41米，兽钮，现置烈士陵园第四台地钟亭内；钟铭述及建塔缘起等事宜。"圆觉晨钟"曾被誉为"韩城八景"之一。1961年，韩城县政府曾拨款修缮塔基和塔身。

1957年8月，陕西省人民委员会公布"韩城赳赳寨古塔"为第二批陕西省文物保护单位；1992年4月，取消该"省保"单位名称。

2014年6月，陕西省人民政府重新公布"赳赳寨塔"为第六批陕西省文物保护单位。保护范围为塔基四周各外延10米；建设控制地带为保护范围外延15米。

◎赳赳寨塔

078 · 党家村文星塔

清代六角六层楼阁式空心砖塔·全国重点文物保护单位"党家村古建筑群"附属遗存。位于韩城市东北9公里的西庄镇党家村，地处南北为塬、东西走向呈"宝葫芦"状的狭长沟谷之中，依塬傍水，避风向阳。党家村有村、寨之分，村低寨高，总占地面积128 000平方米。近40年来，党家村持续受到中外学者的关注和实地踏勘、研究，在相继出版的多种著述中，党家村被誉为明清时期陕西韩城地区村落和民宅的典型代表、"世界民居之瑰宝"和"东方人类文明的活化石"。

党家村史可溯至元至顺二年（1331），时有朝邑（今并入大荔县）人党恕轩迁此挖窑定居，至正二十四年（1364）将居住地东阳湾更名党家湾。明永乐十二年（1414），恕轩长孙党真中举，遂拟定村落建设规划，并界定出长门、二门、三门居住与发展区域，党家村至此具名。成化十五年（1479），党、贾两姓联姻，共创"合兴发"商号。弘治八年（1495），党家外甥贾璋迁居村内，从此村户有党、贾两姓。清咸丰元年（1851）因社会动荡，村中富绅集资购地36亩，在村北塬上就势兴建寨堡，历3年告竣，名泌阳堡（临"泌水"得名），俗称上寨，又名党家村寨子，村寨之间修有暗道相通。明清时期，民居宅院大规模的兴建有3批：明正统至景泰年间14院，崇祯十六年（1643）至清康熙五十年（1711）25院，乾隆至咸丰年间69院。先后又在村周围修建防御性哨门25座。此外，康熙三十八年（1699）始建党氏祠堂，四十九年（1710）始建贾氏祠堂，两姓相继建祠堂共12座。雍正三年（1725）建文星塔（木构），因焚于火，光绪年间重建为砖塔。乾隆十八年（1753）建戏楼，乾隆二十年（1755）建关帝庙。还陆续建有看家楼、节孝碑楼以及私塾10余处。党家村素以重教闻名，明清两代出进士、举人5名，秀才44名。清进士党蒙，入翰林，历刑部，累官云南临安知府，其家宅门额书"太史第"。清末以降，兴建趋缓，但仍建有少量的优质宅院。2004年，国家文物局、陕西省文物局拨付专款，对党家村上寨坡进行加固维修。2011年，国家文物局拨付专项经费，对党氏祠堂等 6 处四合院进行全面维修。

★ 文星塔

又名"文星阁",位于村东南小学院内,为党家村的标志塔。始建于清雍正三年(1725),初为木塔,供奉党家始祖牌位,后毁于火灾。光绪二十七年(1901)村民商议重建砖塔,经两年施工完成塔基和塔身一层建筑后歇工两年,光绪三十二年(1906)复工,三十三年(1907)七月盖顶,三十四年(1908)二月竣工。落成后的新塔自底层至五层分别供奉孔子、孟子、颜回、曾子、孔伋等木雕牌位,六层供有文曲星塑像。塔通高约 28 米,上下无收分。塔基座呈六角形,高近 3 米,底边长 3.30 米,南面设升降踏跺。塔身底层南面辟券门,门前置木构歇山顶小方亭,设木格栅门,额悬"文星阁"3 字木匾,两侧题楹联:"配地配天洋洋圣道超千古,在左在右耀耀神灵保万民。"以上各层每面交错辟券门和圆窗、六棱窗,层间出檐平浅,檐角微翘。顶层檐角上翘,悬挂风铃;檐下施砖雕斗栱、额枋、椽头、挂落、垂莲柱。塔顶六角攒尖,置砖雕莲座,托宝珠式塔刹。二至六层门额上分别砖雕"大观在上""直步青云""文光射斗""云霞仙路""笔参造化"等。塔内设木梯可登临。

2001 年 6 月,国务院公布"党家村古建筑群"为第五批全国重点文物保护单位,同时公布保护范围。文物保护区由上寨和下村两部分组成,其中上寨保护范围均以东、西、南、北四至寨墙外边缘为界,面积约 2.1 公顷。下村保护范围东至文星阁东侧,南至文星阁南侧 85 米处,西至河坡巷北端西侧 30 米处,北至贾氏祠堂北侧 60 米处向东延伸与东界相连接形成的闭合区域,面积约 6.24 公顷。建设控制地带为北至二级台地南沿,南至一级台地南沿,东至上寨东寨墙 100 米处,西至村西晒谷场边沿。

◎党家村文星塔

079 · 昝村塔

清代六角五层楼阁式空心砖塔·市文物保护单位。又称昝村文星塔、风水塔，位于韩城市昝村镇昝村东约 500 米处鱼塘边，坐东向西。地处盘水与汶水交汇处三角地带，20 世纪中叶，因地下水位上升，昝村已迁移。

塔通高约 18 米，底边长 1.84 米。塔身底层辟方门，门宽 0.92 米，壁厚 0.82 米，门额刻"至圣宫"3 字。二层以上相间辟券窗或圆窗 12 个，三层正面券窗额刻"文星"，五层正面券窗额刻"蕊珠"。层间叠涩出檐平浅。顶层檐角出挑，檐下施砖雕额枋、斗栱、挂落及垂莲柱。塔顶六角攒尖，刹已残，尚存刹杆。因地下水侵蚀，底层塔壁受损严重，后予以补修。

昝村镇位于韩城市东北部，距市区约 10 公里，东临黄河，北与龙门镇毗邻，南接新城区，西与西庄镇接壤。昝村古名"李家村"，历史上水害频仍，汶水、盘水多次改道，村民经常搬迁，因此将居住的地方称为暂村，后因"暂"为"斩"字头，望文不吉祥，故改"昝村"。明万历年间（1573—1620）属德泽乡昝村里，清康熙年间（1662—1722）始设昝村镇。境内元、明、清古建筑密集分布。昝村位于昝村镇东南侧，地势较低。

◎昝村塔

080 · 鸭儿坡塔

清代方形单层楼阁式空心砖塔·市文物保护单位。又称寨子塔，俗称四方塔，位于韩城市新城区（原苏东乡）鸭儿坡村东。塔座为八角形髹砖高台，底边长 4.65 米，高 3.5 米，设有升降踏跺。塔身呈近似方形，底边长 2.49 米，宽 2.3 米，高 5.5 米；下部面西辟门，上部设券窗 2 孔。塔檐下施两排菱角牙子。塔顶四角攒尖，塔刹无存。属村寨风水塔，近年修缮塔身上部。

新城区为韩城市撤乡并镇时所设立，为韩城市政府所在地和全市经济、文教、商贸中心。其东临黄河，西依象山，南瞰澽水，北靠煤乡，地理环境优美。鸭儿坡村位于新城区东北部，周围地势平坦。

◎ 鸭儿坡塔

081 · 运庄塔

清代六角二层楼阁式砖塔。位于韩城市新城区（原苏东乡）重阳村运庄东铁路东侧。塔通高约5米，底边长0.6米。塔壁白灰勾缝，塔身上下几无收分。层间以砖叠涩出檐，无刻铭和装饰。塔顶六角攒尖，呈盔状。塔刹已毁，尚存刹杆。塔基部位一侧被挖。属村寨风水塔。

◎运庄塔

082 · 北赵塔

清代六角五层楼阁式空心砖塔·市文物保护单位。又称魁星楼，位于韩城市嵬东镇北赵村东南隅。塔面向西北，通高 18 米，底边长 1.9 米。下部为砖石砌方形基座，高 2.5 米。塔身底层辟方门，有额题三字，已泐；二至四层辟方框圆窗，隔层变换方位；五层西北辟券龛，额题"魁星楼"3 字，两侧楹联已漫漶。层间叠涩出檐平浅，施菱角牙子，顶层出檐较长，檐角上翘，檐下施砖雕椽头。塔顶六角攒尖，原置宝瓶式塔刹，已毁，尚存刹杆。属村寨风水塔。

◎北赵塔

083·北高门塔

清代六角三层楼阁式砖塔·市文物保护单位。又称北高门北塔,位于韩城市嵬东镇北高门村北侧。塔基埋于地下,塔身高13米,底边长1.65米。底层面向西南辟方门,宽0.7米,内设塔室。层间出檐平浅,施额枋、菱角牙子。塔顶六角攒尖,置宝瓶式塔刹。属村寨风水塔。

◎北高门塔

084 · 北高门文星塔

清代六角三层楼阁式砖塔·市文物保护单位。位于韩城市嵬东镇北高门村东南。塔通高 12 米，底边长 1.23 米。塔身底层西北向辟方门；二、三层辟圆窗，上下变换方位；三层西北向辟券门，门额楷书"文星楼"3 字。层间出檐平浅，顶层出檐稍长，檐角微翘，檐下施一排菱角牙子。塔顶六角攒尖，置串珠式铁刹。

◎北高门文星塔

085·西高门塔

　　清代六角五层楼阁式空心砖塔·市文物保护单位。位于韩城市嵬东镇西高门村东南200米处台地上，四周为沟壑，低于村庄10余米，南傍沆水。塔基埋于地下，塔身通高18.5米，底边长2.25米。底层西北向辟方门，宽0.8米，壁厚0.75米；二层以上辟方框圆窗、方窗或券窗，隔层变换方位。层间出檐平浅，顶层出檐稍长，檐角微翘，缀风铃。塔顶六角攒尖，塔刹已残，尚存刹杆。塔身施两层铁拔钉，塔内设木梯可通塔顶。属村寨风水塔。

◎西高门塔

086 · 堡安塔

清代六角五层楼阁式空心砖塔·市文物保护单位。位于韩城市嵬东镇堡安村东南300米处。塔基埋于地下，塔身通高18米，底边长1.63米。底层西北向辟方门，宽0.6米，壁厚0.73米，门额砖雕"云路"2字；二层以上辟方窗或券窗，隔层变换方位；五层方窗额刻"默司文衡"4字。层间出檐平浅，施菱角牙子，顶层出檐稍长，檐下施额枋、椽头、菱角牙子，檐角微翘，缀风铃。塔顶六角攒尖，塔刹无存。属村寨风水塔。附近原有兴安寺，早年废毁。堡安塔与寺有无关联，待考。

◎堡安塔

087·东王村文星塔

清代六角五层楼阁式空心砖塔·市文物保护单位。位于韩城市西庄镇东王村东南部田地中。塔通高21米,底边长2.92米。塔身底层西北向辟券门,门宽1.3米,高2.85米,额嵌楷书"文章司命"石匾;二层相间辟券窗;三层相间辟圆窗,西北向嵌楷书"青云路"砖匾;四层交替辟券窗和圆窗;五层相间辟圆窗和一方窗,方窗额嵌楷书"拱辰"砖匾。层间以平砖6排叠涩出檐,平整匀称,顶层檐角出挑,施仿木构双排椽头、额枋,转角饰砖雕坐斗、耍头、垂莲柱。塔顶六角攒尖,置仰莲座,托宝珠式塔刹。塔身收分不明显。塔内浮雕八卦藻井。

◎东王村文星塔

088·段堡塔

清代六角二层楼阁式空心砖塔·市文物保护单位。位于韩城市金城区（原夏阳乡）段堡村东南约150米处沟畔。塔通高12.1米，底边长2.8米。塔身底层正面辟方门；二层隔面上、下依次辟方窗、圆窗和券窗。层间出檐平浅，无装饰。塔顶六角攒尖，塔刹已毁，尚存刹杆。塔身收分不明显，塔壁局部有裂隙。

◎段堡塔

089 · 南西庄塔

清代方形三层楼阁式砖塔·市文物保护单位。又称"柏树楼"，因塔身被古柏环绕，故名，位于韩城市嵬东镇南西庄东南口，西面为村民聚集地，置简易房屋，其余三面为农田。塔基为髪砖台座，平面呈五角形，高1.7米，每边长约5米。塔立于台基正中，面向西北，连塔座通高12.7米，底层每边长1.88米。塔身底层辟券门，宽0.73米，高1.07米；二层以上实心；三层设券龛，原有砖刻楹联已磨泐。层间出檐平浅，檐下施一排菱角牙子。塔顶四角攒尖，置串珠式塔刹。塔旁古柏根径4.8米，分出五枝，倾斜绕过塔身，蔚为奇观。

◎ 南西庄塔

090·折桂楼

清代六角四层楼阁式空心砖塔·市文物保护单位。又称王村风水塔，位于韩城市芝阳镇（原乔子玄乡）王村东南巷道中。据清乾隆三十七年（1772）《创建楼阁碑》载，该塔始建于乾隆三十三年（1768）四月。

塔残高19米，底边长1.68米。塔基块石砌筑，高0.58米。塔身底层高约7米，西北向辟方门，门额砖雕楷书"凌云路"3字。二层高约3.4米，辟券窗3孔，隔面错开；西北向窗额砖雕楷书"折桂楼"3字。三层高约3.6米，无窗。四层高约3米，辟券窗3孔，隔面错开；西北向窗额砖雕楷书"聚奎所"3字。层间出檐平浅，无装饰。塔顶六角攒尖，覆灰陶瓦，塔刹已毁，尚存刹杆。塔身周围嵌有铁拔钉，用以固定内部横梁，塔内各层原架设有隔板，已不存。入塔仰视，一览无余。该塔为韩城地区有确切纪年的清代魁星塔建筑，对研究同时期古塔年代序列有参考价值。

◎"折桂楼"砖额

◎塔内

◎折桂楼

091 · 文衡塔

清代方形二层楼阁式砖塔。位于韩城市芝阳镇石佛村东南,四周为小树林和村民聚居地。塔以青砖加白灰砌筑,坐东南向西北,通高7.5米,底边长2.4米。塔身底层剥落严重,近年用褐砂石补葺。二层正面辟券龛,内供文曲星牌位,额题砖刻楷书"文衡"2字。层间出檐平浅。塔顶四角攒尖,置宝珠式塔刹。属文星塔建筑。

◎文衡塔

092·阿池村土塔

清代方锥形夯筑风水塔。位于韩城市龙亭镇阿池村南约60米处的沟岸上。塔通高约7米，底宽约3米，夯层平均厚约12厘米，土质较为纯净，中间包含少量夹杂物。上下收分明显。由于风雨侵蚀，部分夯层剥落。

龙亭镇位于韩城市南部，与合阳县接壤，地域东西狭长，属黄土台塬区，地势较平坦，南北两侧受水流冲刷，沟壑较多，水土流失严重。阿池村位于龙亭镇西北侧台塬，东南临魏长城遗址，南距老108国道约500米，周围地势平坦。

◎阿池村土塔

093·爱帖村土塔

清代方锥形夯筑风水塔。位于韩城市龙亭镇爱帖村西南约 400 米处。塔通高约 5 米，底宽约 2 米，夯层不明显。由于风雨侵蚀，塔身残损严重，塔顶局部坍落，现状陡峭。

爱帖村位于龙亭镇东北侧台塬，南临老 108 国道，周围地势平坦。

◎爱帖村土塔

094·城北村土塔群（3座）

清代方锥形夯筑风水塔，3座。位于韩城市龙亭镇城北村东和东北沟边耕地内，依次编为1、2、3号塔。

1号塔高约4米，底宽约2米，夯层厚约8厘米，中间包含少量夹杂物。

2号塔高约7米，底宽约2米，夯层不明显，中间包含少量夹杂物。

3号塔高约5米，底宽约2米，夯层厚约8厘米，中间包含少量夹杂物。

由于风雨侵蚀，塔身均有不同程度的残损，3号塔局部坍落明显，各塔均显陡峭。

城北村位于龙亭镇东10公里，东临黄河，南邻魏长城，西距108国道约6公里；土塔三面临沟，东距黄河约500米，北距司马迁墓和祠约2.5公里。

◎城北村土塔群1号塔

◎城北村土塔群2号塔

◎城北村土塔群3号塔

095 · 大鹏村土塔

　　清代方锥形夯筑风水塔。位于韩城市龙亭镇大鹏村南108国道北侧。塔通高约10米，底宽约5米，夯层厚10～12厘米，土质较为纯净，中间包含少量夹杂物。塔身收分明显，外观如尖锥，形制较完整。

　　大鹏村位于龙亭镇西侧，西北距魏长城遗址2.5公里，向南紧邻108国道，周围为街区，地势平坦。

◎大鹏村土塔

096·东英村土塔

清代方锥形夯筑风水塔。位于韩城市芝阳镇东英村东侧农田内,东邻沟壑,西、南、北三面为农田。塔残高约 4 米,底径 1.5 米,夯层厚 6 ~ 13 厘米。由于风雨侵蚀,局部垮塌严重,底部略呈圆形,整体翘耸如锥。

芝阳镇位于韩城市南部,与龙亭镇接壤,东临黄河,西枕梁山,南毗古地韩塬,北依太史故里。南侧受水流冲刷,沟壑较多,水土流失严重,西韩(西安—韩城)铁路和韩合(韩城—合阳)公路穿镇而过。东英村位于芝阳镇北偏西约 1.5 公里,周围地势平坦,西韩铁路从东侧穿过。

◎东英村土塔

097·高许庄土塔

清代方锥形夯筑风水塔。位于韩城市西庄镇高许庄东约 200 米沟边农田中。由于常年风雨侵蚀，仅存半壁塔身，平面呈不规则四边形，残高约 5 米，底部南北残长约 8 米，东西残宽约 0.8 ~ 2 米。断面曝露夯层明显，夯层厚 10 ~ 12 厘米，夯窝直径 8 厘米，夯窝深 2.5 厘米。塔身东南部、西北部垮塌严重，但大形尚在，仍不失原貌。

西庄镇位于韩城市北部，自然地貌以浅山台塬为主，林木覆盖率达 61.6%，境内元明清古建筑分布较多。高许庄位于西庄镇西南 5 公里，周围地势平坦，108 国道从东侧穿过。

◎高许庄土塔

098·马陵庄土塔

清代方锥形夯筑风水塔。位于韩城市龙亭镇马陵庄南 108 国道北侧，与民宅山墙毗邻。塔通高约 10 米，底宽约 6 米，夯层不明显，土质较为纯净，中间包含少量夹杂物。由于风雨侵蚀，塔身局部和塔尖部位坍落较严重。

马陵庄位于龙亭镇东北台塬区，南邻 108 国道，北靠村庄，周围地势平坦。

◎马陵庄土塔

099·三甲村土塔

清代方锥形夯筑风水塔。位于韩城市龙亭镇三甲村南约50米，周围植被茂盛。塔通高约8米，底宽约5米，夯层厚10～12厘米，土质较为纯净。由于风雨侵蚀，塔身局部和塔尖北部残损较严重。

三甲村位于龙亭镇东5公里台塬区，南距108国道约1公里，周围地势平坦。

◎三甲村土塔

100 · 西英村土塔

清代方锥形夯筑风水塔。位于韩城市芝阳镇西英村东南 200 米处农田内的小土崖边缘。塔残高约 7 米，底边长 3.3 米，夯层厚 6～15 厘米。由于风雨侵蚀，塔身局部坍落较严重。

西英村位于芝阳镇西北约 2 公里，地处半山区，地势西北稍高，东南略低，塬面较为开阔，塔四周植被茂盛。

◎西英村土塔

101 · 下干谷土塔

清代方锥形夯筑风水塔。位于韩城市昝村镇下干谷村东面农田中。因常年风雨侵蚀,局部坍落严重。现状略呈圆形,顶平。残高约6米,南北残长约7米,东西残宽约6米。断面暴露夯层明显,夯层厚10~12厘米,夯窝直径3厘米,深1.2厘米。塔身四角残蚀,但仍可见其原貌。

下干谷村位于昝村镇南约1公里,地势较为平坦。

◎下干谷土塔

102 · 赵村土塔

清代方锥形夯筑土塔。位于韩城市新城区赵村。塔残高约5米，底边残长约2.5米，夯层厚约10厘米。土质较为纯净。由于风雨侵蚀，塔身局部坍落严重。

赵村位于新城区北部，周围地势平坦。

◎赵村土塔

103 · 渚北村土塔（2座）

　　清代方锥形夯筑风水塔，2座。位于韩城市龙门镇渚北村东北约300米处的黄河西岸农田中。两塔呈南北向排列，间距约20米。由于风雨侵蚀，局部有剥落现象。南侧土塔现状略呈圆形，残高约5米，底径3米；北侧土塔平面略呈菱形，残高约5米，底部南北长8米，东西宽3米。两塔夯层明显，夯层厚10～22厘米。底部夯层夹杂有碎石，上部土质较为纯净。

　　龙门镇位于韩城市东北23公里，东临黄河，西依梁山，自古是大西北通往华北的要冲，素有"华北入陕第一镇"之称，是"大禹凿山导河，鲤鱼竞跃龙门"传说的发生地。

◎渚北村土塔之一

◎渚北村土塔之二

潼关县

潼关县因境内有古潼关而得名。东汉建安元年（196）始设潼关，《水经注》载："河在关内南流潼激关山，因谓之潼关。"古时域界曾属宁秦县、船司空县、船利县、华阴县、定城县、敷西县、仙掌县、潼津县；唐神龙二年（706）复为华阴县；清雍正五年（1727）在华阴东部始设潼关县，乾隆十三年（1748）改设潼关厅；民国二年（1913）复置潼关县；1958年末，并入渭南县；1961年恢复潼关县建制。其位于关中平原东端，南依秦岭与洛南相接，北濒黄河与山西芮城相望，东与河南灵宝毗邻，是关中的东大门，扼陕、晋、豫三省要冲，历来为兵家必争之地，素有"畿内首险""四镇咽喉""百二重关"之誉。境内重要遗存有新石器时代南寨遗址、张家湾遗址、唐代秦王寨故城、潼关城遗址、十二连城烽火台遗址，以及东汉太尉杨震家族墓地、隋内史令杨素墓、乾隆御笔"潼关"刻石等。潼关县现存古塔2座，属村寨风水塔。

104·东马村土塔（2座）

清代方锥形夯筑风水塔，2座。分别位于潼关县南头乡东马村三组北和东南侧，地处秦岭北麓台塬地带。

北土塔位于村北低洼地，东、南靠近村庄，西、北为农田，南距老庄约20米，东距新庄约50米，所在位置较村庄为低。塔通高约6米，底边长约3米，夯层厚8~12厘米，平均厚10厘米，土质纯净。上下收分明显，顶部边长约0.4米。塔顶倒扣一棕褐色瓷瓮是为塔刹。

南土塔位于村东南低洼地，四周为农田。原塔高约6米，底边长3.1米，夯层厚8~12厘米，平均厚10厘米，土质纯净。上部原有甃砖塔顶，2000年时被人为损毁。现塔残高4米，已失原貌。

◎东马村北土塔

蒲城县

蒲城县古称重泉、南白水。西魏恭帝元年（554）改南白水县为蒲城县，以境内有蒲池而得名。唐开元四年（716）改设奉先县，北宋开宝四年（971）复名蒲城县，沿用至今。其位于关中东北部，北部丘陵，中部台塬，南部平川。境内文物遗存丰富，沿东北部五龙山脉系的金粟山和北部尧山脉系的丰山、金帜山、重山，分别设有"依山为陵"的唐玄宗泰陵、睿宗桥陵、宪宗景陵、穆宗光陵，其中桥陵神道石刻为关中"唐十八陵"神道石刻存留最完整者，雕刻亦精湛、生动，极富盛唐气韵。其他重要遗存有徵邑漕仓遗址、战国秦长城遗址（蒲城段）、洛渭漕渠遗址（蒲城段）、重泉故城、邓艾墓、唐让帝惠陵、唐代国公主墓、凉国公主墓、金仙公主墓、惠庄太子墓，以及清代名相王鼎墓、王鼎家祠、蒲城文庙、考院、六龙壁、勿幕图书楼、杨虎城故居、李仪祉故居等。蒲城县现存古塔 10 座。其中，慧彻寺南塔是关中东部现存时代最早的砖塔，1952 年有关方曾递交拆塔请示，习仲勋批复："校可迁，塔不可毁"，遂由西北军政委员会拨款维修而存世；崇寿寺塔是关中东部现存最高的砖塔，形制上多有模仿慧彻寺塔之处，同时又具有宋塔特征（如叠涩檐施椽头、瓦垄等），对唐、宋塔的断代研究有重要的参考价值；海源寺塔和常乐宝塔是陕西省内鲜见并保存基本完整的金代砖塔，为陕西古塔研究和建立相对可靠的年代序列提供了实例；晋城塔为典型的方锥形夯土墼砖风水塔，是蒲城土塔中唯一尚存顶部砖木结构的风水塔。由此窥斑见豹：陕西现存的 170 余座土塔，它们之中曾经不乏有砖木结构的顶部，只是由于风雨侵蚀或人为扰动而毁没。地母塔属于渭北常见的土塔，区别是塔身下部辟有砖券窑洞，称"地母娘娘庙"，由此推测，渭北地区的许多土塔曾经都有自己的名字，只因岁月延宕，移风易俗，它们原有的名字被逐渐遗忘。椿林镇文昌阁为道观、文庙合璧建筑，这种道、儒合塔供奉，是民间多神信仰和祈愿登科并光宗耀祖的物化反映，该现象在明清陕西乡村不为鲜见。

105 · 慧彻寺南塔

唐代方形十一层楼阁式砖塔·全国重点文物保护单位。又称蒲城南寺塔，俗称南寺唐塔、蒲城南塔，位于蒲城县蒲城中学院内（原慧彻寺旧址内），地处明清时期老县城西南隅。据清雍正本《陕西通志》卷二十九引《县志》载："慧彻寺，在县治西南，唐贞观元年建，寺东有塔。"寺于民国三十一年（1942）拆除，仅塔存。一般认为，塔与寺均始建于贞观元年（627），后世屡有修葺。明嘉靖三十四年十二月（1556年1月）华州大地震使塔身开裂，顶部崩折两层。1953年曾予以修补，于第十层结顶。

现塔十层，实测残高36米，底层每边长7.22～7.29米。塔基为墁砖方台，高0.83米，底边长11.6米，周设砖扶栏。塔身单壁中空，底层较高，南面辟券门，北面饰一假门，南券门高2.45米，宽1.68米。二层以上每面作仿木结构三间，以砖隐出倚柱、阑额、栌斗，其中二层檐下施单栱（相当于一斗三升）。二至十层每层当心间对开二券门，逐层上下位置交错，次间砌出卧棂窗（仅第三层无），倚柱、阑额及卧棂窗皆施朱彩。层间叠涩出檐，下砌菱角牙子。塔顶平砖攒尖，置宝瓶式塔刹。底层券门内置唐代石佛像1尊（佛头与右手残佚），二层北面嵌"诸佛舍利宝塔"碣铭1方。塔内原设木梯可登顶，早年已毁。1953年维修，恢复一至三层塔梯。1984年维修塔基，处理排水系统。现塔基南侧立保护标志碑和简介碑各1通。受地质活动和地下水影响，塔体已向东北倾斜。

据有关地志资料记载，1941年蒲城中学在慧彻寺旧址内创立。因风雨剥蚀，常年有塔砖掉落，危及学生安全，1952年校方专题报告呈西北军政委员会，请示拆除该塔。习仲勋批复："校可迁，塔不可毁。"遂由军政委员会拨出专款，于次年秋对慧彻寺塔进行了保护性维修，并派专家进行技术指导和监修。

该塔造型玲珑秀丽，与北寺宋塔遥相对峙，曾为"蒲城八景"之一和标志性建筑。清康熙本《蒲城县志》卷一载："慧彻寺，在县西南，唐建。旧有罗汉阁，废。上二寺各有崇塔，选胜者摹为双塔夜影，附之八景云。"

1957年5月，陕西省人民委员会公布"蒲城南塔"为第二批陕西省文物保护单位。

1989年5月成立蒲城南塔文物保护小组。

1992年4月，陕西省人民政府公布"蒲城南塔"保护范围。重点保护区为塔；一般保护区为重点保护区外延36米；建设控制地带为一般保护区外延72米。

2013年5月，国务院以"慧彻寺南塔"名称公布为第七批全国重点文物保护单位。

◎慧彻寺南塔（历史照片）

◎慧彻寺南塔

106·崇寿寺塔

宋代方形十三级密檐式砖塔·全国重点文物保护单位。又名北寺塔，俗称北寺宋塔、蒲城北塔，位于蒲城县西大街县政府对面（原崇寿寺遗址内，今蒲城县博物馆之后、文庙北端），为旧时"蒲城八景"和标志性建筑之一。寺始建于唐贞观二年（628），北宋天圣七年（1029）重修，清初曾遭火焚，乾隆年间（1736—1795）重修。后世寺毁塔存。

塔始建于北宋绍圣三年（1096），为蒲城延兴富绅王信独资创修。明嘉靖三十四年十二月（1556年1月）华州大地震致塔身受损，塔顶坍落，檐下悬铃也全部脱失。据民国二十九年（1940）《蒲城县政概要·文物表》记："相传塔顶系铜铸，在县库内，今不可考。"清乾隆三十五年（1770），县知事叶藩阖邑乡绅捐资修葺。1953年，当地政府对塔基、塔身进行了加固。1985—1986年陕西省人民政府拨款大修，塔内新置木梯，对塔顶做了整固处理。

现塔十三级，实测通高44.4米，底层每边长8.09～8.13米。塔基为甃砖方台，东西长17.92米，南北宽16.72米，高0.46米，周设砖扶栏。塔身单壁中空，底层特高，南面辟券门，门宽1.67米，高2.74米，壁厚2.6米。二层以上每面作仿木结构三间，以砖隐出倚柱、普柏枋、阑额、斗栱（七层以上无斗栱），其中二至四层每间施补间铺作一朵，斗栱形式为单栱。二层以上每层当心间对开券门或假券门，真假相间，逐层上下位置交错；次间砌作卧棂窗（九层以上无窗）。层间叠涩出檐，下砌两排菱角牙子，加饰椽头、瓦垄。第二层北面嵌"诸佛舍利宝塔"碣铭1方，第四层南面嵌石佛像1尊。

该塔造型简洁、挺拔，与南寺唐塔遥相对峙，因有"北塔"之称。塔北侧有座小庙，内置宋代释迦牟尼石像1尊、青石碑1通，据碑文载，原寺无塔，寺僧景深发愿建塔，北乡延兴村富绅王信一人捐银两，于北宋绍圣三年建成。该塔形制上多有模仿慧彻寺塔之处，同时又具有宋塔特征（如叠涩檐下加饰椽头、瓦垄等），对唐、宋塔的断代研究有重要的参考价值。现塔由蒲城县博物馆管理。

1957年5月，陕西省人民委员会公布"北寺塔"为第二批陕西省文物保护单位。1992年4月，陕西省人民政府公布保护范围。重点保护区为塔与基座；一般保护区为重点保护区外延45米内；建设控制地带为一般保护区外延90米内。

2013年5月，国务院以"崇寿寺塔"名称公布为第七批全国重点文物保护单位。

◎崇寿寺塔

107 · 海源寺塔

金代六角九级密檐式砖塔·省文物保护单位。又称温汤宝塔，位于蒲城县永丰镇温汤村西南150米处、洛河东岸的一处高丘上，附近地表有硫铁矿痕迹。据清雍正本《陕西通志》卷二十九引《县志》载："海源寺，在县东南五十里温汤，唐贞观二年建"；乾隆本《蒲城县志》卷二载："海源寺，在县东南五十里温汤，有塔。"所记地望与实际踏查吻合。

塔为宋金时期砖塔建筑风格，传建于金代。明嘉靖三十四年十二月（1556年1月）华州大地震致塔顶残损。民国时期塔基曾遭人为破坏，杨虎城视察洛惠渠工程时，捐资予以修复加固。现寺址和塔身周围遍地瓦砾、残砖，间有琉璃瓦残件。存塔碑1通，文漫漶，已搬迁。塔南侧崖下有洛惠渠支渠通过，置水闸一处。

现塔残存八层，残高约30米，底层每边长2.89～2.93米（局部可见加固砌石面，当为民国时补葺）。塔身单壁中空，底层较高，南面辟券门，门宽0.96米，高1.95米，壁厚1.63米。二层以上每面作仿木结构三间，以砖隐出倚柱、阑额、平座钩栏，各层当心间辟券门或假券门、板门，逐层上下位置交错。层间叠涩檐出双排椽头，施五铺作双抄斗栱，当心间置补间铺作一朵。第八层塔檐坍落，第九层残毁。现塔门洞开，内视塔心如空筒状，不可登临。

该塔造型俏丽，收分柔和，雕饰精细，是陕西省内现存并鲜见的珍贵金代砖塔。

关于海源寺塔的建筑年代，由于只有传说而无铭文记载，后世学者遂持金代和宋代两说。我们认为：金代说是靠得住的。

史载，南宋高宗建炎二年（1128）蒲城陷落，归属金朝辖治；泰和年间（1201—1208）金宋开战，山东各地民众相继起义，结为红袄军抗金，战火一路西延；贞祐三年（1215），蒲城县民李文秀等举义反金［此前，刊刻于大定二十八年（1188）的《金故忠武校尉傅公墓志》及泰和五年（1205）《金信奉李公碑》等均记有蒲城反金史实］，同年蒲城被蒙古军占领。金朝统治陕西共87年，其间，为稳定社会秩序曾大肆修庙建寺，借文化和宗教信仰笼络当地汉人，如赐额蒲城境内的云际寺、寿生寺、垂庆院等（见清乾隆本《蒲城县志》载录），蒲城也曾旧存和发现金天德二年（1150）《重修学殿堂记》碑（今佚）、大定六年（1166）《敕赐清凉禅院碑》（今藏于蒲城县博物馆）、《敕赐龙泉寺碑》（已佚）、大定七年（1167）《敕赐广济院碑》（已佚）、大定二十四年（1184）《重修城隍庙碑记》及承安四年（1199）《重修学记》碑等。笔者认为，该塔正是在此历史背景下修筑的，且造塔工匠系宋朝遗民，故保留了宋塔建筑风格。而渭南历史上也曾有明确纪年的金代砖塔存世，如韩城赳赳寨塔［即圆觉寺塔，始建于金大定十三年（1173）］，惜毁于明嘉靖年大地震，重建后的塔已是清代风格。因此，海源寺塔作为存世的金代砖塔尤显珍贵。

2008年9月，陕西省人民政府公布"海源寺塔"为第五批陕西省文物保护单位。保护范围为塔基外沿向外延伸41米；建设控制地带为保护范围四周各外延22米；公布时代为金。

◎ 海源寺塔

108 · 常乐宝塔

金代六角十三级密檐式砖塔·省文物保护单位。位于蒲城县平路庙乡常乐村西150米。本名金陵寺塔，寺早年废毁，沿革不详。

塔为宋金时期砖塔建筑风格，传建于金代。民国时期塔身底层曾剥损严重，1978年予以维修加固。

现塔十三层，实测残高37米，底层每边长3.81～4.09米；周围补葺有防护性梯形基座，底边长4.51～4.72米。塔身单壁中空，底层较高，南面辟券门，门宽0.93米，高2.02米，壁厚2.36米。二层以上每面作仿木结构三间，以砖隐出倚柱、阑额、平座钩栏；各层当心间辟券门或假券门、假方窗，逐层上下位置交错（八层以上无门）；次间砌作卧棂窗，与当心间门窗相协调。层间叠涩檐出双排椽头，施五铺作双抄斗栱，置补间铺作一朵。三层和九层以上塔檐有局部坍落，十三层周壁完全剥落，塔顶已毁。现塔门洞开，内视塔心如空筒状，不可登临。

该塔挺拔俊丽，雕工精细，椽头和斗栱式样与海源寺塔如出一辙，是陕西省内鲜见并保存基本完整的珍贵金代砖塔，为陕西古塔研究和建立相对可靠的年代序列提供了实物资料。

近年，塔体周围新砌有矩形护塔平台，东西长30.92米，南北宽26.5米。平台南侧为蜿蜒斜上的石阶梯，东侧为石砌护坡峭壁，高近20米，置有一道铁链拦身，不宜靠近。

2008年9月，陕西省人民政府公布"常乐宝塔"为第五批陕西省文物保护单位。保护范围为塔基边沿向外延伸24米；建设控制地带为保护范围四周各外延48米；公布时代为金。

◎常乐宝塔

109 · 晋城塔

清代方锥形夯土甃砖风水塔。位于蒲城县龙池乡晋城村东南200米，东邻洛河，地势较低，周遭为农田。塔通高约7米，底边长4米。主体为夯土结构，夯层厚7～12厘米。塔身上部为甃筑方台，每边长0.8米，高0.9米，塔顶以平砖5层叠涩内收，上置重檐歇山琉璃瓦顶神楼。楼为两柱一间（立有两根木柱），正向洞开，柱上楷书刻"风调雨顺，国泰民安"8字。楼柱上架两层原木（额枋），柱两边垒砌砖墙。楼内正向置一方木，木中间镂空雕出壶门形神龛。由于土塔顶部东北角塌毁，神楼底座一侧边悬空，岌岌可危。

晋城塔与其他县域的土塔形制相同，方位基本一致（大多在村寨东南方），是蒲城土塔中唯一尚存顶部砖木结构的风水塔。由此窥斑见豹，可以认为：陕西现存的170余座土塔，它们之中曾经不乏有砖木结构的顶部，只是由于风雨侵蚀而坍落不存。晋城塔可谓土塔完整结构式样的孑遗，为陕西土塔所鲜见，因而弥足珍贵。

110 · 椿林镇文昌阁

清代六角三层楼阁式空心砖塔·省文物保护单位。位于蒲城县椿林镇敬母寺村西南隅，南临五陵路，村内有敬母寺小学，村北有敬母寺唐墓，村里发现多处清代石门墩及上马石。

塔为道观、文庙合璧建筑，通高 12.5 米。底层为台座式宫观，平面方形，每边长 4.5 米，西面辟门，额题楷书"三圣宫"3 字（原供奉有元始天尊）。二层为六角形，北面辟券门，额题楷书"文昌阁"3 字（原供奉有文昌帝君）。三层为六角形，北面辟门，额题楷书"奎星楼"3 字；其他各面设圆窗。层间出檐平浅，顶层出檐稍长，檐下施砖雕额枋和菱角牙子，檐角饰石刻螭头。塔顶六角攒尖，塔刹已残。塔身局部有裂隙。

道、儒合璧供奉，是民间多神信仰和祈愿登科并光宗耀祖的物化反映，该现象在明清陕西乡村不为鲜见。

2018 年 7 月，陕西省人民政府公布"椿林镇文昌阁"为第七批陕西省文物保护单位。保护范围为文昌阁建筑本体；建设控制地带为一层方形基座四周外扩 10 米。

◎ 椿林镇文昌阁

111·地母塔

清代方锥形夯筑土塔。位于蒲城县兴镇尖角村东约100米,东临通向邻村的土路,其余三面为农田。塔通高6.5米,底边长4米,夯层厚8~10厘米。塔身如锥,攒尖顶。塔身下部辟砖券窑洞,称"地母娘娘庙",窑洞北向,面阔2米,进深3.5米。由于近年风雨侵蚀,塔身东北部坍塌,窑亦垮塌,塔体仅剩半边。塌落夯土加宽了底部,现底边东西长6米,南北宽5.7米。

地母娘娘又称地母后土、地母元君、虚空地母至尊等,列道教尊神"四御"中的第四位。该神祇的产生,源于古人自然崇拜中的土地与女性崇拜。相传每年农历十月十八日为地母娘娘圣诞日,旧时乡村在这一天都将举行隆重的祭祀活动,祈求赐福禳灾、五谷丰登和早生贵子。

◎地母塔

112 · 大孔村土塔

清代方锥形夯筑风水塔。位于蒲城县大孔乡大孔村七组西南300米，地处乔山山脉南麓东段缓坡，地势北高南低，四周为农田。塔通高约7米，底径6.3米，夯层厚9～12厘米，夯窝直径12厘米，夯土纯净。塔身上部遗有较规整的砖块数层，参考晋城塔形制，该塔早年亦应搭建有顶部砖结构塔楼。

◎ 大孔村土塔

113 · 党南村土塔

　　清代六角形夯筑风水塔。位于蒲城县党睦镇党南村南200米，地处渭河冲积平原上，周围地势较为平坦。塔残高约11米，底边长3.5米，底径6.5米。由于风雨剥蚀，平面略呈椭圆形。塔身西南、东南两侧有明显坍塌。从剥落剖面观察，塔心部位夯层厚达80厘米，且夯层间夹有一层苇箔。塔身外缘和上部夯层厚10～20厘米，土质坚硬，内夹杂有清代白釉瓷片。塔身中部有数个圆形柱洞，洞径约6～7厘米，可见塔顶原搭建有砖木结构塔楼，应与晋城塔相似。塔顶有部分垮塌。塔西侧呈现裂隙，长约2米，宽0.01米。

　　该塔平面呈六角形，有别于同时期流行的方锥形夯筑风水塔，属于现存土塔中的个案。据当地村民讲述，数百年前发生过一次特大洪灾，洪汛过后，为镇水灾，沿东西一线曾建土塔3座，间距约1 300米。该塔为最东边的一座，其他两座已不存。

◎塔身夯土层局部

◎党南村土塔

114 · 马家村土塔

清代方锥形夯筑风水塔。位于蒲城县洛滨镇马家村南 300 米，地处黄土台塬上，地势平坦。塔残高 4.7 米，底边长 4 米，夯层厚 15～18 厘米，土质较密，内夹杂有陶、瓷片等包含物。由于风雨侵蚀，塔身上部坍塌，仅存半截塔身。

洛滨镇因位于洛水之滨而得名，地处蒲城县城东北 25 公里，东与澄城接壤，北和西与白水相邻。

◎马家村土塔

白水县

白水县因白水河而得名。春秋时属雍州之域，相继设彭衙邑、汪邑。秦孝公十二年（前350）始设白水县，"以县临白水也"。后世屡经废替、撤并，至北魏太和三年（479）复置白水县，并设白水郡，白水之名从此鲜有更改，只是县域和隶属多有变易。其位于关中东部、渭河盆地北沿，地处乔山、黄龙山之南，洛河之滨。受洛河、白水河等各支沟切割，境内沟壑纵横，地形破碎，地貌复杂。白水历史悠久，仓颉造字传说、秦晋彭衙之战发生于此，前赵刘曜葬父于此，诗圣杜甫曾寓居于此。境内重要遗存有下河西遗址、西落雁遗址、魏长城遗址（白水段）、仓颉墓与庙、永垣陵、雷公墓、杜康墓、白水寿圣寺、白水城隍庙、飞泉寺，以及早年入藏西安碑林的东汉仓颉庙碑、前秦广武将军曾孙口产碑等。白水县现存清代砖塔、土塔共12座。其中，飞泉寺舍利塔为白水县境内仅存的砖舍利塔，其余均为夯筑土塔，且多为残损者。

115·飞泉寺舍利塔（2座）

清代六角三层楼阁式砖舍利塔，2座·县文物保护单位。位于白水县雷牙镇腰家河村北150米处坡地，四周环山，塔旁为白杨林和杂木丛。据张保志《白水县志》载：飞泉寺始建于明代，"寺内原有观音像一尊，俗称观音寺"，"清乾隆十八年由僧人寂瑞扩修，寺前石磴为阶，下有石砌小池，引水注流。其左，飞瀑数道，高挂山腰，洒之林木，四时若霜。乾隆年间知县梁善长命之曰飞泉，寺亦改名飞泉寺"。其后香火鼎盛，每逢三月庙会，游人络绎不绝。民国时，寺院渐荒。"文革"中，正殿、大士殿、角楼及数座灵塔被毁。尚存山门、僧房及两座灵塔。

两塔形制相同，均为六角三层实心，东向。一座塔略大，通高4.8米，底径1.5米。层间出檐平浅，顶层檐角微翘。塔顶六角攒尖，塔刹已毁，尚存刹杆。底层正面嵌清咸丰三年（1853）碑铭，高1.2米，宽0.45米。一座塔稍小，通高4.5米，底径1.3米。底层正面设假门，二层正面辟小龛，三层正面砖刻"佳城"2字。塔顶六角攒尖，塔刹无存。

◎飞泉寺舍利塔之一

◎飞泉寺舍利塔之二

116 · 白堡村土塔

清代方锥形夯筑风水塔。位于白水县冯雷镇白堡村南约50米，南临沟壑，地势较低，周围植被茂盛。塔残高约6米，底边长3米，残宽1.5米，夯层厚10厘米。由于风雨侵蚀，局部坍落严重。当地村民认为，该塔有祈福禳灾的作用。

冯雷镇位于白水县城东5.5公里，西侧为东阳沟，南隔白水河沟与蒲城罕井镇相望。白堡村位于冯雷镇南2.5公里，南侧紧邻白水河沟，北部地势平坦。

◎ 白堡村土塔

117 · 北塬村土塔（2座）

清代方锥形夯筑风水塔，2座。位于白水县北塬乡北塬村南至西南一线，分别编为1号塔和2号塔。

1号塔位于村南约200米。塔残高约8米，底径3.6米。从剥落面观察，土质坚硬、纯净，夯层厚8～12厘米。由于风雨剥蚀，平面略呈圆形，塔顶有部分坍落，塔身北侧有裂隙，长约3米，宽2厘米。

2号塔位于村西南约100米路边。塔残高约8米，底径约3.5米。从剥落面观察，土质坚硬、纯净，夯层厚7～10厘米，夯窝径12厘米，深2.5厘米。由于风雨剥蚀和人为扰动，塔顶有部分垮塌，塔身南侧被挖掘成凹进状，东、西侧有裂隙。

北塬乡位于白水县城北偏西约27公里，为山前洪积扇地形，由于地势较高，原面倾斜较大，流水切割强烈，塬沟梁峁相间交错。土塔地处县域北部黄土台塬，地势北高南低。

◎北塬村土塔1号塔

◎北塬村土塔2号塔

118 · 富卓村土塔

清代方锥形夯筑风水塔。位于白水县雷牙镇（原北井头乡）富卓村小学南约20米处土堰边，北为红砖围墙，南为树丛。塔通高约7米，底边长3.5米，夯层厚8～12厘米，土质中含少量瓦片等夹杂物。塔身收分如锥体，局部有剥落。

北井头乡位于白水县城北2.5公里处，省道渭清（渭南—清涧）线穿境而过，该乡近年已与雷牙乡合并为雷牙镇。富卓村位于原乡东北3公里，地处黄土台塬地带，周围地势平坦。

◎富卓村土塔

119 · 沟南村土塔

清代方锥形夯筑风水塔。位于白水县雷牙镇沟南村东南约 50 米沟边上，周围植被茂盛。塔残高约 5 米，底径 2.8 米。由于风雨剥蚀，现状略呈圆形，塔顶北侧有坍落现象。从剥落面观察，夯层厚 7～10 厘米，夯土坚硬、纯净。

雷牙镇位于白水县城东北约 7 公里，东临洛河，南与冯雷接壤，北与史官、尧禾为邻，西接杜康，地处城乡接合部，为原雷牙乡和北井头乡合并而成的新乡镇。地貌为山前洪积扇群和黄土原地形，土质疏松，适宜农业。沟南村位于镇北约 3 公里的台塬上，地势西北高、东南低。

◎沟南村土塔

120·雷村土塔

清代方锥形夯筑风水塔。位于白水县雷村乡雷村东南空地上，南距民宅约 50 米，东临通村道路，北临耕地。塔残高约 5 米，底边长约 3 米，夯层厚 8～12 厘米。由于风雨侵蚀，塔身东侧垮塌严重。

雷村乡位于白水县城东南 14.5 公里，东隔洛河与澄城相望，南倚五龙山与蒲城为邻，西接铜川郊区与渭北黑腰带相连，白水河自西向东流经乡境北部地区。雷村土塔位于白水河南岸黄土塬上，周围地势较为平坦。

◎雷村土塔

121 · 南纪庄土塔

清代方锥形夯筑风水塔。位于白水县雷牙镇南纪庄村东南空地上，周围有农田和树丛。塔残高4.5米，底径2.3米。由于风雨剥蚀，平面略呈圆形，塔顶西侧有坍落现象。从塔身下部剥落面观察，夯层厚10～40厘米，土质坚硬、纯净。塔西侧有裂隙，长约2米，宽1～5厘米。

南纪庄村位于雷牙镇东5公里，地处洛河西岸黄土台塬上，地势西北高、东南低。

◎南纪庄土塔

122 · 通道村土塔

清代方锥形夯筑风水塔。位于白水县雷村乡通道村北侧高台上，东、北两面临村庄，南、西两面临苹果园。塔残高3.5米，底边长2.5米，夯层厚9~12厘米。局部坍塌和水土冲刷较为严重，其上生长有杂草、树木。

通道村位于雷村乡西南约2公里，地处白水河南岸雷村塬上，地势较为平坦。

◎通道村土塔

123 · 王家南头村土塔

清代方锥形夯筑风水塔。位于白水县纵目乡王家南头村南约200米处，西临生产路，东、南、北为耕地。塔通高约10米，底边长4.3米，夯层厚8～10厘米，保存尚好。村民于塔身一侧搭有栅栏。

纵目乡位于白水县城北偏东37公里，属山前洪积扇地形，北与黄龙山毗邻，纵目沟从乡境中部穿过，西临孔鹿角河，地势北高南低，沟壑纵横。王家南头村位于乡东南2.5公里，西距纵目沟2公里，土塔四周地势较为平坦。

◎王家南头村土塔

124 · 小卓村土塔

清代方锥形夯筑风水塔。位于白水县雷牙镇（原北井头乡）小卓村西北约 700 米处耕地内，周围地势平坦。塔通高约 7 米，底边长 3.5 米，夯层厚 8～12 厘米，土质中含少量瓦片等夹杂物。

小卓村位于原乡境北偏西 4 公里，地处黄土台塬上，地势较为平坦。

◎小卓村土塔

澄城县

澄城县因县城西沟有澄泉而得名。古为雍州之域，春秋时属晋，战国初为秦、魏争夺之地；秦代置北徵县，属内史；北魏太平真君七年（446）始设澄城县，属澄城郡，县名由此沿袭至今。其位于关中盆地东部，属渭北黄土台塬一部分，地貌以台塬为主体，地势北高南低。黄龙山横亘北部边界，洛河从西南流经，其支沟成为与东、西邻县的天然分界。境内重要遗存有魏长城遗址（澄城段）、良周秦汉宫殿遗址、坡头西汉铸钱遗址、隋唐尧头窑遗址，以及北魏"晖福寺碑"（现藏于西安碑林博物馆）、北宋"寿圣寺碑"、城隍庙神楼、关帝庙木牌楼、双泉院、罗汉殿、永庆桥等。澄城县现存北宋和明清砖塔、土塔共28座。其中，北宋庆历七年（1047）重建的精进寺塔为陕西乃至中国北方古塔断代的重要参考物，对研究中国宋塔建筑艺术具有重要的价值；建于明成化年间（1465—1487）的中社塔为关中渭北地区乡村方形风水塔的代表作，从一个侧面反映了民间信仰的多样化表征；建于清代的秀峰塔为渭北地区乡村六角形风水塔的典型代表；三门塔所置戟形五出杈式宝刹则别具特色；文章庙塔为澄城典型的夯土墼砖塔，对研究当地历史文化、科考和民间信仰提供了实物资料。

125 · 精进寺塔

北宋方形九层楼阁式空心砖塔·全国重点文物保护单位。位于澄城县城东大街文化馆（精进寺遗址）内，为旧时澄城的标志性建筑。据清雍正本《陕西通志》卷二十九记载：精进寺"唐肃宗时建""本朝康熙二十三年重修"。清末寺院尚在，当地人称"东寺"，坐北朝南，占地面积10余亩，有前、后大殿，建筑宏阔、瑰丽。民国时期寺毁塔存。传塔与寺为同时期建。北宋庆历七年（1047）予以重修。

现塔实测通高33.12米，底层每边长6.5米。塔身底层较高，西向辟券门，底层壁厚2.2米。二层以上每面作仿木结构三间，以砖隐出倚柱、阑额，上承斗栱，每面均当心间辟券门或假券门，次间各砌一假卧棂窗。券门为二、四、六、八层南北开，三、五、七、九层东西开。倚柱、券门、假券门及假窗均有涂朱痕迹。层间以7～9排青砖叠涩出檐，施菱角牙子、椽头和瓦垄，其中第五层作仿木结构出檐，施双排飞椽，上为圆椽，下为方椽。各层斗栱形式各异：二、三层柱头铺作为"把头绞项造"（类似一斗三升），不施补间铺作；四层及六层以上各层只置栌斗，不施补间铺作；第五层除转角铺作外，每面均匀布置斗栱七朵，与柱头不对位，斗栱形式为五铺作出双抄，计心造和偷心造相间分布，这种斗栱是宋塔建筑的典型标志。各层转角处用木角梁，饰套兽，梁下缀风铎。塔顶平砖攒尖，置铁质仰覆莲座、相轮、宝刹。

1993年搭架测绘，发现刹座上铸有"维大宋国同州澄城县于庆历七年岁次五月动工"铭文，该铭文为北宋修葺该塔的确证；在寺址内还曾发现宋代莲花瓦当和黄绿色琉璃凤尾等建筑构件。

据县志载，元代将军郭思德（合阳人）当年途经澄城曾写有《过精进寺》七律一首，其中有"武帝水深没汉鼎，肃宗寺古隧唐钟"句，系了解澄城历史沿革、文化积淀和佛教发祥的点睛之笔。

1955年、1989年和1994年分别对塔予以维修。最后一次整修，重点葺补底层塔壁，加固塔基，扶正相轮，更换轮芯，并于底层檐内浇筑圈梁，增设方形基座和扶栏，内设木梯，可登临至六层。

该塔造型端庄，雕工精细，作为有明确纪年的宋代砖塔，在陕西古塔序列中占有重要的地位，尤其是塔上的一些工艺特征，可视为陕西乃至中国北方古塔断代的重要参考，对研究中国宋塔建筑艺术具有重要的价值。

1992年4月，陕西省人民政府公布"精进寺塔"为第三批陕西省文物保护单位，同时公布保护范围。重点保护区为塔；一般保护区为重点保护区外延33米内；建设控制地带为一般保护区外延33米内。

2006年5月，国务院公布"精进寺塔"为第六批全国重点文物保护单位。

◎精进寺塔

◎铁塔刹

◎塔刹座上铸的铭文

◎塔身铭文（拓片）

126 · 中社塔

明代方形五层楼阁式空心砖塔·县文物保护单位。位于澄城县交道乡中社村东南侧，为旧时中社村风水塔和标志性建筑。塔始建于明成化年间（1465—1487），清代修葺。2009年，澄城县文管所和渭南市考古研究所筹资维修，加固塔体，增砌护塔砖围等。

塔通高22米，底边长5.3米，西侧与村堡门洞、堡墙毗连，外观融为一体。塔身底层北向辟券门；二层北、东、西三面辟券龛；三层北面辟券窗，其余三面和四、五层每面均辟券龛或方龛。二层北面龛额上砖刻"孙真洞"3字；四层南面砖刻"层峦耸翠"，北面刻"朝晖夕阴"。层间叠涩出檐平浅。塔顶平砖攒尖，塔刹已毁，尚存刹杆。底层塔室原置有孙真人泥塑像已不存。孙真人，即孙思邈，唐代医药学家，后世尊为"药王"。

该塔为关中渭北地区乡村风水塔的代表作，从一个侧面反映了民间信仰的多样化表征。

◎中社塔

127 · 秀峰塔

清代六角五层楼阁式空心砖塔·县文物保护单位。又称张卓塔，位于澄城县安里乡张卓村东南沟边耕地中。所处位置较低，用以弥补形胜之不足，为旧时张卓村风水塔和标志性建筑。

塔由褐色砖砌筑，通高23米，底层每边长3米，底径5.4米。塔身底层南面辟券门，门槛距离地面约1米，原有入门踏跺已不存；二层每面辟券窗或假券窗；三层南额砖刻楷书"秀峰塔"3字，其余五面各辟方框券窗或假券窗；四层每面辟圆框圆窗或假圆窗；五层每面辟券窗。层间以7～9排平砖叠涩出檐，伸出较长；顶层檐角起翘，置套兽，缀风铃。塔顶六角攒尖，置铁质覆钵刹座，承琉璃宝珠刹。

该塔造型端秀、挺拔，为关中渭北地区乡村风水塔的典型代表。

◎秀峰塔

128 · 三门塔

清代六角六层楼阁式空心砖塔·县文物保护单位。位于澄城县安里乡三门村东南 200 米处沟边果园中。所处位置较低，用以弥补形胜之不足，为旧时三门村风水塔和标志性建筑。

塔通高 27.5 米，底层每边长 2.8 米，底径 5.6 米。塔身底层南面辟券门；二至五层每面自下而上依次辟券窗、八棱窗、菱花窗、梅花窗，精彩纷呈；六层素面无窗。层间以 6～10 排平砖叠涩出檐，伸出较长，其中二至四层檐下砌一排菱角牙子。塔顶六角攒尖，置铁质三层覆盆刹座，承戟形五出杈式宝刹。

史载，北魏太平真君七年（446）设澄城郡，辖澄城、五泉、三门等县；北周明帝二年（558）撤销五泉、三门两县，并入澄城县。今三门村即古时三门县址所在，承载了 1 500 余年的时空变换。

◎ 三门塔

129 · 韦家社塔

清代方形四层楼阁式实心砖塔·县文物保护单位。位于澄城县冯原镇韦家社村东南约 400 米处沟边耕地中。所处位置较低,用以弥补形胜之不足,为旧时韦家社村风水塔和标志性建筑。

塔建于方形夯土台基上,台高 2.5 米,底边长 6 米。塔身残存三层半,残高 8.5 米,底层每边长 2.2 米。各层素面,无门窗;层间以 4 排平砖叠涩出檐;第四层残毁严重。塔基南侧有盗洞,深 2 米。

◎韦家社塔

130 · 文章庙塔

清代方锥形夯土甃砖塔。位于澄城县罗家洼乡陈家醍醐村一组南约 300 米处农田内，四周地势平坦。

塔体坐东南、向西北，通高约 20 米，由甃砖夯土塔和砖砌塔楼组成。夯土塔方形，底周长 23.5 米，高约 15 米，夯层厚约 10 厘米。塔楼方形硬山顶，高约 5 米。两侧山墙各辟一孔圆窗，楼顶覆灰陶筒瓦和滴水，檐下施砖雕双排椽头、额枋及坐斗 2 攒，额枋下有砖雕草叶装饰。塔楼正面辟方框券龛，额题楷书砖雕"辉腾云汉"4 字，两侧砖雕楹联："笔拂青云□□□，□□□□□文"，其左侧楹联砖雕大部分已失，仅余末尾一字。龛额施菱角牙子一排，楹联顶端各嵌铁拔钉 1 枚，其内应有木桩，用以强固塔楼。据当地村民讲述，夯土塔四壁原包砌有青砖，"文革"中被拆除。

旧时科举以八股文为主项，文章庙亦应时而生（与文庙同旨）。读书人自启蒙识字，到开笔作文应试，无不冀望有神灵襄助，保佑金榜题名。该塔当地呼为"文章庙"，在久远的过去曾对其顶礼膜拜，迄今夯土台基前仍残留有烧香痕迹。该塔的发现，对研究当地历史文化、科考和民间信仰提供了实物资料。

◎ 塔楼

◎文章庙塔

131·蔡邓村土塔

清代方锥形夯筑风水塔。位于澄城县王庄镇蔡邓村五组南侧50米,北临沟壑,南为耕地。塔残高约7米,底边长约3米,夯层厚12厘米。底部面南辟砖券洞龛,宽1.2米,高1.5米。塔顶覆一铁板,板上倒扣一瓷瓮,是为塔刹。

◎蔡邓村土塔

132 · 东习村土塔

清代方锥形夯筑风水塔。位于澄城县寺前镇东习村七组东侧,西距韦寺公路约70米,北邻生产路,东、南为农田。塔通高约7米,底边长5米,宽4米。夯层较清晰,夯层厚9~13厘米。塔身一侧搭建有现代简易民宅。塔顶新修有方形两层小砖塔,四角攒尖顶。

该塔现状已非原塔形貌,参考前述"文章庙塔"形制,该塔四壁亦应包砌有青砖,可能于早年被拆除。塔顶新修砖楼,亦当为早年毁没的塔上建筑(庙宇之类)的再行恢复,但只是草草了事,保留了旧时的某种记忆。

◎ 东习村土塔

133·东严庄土塔（2座）

清代方锥形夯筑风水塔，2座。位于澄城县善化乡严庄村东严庄组南120米处，南临生产路，西距渭清公路约100米，北临果园。一座残高5米，底边长2.3米，夯层厚10～12厘米；塔身两侧连缀有现代土墙。另一座通高6米，底边长2.5米，顶边长约1米，夯层厚10～12厘米；顶部为砖砌方台，以9层青砖叠涩内收，已损毁严重，原应有类似蒲城县晋城塔顶部的砖木结构建筑，惜已不存。

◎东严庄土塔之一

134·十甲沟土塔群（3座）

清代方锥形夯筑风水塔，3座。位于澄城县交道镇十甲沟村周围。由南、东、东北依次编为1、2、3号塔。

1号塔位于村南50米处耕地内。残高3米，底宽1.8米，夯层厚4～8厘米，内含少量贝壳、陶片等夹杂物。由于风雨侵蚀，塔顶已损毁，底部亦剥落严重。

2号塔位于村东20米处空地内。残高4米，底宽2.8米，顶宽2米，夯层厚6～10厘米，内含少量贝类夹杂物。据当地村民讲述，顶部原建有一座小庙，坐北朝南，毁于"文革"期间。

3号塔位于村东北30米处耕地内。残高6米，底边长6米，宽4米；顶部长4米，宽2.8米；夯层厚5～12厘米，内含少量贝类夹杂物。与2号塔类似，塔顶原建有一座小庙，坐北朝南，毁于"文革"期间。

◎十甲沟土塔群1号塔

135·雷家庄土塔

清代方锥形夯土甃砖风水塔。位于澄城县冯原镇雷家庄村雷家长宁组东南约150米，东距长宁河约150米，南距沟沿约50米，西距202县道约400米，北紧邻耕地。塔通高4.1米，底边长2.2米，顶边长1米，夯层厚10～12厘米。塔身四角分别指向东、南、西、北四个方向；距地面高2.7米处西北面辟一长方形砖龛，宽0.35米，高0.45米，进深0.3米，龛上出平檐。塔顶以青砖9层叠涩收束，塔刹不存。

◎雷家庄土塔

136 · 梁家嘴土塔

清代方锥形夯土甓砖风水塔。位于澄城县刘家洼乡梁家嘴村东100米处，南临田间道路，其余三面为耕地。塔通高7米，底部东西长4.5米，南北宽4.2米，夯层厚10～13厘米，土质坚硬、纯净。塔顶以方形石板作基，上砌青砖神楼，上下无收分，正面辟方龛；楼顶四角攒尖，顶部残损。由于风雨剥蚀，石板四边已悬空，岌岌可危。塔身东北角有坍塌，局部有裂隙。

该塔为澄城众多土塔中尚存顶部砖楼结构完整的夯土塔，堪称珍贵。

◎土塔局部

◎ 梁家嘴土塔

137 · 灵泉村土塔（2座）

清代方锥形夯筑风水塔，2座。位于澄城县王庄镇灵泉村南约800～1 000米处沟壑边。一座残高3米，夯层厚约10厘米；另一座残高4米，夯层厚7～10厘米，夯土中含有少量红、灰陶片等夹杂物。由于风雨剥蚀，局部坍落严重。塔身布满杂草。据当地村民讲述，两座塔均有祛邪禳灾的作用。

◎灵泉村土塔之一

◎灵泉村土塔之二

138·灵泉村舍利塔

清代六角二层砖舍利塔。位于澄城县王庄镇灵泉村南800米，为寺庙遗存，寺早年废毁，沿革不详。

塔系青砖砌筑，白灰勾缝，残高3.5米。底部为六角须弥座，每边长0.6米。层间稍有出檐，顶层平砖三层出檐，塔顶叠涩呈盝顶式样，塔刹不存。塔身底层一侧砖壁有人为损坏现象，缺失砖块。

◎灵泉村舍利塔

139·岭上村土塔

清代方锥形夯筑风水塔。位于澄城县雷家洼乡岭上村东约300米处耕地中,周围地势平坦。塔通高约15米,底边长7米,夯层厚6～12厘米,内含少量陶、瓷片等夹杂物。由于风雨侵蚀,塔身北面损坏较严重。

◎岭上村土塔

140·庙洼村土塔

清代方锥形夯筑风水塔。位于澄城县雷家洼乡庙洼村东南约50米处耕地内,周围地势平坦。塔通高约9米,底边长5.5米,夯层厚4~8厘米,内含少量陶、瓷片等夹杂物。塔身底部东南向辟一券洞,面阔1.2米,高1.7米,进深2米。由于风雨侵蚀,塔身东北面残损较严重,局部剥落。

◎庙洼村土塔

141 · 南庄土塔

清代方锥形夯筑风水塔。位于澄城县罗家洼乡许庄村南庄组（三组）东边地堰边。塔通高约 16 米，底边长 5.8 米，夯层厚 10 厘米。塔顶以 10 层青砖叠涩收束。由于风雨剥蚀，已塌毁半边，岌岌可危。据当地村民讲述，原塔上部砖顶倒扣有一瓷瓮，已不存。当地村民认为，该塔有祈福、镇邪、避灾的作用。

◎南庄土塔

142 · 西丰洛土塔

清代方锥形夯筑风水塔。位于澄城县王庄镇侯庄村西丰洛组南约100米处地堰边。塔通高约15米，底边长4.3米，夯层厚8～10厘米。当地村民认为，该塔有祛邪禳灾的作用。

◎西丰洛土塔

143 · 西干浴土塔

清代方锥形夯筑风水塔。位于澄城县王庄镇西干浴村三组南约 60 米，东、北为耕地，南临地堰，西距土路约 10 米。塔残高 6 米，底边长 5.3 米，夯层厚 19 厘米。塔身棱角分明，顶部长满杂草，草丛下可见一层平铺方砖，原应有塔顶建筑，现已不存。塔体北面中下部辟有砖券龛洞，高宽均约 1 米。据当地村民讲述，该塔可镇邪禳灾，保佑全村人世代平安。

◎西干浴土塔

144 · 西观村娘娘庙塔

清代方形三层夯土甃砖塔。位于澄城县寺前镇西观村西 200 米处水泥路边。塔坐北朝南,通高约 10 米。底层为夯土甃砖结构,南北长 10.2 米,东西宽 7.4 米,包砌砖面高 3.8 米;南面辟砖券洞室,洞内宽 2.2 米,高 2.3 米,进深 9.4 米。甃砖上方为夯土裸露层,向内收分;其上二、三层塔身为夯土结构,逐层内收,二层底边长 4 米,夯层厚 8 ~ 10 厘米。塔址原有娘娘庙,现已不存。

该塔与蒲城县地母塔属同类性质。区别是后者无分层,通体为夯土结构,且未发现甃砖的痕迹。这种差别缘于地方经济条件的不同。

◎西观村娘娘庙塔

145·咸和村土塔

清代方锥形夯筑风水塔。位于澄城县赵庄镇咸和村东南。塔残高4.5米，底边长2.7米，夯层厚12厘米，土质坚硬、纯净。由于风雨剥蚀，塔顶北部有垮塌；东南侧上部有裂隙，长约3米，宽8～13厘米。

◎咸和村土塔

146 · 遮路村土塔

清代方锥形夯筑风水塔。位于澄城县罗家洼乡遮路村二组南侧地边。塔通高约8米，底边长5.1米，夯层厚12厘米。塔身西面下部辟砖券小洞室，宽0.85米，高1.1米；两侧壁和顶部券砖已脱落不存，后壁平砖垒砌12层仍完好如旧。据当地村民讲述，该塔有镇邪禳灾的作用，因而自觉维护，曾有修葺。

◎遮路村土塔

147·郑家坡土塔

清代方锥形夯筑风水塔。位于澄城县韦庄镇郑家坡村西北约800米处,四面环沟,形势险要。塔通高约15米,底部东西长8米,南北宽6米,夯层厚9～11厘米。塔身西邻一座废弃的寨址,东西长约40米,南北宽约30米,仅东南角有条小路与外界沟通。

◎郑家坡土塔

148 · 北酥酪土塔

清代方锥形夯筑风水塔。位于澄城县寺前镇北酥酪村北约 200 米处农田中,南邻西禹高速公路,北临大峪河。塔残高约 4 米,底边长 3.5 米,夯层厚 8～10 厘米。由于风雨侵蚀及农业生产,塔体局部剥落和残损较为严重。

◎北酥酪土塔

合阳县

合阳县因地处合水北岸而得名。古称"有莘国",平王东迁洛阳后,废有莘国,并入晋,称"莘地"。公元前453年,韩赵魏三家分晋,莘地属魏"西河之地"。魏文侯十七年(前429)于黄河西岸合水(亦称洽水,清初断流,《诗经》有"在洽之阳"句)北岸筑"合阳城",为合阳见诸典籍之始。汉景帝二年(前155)改"合"为"郃",始设"郃阳县",后世撤并、复置、隶属更易屡有发生。1964年9月,复改郃阳县为合阳县(便于识读)。其位于关中盆地东北部、黄河西岸,隔河与山西省临猗县相望。地势呈阶梯形,自东南向西北逐渐升高,依次为河谷阶地、黄土台塬和低中山岭,海拔在342~1 543米之间。境内重要遗存有魏长城遗址(合阳段)、秦长城遗址(合阳段)、梁山千佛洞和万佛塔遗址、寿圣寺石窟、王家河摩崖造像,以及灵井铁钟、蒙汉合文碑、玄武庙青石殿、福山寺、禹皇庙、药王庙、合阳文庙、东吴戏楼和黑池钟楼等。合阳县现存古塔106座,约占渭南古塔的1/2,超过全省古塔的1/5,是名副其实的陕西古塔大县。其中,百良寿圣寺塔造型纤瘦、俏丽,为关中地区唐代名塔之一;罗山寺塔门额上方,曾发现横置的柏木桩1根,长约2.5米,这种做法在长安二龙塔门额上亦有发现,是唐代砖塔的一种结构方式,主要起到稳固塔身和塔门的作用,而罗山寺土塔(2座)置于罗山寺塔西北和西南两侧,为清初添建,意使三塔并峙,形如笔架,以补合阳文脉;具有宋代建筑风格的大象寺塔,因受黄河切割地层和地球自转的影响,已向东北方向严重倾斜,为陕西"斜塔"之最,堪比意大利比萨斜塔;有明确纪年的合阳千金塔,以富翁捐资"千金"而得名,为魁星庙附属遗存,可见邑人对昌盛当地文脉的重视程度;英庄太阳塔为"三普"首次发现,太阳塔之谓,以往文献资料阙载,其供奉神祇应为佛教中的日光菩萨,民间俗称太阳菩萨。合阳古塔序列中,以明清土塔为大宗,几占总数的4/5,陕西土塔的结构方式,在这里都能觅见原型。其中,峪北村土塔上部有木桩加固遗存,此迹象为首次发现,对研究渭北土塔结构有重要的参考价值。项村风水塔为夯土甓砖结构,塔身东、南两面有较深的夯筑夹板凹痕，共九层，每层高 0.5 米；东面残留有少量青砖；塔顶亦有青砖散落，由遗存迹象判断，原塔顶部搭建有塔楼。据渭北一带村民反映，现今所见大量土塔，曾有相当部分为内里夯土，外表包砖。因风雨剥落，许多包砖被当地村民捡回家另派用场，也有被扒下取走的情况，类似于法国经济学家克洛德·弗雷德里克·巴斯夏在《看得见的与看不见的》一文中讲述的"破窗效应"。这种现象，主要发生在 20 世纪五六十年代，包砖作为当时稀缺的建筑材料，有的用于家中盖房铺地，也有的用于生产队搭建饲养室等，只有耄耋老人保存了些许记忆。

149 · 百良寿圣寺塔

唐代方形十三级密檐式实心砖塔·全国重点文物保护单位。俗称百良塔，位于合阳县城东北约 20 公里的百良镇百良中学（原寿圣寺遗址）院内。百良，"原名并粮，讹云百良。俗传为羊角哀、左伯桃并粮处"。古时，合阳境内冠名寿圣的寺院有 8 座，百良寿圣寺是其一，后世寺毁塔存。

塔传建于唐贞观年间（627—649）；明嘉靖三十四年十二月（1556 年 1 月）华州大地震，塔上部崩毁两级，塔体向北偏东倾斜。清顺治十五年（1658）至康熙二年（1663）予以维修，加固了塔基，在塔身周围包砌高砖台，上筑矮墙如城堞式样。

现塔残高 29.7 米，底层每边长 5.3 米。周围有近年补葺方形基座，底边长 17.65 米，高 1.35 米。塔身底层特高，南向辟券门，额题"慈云洞天"4 字（今已不存），门额上方做出小局部单坡屋檐，饰椽头、瓦垄和正脊鸱尾；北壁嵌康熙二年王又旦撰《重修寿圣寺浮图记》（见附录）碣 1 方。二、三、四层和九层壁面作仿木结构，交替雕饰假券门或假卧棂窗。层间以 15 排砖叠涩出檐，施菱角牙子，其中一至五层檐下隐出阑额，施转角铺作，置补间铺作两朵，斗栱为"把头绞项造"式样（类似于一斗三升）。塔身多用菱格形图案方砖和带手印条砖砌筑，有些砖上印有"施主王平"字样。塔刹已毁。1985 年维修，拆除康熙二年包砌于塔身底层的高砖台，在塔基部位加注四根钢筋混凝土暗柱，塔身五层以下暗加九道铁箍，并重新挂置风铃；在塔西壁嵌《维修百良塔记》碣1方，落款"一九八五年十月二十六日"。

该塔造型纤瘦、俏丽，为关中地区为数不多的唐代名塔之一。

1957年5月，陕西省人民委员会公布"百良塔"为第二批陕西省文物保护单位。1992年4月，陕西省人民政府公布保护范围。重点保护区为塔周围30米内；一般保护区与重点保护区相同；建设控制地带为重点保护区外延70米内。

2006年5月，国务院公布"百良寿圣寺塔"为第六批全国重点文物保护单位。

附录

重修寿圣寺浮图记

塔传建唐贞观间，无碣可考。高十三级，下有小龛。年远址裂，坐龛下如坐万仞崖底，危石缅□垂也。仰睇塔上，窈窈其景。每风吼云飞，辄若移动，久视乃定，不知几十年于兹矣。岁戊戌（应为顺治戊戌），吾祖思固厥基，进□笏而议，□邑令徐公严叟序其薄捐金助之。四方输者，驰车如鹜矣。康熙元年八月，淫雨连旬，墙塘楼舍倾颓无留也。余惧甚，呼僧迫之。乃于二年夏孟告成。每方广五尺，高四丈奇。王子曰：天下事岂不在人哉？唐浮图如慈恩寺所云：高标跨苍穹者，崩损几□，在吾里者，形乃突兀如涌出也。□比龙象，□心操之，不然听其湮灭。岁月既久，斯亦残而封萝荐，而尚可问哉？赐进士第礼部观政王又旦撰，庠生王又昌田、庠生□南、图南、□南、孙文□督修。住持僧：明德、清□、静中、无尚、无众募修。信士：□居干、王见喜、赵树芳、王□仝募。泥水匠：文□稳、李养鳞。石匠：李□林。皆康熙二年岁次癸卯季夏廿日。

◎百良寿圣寺塔

150 • 罗山寺塔

唐代方形九层楼阁式空心砖塔•全国重点文物保护单位。又称岱堡塔、乳罗山塔，位于合阳县城南和家庄镇东马村西南约 1 公里的岱堡塔村北侧乳罗山东峰上，登顶可俯瞰金河水。因地处山巅，选址高敞，方圆数十里遥望可见。乳罗山自东而西绵亘 10 余里，远远望去，东西二峰如同双乳罗列，故得名"乳罗"。清光绪年间（1875—1908），合阳县令段士聪总结合阳地貌特征："三山不出头，二水不行舟。"所谓不行舟，盖指金水和徐水皆水量很小，不能载舟；而山不出头，是说乳罗山等境内山脉远望似浑圆的馒头，不见奇峰高耸。民国本《郃阳县新志》载："罗山寺，在乳罗山巅，有大浮图。"所述"乳罗山巅"即乳罗山东峰，实际为浑圆的山丘，海拔 724.5 米，山上地势开阔，适宜建寺修塔。

传寺及塔均建于唐大中年间（847—860），规模宏大，曾有"西有法门寺，东有罗山寺"之说。明嘉靖三十四年十二月（1556 年 1 月）华州大地震致塔顶崩毁，寺院渐趋荒圮。明末清初女诗人雷敬儿（史夫人）曾寻夫至此，用簪子在寺院砖墙上刻下"寺野钟声远，山荒风雨多"之句。清同治年间（1862—1874）曾重修寺院。20 世纪 50 年代末拆除寺院，建筑材料用于搭建当地学校。现寺址内仍可见残砖瓦砾。尚存晚唐风格砖塔 1 座和清顺治十年（1653）所筑土塔 2 座，三塔遥相并峙，形如笔架。

砖塔原为九层，现存八层，残高 29.97 米，底边长 6.85 米。基座已埋没。塔身底层特高，南向辟券门，门高 3.27 米，宽 1.7 米，早年砖壁剥落较多，于门额上方发现横置柏木桩 1 根，长约 2.5 米，厚 0.25 米。二层以上壁面作仿木结构三间，以砖隐出倚柱、阑额、角柱。二、三、四层每面当心间辟券门或假券门，上下位置交错；四层以上隔层东西、南北交错设置假券门。层间叠涩檐下砌菱角牙子，其中一至四层阑额施转角铺作和柱头铺作，斗栱为"把头绞项造"（类似于一斗三升）式样，五层以上仅置栌斗。第八层残损严重，仅剩半边；九层以上无存。现塔身已向东北倾斜。底层壁砖剥落较甚，于近年补葺砖面。

该塔底层门额上方横置柏木桩的做法在长安区的二龙塔底层门额上亦有发现，是唐代砖塔的一种结构方式，主要起到稳固塔身和塔门的作用，这种技术后世砖塔和土塔亦有继承。

1992年4月，陕西省人民政府公布"罗山寺塔"为第三批陕西省文物保护单位，同时公布保护范围。重点保护区为塔周围30米内；一般保护区为重点保护区外延23米内；建设控制地带为一般保护区外延47米内。

2013年5月，国务院公布"罗山寺塔"为第七批全国重点文物保护单位。

◎罗山寺塔

151·罗山寺土塔（2座）

清代方锥形夯筑风水塔，2座。位于合阳县和家庄镇岱堡塔村罗山寺塔西北和西南两侧各百余米处。罗山寺塔选址高敞，方圆数十里内遥望可见，因称合阳文峰。但觉一峰太孤，亦有感于合阳文脉不盛，遂有邑人、明末进士仵魁倡议，于清顺治十年（1653）筑此两塔，与罗山寺塔遥相并峙，形如笔架，以补合阳文脉。由于风雨剥蚀，两塔现状呈圆锥形，分别高约9米、10米，底边长约7米，夯层厚9～13厘米；塔身辟有龛洞，内置土台；塔顶原置有黑釉陶瓷，现已不存。西南侧土塔生有古柏一株，苍翠葱茏。据当地村民讲述，两座土塔原基部和顶部都曾包砌有青砖。

清乾隆本《郃阳县志》卷一载："乳罗山在县南……旧有塔一，形家谓文峰太孤，故邑进士仵魁，倡筑二墩云。"两塔建于清初，其时称为"墩"，犹言墩台也。墩台是明清时期举烟报警的烽燧建筑，形制为方锥形夯土台，四面甃砖。明景泰七年（1456），举人黄瑜有诗云："车骑连云炮震雷，边墙如月接墩台。"据此得到两点启发：一是关中渭北和陕北洛川等地多见的方锥形夯筑土塔，因形如墩台，当时亦俗称为"墩"；二是陕西土塔的建筑年代，一般可定为早至明季，晚至清末到民国初期。由于没有确切的碑碣纪年，本书记述的土塔个体一般都定在清代。

◎罗山寺土塔之一

◎罗山寺土塔之二

152·大象寺塔

宋代方形十三级密檐式实心砖塔·全国重点文物保护单位。又称龙王庙塔、平政塔、安阳塔，位于合阳县城关镇（原平政乡，2001年撤并）安阳村东北的黄土塬上。大象寺之名曾见录明嘉靖二十年（1541）《郃阳县志》和清乾隆三十四年（1769）《郃阳县全志》。寺于抗日战争时期废毁，仅存寺塔。

现塔为宋代建筑风格，残高28米，底边长4.8米。基座已埋没。塔身底层特高，面西辟券门，门高2.1米，宽0.9米。内设塔心室，券室后壁残留佛背光图样，顶部为砖结构藻井。二层以上实心。第二层和七层东、南两面辟券龛，三层东、西两面辟券龛，其他各层均为素面。层间叠涩檐下施阑额、菱角牙子，出双排或单排椽头和瓦垄。其中，底层檐下置四铺作单抄斗栱，补间铺作为单栱。塔顶已毁。一层和五层塔檐亦多有砖块脱落。塔前10余米有建筑基址1处，散布有残砖瓦。原有明隆庆六年（1572）"大象寺花云居碑"1通，碑文记载山西道监察御史进香事宜。该碑已搬迁。

因受黄河切割地层和地球自转影响，合阳县境内的古塔均向东北方向倾斜，而大象寺塔尤甚。据测量，现塔顶偏离中心值已超过5度，处于随时可能倾颓的险境，为陕西"斜塔"之最，堪比意大利比萨斜塔。

2003年9月，陕西省人民政府公布"大象寺塔"为第四批陕西省文物保护单位。保护范围为塔基四边外延80米；建设控制地带为文物保护范围四面外延50米。

2013年5月，国务院公布"大象寺塔"为第七批全国重点文物保护单位。

◎ 大象寺塔

153 • 合阳千金塔

明代八角十三级密檐式空心砖塔·省文物保护单位。位于合阳县城天合园广场（原城关镇东南 1 公里）。据清乾隆本《郃阳县全志》载："（县城）东南有土山，山上有魁星庙，庙西有千金塔，万历乙酉义民康守己输千金创建者。"可知塔为魁星庙附属建筑，由康守己一人捐资"千金"而得名。时人创建该塔，意在补合阳文脉。原传为白衣寺塔，不确。后世庙毁塔存。

现塔周围有近年增设八角形台基和砖护栏。塔通高 27 米，底边长 3.25 米。塔身底层较高，北面正中辟券门，宽 1.05 米，高 1.58 米，额嵌楷书"千金塔"3 字砖匾。第二、六、十层南北两面辟券窗，四、八层东西两面辟券窗，其余各层各面均为素面。层间以 7～9 排平砖叠涩出檐，施菱角牙子。底层檐下施砖雕额枋、斗栱、垂莲柱，斗栱为坐斗加麻叶出卷云头式。塔顶平砖攒尖，塔刹无存。现塔身向东严重倾斜，二层注有"危险建筑，严禁攀登"红字标识。

2014 年 6 月，陕西省人民政府公布"合阳千金塔"为第六批陕西省文物保护单位。保护范围为塔基四周外延 30 米；建设控制地带为保护范围外延 100 米。

◎合阳千金塔

154 · 城村奎星塔

清代六角五层楼阁式实心砖塔。位于合阳县甘井镇城村西南约50米处。塔建于清道光年间(1821—1850),通高约8米,底边长1.5米,塔身一层高2.4米。塔身无门,第五层东北面辟券龛。层间叠涩出檐,二、三层和五层檐下加饰菱角牙子。塔顶六角攒尖,置戟形铁刹。

甘井镇位于合阳县城北部梁山脚下,西临金水,东滨徐水,南与城关镇毗邻。地貌类型为河谷阶地和黄土高原的三级台塬。镇北部塬高沟深,梁峁相间交错,地形复杂。北部梁山为黄龙山支脉,蜿蜒绵亘6公里,平均海拔1 300米。城村位于镇北黄土台塬,地势北高南低。奎星塔东距村间道路约50米,北约600米为孟村,交通较为便利。

©城村奎星塔

155 · 北伍中奎星塔

清代六角七层楼阁式实心砖塔·省文物保护单位。位于合阳县甘井镇北伍中村内。始建年代不详，清道光年间（1821—1850）重修。塔通高约 10 米，底边长 1.5 米。塔身无门，第三层南面辟方框券龛，原有额题已泐。层间叠涩出檐，底层和顶层檐下加饰一排砌菱角牙子，二、三、四层和六层每面布有铁拔钉。塔顶六角攒尖，原置铁刹已残。底层东面嵌道光二十九年（1849）《重修奎星塔序》碣 1 方。

北伍中村位于甘井镇镇北黄土台塬，地势北高南低。村东 500 米为杨家庄，西约 200 米为 207 县道，交通便利。

2018 年 7 月，陕西省人民政府公布"北伍中奎星塔"为第七批陕西省文物保护单位。保护范围为塔基范围内；建设控制地带为保护范围四周外扩 10 米。

◎北伍中奎星塔

156 · 南伍中村奎星塔

清代方形七层楼阁式实心砖塔。位于合阳县城关镇南伍中村南 50 米处林地内。塔残高约 18 米，底边长 3.55 米。塔身素面，二层西面辟有长方形龛。层间叠涩出檐平浅，五层以上收分较急，远观塔体呈方锥形。塔顶残损，塔刹不存。底层有近年修缮痕迹。

城关镇位于合阳县中部黄土塬区，西临金水沟，塬面与沟底落差 70～80 米，沟边支沟较多，水土流失严重。南伍中村位于黄土台塬上，地势较平坦。有水泥路通至村中，向东连接县道合甘路（合阳—甘井镇），交通便利。

◎南伍中村奎星塔

157 · 英庄太阳塔

清代方形三层楼阁式砖塔。位于合阳县同家庄镇英庄村南沟畔上。当地称为"太阳塔",应与民间信仰有关,为寺庙遗存,庙早年废毁,沿革不详。

原塔三层,现残存两层,残高约 5 米,立面呈"凸"字。塔为青砖砌筑,白灰勾缝。底层高 2.8 米,西北向辟券门,门宽 0.85 米,高 2.3 米;二层西北向辟券龛,塔壁与龛内后壁有一道裂隙上下里外贯通;三层已毁。层间以塔身收进为隔层,无塔檐。

太阳塔为全国第三次文物普查中首次发现,以往文献资料阙载。太阳塔供奉神祇应为佛教中的日光菩萨,民间俗称太阳菩萨。日光菩萨是药师琉璃光如来的左胁侍,是净琉璃世界无量无数菩萨众中的上首大菩萨,又称日曜菩萨、日光遍照菩萨,俗谓太阳天子。

◎ 英庄太阳塔

158 · 安阳村土塔

清代方锥形夯筑风水塔。位于合阳县城关镇安阳村东 500 米处耕地内。塔残高 7 米,底边长 10 米,夯层厚 9～11 厘米。塔身棱角分明。由于风雨侵蚀,塔顶坍落严重。

安阳村位于黄土台塬上,地势较平坦。

◎安阳村土塔

159 · 白灵村土塔

清代方锥形夯筑风水塔。位于合阳县知堡乡白灵村东南角10米处耕地内，四周地势较高。塔残高7.2米，底周长15米，层厚9～10厘米。由于风雨剥蚀，平面略呈圆形。塔身南侧中部辟有方洞，供奉神祇牌位。塔东侧长了一棵树。

知堡乡位于合阳县城东6公里，西连城关镇和甘井乡，南与坊镇接壤，东与百良镇为邻。乡境东部沟壑纵横，西部地势平坦，黄土发育良好。白灵村位于知堡乡西偏南约1.5公里，西与城关镇东庄子相邻，北与麻家庄接壤，东接百良镇，南为坊镇，四周地势平坦。

◎白灵村土塔

160 · 百里村土塔

清代方锥形夯筑风水塔。位于合阳县城关镇百里村东 100 米处耕地内。塔残高 6 米,底边长 2.5 米,夯层厚 9～11 厘米。由于风雨剥蚀,塔身东半部垮塌严重,局部呈现裂隙,现状陡峭。

百里村东距县道皇新(皇甫庄镇—甘井镇)路 150 米,通村水泥路已通至村中,简易公路从村北穿过,交通便利。

◎百里村土塔

161 · 柏瑞村土塔

清代方锥形夯筑风水塔。位于合阳县同家庄镇柏瑞村南约1公里处果林中,地处大枣沟边缘。塔通高12米,底边长3米,夯层厚12厘米,土质较纯净。当地村民认为,该塔有镇邪避灾的作用。

同家庄镇位于徐水沟之北,黄河西岸,太枣沟从西北向东南在镇北部穿过,为一级台塬地貌,地势平坦,局部略有起伏。气候属暖温带半干旱大陆季风气候,具有光热资源丰富、降水偏少、干湿分明、灾害频繁等特征。柏瑞村位于同家庄镇东北4.5公里,有通村水泥路,交通便利。

◎柏瑞村土塔

162 · 保宁村土塔

清代方锥形夯筑风水塔。位于合阳县马家庄乡保宁村南约40米,周围地势平坦。塔通高约8米,底边长4.4米,夯层厚10～13厘米,内含少量贝壳等夹杂物。由于风雨侵蚀,塔身东面剥落严重。

马家庄乡位于合阳县城东南25公里,东临黄河滩,与山西隔河相望,西南临金水河,地势西北高、东南低,合马公路(合阳—马家庄)、马华(马家庄—华原)公路穿境而过。保宁村东距黄河约5公里,为黄河西岸二级阶地,局部略有起伏,地势较为平坦,有村道直通合马公路,交通较为便利。

◎保宁村土塔

163 · 北陈峪土塔

清代方锥形夯筑风水塔。位于合阳县甘井镇北陈峪村东南。由于风雨剥蚀和人为取土，塔顶垮塌较甚，塔身东、南、北侧下半部损毁严重。现状略呈圆形，残高约 4 米，底部南北残长 3.5 米，东西残宽 2.2 米。从剥落面观察，夯层厚 8～12 厘米，夯窝径 12 厘米，夯窝深 2 厘米，夯土坚硬，土质较纯净。

北陈峪村位于镇北黄土台塬上，地势北高南低。塔东 150 米和塔北 400 米为乡间道路，西约 200 米为壕沟，交通较为便利。

◎ 北陈峪土塔

164 · 北伏蒙村土塔

清代方锥形夯筑风水塔。位于合阳县坊镇北伏蒙村东 300 米小土岗上，四周为耕地。塔残高 7 米，底边长 3 米，夯层厚 8～10 厘米。

北伏蒙村位于合阳县东北黄土台塬上，东临黄河，塬面破碎，沟壑纵横，塬沟高差约 200 米，地势西北高、东南低，地表、地下水资源较缺乏。村中有东西向通村水泥路连接村西乡道，往西南通往坊镇政府，向南通往合洽（合阳—洽川）公路，交通便利。

◎北伏蒙村土塔

165 · 北郭村土塔

清代方锥形夯筑风水塔。位于合阳县马家庄乡北郭村南约 200 米处耕地内，周围地势平坦。塔通高约 10 米，底边长 5 米，夯层厚 10～12 厘米，内含少量陶、瓷片等夹杂物。由于风雨剥蚀，塔身北部残损较严重。

北郭村位于黄河西岸二级台地，周围地势较为平坦，有村道直通合马公路，交通较为便利。

◎北郭村土塔

166 · 北雷村土塔群（4座）

清代方锥形夯筑风水塔，4座。位于合阳县黑池镇北雷村东至村东北一线，依次编为1、2、3、4号塔。

1号塔位于村东约400米处耕地内。塔残高3米，底边长3米，夯层厚8～10厘米，内含少量夹杂物。塔顶塌毁，呈现半截塔身。因附近砖厂取土和重新平整耕地，塔身底部周围被下挖近4米，使塔身和原地面削去部分成为一体，两者合高约7米。

2号塔位于村东150米处空地内。塔残高约6米，底边残长2.5米，夯层厚10～12厘米，内含少量夹杂物。由于风雨剥蚀，塔顶已毁，塔身下部剥落严重。

3号塔位于村东约200米处台塬上。塔残高约3米，底边残长2.5米，夯层厚6～10厘米，内含少量贝类夹杂物。由于风雨剥蚀和人为取土，塔顶塌落，塔身北部残毁严重。

4号塔位于村东北300米处台塬上。通高约10米，底边长5米，夯层厚10～12厘米，内含少量瓷片和贝类夹杂物。由于风雨侵蚀，塔身局部塌落，塔顶至下部有较大裂隙。

黑池镇位于合阳县城南偏东22公里，东临黄河，西界金水沟，北依新池，南接马家庄。传说书圣王羲之曾在此题写"古晋墟"3字后于附近涝池涮笔，洇黑了池塘，遂有"黑池"村名衍生，以后发展为集镇。北雷村位于黑池镇东南，为黄河二级台塬，东距黄河约2公里，有村道直通合马公路，交通较为便利。

◎北雷村土塔群1号塔

◎北雷村土塔群3号塔

◎北雷村土塔群 4 号塔

167·北渠西村土塔

清代方锥形夯筑风水塔。位于合阳县和家庄镇北渠西村东约30米,东距金水沟约100米,北临沟壑约10米,西和南为耕地。塔残高3.8米,底部残长2.2米,夯层厚9~12厘米。因水土冲刷严重,塔身多处坍落。

和家庄镇位于合阳县城西南11公里,地处乳罗山北原,东临金水沟,西界大浴河,地势较为平坦。北渠西村位于和家庄镇东北方向、金水沟西岸台塬,西距108国道约1.5公里、距西韩铁路约4公里,北临西禹(西安—禹门口)高速公路约100米,通村柏油路通至村内,交通较为便利。

◎ 北渠西村土塔

168 · 北吴仁村土塔

清代方锥形夯筑风水塔。位于合阳县马家庄乡北吴仁村东约50米处空地内，东临壕沟。塔通高约9米，底边长4.3米，夯层厚9～11厘米，土质较为纯净，内含少量夹杂物。由于风雨侵蚀，塔顶北部坍塌严重，塔基夯层多有剥落。

北吴仁村为黄河西岸一级滩地与二级台地分界处，落差较大，沟壑纵横；有村道直通合马公路，交通较为便利。

◎北吴仁村土塔

169·北伍中村土塔

　　清代方锥形夯筑风水塔。位于合阳县甘井镇北伍中村东部,道路北侧。塔残高6米,底部东西残长5.2米,南北残宽4.85米,夯层厚8～15厘米,土质坚硬、纯净。由于风雨侵蚀,塔顶剥落,呈平顶状;塔身南侧中部有裂隙,长约3米,宽1～3厘米。

　　北伍中村位于甘井镇镇北黄土台塬,地势北高南低。塔址东约300米为姚家庄,西约200米为207县道,交通便利。

◎北伍中村土塔

170 · 北岳庄土塔

清代方锥形夯筑风水塔。位于合阳县百良镇北岳庄村一组涝池东南侧徐水沟畔。塔通高约10米，底边长3.5米，夯土层厚约10厘米，内含少量石块、瓷片等夹杂物。保存状况较好。土塔地处村南徐水沟畔，与沟南小伏六村土塔隔沟相望。当地村民认为，该土有镇邪避灾的作用。

百良镇位于合阳县城东北15公里，地处太枣沟和徐水沟之间，为一级台塬地貌，地势平坦，局部略有起伏。北岳庄村北距百良镇3.5公里，东距黄河约4公里，有通村水泥路，交通便利。

◎北岳庄土塔

171 · 曹家坡土塔

清代方锥形夯筑风水塔。位于合阳县知堡乡曹家坡村西北50米处路边，南侧为废弃砖厂，北侧曾为砖厂取土场。塔残高6米，底部南北残长4.3米，东西残宽2.5米，夯层厚8～11厘米。由于风雨侵蚀，局部坍塌严重，平面略呈长方形。

曹家坡村位于知堡乡东南5公里，北临段家洼村，其余三面和坊镇接壤。村内有通村公路和1所小学，交通便利。

◎曹家坡土塔

172 · 崔卢村土塔

清代方锥形夯筑风水塔。位于合阳县马家庄乡崔卢村东约 400 米处耕地内，四周环沟。塔通高约 9 米，底边长 3.8 米，夯层厚 10～12 厘米，内含少量贝壳、螺丝和炭渣等夹杂物。据当地村民讲述，塔修筑于清代，有镇邪避灾的作用。

崔卢村位于马家庄乡东南 1.5 公里，东距黄河约 4 公里，地处黄河二级台塬，地势较为平坦，有村道直通合马公路，交通便利。

◎崔卢村土塔

173 · 大伏六村土塔（2座）

清代方锥形夯筑风水塔，2座。位于合阳县坊镇大伏六村偏南150米，南去3米为深约10米的沟壑，北临东西向徐水沟，分别编为1号塔和2号塔。

1号塔高约6米，底边长2米，夯层厚7～12厘米，保存尚好。

2号塔因人为取土和风雨剥落较甚，平面略呈长方形，立面为鹰喙状，残高5米，底边长2.5米，宽2米，夯层厚7～12厘米。

坊镇位于合阳县城东偏南10公里，素有"合阳首镇"之说，古时秦晋往来、夏阳渡和朝韩大道必经此地，明朝时因商贾云集，手工作坊林立而成集市，故称。大伏六村东距黄河4公里，位于坊镇东北6公里处黄土台塬上，塬面破碎，沟壑纵横。村落原为伏六乡政府所在地，2000年撤乡并镇划归坊镇。村中有通村水泥路连接村南乡道，往西南通往坊镇，交通较为便利。

◎大伏六村土塔1号塔

◎大伏六村土塔 2 号塔

174 · 大原头土塔群（3座）

清代方锥形夯筑风水塔，3座。位于合阳县知堡乡大原头村东300米至东北300米一侧沟畔，依次编为1、2、3号塔。

1号塔土塔位于村东300米处沟边。由于风化坍塌，整体呈不规则形；塔残高2.5米，底边长2.1米，夯层厚7厘米；北部坍塌严重。

2号塔位于村东北300米处。由于风化坍塌，上半部已失，略呈平顶状；塔残高2.6米，底边长4.5米，夯层厚11～12厘米。

3号塔位于村东300米处沟畔。塔高11米，底边长4.6米，夯层厚7～10厘米，保存尚好。

大原头村位于知堡乡东南端、徐水沟西岸，村域沟壑纵横，地势起伏较大，交通不便。

◎大原头土塔群1号塔

◎大原头土塔群 2 号塔

◎大原头土塔群 3 号塔

175 · 党家庄塔

清代方锥形砖表土心风水塔。位于合阳县城关镇七里村党家庄组南100米，四周为农田。塔残高约7米，底边长1.9米。夯筑土心，四面甃砖。塔身收分显著，西面距地表3.3米处辟一券龛。塔顶残损，塔刹无存。塔身南面底部甃砖有损失，暴露夯土塔心。

七里村党家庄组位于黄土台塬上，地势较平坦，有通村水泥路，交通便利。

©党家庄塔

176·导基村土塔

清代方锥形夯筑风水塔。位于合阳县黑池镇导基村东约 2 公里处耕地内，周围地势平坦。塔残高约 8 米，下部每边长 13 米，上部每边长 10 米，夯层厚 8～10 厘米，内含少量贝类夹杂物。依据上部平台形制，原塔顶应搭建有砖木构建筑，缘于种种因素已不存。塔身西面底部辟有一龛室，原应有券砖已失，裸露夯层结构明显。

导基村位于黑池镇西偏北 4 公里，地处黄河西岸二级台地上，地势较为平坦，有村道直通合马公路，交通较为便利。

◎土塔龛室

◎导基村土塔

177 · 东雷村土塔（2座）

清代方锥形夯筑风水塔，2座。位于合阳县坊镇东雷村北侧，东、北、西三面临徐水沟及其支沟，南为果林和农田，分别编为1号塔和2号塔。

1号塔残高7米，底边长3米，夯层厚10～13厘米，塔顶有坍落，顶部正中生有一棵小树，塔基残损，局部凹陷。

2号塔残高6米，底边长2.5米，夯层厚8～11厘米，塔顶塌毁严重，局部裂隙较大。两塔每层夯土中间均夹有稻草类干茎，呈经纬状布置，此类布置在渭北土塔中较鲜见。据当地村民讲述，两塔为本村风水塔。

东雷村位于坊镇东北10公里，东临黄河与山西省相望，有通村水泥路向村西南通往坊镇，村东有土路下沟通往黄河渡口，交通较为便利。

◎东雷村土塔1号塔

◎ 东雷村土塔2号塔

178·东马村土塔

清代方锥形夯筑风水塔。位于合阳县和家庄镇东马村东 200 米处金水沟西岸沟壑地。塔高约 7 米,底边长约 5 米,夯层厚 9～13 厘米。

东马村位于和家庄镇东 4 公里,西距 108 国道 1.5 公里,东距金水沟 1.5 公里,通村柏油路通至村内,交通较为便利。

◎东马村土塔

179 · 东蒙村土塔

清代方锥形夯筑风水塔。位于合阳县坊镇东蒙村北 200 米，东、南为果林和农田，北临徐水沟，西临徐水沟支沟。塔通高 10 米，底边残长 4 米，夯层厚 7 ~ 11 厘米，土质坚硬、纯净。20 世纪 70 年代，村民曾用雷管炸开塔基取土，塔体现状陡峭。

东蒙村位于坊镇东北 5.5 公里处黄土台塬上，东距黄河 5 公里，四周沟壑较多，地势北高南低，有南北向通村水泥路连接村南乡道，往西南通往坊镇，交通便利。

◎ 东蒙村土塔

180·东明村文昌塔

清代方锥形夯土甃砖塔。位于合阳县路井镇东明村东南200米，南临水渠和生产路，东、北、西三面为耕地。塔残高6米，底边长5米，夯层厚10厘米，内含少量残砖、瓦、瓷片等夹杂物。

据当地村民讲述，原塔夯土包砖，上部搭建有文昌阁，"文革"时期，夯土外的包砖及顶部建筑被拆除，现状呈平顶式样，底部夯土也被部分掏挖，呈凹陷状。"三普"调查中，村民反映了不少这一类情况。可以认为，目前所见渭北土塔中，曾有不少为砖表土心结构，顶部搭建有砖砌或砖木结构建筑，由于人为因素而不存。

路井镇位于合阳县西南部，东临金水沟，北部为当地村民称为乳罗山的黄土塬，地势较平坦。东明村位于路井镇东南部，西距108国道约2公里，有通村水泥路，交通便利。

◎东明村文昌塔

181 · 东清善村土塔

清代方锥形夯筑风水塔。位于合阳县坊镇东清善村东 300 米，南有一深约 2 米的土堰，四周为农田。塔高约 7 米，底边长 3.3 米，夯层厚 7～11 厘米。

东清善村位于坊镇东南 2.5 公里，地势开阔平坦，有南北向通村水泥路连接村南合洽公路，往西通往坊镇，交通便利。

◎东清善村土塔

182 · 东如意土塔

清代六角形夯土甃砖风水塔。位于合阳县杨家庄乡东如意村东南隅，北临村配电房，南为生产路，其他两面为农田。塔残高约 11 米，局部坍落严重。塔基和塔身呈六角形，塔顶风化后呈圆锥形。塔下部西、南面保存较好，边长 5.0 米；北面垮塌严重，使各边长短不一。夯层明显，夯层厚 10 厘米，土质纯净。塔东侧遗有 4 米长的砖砌矮墙，应为塔基包砖。塔顶原有石质塔刹，坍塌后埋于塔下。

东如意土塔为砖表土心结构，呈六角形，塔顶攒尖，原置有石质塔刹。这些特征与周边乡镇及渭北地区多见的方锥形夯土塔有显著的区别，是为鲜见。目前，塔身甃砖已丧失殆尽。

杨家庄乡位于合阳县东北 15 公里，北部为尖山、梁山山脉，乡域内沟壑纵横，台塬错落，最高海拔 1 349 米，徐水河贯穿南北，地表水较丰富，但流量细微。如意村位于杨家庄乡东南 2 公里，坐落于梁山山脉东侧，村西部沟壑较多，东部地势平坦。土塔位于东如意村，东北与如意东庄毗连，东南与如意南庄相邻，西南与汉村河相接。塔四周地势较平坦，塔东 50 米处有沟壑从村中向北延伸，村南 200 米即为 108 国道，西韩公路从村中通过，交通十分便利。

◎ 东如意土塔

183·东吴村土塔（2座）

清代方锥形夯筑风水塔，2座。位于合阳县路井镇东吴村南200米处十字路口东侧，一塔在南，一塔居北。北塔残高6米，底边长4米，一侧搭建有简易民居，与塔体相连，塔前有一道砖围。南塔位于路边，残高4米，底边长4米，残宽2米。由于风雨剥蚀，坍塌严重，现状陡峭。

东吴村位于路井镇北部，东临108国道，有通村水泥路，交通便利。

◎东吴村土塔北塔

◎东吴村土塔南塔

184 · 东庄子土塔

清代方锥形夯筑风水塔。位于合阳县路井镇范家洼村东庄子组中，左临民宅，体量较大。塔残高8米，底边长5米，夯层厚8～10厘米。原塔顶搭建有建筑，已不存，现状略呈平顶式样。

范家洼村位于路井镇东南部，西距108国道2公里，有通村水泥路，交通便利。

◎东庄子土塔

185 · 豆庄土塔（2座）

清代方锥形夯筑风水塔，2座。位于合阳县黑池镇豆庄村北和村东南两地，分别编为1号和2号塔。

1号塔位于村北150米处空地内，北30米为壕沟。塔通高约4米，底边长2.5米，夯层厚8～10厘米，内含少量瓷片、陶片等夹杂物。塔身局部有剥落。塔顶倒扣一黑釉陶瓮。

2号塔位于村东南约600米处耕地内，周围地势较为平坦。塔残高约6米，底边长5米，顶边长2.5米，夯层厚8～10厘米，内含少量贝类和陶片等夹杂物。由于常年风雨侵蚀，周身夯层均匀脱落，局部呈现十二楞面，整体呈浑圆、厚重之感。

豆庄村位于黑池镇东北4公里，东距黄河约6公里，为黄河西岸二级台塬，有村道直通合马公路，交通较为便利。

◎豆庄土塔1号塔

◎豆庄土塔2号塔

186 · 富礼坊土塔

清代方锥形夯筑风水塔。位于合阳县马家庄乡富礼坊村西北约 400 处耕地内，周围地势较为平坦。塔通高约 10 米，底径约 8 米，夯层厚 8～10 厘米，土质纯净。由于风雨侵蚀，周身夯层均匀脱落，现状为圆锥形。

富礼坊村位于马家庄乡西北，地处金水河东岸黄土台塬谷地内，谷地为西北—东南走向，宽约 150 米，深约 5 米。有村道直通合马公路，交通较为便利。

◎富礼坊土塔

187 · 高池村土塔

清代方锥形夯筑风水塔。位于合阳县马家庄乡高池村西北约400米处耕地内，周围地势平坦。塔残高5米，底边长2.7米，夯层厚8～12厘米，内含少量贝类、螺丝等夹杂物。由于风雨侵蚀，塔身中裂，塔顶呈双峰形态，塔身北面损毁较严重。

高池村位于马家庄乡西北，地处金水河东岸黄土台塬上，北与富礼坊村接壤，西约400米为壕沟。有村道直通合马公路，交通较为便利。

◎高池村土塔

188·顾贤村土塔

清代方锥形夯筑风水塔。位于合阳县城关镇顾贤村小顾贤组南100米农田内，四周地势平坦。塔残高3米，底边残长2米，夯层厚9～11厘米，土质纯净。由于风雨剥蚀，垮塌严重，塔身一侧斑驳嶙峋。

顾贤村位于黄土台塬上，地势较平坦。有通村水泥路，交通便利。

◎顾贤村土塔

◎顾贤村土塔另一侧

189 · 官道河土塔

清代方锥形夯筑风水塔。位于合阳县同家庄镇官道河村南约100米处农田内。塔通高约10米，底边长3.5米，夯层厚约10厘米，内含石块、瓷片等夹杂物。塔顶四角攒尖，以40余层青砖叠涩收束，塔刹已毁。因风雨侵蚀，周身夯层剥落较甚，青砖攒尖部位的四面底边沿已悬空，塔势岌岌可危。当地村民认为，该塔有镇邪避灾的作用。

该塔顶部砖结构基本完整，这在附近乡镇及渭北诸县土塔中较为少见。可以参阅的是，陕北洛川县董村无量祖师塔，也是塔身夯筑，塔顶青砖叠涩收束，塔身下部辟拱形碑龛，置清乾隆十二年（1747）无量祖师碑1通。作为有确切纪年的土塔砖顶代表作，为陕西土塔断代提供了物证。

官道河村位于同家庄镇西南、徐水沟北岸阶地上，周围沟壑纵横，村中尚未铺设水泥路，交通不便。土塔坐落于徐水沟畔，所在位置较低，西禹高速公路从一侧架桥越过。

◎ 官道河土塔

190·金家庄土塔

清代方锥形夯筑风水塔。位于合阳县坊镇金家庄村东南 150 米处农田内，周围地势平坦。塔残高约 6 米，底径 4 米，夯层厚 10～15 厘米，土质较为纯净。塔身底部辟有浅方龛，高 1.5 米，宽 0.9 米。由于风雨侵蚀，周身夯层剥落漫漶，现状略呈圆锥形。

金家庄村位于坊镇南部，有通村水泥路连接村西坊黑（坊镇—黑池镇）公路，向北 1.5 公里通往坊镇政府和合洽公路，交通便利。

◎金家庄土塔

191·井溢村土塔（2座）

清代方锥形夯筑风水塔，2座。位于合阳县王村镇井溢村东南至东北一线，分别编为1号和2号塔。

1号塔位于村东南80米处。塔残高约3米，底边长2.5米，夯层厚8～10厘米。水土冲刷严重，塔体落败，已失原貌。

2号塔位于村东北约80米。南距沟壑约150米，北距村水泥路100米。塔残高约5米，底边长约3米，夯层厚8～10厘米。塔身局部坍落，顶部有裂隙。塔顶尚存青砖数块，原顶部应为砖叠涩收束，这种情况在渭北土塔中可以见到。

王村镇位于合阳县西部二级黄土台塬，东临金水沟，西隔大浴河与澄城县接壤。井溢村位于大浴河东岸黄土台塬上，西距大浴河约1.5公里，北距王村镇街道及101省道约4公里，东距西韩铁路约2公里，交通条件一般。

◎井溢村土塔1号塔

◎井溢村土塔 2 号塔

192 · 旧堡村土塔

清代方锥形夯筑风水塔。位于合阳县同家庄镇旧堡村东南徐水沟边缘，周边为缓坡农田。塔残高约 10 米，底边长 3.5 米，夯层厚约 10 厘米，内含少量石块、瓷片等夹杂物。塔身局部有坍落，周身布满杂草。当地村民认为，该塔有镇邪避灾的作用。

旧堡村位于徐水北岸阶地上，四周沟壑纵横，东距黄河约 7 公里。村中有水泥路，交通便捷。

◎旧堡村土塔

193 · 坤龙村土塔

清代方锥形夯筑风水塔。位于合阳县坊镇坤龙村东 300 米处黄河西塬台地上，四周为沟壑。塔残高约 5 米，底边长 2 米，夯层厚 8～10 厘米。立于塔身一侧可俯瞰黄河。

坤龙村位于坊镇东偏南 7 公里，地处黄河西塬沟壑交错地带，塬沟高差约 200 米，东临黄河与山西省隔河相望，地势西北高、东南低。村中有水泥路连接村西乡道，往西南 4 公里接合洽公路通往坊镇，交通便利。

◎坤龙村土塔

194·雷家洼土塔

清代方锥形夯筑风水塔。位于合阳县知堡乡曹家坡村雷家洼组东南耕地内，周围有小树丛。塔残高3.1米，底边长3米，夯层厚9～11厘米。由于风雨剥蚀，塔体坍塌严重，但仍能保持部分原貌。

曹家坡村位于知堡乡东南端5公里，西距西禹高速5.2公里，北邻段家洼村，其余三面和坊镇接壤。雷家洼为曹家坡村北500米处的一个自然村，有通村公路，交通便利。

◎雷家洼土塔

195·良石村土塔（2座）

清代方锥形夯筑风水塔，2座。位于合阳县和家庄镇良石村东至东南沟畔上，分别编为1号塔和2号塔。

1号塔位于村东约100米处的金水沟西岸沟壑地。塔高约12米，底边长7米，夯层厚9～12厘米。体量较大，局部有坍落，但整体保存尚好。塔身一侧有乡间土路通过。

◎良石村土塔1号塔

2号塔位于村东南约200米，地处金水沟西岸沟壑地一小形土丘巅上，四面环沟壑。塔残高约8米，底边长5米，夯层厚9～12厘米。局部有坍落，但整体保存尚好。因坐落于土丘巅上，相对位置较高，远望塔势雄壮。

　　良石村地处金水沟西岸，乳罗山东部黄土台塬，西距108国道约1.5公里，距西韩铁路及西禹高速公路约5公里。有通村柏油路，交通较为便利。

◎良石村土塔2号塔

196·临河村土塔（2座）

清代方锥形夯筑风水塔，2座。位于合阳县百良镇临河村东北至东南一线，分别编为1号塔和2号塔。

1号塔位于临河村东北侧耕地内，附近有小树丛呈半月形环绕。塔残高约10米，底边长2.5米，夯层厚约12厘米，内含石块等夹杂物。由于风雨侵蚀，塔身局部剥落较多，有内凹现象，但整体保存尚可。

◎临河村土塔1号塔

2号塔地处村东南沟壑边缘。塔残高约8米，底边长3.5米，夯层厚约10厘米，内含少量陶片等夹杂物。由于风雨侵蚀，塔身局部有剥落、内凹和裂隙现象，但整体保存尚好。

临河村位于百良镇东6公里，西距西禹高速公路约2.5公里，为镇境最靠近黄河的村落之一，立于村庄高地上可俯瞰黄河。土塔坐落于黄河西岸崖畔，河畔纵横沟壑较多，有通村水泥路，交通便利。

◎临河村土塔2号塔

197 · 刘家岭土塔

清代方锥形夯筑风水塔。位于合阳县城关镇刘家岭村西北200米通村路西侧。塔残高约7米,底边长3米,夯层厚8～10厘米。由于风雨侵蚀,塔身东北侧垮塌严重,局部有内凹现象。

刘家岭村位于黄土台塬上,北距黑七路约500米,地势较平坦,有通村水泥路,交通便利。

◎刘家岭土塔

198·刘家庄土塔

清代方锥形夯筑风水塔。位于合阳县城关镇刘家庄村东侧路边。塔残高6米,底边残长2.1米,夯层厚9～11厘米。由于风雨剥蚀,塔身垮塌严重,现状呈不规则形,中间裂隙凸显,局部内凹,立面陡峭,呈岌岌可危之势。

刘家庄村位于城关镇南黄土台塬上,西临金水沟,有通村水泥路,交通便利。

◎刘家庄土塔

199·路二村土塔

清代方锥形夯筑风水塔。位于合阳县路井镇路二村东南100米处耕地内。塔残高约8米,底边长5米,夯层厚约10厘米,土质较纯净。由于风雨剥蚀,局部有垮塌、内凹现象,但锥形保持完整。

路二村为镇政府所在地,108国道从村中穿过,交通便利。

◎路二村土塔

200 · 麻阳村双塔（2座）

清代方锥形砖表土心风水塔，2座。位于合阳县甘井镇麻阳村北约200米处东、西两侧沟畔上。双塔东西并峙，形制相同，均残高约4米，底边长1.6米。塔体呈梯形收分，棱角分明。塔顶四角攒尖，顶部已毁，塔刹不存。东塔南面中部辟一券龛，东面下部有所损毁。从断面观察，双塔为砖表土心结构，属村寨风水塔。

麻阳村位于甘井镇镇北黄土台塬，地势北高南低。双塔东约150米为村间道路，西为农田，交通便利。

◎麻阳村双塔之东塔

◎麻阳村双塔

201 · 马坊村土塔

清代方锥形夯筑风水塔。位于合阳县黑池镇马坊村南约 300 米处耕地内，南临壕沟。塔残高约 5 米，底边残长 2 米，夯层厚 8 ~ 10 厘米，内含少量贝类、陶片等夹杂物。由于风雨侵蚀，塔身剥落严重，立面陡峭，顶部近平，整体略呈方形。

马庄村位于黑池镇东南 3 公里，东距黄河约 3.5 公里，有村道直通合马公路，交通较为便利。

◎马坊村土塔

202 · 孟家庄土塔

清代方锥形夯筑风水塔。位于合阳县知堡乡孟家庄村东南约 200 米处耕地内，南临县级公路。塔残高 2.7 米，底周长 25.6 米，夯层厚 11 厘米。由于风雨剥蚀，东北角垮塌严重，顶部近平。整体似为原塔的方形台座，上部原应有建筑，早年已毁。

孟家庄村位于知堡乡西约 3.5 公里，西与城关镇安家庄相邻，北与甘井镇相接，108 国道从村西穿过，有通村公路，交通便利。

◎孟家庄土塔

203 · 南百坂土塔

清代方锥形夯筑风水塔。位于合阳县城关镇南百坂村西南200米。塔原为向上收分的夯筑四面体，现状底部为四边形，东半部垮塌严重，上半部风化严重呈圆锥体，残高5米，底边长3.2米，夯层厚8～10厘米，加有农作物秸秆。

城关镇位于合阳县中部黄土塬区，地势较平坦，西临金水沟，塬面与沟底落差70～80米，沟边支沟较多，水土流失严重。南百坂村位于黄土台塬上，西临金水沟，有通村水泥路，交通便利。

◎ 南百坂土塔

204·南蔡村土塔

清代方锥形夯筑风水塔。位于合阳县王村镇南蔡村西约1公里农田内,北临杨树林,四周地势平坦。塔残高约5米,底边长4米,夯层厚8～10厘米。由于风雨侵蚀,局部剥落严重。

南蔡村位于王村镇东3.5公里,东临108国道,西、南两面临黑城公路,北距101省道约200米,合阳火车站设在南寨村,商贸发达,交通极为便利。

◎南蔡村土塔

205 · 南渠西村土塔群（4座）

清代方锥形夯筑风水塔，4座。位于合阳县和家庄镇南渠西村南至东南一线，坐落于乳罗山东沟壑地，依次编为1、2、3、4号塔。

1号塔位于村东南约200米处农田内，塔基一侧为田间小路，有横截面堑挖情况。塔残高约4米，底边残长2米，夯层厚9～12厘米。由于风雨侵蚀和人为挖掘，塔身上部有坍落，下部有剥落、内凹现象。

2号塔位于村东偏南约250米处农田内，周边有田间路和小树丛。塔残高4.5米，底边残长2米，夯层厚9～12厘米。由于风雨侵蚀，塔身中部和基部有剥落、内凹现象。

3号塔位于村东南300米处沟壑边，周围植被茂盛。塔残高4.5米，底边残长2米，夯层厚9～12厘米。剥蚀情况同上。

4号塔位于村南约50米处空地内，一侧有树木和简易砖房。塔残高3.5米，底边残长2米，夯层厚9～12厘米。雨水冲刷严重，局部坍塌较多。塔身偏上部位北侧设有砖龛，已残。

南渠西村位于金水沟西岸，西距108国道约1.5公里，距西韩铁路约4公里，西北距西禹高速公路1.5公里，有通村柏油路，交通较为便利。

◎南渠西村土塔群1号塔

◎南渠西村土塔群2号塔

◎南渠西村土塔群 3 号塔

◎南渠西村土塔群 4 号塔

206 · 南王村土塔

清代方锥形夯筑风水塔。位于合阳县王村镇南王村西约50米，东侧临通村水泥路，南邻沟壑约100米，西距大浴河约1 200米，西北临玄帝庙青石殿约150米。塔残高约5米，底边残长约4米，夯层厚8～10厘米。由于常年风雨剥蚀，塔身开裂严重，形成双峰体征，顶部裂隙超过50厘米，岌岌可危。

南王村位于王村镇南1公里，地处大浴河东岸台塬，有通村水泥路，交通便利。

◎南王村土塔

207·南吴仁村土塔

清代方锥形夯筑风水塔。位于合阳县马家庄乡南吴仁村东南约400米处耕地内,东临大壕沟。塔通高约10米,底边长5米,夯层厚10～12厘米,内含少量贝类、炭渣等夹杂物。由于风雨侵蚀,塔身东北面和塔基局部有剥落,但整体保存尚好,形貌壮观。

南吴仁村位于马家庄乡东南2公里、黄河西岸二级滩地,地势较为平坦,有村道直通合马公路,交通较为便利。

◎南吴仁村土塔

208 · 念吉村土塔

　　清代圆锥形夯土甃砖石风水塔。位于合阳县皇甫庄镇念吉村南10米处耕地内，一侧为道路。现塔残高3.5米，底径2米，夯层厚7～11厘米。结构为塔心夯土，塔基包砌块石，基高0.75米，塔身甃砖。由于风雨剥蚀和人为因素，塔身甃砖尽失，仅剩部分残砖遗落塔基周围。

　　皇甫庄镇位于合阳县城西北18公里，地处县域北部低中山区，东临金水沟，西临大峪河，北为黄龙山，南接黄土台塬。念吉村位于皇甫庄镇南3.5公里，东距金水沟约500米，西距合阳至黄龙县级公路约1 000米，有通村、通镇水泥路，交通便利。

◎念吉村土塔

209·坡赵村土塔

清代方锥形夯土甃砖顶风水塔。位于合阳县新池镇坡赵村南约300米处空地内,周围有小树丛,地势平坦。塔通高约8米,底边长2.5米,夯层厚10～12厘米,内含少量贝壳等夹杂物。塔顶以10层青砖叠涩收束,置黑釉陶瓮(已残裂)。由于风雨侵蚀,塔身东面剥落较甚,局部有内凹现象。顶部砖层四边已悬空,岌岌可危。

新池镇位于合阳县城东南15公里处救郎坡,西界阎禹(阎良—禹门口)高速公路金水沟,东临黄河国家风景名胜区洽川黄河湿地,南连黑池,北邻坊镇,地势相对平坦,局部略有起伏。坡赵村东距黄河约9公里,为黄土二级台塬,有村道直通合马公路,交通较为便利。

◎坡赵村土塔

210 · 朴鲁村土塔

清代方锥形夯筑风水塔。位于合阳县黑池镇朴鲁村东南约 300 米处耕地内，周围地势平坦。塔通高约 9 米，底边长 7 米，夯层厚 8～12 厘米，内含少量贝类等夹杂物。塔身底部正南辟一神龛，龛内遗有长方形砖数块，原龛室应为砖券结构。

朴鲁村位于黑池镇西北 3.2 公里，西距金水沟约 1.5 公里，东距黄河约 8 公里，有村道直通合马公路，交通较为便利。

◎朴鲁村土塔

211 · 前咀村土塔

清代方锥形夯筑风水塔。位于合阳县知堡乡前咀村（新村）南约1公里沟畔，老村庄的东侧。由于风化和人为因素，现状略呈圆锥形，残高3.2米，底边残长1.2～2.7米，层厚9～11厘米，土质较为纯净。塔旁有推土机作业，塔受到直接的损伤。

前咀村（新村）位于知堡乡北偏东约2.5公里，西距老村庄约1公里，西禹高速公路从新、老村庄中间穿过，有通村公路，交通便利。

◎前咀村土塔

212·渠西凸村土塔

清代方锥形夯筑风水塔。位于合阳县和家庄镇南渠西村渠西凸村民小组西北约300米，四面为耕地。塔残高约8米，底边长5米，夯层厚9~12厘米，土质较为纯净。塔身上部辟有简易小方龛，结构为龛底纵横铺3层砖，左右竖立单砖，上铺1层横砖。由于风雨侵蚀，塔身局部剥落严重。

土塔坐落于金水沟西岸台塬上，东距金水沟约600米，南临通村柏油路约100米，交通便利。

◎渠西凸村土塔

213·如意南庄土塔

清代方锥形夯筑风水塔。位于合阳县杨家庄乡如意南庄村东南100米处田间路边,四周地势平坦。因风化坍塌,塔身残余下半部,残高1.4米,底部东西残宽3.8～4.2米,南北长5～5.3米,夯层厚7厘米。整体似为原塔的方形台座,上部原应有建筑,早年毁圮,这种情况与知堡乡孟家庄土塔类似。

如意南庄村位于杨家庄乡南2.8公里,村西部为沟壑地带,距徐水沟约1公里,东部地势平坦,村南临108国道,村西有合韩(合阳—韩城)公路,交通便利。

◎如意南庄土塔

214 · 山阳村土塔

清代方锥形夯筑风水塔。位于合阳县王村镇山阳村中，东邻本村小学，南与村道相对，西临村中涝池。塔残高 3.5 米，底边长 2.5 米，夯层厚 9～12 厘米。塔身西北面辟拱形龛，距地面高 1.3 米。龛面阔 0.9 米，高 0.8 米，进深 0.3 米。原供奉神牌位已不存。

山阳村北距王村镇街道及 101 省道约 4 公里，西距西韩铁路约 1.5 公里，有通村水泥路，交通较为便利。

◎山阳村土塔

215 · 太定村土塔（2座）

清代方锥形夯筑风水塔，2座。位于合阳县黑池镇太定村南至东南一线，分别编为1号塔和2号塔。

1号塔位于村南约200米处耕地内，周围地势平坦。塔通高约9米，底边长约5米，夯层厚8～12厘米，内含少量贝类和陶片等夹杂物。由于风雨侵蚀，塔身北面剥落较严重。

2号塔位于村东南约300米处耕地内，周围地势较为平坦。因风化剥落严重，北面损毁较甚。塔身残余下半部，残高约5米，底边长约6米，夯层厚8～12厘米，内含少量贝壳、陶片等夹杂物。

太定村位于黑池镇东约3公里，东距黄河约5公里，为黄河西岸二级台地，地势较为平坦，有村道直通合马公路，交通较为便利。

◎太定村土塔1号塔

◎太定村土塔2号塔

216 · 太枣村土塔

清代方锥形夯筑风水塔。位于合阳县百良镇太枣村东南约 1 公里，地处太枣河北岸土崖畔，三面临沟。塔通高约 10 米，底边长 3.5 米，夯层厚约 10 厘米，内含石块、瓷片等夹杂物。当地村民认为，该塔有镇邪避灾的作用。

太枣村位于百良镇东北 3 公里，北距京昆线约 1.5 公里，东南距西禹高速公路约 1 公里，东距黄河约 5 公里，南临太枣河，岸边纵横沟壑较多，有通村水泥路，交通较为便利。

◎ 太枣村土塔

217 · 同北村风水塔

清代方锥形四级砖塔。位于合阳县百良镇同北村东约 800 米处黄河西岸崖畔。塔为青砖砌筑,白灰勾缝,残高约 7 米,底边长 1.8 米。塔身逐级收分,层间以砖收进 1～3 厘米为隔层标识,无塔檐。塔顶已毁,塔刹不存。底层残损一角,壁砖剥落,内视空洞,北侧嵌碑 1 通,字迹漫漶,可辨清道光二年(1822)款。

同北村位于百良镇东北 7 公里,地处黄河西岸崖畔塬地上,与同中村、同南村南北并列,为百良镇最东头的三个傍河村落,岸边纵横沟壑较多,站立塬头可俯瞰黄河,有通村水泥路,交通便利。

◎ 同北村风水塔

218 · 王家洼土塔

清代方锥形夯筑风水塔。位于合阳县百良镇王家洼村东南隅，一侧有农户夯土围墙。塔残高约 8 米，底径残长 1.2 米，夯层厚约 10 厘米。由于风雨侵蚀，现状呈圆锥形，塔身夯土剥落较多，以塔顶为甚。当地村民认为，该塔有镇邪避灾的作用。

王家洼村位于百良镇东北 5.5 公里，东距黄河约 2 公里，南临太枣河，河岸边纵横沟壑较多，有通村水泥路，交通便利。

219 · 王家庄风水塔（2座）

清代方锥形夯土塔和甃砖塔，2座。位于合阳县城关镇王家庄村东南100米至500米处，分别编为王家庄土塔和王家庄砖塔。

王家庄土塔位于村东南100米处沟壑边。塔残高约3米，底边残长2.1米，夯层厚9～11厘米。由于风雨侵蚀，局部垮塌严重，现状略呈圆锥形。

王家庄砖塔位于村东南500米处农田内。建于清道光二十九年（1849），结构为夯土甃砖。塔通高约14米，底边长2米。塔身一通到顶，以4层砖叠涩出檐，施1排菱角牙子。塔顶四角攒尖，呈盔顶式样，置石质方形须弥座，承石雕宝珠刹。塔身西侧距地表2.2米处嵌塔铭1方，记载道光二十九年张氏合族建塔事宜。

王家庄村位于黄土台塬上，西临金水沟支沟，有通村水泥路向东连接合甘公路，交通便利。

◎王家庄土塔

◎王家庄砖塔

220·王家庄双塔（2座）

清代方锥形夯筑风水塔，2座。位于合阳县坊镇王家庄村东南200米，四周为农田。由于风雨侵蚀，两塔现状均略呈圆锥形，分别编为1号塔和2号塔。

1号塔位于田间路边。残高7米，底径5米，夯层厚10～13厘米。塔身距地表1.5米处辟有拱形龛。

2号塔位于1号塔北，一侧有较宽乡间道。塔残高约6米，底径3米，夯层厚8～10厘米。

王家庄村位于坊镇西南4公里，地势开阔平坦，有通村水泥路连接村西侧坊黑路，交通便利。

◎王家庄双塔1号塔

◎王家庄双塔2号塔

221·文昌阁土塔

清代方锥形夯筑风水塔。位于合阳县路井镇东吴村南 100 米处新修柏油路边。文昌阁早年废毁,沿革不详。原建筑应为阁塔一体,因风雨剥蚀,上半部垮塌,剩余下部塔身,现状略呈圆形,残高 7 米,底边长 4.5 米。塔身西侧辟有拱形洞室,已残。

东吴村位于路井镇北部,东距 108 国道 200 米,地势较平坦,交通便利。

◎文昌阁土塔

222 · 西宫城村土塔

清代方锥形夯筑风水塔。位于合阳县百良镇西宫城村一组涝池南侧，旁有民居、树木和夯土围墙。塔残高约 10 米，底边长 3 米，夯层厚约 9 厘米，内含石块、瓷片等夹杂物。整体保存尚好，顶部稍有剥落。常年有斑鸠栖落塔顶。当地村民认为，该塔有镇邪避灾的作用。

西宫城村位于百良镇南 4 公里，东距黄河 4 公里，南临徐水沟，周围沟壑纵横；有通村水泥路，交通较为便利。

◎西宫城村土塔

223 • 西马庄土塔

清代方锥形夯筑风水塔。位于合阳县知堡乡西马庄村西北约500米处耕地内，四周地势平坦。塔整体呈方形，残高3.6米，底边长3～4.6米，夯层明显，夯层厚10厘米。塔顶近平，其上原应搭建有建筑，早年毁圮。

西马庄村位于知堡乡西北约5公里，西临108国道，东南距西禹高速公路约3公里，地势平坦，有通村公路，交通便捷。

◎西马庄土塔

224 · 西四村土塔

清代方锥形夯筑风水塔。位于合阳县和家庄镇西四村东南约 2 公里农田内，四周地势平坦。塔残高约 7 米，底边长约 4 米，夯层厚 8～10 厘米。由于风雨侵蚀，局部剥落严重，塔顶有坍落和裂隙现象。

西四村位于大浴河南岸、乳罗山西峰黄土台塬，西北距大浴河约 2 公里，东距西韩铁路约 2 公里，距西禹高速公路约 1 公里，有通村水泥路，交通便利。西四村原为西马自然村，于 1963 年划分为西一、西二、西三和西四村 4 个行政村。土塔西距西韩铁路约 200 米。

◎西四村土塔

225 · 西休村土塔

清代方锥形夯筑风水塔。位于合阳县黑池镇西休村东南约 200 米处耕地内，周围地势平坦。塔通高约 10 米，底边长 4 米，夯层厚 10～12 厘米，内含少量贝类、螺丝等夹杂物。由于风雨侵蚀，塔顶坍落，塔基部分夯层剥落。

西休村位于黑池镇西北约 5 公里，西距金水沟约 1 公里，为黄土二级台塬；有村道直通合马公路，交通较为便利。

◎西休村土塔

226·项村风水塔

清代方锥形夯土甃砖塔。位于合阳县知堡乡项村东南100米处沟壑边，北为耕地。塔整体呈四方形，残高6.6米，底边残长3.6～4.6米，夯层明显，夯层厚9～11厘米。塔身东、南两面有较深的夯筑夹板凹痕，共9层，每层高0.5米；东面残留有少量青砖；塔顶亦有青砖散落。由遗存迹象判断，原塔为夯土甃砖，顶部搭建有建筑，早年已毁。

据渭北一带村民反映，现今所见大量土塔，曾有相当部分为内里夯土，外表包砖。因风雨剥落，许多包砖被当地村民捡回家另派用场，也有被扒下取走的情况，类似于经济学家克洛德·弗雷德里克·巴斯夏在《看得见的与看不见的》一文中讲述的"破窗效应"。这种现象，主要发生在20世纪五六十年代，包砖作为当时稀缺的建筑材料，有的用于家中盖房铺地，也有的用于生产队搭建饲养室等，只有耄耋老人保存了些许记忆。

◎项村风水塔

◎辛庄双塔

227·辛庄双塔（2座）

清代方锥形夯筑风水塔，2座。位于合阳县杨家庄乡辛庄村东南侧耕地内，东临沟壑。两塔呈南北向排列，间距11米。因风雨剥蚀，现状均呈圆锥形。北塔残高2.2米，底径2.9米；南塔残高2.5米，底径2.7米，夯层明显，夯层厚8～13厘米。塔址所在地原为辛庄老爷庙（关公庙），双塔位于庙后，庙早年废毁，仅存塔。

辛庄村位于杨家庄乡东北2.3公里，南临上洼村，东北与韩城相接，南距西韩铁路1公里，西距西韩公路800米，有通村公路，交通便利。

228 · 杨家坡土塔

清代方锥形夯筑风水塔。位于合阳县知堡乡杨家坡村南300米处，南侧10米为通村水泥路，北、西两侧为耕地。塔残高约7米，底边长4米，夯层厚10厘米，内含少量砖瓦残块、瓷片等夹杂物。

杨家坡村位于知堡乡东北5公里，北距西禹高速公路约200米，地势北高南低，呈缓坡状，有通村水泥路，交通便利。

◎杨家坡土塔

229 · 油王村土塔

清代方锥形夯筑风水塔。位于合阳县黑池镇油王村南约300米处耕地内，周围地势平坦。塔残高约4米，底边长3米，夯层厚约10厘米，内含少量贝类等夹杂物。由于风雨侵蚀，塔身剥落严重，可见多处裂隙。

油王村位于黄河西岸二级台地，地势较为平坦，有村道直通合马公路，交通较为便利。

◎油王村土塔

230 · 峪北村土塔（2座）

清代方锥形夯筑风水塔，2座。位于合阳县黑池镇峪北村东南和村西两地，分别编为1号塔和2号塔。

1号塔位于村东南300米处空地内，周围地势起伏。塔通高约10米，底边长6米，夯层厚10～12厘米，内含少量贝类、陶片等夹杂物。塔身上部有木桩加固，此迹象为首次发现，对研究渭北土塔的结构有参考价值。

2号塔位于村西1.2公里处农田内，周围地势平坦。塔残高5米，底边残长2米，夯层厚6～10厘米，内含少量贝壳、陶片等夹杂物。由于风雨侵蚀，塔身多处剥落，西侧损毁严重。

峪北村东距黄河约2公里，为黄土二级台塬，地势较为平坦，局部稍有起伏，有村道直通合马公路，交通较为便利。

◎峪北村土塔之一

231 · 中蒙村土塔

清代方锥形夯筑风水塔。位于合阳县坊镇中蒙村东偏北60米处农田内，四周地势起伏。塔通高约8米，底边长3米，夯层厚8～12厘米，塔身南面辟有拱形龛。

中蒙村东距黄河5.5公里，四周沟壑较多，地势北高南低，有通村水泥路连接村南乡道，往西南通往坊镇，交通便利。

◎中蒙村土塔

232 · 张家庄土塔

民国时期方锥形夯筑风水塔。位于合阳县新池镇张家庄村东南约 1.5 公里处墓地边，东、南环沟，地势起伏不平。塔残高 2.5 米，底边残长 2 米，夯层厚 8～10 厘米，内含少量贝类等夹杂物。由于风雨侵蚀，塔身剥落严重。据当地村民讲述，该塔修筑于民国时期，为当地风水塔。

张家庄村东距黄河约 9 公里，为黄土二级台塬，地势较为平坦，局部稍有起伏，有村道直通合马公路，交通较为便利。

◎张家庄土塔

大荔县

大荔县以春秋时期境内有大荔戎国而得名。西晋太康十年（289）始置大荔县，此前及其后，地名和不同层级建制称谓屡经变更，先后有芮国、郏国、大荔戎国、临晋县、西河郡、左冯翊、怀德县、监晋县、冯翊郡、华州、华阴县、南五泉县、武乡县、朝邑县、同州、冯翊县、河滨县、临沮县、河西县、同州府、平民县等行世，至清雍正十三年（1735）复置大荔县，沿用至今。今之大荔县为1958年合并朝邑县而成。其位于关中渭北平原东部，黄、洛、渭三河汇流地区，东濒黄河与山西省永济县相望。境内重要遗存有旧石器时代大荔人化石出土地——甜水沟遗址、战国时期魏长城遗址（大荔段）、汉代洛渭漕渠遗址（大荔段）、唐代同州故城、王仁皎墓、严武墓、明清朝邑县城旧址，以及同州三藏圣教序碑（现藏于西安碑林博物馆）、岱祠岑楼、丰图义仓、东高垣古城堡等。大荔县现存古塔20座。其中，唐代始建、明代重建的金龙寺塔原有平座（外廊）设置，这种情况与明代修建的泾阳崇文塔类似，为研究明代大型砖塔建筑艺术提供了实例；安一村土塔为下部夯土、顶部氅砖结构，为研究明清时期夯筑风水塔造型、结构及黄土建筑文化提供了实证资料；北健村土塔造型与安一村土塔相同，珍贵的是，其基本保持了塔体原貌，可视为陕西渭北地区氅砖土塔的典型代表；东堤双峰土塔由夯土高台和双峰塔身组成，是渭北地区现存土塔的一种特殊类型，是否寓意文笔双塔，抑或风水双塔，其含义还有待探讨；北宋始建、民国重建的文殊新塔，台座阔大，造型挺拔，塔顶六角攒尖，每条岔脊罗列6个戟形饰件，甚为独特。

233·金龙寺塔

明代八角七层楼阁式砖塔·省文物保护单位。位于大荔县朝邑镇大寨子村东30米处土崖边，西与岱祠岑楼相邻。据清康熙本《朝邑县后志》卷二载："金龙寺，在邑城西，唐贞观元年建。"一般认为，塔与寺始建年代相若。明弘治十四年（1501）朝邑7级地震和嘉靖三十四年十二月（1556年1月）华州8级地震使塔体崩毁，明末重建，后世寺毁塔存。20世纪60年代，塔圈入岱祠围墙内予以保护。

现塔通高25米，底层每边长3.65米。塔身每面一间。底层东向辟券门，门宽0.95米，高1.75米，壁厚2.88米；以上各层东、西、南、北均辟有券门，逐层收减高宽。层间叠涩出檐，一层和三至六层檐下施砖雕斗栱、额枋，其中一层每面置平身科二攒，三至六层每面一攒，转角科下饰垂莲柱，斗栱形式为坐斗两侧饰麻叶，出卷云头；二层和七层檐下仅施一排菱角牙子，不施斗栱。塔顶平砖攒尖，置覆钵形刹座，刹件已毁，仅存刹杆。该塔形制壮硕、简明，收分柔和。塔内构造为穿心式结构，内设环廊（内廊），沿砖阶梯可盘旋而上。二层以上各层券门洞开，沿出檐可绕塔一周。据此推测，原塔外檐应设有木质栏杆构成平座（外廊），早年已毁。这种情况与泾阳崇文塔类似，为研究明代大型砖塔建筑艺术提供了实例。

朝邑因西靠朝坂（即黄河老崖）而得名。西魏文帝六年（540）始置朝邑县，历经北周、隋、唐、五代、宋、金、元、明、清、民国，相继沿用；1958年并入大荔县，原朝邑县相继改为朝邑公社、朝邑镇。现址朝邑镇为1960年因建三门峡水库而迁至城西吴家洼村南新建的镇治。

2008年9月，陕西省人民政府公布"金龙寺塔"为第五批陕西省文物保护单位（1992年曾予以公布，本次为单列公布）。保护范围为塔基周围外延30米；建设控制地带为保护范围四周各外延50米。

◎金龙寺塔

234 · 安一村土塔

清代方锥形夯土甃砖风水塔。位于大荔县安仁镇安一村北 80 米处，东、北、西三面为农田。由于常年风雨侵蚀和人为取土，现状呈不规则形，剥落的夯土在塔四周形成高 2 米左右的不规则土坎，原塔身仅西北向有一处与塔基相连，可至原塔底部。

现塔通高 10.4 米，底径约 3 米（刨去土坎部分），夯层厚 47 厘米。塔身上部剥落严重，最窄处直径 0.6 米；其上为甃砖方体，每边长 1.05 米，顶部以 3 层砖叠涩出檐；塔顶四角攒尖，置石雕方形须弥座，承宝珠式塔刹。现塔身甃砖方体已四边悬空，岌岌可危。

从现存迹象观察，原塔结构应为下部夯土（约占塔高的 4/5），上部甃砖（约占塔高的 1/5），由下而上均匀收分，呈方锥体。选择这种结构形式建塔，显系经济条件所限（砖质建材稀缺）。由此引发的问题是，夯土经不起长年累月的风雨侵蚀，一旦接近甃砖部位剥落过多，塔顶就会坠落，成为通常所见的"土塔"。如是，也多少诠释了渭北地区现存大量土塔原本或者大多数皆为下部夯土、上部甃砖结构。该塔为"三普"中发现，为研究明清时期夯筑风水塔造型、结构及黄土建筑文化提供了珍贵的实证资料。

©安一村土塔

235 · 北坝村土塔

清代方锥形夯土甃砖风水塔。位于大荔县两宜镇北贝村东南侧空地内。原塔上部有砖结构塔楼，当地称为"夫子楼"，供奉孔子牌位。20世纪塔楼毁圮。现仅存夯土塔身，残高8米，底边长5.6米，宽3.5米，夯层厚8～10厘米。该塔原造型应和安一村甃砖土塔相似，即下部夯土，上部甃砖，由下而上渐次收分，呈方锥体。

明清时期，县乡和村庄为培植文脉，昌盛科举，多建有文峰塔、文昌塔、夫子楼、魁星楼一类的建筑，名称有别，旨趣无异。该塔可归为该序列。

◎北坝村土塔

236 · 北健村土塔

清代方锥形夯土甓砖风水塔。位于大荔县两宜镇北健村东南150米处农田内。塔通高12.22米，分为上下两部分。下部夯土高9.12米，底边长3.7～4.14米，夯层厚8～12厘米。上部甓砖方体连塔顶高3.1米，每边长1米；顶部以3层青砖叠涩出檐，施1排菱角牙子；塔顶四角攒尖，置砖质六棱柱状刹座，承方形2层塔刹；塔刹层间和刹顶做成花叶滴水出檐，顶檐下辟有小龛，类似于佛塔上的天宫设置。由于风雨剥蚀，尤其是常年受西北风侵削，塔身西北侧剥落严重，使甓砖体局部悬空，时有坍塌危险。

该塔造型与安一村土塔相同，珍贵的是，其基本保持了塔体原貌，可视为陕西渭北地区甓砖土塔的典型代表。

◎北健村土塔

237 · 北王阁土塔

清代方锥形夯筑风水塔。位于大荔县八鱼乡北王阁村南50米处荒地内。塔残高约9米，底边长2.5米，夯层厚5～10厘米。由于风雨侵蚀，塔身局部剥落，塔顶已残。据当地村民讲述，该塔为当地风水塔。

◎北王阁土塔

238 · 东白池土塔

清代方锥形夯筑风水塔。位于大荔县高明镇东白池村东南150米处一条东西向沟壑北侧的一块高丘地上，高出其东、北侧耕地约3米。塔残高约10米，南面保存较完整，边长4米，夯层厚8～10厘米；其余三面已风化成圆弧状。塔顶呈圆锥形。

◎ 东白池土塔

239 · 东堤双峰土塔

清代高台式夯土甃砖双峰塔。位于大荔县朝邑镇东堤浒村北巷东端，西临民宅，东3米即为黄河西岸二级阶地崖畔。塔通高约11米，由夯土高台和双峰塔身组成。夯台呈矩形，高约7米，底边长8.6米，宽5米，夯层厚8～13厘米。台上原筑有东、西双塔，西塔早年塌毁，仅存东塔，因常年风雨剥蚀，现状略呈圆锥形，残高4米，底径3米。塔身西侧有较大裂隙，长约1.3米。夯台顶部尚存少量方砖，由此迹象判断，夯台和塔身原应有甃砖，只是时间久远，大多剥落不存。

双峰土塔是渭北地区现存土塔的一种特殊结构类型，是否寓意文笔双塔，抑或风水双塔，其含义还有待探讨。中国古塔序列中，于高台上建多座塔的情形，主要见于佛教密宗的金刚宝座塔，其由方形塔座（金刚宝座）和上部的5座塔构成。显然，双峰土塔部分借鉴了这种结构方式，并予以简化，使之呈现"高台双峰"的造型。就目前披露的资料来看，这种结构和造型的塔在国内尚属罕见。

◎东堤双峰土塔

240 · 东高城土塔群（5座）

清代方锥形夯筑风水塔，5座。位于大荔县高明镇东高城村东南至西南一线，依次编为1、2、3、4、5号塔。

1号塔位于村东南400米处。塔残高7.5米，底边长4.2～5.2米，夯层厚8～10厘米。塔身西面保存较好，东面和北面风化严重。

2号塔位于村东侧。塔残高5米，底边长3.3米，夯层厚8～10厘米。塔身西侧有后人所挖避雨洞1孔，宽1.2米，高1.9米，进深1.6米。

3号塔位于2号塔北10米处，原为观音庙附属建筑，庙早年已毁，仅存塔，已严重垮塌。现存残高2米，底边残长2.2～3米，夯层厚9～10厘米。

4号塔向南隔浅沟150米与1号塔相望，塔东、南、北三面临沟，西为平坦耕地。由于风雨侵蚀，塔身严重垮塌，现存残高3米，底边残长2.4～3.3米，夯层厚8～10厘米。

5号塔位于村西南500米处的一条东西向沟壑北沿上，西、南面紧贴沟沿，北为平坦耕地。因沟沿垮塌和塔身风化，现状呈扁长形，残高3.2米，东西长2.6米，南北残宽1.5米，夯层厚10厘米。

◎东高城土塔群之一

◎ 东高城土塔群之二　　　　　　　　　　◎ 东高城土塔群之三

241 · 加西村土塔

清代方锥形夯筑风水塔。位于大荔县范家镇加西村东南100米，西北20米处为涝池，塔东200米处为黄河滩地崖畔。塔残高8.5米，底边长2.9～3.2米，夯筑厚9～12厘米。因常年风雨侵蚀，塔身西北侧剥落严重，形势陡峭。据当地村民讲述，塔顶原有石质宝瓶式塔刹，20世纪90年代因塔顶垮塌而跌落，后佚失。塔西南原有一座庙宇，早年毁圮。

◎加西村土塔

242 · 上石槽土塔

清代圆锥形夯筑风水塔。位于大荔县户家乡上石槽村付氏民宅门前南25米处。塔残高约7米，底径3.8米，夯层厚7～10厘米。由于风雨侵蚀，塔顶和塔身东南侧上部、西侧下部有坍塌现象。塔身西侧有裂隙，长约2米，宽1厘米。从塔身下部剥落面观察，夯层厚7～10厘米，夯窝明显，夯窝径12厘米，深2.5厘米。

◎上石槽土塔

243 · 南吉草土塔

清代方锥形夯筑风水塔。位于大荔县步昌乡南结草村东南100米处农田内。由于风雨侵蚀，塔身风化严重。现存残高3.5米，底边长3米，夯层厚7～12厘米。

南结草村位于步昌乡北偏东5公里，北与范家乡北结草村接壤，东距黄河约10公里，为黄河二级台塬，土塔东10米处为黄河漫滩崖畔，塬滩落差约80米，有通村水泥路，交通便利。

◎南吉草土塔

244 · 太夫雷土塔

清代方锥形夯筑风水塔。位于大荔县两宜镇太夫雷村东南约500米农田内，周围地势平坦。塔残高4.5米，底边长4.2～4.6米，夯层厚5～10厘米。塔顶近平，宽处约3米，其上原应有砖结构建筑。由于常年风雨侵蚀，塔下部有内凹现象，塔顶部东北方向垮塌严重。塔身有东西向裂缝自顶贯至塔底1米处，顶部已完全开裂，裂隙宽5～10厘米。

两宜镇为大荔县历史名镇。位于大荔县东北部渭河四级阶地，北接当地称作铁镰山的黄土台塬，东距黄河约7.5公里。相传北宋宣和年间（1119—1125）有黄氏姑、侄二女削发为尼。后来村人为纪念二女曾于村寨南门外创建"黄姑祠"，村名遂称两女村，有明一代发展为镇，清同治年间（1862—1874）修筑城墙，始因谐音而雅化为两宜镇。太夫雷村位于两宜镇东南部，地势平坦，沟壑较少，有通村水泥路，交通便利。

◎太夫雷土塔

245 · 西寺土塔

清代方锥形夯筑风水塔。位于大荔县范家镇西寺子村西南 600 米处农田内。塔残高约 7 米，底边长 4.8～5 米，夯层厚 9～11 厘米。塔顶近平，边长约 2.5 米，其上原应有砖结构建筑。塔南部 1.5 米处有高 2 米的断面，暴露有夯土地基，厚 1.2 米。塔身东侧底部辟券洞，宽约 1.5 米，高 1.1 米，进深 2.1 米。塔北面上半部剥落较严重。

范家镇原名范家庄，位于大荔县东北部，域内有渭河四级阶地和黄河滩地两种地貌。相传元末有范姓人家迁此建村，故名。1950 年设范家庄，后改设范家乡；2001 年，范家乡与华原乡合并为范家镇。西寺子村位于范家镇北 3.5 公里，属渭河四级阶地，北临金水沟，地势较高，但沟壑较多，土地较贫瘠。

◎ 西寺土塔

246 · 相底村土塔

清代方锥形夯筑风水塔。位于大荔县双泉镇相底村东南约 400 米，东侧 10 米为抽黄支渠，北侧 7 米有一条东西向田间小路，西、南两面为果园和农田。塔残高约 7 米，底边残长 2.35～2.5 米，夯层厚约 12 厘米，夯土纯净、坚硬。由于风雨剥蚀，塔身东北侧坍塌较为严重；东南侧上部有裂隙，长约 3 米，宽 1～3 厘米。

双泉镇位于大荔县城东北 18 公里，原名蒙泉镇，清代因沟中涌出苦、甜两股泉水，更名双泉镇，地处渭北黄土台塬，地势北高南低。相底村位于双泉镇东北 1.5 公里，交通便利。

◎ 相底村土塔

247 · 长城村土塔

清代方锥形夯筑风水塔。位于大荔县段家镇长城村东南约200米处的长城沟东岸,南距雷花公路约80米,西、北环长城沟。塔残高5.5米,底边长4米,夯层厚7~10厘米,内含少量砖瓦残片、蜗牛壳等夹杂物。塔顶近平,边长约2米,其上原应有砖结构建筑,早年已毁。塔身四角分别指向东南西北四个方向。

段家镇位于大荔县城西北15公里,地处渭北黄土高原南缘,铁镰山西端,地形南高北低,梯次下降,呈三级台塬格局。长城村位于段家镇西北4.5公里,地处魏长城沿线一带,长城村、长城沟皆因此而得名。

◎长城村土塔

248 · 文殊新塔

民国时期六角七层楼阁式空心砖塔·县文物保护单位。位于大荔县城关镇北门外文殊广场。原名文殊塔，因"文殊阁"而得名。阁建于北宋淳化五年（994），为"同州长兴万寿禅院"的主体建筑，"高三层，百余尺，因塑文殊菩萨像故名"。后因年久倾圮，清道光二十年（1840）于旧址上重建为塔，高四层，光绪四年（1878）续增为七层；民国十六年（1927）毁于战火，民国二十五年（1936）驻军冯钦哉倡议在禅院故址兴建"方山公园"，遂于原塔基础上重建该塔，因名"文殊新塔"。

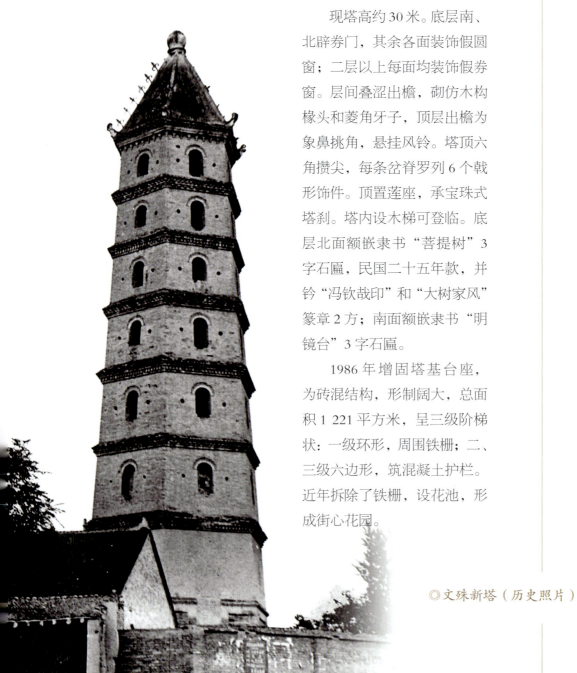

现塔高约30米。底层南、北辟券门，其余各面装饰假圆窗；二层以上每面均装饰假券窗。层间叠涩出檐，砌仿木构椽头和菱角牙子，顶层出檐为象鼻挑角，悬挂风铃。塔顶六角攒尖，每条岔脊罗列6个戟形饰件。顶置莲座，承宝珠式塔刹。塔内设木梯可登临。底层北面额嵌隶书"菩提树"3字石匾，民国二十五年款，并钤"冯钦哉印"和"大树家风"篆章2方；南面额嵌隶书"明镜台"3字石匾。

1986年增固塔基台座，为砖混结构，形制阔大，总面积1 221平方米，呈三级阶梯状：一级环形，周围铁栅；二、三级六边形，筑混凝土护栏。近年拆除了铁栅，设花池，形成街心花园。

◎文殊新塔（历史照片）

◎ 文殊新塔

华阴市

华阴市原为华阴县，以地处华山北麓而得名。秦惠文王六年（前332），魏纳阴晋于秦，秦置于宁秦县（包括今华阴、潼关二市、县），取"宁靖秦疆"之意。汉高祖八年（前199）始置华阴县，属京兆尹，治县阴晋城，后世撤并、复置、隶属屡有更易。隋大业五年（609）移县治于今华阴市区；清雍正五年（1727）在县域东部设潼关县，华阴域界基本固定下来。1958年代末，华阴并入渭南县；1961年，恢复华阴县建制；20世纪90年代末，撤县设市（县级）。其位于关中盆地东南部，南依秦岭山脉老爷岭与洛南县为邻，北临渭河与大荔县相望，地貌大致分为秦岭山地、山前洪积扇群、黄土台塬、渭河阶地等。境内重要遗存有新石器时代横阵遗址、西关村遗址、龙窝遗址、魏长城遗址（华阴段）、宁秦故城、阴晋故城、华阴故城、京师仓遗址、汉司徒刘琦家族墓地，以及华山玉泉院、华阴西岳庙和华山峪口至诸峰10余公里的崖面、巨石上遗存元、明、清、民国摩崖题刻294方，其中不少名人题刻具有较高的历史及书法价值。华阴市现存古塔6座。其中，玉泉院仙姑观道姑墓塔讹传为唐"公主塔"或"二臣塔"，揉进了某些民间传说；柏庙村土塔顶部尚存甃砖痕迹，对研究渭河流域土塔造型、结构具有参考价值；华山杨公塔（2座）分别耸立于西岳华山东峰和西峰之巅，塔身题刻记录了1931年农历五月杨虎城偕同顾祝同、陈继承、上官云相等军政要员登上华山之巅的题词内容，为研究杨虎城生平和民国史提供了资料。

249·仙姑观道姑墓塔

清代六角二层楼阁式砖塔·省文物保护单位"玉泉院"仙姑观附属遗存。位于华阴市华山镇西岳华山北麓玉泉院东侧500米处仙姑观内。仙姑观又称仙宫观，传为唐时敕建，相传为唐睿宗之女——金仙公主修真养性之地。又传，时有二位侍臣陪奉公主，后因二臣亦看破红尘，潜心修道，仙蜕在观，宋初更名为二臣观。清初顾炎武、王弘撰在观东北隅建独鹤亭，清末改称独鹤书院。现观内面积约 4 000 平方米，主要建筑有上殿、配殿、道舍、前山门、二山门及道姑墓塔等。

道姑墓塔又称"公主塔"（传葬金仙公主）、"二臣塔"（传葬二位侍臣），皆系讹传。墓塔实为清代普通道姑灵塔，结构简单，通高 2.7 米，底边长 0.65 米。塔身底层每面各有一个长方形题额。层间以三层砖叠涩出檐，顶层以四层砖叠涩出檐，施一排菱角牙子。塔顶六角攒尖，置石雕宝葫芦塔刹。整体保存情况尚好。

依据考古资料：金仙公主"年十八入道，廿三受法，以壬申之年建午之月十日辛巳薨于洛阳之开元观，春秋四十有四"。据此前推 44 年，则金仙公主生于武后永昌元年（689），卒于玄宗开元二十年（732），卒后陪葬唐睿宗桥陵（详见《大唐故金仙长公主志石铭并序》，志石现藏于蒲城县博物馆）。显然，道姑墓塔与金仙公主无关。

玉泉院为华山脚下著名道教寺院，因昔日有泉自山荪亭下"玄峡"流入院内，泉与西岳峰顶镇岳宫"玉井"潜通，故名。传为北宋皇祐年间（1049—1054）道士贾得升为纪念其师陈抟而建，初名"希夷祠"，后世改作玉泉院。历代屡有翻修，清乾隆四十二年（1777）毁于山洪，当年重建，民国时修葺。此地为登华山必经之地。总占地面积约 9 000 平方米，坐南向北。入山门南行 50 余米，为一组"道崇清妙"主体建筑，呈一小院格局，两进，由前、后殿及左、右厢房组成。小院两侧东西延伸，折北，以长廊围成大院。大院内地形南高北低，中部高两旁低。东长廊随地势起伏跌宕，西长廊连接含清殿和无忧亭，东、西、南三面长廊贯通，共长 200 余米。院北侧有一天然巨石，山荪亭立于石上，风格古朴，亭下一株"无忧树"，曲屈虬蟠，相映成趣。亭左侧下"希夷洞天"石窟，传为贾得升所凿。院西部山泉聚成"莲池"，面积约 400 平方米，池内筑有石舫，有水道分别流向东北和西北，石亭点缀其间。院内凸石上，留有宋代以来题刻。院落敞阔、环境幽雅，堪称具有传统特色的道观园林。

1992 年 4 月，陕西省人民政府公布"玉泉院"为第三批陕西省文物保护单位，同时公布保护范围。重点保护区为东西至两排廊房，南北至后殿和第二道山门；一般保护区为围墙内；建设控制地带为南至华山石牌坊，北至旅游公司围墙，东至仙姑观，西至河西岸。

◎仙姑观道姑墓塔

250 · 柏庙村土塔

清代方锥形夯土甃砖风水塔。位于华阴市孟塬镇柏庙村西南200米处地堰边,南距秦岭余脉约1公里,地属华阴东南部黄土台塬,塔南紧邻一条东西走向的沟壑,坡陡沟深,形势险要。原塔为夯土甃砖结构,由于风雨剥蚀及人为扰动,现状为夯土塔,平面略呈圆形,残高约6米,底径2.6米,夯层厚约9厘米。塔顶尚存甃砖痕迹。

据当地村民讲述,塔顶原有一砖砌建筑(甃砖塔楼),1958年因大炼钢铁被拆除,塔砖用于搭建土法炼钢炉。当地村民认为,该塔有避邪禳灾的作用。

◎柏庙村土塔

251 · 宋峪村土塔（2座）

清代方锥形夯筑风水塔，2座。位于华阴市孟塬镇宋峪村北和村南两处，依次编为1号塔和2号塔。

1号塔位于村北50米处梯田内。塔残高约5米，底边长2.3米，夯层厚约10厘米。由于风雨侵蚀，塔身局部呈现裂隙。

2号塔位于村南空地内。塔残高约4米，底边长2.1米，夯层厚约10厘米。塔顶遗存有甃砖痕迹。由于风雨侵蚀，塔身剥落较多，局部有内凹现象。

孟塬镇位于华阴市东南7.5公里，东邻潼关，南依秦岭与洛南接壤，地势南高北低，由南而北分别属秦岭山地、渭河盆地、黄土台塬，陇海线穿境而过。宋峪村位于镇南约5公里台塬上，地势有起伏。当地村民认为，该塔有避邪禳灾的作用。

◎宋峪村土塔1号

◎宋峪村土塔2号

252 · 华山杨公塔（2座）

民国方锥形和六角锥形石塔，2座。位于华阴市华山镇西岳华山东峰和西峰之巅。1931年农历五月十六日，杨虎城偕同顾祝同、陈继承、上官云相等军政要员登上华山，六月撰《游华山记》，对华岳诸景赞不绝口，杨母听后对游华山也表示了极大的兴趣。于是，杨虎城派员组织民工整修山路，于险境处皆加索置栏。同年秋，陪母亲再登览华山，于东、西二峰各建塔1座，人称"杨公塔"。又于苍龙岭题写"苍龙岭"3字。1934年，杨虎城偕夫人谢葆真第三次登上华山，于南峰又建一亭，人称"杨公亭"。东峰和西峰杨公塔均于20世纪90年代重修。

东峰杨公塔呈方锥形，通高约5米。塔基为方形二级石台，上置方形束腰须弥座，每边长约2米，高1.1米。正面有今人楷书"杨公塔"3字。塔身东、西、南、北四面分别有杨虎城题写"万象森罗"、顾祝同题写"众山之长"、陈继承题写"高掌远蹠"、上官云相题写"拓迹巍峨"等。塔顶四角攒尖，稍残。

西峰杨公塔呈六角锥形，通高约7米。塔基为六角形二级石台，上置六角形束腰须弥座。塔身六面有杨虎城分别题写"壁立千仞""一览众山小""造化钟神秀""峻拔在寥廓""西镇何崇雄""如此方为岳"等。塔顶六角攒尖，已残。

杨虎城（1893—1949），幼名长久，称为"久娃"；成年后，改名忠祥，字虎城。陕西省蒲城县孙镇甘北村人。曾任国民革命军第十七路军总指挥，陆军二级上将，兼陕西省政府主席，未几改任西安绥靖公署主任。1936年12月12日，与东北军司令张学良发动"西安事变"。1949年9月6日，在重庆中美合作所戴公祠遇害，终年56岁。杨父杨怀福，杨母孙一莲。

华山古称"西岳"，为中国"五岳"之一，位于秦岭东段南麓，为花岗岩断块山，海拔2154.9米。峰巅有朝阳（东峰）、落雁（南峰）、莲花（西峰）、云台（北峰）、玉女（中峰）诸峰，皆巍然耸削，壁立千仞，以其峻险而与黄山的奇秀并称。华山亦为道教全真派胜地，唐、宋时即辟建道观，至清代达到鼎盛。诸峰原道教建筑均毁于"文革"初期。自华山峪口至诸峰 10 余公里的崖面、巨石上，遗存元、明、清、民国摩崖题刻 294 方。其中不少名人题刻具有较高的历史及书法价值。

◎ 东峰杨公塔

◎西峰杨公塔

富平县

富平县因取"富庶太平"之意而得名。秦厉共公二十一年（前456）始设频阳县（故址在今美原镇古城村一带），西汉初年于县境南部添置怀德县（故址在今华朱乡怀阳城附近），两县均属内史；东汉时，怀德并入频阳，属左冯翊；西晋咸宁三年（277），自彭原界（今甘肃庆阳西南）徙富平治于怀德故城，与频阳县并存。西魏文帝大统五年（539），富平县治由怀德故址迁至石川河北岸（今城关街道古城村一带）。唐高宗咸亨二年（671），在原土门县故址另置美原县。元世祖至元元年（1264），美原并入富平；至此，富平县境内再无两县并存情况。清时期，富平县属西安府；1958年末，并入铜川市；1961年8月，恢复富平县制，沿袭至今。其位于陕西省中部，地处鄂尔多斯地台南缘，是关中平原和陕北高原的过渡地带，素有"关中名邑"之美誉。境内重要遗存有频阳故城、怀德故城、秦大将军王翦墓、王贲墓、汉太上皇陵（万年陵）、西魏文帝永陵、北周文帝成陵、唐高祖献陵陪葬墓和依山为陵的唐中宗定陵、代宗元陵、顺宗丰陵、文宗章陵、懿宗简陵，以及金代铁佛、富平文庙、富平武庙、金粟山寺院、富平藏书楼和习仲勋故居等。富平县现存古塔4座。其中，唐代法源寺塔工艺精湛，雕饰华丽，被誉为"美原八景"之一；万斛寺塔朱绘卧棂假窗的手法与西安香积寺塔一致；唐代始建清代重建的圣佛寺塔，为"释迦如来第十六所真身舍利宝塔"，蕴含了丰厚的历史传说和故实。

253 · 法源寺塔

唐代八角九层楼阁式空心砖塔·全国重点文物保护单位。位于富平县美原镇西寺小学后院（法源寺遗址内）。传寺及塔均始建于唐咸亨二年（671），历代屡有修葺，清同治元年（1862）发生"陕甘回变"，寺及塔遭劫，塔内木梯被焚毁。

现塔通高27.3米，底边长2.6米。塔身底层较高，南、北两面辟券门（现已封堵），南券门高2.76米，宽0.85米，壁厚1.75米；

门西侧嵌有一方清康熙年间题记,已漫漶。第二、四、六层东、西和三、五、七层南、北为上下交错辟券门或券窗,其余各面镶有砖、石雕刻的佛龛,高约1米,别具特色。层间叠涩檐下施菱角牙子、阑额和斗栱,出双排橡头。其中底层檐角出挑,下有砖砌矮柱;第一、二层斗栱重叠繁复(一个平面上作两个一斗三升斗栱叠摞,近似双抄五铺作式样);三、四层置一斗三升斗栱;第八、九层收分骤急,似为后代补葺所加。塔顶平砖攒尖,置铁质宝瓶式塔刹。塔身微向东南倾斜,局部有裂隙。

该塔现状多有后代修葺痕迹,如叠涩檐下出双排橡头系宋塔建筑特征。底层檐角上翘和斗栱叠摞为典型的明代砖塔装饰风格。说明宋、明两朝都曾有过整修。

该塔造型端庄、沉稳,工艺精湛,雕饰华丽。逢春季回归,群燕绕塔盘旋,聚栖塔内,当地赞称"百燕朝塔",誉为"美原八景"之一。

1992年4月,陕西省人民政府公布"法源寺塔"为第三批陕西省文物保护单位,同时公布保护范围。重点保护区为法源寺塔;一般保护区和建设控制地带为西寺小学东、西、北院墙内和教学楼北界内。

2013年5月,国务院公布"法源寺塔"为第七批全国重点文物保护单位。

◎塔刹

◎塔身局部

◎法源寺塔

254 · 万斛寺塔

唐代方形七层楼阁式砖石塔·省文物保护单位。位于富平县峪岭乡漫町村东北约 2.5 公里五峪源头的万斛山顶。寺以山名，山以塔著，当地民众习称万斛山为"塔儿山"。传寺及塔均始建于唐代，明万历年间（1573—1620）修葺，后世寺毁塔存。

现塔通高 26.7 米，底边长 4 米。塔身底层特高，南面辟券门，内设塔室。二层以上壁面作仿木结构三间，以砖隐出倚柱、阑额、转角和柱头铺作，斗栱形式为"把头绞项作"（类似于一斗三升斗栱）。其中，第二层四面辟门，两侧朱绘卧棂假窗，以上各层设置朱绘假门、窗。层间叠涩出檐较长，施仿木结构椽头、瓦垄和菱角牙子。塔顶平砖攒尖，置宝瓶式塔刹。原有明万历年间重修万斛寺塔碑 1 通，已佚。

该塔朱绘卧棂假窗的手法与西安香积寺塔一致，但叠涩檐施仿木构椽头、瓦垄的风格却是宋塔的基本特征，说明宋代曾有过整修。

2011 年，文物部门拨款修缮塔身。此前，底层四壁尤其是西北角坏损较甚，表层砖多已剥落（风化成黑色碎块），露出黄胶泥灌缝的砖石混合塔体。塔刹亦失原貌，只剩数层不规则的砖心。据有关部门实地调查，该塔地宫已遭盗掘。

万斛山岩石暴露，该塔用石系就地取材。

2003 年 9 月，陕西省人民政府公布"万斛寺塔"为第四批陕西省文物保护单位。保护范围为塔身及塔基四面外延向东 60 米，向西 30 米，向南 22 米，向北 20 米；建设控制地带为保护范围四面外延 5 米。

◎ 万斛寺塔

◎ 塔檐

◎ 一层塔身

255 · 圣佛寺塔

清代八角七层楼阁式空心砖塔·省文物保护单位。位于富平县城关镇尖角村尖角中学（原圣佛寺遗址）内。圣佛寺原名灵感寺，始建于唐元和年间（806—820），寺塔修建年代亦相若。唐中和二年（882），都统王铎将两川兴元军屯灵感寺，可见其规模宏大。唐以降，寺院屡有建毁。金大定六年（1166）修复寺院，立有《灵感寺碑》1通。清康熙五年（1666）重修寺院和寺塔，更名为圣佛寺，以塔内瘗藏有佛真身舍利之故；同治三年（1864）遇"陕甘回变"，山门及前殿被焚，后予以修复。20世纪50年代初，寺院尚存山门、前殿、大殿两进院落，有金大定六年八月所立《灵感寺碑》置于前院。该碑高2.15米，宽0.85米，厚0.24米，正背皆有刻文，字迹漫漶。不久，寺院辟为学校，殿宇陆续拆除，仅存寺塔。

现塔通高21米，底边长2.23~2.6米。塔基由3层条石砌筑；塔身单壁中空，壁厚1.75米。底层较高，面南辟券门，门宽0.77米，额嵌石匾题刻"释迦如来第十六所真身舍利宝塔"14字，署"康熙五年岁次丙午十二月二十日吉旦，中大夫前偏沅巡抚兵部右侍郎袁廓宇重修，董沐稽首谨题"等字样。二至五层每层辟二券门，逐层上下位置相错（二、四层南北开，三、五层东西开）。第六层南面嵌石阴刻"大乘妙法莲华经法华会上佛菩萨"14字。层间以砖叠涩出檐，施砖雕椽头、额枋、斗栱和菱角牙子。斗栱形式和布置：底层角科为一斗三升出卷云耍头，无平身科；二至七层角科为翼形栱出卷云耍头，平身科一攒亦为翼形栱出卷云耍头。第二层下部设砖雕平座钩栏，以两根望柱将每面钩栏析成三等分，形制典雅。塔顶平砖攒尖，叠涩收束为八角覆钵状，置鎏金宝葫芦塔刹。

20世纪80年代末，当地居民于寺址附近取土，发现金代陶棺12具。陶棺形制、大小基本相同。其中一具长33.5厘米，前后档呈梯形，前档正中开双扇假门，门扇有三道乳钉；门框为方形，上方墨书"白和尚"3字；盖为一兽头滴水瓦，扣于棺体之上。另一具棺盖上有墨书"张晏师"3字，盖内有墨书"大定五年二月十五日，大葬之辰记耳"15字，棺下为须弥座。其余棺具有"白和尚""老和尚本师""惠和尚"等墨书字样。这批陶棺均为灰陶质,棺盖用滴水瓦代替,一种是兽头滴水,另一种是花卉滴水;棺盖顶部有素面带墨书、线刻带墨书和线刻3种形式。这批陶棺是仿木棺样式做成的骨灰盒,说明当时僧人的丧葬形式既与普通人土葬的形式有别,同时又保留有中国传统元素,且当时的寺院对僧人葬具有统一的制式和管理。

2014年6月,陕西省人民政府公布"圣佛寺塔"为第六批陕西省文物保护单位。保护范围为塔基外延5米;建设控制地带为南至崖边,北至学校南墙,西至学校校门,东至崖边。

◎圣佛寺塔(历史照片)

◎圣佛寺塔

256 · 忽家村土塔

清代方锥形夯筑风水塔。位于富平县到贤镇忽家村东南 30 米处土畔上，四周为农田，地势平坦。塔残高约 6 米，底部南北 4.7 米，东西 3.2 米，夯层厚 9 厘米。由于常年风雨侵蚀，塔身东侧剥落较甚，并有一道自上而下的裂隙，顶部风化严重。

到贤镇位于富平县城东北 17.5 公里，以古时"到过贤人"而得名，明末清初被誉为"关中三李"之一的李因笃先生（与李颙、李柏齐名）在其《邑里绝句》中咏晋文公旧事："重耳驱车虎视遍，从亡诸佐复森然，渭阳曾别秦公子，村镇佳名纪到贤。"镇上曾建有晋文公祠，今已不存。全镇地形自北向南呈波动状，北部系频山南麓台地边缘。忽家村位于到贤镇南 3.5 公里，西禹高速公路从村北 3 公里处经过，有通村柏油路，交通便利。

◎忽家村土塔

陕西古塔全编（下册）

主 编 徐 进
副主编 刘合心

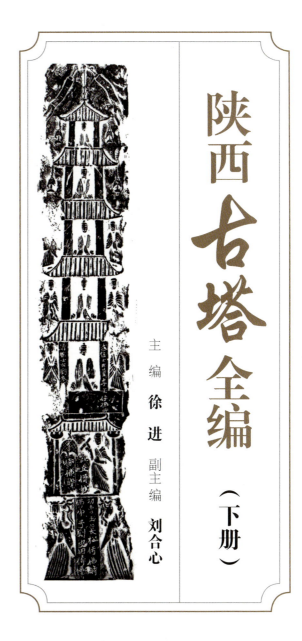

西北大学出版社

下册细目

第二章　陕北古塔 / 529

一、榆林古塔 / 530

257·古塔寺塔 / 534

258·凌霄塔 / 537

259·三圣寺墓塔（2座）/ 539

260·鸿门寺塔 / 540

261·响水镇龙池寺双塔（2座）/ 543

262·万灵寺塔 / 545

263·王皮庄多宝塔 / 546

264·清凉寺塔 / 549

265·接引寺塔 / 551

266·法云寺塔林（4座）/ 553

267·黄甫石塔 / 558

268·静一禅师塔 / 560

269·凌云塔 / 563

270·郭兴庄镇天王塔 / 565

271·宝台寺塔 / 567

272·兴善寺塔 / 570

273·合龙山宝塔 / 572

二、延安古塔 / 576

274·岭山寺塔 / 582

275 · 琉璃塔 / 585

276 · 佛骨灵牙宝塔 / 587

277 · 清净明王塔 / 589

278 · 普同塔 / 591

279 · 万佛岩塔 / 594

280 · 松岩大禅师塔 / 596

281 · 西阳寺七佛塔 / 599

282 · 大白家沟风水塔 / 601

283 · 张家河魁星楼 / 602

284 · 文安驿魁星楼 / 603

285 · 南禅寺塔 / 604

286 · 狗头山石塔 / 606

287 · 下北赤塔 / 607

288 · 西阁楼村塔 / 609

289 · 东阁楼村塔 / 611

290 · 文昌阁塔 / 612

291 · 下汾川塔 / 613

292 · 南坡猴子庙塔 / 614

293 · 土廻土塔 / 615

294 · 王庄文峰塔 / 616

295 · 万凤塔 / 618

296 · 辽空塔 / 621

297 · 洛川土塔群（14座）/ 623

297—1 · 上兰土塔 / 623

297—2 · 下兰土塔 / 624

297—3 · 西石泉土塔（2座）/ 625

297—4 · 桥章土塔 / 625

297—5 · 寨头土塔 / 627

297—6 · 寺庄土塔 / 628

297—7 · 勿广荣村土塔（2座）/ 629

297—8 · 度古土塔 / 630

297—9 · 文章庙土塔（2座）/ 631

297—10 · 东头村土塔（2座）/ 634

298 · 桥章塔 / 635

299 · 董村无量祖师塔 / 636

300 · 统将村魁星楼 / 637

301 · 开元寺塔 / 638

302 · 柏山寺塔 / 641

303 · 福严院塔 / 644

304 · 八卦寺塔林（3座）/ 647

305 · 宝严院舍利塔（2座）/ 649

305—1 · 昉公塔 / 650

305—2 · 佚名僧人墓塔 / 653

306 · 杨兴墓塔 / 654

307 · 宝塔洼道士塔 / 656

308 · 寺底瘗骨塔 / 657

309 · 富县白骨塔 / 658

310 · 砖塔群（8座）/ 660

311 · 桃树湾塔 / 663

312 · 龙泉寺塔林（11座）/ 665

313 · 盘龙寺石塔 / 667

314 · 草垛湾双塔（2座）/ 670

315 · 马家河塔 / 671

316 · 赵畔千佛塔 / 673

317 · 宁赛城祖师庙铁塔 / 675

318 · 高畔庙台舍利塔 / 677

第三章　陕南古塔 / 679

一、汉中古塔 / 680

319 · 汉中东塔 / 684

320 · 红椿坝石塔 / 687

321 · 湘水华严寺塔 / 689

322 · 康家坝舍利塔 / 690

323 · 柳树沟舍利塔 / 692

324 · 青座山羽化塔 / 694

325 · 开明寺塔 / 695

326 · 华阳塔 / 698

327 · 石塔寺舍利塔 / 700

328·普印和尚灵塔 / 701

329·了贤和尚灵塔 / 702

330·洪恩寺塔 / 704

331·海佛寺僧人墓塔 / 707

332·笨明和尚墓塔 / 708

333·骆镇塔 / 710

334·周子垭至宝塔 / 711

335·妙鉴老和尚墓塔 / 713

336·周子垭僧人墓塔 / 714

337·桃园坝道士塔 / 715

338·龙王阁道士塔 / 720

339·勉县万寿塔 / 722

340·铁佛寺塔 / 724

341·青龙寺石塔 / 727

342·略阳南山塔 / 728

二、安康古塔 / 730

343·奠胜宝塔 / 736

344·兴贤塔 / 738

345·马河天灯塔 / 741

346·白云寺塔林（4座）/ 743

346—1·觉性和尚塔 / 743

346—2·体清和尚塔 / 745

346—3·月宪和尚塔 / 746

346—4·印全和尚塔 / 747

347·祖师庙道士塔 / 748

348·观音庙墓塔 / 749

349·奠安塔 / 750

350·旬阳东宝塔 / 751

351·圆通寺舍利塔（2座）/ 753

351—1·经山禅师塔 / 754

351—2·明玉禅师塔 / 755

352·青山寺舍利塔 / 756

353·阳明寺舍利塔 / 758

354·天池山舍利塔 / 760

355·前塔梁石塔 / 762

356·后塔梁石塔 / 763

357·石王庙石塔 / 764

358·尼僧师徒合葬塔 / 766

359·王家山文星塔 / 768

360·旗杆山文星塔 / 770

361·双安村塔 / 772

362·莲花台舍利塔 / 774

363·三佛洞舍利塔 / 776

364·观音堂舍利塔 / 780

365·古鉴大士灵塔 / 783

366·东明庵舍利塔 / 786

367·报恩寺塔 / 788

368·汉阴文峰塔 / 790

369·离尘寺道士墓塔 / 793

370·东岳庙道士墓塔 / 794

371·双桥村舍利塔 / 795

372·吴家寨墓塔 / 797

373·田坝石塔 / 798

374·藏文禅师舍利塔 / 800

375·观音山舍利塔 / 802

376·塔儿坪舍利塔 / 804

377·红莲寺舍利塔（2座）/ 806

378·塔坪舍利塔（2座）/ 808

379·宝塔坪舍利塔 / 809

380·雷家沟舍利塔 / 810

381·莲花寺舍利塔 / 811

三、商洛古塔 / 812

382·东龙山双塔（2座）/ 816

383·凤冠山石塔 / 818

384·老安沟石塔（2座）/ 820

385·丰阳塔 / 821

386·庙沟石塔 / 823

387·铁瓦殿僧人墓塔（2座）/ 824

388·宝峰塔 / 825

389·念功塔 / 826

下编　寂灭与呈现

第四章　近百年消失的陕西古塔 / 831

一、已消失的关中古塔 / 836

01·兴平南塔 / 840

02·兴龙寺塔 / 843

03·圭峰定慧禅师塔 / 843

04·兴福塔院舍利塔林（4座）/ 845

05·法门寺塔 / 846

06·梨园镇禅院塔 / 857

07·灵感寺道宣律师衣钵塔 / 857

08·百塔寺舍利塔林（数十座）/ 860

09·清凉寺塔 / 863

10·旬邑僧人舍利塔 / 865

11·贤山寺塔 / 865

12·西明寺舍利塔 / 867

13·大定寺塔林（8座）/ 867

14·楼观台道士塔（公布为"周至楼观台古塔"）/ 867

15·东阳舍利塔 / 870

16·囤极寺塔林（20余座）/ 871

17·大兴善寺塔林（约200座）/ 871

18·金峰寺舍利塔（2座）/ 872

19·高冠峪舍利塔林（5座）/ 874

20·三里店半截塔 / 875

21·木塔寺木塔 / 876

22·乾县喇嘛塔 / 876

23·海国寺塔 / 878

24·二水寺塔（公布为"武功二水寺古塔"）/ 878

25·寒崇寺塔 / 880

26·王店村塔 / 881

27·罗圈崖石塔 / 882

28·渊大海墓塔 / 883

29·善宁寺石舍利塔林（5座）/ 883

30·安众寺琳公和尚塔 / 884

31·蟠龙寺塔 / 884

32·碧云禅师塔 / 884

33·涧峪砖塔 / 886

34·皇峪寺石舍利塔林（4座）/ 887

35·仙游寺舍利塔林（6座）/ 887

35—1·普同塔 / 887

35—2·月珠和尚墓塔 / 889

35—3·逼水塔 / 890

35—4·逼风塔 / 891

35—5·见明和尚墓塔 / 891

35—6·守贞和尚寿塔 / 893

36·灵泉寺石塔 / 895

37·云霞禅师舍利塔 / 897

38·韩城五星塔 / 897

39·老县城佛殿石舍利塔 / 899

40·黑峪道士墓塔 / 899

41·景禅寺舍利塔林（4座）/ 899

42·杨家山石舍利塔 / 900

43·松平庵道士塔 / 900

44·二道沟僧人墓塔 / 900

45·豆积山道士塔 / 901

46·香积寺高僧墓塔（2座）/ 901

46—1·唐代高僧舍利塔 / 901

46—2·清代高僧墓塔 / 903

二、已消失的陕北古塔 / 905

47・瓦子川舍利塔 / 907

48・空太禅师塔 / 907

49・灵泉院砖塔 / 907

50・本空禅师塔 / 908

51・容公塔 / 908

52・清凉山万佛寺石塔林（40余座）/ 908

53・丹州文峰塔 / 910

54・曹溪寺塔 / 910

55・宝堂禅师塔 / 912

56・串坡舍利塔 / 913

57・卜家沟石塔 / 913

58・孤山铁塔 / 913

59・红缨寺塔 / 914

60・仙姑河僧人墓塔 / 914

61・盘龙寺喇嘛塔 / 914

62・弥家河魁星楼 / 915

三、已消失的陕南古塔 / 916

63・塔湾石塔 / 918

64・智果寺舍利塔林（约50座）/ 918

65・文兴塔 / 918

66・田梁上僧人墓塔（2座）/ 920

67・旬阳西宝塔 / 920

68・普贤寺塔林（5座）/ 920

69・寺垭子石塔 / 921

70・金峰禅师塔 / 921

71・双龙寺舍利塔 / 921

72・福仁山塔 / 922

73・观堡庙舍利塔 / 922

74・南宫山舍利塔（2座）/ 922

75・兴福寺舍利塔 / 923

76·华祖庙舍利塔 / 923

77·秋木沟僧人墓塔 / 924

78·普济寺僧人墓塔 / 924

79·塔坪石塔 / 924

80·马家坡僧人舍利塔 / 924

第五章　陕西发现的佛教供奉塔、造像塔、壁塑塔和画像砖塔 / 925

一、供奉于寺院或信士家庭佛堂内的塔 / 933

F01·醴泉寺石造像塔 / 933

F02·阿育王石造像塔 / 935

F03·药王山阿育王石造像塔（3座）/ 936

F03—1·阿育王石造像塔之一 / 936

F03—2·阿育王石造像塔之二 / 938

F03—3·阿育王石造像塔之三 / 939

F04·阿育王塔形背光构件 / 942

F05·刘文郎造像碑浮雕塔 / 943

F06·善业泥造像塔（4座）/ 945

F07·彩绘汉白石灵帐 / 947

F08·释迦如来舍利宝帐 / 950

F09·石雕彩绘阿育王塔 / 955

F10·鎏金铜浮屠 / 957

F11·宝珠顶单檐四门金塔 / 959

F12·覆钵式汉白石塔 / 960

F13·四面造像阿育王石塔 / 962

F14·覆钵式造像石塔 / 964

F15·歇驾寺石造像塔 / 966

F16·彩绘涂朱石塔 / 967

F17·金银舍利塔 / 969

F18·舍利石塔 / 971

F19·报本寺金银舍利塔 / 973

F20·善业泥塔及佛堂 / 976

F21·六角亭式陶舍利塔 / 978

F22·六级象牙塔 / 979

F23·铜舍利塔 / 980

F24·鎏金铜喇嘛塔 / 982

F25·铜喇嘛塔 / 983

F26·香泥佛塔（8座）/ 984

F27·蓝釉描金瓷喇嘛塔（2座）/ 985

二、供奉在石窟寺中的石造像塔和寺庙壁塑中的泥塑塔 / 986

F28·云岩寺彩绘石造像塔 / 986

F29·大佛寺摩崖浮雕塔 / 989

F30·欧家湾摩崖浮雕塔 / 991

F31·石寺河石窟浮雕塔 / 992

F32·樊庄石窟浮雕塔 / 997

F33·吕川石窟造像塔 / 998

F34·万安禅院石窟造像塔 / 999

F35·清凉山万佛洞石窟造像塔（4座）/ 1001

F35—1·万佛洞石窟造像塔之一 / 1001

F35—2·万佛洞石窟造像塔之二 / 1001

F35—3·万佛洞石窟造像塔之三 / 1002

F35—4·万佛洞石窟造像塔之四 / 1002

F36·凤凰山千佛洞石窟造像塔 / 1007

F37·阁子头石窟浮雕塔 / 1008

F38·高家堡万佛洞石窟彩绘造像塔（2座）/ 1009

F39·水陆庵彩绘泥塑塔（11座）/ 1015

F39—1·泥塑喇嘛塔之一 / 1016

F39—2·泥塑喇嘛塔之二 / 1018

F39—3·泥塑喇嘛塔之三 / 1019

F39—4·泥塑喇嘛塔之四 / 1020

F39—5·泥塑喇嘛塔之五 / 1022

F39—6·泥塑喇嘛塔之六 / 1024

F39—7·泥塑喇嘛塔之七 / 1025

F39—8·泥塑喇嘛塔之八 / 1026

F39—9、10·泥塑楼阁塔之一、之二 / 1027

F39—11·泥塑楼阁塔之三 / 1030

三、信士墓室内的画像砖塔 / 1032

F40·李渠镇金墓画像砖塔 / 1032

F41·冯庄金墓彩绘画像砖塔 / 1033

F42·柳林金墓画像砖塔 / 1034

F43·谭家营金墓画像砖塔 / 1036

参考文献 / 1038

后　记 / 1043

第二章 陕北古塔

陕北地区包括榆林、延安两市，涵盖子午岭、黄龙山以北、毛乌素沙漠以南的黄土高原区域。这一区域为中国黄土高原的中心部分，占据黄土高原约1/6的面积，习惯上称为『陕北黄土高原』，其自古为中原民族与北方游牧民族交流、融合之地，汉以后逐渐发展为半农半牧区，被称为拱卫京师的咽喉之地（延安）和前沿阵地（榆林）。该区域现存古代至民国时期不可移动古塔101座，分布于16个县（市、区），其中，榆林市22座、延安市79座。按时代划分，该区域计有唐塔1座、宋塔3座、元塔1座、宋—元明塔11座（有待甄别）、明清塔83座、民国塔2座，其中县级以上文物保护单位及其附属遗存计37处73座。

一、榆林古塔

榆林因当地土壤宜生榆树及明永乐六年（1408）置榆林寨而得名。其位于陕北高原北部、黄河中游，地处北纬36°57′～39°35′，东经107°28′～111°15′之间，南与延安接壤，西邻甘肃、宁夏，北连内蒙古，东隔黄河与山西相望。辖境东西长309公里，南北宽295公里，总面积43 578平方公里；辖榆阳、横山、神木2区1市，米脂、绥德、靖边、清涧、吴堡、府谷、定边、子洲、佳县9县。

榆林地质构造属华北陆台鄂尔多斯地台北部的风沙草滩区和黄土高原丘陵沟壑区，地势由西向东倾斜，平均海拔1 250米左右。最高点为定边南部的魏梁，海拔1 907米；最低点为清涧无定河入黄河口，海拔560米。地貌大体以长城为界，北部是毛乌素沙漠南缘风沙草滩区，南部是黄土高原的腹地。榆林城置于沙漠草滩地带，东依驼峰山，西临榆溪河，远望如一匹行进中的骆驼，故又名"驼城"。修筑于公元前212—前210年的秦直道，全长约700公里，纵穿陕北黄土高原，在进入榆林后，跨越靖边、横山、榆阳，直驱内蒙古。

榆林古称上郡，曾为鬼方、猃狁、白翟部族栖居地，春秋战国时相继属晋国、魏国、秦国。魏置上郡，秦汉因之，其间及其后有匈奴、羌胡、羯人在此进出。义熙三年（407），赫连勃勃建立大夏国，凤翔元年（413）筑统万城。北宋时，榆林为中原王朝与西夏（党项）、辽（契丹）、金（女真）的交兵地。明正统二年（1437）始筑榆林城，成化七年（1471）置榆林卫。后世相继设榆林府、榆林道、榆林专区；2000年7月设为榆林市。境内重要遗存以史前城址、长城遗址和军事寨堡为大宗，有以"中国文明的前夜"入选2012年中国十大考古新发现的石峁遗址（为目前国内所见规模最大的龙山时期至夏阶段的城址），有秦昭王长城遗址、秦直道遗址、大夏国都统万城遗址（人类历史上仅存的匈奴都城遗址），有五代至清朝军事要塞府州城、吴堡石城，有明长城镇北台、要塞高家堡古城、榆林卫城、佳县城墙，以及红石峡、青云寺、七星庙、星明楼、白云山观、盘龙山古建筑群（李自成行宫）等。

榆林市现存历代古塔22座，其中，榆阳区4座，横山区11座，府谷县2座，佳县、米脂县各1座，绥德县3座。建于明万历三十五年（1607）的榆阳寺凌霄塔，是长城沿线重镇榆林卫城发展史的见证；建于元代的鸿门寺塔，为榆林现存最早的古塔；具双层覆钵形塔身的三圣寺墓塔和清凉寺塔，为陕北地区带有特质的异形喇嘛塔的代表作，它们与法云寺塔林共同构成了榆林市现存藏传喇嘛塔方阵，成为陕西现存喇嘛塔的集中地之一（另两地为西安市和商洛市）；万灵寺塔为陕西有明确纪年和自铭的多宝佛塔，对于研究陕北石塔的名谓、形制及断代具有重要的价值。榆林曾是北宋与西夏、辽、金、蒙古争夺的战略要地，其时已有古塔存世，西夏国曾设"细浮图寨"，为后人研究榆林古塔的起源提供了地域线索。

榆林古塔列表

序号	古塔名称	时代	形制	保护级别	地址
257	古塔寺塔	明代	八角七级密檐式砖塔	省保	榆阳区古塔乡姚庄村西北山坡上
258	凌霄塔	明代	八角十三层楼阁式砖塔	省保	榆阳区榆林城南榆阳桥东侧山丘上
259	三圣寺墓塔（2座）	明—清	喇嘛式砖塔和道士砖塔	"区保"附属遗存	榆阳区青云乡殿皇峁村凤凰山上
260	鸿门寺塔	元代	八角十一层楼阁式砖石塔	国保	横山区塔湾镇塔湾村西南
261	响水镇龙池寺双塔（2座）	明代	四层石质多宝塔	未定	横山区响水镇干沟则村
262	万灵寺塔	明代	三层石质多宝佛塔	市保	横山区殿市镇张家湾村
263	王皮庄多宝塔	明代	三层石质多宝佛塔	未定	横山区赵石畔镇王皮庄村
264	清凉寺塔	明代	宝瓶式砖喇嘛塔	未定	横山区党岔镇胡新窑村
265	接引寺塔	明代	八角七层楼阁式砖塔	"省保"附属遗存	横山区波罗镇波罗村东侧山丘上
266	法云寺塔林（4座）	明—清	宝瓶式砖喇嘛塔	"省保"附属遗存	横山区殿市镇五龙山村五龙山上
267	黄甫石塔	明代	六角五层幢式石舍利塔	县保	府谷县黄甫镇黄甫村石圪洞山上
268	静一禅师塔	民国	六棱罐形砖舍利塔	"国保"附属遗存	府谷县老县城"府州城"大南门外
269	凌云塔	明代	八角七层楼阁式空心砖塔	县保	佳县佳芦镇凌云社区体育场
270	郭兴庄镇天王塔	明代	六角七层楼阁式砖塔	省保	米脂县郭兴庄镇天王塔村云台山寺内
271	宝台寺塔	明代	八角五层幢式石舍利塔	未定	绥德县中角镇大庄里村东
272	兴善寺塔	明代	八角六层幢式石塔	"县保"附属遗存	绥德县满堂川乡赵家铺村南
273	合龙山宝塔	明代	八角九层楼阁式砖塔	"省保"附属遗存	绥德县张家砭乡五里湾村合龙山上
合计	22座		含县级以上文物保护单位及其附属遗存13处17座。其中"国保"1处1座，"省保"3处3座，"市、县保"3处3座；"国保"附属遗存1处1座，"省保"附属遗存3处6座，"区、县保"附属遗存2处3座		

榆阳区

榆阳区原为榆林县、榆林市；2000年7月设地级榆林市后，原县级榆林市改为榆阳区。其地处榆林中部，北与内蒙古乌审旗接壤，一直是榆林市的行政和文化中心。区境呈不规则四方形，以明长城为界，沿北为风沙草滩区，约占总面积的75%；沿南属丘陵沟壑区，约占25%。境北、西及东南部为无定河流域，东北小部分为秃尾河、佳芦河流域。境内重要遗存有秦长城遗址、秦直道遗址、白城台遗址、罗兀故城、明长城镇北台、易马城、榆林卫城，以及戴兴寺、青云寺、三圣寺、星明楼、万佛楼、红石峡（雄山寺石窟）等。榆阳区现存古塔4座。其中，古塔寺塔为榆阳建塔时间最早者；凌霄塔为榆林现存最高的砖塔，是国家历史文化名城榆林的标志性建筑。

257·古塔寺塔

明代八角七级密檐式砖塔·省文物保护单位。位于榆阳区古塔乡姚庄村西北约500米处的山坡上。据《改修古塔寺碑记》载，寺始建于元代，"明季天顺元年，善士郭普林虔修殿宇"；明成化十五年（1479），清康熙六十一年（1722）、嘉庆年间（1796—1820）及道光二十八年（1848）均有维修。后世寺毁塔存。

塔为明代建筑风格，通高11.6米。塔基以片石叠砌，上筑砖雕花卉图案须弥座，高0.9米，每边长1.5~1.6米，图案为莲、菊、折枝牡丹配以云纹等。塔身以水磨青砖黏合白灰浆砌筑，底层每边长1.25米，原东、南、西、北四面嵌塔铭已佚，留有依次相间的4个横长方框。二层相间辟券龛，七层每面辟券龛。层间叠涩出檐，一、二、三层檐下施砖雕斗栱，形式为一斗三升出耍头，平身科一攒。塔顶平砖攒尖，置砖雕仰莲刹座，刹已无存。有清嘉庆、道光年重修古塔寺碑2通，碑文述及千佛寺、法源寺、古佛寺、崇善寺的4位僧人曾先后为古塔寺住持，还言及有古塔2座，一座在山脚下，另一座立于半坡。现存为后者。

现塔周围有新修八角形石围栏、花圃、广场、凉亭，塔北有新修庙宇等。

2018年7月，陕西省人民政府公布"古塔寺塔"为第七批陕西省文物保护单位。保护范围为塔本体四周外扩50米；建设控制地带为保护范围四周外扩100米。

◎古塔寺塔

◎古塔寺塔（历史照片）

258 · 凌霄塔

明代八角十三层楼阁式砖塔·省文物保护单位。又称榆阳寺塔,位于榆阳区榆林城南榆阳桥东侧山丘上,为旧时榆林的标志性建筑。寺传建于明正德年间(1506—1521),清同治年间(1862—1874)毁圮。塔建于明万历三十五年(1607),曾发挥过料敌作用。明末,李自成、李过攻打榆林和1947年榆林战役期间,进攻方都以首先攻占该塔为进取榆林城的第一步,在此塔上留下了炮火痕迹。

现塔通高43米,石砌塔基,底边周长33米。塔身每面一间,底层南面和北面辟券门,东面和西面设券龛。每面横额依次嵌"八卦"石匾,对应乾(西北)、坎(北方)、艮(东北)、震(东方)、巽(东南)、离(南方)、坤(西南)、兑(西方)八个方位。二层以上每层辟4个券洞,自下而上逐层相错。层间叠涩出檐较短,施仿木结构单排椽头和瓦垄,其中一至五层和十三层檐下施砖雕三踩斗栱,平身科二攒。各层檐角系挂风铃。塔顶八角攒尖,覆黄色琉璃瓦,置琉璃莲座,托宝瓶式塔刹。塔内为壁内折式结构,沿阶梯可登临塔顶俯瞰全城。原塔身二、八、九、十、十三层局部残损,系1947年榆林战役时炮火所击,2004年予以修复。

凌霄塔之名,出自清道光本《榆林府志》所述榆林八景"驼峰拥翠、龙穴藏珍、芹涧春香、柳河秋色、寒泉冬蒸、红山夕照、西河漱月、南塔凌霄",因其高峻耸立而誉之。凌霄塔也是明代军事重镇榆林卫城发展史的重要见证。

2008年9月,陕西省人民政府公布"凌霄塔"为第五批陕西省文物保护单位。保护范围为凌霄塔四周距塔身15米;建设控制地带为保护范围四周外延5米。

◎凌霄塔（历史照片）

◎凌霄塔

259·三圣寺墓塔（2座）

明清僧人和道士墓塔，2座·区文物保护单位"三圣寺"附属建筑。位于榆阳区青云乡殿皇峁村凤凰山上。寺始建于明代，清代屡有增建、重修。后世颓废，近年逐渐恢复。为道、佛合璧寺院，依山就势布局，有祖师殿、玉皇楼、观音殿、五祖殿、七真殿等建筑10余座，遗存明、清碑碣6通（方），僧人墓塔2座，依次为：

明代僧人砖喇嘛塔，残高4.8米。塔基为六角形双重须弥座，每边长0.84米，高1.05米；上部束腰有镂空壶门装饰。塔肚子（塔身）为双层覆钵形，底层覆钵辟有浅方龛（眼光门）。塔脖子为五重相轮，塔刹不存。塔身双层覆钵形，是陕北地区藏传佛塔的一种形式，该形式还见于横山区的清凉寺塔。

清代道士砖塔，残高2.45米。塔基为方形须弥座，每边长1米，高0.6米。塔身下部为叠涩内收覆斗形，上部为方形，正面辟方龛。塔顶四角攒尖，塔刹不存。

◎三圣寺僧人墓塔　　　　　　　　　　　　◎三圣寺道士塔

横山区

横山区因境内有横山（主峰）而得名。古称塞北边陲，相继隶属上郡、夏州、银州、绥德州、米脂县(元—清初)；清雍正九年（1731）取"怀柔边远"之意，置怀远县；民国三年（1914）为别于安徽怀远，更名横山县；2015年12月撤县设区。其地处榆林中部，毛乌素沙漠南缘，长城脚下，西北与内蒙古交界。地形分为北部风沙草滩区，南部黄土丘陵沟壑区，以及无定河、芦河和大理河川道区。境内重要遗存有秦昭王长城遗址、北朝至北宋银州故城、明长城遗址、响水堡故城、怀远堡故城、威武堡故城，以及鸿门寺石窟、古佛寺石窟、波罗堡古建群、龙凤山庙等。横山区现存古塔11座。其中，鸿门寺塔为榆林现存最早的古塔；万灵寺塔为陕西唯一有自铭塔名和纪年的多宝佛塔；清凉寺塔为藏传喇嘛塔的代表作。

260 · 鸿门寺塔

元代八角十一层楼阁式砖石塔·全国重点文物保护单位。又称响铃塔，因塔角系铃，风吹响动，声播遥远，故名。又因通体呈褐红色，被誉为陕北"铁塔"，位于横山区塔湾镇塔湾村西南500米处的芦河东岸。寺始建于元代，明成化十九年（1483）、嘉靖三十七年（1558）修葺。20世纪寺院颓废，遗存残石窟10孔（后以"鸿门寺石窟"列入区文物保护单位），内有释迦涅槃、观音菩萨、十大弟子等石雕残像和藻井、彩绘壁画残迹等。

据《陕西延绥镇志》载：响铃塔"元泰定年间建，时有白鹤巢其上"。现塔通高约27米，塔基周长24米。塔基和底层以片石砌筑，二层以上为外砖内石结构。塔身底层周长21.6米，壁厚1.7米，正南辟圭形塔门，门下宽1.4米，上宽1.28米，高1.9米，内筑圆形穹顶塔室。二层各面施砖砌阑额、壁柱和转角圆柱，阑额以下风蚀残损严重（隐约可见平座钩栏痕迹）。三层以上素面。层间以平砖4层叠涩出檐，下砌两排菱角牙子，檐角砌成三角中空挑檐，中插砖木雕兽首出挑，悬挂风铃（今已不存）。塔刹已毁。塔身整体收分如笋状，形制耸拔，工艺精湛。塔室内壁绘有一周佛教人物故事壁画，二层檐部残留绿彩痕迹。1992年及近年有维修，塔基周围新砌八角形砖台并置金属围栏，以青灰色与塔体褐红色形成鲜明对比。

1992年4月，陕西省人民政府公布"响铃塔"为第三批陕西省文物保护单位，同时公布保护范围。重点保护区为响铃塔；一般保护区东至榆宝公路西，西至芦河岸，南至岩石脚下水井，北至学校操场；建设控制地带为一般保护区外延100米内。

2013年5月，国务院以"鸿门寺塔"名称公布为第七批全国重点文物保护单位。

◎鸿门寺塔（历史照片）

◎塔身局部

◎鸿门寺塔

◎底层塔内的元代《礼佛图》壁画

261·响水镇龙池寺双塔（2座）

明代四层石质多宝塔，2座·龙池寺附属遗存。位于横山区响水镇西南10公里的干沟则村西侧沟下沿。寺始建于明初，四面环山，背靠石崖，相对沟底高约20米，为石窟寺建筑。20世纪70年代修筑水坝，将寺淹没。80年代中期，当地民众将龙池寺在原址上抬高10米进行重建。现寺院由地藏菩萨殿、老爷殿、七佛殿、三佛殿、文殊普贤殿和观音殿等组成。寺内遗存明正德十年（1515）铁钟1口、民国九年（1920）磬6件。

在龙池寺上方10米处，并排置寺塔2座，左侧名鹰塔，右侧名龙池塔。均为四层石质多宝塔，一座完整，一座残损，分别高5米和残高4.5米。塔基为方形叠涩方台，上置仰覆莲座。塔身相间为鼓形或抹角方形，层间以六角形、方形塔檐或仰莲座出檐，塔顶置宝珠刹（一座四层残损，无刹）。两塔底层分别镌有明正德十年（1515）和嘉靖三十八年（1559）塔铭，二层刻有缠枝花纹，三层辟有佛龛。

◎响水镇龙池寺双塔

龙池寺对面为蟠龙山，山顶有真武殿、娘娘殿和灵官殿等建筑，占地约500平方米，始建于明万历二十年（1592），清咸丰、同治年间进行过两次维修。山脚石畔上置有龙王庙，与山顶真武殿相背而建，相距150米。蟠龙山、龙王庙为榆林市文物保护单位，保存有明嘉靖二十年（1541）、万历二十二年（1594）铁钟各1口，清雍正六年（1728）磬1件，光绪十二年（1886）磬2件，光绪三十二年（1906）庙碑1通，民国九年磬1件。

◎塔身铭文一

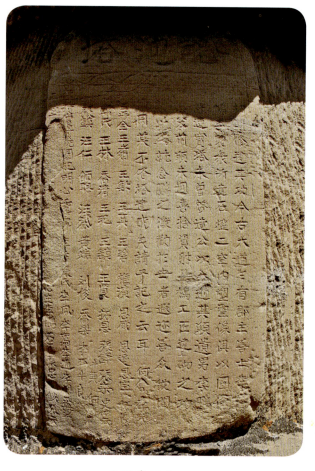

◎塔身铭文二

262·万灵寺塔

明代三层石质多宝佛塔·市文物保护单位。位于横山区殿市镇张家湾村西万灵寺内。寺始建于明代，后世融入道教因素，"文革"中颓废，近年修复。寺院坐北向南，呈四合院布局。前殿为地藏殿，由大型石条砌筑，外部作硬山顶式样，内部为八卦藻井顶，八卦用大型石块拼成，每块均有刻花（已剥蚀严重），四面墙角用木梁将殿分割成八卦形。正殿为佛祖殿，系拱券式枕头窑硬山顶建筑。东、西配殿为关圣殿、土地庙，均为新建。西北隅有一小型石窟，供奉元星祖师。寺内遗存石质多宝佛塔1座，石佛像3尊，头均佚。

塔建于明嘉靖三十六年（1557），塔身三层，通高4.5米。塔基为砖砌方形须弥座，每边长1.2米。上置石雕仰覆莲座，底径0.9米。塔身各层均由整块圆鼓石、八棱石和方形石雕挑檐构成，塔顶置仰覆莲座，承宝珠式塔刹（已残半）。底层辟长方形龛，刻铭"嘉靖三十六年丁巳四月乙巳／辛卯释子性道祭心启建多宝佛塔一座／施

◎万灵寺塔

财公德主／□□□……／白水石匠雷□□……／本寺住持僧清钊、明海□□□□／规教师惠滨、惠福、惠深"等内容，字迹多漫漶。二层辟一拱龛。各层八棱石每面分别雕饰瑞兽、花卉、云纹等图案。塔基周围近年新筑三级方台，以求加固；塔檐亦予以修复。

多宝佛塔又名多宝塔，是供奉多宝如来佛之塔的简称。多宝佛为《法华经》中的佛名，又译作大宝佛、宝胜佛，是东方宝净世界之教主。横山区现存的这座多宝佛塔，为有明确纪年、塔名的石舍利塔，对于研究陕北石塔的名谓、形制及断代具有重要的价值。

263 · 王皮庄多宝塔

明代三层石质多宝佛塔·释迦佛祖庙附属遗存。又称响铃塔，位于横山区赵石畔镇王皮庄村南侧山沟中。传此地原有明万历年间（1573—1620）所建释迦佛祖殿，"文革"中被毁。现存多宝塔1座，通高5.2米。

塔体由圆雕石构件套接而成。基石八角形，每边长0.46米。基石上置仰覆莲须弥座。塔身三层均由整块圆鼓石、八棱石和方形石雕塔檐组成。底层鼓身面南辟方龛；八棱石面南刻"福"字，上叠寿星浮雕，其余各面饰仙人浮雕。二层八棱石每面依次雕饰牡丹、莲花和凤鸟图案。三层鼓身面南辟券龛，题铭"南极子神之位"；八棱石每面题刻一字，合读为"紫益天柱，鹫岭祇园"。各层塔檐均出椽头、瓦垄、四角挑檐。顶置仰覆莲扣合圆座，承双重宝珠刹，下层宝珠镂刻有一周火焰纹饰。

该塔建造风格与万灵寺塔接近，但明显融有儒、道因素，如刻铭"福""紫益天柱"和浮雕寿星、仙人像等。而刻铭"鹫岭祇园"显系佛教喻指。鹫岭为印度佛教圣山，借指佛寺。祇园是"祇树给孤独园"的简称，为印度佛教圣地之一。相传释迦牟尼成佛后，憍萨罗国的"给孤独长者"用大量黄金购置舍卫城南祇陀太子园地，建筑精舍，请释迦弟子说法。祇陀太子也奉献了园内的树木，故以二人名字命名。据《大唐西域记》载，玄奘赴天竺取经来此时，精舍已然湮灭。后将其用作佛寺的代称。

当地将现塔谓之响铃塔，实属蹊跷，可能此处原有系铃之塔，早年毁圮，因而将此名谓沿袭给了现塔。现塔附近尚存清咸丰二年（1852）《重修佛殿开寺碑记》1通。

◎王皮庄多宝塔

◎塔身一层檐下浮雕

◎塔身二层檐下浮雕

264·清凉寺塔

明代宝瓶式砖喇嘛塔·清凉寺附属遗存。又称凌霄塔、林孝塔（见诸多种著述），后者当系凌霄塔谐音之讹传，位于横山区党岔镇胡新窑村北约100米的下寺峁山上，南距清凉寺河约200米。寺始建年代不详，当地有"先有清凉寺，后有榆林城"之说。现塔位于下寺峁山与上寺峁山的两山鞍部，据此推测，曾经的清凉寺规模较大，分为上寺和下寺。后世废为遗址，近年有所恢复。

塔为明代砖喇嘛塔风格，通高11米。塔基为八角形须弥座，每边长1.4米，束腰部位雕饰莲花、凤鸟、麒麟、奔马和云纹等图案。塔肚子（塔身）为双层覆钵形，每层下部衬以双层仰莲，匹配协调，颇具匠心。上层面南辟一方龛，原置跏趺坐佛1尊，已迁移。塔脖子呈圆柱形，刻作"十三天"相轮，上置华盖。刹顶已毁，尚存刹杆，近年补修为宝瓶式塔刹。据当地村民讲述，原塔刹顶部（天宫）有佛像1尊，"文革"中被枪击落。

清凉寺塔与榆阳三圣寺喇嘛塔形制接近，是陕北地区藏传佛塔的一种形式（塔身双层覆钵形），对于研究陕北地区喇嘛塔形制及断代具有重要的价值。

◎佛龛内泥塑佛像（已迁移）　　　　　◎塔座局部

◎清凉寺塔

265 · 接引寺塔

明代八角七层楼阁式砖塔·省文物保护单位"波罗堡古建群"附属遗存。波罗堡位于横山区波罗镇波罗村东侧山丘上，地处无定河南岸，西有长城怀德关（清废），西北距大边约 5 公里，为长城沿线要塞之一。据有关地志资料记载，明正统十年（1445）巡抚马恭筑大兔鹃堡，周长逾 1 公里，辟东、西二门。成化二年（1466）于此另筑新堡，更名波罗堡，并移原堡守军驻此。万历初至万历七年（1573—1579）重修并加高堡墙，包砌墙垣、垛口等。清乾隆三十四年（1769），知县胡绍祖对堡城又做了局部修葺。堡城平面呈不规则矩形，内筑夯土，外砌砖石，周长 1 510 米，于东、南、西三面辟有四门。自堡城建成，迄清同治年间（1862—1874）共发生大小战役 10 余起。

接引寺又称波罗寺，位于波罗堡大西门外。传说如来佛入东土返西天经此留下足迹，遂依崖筑寺"供如来像于其中"。传寺始建于北魏，历代屡有修葺。明成化十一年（1475）、万历初及清雍正八年（1730）分别进行了重修。占地面积 3 840 平方米，面向西北，由正殿、五佛殿、八角亭和僧舍等组成。正殿依崖而建，砖木结构，面阔三间，进深一间，重檐歇山灰瓦顶。殿内有北魏摩崖菩萨造像 1 尊，立姿，高 7.3 米，宽 4 米。面部和上身剥蚀严重，造型风格相当于云岗二期或稍早。造像左侧下方镌"庚戌春三月朔日波罗副将宛平金国泰游接引寺"题记 1 则。寺内现存龟形、方形碑趺及清雍正八年（1730）修庙碑 1 通，碑文曰"庚戌春三月朔日游接引寺，见有仗六金身立佛一尊，庙殿久已倾废。今波之绅士捐资重修，共成盛举。余亦捐俸拾金，聊为一助。而瞻拜寺中各殿诸佛备焉，不觉尘怀顿去，口成一律以自省云：灵台已蔽几多春，日日浮沉谁与论。入世久忘真面目，出尘何用假精神。高山流水仍如昨，白日青天老此身。那得西方来接引，顿教不复是痴人。波罗副将宛平金国泰书于接引寺之僧舍"。

接引寺塔又名凌霄塔、佛寺塔、波罗寺塔，建于石崖上方，为明成化九年（1473）善士张杰所修，清光绪五年（1879）修葺。塔身七层，残高12米。塔基为八角形须弥座，每边长1.3米。塔身素面，无门窗，层间砖砌单排椽头出檐，一至五层檐下施砖雕额枋和五踩双翘斗栱，出卷云耍头。六、七层收分骤急。攒尖顶，塔刹无存。塔体外观如笋状，造型风格与绥德合龙山塔接近。1984年维修，依崖甃石为八角形高台，顶部每边长约4米。该塔见诸图录、著述尚有八层和九层两说，均不确。

1992年4月，陕西省人民政府公布"波罗堡古建群"为第三批陕西省文物保护单位，同时公布保护范围。重点保护区为古城址、接引寺、寺塔建筑群；一般保护区为古城址外延30米，接引寺东至城墙，南至沙井沟，西至旧庙会窑，北至塔下水渠，寺塔建筑群外延50米内；建设控制地带为一般保护区外延100米。

◎接引寺塔

266 · 法云寺塔林（4座）

明清僧人宝瓶式砖喇嘛塔，4座·省文物保护单位"五龙山法云寺"附属遗存。位于横山区殿市镇五龙山村五龙山上。据民国十八年（1929）于右任题鉴《陕西横山县志》记载，寺始建于唐代，明万历、崇祯，清康熙、乾隆、嘉庆年间曾予以扩建和修葺。后世融入有道教、儒教因素。"文革"中遭到严重破坏。20世纪80年代以来，当地民众和僧人集资陆续重建、修复。现寺院占地面积约9 600平方米，坐东北朝西南，依山势错落布局。山如卧龟，山门、五龙壁、钟鼓楼、大雄宝殿、真武祖师殿、天王殿、三佛殿、文昌阁、魁星楼等依次布列于龟首、龟体、龟尾部位。山门券洞式，踞于龟首，两侧立石狮1对。五龙壁距山门后2米正中，壁面砌砖镶石，上刻五龙盘踞。大雄宝殿与真武祖师殿为拱窑式砖木结构，面阔三间，卷棚硬山勾连搭灰瓦顶，殿内立真武祖师、哼哈二将塑像及庙碑数通。文昌阁位于龟体中部，方形石结构，高约8米。下部辟为券洞式文庙，高3米，进深4.5米，洞额石雕"青云"2字，清隆二十六年（1761）款。右边设石踏跺至魁星楼，楼为砖木结构，高3米，八角攒尖顶。经四大天王殿石阶进入窑洞式四合院，内列孔子殿、仙公殿、禅堂等。由石踏跺进入龟尾部位的三佛殿，前有月台，殿为拱窑式，面阔三间带廊，单檐歇山顶，檐下施斗栱。存明嘉靖二十二年（1543）、清雍正三年（1725）款铁钟各1口，康熙四十年（1701）《重建法云寺关王楼碑》和乾隆、嘉庆年间重修寺碑3通。乾隆款碑阳有"重修碑记"字样，记载重修"正殿及两庑"，述及"十帅厅、五龙宫、钟楼、孤魂堂之耸峙于前"；碑阴刊刻捐地人名录、地亩数量及四至。

寺内原有明清舍利塔多座，分布于寺内、寺北至东北方向。另有标志性寺塔1座——据民间资料记述：光绪初年邑人杨士英"建造五龙山法云寺塔，古朴大方，气势宏伟"。该塔早年被毁。今存僧人舍利塔4座，均为宝瓶式砖喇嘛塔，从建筑风格来看，时代大致在清一代，但不能排除有早至明代的个例。诸塔通高5～6.6米，设砖砌或石砌六角形须弥座，每边长0.9～1.05米，高1.1～2.08米，束腰部位或素面，或雕有转角圆柱和镂空装饰。塔肚子（塔身）为覆钵形或异形覆钵体，有两座塔身辟有长方形龛（俗称眼光门）。塔脖子呈柱状收分，分别刻作七层、十一层和"十三天"相轮，上覆宝盖或天地盘。刹顶均毁，个别尚存刹杆（近年有2座修复为瓷质宝珠刹）。有两座塔脖子辟有长方形龛，脖下承以铺地莲瓣。其中一塔龛刻铭："法云堂上开山比丘慈（上）（下）善庆翁大和尚塔。"类似表述格式见诸西安大慈恩寺清代和尚塔铭。

2008年9月，陕西省人民政府公布"五龙山法云寺"为第五批陕西省文物保护单位。保护范围为五龙山法云寺庙古建群；建设控制地带为东紧靠银塔山，西至黑木头川河，北至刘家峁，南至斗峁梁。

◎法云寺塔林

◎法云寺塔之一

◎法云寺塔之二

◎法云寺塔之三

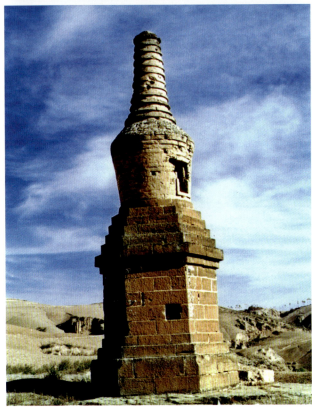

◎法云寺塔之四

◎法云寺全景

府谷县

府谷县因境内有一条山谷叫"府谷"而得名。唐末置府谷镇，五代后梁乾化元年（911）升镇为府谷县，为府州治，后世隶属屡有变更，但府谷县名基本相沿不改。其地处内蒙古高原与陕北黄土高原东北部接壤地带，东隔黄河与山西河曲、保德两县相望，北连内蒙古准格尔旗、伊金霍洛旗，明长城遗址横贯县境北部，素有"鸡鸣闻三省"之称。境内重要遗存有北宋折王坟（折氏家族墓地）、五代至清朝军事要塞府州城、明清千佛洞石窟，以及七星庙、龙王庙、府谷文庙、荣河书院等。府谷县现存古塔2座，为明长城沿线要塞黄甫川堡附属古寺庙遗存。

267·黄甫石塔

明代六角五层幢式石舍利塔·县文物保护单位。位于府谷县黄甫镇黄甫村南700米处石圪洞山上，北临瓦窑沟，东临石崖湾，南侧有明代石窟一处，相距10米，与红塔沟相邻。为明长城沿线要塞黄甫川堡附属古寺庙遗存之一。黄甫川堡为明天顺年间（1457—1464）置，以御鞑靼南攻与东进。随寨堡建寺，以祈愿神灵保佑，是当时边塞抚慰将士和民众较普遍的方式。

塔由红砂岩雕件套接而成，残高5米。基座方形，每边长1.25米。塔身底层为扁鼓形，饰浮雕缠枝花卉，上托仰覆莲座。二层以上呈六角形，层间套雕出檐瓦垅。二层塔身原有刻铭，已漫漶；三、四层塔身饰浮雕花卉；五层每面雕饰跏趺坐佛1尊，已残；塔顶残毁。为稳固塔体，近年新筑方形石台基，每边长6米，高约2米。

史念海《陕西军事地理概述》讲到，明长城沿横山山脉修筑，"西起今定边县的盐场堡，东至今府谷县黄甫川以东的黄河岸边"。沿长城走向建寺立塔，已然常见，只是岁月风沙销蚀，存留者鲜少。

◎黄甫石塔

268 • 静一禅师塔

民国时期六棱罐形砖舍利塔·全国重点文物保护单位"府州城"千佛洞石窟寺附属遗存。位于府谷县老县城大南门外西侧崖壁边，南濒黄河，形势险峻。史载，唐设府谷镇，属麟州。五代后梁乾化元年（911）升府谷县，为府州治；后汉初，升为永安军，乾祐元年（948）仍设府州；后周显德元年（954）复设永安军。北宋初，仍为府州，领府谷县；徽宗崇宁元年（1102）改为靖康军，政和五年（1115）赐郡名荣河，旋改保成军，置麟府路军马司，以太原府代州路钤辖领，属河东路，以其地处河西，便于控扼西夏；钦宗靖康元年（1126）割让麟、府、丰三州与西夏。宋以降，屡易其名，但城堡一直沿用，后代多有修葺。城平面呈曲尺形，周长2 320米。城墙内夯黄土，外以石砌，高7.2米，辟东、南、西、北四大门和南、西两小门。现存建筑除城墙为五代至北宋所筑外，其余均为明清至民国时期遗构。千佛洞位于大南门外侧半山腰上，始凿年代不详，明万历二十四年（1596），李逢春等善士重修，清及民国时期予以修葺。静一禅师塔坐落于崖壁边。

静一禅师，民国时期千佛洞高僧，1945年圆寂。塔为砖石结构，通高3.6米。塔基由3层青砂石铺垫，上置青砖砌六角形须弥座。塔身砖筑，呈六棱罐形，东面底部辟碑龛，内嵌民国三十四年（1945）五月款碑铭，刊刻"孝徒具成、具真率徒孙演法顶礼"等字样。塔顶六角攒尖，由9层青砖叠涩收束，置砖雕宝珠式塔刹（已残）。该塔局部仿喇嘛塔造型，如须弥座上置塔肚子（塔身），但与明清时期流行的喇嘛塔形制有别。喇嘛塔的塔肚子通常为覆钵形或鼓形，而静一禅师塔的塔身为六棱罐形，较为罕见，且塔顶为六角攒尖，也与喇嘛塔的"十三天相轮"迥然不同。21世纪以来，周遭环境持续得以改善，现塔东侧护有半月形砖围，塔顶置换为菱形塔刹。

府州城为五代至清时期军事要塞，负山阻河，形势险峻，易守难攻。历史上，为中原政权镇守这一方要塞达200年之久的折氏家族，世代出名将，在抗击辽（契丹）、西夏的战争中屡立战功。以折氏抗战为题材的古典戏剧如《佘(折)太君百岁挂帅》等,历演不衰,脍炙人口。

1992年4月,陕西省人民政府公布"府州古城"为第三批陕西省文物保护单位,同时公布保护范围。重点保护区为城墙及城内外文庙、城隍庙、关帝庙、荣河书院、千佛洞;一般保护区为重点保护区外延50米内;建设控制地带为一般保护区外延80米内。

1996年11月,国务院以"府州城"名称公布为第四批全国重点文物保护单位。

◎静一禅师塔(历史照片)

◎静一禅师塔

佳县

佳县原为葭县、葭芦县，因当地宜生一种芦苇曰"葭芦"，并由诗经"蒹葭苍苍，白露为霜"而得名。北宋元丰五年（1082）设葭芦寨，金大定二十四年（1184）置葭州，正大三年（1226）改寨设县，葭州领葭芦县，民国二年（1913）改为葭县，1964年改为佳县（便于识读）。其地处榆林市东南部、毛乌素沙漠东南缘，东与山西临县隔黄河相望。境内重要遗存有新石器时代石摞摞山遗址、唐宋云岩寺石窟、北宋佛堂寺石窟、葭芦寨故城，以及白云山庙、香炉寺、二郎庙等。佳县现存古塔1座，为旧时葭县的标志性建筑和"葭州八景"之一。

269 • 凌云塔

明代八角七层楼阁式空心砖塔·县文物保护单位。又称凌云鼎塔，位于佳县佳芦镇凌云社区体育场东北角，东濒黄河峡谷。为旧时葭县的标志性建筑和"葭州八景"之一，曾发挥过料敌作用。据《佳县志》载："明万历三十九年任丘县丞牛登弟南廊东墙边建凌云鼎塔，塔高七层。"牛登弟为葭县籍人，乐善好施，时称"豪士"，曾捐地700余亩，主持修建白云山观，成就了今佳县一方胜景。

凌云塔八角七层，通高26.4米，每边长2.7米。石砌塔基，露出地面高0.6米。塔身底层东面辟券门，额嵌"凌云鼎"3字石匾，以上每层辟4个券窗，逐层上下位置交错。层间叠涩出檐较短，檐角微翘。塔顶八角攒尖，置宝瓶式黑釉瓷塔刹。塔体几无收分，如柱状。塔内中空呈圆筒状，一至三层设砖梯，四层以上置木梯，可盘旋而上，极目秦晋高原和黄河峡谷。清代葭州士子张金佩曾赋词云："七级上虚空，暇日攀登掣碧筒。座下云山看未了，开胸，收拾千村竹杖中。搔首接鸿蒙，醉袖翩翩欲御风。果是去天刚尺五，登龙，手取支矶织女宫。"

1982年，佳县政府拨专款予以修葺。

◎凌云塔

米脂县

米脂，古称银州，位于榆林中东部，无定河中游。"以其地有米脂水，沃壤宜粟，米汁淅之如脂"而得名。北宋天圣十年（1032），李元昊建西夏国，旋设米脂寨；金正大三年（1226）蒙古人设米脂县，后世相沿至今。其地处陕北黄土高原腹部，属于典型的黄土高原丘陵沟壑区，地势总体西北高、东南低。境内重要遗存有官庄画像石墓群、万佛洞石窟、盘龙山古建筑群（李自成行宫）、姜氏庄园，以及华严寺、文庙、真武庙、文屏山钟楼、李鼎铭陵园等。米脂曾是北宋与西夏国争夺的战略要地，其时已有古塔存世，西夏国曾设"细浮图寨"，为后人研究榆林古塔的缘起提供了地域线索。米脂县现存郭兴庄镇天王塔1座，系明代重修。

270・郭兴庄镇天王塔

明代六角七层楼阁式砖塔・省文物保护单位。位于米脂县郭兴庄镇天王塔村东500米云台山寺内。清光绪本《米脂县志》载："宋时折继世驻兵细浮图，即此。"据考，细浮图寨为西夏所置战略要塞，一度被宋将折继世部攻取。言"细浮图"，可证北宋与西夏交兵之时，此处已有古塔（浮图）存世。据吴广成《西夏书事》卷二十七载："自熙宁用兵以来，所失寨地，若环庆之安疆，河东之葭芦、吴堡，鄜延之米脂、义合、浮图，皆深入本国境界，势在必争，秉常日思恢复。"此书也言及"浮图"，可见其为宋与西夏争夺之要塞。

岁月延宕，宋塔已无迹可寻。据1993年版《米脂县志》载，现塔为明嘉靖四十五年（1566）重修，清宣统三年（1911）维修。塔原为七层，高12米余。20世纪遭暴雨雷击，五层以上坍塌，残存四层半，残高9米。底部为六角形须弥座，每边长1.72～1.85米，高1.22米。塔体收分明显，层间叠涩出檐较短，第四层南面辟券龛。塔壁磨砖对缝，通体素面。2016年，政府拨款修复塔身，六角形塔基改为石砌，周边环境整饬一新。

1978年曾修葺寺庙。现存明、清重修碑2通，以及铁钟、水陆画等。

2018年7月，陕西省人民政府公布"郭兴庄镇天王塔"为第七批陕西省文物保护单位。保护范围为天王塔所在云台寺现有范围内；建设控制地带为保护范围四周外扩50米。

◎郭兴庄镇天王塔

绥德县

绥德县因北宋熙宁二年（1069）置绥德城而得名。历史上曾名绥州、绥德州，素有"天下名州"、陕北"旱码头"之誉；民国二年（1913）撤州设县，沿袭至今。其位于榆林市东南部，地处陕北黄土高原丘陵沟壑区。境内重要遗存有秦始皇长子扶苏墓、秦将军蒙恬墓、名州镇画像石墓群，以及绥德州北城门、义合城、晋溪洞石窟、合龙山祖师庙、蕲王庙（韩世忠庙）、青阳寺、五龙壁、天宁寺藏经阁等。绥德县现存古塔3座。其中，兴善寺舍利塔与宝台寺塔形制、风格几乎相同，远观均似一柱旗杆，是陕西省内鲜见的异形幢式石舍利塔的代表作。

271·宝台寺塔

明代八角五层幢式石舍利塔。位于绥德县中角镇大庄里村东500米处沟边。寺早年颓废，沿革不详，仅存寺塔和几孔残窑。

塔建于明正统七年（1442），通高7.5米，远观如一柱旗杆。塔基圆形，底径1米。塔身一层圆柱形，饰浮雕飞龙图案；二、三层为八角形，题刻经文及正统七年修塔题记；四层亦八角形，每面浮雕或线刻佛像；五层为圆柱形，浮雕佛像。层间出檐多变化，一、二层出八角挑檐，上置仰莲座；三层直接为仰莲座出檐；四层为覆莲座出檐。塔顶覆八角华盖，置仰莲座，承宝珠式塔刹。整体纤细，雕工精致，为陕西省内有明确纪年且鲜见的异形幢式石舍利塔的代表作。

◎塔座上的龙浮雕

◎宝台寺塔

◎ 塔刹和造像　　　　　　　　　　◎ 二层塔身铭文

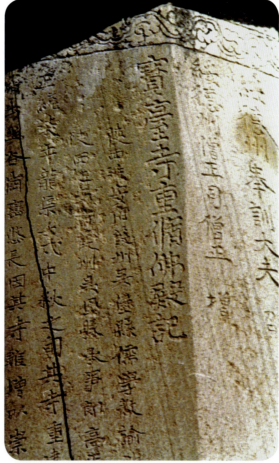

◎ 四层塔身浮雕一　　　　　　　　◎ 四层塔身浮雕二

272·兴善寺塔

明代八角六层幢式石塔。县文物保护单位"兴善寺遗址"附属遗存。位于绥德县满堂川乡赵家铺村南200米一处孤立的小山上。据寺内民国年碑石记载,寺始建于元代,清光绪二十八年(1902)重修。"文革"期间颓废,近年恢复。寺院坐北向南偏西20度,为四合院布局,由正殿、配殿和山门组成。正殿置于石砌台基上,为拱券式枕头窑硬山顶建筑,三开门,带前廊,檐下施三踩单昂斗栱,殿内供奉三世佛。东西配殿为拱券窑硬山顶建筑,带前廊,檐下施三踩单昂斗栱。山门为枕头窑穿廊带前廊,屋面为新修葺。寺内立幢式石舍利塔1座,石经幢1座,清代和民国年碑石3通。

塔建于明景泰二年(1451),通高10余米,远观如一柱旗杆。底部为石砌方台,高约1米。台上置方形须弥座,各角浮雕力士,其上置仰莲座。塔身呈八角形,一层浮雕佛像、飞龙;二层浮雕八仙人物故事图案;三、四层阴刻佛经、塔铭,落款"旹大明景泰二年岁在辛未孟夏己巳朔十一日己卯吉时立";五层素面;六层为三段套接,中为扁圆体,上下为八角形。层间出檐多变化,一、二、三层出八角挑檐,上置仰莲座;四层只出八角挑檐;五层仅为仰莲座出檐。塔顶覆圆形华盖,置仰莲座,承宝珠式塔刹。该塔在雕刻题材上明显融有道教因素。

兴善寺塔与宝台寺塔修建时间仅隔9年,两塔形制、风格几乎相同,远观均似一柱旗杆,或为一匠所为,是陕西鲜见的异形幢式石舍利塔的代表作。

◎须弥座上的浮雕力士

◎一层塔身上的一佛二弟子

◎二层塔身上的八仙人物

◎兴善寺塔

273 · 合龙山宝塔

明代八角九层楼阁式砖塔·省文物保护单位"合龙山祖师庙"附属建筑。位于绥德县张家砭乡五里湾村合龙山上。该祖师庙原名玄帝行宫，为道教庙宇，始建于明嘉靖年间（1522—1566），经历代增修、扩建，形成了较大的规模。后世融入佛教、儒教因素。1948 年和"文革"中，庙宇受到了严重的破坏。20 世纪 80 年代以来，当地民众集资陆续修复。

庙依山而建，沿山脊纵向分布，置三道天门，设登山石阶。一天门上有戏楼，二天门上有钟、鼓楼，其他有灵官庙、土地庙、关王楼、玄帝大殿、玄帝小殿、圣女圣母楼、玉皇阁、五祖七真殿、三官庙、韦陀小像殿、接引寺、四大天王殿等，共 22 座。殿宇多为硬山顶拱形窑式建筑，体现了陕北地方风格。其中，玄帝大殿与府谷七星庙有些相似，均为内壁以砖四面起墙，向上改为八面叠涩收顶，殿内无梁无柱，结构奇巧。另存明代砖塔 1 座，明清碑石 18 通，清康熙年间（1662—1722）铁钟 1 口、盘龙幡杆 1 对、"武当分境"牌匾 1 方。

塔建于明万历十八年（1590），清代修葺。通高 19.7 米，底边长 2.46 米。塔基石砌。塔身砖砌，底层东面辟券门，门宽 1.1 米，高 1.82 米；二层东、南、西、北辟券门；三层交替辟券门、券龛；四层以上相间辟券龛，逐层上下位置交错。层间砖砌仿木构椽头出檐，檐角微翘。一至四层檐下施砖雕额枋和五踩斗栱，平身科一攒。五层檐上增砌砖叠涩拔檐，形如平座。六层以上收分骤急，如密檐结构。塔顶平砖攒尖，置宝瓶式塔刹（为近年新加）。塔身二层嵌明万历十八年《新建合龙山宝塔记》碣石 1 方。1984 年政府曾拨款予以维修。现塔周围有新修砖围墙。每年农历三月三为合龙山庙会，届时登山焚香祈神者众。

合龙山宝塔雄伟壮观，五层以下为明代楼阁式塔体，六层以上是清代密檐结构，是一座混合式样的明清时期风水塔建筑。

2008 年 9 月，陕西省人民政府公布"合龙山祖师庙"为第五批陕西省文物保护单位。保护范围为合龙山祖师庙四边长各 100 米内；建筑控制地带为保护范围外延 20 米。

◎合龙山宝塔

◎塔身五至九层结构

◎塔铭（拓片）

二、延安古塔

延安简称延,因境内有延河及隋开皇三年(583)设延安州而得名。其位于陕北高原南半部、黄河中游,地处北纬35°21′~37°31′,东经107°41′~110°31′之间,北连榆林市,南接关中平原,东隔黄河与山西临汾、吕梁相望,西依子午岭与甘肃庆阳为邻。辖境东西长256公里,南北宽236公里,总面积36 712平方公里;辖宝塔、安塞2区,延长、延川、子长、志丹、吴起、甘泉、富县、洛川、宜川、黄龙、黄陵11县。

延安地质构造属华北陆台鄂尔多斯地台南部的黄土高原丘陵沟壑区,地势西北高、东南低,平均海拔1 200米左右。最高点在吴起白于山顶,海拔1 809.8米;最低点在宜川集义乡猴儿川,海拔388.8米。延安城区处于岭山、清凉山、凤凰山三山鼎峙,延河、汾川河二水交汇之处的位置,是古代兵家必争之地,有"塞上咽喉""军事重镇"之称,被誉为"三秦锁钥,五路襟喉"。修筑于公元前212—前210年的秦直道,沿海拔1 600余米的子午岭东侧北上,逶迤纵穿延安境内385公里,跨越黄陵、富县、甘泉、志丹、安塞5个县域,其中富县秦直道是保存最为完好的路段之一,入选2009年度全国十大考古新发现。

延安古称肤施、高奴、延州。曾为游牧部族鬼方之域,春秋时为白翟部族栖居地,战国时相继属魏国、秦国,秦汉时属上郡,西魏始设延州、敷州、丹州。隋开皇三年设延安州,为延安见诸典籍之始。民国二十六年(1937)设为陕甘宁边区政府首府;1996年设为地级延安市。境内重要遗存有晚期智人"黄龙人"化石出土点杨家坟山遗址、华夏人文始祖黄帝陵及轩辕庙、战国秦长城和秦直道遗址、丝绸之路北线上的重要石窟寺——钟山石窟,另有贝坡遗址、交道遗址、寨关山遗址、芦山峁遗址、西山遗址、木瓜寨遗址、丰林古城遗址、铁边城遗址、石泓寺石窟、大佛寺石窟、万安禅院石窟、清凉山万佛洞石窟、阁子头石窟、石宫寺石窟、七里村石窟、以及延安革命遗址、南泥湾革命旧址、洛川会议旧址、桥儿沟天主教堂、中国陆上第一口油井——延一井旧址、二战区长官部旧址、黄河壶口瀑布、安塞腰鼓和剪纸、陕北说书和秧歌等重要遗存、自然景观和非物质文化遗产等。

延安市现存历代古塔79座，其中，宝塔区4座、子长县3座、延川县4、延长县2座、宜川县7座、黄龙县1座、洛川县19座、富县12座、志丹县25座、吴起县2座。矗立于宝塔山顶的岭山寺塔，是延安历史变迁的见证和历史文化名城的象征；建于盛唐时期的富县的开元寺塔，是陕北现存时代最早的古塔，也是当时社会发展、人文积淀的历史缩影；位于洛川县的兴国寺遗址内的万凤塔，形制挺拔，雕饰富丽，为陕北现存宋塔的佼佼者；富县的柏山寺塔，造型端秀，斗栱密集，为陕北密檐式砖塔的代表作；富县的福严院塔，雍容俏丽，形如纺锤，为陕西宋塔艺术的上乘之作。此外，取典于"哈奴曼"故事的宜川县的南坡猴子庙塔，是陕西仅见的猴子庙遗存，弥足珍贵；富县白骨塔为有明确纪年的方锥形砖石瘗骨塔，正视如金字塔形，塔碑详载了同治年间（1862—1874）"百姓遭劫，人民涂炭，遭伤无数，尸体横野，白骨成垒，无人掩盖"的悲怆史实，对研究清末陕甘民族史和地方史有重要的参考价值；分布于渭北黄土高原的洛川土塔群，是折射黄河流域华夏农耕文明的一种遗存，从一个侧面反映了明清时期底层民众的某种心理需求和精神慰藉。

延安古塔列表

序号	古塔名称	时代	形制	保护级别	地址
274	岭山寺塔	明代	八角九层楼阁式空心砖塔	国保	宝塔区宝塔山顶
275	琉璃塔	明代	八角七层楼阁式实心琉璃塔	省保	宝塔区清凉山仙人洞右上方
276	佛骨灵牙宝塔	明代	六角三层楼阁式石舍利塔	区保	宝塔区南泥湾镇红土窑村西
277	清净明王塔	明代	六角十层楼阁式石舍利塔	市保	宝塔区甘谷驿镇后薛家沟村西
278	普同塔	明代	六角七层楼阁式实心石塔	省保	子长县安定镇姬家庄村西山坡上
279	万佛岩塔	清代	六角五层楼阁式空心砖塔	"国保"附属遗存	子长县安定镇钟山石窟北侧山腰处
280	松岩大禅师塔	清代	六角三层幢式石舍利塔	"国保"附属遗存	子长县安定镇钟山石窟东
281	西阳寺七佛塔	清代	八角三层幢式石舍利塔	未定	延川县高家屯乡贺家渠村
282	大白家沟风水塔	清代	土石胶合蜡状塔	未定	延川县冯家坪乡大白家沟村北
283	张家河魁星楼	清代	方形二层楼阁式石塔	未定	延川县贾家坪乡张家河村
284	文安驿魁星楼	民国	方形亭阁式砖石塔	县保	延川县文安驿镇下文安驿村东
285	南禅寺塔	明代	六角二层楼阁式砖舍利塔	"省保"附属遗存	延长县交口镇董家河村南禅寺
286	狗头山石塔	清代	圆锥形三层石砌风水塔	未定	延长县南河沟乡寺儿村狗头山上
287	下北赤塔	清代	六角五层楼阁式砖塔	省保	宜川县云岩镇下北赤村东
288	西阁楼村塔	清代	六角五层楼阁式砖塔	县保	宜川县阁楼镇中心小学院内
289	东阁楼村塔	清代	六角五层楼阁式砖塔	县保	宜川县阁楼镇东阁楼村东南
290	文昌阁塔	清代	方锥形实心砖石塔	未定	宜川县阁楼镇柴村南
291	下汾川塔	清代	方锥形实心砖石塔	未定	宜川县阁楼镇汾川村
292	南坡猴子庙塔	清代	圆锥形实心石塔	未定	宜川县集义镇南坡村东
293	土廻土塔	清代	圆锥形夯土风水塔	未定	宜川县新市河乡土廻村
294	王庄文峰塔	明清	圆锥形石塔	未定	黄龙县柏峪乡王庄村西
295	万凤塔	宋代	八角十三级密檐式空心砖塔	国保	洛川县土基镇鄜城村东南侧

续表

序号	古塔名称	时代	形制	保护级别	地址
296	辽空塔	明代	八角三层楼阁式砖舍利塔	县保	洛川县永乡当川村西
297	洛川土塔群（14座）	明—清	夯筑风水塔组群	省保	洛川县槐柏镇、石泉乡、百益乡、土基镇、石头镇、老庙镇等地
297—1	上兰土塔	明—清	圆锥形夯筑风水塔	省保	洛川县石泉乡上兰村南
297—2	下兰土塔	明—清	圆锥形夯筑风水塔	省保	洛川县石泉乡下兰村东
297—3	西石泉土塔（2座）	明—清	方锥形夯筑风水塔	省保	洛川县石泉乡西石泉村
297—4	桥章土塔	明—清	方锥形夯筑风水塔	省保	洛川县土基镇桥章村
297—5	寨头土塔	明—清	方锥形夯筑风水塔	省保	洛川县石头镇寨头村
297—6	寺庄土塔	明—清	长方锥形夯筑风水塔	省保	洛川县石头镇寺庄村西
297—7	勿广荣村土塔（2座）	明—清	方锥形夯筑风水塔	省保	洛川县老庙镇勿广荣村东南
297—8	度古土塔	明—清	方锥形夯筑风水塔	省保	洛川县槐柏镇度古村东
297—9	文章庙土塔（2座）	明—清	长方锥形夯筑风水塔	省保	洛川县石头镇车厢塬旧村南
297—10	东头村土塔（2座）	明—清	方锥形夯筑风水塔	省保	洛川县槐柏镇东头村
298	桥章塔	清代	六角二层砖舍利塔	未定	洛川县土基镇桥章村西北
299	董村无量祖师塔	清代	方锥形夯土塔	未定	洛川县百益乡董村东北
300	统将村魁星楼	清代	方形三层楼阁式空心砖塔	未定	洛川县槐北镇统将村南
301	开元寺塔	唐代	方形十一层楼阁式空心砖塔	国保	富县县城沙梁街西山半山腰上
302	柏山寺塔	宋代	八角十一级密檐式实心砖塔	国保	富县直罗镇柏山上
303	福严院塔	宋代	八角十三级密檐式空心砖塔	国保	富县北道德乡东村南
304	八卦寺塔林（3座）	金—元明	八角多级密檐式和方形八级密檐式砖塔	省保	富县张家湾乡八卦寺村北
305	宝严院舍利塔（2座）	明代	八角四层和二层楼阁式砖塔	未定	富县北道德乡梁子塬村西南
305—1	昉公塔	明代	八角四层楼阁式砖塔	未定	富县北道德乡梁子塬村西南
305—2	佚名僧人墓塔	明代	八角二层楼阁式砖塔	未定	富县北道德乡梁子塬村西南
306	杨兴墓塔	明代	方形单层空心石塔	未定	富县吉子现镇串坡村西南

续表

序号	古塔名称	时代	形制	保护级别	地址
307	宝塔洼道士塔	明代	石结构八棱檐道士塔	未定	富县茶坊镇岔口村宝塔洼
308	寺底瘗骨塔	清代	方锥形石墓塔	未定	富县富城镇寺底村
309	富县白骨塔	清代	方锥形砖石瘗骨塔	省保	富县张家湾镇油坊头村东
310	砖塔群（8座）	宋—元明	八角多层和方形多层楼阁式砖塔	省保	志丹县义正乡石湾村
311	桃树湾塔	明代	八角五层楼阁式空心砖塔	未定	志丹县旦八镇甘叶沟村桃树湾村组东北
312	龙泉寺塔林（11座）	明代	纤瘦体异形经幢式和多宝塔式石塔	省保	志丹县义正乡龙泉寺村西
313	盘龙寺石塔	明代	六角七级多宝塔式石舍利塔	省保	志丹县城东侧炮楼山上
314	草垛湾双塔（2座）	明代	八角五层楼阁式空心砖塔	未定	志丹县金鼎乡草垛湾村东
315	马家河塔	明代	八角五层楼阁式砖塔	县保	志丹县永宁镇马家河村西南
316	赵畔千佛塔	明代	八角九层石造像塔	未定	志丹县吴堡乡赵畔村西北
317	宁赛城祖师庙铁塔	明代	六角亭阁式铁塔	未定	吴起县长城镇宁赛城村
318	高畔庙舍利塔	清代	方形单层砖舍利塔	未定	吴起县庙沟乡米渠村
合计	79座		含县级以上文物保护单位及其附属遗存共24处56座。其中"国保"5处5座，"省保"9处41座，"市、区、县保"7处7座；"国保"附属遗存2处2座，"省保"附属遗存1处1座		

宝塔区

宝塔区因有延安宝塔（古称嘉岭山塔）而得名。其原为延安县、延安市；1997年1月设地级延安市，原县级延安市改为宝塔区。其地处延安中部，为延安市政府所在地，延安的中心城区，是中国共产党人的精神家园和首批中国历史文化名城之一，素有"秦地要区""塞上咽喉"之称。境内重要遗存有新石器时代芦山峁遗址、战国时期高奴故城、十六国夏丰林故城、唐延州故城、宋嘉岭山故城、肤施故城、清凉山万佛洞石窟等；中共中央驻延安期间，留下以枣园、杨家岭、王家坪、凤凰山、南泥湾为重点的革命旧址和纪念地150多处。宝塔区现存古塔4座。其中，岭山寺塔（延安宝塔）是国家历史文化名城延安的标志性建筑；唐家坪琉璃塔为陕西省内仅见的一座琉璃塔；清净明王塔铭颇具文献价值，是弥足珍贵的刻铭资料。

274·岭山寺塔

明代八角九层楼阁式空心砖塔·全国重点文物保护单位。古称嘉岭山塔，俗称延安宝塔，位于宝塔区宝塔山顶（原嘉岭山顶）、延安国家森林公园内，为旧时延安的标志性建筑。清雍正本《陕西通志》卷十：嘉岭山"在县东南百八十步南河之滨，形势高峻，上有古塔"；引《府志》："山顶古塔九级，唐建"；同书卷二十八：岭山寺"在府南一里嘉岭山上，金大定九年建，有塔（马《志》）。明万历三十六年修（《县册》）"。可知唐至宋金时期，嘉岭山已有寺院和古塔，明万历三十六年（1608）曾重修。后世寺毁塔存。

现塔为明代建筑风格，通高44米，底边长4.6米。塔身底层特高，南、北两面辟券门。南券门宽1.6米，高3.35米，额题"高超碧落"；北券门宽1.3米，高2.35米，额题"俯视红尘"。南北门额拔檐上均装饰有纤小的砖雕斗栱、垂花柱和方椽。南门内筑塔室，以砖叠涩八角攒尖收顶；北门内设壁内折上砖梯，可登至二层。二层以上单壁中空，改设木梯可攀援至顶。塔身二至九层辟券窗13个，依次为二层东面辟券窗，西面设假券窗；三层西面辟券窗；四层南、北两面辟券窗；五层北面辟券窗；六层西面辟券窗；七层南面辟券窗；八层北面辟券窗；九层四面辟窗，供登临者远眺。层间叠涩出檐齐整，檐下隐作仿木结构额枋、椽头、菱角牙子。塔顶平砖攒尖，塔刹已毁，尚存刹杆。塔体沉稳庄重，登顶可鸟瞰延安全城。塔旁有明崇祯元年（1628）铁钟1口，20世纪30—40年代中共中央驻延安时，曾用它报时、报警，故宝塔亦为现代史上延安的象征。

1959年、1984年两次维修，相继加固塔基，安装木梯和避雷针，设置地面排水设施等。

1956年8月，陕西省人民委员会公布"延安宝塔"为第一批陕西省文物保护单位。

1992年4月，陕西省人民政府公布保护范围。重点保护区为宝塔；一般保护区以塔为中心，四周外延500米内；建设控制地带为一般保护区外延1 500米内。

1996年11月，国务院以"岭山寺塔"名称公布为第四批全国重点文物保护单位，归入"延安革命遗址"范畴。

◎岭山寺塔（历史照片）

◎岭山寺塔

275 · 琉璃塔

明代八角七层楼阁式实心琉璃塔·省文物保护单位。又称唐家坪琉璃塔。原址在延安市甘谷驿镇唐家坪村南,1985年迁建宝塔区清凉山仙人洞右上方。原系寺院遗存,寺早年已毁。塔建于崇祯二年(1629),由山西汾阳府工匠侯登明、侯大阳监造。

现塔残高6.25米,底层每边长0.77米。塔体以蓝、绿、黄等色琉璃砖砌筑,塔心以土坯泥浆填实,以柏木桩牵拉固定。塔身每层砌出仿木结构角柱、额枋、斗栱、屋檐、瓦垄及浮雕各式造像。底层每面饰一佛二天王,间以小千佛像;二层每面饰一佛二菩萨二飞天,间以小千佛像;三层饰形态各异的飞龙,其中一面为二龙盘旋;四层饰凤凰、朱雀、麒麟、鹿、马等灵物;五层以上每面均饰一佛,间以小千佛像。塔顶八角攒尖,原置铜质宝珠刹,已无存。塔身第五层有铭文"崇祯二年八月十一日造成,山西汾州府匠人侯大阳□□法明"25字。该塔做工精细,图案精美,色泽绚丽,为陕西仅见的一座琉璃塔。1985年迁建时,在塔身七层(天宫部位)发现柏木质舍利函1具,内置红绸袋,袋内装5小卷佛经和用珍珠、玛瑙制成的舍利子12粒,以及"天启通宝"和重圈铭文铜镜各1枚。函底压有线装《太上诸仙经典训诫》1册。

1992年4月,陕西省人民政府公布"琉璃塔"为第三批陕西省文物保护单位,同时公布保护范围。重点保护区为琉璃塔;一般保护区为重点保护区外延4米内;建设控制地带为一般保护区外延10米内。

◎塔身局部一

◎塔身局部二

◎塔身局部三

◎琉璃塔（历史照片）

◎塔铭

◎琉璃塔

276·佛骨灵牙宝塔

明代六角三层楼阁式石舍利塔·区文物保护单位。又称阳湾石塔,为古寺庙附属遗存,位于宝塔区南泥湾镇阳湾村西北1公里的红土窑村西500米处,北临西庙台山,东、西为农田,地势较高,原有寺庙湮灭已久,遗下"庙台"之名和石塔1座。

1987—1989年文物普查时,石塔尚存二层,残高3.86米。塔基为仰覆莲须弥座,每边长0.77米。塔身中空,层间石雕仿木构椽头出檐,施额枋和一斗三升角科斗栱。底层正南辟方门,内有塔铭,可辨"佛骨灵牙宝塔"等字样。二层正南辟方窗,其上和其余各面辟浅方龛,内雕佛、力士像等。21世纪初,石塔遭盗扰、破坏。2009年复查时,塔身残存一层,残高2.3米。南侧断崖下有石塔标志碑和县级文物保护单位标志碑各1通。

◎二层塔身造像一

◎二层塔身造像二

◎佛骨灵牙宝塔

277 · 清净明王塔

明代六角十层楼阁式石舍利塔·市文物保护单位。位于宝塔区甘谷驿镇后薛家沟村西 100 米处台地上。曾公布为"后薛家沟舍利塔"，系僧人德舟（1559—1607）舍利塔，建于明万历三十五年（1607）。原为十层，通高 4.82 米。2009 年复查时，残存九层。塔基为仰覆莲座，周长 3.7 米。塔身各层均由整块石料套接而成，层间石雕瓦垄出檐。塔身一至七层为六角形，八、九层为圆鼓形。各层相间雕刻龙、虎、鹿、猴、宝相花、莲花等图案。其中，一、二层镌刻塔铭；二、三、四层交错辟小龛，两侧题刻楹联。二层楹联为"嘉靖己未生，万历丁未焚"；三层为"真性投凡体，渡尽世上人"；四层为"吾是西方客，唁吊东土人"。颇具研究价值的是一、二层塔铭：

一层塔铭为《建立西方宝塔序》，落款署"华州平川马大川书，白水石匠冯邦治、冯邦宜、冯邦奠、冯邦勤、冯邦□"等字样。

二层塔铭首题"火化慈氏清净正法明王如来佛塔"14 字。内容有："盖火化慈氏德舟，命系己未相，于大明国朱朝嘉靖三十八年三月十三日巳时，降生于延安府延川县普曲里都薛家沟。薛氏之子，生而智慧，十岁出家，取经造像，累修苦行，朝山燃脂，蒙佛授记。又为大事因缘，接受普原老祖正宗佛衣，洪通佛教，转大法轮四十九载，苦练身心，发大誓愿，愿舍色身。于万历三十五年二月十五日子时，升座高楼，法演三乘，三昧自现，七窍生光，大火焚身，上供诸佛，显真性于三界，度人夫于百万，脱壳凡体，得成正觉，示善者愈进于善，恶者惩戒己心，故立宝塔，以昭后世云耳。门徒圆能、圆瓶，延川县知县吴世胤，典吏程□，教谕石守正，驿臣郝尧宰，延安府僧纲司本性，本县僧官德惜、慧安，安定县僧官圆政，延长县僧官真兰、明达。阴阳唐时光、高拜安、高拜宁。万历三十五年四月二十九日山西龙门郡静庵张登科拜撰。"

由塔铭得知：①谓塔主"慈氏德舟"，是荣誉很高的尊称。慈氏，乃"慈氏菩萨（即弥勒菩萨）"的简称。据"菩萨行"举之菩萨名有弥勒、文殊、普贤、观世音、大势至、地藏等，而大乘教僧侣亦有被尊为菩萨者。显然，德舟在火化之时已被尊为菩萨，并称以明王（菩萨的尊格），遂有首题"火化慈氏清净正法明王如来佛塔"之谓。②据《临济正宗四十八派流传》（引自平利县三佛洞僧人舍利塔铭）核正，塔主德舟、门徒圆能、圆瓶分别为临济宗第六、七代传人；僧官慧安为师叔，德惜为同辈师兄弟，圆政为门徒。③建塔人为白水石匠冯氏一众，其中"冯邦奠"一名在延安3座塔上均有出现，时跨万历三十五年至万历四十七年（1607—1619），可见明晚期关中白水匠人对延安各县建塔的贡献。

◎清净明王塔

子长县

子长原为安定县，民国时期，陕甘宁边区政府为纪念谢子长（1897—1935）改为子长县，沿袭至今。其地处延安北部，黄土高原腹地，清涧河上游，属典型的黄土高原丘陵沟壑区，境内峁梁起伏，沟壑纵横。发源于西部的秀延河、涧峪岔河横穿县境中部和北部；永坪河、大理河呈羽状分流，向南向北汇入延河和无定河。境内重要遗存有寨关山遗址、秦直道遗址、阳周故城、北宋烽火台遗址、丹头寨故城、安定堡故城、钟山石窟、马石寺石窟，以及谢子长故居、谢子长陵园、瓦窑堡革命旧址、羊马河战役遗址和天主教堂等。子长县现存古塔3座。其中2座为全国重点文物保护单位"钟山石窟"附属遗存。

278 · 普同塔

明代六角七层楼阁式实心石塔·省文物保护单位。本名普通塔，又名惠善大和尚塔，位于子长县安定镇姬家庄村西山坡上，东距钟山石窟约500米，坐落于当地农户果园中。此处原有"惠善大和尚墓"，为北宋时期寺院遗存，由于"往年火兵，墓塞荒芜"，明洪武二十五年（1392）予以重修。所谓"普同塔（普通塔）"系北宋至明清时期对僧人公用舍利墓塔的统称。

现塔通高9.17米，底边长1.68米。塔身第一、二层正面和四层每面开龛造像，雕佛或菩萨。第三层正面浮雕僧人捧钵，作侧身半掩门状，神态生动；门饰衔环铺首和乳钉三排，两侧雕出直棂窗；门额嵌"普通塔"铭。层间以双层石板叠压出檐，伸出稍许，仅做上下层界隔。五层及以上素面，收分骤急。塔顶置仰莲座，托宝瓶式塔刹（已残）。二层背面嵌有洪武二十五年重修塔铭1方，幅宽0.7米，高0.55米，额刻"宗祖之图"4字，文内有"惠善广德法智了信无疑"字样，似为惠善等几位僧人的法号罗列。据塔铭得悉，此塔由延安府都纲无见大和尚倡修，建塔石匠为普连。

该塔造型古朴，出檐甚浅，整体收分犹如笋状，塔身嵌有宋代造像。

1983年，陕西省文物局曾拨款予以维修。现塔由钟山石窟历史博物馆管理。

1992年4月，陕西省人民政府公布"普同塔"为第三批陕西省文物保护单位，同时公布保护范围。重点保护区为塔；一般保护区为重点保护区外延10米内；建设控制地带为一般保护区外延30米内。

◎普同塔

◎塔刹

◎塔身镶嵌的佛造像一

◎塔身镶嵌的佛造像二

279 · 万佛岩塔

清代六角五层楼阁式空心砖塔·全国重点文物保护单位"钟山石窟"附属遗存。又称石宫寺塔，位于子长县安定镇街东1公里钟山石窟3号窟北侧山腰处。始建于明嘉靖二年（1523），清康熙年间（1662—1722）重修，通高14.3米。塔基为石砌六角形须弥座，每边长2.26米。塔身每面一间，底层正南辟券门，宽0.61米，高1.62米，壁厚1.16米，内嵌康熙十三年（1674）《重修石宫寺塔记》碣1方；二至四层各辟一券窗，隔层交错位置；五层辟南、北券窗。层间以砖叠涩出檐，施菱角牙子，檐角微翘。一层檐下施仿木构椽头、额枋和三踩斗栱，平身科置一攒；二层以上每面额枋上置花栱一攒，代替平身科斗栱。塔顶六角攒尖，置仰莲座，承宝瓶式石塔刹。

钟山石窟，又名石宫寺、万佛洞、万佛岩、普济院、大普济禅寺等。位于秀延河北岸钟山南麓崖壁下，始凿于北宋治平四年（1067），其后历代均有凿修。鼎盛时占地360余亩，常驻僧五百余人，建筑有山门、正殿、中殿、十王殿、明王殿、金刚殿、万佛楼、钟鼓楼、三官楼、观音阁等。惜焚于兵燹，除正殿石窟外，尽成废墟。现存6窟，主窟坐北面南，面阔16.4米，进深9.5米，高5.5米；中央置佛坛，共雕三世佛、菩萨、弟子等14尊，坛侧有侍立菩萨、罗汉、力士等；窟四壁和坛柱四面浮雕大小佛像万余尊，其中有说法、涅槃等内容。其雕刻十分细腻，人物形象富有个性和神韵，具有极高的艺术价值。其余5窟较小，风化严重。窟内有宋至清代修窟题记40余则，元明清修葺碑10余通以及铁钟、铁磬等。窟前有石牌楼，窟后有万佛岩塔，窟东侧250米处有松岩大禅师塔。

1988年1月，国务院公布"钟山石窟"为第三批全国重点文物保护单位。保护范围为南至牌坊前10米，北至主窟顶外延20米处，东至6号窟外10米处，西至肖寺宫西50米处。

◎ 万佛岩塔

280·松岩大禅师塔

清代六角三层幢式石舍利塔·全国重点文物保护单位"钟山石窟"附属遗存。位于子长县安定镇钟山石窟东 250 米处,为萧寺宫(人普济禅寺下院)住持松岩禅师墓塔。

据塔铭记载,建于道光二十八年(1848)。经幢式石塔,原层数不详。20 世纪 80 年代尚存三层,残高 3.18 米。塔基呈二级六边形,高 0.76 米,饰刻有花卉(现已埋于土下)。塔身一层鼓形,刻有拉环、铁钉等仿真图案;二、三层为六角形。二层六面刻《松岩大禅师塔记》,其云:"盖闻庙宇巍峨,百世仰宏观之重;浮图载岳,千秋驻日月之光。然其形也,有自;即其建也,有由。我松岩大禅师者,萧寺智哉老法师之徒也。昔时萧寺几至倾颓。老禅师心欲起造,而年力就衰。我禅师克承其志,劝募于四方,成功于一旦,而终成之,壮一时兴焉。越数年,智哉禅师圆寂,我禅师相继入龛。其徒方乘,克嗣其业,欲表先师之风范,难尽圆常之理。聊修慈塔,以志启承……"落款署"晓江王憬撰文,雪岭孙敬贤书丹篆额,古晋石工王作勤、薛江火敬口,徒侄僧会司方化、孙岸舟,徒方演、方乘,孙岸提、岸拯,道光二十八年岁次戊申榴月吉旦立"。三层六面刻五言诗和七绝 6 首(每面 1 首),颂扬松岩禅师品性和修庙功德。层间塔檐有别:一层塔檐为平出六棱石,每面减地刻缠枝莲花;二层为仿木构六角挑檐,饰刻方椽、瓦垄、兽面瓦当、滴水等;三层塔檐亦为平出六棱石,今已不存,据民间记述,每面雕有西天取经故事,图案有唐僧、孙行者、八戒、沙僧和白马驮经等。

◎松岩大禅师塔

◎ 塔铭

◎ 塔檐图案一

◎ 塔檐图案二

延川县

延川县因境内有"吐延水"而得名。夏为雍州属地，商有鬼方部族居住，春秋时期为白翟部族占据；公元407年匈奴人赫连勃勃建大夏国，辖延川之地；隋开皇三年（583）始置延川县。其地处延安东北部，隔黄河与山西永和县相望，黄河流经延川土岗乡大程村、小程村和伏义河村一带时，形成S型大转弯，被赋名"乾坤湾"，留下了古老的神话和传说。境内重要遗存有赫连勃勃墓、稽胡族古窑、文安郡故城、延川烽火台遗址、雁门关址、小程民俗文化村等。延川县现存古塔4座。其中，清乾隆年间（1736—1795）幢式石塔，仰莲瓣翘耸，恰似盛开之莲，较为独特。

281 · 西阳寺七佛塔

清代八角三层幢式石舍利塔。位于延川县高家屯乡贺家渠村寨子山半山腰上。寺始建年代及沿革不详，后世寺毁塔存。

塔建于清乾隆三十八年（1773），坐西向东。现存二层，残高2.4米。塔基方形，上置八角形须弥座，束腰部位辟有小龛。塔身一层正面辟圆拱龛，覆八角挑檐，托三层仰莲瓣座。二层四面辟龛，西、南、北三面龛内刻有《西阳寺七佛塔志铭》，楷书阴刻34行，满行16字，落款"乾隆三十八年岁次□□□"；东面龛内无造像，两侧有对联，内容为"青莲常现瑞，素服不沾尘"，横批"自在光明如来"。塔身三层以上不存。该塔二层仰莲座颇为凸显，莲瓣翘耸，恰似盛开之莲，较为独特。

◎西阳寺七佛塔

282·大白家沟风水塔

清代土石胶合蜡状塔。位于延川县冯家坪乡大白家沟村北 50 米处。塔体通高 2.1 米,底周长约 4 米。因其形状像蜡烛而被当地村民称为"土石蜡",视其为平安吉祥的征兆和兴旺发达的象征。据当地村民讲述,该塔原为红胶泥柱,上覆厚约 0.5 米的大石块,石上再垒土。现塔为 1987 年重修塔,以小石块砌柱状塔身,用原有大石块覆为塔顶。塔前有 1987 年重修碑 1 通,记载重修大白家沟风水塔事宜。该塔造型极简,是地方风俗和民间信仰的反映。

◎大白家沟风水塔

283 · 张家河魁星楼

清代方形二层楼阁式石塔。位于延川县贾家坪乡张家河村，通高7.64米。塔基为石砌方台，每边长6.4米，高2米。底层阔大，每边长5.05米，高3米；辟南、北贯通券洞，洞宽2.35米，高2.4米。二层四面辟十字交叉券洞，洞内残留有壁画痕迹，原有的文昌君塑像已不存。塔顶以石板压檐，伸出稍许；以石板叠砌收束，置宝瓶式塔刹。

◎张家河魁星楼

284 · 文安驿魁星楼

民国方形亭阁式砖石塔·县文物保护单位。位于延川县文安驿镇下文安驿村东 300 米。创建于清雍正年间（1723—1735），乾隆年间（1736—1795）重修，民国四年（1915）重建，通高约 8 米。塔基为石砌方台，每边长 3.7 米，高 3 米。塔身砖砌，高 3 米，正面辟长方形券门，其余三面辟圆窗。塔顶四角攒尖，置石质宝珠刹。塔体北面嵌民国四年重建魁星楼碣 1 方。

◎文安驿魁星楼

延长县

延长县秦汉时为高奴县域，北魏置广安县，隋仁寿元年（601）避太子杨广名讳更名延安县，唐广德二年（764）改为延长县，取延水长流入黄河之意，沿袭至今。其位于延安东部，延河下游，隔黄河与山西大宁、永和县相望。地势由西北向东南倾斜，南北高、中间低，呈谷峰型，属黄土高原丘陵沟壑区。境内重要遗存有延长县故城、延长烽火台遗址、张家沟石照壁、永济桥、七里村石窟、虎寺湾石窟等。延长县是中国开发石油最早之地，《汉书·地理志》中就有发现石油的记载；唐宋时期，石油已被当地居民用于日常生活；清光绪朝准奏开办延长石油矿，有"延一井"旧址存世，被誉为"中国陆上第一口油井"。延长县现存古塔2座，分别为僧人舍利塔和风水塔。

285 · 南禅寺塔

明代六角二层楼阁式砖舍利塔·省文物保护单位"南禅寺"附属遗存。位于延长县交口镇董家河村西北2.5公里西明沟半山上。据寺内现存"重修碑记""助缘碑"等记载，寺始建于金兴定元年（1217），明英宗天顺四年（1460）修葺，清乾隆四十二年（1777）重修。寺院坐北朝南，南北长58.9米，东西宽30.4米，占地面积约1790平方米，由前、后两院组成。沿中轴线自南而北依次为四大天王庙、燃灯佛殿、佛堂窑等主体建筑，均为石砌墙体，内部发券构成使用空间，融砖木结构与窑洞建筑于一体，是陕北地区特有的一种建筑形式。

寺院东南侧10米处有六角二层砖舍利塔1座，呈明代建筑风格。塔身下部已掩埋，露出地表部分高2.2米，直径1.5米。层间出檐平浅，下有额枋装饰。一层额枋上置砖雕斗栱，二层额枋上有砖雕花卉图案。塔顶平砖攒尖，塔刹不存。因该塔出檐平浅，几乎与额枋相同，故外观上易误认为四层。21世纪初，该塔地宫曾遭盗掘，现塔体有裂隙，局部损坏严重。

寺内现存清乾隆、道光及民国年间修庙碑 11 通。

2008 年 9 月，陕西省人民政府公布"南禅寺"为第五批陕西省文物保护单位。保护范围为南至山门墙基，北至僧舍墙基，东至前院小石窑外墙基，西至前院小石窑外墙基；建设控制地带为保护范围四周各外延 10 米。

◎南禅寺塔

286·狗头山石塔

清代圆锥形三层石砌风水塔。位于延长县南河沟乡寺儿村狗头山上。狗头山原名石阁山，海拔约 1 220.6 米，以陡峭险峻著称，远眺形似狗头，故名。当地有"站在狗头山，伸手摸着天"一说。塔建在石崖上，造型如圆锥状。原塔残高 4.2 米，底径 2.2 米，块石砌筑，层间出檐甚短，塔顶残毁。该塔 20 世纪 90 年代初倒塌，当地村民旋集资重建。现塔高约 7 米，塔顶及刹已恢复，风格与山西曲沃、翼城一带的清代风水塔相近。

石阁山古时被当地视为圣山，曾香火鼎盛，置有上寺和下寺，建有庙宇 20 余座，秦晋香客络绎不绝。清同治年间（1862—1874）"回民起事"，民众进山躲避，筑起寨墙。民国时期战事频仍，庙宇及寨墙遂颓废。

◎狗头山石塔

宜川县

秦为定阳县，西魏大统三年（537）设义川县，因境内有义川河而得名。宋太平兴国元年（976）为避太宗赵光义名讳，改为宜川县。其地处延安东南部，渭北高原，东临黄河与山西吉县相望。黄河流经秦晋大峡谷"至此收束归槽"形成壶口奇观，《尚书·禹贡》云："既载壶口，治梁及岐。"境内重要遗存和自然景观有云岩县故城、丹州故城、宜川烽火台遗址、云岩摩崖题刻、寿峰寺、甘泉观、二战区长官部旧址、壶口瀑布、孟门山、蟒头山等。宜川县现存古塔7座。其中，取典于印度"哈奴曼"故事的南坡猴子庙塔，是国内仅见的猴子庙遗存。

287 · 下北赤塔

清代六角五层楼阁式砖塔·省文物保护单位。又称下北赤文峰塔，位于宜川县云岩镇下北赤村东50米一处场院内。塔建于清乾隆十五年（1750），坐西向东，通高约12米。塔基为块石砌筑，底边长1.3米，高0.4米。塔身层间以砖叠涩出檐，一层檐下有"皇清乾隆十五年……起建"朱书题记，已漫漶。二层和四层塔檐加施一排菱角牙子。五层正面辟券龛，额刻楷书"永佑斯文"4字。塔顶平砖攒尖，覆一黑釉瓷瓮替为塔刹。现塔一至四层有裂隙，正左侧裂缝严重。

塔北侧不远处有方形二层楼阁，其南、北面分别额题"柄掌文衡"和"光阁紫极"，应是与文峰塔相组合的"奎星楼"。这种建筑组合曾见于明代咸宁县文昌庙（西安城内），该建制为"于二门外建砖塔、城头巽位置魁星楼"，以"培风脉"（详见西安"文昌塔"条目）。

2018年7月，陕西省人民政府公布"下北赤塔"为第七批陕西省文物保护单位。保护范围为东至塔体外扩20米，南至塔体外扩30米，西至塔体外扩10米，北至塔体外扩50米；建设控制地带为东、南、北至保护范围外扩20米，西至井沟。

◎下北赤塔

◎下北赤奎星楼

◎塔檐题记

288 · 西阁楼村塔

清代六角五层楼阁式砖塔·县文物保护单位。位于宜川县阁楼镇中心小学院内（原西阁楼村中），一侧为校运动场和乒乓球案。塔建于清乾隆二十年（1755），通高约11米，底边长2.14米。塔基石砌，高0.64米，已被学校砖坪掩埋于地下。塔身底层南向辟券门，宽0.83米，高1.20米；门额题铭已泐，两侧题字尚存，左侧为"乾隆贰拾年"，右侧为"陆月初陆建"。二层以上实心，三、五层南面各辟券龛，四层南面题刻"福、寿"2字。层间叠涩出檐短浅，顶层塔檐加饰一排方椽和一排菱角牙子。塔顶平砖攒尖，置倒扣黑釉瓷瓮替代塔刹。1999年，宜川县文化馆在塔周围置铁栅栏予以围护。该塔造型风格与下北赤文峰塔相近。

◎塔身题记一

◎塔身题记二

◎西阁楼村塔

289 · 东阁楼村塔

清代六角五层楼阁式砖塔·县文物保护单位。位于宜川县阁楼镇东阁楼村东南50米，东为沟畔，西为乡村土路，南为梦依路。塔通高11.9米，底边长1.58米。塔基以条石砌筑，高0.7米。塔身实心，层间叠涩出檐短浅。第五层面西辟一券龛，内置坐佛1尊。塔顶平砖攒尖，置石雕仰覆莲座，塔刹已残，尚存柏木刹杆。为预防水土流失危及塔体，近年沿沟底至塔基砌起梯形砖护堤，其高10余米。该塔造型风格与西阁楼塔相近，或建于同一时期。

◎东阁楼村塔

290·文昌阁塔

清代方锥形实心砖石塔。位于宜川县阁楼镇柴村南20米处。塔通高14米。塔基为片石砌筑方高台,底边长3.1米,高3.8米。塔身砖砌,底边长1.2米,高9米;正南辟一券龛,高0.5米;龛楣上方嵌楷书"文昌阁"3字匾,周边砖雕回字形花纹图案。塔顶平砖出重檐,四角攒尖收束,置黑釉瓷塔刹。现塔身有裂隙,局部用铁条加固。

◎文昌阁塔

291·下汾川塔

清代方锥形实心砖石塔。位于宜川县阁楼镇汾川村东南1公里处的丘陵地带小坪地上，东、南、北均为东岭沟，西与花椒园相连。塔通高10米，底边长2.3米。塔基块石砌筑，高0.47米。塔身分为上、下两部分，6米以下为块石砌筑，6米以上为砖砌，收分较大。顶部施一排菱角牙子出檐。塔顶平砖攒尖，塔刹已毁。塔体北侧辟有券龛。该塔造型风格与文昌阁塔相近。

◎下汾川塔

292 · 南坡猴子庙塔

清代圆锥形实心石塔。位于宜川县集义镇南坡村东 150 米处花椒地内。猴子系古印度神物，梵文史诗《罗摩衍那》就有神猴哈奴曼的形象，今印度、尼泊尔、斯里兰卡等地尚有猴子庙存世。胡适曾认为《西游记》中的美猴王原型即取自哈奴曼，陈寅恪、季羡林亦同意此说。

南坡猴子庙塔为塔庙一体，通高约 7 米，底周长 5 米。塔身以块石环砌，以石板压檐，顶部置石雕硬山顶庙宇模型，饰瓦垄和脊吻。模型正中辟壸门形神龛，宽 0.3 米，高 0.5 米，原置神像已佚。该塔近年有维修，为国内仅见的猴子庙遗存，弥足珍贵。

◎ 南坡猴子庙塔

293·土廻土塔

清代圆锥形夯土风水塔。位于宜川县新市河乡土廻村中,西傍林咀沟,南临土廻路,北至井沟。现塔残高6米,直径1.75米,底周长5.5米。据村民讲述,原塔气势雄伟,因常年受风雨侵蚀,大部分已剥落。土塔,源于夯土建筑,是折射华夏农耕文明的一种遗存,从一个侧面反映了明清时期陕北农村底层民众的某种心理需求和精神慰藉。此类土塔在邻近的洛川县和关中渭南一带比较多见。

◎土廻土塔

黄龙县

黄龙县因境内有黄龙山而得名。民国二十七年（1938）设立黄龙山垦区办事处，次年改称"国营陕西黄龙山垦区管理局"；民国三十年（1941）改置陕西省黄龙设治局，始为县级建置。1948年3月瓦子街战役结束后，正式划界设黄龙县。其地处陕西中部偏北，延安市东南缘，属黄土高原丘陵沟壑区，源自黄龙山区的沮水河、石堡河、仕望河、仙姑河等水系，呈放射状分流注入黄河和洛河。境内重要遗存有杨家坟山遗址（"黄龙人"化石出土点）、贝坡遗址、西山遗址、木瓜寨遗址、魏长城遗址、后石门摩崖造像、三仙洞石窟、小寺庄石窟、花石崖石窟、柳沟营城、瓦子街战役遗址等。黄龙县现存古塔1座，为明清时期散见于秦晋两省的一种塔型，但石砌者存世较少。

294 · 王庄文峰塔

明清时期圆锥形石塔。位于黄龙县柏峪乡王庄村西80米，东临李沟渠，南距柏峪川河30米，西为塔地，北临浇水渠。"文革"中，原塔被拆除塔顶，近年修葺。

现塔高约7米，底径3.6米，由大小不等的块石环砌而成。塔身北侧辟一券龛，高0.64米，宽0.7米，进深0.5米。塔顶攒尖式收束。此类石质圆锥形文峰塔为明清时期散见于秦晋两省的一种塔型，如山西晋中市"介休文峰塔"始建于明万历年间（1573—1620），清代重修。它们共同的特点是块石环砌，一柱到顶，塔身不设层级。这种塔型也多见于陕北洛川和关中渭南一带，因受到经济条件的限制，其多为土塔，是底层民众信仰和精神慰藉的折射与反映。

◎ 王庄文峰塔（历史照片）

◎ 王庄文峰塔

洛川县

洛川县因境内有洛水而得名。秦汉为鄜县之域，后秦建初八年（393）划鄜县北部置洛川县，洛川始见于史。后几经迁治，县名沿用至今。其位于陕西中部，延安南部，地处渭北黄土高原沟壑区，居乔山、乔山林带之间。境内重要遗存和自然景观有凤北遗址、洛川县故城、洛川烽火台遗址、史家河石窟、鄜城造像碑、董子河摩崖造像、洛川会议旧址、洛川黄土国家地质公园等。洛川县现存古塔19座。其中，万凤塔造型挺拔，雕饰富丽，为陕北宋塔的佼佼者；洛川土塔群，是折射黄河流域华夏农耕文明的一种遗存，从一个侧面反映了明清时期底层民众的某种心理需求和精神慰藉。

295·万凤塔

宋代八角十三级密檐式空心砖塔·全国重点文物保护单位。又称兴国寺塔、鄜城古塔，位于洛川县土基镇鄜城村东南侧兴国寺遗址内。兴国寺，传建于北宋太平兴国年间（976—984），也有说始建于唐代，确切创建年代，明以前失载。清雍正本《陕西通志》卷二十九：兴国寺"在县东南七十里鄜城镇。明嘉靖十五年修，有碑记（《县册》）"。20世纪50年代初，寺院失火倾圮，唯塔存。

塔始建于北宋初期，金代和明洪武、成化、正德、嘉靖年间多次修葺。现塔通高42米，底边长3.1米。塔身底层特高，南向辟券门，门宽0.85米，高2.06米，额刻"万凤塔"3字。二层以上每面隐出倚柱、普柏枋将壁面分为三间，当心间与次间基本等宽。二至七层交错辟券龛，间饰假门、窗。每层2~8龛不等，龛内多置石佛像，三层龛中置《西游记》中唐僧、孙悟空等人物雕像，为后世所加。层间叠涩出檐，施双排椽头、瓦垄和砖雕五铺作双抄斗栱，补间铺作一朵，斗栱排列密集。塔顶平砖攒尖，塔刹无存。塔内原有木梯通顶，已毁。塔砖中可见少量宋代手印砖和金代"川王永昌""施主杨穆""纠首杨穆"等铭文砖。"纠首"为金代管理乡里的地方基层组织首领，由纠军演化而来，该铭文砖为金代曾修葺万凤塔的确证。塔旁原卧《兴国寺碑记》残石 1 通，上有明宣德九年（1434）补修塔身的记载，今已不存。

该塔造型挺拔，雕饰富丽，为陕北现存宋塔的佼佼者。

关于"万凤塔"名谓的由来，当地有传：宋太祖赵匡胤巡游路过鄜城，行至塔边时被成群的凤鸟挡住轿而不能前行，遂停轿下观，曰"此乃万凤塔"。

21 世纪以来，陕西省文物局曾先后拨款，分 3 次对塔体进行保护性维修，加固塔基，添补风铃，安装避雷设施等。

1992 年 4 月，陕西省人民政府公布"万凤塔"为第三批陕西省文物保护单位，同时公布保护范围。重点保护区为塔周围外延 20 米；一般保护区为重点保护区外延 20 米内；建设控制地带同一般保护区。

2013 年 5 月，国务院公布"万凤塔"为第七批全国重点文物保护单位。

◎万凤塔

296 · 辽空塔

明代八角三层楼阁式砖舍利塔·县文物保护单位。位于洛川县永乡当川村西 50 米当川寺遗址内。其东为涝池，西临土路，南依寺前沟，北邻北头村。为辽空和尚舍利塔，始建于明代，清乾隆、雍正、嘉庆年间修葺。残高 5.35 米，底径 3 米。塔身以砖砌筑，内实土坯。层间叠涩出檐，施仿木构单排椽头、额枋、垂莲柱和蔓草、花卉图案。一层檐下加施一斗三升斗栱，平身科置三攒。二层正面辟券龛，原嵌"比丘辽空宝塔"铭已佚；其余各面嵌砖雕麋鹿图案 1 方，高、宽各约 0.2 米。三层各面饰圆形图案，内刻八卦符号。塔顶平砖攒尖，塔刹无存。21 世纪初曾遭盗掘，塔身一层南侧破坏严重。

◎二层局部麋鹿砖雕

◎三层局部八卦符号砖雕

◎辽空塔

297·洛川土塔群（14座）

明清时期夯筑风水塔组群，14座·省文物保护单位。位于洛川县槐柏镇、石泉乡、百益乡、土基镇、石头镇、老庙镇等地。造型有圆锥体、方锥体、长方体等，一般高10米左右，个别高20余米。均为黄土夯筑，有些塔身辟有神龛，个别塔顶筑有砖楼或神龛，塔刹通常以瓷瓮替代。由于受到风雨的侵蚀，原塔状貌都有不同程度的改变，有的仅剩半壁，时有倒塌之虞。

土塔源于北方夯土建筑，是折射黄河流域华夏农耕文明的一种遗存，从一个侧面反映了明清时期底层民众的某种心理需求和精神慰藉。其中，个别土塔或为佚名僧人舍利塔，或为道教塔（如已确定的百益乡董村无量祖师塔，辟有碑龛，内置嘉庆年碑），或不排除为烽火台遗存（普查中已初做甄别）。洛川土塔大都建于乡野，地势较低，距沟壑较近，且正对村庄的位置，目的是补地气，引祥瑞，逢凶化吉。据第二次和第三次全国文物普查陕西资料显示，陕北洛川土塔尚存14座，修建时期基本为清代，个别不排除早至明末，晚迄民国时期。

2008年9月，陕西省人民政府公布"洛川土塔群"为第五批陕西省文物保护单位。保护范围以每个土塔塔基边缘为界，向周围外延10米；建设控制地带为每个土塔保护范围外延5米。

297—1·上兰土塔

1座，位于石泉乡上兰庄村南50米。平面略呈圆形，残高7.8米，底径5.1米，夯层厚8~9厘米，夯土层间夹有芦苇秆。塔身收分如锥体，塔顶剥落较多。

◎上兰土塔

297—2·下兰土塔

1座，位于石泉乡下兰庄村东50米。平面略呈圆形，残高8米，底径5米，夯层厚8～9厘米，夯土层间夹有芦苇秆。塔身收分如锥体，塔顶和周身剥落较甚。

◎下兰土塔

297—3 · 西石泉土塔（2座）

2座，位于石泉乡西石泉村东及东南100米。平面呈方形，均高约10米，底边长5.3米，夯层厚8～10厘米。一座顶置瓷瓮相套成束腰宝瓶状塔刹；另一座顶上建方形砖楼，叠涩攒尖顶上覆瓷瓮为塔刹。其中一座近年遭损，遗存残高约5米。原置瓷瓮均已不存。

◎西石泉土塔之一

297—4 · 桥章土塔

1座，位于土基镇桥章村。平面呈方形，高4.6米，底边长1.9米，夯窝径12厘米，夯层厚10～12厘米。保存较好。

◎桥章土塔

297—5 · 寨头土塔

1座,位于石头镇寨头村打麦场北侧。俗称魁神塔,平面略呈方形,上部损蚀严重,残高约20米,夯层厚4～9厘米。塔身北侧高出地表1.64米处辟有砖砌方形神龛,边宽0.52米,高0.8米,进深0.31米。原供神像已不存。

◎寨头土塔

297—6·寺庄土塔

1座,位于石头镇寺庄村西100米。平面呈长方形,上部损蚀严重,残高约12米,底边南北长3.8米,东西宽3.2米,夯层厚6～14厘米。顶部有砖砌神龛,已被破坏。

◎寺庄土塔

297—7 · 勿广荣村土塔（2座）

2座，位于老庙镇勿广荣村东南约500米。均为平面方形，塔身收分如锥体，夯层厚8～10厘米。一座高7米，底边长3米，保存较好；另一座残高6米，底边长5米，塔顶和周身剥蚀较甚。

◎ 勿广荣村土塔之一

◎ 勿广荣村土塔之二

297—8·度古土塔

1座，位于槐柏镇度古村度古二组东约100米。平面呈不规则方形，残高7.5米，底边长6米，顶边长0.6米，夯窝径9厘米，夯层厚6～10厘米。

◎度古土塔

297—9 · 文章庙土塔（2座）

2座，位于石头镇车厢塬旧村南30米。两塔以夯土墙连接，相距约15米；均为平面呈长方形，底边东西长20米，南北宽10米，残高分别约为8米和10米，夯层厚5～12厘米。

◎文章庙土塔之一

◎文章庙土塔之二

◎文章庙土塔

297—10 · 东头村土塔（2座）

2座，位于槐柏镇东头村南和东南，均高约6米。一座为平面方形，塔身收分如锥体，塔顶倒置一瓷瓮为塔刹，保存较好。另一座仅剩半壁，时有倒塌之虞。

◎东头村土塔之一

298 · 桥章塔

清代六角二层砖舍利塔。位于洛川县土基镇桥章村西北 200 米处农田中，西临曲桃硷，东临水桃硷，北临老鸦沟，南临老庙沟。原塔高 5 米，现塔残高 3.95 米，底边长 0.75～1 米。塔身一层高 2.45 米，每面饰砖雕直棂窗。二层高 1.5 米，檐下施砖雕额枋、斗栱、花卉图案。塔顶残毁，塔刹不存。现塔身下部有较大裂隙。

◎桥章塔

299 · 董村无量祖师塔

清代方锥形夯土塔。位于洛川县百益乡董村东北约 400 米处田地中。曾谓"董村僧人墓塔",实为道教塔,系真武庙附属遗存。塔始建于清乾隆十二年(1747),嘉庆年间(1796—1820)重修。通高 6.4 米,底边长 2.1 米。黄土夯筑,向上收分。塔顶砖叠涩四角攒尖,无塔刹。塔身下部辟拱形砖箍碑龛,置嘉庆七年(1802)《玄天上帝无量祖师碑记》1 通,可测高 1.9 米,宽 0.7 米;碑文阴刻楷书,14 行,满行 21 字;落款署"岢乾隆十二年岁次丁卯黄钟月上浣十月穀旦立,至嘉庆七年岁次壬戌月八月初三日重囗,后学廪膳生员刘士绣熏沐撰文,邑庠生李栖凤沐手敬书。会首……"字样。

碑铭"玄天上帝无量祖师"指道教真武大帝,是中国神话传说中北方之神"玄武"的化身,陕北各地均有供奉。

◎董村无量祖师塔

300 · 统将村魁星楼

清代方形三层楼阁式空心砖塔。位于洛川县槐北镇统将村南约100米处果园内。始建于清代，民国初曾维修。通高11米，底层每边长3.8米。塔身一层高5米，面北辟券门，高1.65米，宽0.7米，内设砖梯可登临；二层亦北面辟券门，高宽与一层券门相同；三层设圆窗，直径0.6米。层间以砖叠涩出檐，施一排菱角牙子。其中第二层塔身内收较大，其下塔檐较宽，上覆小青瓦。二、三层内顶部置有三根木檩，其上原为铺设木板，已不存。塔顶四角攒尖，塔刹不存。原塔檐四角坠风铃，已失。

◎统将村魁星楼

富县

富县古称鄜州，因境内有鄜水而得名。民国元年（1912）设鄜县，1964 年改为富县（便于识读）。其位于陕西北部，延安南部，东靠黄龙山系与宜川、洛川接壤，西隔子午岭与甘肃宁县为邻，地属渭北黄土高原丘陵沟壑区。县城古名五交城，取"三川交会，五路噤喉"之意，为历代兵家必争之地。修筑于公元前 212—前 210 年的秦直道，纵穿陕北黄土高原，沿海拔 1 600 余米的子午岭东侧北上，跨越延安市的黄陵、富县、甘泉、志丹和安塞 5 个县域，其中富县是秦直道保存最为完好的路段之一，富县秦直道遗址被评选为"2009 年度全国十大考古新发现"之一。其他重要遗存有交道遗址、长城遗址、三川县故城、鄜州故城、洛河烽火台遗址、石泓寺石窟、阁子头石窟，以及中国存世最早的唐贞观三年（629）宝室寺铜钟等。富县现存古塔 12 座。其中，唐代开元寺塔为陕北现存时代最早的砖塔；宋代柏山寺塔、福严院塔为陕北密檐式塔的典型代表；明代杨兴墓塔方正简洁，石雕精美，其塔型在陕西为孤例；富县白骨塔造型如锥，碑铭怆然，对研究清末陕甘民族史和地方史有重要的参考价值。

301・开元寺塔

唐代方形十一层楼阁式空心砖塔・全国重点文物保护单位。又称富县塔、西山塔，位于富县县城沙梁街对面的西山（亦名龟山）半山腰上，山下有洛河蜿蜒流过。为古代鄜州的标志性建筑。据清雍正本《陕西通志》、道光本《鄜州志》，民国本《陕西金石志》等记载，寺始建于唐开元二十八年（740）；北宋建隆四年（963）重修，明嘉靖四十二年（1563），清顺治十二年（1655）、康熙五十六年（1717）和乾隆四十八年（1783）修葺。清末寺毁塔存。

塔坐西向东，残高 41.8 米，底边长 8.41 米。塔身单壁中空，每面一间。底层壁厚 2.81 米，层高 7.13 米，正东辟券门，门宽 1.46 米，高 2.75 米，内筑小方室。以上各层均四面辟门，壁面隐出阑额，其中第四层东门两侧饰方形假窗。塔身层间以 15 层砖叠涩出檐，施菱角牙子和浅浮雕莲瓣图案。各层斗栱形式不同：底层阑额承"把头交项作"（相当于一斗三升），补间铺作两朵；二层为单栱出耍头，补间铺作两朵；三层为栌斗出耍头，补间铺作两朵；四、五层只用栌斗，补间铺作两朵；六层以上无斗栱。塔顶残破，塔刹无存。塔内原置登临木梯，已毁。塔侧有清代《重修准提庵碑记》1通，上书"俯视山水，豁然在目"等字样。

该塔方正庄重，气势恢宏，是陕北现存时代最早的古塔，也是当时社会发展、人文积淀的历史缩影。

1956年维修塔基；1990—1995年实施塔基护坡工程；2009年和2011—2012年进行塔体维修。

2009年6月22日，在塔体维修时，工作人员于五层脚手架孔内发现宋代手抄经卷，全长1 910厘米，宽27.8厘米，折叠共137页。该经卷为宋绍兴元年（1131）藏入的《陀罗尼经》，其内夹杂有北宋大中祥符六年（1013）经卷的残余部分。它的发现，对研究古代佛教文化和书法艺术具有重要的意义，填补了富县馆藏文物中宗教纸质文物的空白。

1992年4月，陕西省人民政府公布"开元寺塔"为第三批陕西省文物保护单位，同时公布保护范围。重点保护区为北至水渠30米处，西至山顶，南至居住区70米处，东至准提庵台地；一般保护区、建设控制地带与重点保护区相同。

2013年5月，国务院公布"开元寺塔"为第七批全国重点文物保护单位。

◎塔檐下砖雕

◎ 开元寺塔

302 · 柏山寺塔

宋代八角十一级密檐式实心砖塔·全国重点文物保护单位。又称直罗塔、古柏寺塔，位于富县直罗镇西北 1.5 公里的柏山上。据清乾隆四十一年（1776）毕沅《关中胜迹图志》载，柏山寺原名"芸罗寺"；唐武德二年（619），秦王李世民曾"憩兵"于此，"洎即位"改其名为"安乐寺"并"建殿与塔"；开元十二年（724），唐玄宗北征至此，前锋告捷，遂改为"安定寺"；北宋景德元年（1004）重修，今俗名柏山寺。另据清雍正本《陕西通志》卷二十八："古柏寺，在县界。唐太宗建，旧名安乐寺，开元间改安定，洪武初以古柏名。"可见古柏寺为明代称谓，柏山寺为清代俗称。后世寺毁塔存。

现塔为宋代建筑风格，应为景德元年重修寺院时重建之塔。坐北朝南，通高 43.3 米，底周长 29.6 米。塔身底层特高，正南辟拱券门，内筑边长 2.3 米的小方室。二层以上实心，每面作仿木结构三间，以砖隐出倚柱、阑额，转角处设木质角梁（部分已糟朽不存），其中二至五层设平座钩栏。各层均饰有假券门和卧棂窗，假券门内辟龛，置石雕造像（多已无存）。塔身收分缓和，层间以双排椽头出檐，施五铺作双抄斗栱，补间铺作一朵，上承挑檐枋，各铺作上跳均出耍头。塔顶平砖攒尖，塔刹不存。该塔磨砖对缝，以黄泥白灰加糯米汁砌筑，造型端秀，斗栱密集，雕饰富丽，为陕北密檐式砖塔的代表作。

1980 年和 1982 年，文管部门将仅余的第三层 7 尊罗汉和 4 尊天王、武士像取出，分别藏于陕西历史博物馆和富县博物馆。其中，罗汉完整者高 38 厘米，天王像高 68～87 厘米。该批石雕造像，刀法洗练纯熟，形神兼备，堪称宋代石刻艺术精品。

1992 年 4 月，陕西省人民政府公布"柏山寺塔"为第三批陕西省文物保护单位，同时公布保护范围。重点保护区以塔为中心，西北各外延 30 米，东西各外延 40 米；一般保护区同重点保护区；建设控制地带同一般保护区。

2013 年 5 月，国务院公布"柏山寺塔"为第七批全国重点文物保护单位。

◎柏山寺塔（历史照片）

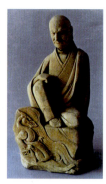

◎从塔身佛龛中取下的天王、罗汉造像

柏山寺塔

303 · 福严院塔

宋代八角十三级密檐式空心砖塔·全国重点文物保护单位。俗称东村塔，位于富县北道德乡东村南 200 米处果园中，远观如纺锤之形。原为宋代福严院标志塔，清康熙三十二年（1693）曾予以维修，后世寺毁塔存。

塔坐北朝南，残高 30.2 米，底边长 2.6 米。塔身底层较高，面南辟拱券门。二层以上每面作仿木结构三间，以砖隐出倚柱、阑额，间饰砖雕板门（当心间）、菱格窗（次间），其中二至八层东、西、南、北面辟有券门或券龛。层间叠涩出檐，施双排椽头和菱角牙子，檐角伸出兽头，以悬风铃。一至六层檐下施五铺作双抄斗栱，当心间补间铺作一朵；七至十层檐下施单抄四铺作斗栱，当心间补间铺作一朵；十层以上无斗栱。塔身一至七层笔挺，八至十层收分柔和，十一至十三层收分骤急，塔檐密接（有学者忽略了顶部两级而误会该塔为十一级）。塔顶平砖攒尖，塔刹无存。塔内原有木质楼板和木梯，已毁。1982 年维修，对底层进行局部加固，并添置保护围墙。维修时发现该塔用砖规格达 40 余种，可见做工之精细。

该塔磨砖对缝，以黄泥白灰加糯米汁砌筑，雍容俏丽，形如纺锤，为陕西宋塔艺术中的佼佼者。

1992 年 4 月，陕西省人民政府公布"福严院塔"为第三批陕西省文物保护单位，同时公布保护范围。重点保护区以塔为中心，南北各外延 30 米，东西各外延 40 米；一般保护区同重点保护区；建设控制地带为一般保护区外延 60 米内。

2013 年 5 月，国务院公布"福严院塔"为第七批全国重点文物保护单位。

◎福严院塔

◎ 塔身局部一

◎ 塔身局部二

304 · 八卦寺塔林（3座）

金至元明时期僧人舍利塔林，3座·省文物保护单位。位于富县张家湾乡八卦寺村北500米处，属子午岭东侧山林地带。寺早年废毁，沿革不详。传当地原有八塔，习惯称八塔寺。后来仅存三塔，遂转音为八卦寺，村亦因名。

现存砖塔3座，间距5～15米。两座为八角密檐式，分别为八层、九层，各残高9米、10米，底边长1.43米、1.45米。前者底层和三层辟圭形门或窗，层间叠涩檐出双排椽头、瓦垄、阑额，施四铺作单抄斗栱，补间铺作一朵，塔顶已毁。后者二、三层东面辟圭形窗，层间以砖叠涩出檐，第九层砖壁平直，似为中途辍工所致。另一座为方形八层密檐式，通高9.5米，底边长2.8米。底层东向辟一券龛，层间叠涩出檐，檐角稍翘，檐中部略下凹。各层檐下饰有壸门、兽头（花卉）等图案的模印砖一周，远看不易发现，近观可以辨出。塔顶平砖攒尖，塔刹无存。1985年，政府曾拨款修葺塔基和塔身底层。

该塔林无确切年代记载，在总体风格和局部装饰上兼有不同时代、不同地域的特征。如辟圭形门或窗的做法多见于南方宋塔，模印壸门的装饰也类似于南方砖塔辟壸门的寓意，而叠涩檐下施双排椽头则与蒲城县金代的海源寺塔和常乐宝塔风格一致。因此，在时限上不排除该塔早至金代，晚至元明时期。它们很可能就是南方工匠的作品。据有关研究资料称，北宋屯边、金朝略地、蒙古伐金攻宋，均有大批南方人"被移民"至陕西。史载蒙元初，京兆府"其居民太半南驱放良、归顺等户"。《元朝名臣事略》里说，蒙古攻占陕西以后，陕西"八州十三县户不满万"。而到天历二年（1329）仅"陕西诸路饥民百二十三万四千余口，诸县流民又数十万"。《元史》载，1276年，元朝政府"籍江南民为工匠凡三十万户"，经挑选后尚留下10万多户，这些工匠主要分布在元大都及其附近地区，包括陕西。此外，今陕北方言中，有些字的发音与南方吴音相近，如"街""解"读为"该"音，亦是南方吴音的孑遗。

2003年9月，陕西省人民政府公布"八卦寺塔林"为第四批陕西省文物保护单位。保护范围为 3 座塔塔体及塔基（含塔间空地）四面外延，东 5 米至石塄畔，西 15 米至山体，南 30 米，北 30 米；建设控制地带为保护范围四面外延 10 米。

◎八卦寺塔林

305 · 宝严院舍利塔（2座）

明代八角楼阁式砖塔，2座。位于富县北道德乡梁子塬村西南1.5公里林地内。宝严院始建于明洪武年间（1368—1398），嘉靖三年（1524）重修，后世寺毁塔存。两塔间距为10米，分别为昉公塔和佚名僧人墓塔。

305—1 · 昉公塔

八角四层楼阁式砖塔。建于明弘治年间（1488—1505），残高8米。塔基为砖雕莲座，底边长1.7米。塔身底层正南辟拱券门；二至四层正南辟券龛，其余各面均砖雕上下两层小方龛，龛两侧饰砖雕莲花、牡丹、佛手等图案。层间叠涩檐出单排椽头、瓦垄，施砖雕额枋和五踩斗栱，平身科一攒。塔顶叠涩收束，已残。塔侧有石碑1通，高1.5米，宽0.69米，厚0.22米。碑文楷书，额题"故僧正昉公塔铭记"，首题"故□僧正司□□昉公塔碑□"，落款为"大明□治……岁次八月初……"字样，已漫漶。"僧正司"为洪武十五年（1382）开始在各州设立的管理佛教事务的机构，置"僧正"一人；"□治"应为弘治年款。

◎昉公塔（历史照片）

◎昉公塔

◎塔檐局部

◎塔身局部

305—2 · 佚名僧人墓塔

八角楼阁式砖塔。建于明代，残存两层，残高 3.6 米，底径 7 米。底层正南辟拱券门，层间叠涩檐出单排椽头、瓦垄，施砖雕额枋和五踩斗栱。塔身各面有砖雕花卉图案。二层以上不存，是建造至此因故辍停，抑或后世损毁，缺乏详细记载。该塔风格与昉公塔类似。

遗址内原有洪武十四年（1381）《宗派之源》碑和嘉靖三年（1524）《重修白云山宝严院记》碑各 1 通，今已不存。《宗派之源》记有"洪武十四年二月初八日于白云山……请到本州曹村善安禅寺□□□为师，爰立……"字样。

◎佚名僧人墓塔

306 · 杨兴墓塔

明代方形单层空心石塔。位于富县吉子现镇串坡村西南1.5公里的塔家坪果林中，为杨兴、蔺氏夫妇合葬墓塔，建于明景泰甲戌年（1454）。坐北向南，通高3.62米，以凿制规整的条石砌筑。塔基为雕花须弥座，底边长2.6～2.9米。塔身南面辟小方门（门扇已失），门额阴刻篆书"考妣杨兴之塔"6字，两侧阴刻楷书楹联。塔身以石板压檐，檐下石雕额枋和一斗三升斗栱，平身科置二攒，斗栱间隙雕饰人物、宴饮、鸟兽图案。塔顶叠涩收束，形如覆斗。塔门左右壁各嵌碑铭1方，为"龙安寺僧清平书"，记杨兴之子感念父母恩德而"不忍瘗于泉壤"，遂筹资建造此塔。建塔时间为"景泰甲戌仲夏初吉"，建塔人为"白水县石匠……"碑文多处漫漶。墓塔曾遭盗扰，遗有盗洞。

该塔方正简洁，石雕精美，塔型在陕西古塔中尚为孤例。加之，该塔有明确纪年、建塔缘起、建塔石匠等记载，为研究陕西渭北高原民俗民风和石塔工艺、匠人技术等提供了宝贵的实物资料。

◎塔檐下砖雕图案

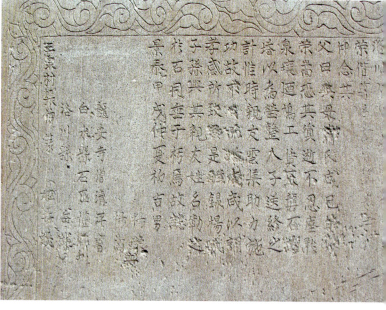

◎塔身铭文

◎杨兴墓塔

307 · 宝塔洼道士塔

明代石结构八棱檐道士塔。又称马公墓塔,位于富县茶坊镇岔口村宝塔洼一处坡地上,北依山丘,东、西临沟,南为村庄。原塔被黄土覆于地下,后被盗掘者挖开推倒。现塔为部分构件拼接,已失原型,置于盗坑内。拼接部分残高1.73米,一侧有散置的圆盘和八棱华盖,叠加起来高约2米。塔体由陕北常见的砂石雕件套接而成,塔身可见方形和圆鼓形两部分,层间置八棱石作檐。塔身和塔檐饰刻缠枝花卉、瑞兽、人物等图案。上层塔身刻有塔铭,可辨墓主马公为道士,墓塔建于明嘉靖二十五年(1546)。此为陕西省内现存最早的有明确纪年的道士塔。

◎宝塔洼道士塔

308·寺底瘗骨塔

清代方锥形石墓塔。位于富县富城镇寺底村。塔身呈方锥体，由不规则块石和条石砌筑。残高 3.6 米，底边长 3.7 米。塔身梯形收分，无塔檐。塔顶四角攒尖，顶稍残。该塔建造粗糙，外观如墓冢。当地民众称其为风水塔，实为瘗埋底层民众遗骸之墓塔，应与同治年间（1862—1874）兵燹有关。塔一侧有一株百年古树。

◎ 寺底瘗骨塔

309·富县白骨塔

清代方锥形砖石瘗骨塔·省文物保护单位。位于富县张家湾镇油坊头村东1公里，坐落于捻河东岸台地上。塔建于清同治十三年（1874），正视如金字塔形。坐北朝南，通高4.4米，底边长1.76米。塔身下部以长条砂石砌筑，上部以砖砌筑，通体呈灰白色。正面辟长方形碑龛，幅宽0.78米，高0.45米，额题"白骨塔"3字。碑文竖书："楚军仁胜左军营左哨童为收掩骨骸事知乃等居民，因前囗匪作乱骚扰，百姓遭劫，人民涂炭，遭伤无数，尸体横野，白骨成垒，无人掩盖。今我军扎此地，见之甚凄，囗差勇丁四处收敛骨骸，掩盖于墓，免受露骨于荒野。倘尔居民见白骨，捡丢塔内，则众孤魂阴冥中，感尔等之德也。"落款"岂在同治甲戌年蒲月"。该塔造型如锥，碑铭记述怆然，对研究清末陕甘民族史和地方史有重要的参考价值。

2018年7月，陕西省人民政府公布"富县白骨塔"为第七批陕西省文物保护单位。保护范围为东至山脚外扩20米，南、北至塔体外扩50米，西至捻河东岸；建设控制地带为东、西至保护范围外扩20米，南、北同保护范围。

◎富县白骨塔

◎塔铭（拓片）

志丹县

志丹县历史上为保安军、保安州、保安县，1936年6月为纪念刘志丹（1903—1936）改为志丹县，沿袭至今。其地处延安市西北部，西南与甘肃合水、华池县交界，属陕北黄土高原丘陵沟壑区。地势由西北向东南倾斜，以洛河、周河和杏子河三水系为界形成3个自然区域，称西川、中川、东川。域内沟壑纵横，梁峁密布，山高坡陡，沟谷深切。境内重要遗存有秦昭王长城遗址、秦直道、金汤故城、德靖寨故城、平戎寨故城、保安军故城、洛河烽火台遗址、吕川石窟、城台石窟、卧龙寺石窟，以及刘志丹故居、旧居、陵园等。志丹县现存古塔25座。其中，九塔湾"砖塔群"为陕西省内现存砖塔数量最多的塔林之一（另一处为西安大慈恩寺塔林）；龙泉寺塔林是陕西境内集中僧人墓塔数量最多且延续时间最久的石塔林，一方面反映了明代中后期龙泉寺在延安府佛教界的重要地位，另一方面昭示了龙泉寺在当时香火十分鼎盛。

310 · 砖塔群（8座）

宋至元明时期僧人舍利塔林，8座·省文物保护单位。又名"九塔湾塔林"，位于志丹县义正乡石湾村东北1公里半山漫坡地带，海拔高程1 319米。原为寺院墓塔林，寺早年已毁，沿革不详。所在地原名卧虎湾，因立有9座砖塔，后世改称"九塔湾"。据民国初年出生的侯占彪老人于20世纪80年代回忆，此处原有14座砖塔，由于自然和人为因素破坏而仅存9座（包括1座方形残塔）。当地民谚有："牛头山，卧虎湾，要知此处，大刀呼必显。"可见，地名的演变应在20世纪中期。

现存砖塔8座，呈南北向错落排列，间距5～10米。其中6座为八角四层或五层楼阁式砖塔，残高5.5～7.5米，底边长1.1～1.3米；塔身底层或二、三层辟圭形门或窗，个别为方窗，层间叠涩出檐，塔顶或八角攒尖或略呈圆丘状叠涩收束，塔刹无存；1座塔檐施有菱角牙子，第四层每面嵌一浮雕瑞兽画像方砖。其余2座为方形楼阁式砖塔，分别为五层、九层，残高6米、13米，底边长2米、3米；2座塔均为底层南向辟圭形门，层间叠涩出檐，檐面略呈凹弧状，檐角上翘，塔顶残毁。据赵克礼先生实地考察，该塔林"东南角有大量废砖，笔者在废弃砖中，发现有和该塔群方形塔上相同的图案砖。据此，笔者认为，九塔湾确有一座塔倒圮了，而且是一座方形塔"（见赵克礼：《陕西古塔研究》，科学出版社2007年版，第297页）。此说是对"九塔湾"地名缘起的补证，可作为参考。

该塔群集中分布，造型古朴，塔身辟圭形门或窗（属南方建筑风格）的做法及其塔砖规格与富县金至元明时期八卦寺塔相近，唯不见双排椽头（典型宋金砖塔风格）和斗栱等仿木构装饰，故大部分砖塔应为明代前期建筑，个别不排除早至宋金元时期。结合陕北地区明代僧人舍利塔基本以纤瘦体多宝塔和幢式石塔为流行大宗，且延续时间约为明代中后期，可审慎判断：九塔湾"砖塔群"之造型，是本区域石塔林兴起前的流行塔型，且部分为南方工匠的作品。据有关研究资料，北宋屯边、金朝略地、蒙古伐金攻宋，均有大批南方人"被移民"至陕西。史载蒙元初，京兆府"其居民太半南驱放良、归顺等户"。《元朝名臣事略》里说，蒙古攻占陕西以后，陕西"八州十三县户不满万"。而到天历二年（1329）仅"陕西诸路饥民百二十三万四千余口，诸县流民又数十万"。《元史》载，1276年，元朝政府"籍江南民为工匠凡三十万户"，经挑选后尚留下10万多户，这些工匠主要分布在元大都及其附近地区，包括陕西。

1992年4月，陕西省人民政府公布"砖塔群"为第三批陕西省文物保护单位，同时公布保护范围。重点保护区为砖塔群；一般保护区为塔群周围外延15米内；建设控制地带为一般保护区外延30米内。

◎砖塔群

◎砖塔群之一

◎砖塔群之二

311 · 桃树湾塔

明代八角五层楼阁式空心砖塔。位于志丹县旦八镇甘叶沟村桃树湾村组东北 300 米处，北依山丘，东西为坡地，南临水冲沟，通往油井的山区简易公路从南侧 50 米处穿过，东南距"九塔湾塔林"约 1 公里。程平《陕西古塔》列其为"九塔湾塔9"，赵克礼著《陕西古塔研究》列其为"石湾古塔"。前述"九塔湾"为后改之地名，词语之意是否涵盖此塔可以再斟酌。

塔为寺庙遗存，寺早年废毁，沿革不详。现塔五层，残高 6 米余，底边长 1.2 米。塔心中空，层间以平砖 4 层叠涩出檐，塔顶残毁，内视可见天空。塔身一至三层北侧严重坍塌，形成纵向豁口，岌岌可危。豁口底宽 1.17 米，高 3.5 米。四周为耕地，周边杂草丛生。南侧紧挨塔基有一株杜梨树，再南 80 米处为永宁钻采公司废弃的井场。

◎塔身局部

◎塔心

◎桃树湾塔

312·龙泉寺塔林（11座）

明代僧人舍利石塔林，11座·省文物保护单位。位于志丹县义正乡龙泉寺村西100米。寺建于明代，内有清泉，因以名寺；清代修葺。清嘉庆本《延安府志》卷三十六《祠祀志》载："龙泉寺，在保安县西南百里，内有清泉。"原寺规模较大，后殿宇多毁，仅存清代钟鼓楼遗构、龙泉井1口、石狮1对、明代舍利塔11座。

舍利塔均为石构造，纤瘦体，异形经幢式或多宝塔式，六角或八角形，沿山麓呈"一"字形分布，陆续建于明成化至万历年间，时跨150多年，其中8座为1991—1993年修复。

主塔又名空聪禅师塔，六角七层经幢式，通高7.7米。塔基为六角形须弥座，底边长0.82米，高0.36米。塔身底层每边长0.55米；各层均由整块六角形塔身和六角挑檐套接而成，挑檐雕出瓦垄、滴水；塔顶覆六角宝盖，置七级串珠式塔刹。第三层正面刻铭"延安府僧纲司都纲本寺空聪禅师舍利之宝塔"，落款"白水石匠李唐，大明正德十年十一月初二日"。都纲为朝廷授予僧人之官职，掌管整个延安府的佛教事务。空聪禅师生前身任此职，可见龙泉寺在当时的重要地位。

其余10座塔型或经幢式或多宝塔式，塔身六角或八角形，或间有鼓形（设为底层），分别为二至五层，残高1.65～6米。其中落款"白水石匠张印男……万历十三年十月初七"的六角三层石塔，高2.58米，塔身二、三层饰有浮雕佛像。落款"嘉靖三十六年九月十五日吉日立塔灵柩"的八角三层石塔，高3.02米，层间套接八角形挑檐，顶置摩尼宝珠和三角锥尖体塔刹。落款"成化七年九月初九日上吉立柩"的八角五层石塔，高5.41米，塔身二层雕释迦佛像，三层雕菩萨像，顶置六级串珠和圆锥尖体塔刹。以上诸塔工匠除署白水石匠姓名外，尚可见"延安卫中所下石匠屈伯全、男屈志海"和"保安县僧会司龙泉寺俗家侄男胡尚庸"等人名，它们为陕北明代石塔匠人的来源和陕北建筑艺术史的研究提供了不可多得的实证资料。

龙泉寺塔林也是陕西境内集中僧人墓塔数量最多且延续时间最

久的石塔林，一方面反映了明代中后期龙泉寺在延安府佛教界的重要地位，另一方面昭示了龙泉寺在当时香火十分鼎盛。

2003年9月，陕西省人民政府公布"龙泉寺塔林"为第四批陕西省文物保护单位。保护范围为11座塔塔身及塔基（含钟、鼓楼，佛座）四面外延，东至塄畔，西至阳山山腰14米处，南至公路北沿，北至沟畔；建设控制地带为保护范围四面外延10米。

◎龙泉寺塔林

313 · 盘龙寺石塔

明代六角七级多宝塔式石舍利塔·省文物保护单位。又称盘龙禅院石塔，原址在志丹县义正乡庙岔村南，2001年迁建志丹县城东侧炮楼山上。寺始建于明初，万历二十一年（1593）和清乾隆年间（1736—1795）曾重修。后世寺毁塔存，寺址内遗有石幡杆1对。

塔建于明成化十一年（1475），仿多宝塔式。通高6.25米，底层每边长0.53米。塔基为仰覆莲须弥座，每边长0.75米，高0.56米，座角雕饰兽头。塔身各层均由整块六角形花岗石、双层仰莲瓣和六角挑檐套接而成，檐角伸出兽头。第二层每面分别刻有牡丹花卉、佛龛佛像；三至五层每面辟一小龛，内雕跏趺坐佛1尊；六、七层相间辟龛，内雕坐佛。塔刹由四级串珠和方锥形刹尖组成，第三层宝珠刻为仰莲瓣形。整体造型纤秀，雕工精致。塔身有成化十一年塔铭和题诗一首，其曰："成化十一年岁次乙未三月十一庚申日立宝塔一座。居士修行好功能，修寺建塔念真经。庄严彩画都完备，佛前柱下大铁钟。布施钱财都使了，秉佛意天护佑身。纵然不得成佛道，逍遥洞里得转身。"

2001年随塔搬迁的还有明成化八年（1472）《盘龙禅院碑》、万历二十一年（1593）《重修盘龙寺碑》和清乾隆年间《重修佛寺碑记》3通、石雕供案1座。供案正面镌刻花卉、人物图案和信士姓名。《盘龙禅院碑》提到寺院所在地为"大明国陕西承宣布政使司延安府保安县德化里羊草川"，修塔人有"居士""僧会司僧官净口、净广"，立碑时间为"成化八年八月二十日甲申"等内容。《重修盘龙寺碑》记有万历二十一年八月陕西承宣布政使司管辖的延安、庆阳二府，保安、安华、德化、荔原等地僧人为重修盘龙寺在"羊草川"议事等史实。《重修佛寺碑记》载有乾隆年间修葺寺院过程及布施者姓名，其中有"山西临县李士平施银十六两"等记载。可见，盘龙寺在明清时期影响较大，重修和施银者涉及今甘肃、山西两省。

1992年4月，陕西省人民政府公布"盘龙寺石塔"为第三批陕西省文物保护单位，同时公布保护范围。重点保护区为盘龙寺石塔；一般保护区为重点保护区外延6米内；建设控制地带为一般保护区外延12米内。

◎ 盘龙寺石塔（历史照片）

◎ 塔身局部

◎ 塔刹

◎盘龙寺石塔

314·草垛湾双塔（2座）

明代八角五层楼阁式空心砖塔，2座。位于志丹县金鼎乡草垛湾村东1公里。为寺庙遗存，寺始建年代及沿革不详。仅存砖塔2座，南北向排列。北塔残高5.6米，底径2.9米。塔身收分较小，第三层正面开券窗，其余各面均辟方龛；第四层各面嵌砖雕卧佛、凤鸟、花卉图案。层间平砖3层叠涩出檐，塔顶平砖攒尖，塔刹不存。南塔残高5.4米，形制同北塔，塔身四、五层残损严重，局部坍落，塔顶不存。

◎草垛湾双塔

315 · 马家河塔

明代八角五层楼阁式砖塔·县文物保护单位。位于志丹县永宁镇马家河村西南 750 米，地处梁山西麓堡子梁上，与马家河千佛洞隔沟相望。为千佛洞寺僧舍利塔，千佛洞凿建于明万历年间（1573—1620）。原有砖塔 2 座，现存其一，公布为"白沙川砖塔"。现塔残高 5.6 米，底层每边长 1.2 米。塔身层间以砖叠涩出檐，施菱角牙子。底层四面开方龛，第二层辟圭形门，二至五层每面下部以立砖隔为两间，依次嵌有砖雕马、鹿、花卉等图案。塔顶残毁。《志丹县志》记载该塔高 7 米，另有介绍文字记载该塔高 7.5 米。

◎ 千佛洞彩绘泥塑佛

◎ 塔身局部

◎ 一层塔身砖雕

◎马家河塔

316 · 赵畔千佛塔

明代八角九层石造像塔。位于志丹县吴堡乡赵畔村西北 400 米处台地上，为明代寺庙遗存，寺早年已毁。过去著述称其为"赵畔石塔"或"赵石畔石塔"。

塔以红砂石雕凿砌筑，残高 7.5 米。塔基为八角形须弥座，每边长 0.6 米。塔身每面雕刻小千佛，层间置八角挑檐，饰刻瓦垄、滴水，塔顶已残。塔身佛像布置：一至五层每面均雕刻小千佛 3 层，每层每面 18 尊，各层八面合计 720 尊；六至九层每面雕刻小千佛 2 层，每层每面 10～12 尊不等，各层八面合计 350 余尊。其中，一至三层和八至九层佛像风化严重；四层南侧雕有假门。

该塔收分柔和，造型秀丽，通体雕刻佛像上千尊，堪称陕西明代石造像塔之冠。

◎ 赵畔千佛塔

吴起县

吴起县因传说战国名将吴起曾在此驻兵戍边而得名。清嘉庆二十四年（1819）始置吴起镇，属靖边县；1942年设吴起县，旋改吴旗县，属陕甘宁边区三边分区；1949年后屡有撤并、复置；2005年10月复名吴起县。其位于延安西北部，西南与甘肃华池县接壤。地属黄土高原梁状丘陵沟壑区，海拔在1 233～1 809米之间；域内有无定河与北洛河两流域，地形结构概括为"八川二涧两大山区"。境内重要遗存有秦昭王长城遗址、唐石空寺石窟、北宋铁边城遗址、烽火台遗址、明长城遗址，以及吴起镇革命旧址、红军兵工厂旧址等。吴起县现存古塔2座，规格均较小。

317·宁赛城祖师庙铁塔

明代六角亭阁式铁塔。位于吴起县长城镇宁赛城村祖师庙内。塔由基座和六角形塔身组成。基座已失。塔身如亭，残高0.7米。塔柱盘龙，五面镂空。塔顶六角攒尖，饰瓦垄、滴水，塔刹无存。塔身一面铸铭"钦差镇守延绥蓟辽等处总兵官都督同知杜"字样。据考，明代任过延绥镇总兵的有杜桐、杜松兄弟，以及杜桐之子杜文焕，铁塔铸铭杜者，当为其中一人。宁赛城原名宁赛堡，系明成化九年（1473）延绥巡抚余子俊所筑，为明长城要塞之一。其时，宁赛河以北、洛河以东属宁赛堡辖地；清顺治二年（1645），清廷改设把总，至光绪末年废。

宁晋城祖师庙铁塔

318 · 高畔庙台舍利塔

清代方形单层砖舍利塔。位于吴起县庙沟乡米渠村高畔庙台西500米处山梁上，为寺庙遗存，寺早年废毁，沿革不详。寺址内遗存残石像4尊（均佚头）、石柱础和石像座2件、方形砖塔1座。

塔通高约4米。塔基座六角形，每边长1.34米，高0.9米。塔身呈方形，每边长1.3米，高2.2米。四面各辟一方龛，进深0.21米，宽0.28米，高0.29米。塔顶以平砖11层叠涩攒尖，塔刹无存。塔砖规格为14cm×32cm×7cm。该寺址对研究吴起县西北部宗教文化的传播具有参考价值。

◎寺址内残存的石造像、石柱础

◎高畔庙台舍利塔

第三章 陕南古塔

陕南地区包括汉中、安康和商洛3市,涵盖秦岭以南、大巴山以北的秦巴山地和汉江盆地。这一区域属中国长江流域偏北地区,自古为秦蜀、秦楚文化交流与融合之地,沿秦岭古道和汉江黄金水道修筑的寺庙及塔也较为多见。该区域现存南宋至民国时期不可移动古塔80座,分布于23个县(区),其中,汉中市24座、安康市45座、商洛市11座。按时代划分,该区域计有宋塔3座、明清塔75座、民国塔2座,其中县级以上文物保护单位及其附属遗存计34处41座。

一、汉中古塔

汉中因汉水得名，为汉江源头之地。其位于陕西省西南部，东经 105°30'50" ~ 108°16'45"，北纬 32°08'54" ~ 33°53'16" 之间，北依秦岭，东连安康，西接甘肃，南屏巴山与四川为邻。辖境东西长 258.6 公里，南北宽 192.9 公里，总面积 27 246 平方公里；辖汉台、南郑 2 区，城固、洋县、勉县、西乡、宁强、略阳、镇巴、留坝、佛坪 9 县。

汉中地质构造跨秦岭地槽褶皱带和四川地台向斜北部边缘，地势南北高、中间低，于秦岭和米仓山（即大巴山西段）之间，形成"两山夹一川"的地貌骨架。最高峰在洋县昏人坪梁顶，海拔 3 071 米；最低处在西乡县茶镇南沟口，海拔 371.2 米。域界兼跨汉江、嘉陵江两大流域，并形成冲积谷地平原，即汉中盆地。汉中市区坐落于盆地中心，汉江北岸。

汉中古称南郑、兴元、梁州，雅称天汉，是汉王朝的重要发祥地，与汉民族称谓的形成有直接的关系。汉中也是荆楚文化、秦陇文化、巴蜀文化、中原文化的碰撞融合之地，古代通往长安和连缀四方的荔枝道、米仓道、金牛道、茶马道、陈仓道、褒斜道、傥骆道、子午道等均经过或发端于此。公元前 312 年，秦惠文王"取地六百里，置汉中郡"为汉中见诸典籍之始；前 206 年，刘邦封为汉王，辖巴、蜀、汉中之地，都南郑，于此谋划统一大业；蜀汉丞相诸葛亮北伐曹魏，以此为根据地；元代设兴元路，正式把汉中划入陕西。境内史前遗迹和历代遗存丰富，南郑梁山遗址是秦岭以南旧石器时代早期文化的代表；西乡李家村遗址被誉为"联系黄河、长江中下游地区新石器早期文化的纽带"；城固宝山遗址"证实了汉水上游地区早在夏商时期就是中华文明的重要活动区域"；城固张骞墓是丝绸之路开拓者张骞的安息之所，被列入《世界遗产名录》。其他重要遗存有南郑龙岗寺遗址，西乡何家湾遗址，褒斜道石门及其摩崖石刻，洋县蔡伦墓祠，勉县武侯墓、武侯庙，以及略阳灵崖寺，江神庙，城固五门堰，留坝张良庙，洋县智果寺，宁强羌人墓地和青木川老街建筑群等。

汉中市现存历代古塔 24 座，其中，汉台区 1 座、南郑区 5 座、洋县 4 座、佛坪县 1 座、西乡县 4 座、镇巴县 3 座、宁强县 2 座、勉县 1 座、略阳县 3 座。重建于南宋的汉中东塔和开明寺塔为陕南现存时代最早的密檐式砖塔，且均以塔身券龛两侧饰小方塔一座为其显著特征；西乡县的洪恩寺塔置于山中，周遭荒无人烟，塔铭记载石匠为白水县人，再次印证了关中白水石匠对陕北、陕南两地建塔的重要贡献；勉县万寿塔耸峙俏丽，历经战乱和地震影响仍基本保存完整，是陕南明代砖塔的精品；略阳县的铁佛寺塔造型简朴，塔铭内涵丰富，是有确切纪年的明代风水塔的典型代表；洋县的华阳塔是陕南名镇的标志性建筑，见证了傥骆道上古渡、古驿站的兴衰历史；宁强县的桃园坝道士塔，浮雕画面均着彩涂朱，人物造型生动传神，堪称陕南清代道士塔的代表作。

汉中古塔列表

序号	古塔名称	时代	形制	保护级别	地址
319	汉中东塔	南宋	方形十三级密檐式砖塔	国保	汉台区东关正街净明寺院内
320	红椿坝石塔	明清	方形三层楼阁式石舍利塔	未定	南郑区白玉乡红椿坝村塔子梁
321	湘水华严寺塔	明清	方形石舍利塔	未定	南郑区湘水镇华严村
322	康家坝舍利塔	清代	六角五层楼阁式石舍利塔	未定	南郑区小南海镇康家坝村
323	柳树沟舍利塔	清代	六角三层幢式石舍利塔	未定	南郑区青树镇柳树沟村
324	青座山羽化塔	清代	六角三层楼阁式石道士塔	未定	南郑区协税镇大营村青座山上
325	开明寺塔	南宋	方形十三级密檐式砖塔	国保	洋县洋州街道开明广场

续表

序号	古塔名称	时代	形制	保护级别	地址
326	华阳塔	清代	方形五层楼阁式砖石塔	县保	洋县华阳镇华阳新街东
327	石塔寺舍利塔	清代	六角三重檐亭阁式石舍利塔	未定	洋县华阳镇石塔河村庙坪梁
328	普印和尚灵塔	清代	方形二层幢式石舍利塔	未定	洋县关帝庙镇铁河街村东河岸上
329	了贤和尚灵塔	清代	方形二层石舍利塔	未定	佛坪县袁家庄镇石印沟村
330	洪恩寺塔	明代	八角三层楼阁式石舍利塔	未定	西乡县两河口镇安沟村塔坪上
331	海佛寺僧人墓塔	清代	方形三层石舍利塔	未定	西乡县私渡镇潘坝村
332	笨明和尚墓塔	清代	六角五层楼阁式石舍利塔	未定	西乡县马家湾乡双河村古家沟
333	骆镇塔	清代	六角三层幢式石道士塔	未定	西乡县骆家坝镇骆镇村东
334	周子垭至宝塔	清代	六角七层楼阁式石舍利塔	省保	镇巴县陈家滩乡周子垭村南
335	妙鉴老和尚墓塔	清代	六角形石舍利塔	未定	镇巴县陈家滩乡周子垭村南
336	周子垭僧人墓塔	清代	方形二层石舍利塔	未定	镇巴县陈家滩乡周子垭村南
337	桃园坝道士塔	清代	方形二层楼阁式石塔	未定	宁强县二郎坝乡桃园坝村
338	龙王阁道士塔	清代	方形单层石墓塔	未定	宁强县巴山镇石羊栈村唐家坪
339	勉县万寿塔	明代	六角十一层楼阁式砖塔	省保	勉县武侯镇武侯村
340	铁佛寺塔	明代	方形四层楼阁式砖石塔	未定	略阳县白水江镇铁佛寺村小学
341	青龙寺石塔	明清	方形单层石舍利塔	未定	略阳县黑河镇王家庄村
342	略阳南山塔	清代	六角七层楼阁式砖塔	省保	略阳县城南翠屏山上
合计	24座	含县级以上文物保护单位6处6座。其中"国保"2处2座,"省保"3处3座,"县保"1处1座			

汉台区

汉台区因城中有"汉台"传为汉王宫殿基址而得名。其原为南郑市，1954年更名汉中市，1996年2月设立地级汉中市，原县级汉中市改为汉台区。其位于汉中盆地中心，汉江北岸。地势北高南低，南部为汉江冲积平原，中部为沟梁相间的丘陵地带，北部属秦岭南坡山地。公元前206年，刘邦封为汉王，驻跸汉台，以此为发祥地，建立西汉王朝；明清为汉中知府衙门驻地；今为汉中市和汉台区政府所在地。古代巴蜀通秦川之褒斜道发端于此（南起褒谷口，北至斜谷口），全长249公里。境内重要遗存有褒斜道石门及其摩崖石刻、汉台遗址、山河堰遗址、拜将坛遗址、饮马池遗址，以及明珠桥、汉中府文庙、宝峰寺、天台寺、汉南书院等。汉台区现存汉中东塔1座，与洋县的开明寺塔一起被看作陕南现存时代最早的古塔，且均以塔身券龛两侧饰小方塔一座为其显著特征。

319 · 汉中东塔

南宋方形十三级密檐式砖塔·全国重点文物保护单位。又称净明寺塔，位于汉台区东关正街净明寺院内。是旧时汉中的标志性建筑，曾与饮马池构成"汉中八景"之一，称为"东塔西影"。

净明寺始建年代不详，明洪武八年（1375）重建，清代重修，20世纪后半叶曾改设"东塔小学"，2000年维修，恢复寺院格局，由前殿、后殿和东西厢房组成，建筑面积720平方米。塔建于南宋庆元年间（1195—1200），后世有修葺。原为十三级，1953年维修时去除坍塌的顶部两级，恢复塔刹。

现塔十一级，残高16.5米，底边长4.37米。塔身底层特高，正面辟券门，内设小方室，高约3米（今已封堵）。以上各层实心，逐层收减高宽。层间叠涩檐下施一排菱角牙子。二层以上均四面当中辟券龛，内置立砖一块（原当有供奉），龛两侧各砌单层亭阁式小方塔1座。塔顶呈圆形收束，置宝瓶式塔刹。底层东面嵌1953

年款修塔碣1方。1953年维修时，发现塔顶（天宫部位）残存压角铁狮1对，其上镌有南宋"庆元四年洋州城西街李子昭谨舍"字样，为确定该塔建造年代提供了物证。洋州，即今汉中市洋县（唐代为洋州治所）。另外，塔砖上还多见"梁"字铭文，今汉中及附近地区在西晋、南朝、隋唐时期均为"梁州"之域，或可证寺及塔均始建于唐或唐以前，现塔或为南宋重建，利用了原塔的部分旧砖。该塔的典型特征：各层券龛两侧砌单层亭阁式小方塔1座，这种装饰手法在关中宋塔中不曾见，但见于唐代小雁塔（第五至十一层南北券窗两侧饰小方塔），此种情况值得研究者注意。

1995年对塔身实施了维护；2000年对寺院配殿进行了维修。

1957年5月，陕西省人民委员会公布"汉中市东塔"为第二批陕西省文物保护单位。

1992年4月，陕西省人民政府更名"汉中市东塔"为"汉中东塔"，并公布保护范围。重点保护区以塔为中心，东至东塔小学办公院，西至东塔小学教师宿舍，南至小学厨房，北至小学办公室；一般保护区东至操场边围墙，西至教师宿舍，南至东关正街，北至小学北围墙；建设控制地带同一般保护区。

2013年5月，国务院公布"汉中东塔"为第七批全国重点文物保护单位。

◎汉中东塔

南郑区

南郑区因传西周末年"郑人南奔"居此而得名。公元前451年，秦左庶长筑南郑城，为南郑见诸典籍之始。秦惠文王后元十三年（前312）置县；此后，南郑区为历代汉中郡（道、路、府）治所附郭首县。1949年12月设南郑市（今汉台区），辖南郑县（驻十八里铺）；1961年移县城于汉江以南周家坪；2017年8月废县设区。其地处汉中盆地西南部，北临汉江，南依巴山与四川通江、南江、旺苍县接壤，古代连通汉中与四川巴中地区的"米仓道"由此经过。境内重要遗存有梁山遗址、龙岗寺遗址、米仓道遗址、密严寺、圣水寺、定波桥、广生桥等。南郑区现存古塔5座。其中，柳树沟舍利塔为幢式与喇嘛式混合造型，反映了藏传佛教对该区域的影响；青座山羽化塔为陕南鲜见的道士塔遗存。

320 · 红椿坝石塔

明清时期方形三层楼阁式石舍利塔。位于南郑区白玉乡红椿坝村红椿坝组塔子梁于氏宅南300米，地处巴山南麓，周围群山环抱，植被茂盛，以松树和杂灌木为主。系寺庙遗存，寺早年废毁，沿革不详。现仅存僧人舍利塔，坐落于山梁平缓地带，东、西为沟壑。

塔以片石加石灰浆砌筑，坐东向西，残高3.7米。塔基为方形二级须弥座，底边长1.8米，高1米。塔身三层，底层面西辟长方龛，宽0.5米，高0.83米，进深0.48米。二层以上收分明显，层间以石板压檐。三层残毁，塔刹不存。

◎红椿坝石塔

321·湘水华严寺塔

明清时期方形石舍利塔。位于南郑区湘水镇华严村三组,距村道路约1公里。坐落于丘陵地带,南依山坡,周遭林木茂盛。系华严寺附属遗存,寺早年废毁,沿革不详。

塔由条石砌筑,方形,每边长5米,已坍塌,塔身现存残高2米。条石有两种规格,分别长1.7米、1.9米,宽0.5米、0.6米,厚均为0.6米。该塔原规格较大,坍塌因素应与地震和盗扰有关。

◎湘水华严寺塔

322·康家坝舍利塔

清代六角五层楼阁式石舍利塔。位于南郑区小南海镇康家坝村三组西南山丘上,周遭为灌木丛林。系寺庙遗存,寺早年废毁,沿革不详。

塔坐西向东,以大块石料砌筑。20世纪尚完整,近年遭盗扰,第五层坍圮。残存四层,残高4.2米,底径2.6米。塔身底层东面辟方门,宽0.9米,高1米。二、三、四层每面刻有仙鹤、渔鼓、花草等浮雕图案(已严重风化)。层间石雕六角挑檐。塔身上部收分骤急。塔顶坠落在地,为整石雕成,呈六角攒尖式样,脊楞清晰。顶部六角形凿平,镂有方形卯孔,原为榫接塔刹之用,刹件已失。塔前原有清道光十六年(1836)修塔碑1通,已迁移。

◎塔身图案

◎康家坝舍利塔

323 · 柳树沟舍利塔

清代六角三层幢式石舍利塔。位于南郑区青树镇柳树沟村塔沟一侧山坡上，地处汉中盆地南部巴山浅山区，周遭竹林茂密。系寺庙遗存，寺早年废毁，沿革不详。

塔为幢式与喇嘛式混合造型，残高4.36米。塔基已埋地下，直径1.64米。塔身底层为圆鼓形，相当于喇嘛式的塔肚子，其正面辟券龛。二、三层为六角形，为典型幢式塔身。二层每面辟方形龛；三层正面题刻塔铭，隐约可辨"□□临济正宗二十五代比丘清□之□"字样，另一面辟券龛，其余各面线刻花卉图案。层间出檐为整石雕成的仿木构六角挑檐，上下以榫卯相接。塔脖子分作两节：下节为六角形，较矮；上节为圆柱形，线刻"十三天"相轮。塔顶覆六角形华盖，塔刹已失。据"三普"调查，刹件"弃于附近山沟"。

该塔造型纤瘦，整体仍属经幢式塔，但局部有喇嘛塔因素的融入（下部塔肚子、上部十三天相轮），当为藏传佛教影响所致。

◎塔铭

◎柳树沟舍利塔

324·青座山羽化塔

清代六角三层楼阁式石道士塔。位于南郑区协税镇大营村一组青座山上,东距祖师殿约100米。地处巴山山脉腹地,属平川丘陵地带。塔坐落于山顶丛林中,三面环山,地势险峻,周遭植被茂盛,以松树和杂灌木为主。

祖师殿为清代道观,"文革"时期颓废,20世纪80年代后复有宗教活动。塔由大块青石砌筑,平面呈六角形,残存二层,残高2.7米,底径2米。塔身二层辟方龛,三层已残毁。层间石雕仿木构六角挑檐,棱角分明。部分构件散落在地,应曾被盗扰。

◎青座山羽化塔

洋县

洋县古为洋州，因川而得名。《汉中府志》载："洋以川名，旧治在西乡祥河之上，祥河之川，其后改祥为洋。"西晋泰始三年（267）分益州立梁州，于成固县东部设黄金县、兴道县，为域内设县之始；西魏废帝二年（553）分梁州、直州地置洋州，故址在今西乡东南20里处的祥河（今泾洋河）岸上；唐天宝十五载（756），洋州治所迁入今洋县县城；明洪武三年（1370）降州为县。其位于汉中盆地东缘，北依秦岭，南靠巴山，连通汉中与关中的古道路——傥骆道发端于此，中国古代四大发明之一的造纸术及"蔡侯纸"发明者安息于此。境内重要遗存有傥骆道栈桥、栈道遗址、蔡伦墓祠、洋州衙署遗址、智果寺、良马寺觉皇殿、汤庵千佛洞，以及镇江楼、洋县文庙、城隍庙戏楼、华阳老街古建筑群等。洋县现存古塔4座。其中，始建于唐代、重修于宋代的开明寺塔与汉台区的净明寺塔（汉中东塔）是陕南现存时代最早的古塔，且均以塔身券龛两侧饰小方塔1座为其显著特征；华阳塔为千年古镇的标志性建筑，见证了傥骆道上古渡、古驿站的兴衰历史。

325 · 开明寺塔

南宋方形十三级密檐式砖塔·全国重点文物保护单位。又称洋州"舍利塔"。位于洋县洋州街道开明广场（原城关镇丁字街南端县体育场内），为旧时洋县的标志性建筑。据《洋县志》载，"开明寺：塔与寺俱建于初唐。"《汉中府志》载，"开明寺：县（治）南二百步，法轮院也。唐开元中建；宋庆元元年重修；明洪武二十四年为丛林。有浮屠，高十三层。"塔上风铃铸铭"大宋政和癸巳岁李宗道重修"。另据有关地志资料记述，清康熙年间（1662—1722）和道光三年（1823）曾修葺塔体，民国时期寺院荒圮，仅存寺塔和1座殿宇；1953年曾对塔基和塔体进行过加固维修。2001年，因城市开发，开明寺迁于城南青石巷。

现塔通高31.2米，底边长约6米。塔基为须弥座式，与塔身宽窄相若。塔身底层特高，南北两面各辟一券门，内为小方室，边长1.5米，高约3米。二层以上层檐密叠，出檐较长，下砌菱角牙子，檐角微翘，缀风铃（现已不全）。各层每面当心间辟一小龛，共计48龛，除第二层东西龛正中分别饰一方形小塔外，其余均为龛两侧各饰一单层亭阁式小塔，总计94个。龛内原置佛像多佚。二、三层间砖雕龙凤、狮、麒麟及花卉等图案。塔顶叠涩覆钵形收束，置八棱刹柱及宝盖。檐角风铃为十国后蜀所造，铃上有铸铭"大蜀广政癸亥岁宫藏史前彭州使吴廷说造，施永镇武定军塔上……大宋政和癸巳岁李宗道重修添舍……"等字样（武定军，唐光启中置，治洋州；宋亦置武定军，金废）。塔身二层东侧小龛有石刻题铭"大清道光三年三月重修宝塔记，会首：梁彦、季士升、牛孝；住持：了经、了性、然禄、然升、观印、观心……"等字样。

开明寺塔形制与汉中东塔（南宋净明寺塔）相近，局部装饰如"龛两侧各饰一单层亭阁式小塔"，则完全与汉中东塔相同，从而印证了风铃铸铭"大宋政和癸巳岁李宗道重修"和《汉中府志》所载"宋庆元元年重修"的时间段。

该塔造型俊秀，整体收分呈优美的纺锤流线形，为陕南密檐式砖塔的代表作，在建筑史上具有重要的地位。

1957年5月，陕西省人民委员会公布"舍利塔"为第二批陕西省文物保护单位（时代公布为唐）。

1992年4月，陕西省人民政府将"舍利塔"更名为"开明寺塔"，并公布保护范围。重点保护区为塔；一般保护区以塔基为坐标，东至县体育场跑道，南至体育场主席台，西至西跑道内边8米，北到北跑道南39米；建设控制地带以塔基为中心周围外延87米。

2006年5月，国务院公布"开明寺塔"为第六批全国重点文物保护单位（时代公布为唐）。

◎开明寺塔（历史照片）　　◎塔身二层局部一

◎塔身二层局部二

◎开明寺塔

326 · 华阳塔

清代方形五层楼阁式砖石塔·县文物保护单位。位于洋县华阳镇华阳新街东 300 米华阳河西岸台地上，东距渡口约 50 米，周遭群山环抱，植被茂盛。附近原有肇建于东汉末年的三台寺，清末毁于匪患，2012 年规划重建。

华阳塔，当地人习惯称其为"镇水塔"，传说建于清乾隆三十年（1765），是旧时华阳镇的标志性建筑。塔由方条石和青砖砌筑，通高约 16 米。塔基石砌，底边长 4.5 米，部分已掩埋地下。塔身底层下部石砌，上部砖砌，底边长 3.85 米，塔壁遗留有 20 世纪 30 年代的政治标语。二层以上全部砖砌，各层每面辟一券龛，内置神像已佚，龛内和边沿涂朱色和白色装饰。层间以砖叠涩出檐，二、三层檐下施菱角牙子，檐角微翘，形成优美、柔和的弧面曲线。塔顶四角攒尖，置仰覆莲座，承宝瓶式塔刹。历史上，华阳镇是军事要冲，也是傥骆道上的古驿站之一，为汉中著名的千年古镇。清道光年间（1821—1850），镇上一位私塾先生曾赋诗一首，描写当时的繁荣景象："城在山头市在舟，万家烟火一船收。上有宝塔系古渡，下有将军锁石牛。"由此可窥古渡、古驿站和古镇的风貌。

◎华阳塔

327 · 石塔寺舍利塔

清代六角三重檐亭阁式石舍利塔。位于洋县华阳镇石塔河村庙坪梁石塔寺遗址内,周边野生毛竹丛生。寺早年废毁,沿革不详。

塔通高1.05米,因潮湿,通体布满苔藓。塔基为六角形须弥座,每边长0.29米。塔身三重檐,采用圆雕手法,以石叠涩套雕而成,造型仿六角亭式样,檐角微翘。塔顶置圆盘座,托宝葫芦式塔刹。

石塔寺地处古傥骆道上,为研究当地宗教信仰和古道路关系提供了实物资料。

◎石塔寺舍利塔

328·普印和尚灵塔

清代方形二层幢式石舍利塔。又称铁河僧人墓塔,位于洋县关帝庙镇铁河街村东河岸上。系寺庙遗存,寺早年废毁,沿革不详。

塔建于清嘉庆十七年(1812),"文革"时期曾遭破坏,残存一层,残高1.3米。近年当地民众找回散失构件,予以修复。

现塔通高2.7米。塔基由圆盘石和方石叠涩套接而成,方石每边长1.13米。塔身底层、二层均为方柱形,层间置石雕八角挑檐。塔顶覆八棱华盖,置宝瓶式塔刹。

塔身底层每边长0.4米,正面刻铭:"癸山丁向,□□临济正宗僧人……圆寂比丘普印字同郎和尚灵塔,皇上嘉庆十七年十一月十七日立塔。匠师刘汉江、刘和志"等字样(癸山丁向,语出《易经》,为八卦方位占卜语,犹言坐癸山向丁山之意,特用于选宅基地和墓地;癸山、丁山皆为风水二十四山之一)。底层一侧刻有徒子徒孙心善、心霞、源衡、源宗等10位僧人法号,背面刻录经文和偈语。二层正面辟龛,原置佛像已佚。

◎普印和尚灵塔

佛坪县

佛坪县因厅治、县治设于"佛爷坪"（今周至境内）而得名。清光绪本《佛坪厅志》载，道光五年（1825）析盩厔、洋县两地设佛坪厅，属汉中府。民国二年（1913）二月，改为佛坪县；民国十五年（1926）迁县治于袁家庄（今佛坪县城）。其地处汉中东北部，秦岭南坡山峦腹地，属长江水系，秦岭主脊横亘县境北部，古时连通关中与汉中的傥骆道、子午道穿境而过。境内山峦重叠，动植物种类繁多，大熊猫野外分布密度居全国之首。境内重要遗存有金水河栈道遗址、龙洞摩崖题刻、观音岩摩崖造像、袁家庄关帝庙等。佛坪县现存了贤和尚灵塔1座，为陕南清代石舍利塔精品。

329·了贤和尚灵塔

清代方形二层石舍利塔。又称石印沟僧人墓塔，位于佛坪县袁家庄镇石印沟村二组朱氏家宅西侧100米处山坡上。为寺庙遗存，寺早年废毁，沿革不详。

塔建于清咸丰八年（1858），以大块石料砌筑，坐西北向东南，通高3.4米。底层每边长1.45米，正面设方龛，两侧竖立长方条石，镌刻楹联曰："犹如极乐地，恰似逍遥天。"当中嵌碑，高0.67米，宽0.4米，刻录"清故圆寂僧了贤老比丘"于"乾皇甲午年生于湖南常德……亡于戊午年"，署款"门徒生悟、生恒，山主魏国民、陈德万、朱国明，辛山乙向，皇上咸丰八年孟下月初四日吉旦立"（辛山乙向，语出《易经》，为八卦方位占卜语）。二层塔身铺设两层大块石条，壁面素洁。层间石雕翘角塔檐，向四方伸出。塔顶为四角挑檐华盖，置宝珠式塔刹。

该塔造型简洁，用料考究，塔檐、华盖和塔刹雕工精湛与全塔完美匹配。

◎了贤和尚灵塔

西乡县

西乡县因张飞食采之说而得名。蜀汉章武元年（221），张飞迁车骑将军，领司隶校尉，进封西乡侯，寄食南乡。晋武帝太康二年（281），因张飞封侯西乡，改南乡县为西乡县，从此县名见诸史册。其位于汉中东部，北依秦岭，南屏巴山，汉水东去，嘉陵江南流，历来为川陕要冲，兵家必争之地。境内考古发现的李家村遗址，被誉为"联系黄河、长江中下游地区新石器早期文化的纽带"；何家湾遗址、红岩坝遗址则从地层关系上排列出新石器时代诸文化类型的早晚发展序列。其他重要遗存有曾是汉戚姬进香祈福之地的午子观、陕南规模最大的伊斯兰教清真寺——鹿龄寺，以及西乡文庙、骆家坝古镇和立于牧马河北岸的镇水铁牛等。西乡县现存古塔4座。其中，洪恩寺塔见证了白水匠人对陕北、陕南两地建塔的独特贡献；笨明和尚墓塔饰浮雕佛像、人物故事等，在汉中古塔序列中较为鲜见。

330·洪恩寺塔

明代八角三层楼阁式石舍利塔。位于西乡县两河口镇安沟村三组半山腰塔坪上。传寺始建于元明之际，塔建于明末；香火鼎盛时依山建有殿宇数十间。后世寺毁塔存。

塔由青石砌筑，坐北朝南，高约10米。塔基为八角形须弥座，底径4.4米，高2.5米，上、下部位雕仰覆莲瓣。塔身底层设方龛，幅宽0.9米，高1.47米，进深1.4米；方龛两侧及东壁嵌记事碑3方，碑高0.9米，宽0.4米。碑文可辨："……休禅师一日：幻体蓬衰，处世不久，诸佛寂灭之性也。一举则大地崩休，一开则辉今祥耀，汝亦铁也，今各尽心而已，本庵徒于后：性演、性淋、性澄、性玄、性禅、性堂、性宫、性端、性贵，悟秀、悟来、悟杖、悟学、悟达、悟讳、悟哲、悟室，真定、真儒、真锐、真注，德王、德义、德常，道悦、道圣，湛祥、净晓、定安、大岗。白水县文化里石匠李鹏、冯宕、李定、党会、李志远、党文秀、李骏、冯才同镂"

等内容。层间以两层石块出平檐，伸出较短。塔顶八角攒尖，置莲花座，塔刹已失。该塔基部杂有碎石块；塔身和塔顶用石较为规整，大部分石块厚 0.2 米；塔基、塔身和塔顶每单元用石 7~8 层，共计用石 46 层。

该塔造型沉稳简朴，置于山中，周遭荒无人烟。建塔石匠均为关中白水县人，且延安石塔碑铭中亦多见白水石匠名讳，可证白水匠人对陕北、陕南两地建塔的独特贡献。

◎ 塔身局部一

◎ 塔身局部二

◎洪恩寺塔

331 · 海佛寺僧人墓塔

清代方形三层石舍利塔。位于西乡县私渡镇潘坝村三组。寺早年废毁,沿革不详。

塔坐东向西,原高3.4米,底边长1.5米。塔身一、二层中空,以数页石板拼砌,正面敞口;第三层为整块石料凿成,棱角鲜明。各层檐面平直,檐角呈60度翘起。顶置圆锥体塔刹。21世纪初,塔身三层倒塌,圆锥体塔刹被村民置于二层之上。近年村民于附近新建庙宇2座,有香火祭拜。

◎海佛寺僧人墓塔

332 · 笨明和尚墓塔

清代六角五层楼阁式石舍利塔·清凉寺附属遗存。位于西乡县马家湾乡双河村一组古家沟高家坟院东门沟口，周围群山环抱，植被茂盛。笨明（1769—1844），俗名杨泽超，祖籍四川绥定府，嘉庆十三年（1808）入清凉寺禅林祠为僧。寺早年废毁，沿革不详。

塔为青石质地，坐西向东，通高 4.43 米。塔座为方形和圆形基石套接而成，高 1.03 米，底边长 1.5 米。塔身呈六角形，二层正面楷书题刻杨泽超生平，落款"道光二十四年八月二十二日"；三层每面高浮雕或浅浮雕佛像、莲叶、人物故事等。层间套接六角挑檐，轮廓清晰。顶置宝瓶式塔刹，稍残。该塔饰浮雕佛像、人物故事等，在汉中古塔序列中较为鲜见。

◎塔刹　　　　　　　　　　　◎塔身局部

◎塔铭　　　　　　　　　　　◎三层塔身浮雕

◎ 笨明和尚墓塔

333 • 骆镇塔

清代六角三层幢式石道士塔。位于西乡县骆家坝镇骆镇村东，坐落于渔渡河北岸阶地民宅一侧。为道观遗存，道观早年废毁，沿革不详。

塔为青石质地，由整石圆雕套接而成。通高 3.2 米，底边长 0.63 米。塔身底层素面；二层各面雕有太极图、文房四宝和宝葫芦等图案，多已漫漶；三层素面。层间套接六角翘檐，轮廓清晰。顶覆六角翘檐华盖，置方锥形塔刹，刹尖已残。

塔前及附近有清道光元年（1821）、道光十八年（1838）、光绪二十三年（1897）布施碑 3 通，民国五年（1916）义地会碑 1 通。

◎骆镇塔

镇巴县

镇巴县因居巴山之中，置县以镇抚而得名。东汉永元七年（95）设为定远侯班超的封邑；清嘉庆七年（1802）置定远厅；民国二年（1913）改定远县；民国五年（1916）更名镇巴县。其位于汉中市东南隅，大巴山西部，米仓山东段，南与四川万源市、通江县为邻，被誉为陕西省的"南大门"。巴山主脊东西横亘，南北分成两个地理单元，嘉陵江、汉江两大水系以此为分水岭，汉文化与巴、楚文化在此交汇。境内先民祖籍多属川、楚两地，遗存以清代墓碑楼为大宗，四柱三间者高至3米，宽至5米，石拱桥也较为多见，还有宋代嵩坪寺铁钟、明清嵩坪摩崖造像、观音岩石窟、班超食邑碑，以及武昌会馆等。镇巴县现存古塔3座。其中，周子垭至宝塔形如锥状，塔铭署徒子徒孙多人，为研究佛教分支谱系提供了珍贵的实物资料。

334·周子垭至宝塔

清代六角七层楼阁式石舍利塔·省文物保护单位。又称清净寺至宝塔。位于镇巴县陈家滩乡周子垭村南300米处庙山上。为清净寺塔林遗存，寺始建于明代，清道光、咸丰年间曾修葺，20世纪毁圮。

塔为高僧印善（1817—1881）寿塔，建于清光绪五年（1879），入葬于光绪八年（1882）。通高8.8米，底边长1.23米。塔身条石砌筑，收分显著，整体呈锥状。一至三层出檐平薄，四至七层檐角起翘。顶置方形三级宝塔式刹座，托柱状塔刹。底层辟长方形浅龛，上饰半圆拱门楣，额题"至宝塔"3字，两侧题刻楹联："仙露明珠照福，松风水月尭名。"龛内嵌塔铭1方，可辨"……圆寂恩师印善老和尚觉灵之塔"字样。署名"徒普正、普修、普智、普盛、普礼、普顺、普霞、普寿，徒孙嬴清、嬴度、嬴庆、嬴美、嬴太、嬴富、嬴和、嬴坤……"；另有徒曾孙4人，总20人。落款"大清光绪五年岁次乙卯仲冬吉日敬立"。

据有关资料称，明清时期镇巴出入汉中的陆路从寺旁经过，往来官差、商贾、旅人络绎不绝，现在还存有当时的一座官道石桥，名"安定桥"。该寺兴盛时期，先后为7位住持在寺院周围修建了7座石舍利塔，至宝塔是其中最大的一座。民国时因陆路改道，香客渐少，寺院渐趋破败。新中国成立初期，寺院改为学校，"文革"时期，除至宝塔外，其他6座均遭破坏。20世纪80年代文物普查时，尚存3座舍利塔，呈"品"字形排列，其中2座顶部残毁，唯至宝塔保存完整。因受2008年"5·12"汶川大地震和2010年"7·24"洪灾的影响，至宝塔曾严重倾斜，塔身出现多处裂隙。2012年7—10月实施了保护修缮工程，扶正塔体、硬化地面、加固塔基、砌筑护坎并设置防护铁栅栏。

2008年9月，陕西省人民政府公布"周子垭至宝塔"为第五批陕西省文物保护单位。保护范围为塔四周外延15米；建设控制地带为保护范围四周各外延5米。

◎周子垭至宝塔

335 · 妙鉴老和尚墓塔

　　清代六角形石舍利塔·清净寺塔林遗构。位于镇巴县陈家滩乡周子垭村南300米庙山上，距离至宝塔约15米。塔由规整块石砌筑，原层级不详。2009年复查时，残存一层，残高3.13米，底边长0.87米。塔身中空，一棵大树自顶部生长，树根伸入地下，盘突的根系拱塌了塔身半壁。另半壁两侧上、下嵌有塔铭3方，铭文皆漫漶。最下一方塔铭隐约可辨"妙鉴老和尚……"字样，落款"道光七年十二月二十日敬立"。上面一方塔铭可辨"……之塔……道光八年"款。该塔或为众僧合葬的普通塔。

◎ 妙鉴老和尚墓塔

336·周子垭僧人墓塔

清代方形二层石舍利塔·清净寺塔林遗构。位于镇巴县陈家滩乡周子垭村南300米庙山上，距离至宝塔约10米。原塔21世纪初毁圮，2012年修复，式样与原塔或有出入。现塔高1.5米。塔身底层方形，稍高；二层六角形，较矮。顶覆六棱华盖，置六角形刹座，托圆雕菱形塔刹。

◎周子垭僧人墓塔

宁强县

宁强县原为宁羌县，取"羌地永宁"之意，古为氐羌部族聚集地。唐武德三年（620）置金牛县，为境内设县治之始，后并入三泉县，宋沿用；元初在金牛镇（今大安镇）设大安州，后降州为县；明洪武二十八年（1395）置宁羌卫，成化二十一年（1485）设宁羌州；民国二年（1913）改宁羌县，民国三十一年（1942）改宁强县，于右任题赠"安宁强固"4字。其位于汉中市西南隅，北依秦岭，西接甘肃，南枕巴山与四川广元为邻。蜀道上的阳平关雄峙于此，为三国以来的军事重镇。境内曾出土东汉"朔宁王太后玺"、北宋钱币窖藏，发现"宁羌卫永连门"（卫城西门）等。域内为多民族融合及宗教汇集之地，遗存以清代墓碑楼为大宗，亦多见石拱桥及木廊桥，保存有陕甘川鄂会馆、川主庙、天主堂、华严寺、九台观石窟、观音崖摩崖造像等。宁强县现存古塔2座。其中，桃园坝道士塔形制独特，且题刻用典高古，所有浮雕画面均着彩涂朱，人物造型生动传神，堪称陕南清代道士塔的代表作。

337·桃园坝道士塔

清代方形二层楼阁式石塔。位于宁强县二郎坝乡桃园坝村观音寺遗址内。寺为佛、道合璧建筑（类似现象多见于陕南、陕北庙宇，但不排除个别"鸠占鹊巢"的情况），后世寺毁塔存。

塔建于清道光年间（1821—1850），以大块青石砌筑，通高2.43米。塔基方形，每边长1.3米。塔身两层均南面辟龛。层间和塔顶均作四角翘檐，檐下线刻蔓草图案。顶置宝珠式塔刹，其所占比例较大，几占顶层幅宽的1/2。该塔的显著特色是额题、楹联和浮雕人物故事等。

底层南面龛额浮雕团花一朵，两侧上、下依次浮雕八仙人物像4幅，右上为韩湘子吹笛，左上为吕洞宾负剑；龛楣上横置一块长方形石板，额题"民具尔瞻"4字（语出《诗经·小雅·节南山》）；两边角柱阴刻楷书楹联："淳浇不匮顿文化，赫濯厥灵姓字存"（典出《左传》《诗经·商颂·殷武》等）。其余三面浮雕人物故事并镌刻楹联。其中东面两边角柱阴刻楷书楹联："至诚可移金案上，明德维鳌玉炉中"；北面两边角柱阴刻楷书楹联："岂明多仪而不恫，惟其庶品尚可追"。楹联间的下部为镂空"天圆地方"图案，上部为浅浮雕"作法降妖图"，系三人组合室内画面。内容为铺地方砖上，左为着长袍、戴冠男子，伸手指向前方；中为足穿金莲、扭身后仰女子，做挣扎状；右为方桌后的怒目长者，一手拽住女子长袖，一手举起法器，做责罚槌打状，女子则灵魂出窍，脑门芯冒出一线逸去的琵琶（应是"琵琶精"显形，典出《封神榜》和《西游记》等）。两侧刻有题铭，右侧可辨"功始庚寅……"左侧可辨"建造宝塔募□□……"等。西面两边角柱阴刻楷书楹联："士庶阳明胡烧纸，神灵幽暗细判分。"

二层南面龛为壶门式样，扇形匾额阴刻楷书"字库"二字，两侧各浮雕一个人物，均为拱手作揖状；两边角柱阴刻楷书楹联："泥涂无字迹，库藏有真形。"东面两边角柱阴刻楷书楹联："不必长江送，何须净土埋。"北面两边角柱阴刻楷书楹联："随声□道丹桂，普云鳌□蕉窗。"楹联间为浅浮雕"斗法降妖图"，画面右上角为一居高俯瞰男子，身着长袍，左手持剑，右腿抬起，右手高举释放出一个法器；左下方为一个小脚女子，右手举剑，半倒于地，灵魂出窍后，显现一个乌龟（应为"乌龟精"显形）。西面两边角柱阴刻楷书楹联："一座九经库，全付五总龟。"

塔底层龛内嵌有清道光年款修塔碣1方，记载邑民捐资修塔等事宜。寺址内尚存嘉庆二十一年（1816）修寺碑1通，附近另有张道士、李道士墓塔2座，已颓圮于灌木、草丛中。

该塔底层、二层额题、楹联和浅浮雕作法、斗法降妖图均很特别。用典《诗经》原句为"赫赫师尹，民具尔瞻"，译为"威名赫赫的尹家军出征定乱，人民都瞻仰注目着你们"，诗篇内容是周朝大将尹吉甫出兵朔方平定戎夷作乱的故事。浮雕有八仙人物画面，用典高古，令人目不暇接。或能想见塔主生平奇崛，或磨砺修身，或身入空门，仍心系苍生。所有浮雕画面均着彩涂朱，人物造型生动传神，堪称陕南清代道士塔的代表作。

◎桃园坝道士塔

◎塔身二层正面局部

◎底层正面局部

◎底层背面局部

◎南侧塔身二层铭文

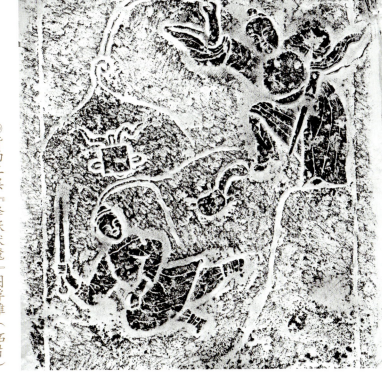

◎背面二层『降妖伏魔』图浮雕（拓片）

◎背面一层『降妖伏魔』图浮雕（拓片）

338 · 龙王阁道士塔

清代方形单层石墓塔。位于宁强县巴山镇石羊栈村二组唐家坪，坐落于龙王潭河南岸。龙王阁已废毁，仅存道士塔、石碑楼各1座。

道士塔方形，以大块青石砌筑。通高1.89米，底边长0.89米。塔基为一块巨石。塔身正面开龛，其余三面刻楷书题记。塔顶四角翘檐，置宝珠式塔刹。

石碑楼二层，以大块青石板砌筑。通高3.1米，宽1.35米。二柱一间，额枋楷书刻"龙王阁"3字。庑殿顶，置圭形脊刹。底层嵌碑3通，顶层嵌碑1通，碑文均记载修建龙王阁事宜，道光十八年（1838）立。

◎ 龙王阁道士塔

勉县

勉县原名沔县，因沔水而得名。汉时为沔阳县；曹魏末，曾为梁州治所；晋仍为沔阳县，属汉中郡；后世屡有撤并、更易，至南宋设为沔州，元因之；明洪武七年（1374）降沔州为沔县；1964年改为勉县（便于识读）。其位于汉中盆地西端，北依秦岭，南屏巴山，居川、陕、甘要冲，为三国时魏、蜀相争的战略要地，自古被视为"蜀之咽喉""汉中门户"的古阳平关雄踞于此，金牛道、陈仓道经由此处。勉县城南有定军山（属大巴山脉）12座山峰，诸葛亮曾在此驻军镇守，大败魏军；南宋抗金将领刘子羽亦曾邀吴玠同守于此。境内发现多处旧石器地点、新石器遗址和西周、春秋、汉、三国铜器出土点，保存有武侯墓、武侯祠、马超墓祠，以及禁运盐榷摩崖题刻、连城山石虎摩崖、沔州故城、牛头寺及石窟、诸葛亮制木牛流马碑、诸葛亮读书台碑等。勉县现存明代万寿塔1座，其西为古阳平关，东与武侯祠、马超墓祠毗邻，南隔汉水与定军山相望，为旧时勉县的标志性建筑和"汉中八景"之一。

339·勉县万寿塔

明代六角十一层楼阁式砖塔·省文物保护单位。位于勉县武侯镇武侯村四组（原勉县老街）街南，东面靠近民宅，南面紧邻汉惠渠源头，距汉江约150米。为万寿宫附属遗存，宫内原有殿宇36间，清嘉庆七年（1802）、同治二年（1863）两遭兵燹，民国二十四年（1935）内战，国民党部队在此修筑碉堡，将所剩殿宇悉数拆毁，唯塔存。

塔建于明万历十七年（1589），坐东向西，残高24.85米，底边长2.8米。塔身底层西向辟券门，高2米，宽0.78米；内设方形塔室，底边长1.65米，壁厚1.7米。二至八层每面辟拱形龛，第二层西面龛内尚存铜佛像1尊。九层以上相间辟龛。层间以7～8层平砖叠涩出檐，下施菱角牙子。塔顶残毁。据清光绪本《沔县志》卷二记载："万寿宫在县东一里，旁有万寿塔，万历十七年建。光绪五年五月十二日卯时地动，塔顶摇落。"此次地震震源在甘肃文县，对应公元纪年为 1879 年 7 月 1 日，有诗记曰："忽然大地声如吼，城倾屋裂无处走。……夫觅妻兮父寻子，哭声震天天不理。可怜阶州十万齿，三万余人同日死。"据近现代地震专家考证，其震级不小于 8.0 级，震中烈度为 XI 度。

万寿塔耸峙俏丽，为旧时勉县的标志性建筑和"汉中八景"之一。其西为古阳平关白马城（今莲水村），东与武侯祠、马超墓祠毗邻，南隔汉水与定军山相望，历经战乱和地震影响仍基本保存完整，是陕南明代砖塔的代表作。

2014 年 6 月，陕西省人民政府公布"勉县万寿塔"为第六批陕西省文物保护单位。保护范围为塔基东、南各外延 3 米，西、北各外延 30 米；建设控制地带为保护范围外延 10 米。

◎勉县万寿塔

略阳

略阳古名沮县、兴州、武兴、汉曲、顺政。南宋开禧三年（1207）改顺政县为略阳县，"以其用武之地曰略，治在象山之南曰阳"而得名。另有"侨置"说，认为南北朝时，陇之秦安设有略阳郡，后来因连年战争，彼地大批氐人南迁至此，仍旧沿用原郡县称谓。《南齐书》因而载之："武兴县侨置略阳县。"迄今，域内仍流传着一种带有氐羌族文化色彩的民间舞蹈——"羊皮鼓"。宋以降，隶属屡有更易，略阳县名一直沿用至今。其位于陕西省西南部，秦岭南麓，汉中盆地西缘，地处陕、甘、川三省交界地带，嘉陵江由北向南，将县境分为大致相等的东西两部分。境内重要遗存有古栈道遗址、郙阁颂摩崖题刻、略阳故城东门，以及灵岩寺、江神庙、紫云宫、清真寺等。略阳县现存古塔3座。其中，铁佛寺塔塔铭丰富，为有确切纪年的明代风水塔的代表作；南山塔又名福地祥云塔，为旧时略阳的风水塔和标志性建筑。

340 · 铁佛寺塔

明代方形四层楼阁式砖石塔。位于略阳县白水江镇铁佛寺村小学西侧。为铁佛寺附属遗存，寺早年废毁，沿革不详。

塔建于明正德十三年（1518），通高8米。塔基以条石砌筑，呈方形，每边长4.5米。上为砖砌方形须弥座，每边长2.42米，与塔身衔接处施一排菱角牙子。塔身收分显著，一、二、三层为砖砌，叠涩檐下施一至三排菱角牙子。第四层为一整石凿成，出檐短薄。塔顶四角攒尖，塔刹已毁。一层北面和二层南面分别嵌砖刻塔铭2方，记修塔和祈愿事宜；二层饰有雕花平座，并南向辟壸门形龛，内置石佛像1尊，已佚。

一层塔铭1额题："宝塔壹坐"。正文："云台山铁佛寺灵（临）济正宗比丘月天禅师，（徒）得吴、得名、得山、得贵、得瑞、得定、得忠、得□、得亮、得伦，匠人刘尚玄"；两侧署款"维大明正德十三年岁次戊寅八月辛酉十七日建造"。塔铭2额刻："昌帝道遐，皇图永固，佛日增辉，法轮常转"16字。正文竖刻："徒弟十方善男善女众信人等，舍财发心，建修宝塔一坐（座），圆满以后，祈保十方众信人等，人□青吉，六畜兴旺，田苗茂盛，五谷丰收，二六时中，吉祥如意。"两侧竖刻："一推此山，座艮向坤，万事大吉；二论名山，四龙戏宝，□□穴行。"

二层塔铭1为竖刻五言偈语："此地对奇山，景秀五龙全；先年积就宝，到后损□□；如今君有道，巧修□□□。"塔铭2额题："万□春秋。"正文为竖刻五言偈语："此处生奇穴，如来坐连（莲）台；五龙争珠宝，一塔压百邪；凡民□空□，村至□□□。"

遗址区尚存"泰山石敢当"1块，青石质，高0.9米、宽0.55米、厚0.17米；兽面石雕1尊，青石质，高0.8米、宽0.35米、厚0.4米。二者均立于村民焦家房后。

该塔造型简朴，塔铭内涵丰富，为有确切纪年的明代风水塔的代表作。

◎塔身铭文一

◎塔身铭文二

◎铁佛寺塔

341 · 青龙寺石塔

明清时期方形单层石舍利塔。位于略阳县黑河镇王家庄村黄家沟组山脚下，北依三花庙梁，东距黄家沟小河 15 米。为青龙寺附属遗存，寺早年废毁，沿革不详。

塔由不规则条石和片石砌筑，立面呈梯形，残高 1.6 米，底边长 1.7 米，顶边长 1.2 米。塔身南面辟方龛，高 0.5 米，宽 0.45 米，进深 0.98 米，龛内下空上实。塔刹已毁。寺址内残存殿墙基址，散布有灰陶板瓦及砖雕屋脊残片。

石塔地处僻壤，四面环山，周遭荒无人烟。塔身被苔藓、藤蔓、灌木丛密实包围。

◎青龙寺石塔

342 · 略阳南山塔

清代六角七层楼阁式砖塔·省文物保护单位。又称略阳塔、福地祥云塔，位于略阳县城南翠屏山上，为旧时略阳的风水塔和标志性建筑。

塔建于清道光三十年（1850）孟夏，通高24米，底层每边长2.35米。塔基以五层条石砌筑，已埋于地下。塔身底层北面辟券门，高1.67米，宽0.82米，壁厚1.15米；内设塔室和神龛。二层以上每层各面均辟券龛，层间以5层平砖叠涩出檐，下砌菱角牙子。塔顶六角攒尖，原塔刹已毁，尚存刹杆，高约2米；近年修复为圆锥体塔刹，上置金属接闪杆（霹雷针）。二层北面嵌塔铭1方，镌刻"清道光庚戌孟夏建，福地祥云，邑人张志浞题"18字。

2014年6月，陕西省人民政府公布"略阳南山塔"为第六批陕西省文物保护单位。保护范围为东至南山塔以东石坎，西至塔基外延20米，南至塔基外延40米，北至石坎；建设控制地带为东至南山塔以东50米，西至南山根，南至山体半坡，北至南山根。

◎略阳南山塔

二、安康古塔

安康地名源于西晋太康元年（280）改安阳县为安康县，取"万年丰乐，安宁康泰"之意。其位于陕西省东南部，东经108°01′~110°01′，北纬31°42′~33°49′之间；北依秦岭，南屏巴山，汉水横贯东西，处于川、陕、鄂、渝4省市的结合部。辖境南北长约240公里，东西宽约200公里，总面积约23 391平方公里；辖汉滨区和汉阴、宁陕、紫阳、岚皋、平利、镇坪、旬阳、石泉、白河9县。

安康地质构造跨秦岭地槽褶皱带南部和扬子准地台东北缘。地貌呈现出南北高山夹峙，河谷盆地居中的特点；以汉江为界，北为秦岭地区，南为大巴山地区。最高点位于宁陕境内的秦岭东梁，海拔2 965米，司马迁谓之"天下之大阻"，为长江、黄河两大水系的分水岭；最低处为白河县与湖北交界的汉江右岸，海拔169米，也是陕西境内海拔最低点。安康市区（汉滨区）坐落于汉江两岸，素有"江城"之称。

安康为华夏多元文化交汇融合之地，居巴蜀文化、荆楚文化、秦陇文化和中原文化的接壤处。其夏时属《禹贡》九州中的"梁州"；商周时为庸国的封地，称"上庸"；春秋时由秦、楚、巴三国辖治；战国时成为秦楚反复争夺之地；秦时置汉中郡西城县，郡治西城；东汉建武六年（30），将汉中郡治迁至南郑县（今属汉中）；建安二十年（215）置西城郡，治西城县，隶属荆州；曹魏黄初二年（221），取"曹魏兴盛"之意，改西城郡为魏兴郡；西晋太康元年置安康县，为安康见诸典籍之始；西魏废帝三年（554）设金州，因越河川道出麸金而得名，隶属魏兴郡；唐至明代前期仍设金州，其间，郡、县改易升降错综复杂；明万历十一年（1583），洪水淹没州城，遂于城南赵台山下筑新城，改金州为兴安州，万历二十三年（1595）改兴安州为直隶州，不再属汉中府；清初仍设兴安州，顺治四年（1647）州府迁返老城，乾隆四十七年（1782）改设兴安府，辖6县；民国时期废道、府，设第五行政督察专员公署，辖安康等10县；2000年设立地级安康市，沿袭至今。古时连通京师长安的子午道穿越宁陕、石泉，衔接川东的荔枝道亦从境内通过；春秋战国至两汉时期汉江航运就已相当发达，形成了连缀秦楚的"黄金水道"；明成化年间（1465—1487）还打通巴山，凿建了长700余里的曲折"盐道"。佛教史上声名远播的高僧怀让出自金州，被奉为禅宗七祖；民国著名学者沈士远、沈尹默、沈兼士三兄弟出生于汉阴，被后世誉为"沈氏三贤"和新文化先驱及大师；1984年出土于石泉的汉代鎏金铜蚕被当作"丝绸之路在中外经济文化交流中起纽带作用的标志"。境内重要遗存有刘家河遗址、王家坝遗址、鱼翅遗址、刘家营遗址、马岭坝遗址、子午道遗址、汉阴城墙、千佛洞石窟、万春洞石窟、禹穴石窟及摩崖题刻，以及旬阳县文庙、安康文庙大成殿、白云寺、龙兴寺、周氏武学、武昌会馆、瓦房店会馆群和具有长江流域特点的廊桥与崖墓群等。此外，国家非物质文化遗产名录列有汉调二黄、紫阳民歌；省级"非遗名录"列有小场子、八岔戏、安康道情和龙舟节等。

安康市现存明清和民国时期砖、石塔共45座，其中，汉滨区10座、旬阳县12座、白河县1座、平利县3座、岚皋县1座、紫阳县2座、汉阴县3座、石泉县2座、宁陕县11座。据考古发现和文物普查可知，安康市早至宋代已建有古塔，惜已不存。明清时期随着两江、湖广、四川移民的大量迁入，当地经济开发和多元信仰呈现出新的历史格局，也迎来了建塔高峰期，现存古塔数量居陕南首位（占总数一半以上）即是明证。这些古塔大多沿子午道和汉江"黄金水道"两侧阶地或山岭分布，子午道上的宁陕县以多宝塔式石舍利塔为大宗，是陕西这一类型石塔遗存最为集中的县域之一，其中以藏文禅师舍利塔和观音山舍利塔最为典型；石泉县的吴家寨墓塔（俗称"将军塔墓"）应时而修筑，当与清末陕南的战乱背景有关，旨在祈神灵、佑平安。而"黄金水道"上的旬阳县塔型多样，兼容了南北风格，其中旬阳东宝塔造型挺秀，砖雕精美，为安康明代楼阁式砖塔中的佼佼者；青山寺舍利塔上部呈覆斗形，且基座连同塔身辟门,上下一体,属陕西省内鲜见的石塔形制;天池山舍利塔造型美观,雕工精细,为陕南明代石舍利塔的代表作。处于要津之地的汉滨区亦塔型多样,其中有明确纪年的兴贤塔方正简明,顶层用石条筑成小方亭式样,为国内鲜见;马河天灯塔立于河道一侧山顶,为陕西省内罕见的指示航向的灯塔遗存;祖师庙道士塔小巧玲珑,为陕西省内鲜见的小型石雕道士塔的杰作;民国初年兴建的奠安塔端庄挺拔,矗立于汉江南岸,镇守着地理和水文意义上的安康东大门,是近代陕南风水塔的代表作。其他如汉阴文峰塔矗立于老城墙东南角台上,其选位系陕西省内现存同类建筑中所仅见;平利县的三佛洞舍利塔雕工精致,尤其是塔铭以四言偈语刊刻临济正宗四十八代传流谱系,对研究明清时期佛教流派及校对临济正宗各代传人等,具有重要的文献价值;岚皋县的古鉴大士灵塔文献价值亦较高,为陕南有明确纪年的多宝塔式明代石舍利塔的代表作;紫阳县的东明庵舍利塔与咸阳市武功县的寺背后塔(释迦文佛舍利塔)特征类似,为陕南明代石喇嘛塔的典型。

安康古塔列表

序号	古塔名称	时代	形制	保护级别	地址
343	奠胜宝塔	明清	多宝塔式石舍利塔	未定	汉滨区中原镇屈家沟村北
344	兴贤塔	清代	方形七层楼阁式文峰塔	市保	汉滨区迎风乡牛岭村北
345	马河天灯塔	清代	方形三层楼阁式砖塔	未定	汉滨区谭坝乡马河村
346	白云寺塔林(4座)	清—民国	六角三层和五层楼阁式砖塔	"省保"附属遗存	汉滨区瀛湖镇天柱山村天柱山上
346—1	觉性和尚塔	清代	六角三层楼阁式实心砖塔	"省保"附属遗存	汉滨区瀛湖镇天柱山村天柱山上
346—2	体清和尚塔	清代	六角五层楼阁式实心砖塔	"省保"附属遗存	汉滨区瀛湖镇天柱山村天柱山上
346—3	月宪和尚塔	清代	六角三层楼阁式实心砖塔	"省保"附属遗存	汉滨区瀛湖镇天柱山村天柱山上
346—4	印全和尚塔	民国	六角三层楼阁式实心砖塔	"省保"附属遗存	汉滨区瀛湖镇天柱山村天柱山上

续表

序号	古塔名称	时代	形制	保护级别	地址
347	祖师庙道士塔	清代	方形亭阁式石墓塔	未定	汉滨区茨沟镇黄鞍村北金龙山上
348	观音庙墓塔	清代	多宝塔式石舍利塔	未定	汉滨区叶坪镇金盆村马家坡
349	奠安塔	民国	方形七层楼阁式空心砖塔	省保	汉滨区张滩镇奠安村西北
350	旬阳东宝塔	明代	六角五层楼阁式砖塔	省保	旬阳县构元镇羊山村东庵塔坪上
351	圆通寺舍利塔（2座）	明代	六角幢式石舍利塔	县保	旬阳县赵湾镇高坡村西南
351—1	经山禅师塔	明代	六角幢式石舍利塔	县保	旬阳县赵湾镇高坡村西南
351—2	明玉禅师塔	明代	六角幢式石舍利塔	县保	旬阳县赵湾镇高坡村西南
352	青山寺舍利塔	明代	方形二层石舍利塔	"县保"附属遗存	旬阳县桐木乡青山村青山寺内
353	阳明寺舍利塔	明代	多宝塔式石舍利塔	未定	旬阳县小河镇东河村东
354	天池山舍利塔	明代	多宝塔式三层石舍利塔	未定	旬阳县公馆乡北湾村天池山
355	前塔梁石塔	明清	六角形风水塔	未定	旬阳县城关镇龙头村前塔梁上
356	后塔梁石塔	明清	六角形风水塔	未定	旬阳县城关镇龙头村后塔梁上
357	石王庙石塔	明清	多宝塔式石舍利塔	县保	旬阳县红军镇茨坪村西北
358	尼僧师徒合葬塔	清代	六角五层楼阁式石舍利塔	县保	旬阳县红军镇庄院村北凤凰山
359	王家山文星塔	清代	六角五层楼阁式石塔	县保	旬阳县城关镇王家山村
360	旗杆山文星塔	清代	六角五层楼阁式砖塔	县保	旬阳县城关镇河湾社区旗杆山顶
361	双安村塔	明代	六角四层楼阁式砖塔	省保	白河县双丰镇双安村双塔坪上
362	莲花台舍利塔	清代	圆锥形四层砖石舍利塔	县保	平利县洛河镇莲花台村
363	三佛洞舍利塔	清代	六角五层楼阁式石舍利塔	县保	平利县兴隆镇熊儿沟村千崖沟
364	观音堂舍利塔	清代	六角三层楼阁式石舍利塔	县保	平利县大贵镇嘉峪寺村南观音堂
365	古鉴大士灵塔	明代	多宝塔式三层石舍利塔	省保	岚皋县石门镇月新村塔坡
366	东明庵舍利塔	明代	宝瓶式石喇嘛塔	县保	紫阳县焕古镇东明庵村
367	报恩寺塔	清代	六角七层楼阁式实心砖塔	省保	紫阳县向阳镇贾家坪村南
368	汉阴文峰塔	清代	六角五层楼阁式空心砖塔	"省保"附属建筑	汉阴县城关镇老城墙东南角台上

续表

序号	古塔名称	时代	形制	保护级别	地址
369	离尘寺道士墓塔	清代	六角二层楼阁式石塔	未定	汉阴县汉阳镇天池村南
370	东岳庙道士墓塔	清代	六角三层楼阁式砖石塔	未定	汉阴县涧池镇军坝村西南
371	双桥村舍利塔	明代	幢式石舍利塔	未定	石泉县城关镇双桥村汉江东岸
372	吴家寨墓塔	清代	八角三层楼阁式石塔	未定	石泉县饶峰镇红联村
373	田坝石塔	明代	多宝塔式三重檐石舍利塔	县保	宁陕县城关镇贾营村西南
374	藏文禅师舍利塔	明代	多宝塔式四层石舍利塔	县保	宁陕县太山坝村塔湾
375	观音山舍利塔	明代	多宝塔式三层石舍利塔	县保	宁陕县太山庙乡长坪村观音山
376	塔儿坪舍利塔	明清	多宝塔式四层石舍利塔	县保	宁陕县广货街镇蒿沟村北
377	红莲寺舍利塔（2座）	明清	多宝塔式石舍利塔	未定	宁陕县广货街镇蒿沟村塔儿梁
378	塔坪舍利塔（2座）	明清	多宝塔式石舍利塔	县保	宁陕县皇冠镇朝阳村西南塔坪
379	宝塔坪舍利塔	明清	多宝塔式石舍利塔	未定	宁陕县太山庙乡油坊村西宝塔坪
380	雷家沟舍利塔	明清	多宝塔式三层石舍利塔	未定	宁陕县广货街镇沙沟村西雷家沟
381	莲花寺舍利塔	清代	六角形单层幢式石舍利塔	县保	宁陕县太山庙乡长坪村莲花寺
合计	45座	含县级以上文物保护单位及其附属遗存共24处29座。其中"省保"5处5座，"市、区、县保"16处18座；"省保"附属遗存2处5座，"县保"附属遗存1处1座			

汉滨区

汉滨区原为县级安康市。西晋太康元年（280）因安置入境迁徙流民改安阳县为安康县，取"安宁康泰"之意，后世撤并、复置，隶属屡有更易；2000年改为汉滨区。其位于安康市中部，跨汉江两岸，属秦巴山地丘陵沟壑区。汉江、月河穿过区境中部，以月河为界，北属秦岭山地，南沿巴山余脉。主要山峰有凤凰山、牛山、文武山、平头山等，形成南北高、中间低，"三山夹两川"的地貌格局。最高点为叶坪镇佛爷岭，海拔2 141米；最低点在旱阳乡与旬阳县段家河镇交界处，海拔216米。汉滨古属梁州，早至旧石器时代已有人类繁衍生息；春秋至两汉形成了连缀秦楚的"黄金水道"，南北文化交流频繁。境内旧石器和新石器时代遗址屡有发现，战国至南北朝墓葬广为分布，连通关中的古道要津也有保留。其他重要遗存有万春洞石窟、朝阳洞石窟、香溪洞石窟、阳洞坡石窟、佛爷崖石窟，以及文庙大成殿、龙兴寺、双溪寺、白云寺、牛山庙等。汉滨区现存明清至民国时期砖、石塔共10座。其中，有明确纪年的兴贤塔造型方正简明，顶层用石条筑成小方亭式样，为国内鲜见；马河天灯塔立于河道一侧山顶，为陕西省内罕见的指示航向的灯塔遗存；祖师庙道士塔小巧玲珑，雕工精致，为陕西省内鲜见的小型石雕道士塔遗存；民国初年兴建的奠安塔端庄挺拔，矗立于汉江南岸，镇守着地理和水文意义上的安康东大门，是近代陕南风水塔的代表作。

343 · 奠胜宝塔

明清时期多宝塔式石舍利塔。又称屈家沟舍利墓塔，位于汉滨区中原镇屈家沟村北约3公里。坐北朝南，东距塔窝5米，西距屈家沟10米，南距河汊口15米，北依塔垴山崖。为寺院附属遗存，寺早年废毁，沿革不详。

塔由整石圆雕套接而成，原残高3.5米。现残存二层，残高2.5

米。塔基为圆盘石套接六角形须弥座，上部饰刻仰覆莲瓣。圆盘直径1.15米，须弥座每边长0.75米。塔身一、二层为圆鼓形，层间套接六棱挑角翘檐，一层正面微微凿出圭形浅龛，内刻楷书"奠胜宝塔"4字。三层及以上残毁。

◎奠胜宝塔

344 · 兴贤塔

清代方形七层楼阁式文峰塔·市文物保护单位。位于汉滨区迎风乡牛岭村北约500米处的小牛蹄岭,南距新修文昌宫约10米,东、西、北三面为坡地。系清代文昌宫附属遗存。文昌宫原在金州新城学宫前;清乾隆三十九年(1774)改建于东坝先农坛以东,嘉庆九年(1804)迁建新城考院后,嘉庆十五年(1810)又迁回旧城南门内东侧,并扩大了规模。由于迁建后科名不举,经乡贤托人查看风水,于道光二十年(1840)移建于青松林,并于邻近的牛蹄岭建兴贤塔,以为"建塔则科名必盛"。塔由道光年间(1821—1850)邑绅张鹏飞倡建,同治元年(1862)因太平军压境,遂将塔及宫庙等一并拆除,以防其"据之以瞰府城"。光绪九年(1883),兴安知府童兆荣重修。

塔以块石、条石加青砖、"三合泥"砌筑,通高25米。塔基方形,以条石垒砌,逐级叠涩内收。塔身底层每边长4.1米,向上逐层收分显著,整体造型为方锥体。层间以石板加砌平砖出檐,四角微翘。一、二层四面原嵌有石碣,已佚;三层北面嵌楷书阴刻"兴贤塔"铭1方;七层筑成四柱方亭式样,四柱和额枋共镌刻楹联四幅,依次为:

座超北斗成天象,才聚南山壮本朝。横批:贤才众多
笔点牛蹄连太乙,斗量龙首毓长庚。横批:人文化成
神司北斗星初照,才毓中朝手八义。横批:文光普照
杓干天枢出其类,笔重人海简而文。横批:蔚迟人文

该塔造型简明,顶层用石条筑成小方亭式样,为国内鲜见。现已划归香溪洞风景区管理,附近尚存《创建牛蹄岭兴贤塔记》残碑1通,残高0.68米。另有邑中举人罗钟衡撰《重修文昌宫记》传世。塔前原有文、武石翁仲2尊,头部均残,今已不存。

◎兴贤塔

◎塔顶方亭内供奉的"文昌帝君"石造像和石座

345 · 马河天灯塔

清代方形三层楼阁式砖塔。位于汉滨区谭坝乡马河村红庙一侧山顶上，东南距马河约 50 米，西南距现代公路约 30 米。周围群山环抱，河水绕行。塔基以条石砌筑，坐落于山岩上。塔身砖砌，高 3.5 米，每边长 1.1 米。向上几无收分，层间出檐平浅。顶层四面辟灯龛，贴檐部位饰彩绘挂落图案。塔顶四角攒尖，塔刹不存。

灯塔最早见于古埃及。据载，托勒密二世（公元前 285—前 246 年在位）曾委派希腊建筑师在法罗斯岛东端建造了世界上第一座灯塔。罗马帝国时期开始兴建一系列灯塔，之后，阿拉伯人、印度人也相继建造灯塔。中国现存最早的灯塔，为明洪武二十年（1387）民间集资建于福建惠安县的崇武灯塔。永乐十年（1412）官府在长江口浏河口东南沙滩上筑起一座"方百丈、高三十余丈的土墩，其上昼则举烟，夜则明火"指引船舶进出长江口，这是中国由官府出资建设航标的先例。

马河天灯塔立于河道一侧，应当是古时指引船只方向的航标建筑物。相似情况见于关中泾阳崇文塔，其矗立于泾河北岸台地上，塔身各层均设有灯龛，每逢佳节，层层灯火，蔚为壮观。

◎马河天灯塔

346 · 白云寺塔林（4座）

清至民国时期砖塔林·省文物保护单位"白云寺"附属遗存。位于汉滨区瀛湖镇天柱山村天柱山上。白云寺为清代陕南佛教四大丛林之一。据有关地志资料记载，寺始建于唐代，初为道教观庵，嗣后佛、道并祀，明、清历经扩建、重修。占地面积约 5 000 平方米，坐北朝南，庙院三进。原有殿宇、楼阁百余间，今尚存 50 余间。中轴线自南而北依次为山门、过殿、大雄宝殿、祖师殿，两侧为东西厢房。山门至祖师殿落差 10 余米，各殿宇间以高台相通。现存清代至民国时期碑碣 17 通（方）、石香炉 5 座、石佛像 3 尊、铁钟 1 口、铁钵 1 件。其中铁钵署款为"乾隆四十七年十一月吉日"；咸丰年间（1851—1861）《甘霖会圣诞会置地碑》、光绪年间（1875—1908）《公议戒律条规碑》和《公议章程告示碑》较为珍贵；3 座香炉署有年款，其中 2 座为同治七年（1868）、1 座为道光十二年（1832）。

寺周围尚存僧人舍利塔 4 座，分别建于道光、同治、光绪年间和民国时期，依次为：

346—1 · 觉性和尚塔

清道光二十四年（1844）建。位于寺南侧，西靠山坡，东南两面为林地，北距寺院约 300 米。六角三层楼阁式实心砖塔，通高 4.5 米。块石砌筑六角形须弥座，每边长 0.8 米。塔身逐层收分，层间叠涩出檐挑角，檐下彩绘莲瓣、花卉、扇形匾额、回字形挂落等图案。一层嵌石质圆首碑铭，高 0.77 米，宽 0.43 米，楷书阴刻"圆寂恩师觉性大和尚之塔。徒体静、体清、体明，徒孙月恒、月□、月宪、月□、月信、月恒全立"。落款"大清道光二十四年岁次甲辰九月重阳日立石"。二层嵌石匾额 1 方，篆书阴刻"普通堂"3 字。塔顶六角攒尖，置石雕宝瓶式塔刹。

觉性和尚塔一侧有 20 世纪末新建仿清代白云寺普通塔 1 座，六角七层，通高 11 米。

◎觉性和尚塔

346—2·体清和尚塔

清同治十一年（1872）建。位于寺南侧，南距通村水泥路约50米，北距寺院约100米，东、西两面为山坡。六角五层楼阁式实心砖塔，通高7.5米。块石砌筑六角形须弥座，每边长0.95米。塔身收分柔和，各层施砖砌角柱、额枋。层间叠涩出檐挑角，檐下彩绘花卉、瑞兽、回字形挂落、雀替、书卷和扇形匾额、券门和券龛、圆窗及八宝图案等。一层辟券龛，内嵌石质圆首碑铭，阴刻"圆寂恩师上体下清监公大和尚觉灵塔龛。生于嘉庆三年九月廿一日未时，西汉中府洋县人李氏子也。荣光七十四寿大限，圆寂于同治十一年二月廿六日未时尘脱"。落款"大清同治十一年六月十九日立石镌碑"。三层嵌有浮雕跏趺坐佛1尊。塔顶六角攒尖，置石雕宝瓶式塔刹，已倾斜。

◎体清和尚塔

◎二层塔身局部

346—3 · 月宪和尚塔

清光绪二十四年（1898）建。位于天柱山村塔包梁上，东靠山坡，西距罗金有宅约15米，南、北两面为林地。六角三层楼阁式实心砖塔，通高4米。块石砌筑六角形须弥座，每边长1米。塔身收分柔和，层间叠涩出檐平浅。一层嵌石质圆首碑铭，高0.63米，宽0.32米，阴刻"□□恩师上月下宪老和尚正性觉灵塔龛。孝徒印成、印全，徒孙普道"。落款"大清光绪二十四年小阳月立"。塔顶六角攒尖，置宝瓶式塔刹。

◎月宪和尚塔

◎印全和尚塔

346—4·印全和尚塔

民国十六年（1927）建。位于天柱山村塔包梁上，与月宪和尚塔为邻，东倚山坡，西距罗金有宅约15米，南、北两面为林地。六角三层楼阁式实心砖塔，残存两层，残高3米。块石砌筑六角须弥座，底边长约1米。塔身收分柔和，层间出檐平浅。一层嵌石质圆首碑铭，高0.63米，宽0.35米，阴刻"圆寂恩师上印下全大和尚一味觉灵塔龛位。本郡人谢氏子也，阳命生于前皇道光二十四年甲辰相三月二十八日辰时。受生□□，中年出家，白云寺第三代。印全和尚荣光七十八，没于民国十年十二月二十八日亥时，以老告终。孝徒普道、普德、普明、普□，孝孙赢春、赢浩、赢发、赢魁"。落款"中华民国十六年冬月吉日立"。

1992年4月，陕西省人民政府公布"白云寺"为第三批陕西省文物保护单位，同时公布保护范围。重点保护区为白云寺周围外延10米，4座舍利塔、焚尸炉周围10米；一般保护区为东至响水沟西坡，西至谢家坡，北依张湾，南至马垭；建设控制地带为白云寺周围外延100米内。

347 · 祖师庙道士塔

清代方形亭阁式石墓塔。位于汉滨区茨沟镇黄鞍村北约 1.6 公里金龙山上,南距祖师庙约 8 米,西、北皆为悬崖。祖师庙建于清代,现存石结构正殿一间,面阔 4.8 米,进深 4 米,抬梁式石构架;殿内供奉石雕神像 5 尊,头均佚,四壁有人物故事彩绘。左右厢房、伙房等均为块石垒砌,已残损。庙内尚存碑碣 7 通(方),幅宽 0.58～1.34 米,高 0.67～0.86 米,署光绪三十二年(1906)、民国二十二年(1933)款等。

道士塔体量较小,以打磨规整的石构件套接而成,通高 1.2 米。塔座为方形二层台,底边长 0.74 米。塔身方形,素面。塔顶为重檐四角攒尖,置宝瓶式塔刹,刹高 0.35 米。该塔小巧玲珑,雕工精致,为陕西省内鲜见的小型石雕道士塔遗存。

◎祖师庙道士塔

◎二层塔身

◎观音庙墓塔

348 • 观音庙墓塔

清代多宝塔式石舍利塔。又称马家坡僧人墓塔，位于汉滨区叶坪镇金盆村西北2公里的马家坡毛葫芦沟。为清代观音庙遗存，庙早年废毁，仅存残塔1座。

塔坐东向西，西距杨魁成宅约80米，东、南、北为山坡。塔由块石和圆雕整石砌筑，原塔身上部坍塌，残存二层，残高1.5米。现二层圆鼓形塔身移落地面，底层六角形塔身已遭破坏。塔西50米处遗存清光绪三十年（1904）重修观音庙碑1通，圆首，通高1.54米，宽0.7米，厚0.13米；碑文楷书，计24行，满行46字，记捐资重修观音庙事宜。

349 · 奠安塔

民国方形七层楼阁式空心砖塔·省文物保护单位。位于汉滨区张滩镇奠安村西北700米，地处黄洋河与汉江交汇处八公岩（又称巴公岩）顶，石梯渡西侧。旧时传说江底潜伏着一条蛟龙，常年引发洪水，为患地方，故当地富绅大户拟集资建塔，旨在震慑水患，补安康地气，配金州风物，保一方平安。

塔始建于民国二年（1913），民国六年（1917）竣工。坐东向西，通高28米，底边长5.6米。塔身底层面西辟券门，额嵌楷书"奠安塔"石匾，取意奠定宏基，长安永康。二至五层每面辟券门。六、七层正面辟券窗，其余各面辟圆窗。层间叠涩出檐，檐下施砖雕额枋、椽头、菱花、几何纹和回字形等装饰图案；各层檐角上翘，施浮雕石兽和卷云雕饰图案。塔顶四角攒尖，置七彩莲花座，承铜质宝瓶式塔刹（有资料记其重达3吨）。第四层每面门额均嵌一石匾，分别楷书"博厚高明""亦孔之固""中天一柱""永奠安康"计16字，以青花瓷贴塑，颇具创意。塔内嵌石碣2方，长0.55米，宽0.54米，民国二年款；碣文楷书，记创建奠安塔缘由及捐资人姓名。该塔矗立于汉江南岸，西距安康市区6公里，如擎天一柱，镇守着地理和水文意义上的安康市东大门。

2018年7月，陕西省人民政府公布"奠安塔"为第七批陕西省文物保护单位。保护范围为塔基四周外扩20米；建设控制地带为保护范围四周外扩10米。

◎奠安塔

旬阳县

旬阳县因位于旬水北岸而得名。汉高祖五年（前202）置旬阳县，属汉中郡，东汉废入锡县；西晋太康四年（283）复置，改为洵阳，属魏兴郡，后世撤并、复置、隶属多变，沿革纷繁；明成化十二年（1476）以洵阳县白河堡析置白河县，析洵阳县东部汉江以北金钱河流域入新置郧西县（今属湖北），洵阳县界至此基本确定；1964年复改为旬阳县（便于识读）。其位于秦巴山区东段，安康市东北部，东及北与湖北郧西县接壤，为古时连缀秦楚"黄金水道"之要津。境内新石器时代和商周遗址屡有发现，战国至南北朝墓葬广为分布。迄今公布有孟达墓、千佛洞石窟、旬阳文庙、黄州会馆、杨泗庙、旬阳西城门等省级文物保护单位7处；田湾遗址、公馆采矿遗址、刘秀寨遗址、灵岩寺、洞儿碥道观等县级文物保护单位88处；并发现古代石墙遗址绵延百余里，有学者认为较早的一段或为战国楚长城遗存（待考）。旬阳县现存明清砖、石塔共12座，形制有楼阁式、经幢式、多宝塔式等多种。其中，旬阳东宝塔造型挺秀，砖雕精美，为安康明代楼阁式砖塔中的佼佼者；青山寺舍利塔上部呈覆斗形，且基座连同塔身辟门，上下一体，属陕西省内鲜见的石塔形制；天池山舍利塔造型美观，雕工精细，为陕南明代多宝塔式石舍利塔的代表作。

350 · 旬阳东宝塔

明代六角五层楼阁式砖塔·省文物保护单位。又称红安寺塔、箭杆扒砖塔，位于旬阳县构元镇羊山村东庵塔坪上，北临村级土路，南距柯家堡约1公里，东、西为平地。原红安寺有东庵、西庵2处寺院，早年皆毁，遗存东宝塔、西宝塔2座，遥相对峙。西宝塔六角七层，高约15米，惜毁于1958年大炼钢铁时。

现存东宝塔，建于明正德年间（1506—1521）。残高12.3米，底边残长1.5米。塔身一、二层表面砖剥落殆尽，后用块石补葺；三层局部塌毁，后予以修复；四、五层原貌尚在。壁面作仿木结构，施转角圆柱、额枋和三踩斗拱（出耍头），平身科三层每面置 4 攒，四层和五层每面置 3 攒；三至五层每面各辟 1～2 个小龛，龛楣雕成花瓣形。层间双排椽头出檐，覆琉璃兽面勾头、花唇滴水，檐角微翘，原系风铎已不存。塔顶残损，塔刹不存。当地村民曾在南侧塔坪翻地时出土有方砖、陶瓦、鼓形石墩等寺庙遗物。

该塔造型挺秀，砖雕精美，为安康明代楼阁式砖塔的佼佼者。

1984 年，陕西省文物局曾拨款加固、维修。

2014 年 6 月，陕西省人民政府公布"旬阳东宝塔"为第六批陕西省文物保护单位。保护范围为塔基外延 5 米；建设控制地带为东、南、西三面保护范围外延 45 米，北至民房。

◎旬阳东宝塔（历史照片）

351·圆通寺舍利塔（2座）

明代六角幢式石舍利塔，2座·县文物保护单位。位于旬阳县赵湾镇高坡村西南2公里寺坡上。为明代圆通寺附属遗存，寺早年废毁，仅存石舍利塔2座，均由方形基石、六角形须弥座、六角形塔身、八棱形华盖等组成，刹顶无存。两塔南北相距3.2米，依次为：

◎圆通寺舍利塔

351—1 · 经山禅师塔

建于明景泰丙子年（1456）仲春。残高 3.6 米，整体由 7 块圆雕石料套接而成。塔身正面线刻仰覆莲瓣装饰，其上阴刻塔铭 1 方，高 0.48 米，宽 0.34 米。塔铭楷书："圆通寺住持禅师经山之塔，大明景泰岁次丙子仲春吉日建，李水撰。"华盖顶部如馒头状收束，略显硕大。

351—2·明玉禅师塔

建于明成化丙申年（1476）孟春。残高4.97米，整体由11块圆雕石料套接而成。塔身正面阴刻塔铭，高1.04米，宽0.4米。塔铭上、下沿和中间区隔部位线刻蔓草和仰莲瓣装饰。塔铭楷书8行，中题"二代住持明玉禅师莲宝之塔"；附颂扬偈语，隐约可辨"……坐脱细雄峰，佛□具分明"，"高超三界外，光耀梵天宫……"等内容。下部题刻"助缘檀那"4字；楷书11行，列"孝徒了青、了成、了贵、了□……孝孙悟通、悟悦、悟宝、悟满、悟□、悟宽、悟敬、悟德……"以及刘、赵、柳、杨、王、曹、张、孟、李姓等居士数十人，署"造塔匠人张九"。落款"旹大明岁次丙申年孟春月下旬吉日立石"。据一代住持禅师经山之塔铭推断，此处"丙申年"当为成化"丙申"年，两者相隔20年，符合二代承继谱系。

◎明玉禅师塔

352 • 青山寺舍利塔

明代方形二层石舍利塔·县文物保护单位"青山寺"附属遗存。位于旬阳县桐木乡青山村青山寺内。据原存寺内的明弘治二年（1489）《重建青山寺纪录碑》载："寺因青山得名，在县之洵河里沙沟河桐木沟。肇启唐，历宋元，至我皇明。"现寺院占地面积650平方米，保护范围1950平方米。坐西南、向东北，由过殿、天井、正殿和左右厢房组成。过殿砖石木结构，面阔三间10.2米，进深5.6米，硬山灰瓦顶，五架梁带前后单步梁，檐下置装饰性斗栱。正殿砖石结构，面阔一间5.15米，进深6.33米，通高6.6米，正面设石门，宽1.25米，高2.19米，额嵌石匾，楷书减地刻"青山古刹"4字；殿内无梁无柱，墙体四角用巨型长方石条交错叠架成"井"字形，次第收束，仰视呈穹隆，四角攒尖顶，置宝珠刹。殿内原供奉有一佛二菩萨铁铸像3尊，高2.27米（青山寺因之又称铁佛寺），"文革"期间被毁坏，现尚存观世音菩萨头像，两侧壁绘有壁画，内容为佛教人物故事等。寺内现存青石质圭首《□□捐资修寺碑》、清光绪八年（1882）方首《捐山地文约碑》等6通，以及石狮1对、古柏2株。

石舍利塔位于寺西侧30米处。方形二层，通高6.7米，底边长3.8米。造型较异，塔基为须弥座，东面辟门，券门抬高至一层塔身，使须弥座与塔身连为一体。券门通高0.7米，宽0.5米，内设龛堂。门额题"□□禅师塔"5字（前两字"文革"中磨泐）。二层塔身收分骤急，呈覆斗形。层间叠涩出檐，四角有石雕龙头伸出。塔顶四角攒尖，置宝珠式塔刹。该塔有说为三层（须弥座辟门，视为底层）。但严格来说，视为方形单层更符合建筑学定名，即所见第二层实为覆斗形塔顶结构，属于鲜见的石塔造型。

◎青山寺舍利塔

353 · 阳明寺舍利塔

明代多宝塔式石舍利塔。位于旬阳县小河镇东河村以东3.5公里的阳明寺遗址内,东距水井沟150米,南距胡家院子10米。为阳明寺附属遗存,寺早年废毁,沿革不详。

塔由整石圆雕套接而成,20世纪遭受破坏,使塔身分离。现塔埋于土中,露出六角形塔身上部,高0.9米。其上覆六棱华盖,雕出瓦垄,上置仰覆莲座,托宝瓶式塔刹。华盖、莲座和塔刹已布满青苔。

塔北100米处有石鼓形塔身1躯,应为塔身分离后移位至此。石鼓上有楷书刻铭,可辨"大明国陕西汉中府……小东岔福严□……四年岁次……功德施主……"等字样。

◎塔身铭文

◎阳明寺舍利塔

354·天池山舍利塔

明代多宝塔式三层石舍利塔。位于旬阳县公馆乡北湾村天池山，东距黄土包 200 米，南距前头包 100 米，西距王家槽 500 米，北依天池山。为观音寺附属遗存，寺早年废毁，沿革不详。

塔由整石圆雕套接而成，通高 6.8 米。塔基为方形须弥座，每边长 0.8 米，浮雕宝相花、莲花、缠枝花卉。塔身底层下部为圆鼓形，南侧辟龛，额刻楷书"翠峰□严禅师宝塔"；另一侧阴刻塔铭，可辨"陕西汉中府金州洵阳县蜀河里磨□建立，观音禅寺住持□性宝岁□舍地功德，施主骆景春、骆彪、骆明、骆忠、骆明信、骆海、骆福、骆义、骆杰、骆俊等，其□□□"字样。底层上部套接六角形塔身，每面镂雕上、下两个小方龛。二层为六角形，每面镂雕小方龛。三层为仰覆莲座托圆鼓形塔身，南面辟龛。塔身层间套接六角形平檐，棱角分明。顶置莲座，承宝瓶式塔刹。

该塔造型美观，雕工精细，为陕南明代多宝塔式石舍利塔的代表作。

史载，明洪武三年（1370）复置洵阳县，属汉中府金州；万历十一年（1583）改金州为兴安州。据此，该塔虽年款未详，但塔铭所述"金州"在有明一代存续 213 年，建塔年代可框定在洪武三年至万历十一年以前。

◎塔身铭文

◎天池山舍利塔

355·前塔梁石塔

明清时期六角形风水塔。位于旬阳县城关镇龙头村前塔梁上，东为山坡，西距村级公路约 300 米，南距二岔河约 1 500 米，距龙头小学约 800 米。四周布满荆棘和杂灌木丛。

塔由不规则的条石和块石混砌而成，平面呈六角形。残存三级，残高 3.65 米。层间出檐不明显。第三层正面辟有神龛，龛上部已毁，俯视平面呈簸箕状，宽 0.9 米，进深 0.72 米，残高 0.33 米。三层以上残毁。

前塔梁为明清时期形成的峁梁名称，东距后塔梁约 500 米。

356 · 后塔梁石塔

明清时期六角形风水塔。位于旬阳县城关镇龙头村后塔梁上，东、北为山坡，西距村级公路约 800 米，南距山路约 10 米，西南距龙头小学约 1 000 米。四周布满荆棘和杂灌木丛。

塔由不规则的条石和块石混砌而成，平面呈六角形。残存三级，残高 3.4 米，底周长 6.2 米。塔身略有收分。层间出檐不明显。三层以上残毁。整体造型和材质与前塔梁石塔相若，只是石材略显规整一些。

后塔梁为明清时期形成的崾梁名称，西距前塔梁约 500 米。

◎ 后塔梁石塔

357 · 石王庙石塔

明清时期多宝塔式石舍利塔·县文物保护单位。又称茨坪舍利塔，位于旬阳县红军镇茨坪村西北约4公里处，东距民宅5米，南靠荫坡，北临竹筒河，西为农耕地。为寺院遗存，寺早年废毁，沿革不详。

塔由打磨规整的砂岩石垒砌、套接而成，坐西南向东北。原层级不详。现存塔基和底层塔身，残高2.3米。塔基为六角形须弥座，底边长0.4米，束腰部位雕饰蔓草、莲花、瑞兽、人物故事等图案。塔身呈鼓形，东北面辟有小龛，内雕佛像已不存。

◎石王庙石塔

358·尼僧师徒合葬塔

清代六角五层楼阁式石舍利塔·县文物保护单位。又称殿沟石塔，位于旬阳县红军镇庄院村北2公里的凤凰山，西距殿沟约100米，北为民宅，南接山间小路。为寺庙遗存，寺早年废毁，沿革不详。

塔由块石垒砌，通高8.5米，底边长1.35米。塔身二层辟方龛，设单页门扇，宽0.71米，高0.92米，门额阴刻楷书"双渡口"3字，门框饰刻蔓草、莲花。层间以石板平压出檐，檐角微翘。塔顶六角攒尖，置石雕宝瓶式塔刹。

方龛门框内侧阴刻有楷书楹联："心明主见腾云气，大德山环向月形。"龛内嵌有塔铭1方，宽0.7米，高0.6米，额题方位"癸山丁向"4字；铭文为："本境首士等，见尼师法名觉真。其徒体明，自道光十一年至凤凰山修道，持斋念经，苦志清修。徒先圆寂，共议修塔月形山上；又将师自置盖家台山地一分红契，课石付与塔上香火费。功成勒石，永垂不朽云。郭君兰、杨义大，监修首人：郭凤鸣、阮文锦敬书。大清咸丰三年众首人仝立。"

另据已佚碑铭记述，该塔为尼师觉真（1795—？）与其徒体明（1824—1852）的合葬塔。依铭文载，觉真为湖南新化县人，生于乾隆六十年（1795），后迁于旬阳县凤凰山修行。其徒体明生于道光四年（1824），圆寂于咸丰二年（1852），遂有"四月初八日公议：师徒合塔，万古流芳。咸丰三年五月吉日"。据此可知，该塔虽为师徒合葬塔，实为尼师寿塔和徒弟舍利塔一并而修，待尼师圆寂后再瘗入骨殖。可见尼师慈悲萦怀，原意收徒接钵，不想徒先于师而去，怜惜之情溢于言表。

◎尼僧师徒合葬塔

359·王家山文星塔

清代六角五层楼阁式石塔·县文物保护单位。又称灵岩寺文星塔,位于旬阳县城关镇王家山村,西距灵岩寺约150米,东临王可明宅墙,北为林地,南距汉江约150米,距省文物保护单位"孟达墓"约20米。因位于孟达墓侧,当地传为镇墓塔。孟达为三国时期背蜀降魏之将,授"建武将军",故民间传说此举是某种情绪的宣泄,且有抑武扬文之意。

塔建于清光绪元年(1875)七月。主体为块石垒砌,粉白,通高8.5米。塔基呈圆形,底周长12米,露出地表部分高0.25米。塔身一至三层石砌;四层下半部石砌,上半部砖砌;五层为砖砌空心,每面辟长方形神龛,内置魁星点斗木雕(今已不存)。层间以平砖3层叠涩出檐,伸出平浅。塔顶六角攒尖,塔刹已毁,尚存刹杆。据悉,2007年有两名少年攀援至顶层天宫,发现泛黄线装古书一册,厚约2厘米,已残缺,现藏于旬阳县文化馆。

据清光绪本《洵阳县志》载,该县有两座文星塔:"一建县东灵岩寺,一建县城南银杏园,光绪元年知县林元芗建。"前者即为王家山文星塔。另据《安康文史名胜集》(下册)载,旬阳县在明代有22人中举,4人中进士。但在清代,只有10人中举,2人中进士。光绪年间(1875—1908)兴修文星塔,反映了县衙和民众冀望文风重振的普遍心理需求。

◎王家山文星塔(历史照片)

◎王家山文星塔

360 · 旗杆山文星塔

清代六角五层楼阁式砖塔·县文物保护单位。俗称文峰塔,位于旬阳县城关镇河湾社区旗杆山顶,周围植被茂盛。

塔始建于清光绪元年(1875),原址在旬阳县城南银杏园,光绪二十九年(1903)改建今址。塔为青砖砌筑,内填块石,通高9.5米,底层直径3.4米。塔身素面,逐层收分,第五层辟长方形神龛1个,内置魁星点斗木雕(今已不存)。层间以平砖3～4层叠涩出檐,伸出平浅。塔顶六角攒尖,塔刹已毁,2009年修复。整体造型与王家山文星塔相似。

据清光绪本《洵阳县志》载,该县有两座文星塔:"一建县东灵岩寺,一建县城南银杏园,光绪元年知县林元芗建。南塔倾圮,光绪二十九年知县李丙淼改建于县南旗杆山。"后者即为旗杆山文星塔。另据《安康文史名胜集》(下册)载,旬阳县在明代共有22人中举,4人中进士。但在清代,只有10人中举,2人中进士。光绪年间(1875—1908)兴修文星塔,反映了县衙和民众冀望文风重振的普遍心理需求。

◎旗杆山文星塔

白河县

白河县以境内白石河得名。明成化八年（1472）于洵阳东置白河堡，成化十二年（1476）改设白河县，沿袭至今。其位于安康市东部，巴山东段，北临汉江，隔江与湖北郧西县相望，东、南分别与湖北郧县、竹山县毗邻，素有"秦头楚尾"之称。地势南高北低，最高点在南部中段的五龙尖，海拔1 901米；最低点在县城东与郧县交界的下卡子汉江边，海拔169米，也是陕西境内海拔最低处。白河自古为秦楚文化和南北文化的交汇地，汉代至南北朝遗址及墓群屡有发现。明清时期两江、湖广流民大量涌入，这在保留下来的"四水归堂"式民居和富有特色的墓碑楼遗存中多有反映，如黄氏民宅、张家大院等，均具有典型的江南徽派建筑风格。其他遗存尚有朝阳洞石窟、千佛洞石窟、冷水江西会馆、城关镇南城门、魁星山魁星楼等。白河县现存明代双安村塔1座，为双塔寺遗构。

361 · 双安村塔

明代六角四层楼阁式砖塔 · 省文物保护单位。又称双塔寺塔，位于白河县双丰镇双安村双塔坪上。为寺庙遗存，寺早年废毁，沿革不详。原有双塔，现存其一；传另一塔清末尚在，20世纪中叶毁圮。

现存一塔，残高9.5米，底层每边长1.4米。塔基为条石和块石垒砌，呈不规则圆形，高约2米，底周长约13米。塔身底层东面辟券门，周身壁砖剥落严重，现已被水泥封护；二、三层每面辟券龛，龛框雕饰忍冬、绶带纹样；顶层东面和东南、东北面劈龛，纹饰同上。层间双排椽头出檐，檐下施仿木构砖砌额枋和砖雕三踩斗栱，平身科置二攒。塔顶六角攒尖，塔刹无存。

附近有天峰山，旧时双塔被誉为当地一景，称"天峰双塔"。

双丰镇地处白河县西部，位于鄂、陕两省三县交界处，地理位置十分险要，历史上为兵家必争之地，屯兵据点和防守工事等古遗址随处可见。风景地和名胜古迹也较多，如五岭山、天峰山、双塔寺（遗址）及大黑山原始森林、胡家湾古墓群、石家寨古战场等。

2018年7月，陕西省人民政府公布"双安村塔"为第七批陕西省文物保护单位。保护范围为东至文物本体外扩5米处的高坎，南至文物本体外扩10米处，西至文物本体外扩6米处的梯地坎，北至文物本体外扩8米处的许明典大场边。

◎ 双安村塔

平利县

平利县以境内平利川得名。唐武德元年（618）始置平利县，后世撤并、复置、隶属屡有更易；清嘉庆十年（1805），县治由老县移至今县城。其位于安康市东南部，大巴山北麓，东邻湖北省竹溪县，南接重庆市城口县，居陕、鄂、渝三省（市）交界处，属于典型的省际边关县。地貌呈北宽南窄的不规则倒三角形，最高点为南部大巴山主峰化龙山，海拔2 917米；最低点为北部西河乡头洞子，海拔300米。平利县自古为荆楚文化、巴蜀文化交汇地，汉代至南北朝墓葬和明清时期崖墓群广为分布，清代雕刻精细的墓碑楼和徽派风格民居亦随处可见。另有栈道遗址、千佛洞石窟、观音洞石窟、朝阳洞石窟、佛爷洞石窟、三佛洞石窟和观音崖摩崖造像、佛爷砭摩崖题刻、黑龙洞摩崖题刻等数十处，以及湘子庙、女娲庙、大宝寺、清真寺、湖南馆、刘氏祠堂等。平利县现存古塔3座。其中，三佛洞舍利塔造型美观，雕工精致，融佛、道造像于一体，尤其是塔铭以四言偈语刊刻临济正宗四十八代传流谱系，对研究明清时期佛教流派及校对临济正宗各代传人等，具有重要的文献价值。

362 · 莲花台舍利塔

清代圆锥形四层砖石舍利塔·县文物保护单位。位于平利县洛河镇莲花台村王氏民宅北约100米处山包上，东距黄洋河约300米，南距线河约50米，西、北面为耕地。为莲花寺附属遗存，寺早年废毁，沿革不详。原有清代舍利塔5座，现存其一。

塔残高8.3米，底径3米。塔身一至三层石砌，呈近似圆形；四层及顶砖砌，局部呈六角形。各层逐级收进，省却了塔檐，唯塔顶平砖3排出檐，形成宝盖。顶部六角攒尖，塔刹无存。整体造型如圆锥体，兀立田野，背倚群山，颇具气势。

◎莲花台舍利塔

363 · 三佛洞舍利塔

清代六角五层楼阁式石舍利塔·县文物保护单位。位于平利县兴隆镇熊儿沟村西南约4.5公里千崖沟一侧，东距三佛洞石窟80米，西距坡根40米，周围林木和植被茂盛。为寺庙遗存，寺早年废毁，沿革不详。

塔建于清道光七年（1827）八月，通高9米。塔基为六角形须弥座，直径2.6米，上下沿浮雕仰覆莲瓣，各角施浮雕圆柱，束腰及圆柱雕饰蔓草、缠枝花卉、宝相、蝙蝠、瑞兽等图案。塔身底层素面，北面嵌塔铭1方；二层每面设方框画屏，依次浮雕坐佛、菩萨、立僧和道教人物故事造像，雕刻精细；三层以上收分骤急，外观塔体呈锥状造型。层间石雕仿木构飞檐挑角。顶置圆雕相轮，承宝珠式塔刹。

底层塔铭正中竖刻楷书"圆寂莲花香俨堂上辉安平、辉林申老禅师塔"；右上竖刻"临济正宗四十八派传流于后：智慧清静、道德圆明、真如性海、寂照普通、心源广续、本觉昌隆、能仁圣果、常演宽宏、维传法印、证悟会融、坚持戒定、永继祖宗"（四言偈语式的每一字为一代，计四十八代）；左下竖刻"徒广道、广云……徒孙续喜、续明……曾孙本富、本亮……石匠刘克仁"等；左上落款"道光七年岁次丁亥八月吉日穀旦"。由塔铭记述徒（广字辈）、徒孙（续字辈）、曾孙（本字辈）排序来看，塔主辉安平、辉林申两位禅师当为临济正宗第十八代（源字辈）传人。

该塔造型美观，雕工精致，融佛、道造像于一体，尤其是塔铭以四言偈语形式，刊刻临济正宗四十八代传流谱系，对研究明清时期佛教流派及校对临济正宗各代传人等，具有重要的文献价值。

◎须弥座

◎三佛洞舍利塔

◎二层塔身造像一　　　　　　　　　　　◎二层塔身造像二

◎二层塔身造像三

©塔铭
臨濟正宗四十八派傳流於後
智慧清淨 道德圓明 真如性海
寂照普通 心源廣續 本覺昌隆
能仁聖果 常演寬宏 惟傳法印
證悟會融 堅持戒定 永繼祖宗
圓寂 道蓮花 香巖 堂上 輝安平 輝林申 老禪師塔
徒廣道達 黃雲達
徒孫續錄 光燊 嘉明
曾孫本亮 富
居士黃全
石匠柯進猛 刘克仁
道光七年歲次丁亥八月
吉日穀旦

364 · 观音堂舍利塔

清代六角三层楼阁式石舍利塔·县文物保护单位。位于平利县大贵镇嘉峪寺村南1 500米处观音堂，南距黄洋河约150米，西距田氏民宅约100米，东、北为缓坡地。为寺庙遗存，寺早年废毁，沿革不详。

塔建于清道光十七年（1837），由规整条石加白灰泥砌筑，坐北朝南，通高5.2米，底边长1.5米。底层和二层正面辟方龛，分别嵌本正、德明和尚塔铭，均幅宽0.5米，高0.83米。塔身逐级收减高宽，层间以石板压檐；一、二层檐伸出平浅；三层檐伸出较长；塔顶叠涩收束，置宝瓶式塔刹。

底层塔铭额刻方位"壬山丙向"4字，正中竖刻"圆寂僧本正道号鼎宗之塔"11字。据铭文载，本正，俗姓杨，生于乾隆四十年（1775），为"湖北直隶鹤峰州覃家湾人……幼习诗书……敬行道教数十余春"，道号鼎宗，后因"年遭荒歉，产业尽倾……削发山门"，可见塔主弃道从佛，乃生计使然。铭文署"徒觉□、觉悔、觉立、觉照、觉明……徒孙昌普"等，落款"道光十七年丁酉岁正月二十六日"。对照三佛洞舍利塔铭所刊"临济正宗四十八派传流"谱系，可知塔主本正及其徒（觉字辈）、徒孙（昌字辈）分别为临济正宗第二十一至二十三代传人。

二层塔铭刻为圆寂僧德明之塔铭。据铭文载，德明生于乾隆三十三年（1768），为"湖北襄阳府古县城紫金洞人……自幼性直，好善居心。一十二岁，辞俗为僧"，乾隆五十二年（1787）圆寂。该塔铭现已倒卧。

◎观音堂舍利塔

◎ 塔铭一

◎ 塔铭二

岚皋县

岚皋县因地处岚河两岸而得名，"皋"为水边高地之意。清道光二年（1822）设砖坪厅；民国二年（1913）改为砖坪县；民国六年（1917）更名岚皋县，沿袭至今。其位于安康市南部、大巴山北麓，南与重庆城口县接壤。地势由东南向西北倾斜，最高处海拔2 641米，最低处海拔331米，南宫山等五大山系如孔雀开屏，羽盖全境。20世纪发现的肖家坝遗址，印证了新时期时代即有先民在此繁衍生息；南宫山莲花寺遗址见证了北宋以来道教和佛教在此频繁活动。明清时期随着两江、湖广、四川移民的迁入，古盐道、栈道、崖墓、悬棺葬、墓碑楼以及具有徽派建筑风格的周氏武学、祝家祠堂、卢氏祠堂等多有发现和保存，另有千佛洞石窟、朝阳洞石窟、观音砭石窟寺、观音寨摩崖造像，以及太平寺、太平桥、祖师庙、观音庙等。岚皋县现存明代古鉴大士灵塔1座，雕刻精细，塔铭文献价值较高，为陕南有明确纪年的多宝塔式石舍利塔的代表作。

365 · 古鉴大士灵塔

明代多宝塔式三层石舍利塔·省文物保护单位。位于岚皋县石门镇月新村西北约800米处塔坡，南距农场河约200米。为铁佛寺遗存，寺早年废毁，沿革不详。寺址内原有两座石塔，其北侧一座于光绪年间（1875—1908）遭雷击坍塌，仅存残塔基。

现存石塔为古鉴大士生前所修寿塔。建于明正德二年癸丑月（1508年1月），由整石圆雕套接而成，残高4.7米，底径1.2米。塔基为六角形须弥座，各角浮雕扛塔力士，束腰及上下沿部浮雕宝象、狮子、团花、莲瓣及缠枝花纹。塔身一层为圆鼓形，套接六角形平檐；二、三层分别为六棱柱、圆柱形，套接直壁圆檐，上有峰角起伏，檐壁周身饰有团花、缠枝花纹。塔顶已毁，塔刹无存。

二层塔身镌刻塔铭1方，铭文排列较为随意：正中竖刻楷书"临济二十五世嗣祖沙门古鉴大士灵塔"16字，署"舍财造塔俗徒马普净、曹氏妙真"2人。右上横刻"古鉴洞世偈"5字，偈语20字竖排，曰"离幻得自在，真灵永不坏；常住不生灭，法身空劫外"。右侧正文首句为"正德九年二月二十八日未时而逝"，左侧落款为"大明岁次正德丁卯二年癸丑月庚午朔甲申吉日立"。据此，塔主从生前"立"塔到"而逝"之时，间隔6年，正文首句显系后来补刻。而"癸丑月（十二月）"立塔则矫正了年代换算时的阴、阳历隔年之差。现塔略向北倾斜。据当地村民讲述，20世纪70年代耕地时曾在石塔附近发现地宫，出土铜镜、陶佛像等，后将洞口回填。1998年曾加固塔基。

该塔雕刻精细，塔铭文献价值较高，为陕南有明确纪年的多宝塔式石舍利塔的代表作。

2008年9月，陕西省人民政府公布"古鉴大士灵塔"为第五批陕西省文物保护单位。保护范围为东至邱兴润田边，西至程良学田边，南至邱家沟边，北至袁策成地边，东西长50米，南北宽80米；建设控制地带为东至月红公路，西至月新公路，南、北同保护范围。

◎塔座造像

◎塔铭

◎古鉴大士灵塔

紫阳县

紫阳县因道教南宗鼻祖紫阳真人（俗名张伯端）曾在此修行悟道而得名。明正德五年（1510）始设紫阳堡，正德七年（1512）升为紫阳县，沿袭至今。其位于安康市西南部，汉江上游，大巴山北麓，南与四川省万源市接壤，东南与重庆市城口县毗邻，居陕、川、渝三省市交界处，属于典型的省际边关县。地势西南高、东北低，汉江由西向东横贯全境，任河自南而北流入汉江，两条河谷将全县分割为东南部大巴山区、西南部米仓山区、北部凤凰山区及其东部的蒿坪河川道，构成"三山两谷一川"的基本轮廓，最高处海拔 2 600 米，最低处海拔 331 米。紫阳自古为南北文化交汇地，明清时期两江、湖广和四川移民迁入较多。境内曾发现属巴蜀文化的石棺墓群，新发现明清以来少数民族的悬棺葬；分布有新石器时代至商周遗址、战国至唐宋墓葬；保存有川陕古道、栈道、崖窟、崖墓，为数众多、雕刻精美的清代墓碑楼，以及瓦房店北五省会馆、东城门楼、高桥镇廊桥、界岭重庆桥、洞河戏楼、显月寺、仙人洞摩崖题刻、紫阳真人宫、唐氏宗祠、陈家花屋等。紫阳县现存明清砖、石塔共 2 座。其中，东明庵舍利塔与咸阳市武功县的寺背后塔（释迦文佛舍利塔）特征类似，为陕南明代石喇嘛塔的典型代表。

366 · 东明庵舍利塔

明代宝瓶式石喇嘛塔·县文物保护单位。位于紫阳县焕古镇东明庵村。传东明庵为陕南道教发祥地，唐武德八年（625），李渊下诏：道先、儒次、佛后。遂于全国各地兴修道教观庵，东明庵应时而立。贞观年间（627—649）大兴佛教，东明庵遂扩建、演化为佛道合一寺院。另据清康熙本《紫阳新志·祠祀志》载：东明庵在"县西八十里，成化间创建。东明禅师坐化于此，栋宇壮丽，甲于汉南"。清末寺院毁圮，民国二年（1913）重建，但规模不及从前。20 世纪 80 年代尚存土木结构大堂和明代舍利塔各 1 座。大堂面阔五间，进深一间，硬山灰瓦顶，带风火墙，其上施彩画；抬梁与穿斗式混合架构，中梁左、右有"民国二年岁次癸丑冬月初四日立""山主众首士以及梓泥二匠等协力建修"等墨书题记。

塔由整石圆雕套接而成，残高4.6米，底径3.6米。塔基为砖砌须弥座，呈方形折角式样（亦称四出轩），上置圆形束腰仰覆莲台。塔身为覆钵形，正面辟有一龛，内雕跏趺坐佛1尊。塔身覆两层方形折角出檐，上檐大、下檐小，檐下饰刻缠枝花纹。塔脖子呈柱状收分，刻作"十三天"相轮。顶置圆形华盖，盖沿饰刻团花和卷云纹，塔刹不存。该塔基座和塔身上部均为方形折角"四出轩"式样，与咸阳市武功县建于正德十三年（1518）的寺背后塔（释迦文佛舍利塔）特征类似，故建塔时间亦相若，为陕南明代石喇嘛塔的典型代表。

◎东明庵舍利塔

367 · 报恩寺塔

清代六角七层楼阁式实心砖塔·省文物保护单位。位于紫阳县向阳镇贾家坪村南 100 米处半山腰上。清咸丰年间（1851—1861）始建于瓦房店北约 1 公里处的任河岸边，因属安康水库淹没区，1987 年迁建今址。

现塔立于山腰路旁，南距渚河 100 米，周遭林木丰润，植被茂盛。塔平面呈六角形，通高 19.5 米，底边长 2.3 米。塔身逐级收分，各层每面辟一小龛，层间以平砖 6 层叠涩出檐，檐角微翘。各层转角倚柱和额枋描框涂白，昭然醒目。顶层出檐高挑，翼角饰兽头，缀风铃；六角攒尖顶，置宝瓶刹座，承"寿"字画戟形铁刹，直刺天穹。整体轮廓挺拔、俏丽，为紫阳山水一景。

2014 年 6 月，陕西省人民政府公布"紫阳报恩寺塔"为第六批陕西省文物保护单位。保护范围为塔基外延 3 米；建设控制地带为保护范围外延 7 米。

©报恩寺塔

汉阴县

唐至德二年（757）设汉阴县，因县城在汉水南岸而得名；后县城被洪水淹毁，南宋绍兴二年（1132）移县城至月河川道中部，县名未改，沿用至今。其位于安康市中部偏西，地处秦巴腹地，北枕秦岭，南倚巴山，凤凰山横亘东西，汉江、月河分流其间，形成"三山夹两川"的地貌格局。最高处为凤凰山主峰，海拔2 128米；最低处为漩涡镇，海拔290米。境内分布有新时期时代至秦汉遗址、汉至唐宋墓群和清代墓碑楼，保存有古栈道遗址、关门石摩崖题刻、朝阳洞石窟，以及汉阴城墙、汉阴文庙、菩萨泉观音殿、凤凰山铁瓦殿、魔芋山庙、涧池同心桥、双河口老街等。被誉为"沈氏三贤"，中国新文化先驱及大师的沈士远、沈尹默、沈兼士三兄弟出生于县城民主街老宅，今于附近新设有"三沈纪念馆"。汉阴县现存清代砖、石塔共3座。其中，汉阴文峰塔矗立于老城墙东南角台上，其选位系陕西省内现存同类建筑中所仅见。

368 · 汉阴文峰塔

清代六角五层楼阁式空心砖塔·省文物保护单位"汉阴城墙"附属建筑。位于汉阴县城关镇老城墙东南角台上。据《汉阴县志》载，城始筑于明成化元年（1465），清乾隆三十二年（1767）重修；嘉庆十八年（1813）于城壕旁植柳，四隅各建炮台，北城设谯楼1座、敌楼3座；同治十二年（1873）因"邑士累科，无能登桂"，为振文风，由时任汉阴通判傅汝修和乡绅欧智敏、邓世玛主持，在城东南角台上修建文峰塔，次年落成，塔内供奉文昌帝君。

塔平面呈六角形，通高23.6米。塔基以条石砌筑，底边长3.8米。塔身底层相间辟券门、圆窗，二、三、四层每面辟券门或假方门，顶层每面设镂空花格券窗。层间飞檐挑角，缀风铃，翼角饰脊兽；檐下及额枋描框涂白，间饰彩绘花卉纹带。塔顶六角攒尖，置仰覆莲座，承宝瓶式塔刹。底层正面额题"腾蛟起凤"；三层额题"文星高照"，两侧楹联曰："塔势凌云开笔晖，人文启秀焕奎光"；

四层南、北面均有额题"文峰塔"3字，北面为石匾额。各层额题、楹联皆用碎瓷片贴塑，工艺上乘。塔内原设木梯已毁。塔顶生一树，四季常青，久旱不枯，誉为奇观。

1986年及近年，当地政府对城门、城墙及文峰塔周边箭垛进行过多次维修。

2003年9月，陕西省人民政府公布"汉阴城墙"为第四批陕西省文物保护单位。保护范围为南城墙东西长600米，墙基南、北外延25米，东至东城街，西至西城街；西城墙南北长300米，墙基东、西外延25米，南至南城墙基，北至西城壕11号周经武宅；文峰塔塔基四面外延40米。建设控制地带为城墙保护范围四面外延10米；文峰塔保护范围四面外延10米。

◎ 塔身局部

◎汉阴文峰塔

369·离尘寺道士墓塔

清代六角二层楼阁式石塔。位于汉阴县汉阳镇天池村南3公里。为离尘寺附属遗存，寺始建年代不详，清代重修，系佛、道合一寺院。1987年"二普"时尚存正殿1座，内置佛、道木雕像17尊和清同治九年（1870）款《宽免离尘寺差费》碣、光绪三十四年（1908）款《戒徒传业碑》各1通（方）。由于年久失修，近年寺殿毁圮，寺址辟为耕地。

寺址附近残存道士墓塔一处。墓为圆丘形封土，坐北朝南。前筑六角形石塔，残高3.4米，底边长1.34米。塔身底层辟方形门洞，内设塔室，门两侧石刻楹联："永修登步清虚道，了尘复位妙宫严。"塔身二层实心，层间出檐平浅。塔顶残损，塔刹不存。原底层门洞嵌光绪七年（1881）款墓碑1通，20世纪遭盗掘，墓碑现置塔旁空地上。

◎离尘寺道士墓塔

370·东岳庙道士墓塔

清代六角三层楼阁式砖石塔。旧称"中坝佛塔",位于汉阴县涧池镇军坝村西南约 500 米处东岳庙遗址东侧,现东、北两面与民宅相邻,南为耕地,东北距张家祠堂约 60 米。为东岳庙附属遗存,庙早年毁圮,沿革不详。

原塔残高 4 米,底边长 2.4 米。塔基方形,高 1.1 米。塔顶残毁,塔刹不存。现塔经后人修葺,以砖石加砂浆、石灰包砌,已失原貌。周围植被茂盛,爬山虎攀缘塔顶。

◎东岳庙道士墓塔

石泉县

石泉县因"城南石隙多泉，径流不息"而得名。西魏废帝元年（552）设石泉县，后世撤并、复置、隶属多变；1958年曾将石泉、汉阴和宁陕3县合并为石泉1县；1961年恢复原3县建制。其位于安康市西部，秦巴腹地，北依秦岭、南枕巴山，汉江横贯东西，形成"两山夹一川"的基本轮廓。最高处为北部云雾山，海拔2 009米；最低处为南部石泉嘴，海拔333米。古时连通京师长安的子午道和汉江航运在此交汇，是出秦入楚进川的水路要津，还是鬼谷子文化的重要发祥地，云雾山素有"陕南小武当"之称。20世纪发现的马岭坝遗址，对研究史前文化遗存在陕南的分布及内涵具有重要的价值；出土的汉代鎏金铜蚕，被称为"丝绸之路在中外经济文化交流中起纽带作用的标志"。境内分布有新石器时代至秦汉遗址、子午道遗址、鬼谷岭遗址，战国至唐代墓群；保存有千佛洞石窟、手扒岩石窟寺、莲花石摩崖造像、石泉老街及禹王宫、熨斗镇老街、江西会馆、关帝庙、罗家祠堂、汪氏民居、邓氏民居等。石泉县现存明清砖、石塔共2座。其中，吴家寨墓塔（俗称"将军塔墓"）的修筑与清末陕南战乱的时代背景有关，旨在祈神灵、佑平安。

371·双桥村舍利塔

明代幢式石舍利塔。当地称为"唐僧塔"，位于石泉县城关镇双桥村汉江东岸三级台地一缓坡上，西距汉江150米，北靠山丘。为寺院遗存，寺早年废毁，沿革不详。

塔在"文革"时期被附近村民推倒，塔顶构件被坡下砖厂填入厂址地基中。现存塔基、塔身构件6个散落于塔址周围。塔基和塔身均呈六角形，直径0.6～0.8米不等，构件正中凿有榫槽，可予以套接，从而部分恢复原貌。

◎双桥村舍利塔

372 · 吴家寨墓塔

清代八角三层楼阁式石塔。俗称"将军塔墓",位于石泉县饶峰镇红联村,北距吴家寨遗址 1 公里。传为南宋抗金名将吴玠之衣冠冢及将军塔。封土圆丘形,底径 3 米,高 1 米。墓前筑石塔,残高 5 米,底层每边长 0.9 米。塔基方形,底边长 2 米。塔身片石垒砌,逐层收分显著。一、二层八棱体,三层圆柱体。塔顶已毁,塔刹无存。底层空心,面南辟长方形门洞,内立同治二年(1863)款"前朝古墓将军之神位"碑 1 通。塔室洞开,附近民众常年点烛焚香,以奉将军神位。

史载,同治年间(1862—1874)正值陕西"回民起事",而肇端于云南的李蓝起义军(李永和、蓝大顺的合称)及太平军陈德才部亦先后进入陕南汉中、安康地区活动。战事频仍,给人民财产造成巨大的损失。民间修筑"将军塔",当与这一时代背景有关,旨在祈神灵、佑平安。

◎吴家寨墓塔

◎塔内碑碣

宁陕县

宁陕之名源于清嘉庆五年（1800）改"五郎厅"为"宁陕厅"，取"安宁陕西"之意。民国二年（1913）改厅为县，沿袭至今。其位于秦岭中段南麓，安康市西北部，属长江流域汉江水系上游地区，北部与西安市长安区、鄠邑区、周至县接壤，西部与汉中市佛坪县毗邻。秦岭主脊横亘于县域北境，为中国南北气候的过渡带，是长江、黄河水系的分水岭。县境最高处在秦岭东梁，海拔2 965米。发端于汉代的关中通往汉中的子午道老路沿境内旬河和池河向南延伸，新路自沙坪分岔向西南延伸，沿两条路线发现有栈道和栈桥遗址数十处。境内重要遗存有唐代观音山摩崖题刻、明代核桃坪摩崖题刻、龙王坪摩崖题刻，以及城隍庙、莲花寺、百子堂、五郎厅（宁陕厅）故城等。宁陕县现存明清古塔11座，以多宝塔式石舍利塔为大宗，是陕西这一类型石塔分布最为集中的县域之一，其中以藏文禅师舍利塔和观音山舍利塔为典型，后者塔体及塔前供台均雕工精致，保持完好。

373 · 田坝石塔

明代多宝塔式三重檐石舍利塔·县文物保护单位。位于宁陕县城关镇贾营村西南约500米处田坝北端稻田中，南距汉江二级支流"东河"约450米。为寺院遗存，寺早年废毁，沿革不详。

塔由11块青石圆雕套接而成，通高4.33米。塔基为六角形须弥座，每边长0.6米，上部每面线刻蔓草花纹，其上置仰覆莲座，承圆鼓形塔身。鼓身高近1米，面东辟拱形龛，内雕跏趺坐佛1尊。鼓身套接圆盘石，承方形三重塔檐，檐面棱角分明，饰刻瓦垄和滴水。顶置仰莲座，承三级串珠式塔刹，其中第二级宝珠东面凿龛，内雕坐佛1尊，刹顶南北两侧有浮雕幡带两条，垂至莲座上方。现塔身向西北倾斜约10度。

田坝，在陕南特指堤岸旁边的田地，有的演化为地名，有的仅为习惯称谓。

◎田坝石塔

374 · 藏文禅师舍利塔

明代多宝塔式四层石舍利塔·县文物保护单位。位于宁陕县太山坝村东偏北约 5 公里的塔湾，北靠山崖，南距罗木沟约 1 公里，西距塔湾约 100 米，东为林地。为寺院遗存，寺早年废毁，沿革不详。

塔建于明隆庆年间（1567—1572），由整石圆雕套接而成，通高 6.5 米。塔基为六角形须弥座，底径 2.2 米，上置仰莲座。塔身底层为圆鼓形，正面凿平，刊刻隆庆年款藏文禅师塔铭 400 余字，文多漫漶；二、三层为六角形，第三层每面浮雕跏趺坐佛造像；四层圆鼓形。层间均作六角挑檐，刻出 3 层叠涩式样，棱角分明。顶覆六角形华盖，置仰莲座，承宝瓶式塔刹。

◎塔铭

◎藏文禅师舍利塔

375 · 观音山舍利塔

明清时期多宝塔式三层石舍利塔·县文物保护单位。位于宁陕县太山庙乡长坪村观音山莲花寺北约100米处森林中。为寺院遗存，寺早年颓废，近年恢复。

塔为整石圆雕套接而成，通高约5米。塔基为六角形须弥座，底径3米，上置仰莲座。塔身一层为圆鼓形，周身浮雕花卉图案，南向辟壶门形龛，内雕坐佛已佚；二、三层为六角形，周身浮雕直棱纹饰。层间作六角挑檐，雕出明晰的瓦垄和圆椽。塔顶覆六角重檐华盖，置仰莲座，承宝珠式塔刹。塔前置方形石供台1座，台两侧有粗壮的平行棱纹饰浮雕，正面界隔为四幅画屏，依次为狮、虎、猴、鹿等浅浮雕图案。

该塔及供台均雕工精致，保持完好。

◎塔座

◎观音山舍利塔

376 · 塔儿坪舍利塔

明清时期多宝塔式四层石舍利塔·县文物保护单位。位于宁陕县广货街镇蒿沟村北约 2 公里处，东距民宅约 80 米，西为山坡，南为塔儿坪，北依山梁。为寺院遗存，寺早年废毁，沿革不详。塔原在稍远处，21 世纪初，村民移到现址。

塔为整石圆雕套接而成，通高 3.85 米。塔基为六角形须弥座，底径约 1 米，上承仰莲座。塔身底层为圆鼓形，正面辟方龛，上置六角形平檐，檐壁浮雕缠枝花卉。二、三、四层为六角形，二层正面浮雕跏趺坐佛 1 尊，另五面浮雕狮子、灵猴、仙鹤及花卉图案；三、四层各面浮雕菱形网状图案；层间套接六角挑檐，饰刻瓦垄、滴水。塔顶覆六角形华盖，置三级串珠式塔刹，原串珠下有莲花座，搬迁中遗失。

现塔被村民用红绸花布缠绕，时常有祭拜活动。

◎塔儿坪舍利塔

377·红莲寺舍利塔（2座）

明清时期多宝塔式石舍利塔，2座。又称塔儿梁舍利塔，位于宁陕县广货街镇蒿沟村西北约3公里的塔儿梁，南为陡坡，东距铁板沟150米。为红莲寺附属遗存，寺早年废毁，近年恢复。遗存有石舍利塔2座，一座尚好，距寺院稍远；另一座倾倒，位于红莲寺近旁，地面散见塔基、塔身和莲座等构件。

保存尚好的一座为二层石舍利塔，由整石圆雕套接而成，通高3.2米。塔基为六角形须弥座，底径0.6米。塔身底层为鼓形，正面辟有方框，内凿拱形龛。二层为六角形，正面浅浮雕跏趺坐佛，其余各面浅浮雕花卉图案。层间出六角形平檐，檐壁浅浮雕花卉图案。顶置覆盆座，承三级串珠式塔刹。

◎二层塔身佛造像

©红莲寺舍利塔

378·塔坪舍利塔（2座）

明清时期多宝塔式石舍利塔，2座·县文物保护单位。位于宁陕县皇冠镇朝阳村西南约1.5公里处的塔坪（小地名）。为寺院遗存，寺早年废毁，沿革不详。

遗存石舍利塔2座，其中一座已倒塌，石构件散落地面（可恢复）；另一座立于郭氏民宅院内，为倒塌后的简单恢复，部分构件仍置于塔旁1米处。恢复的塔体，残高2.4米。塔基为六角形须弥座，底径1.2米，座上沿浮雕花卉图案。塔身为圆鼓形，上部应为六角形塔檐，但未予安装。现状为串珠式塔刹径直套接在塔身上，使该塔上部失去原貌。

◎塔坪舍利塔之一

379·宝塔坪舍利塔

明清时期多宝塔式石舍利塔。位于宁陕县太山庙乡油坊村西约2公里处的宝塔坪(小地名)。为寺院遗存,寺早年废毁,沿革不详。

遗存舍利塔1座,以整石圆雕套接而成。坐北朝南,残高2.1米。塔基为六角形须弥座,底径1米,上置双层仰莲座。塔身为鼓形,辟上下两个佛龛,内雕跏趺坐佛,面相已风蚀模糊;龛两侧及周边浮雕团花等图案,北面有刻铭,已漫漶。塔身上部覆三重塔檐,疑其曾经倒塌过,经后人简单恢复所致。底檐为扁圆形,饰刻莲花、瑞兽图案;中檐为圆形华盖;上檐为方形叠涩挑角。塔顶残毁,塔刹不存。该塔上部似因简单恢复,遗缺构件,故已失原貌。

◎宝塔坪舍利塔

380·雷家沟舍利塔

明清时期多宝塔式三层石舍利塔。位于宁陕县广货街镇沙沟村西约4公里的雷家沟。为寺院遗存，寺早年废毁，沿革不详。

塔为三层，已倒塌。塔体构件散落地面，构件有六角形须弥座、一层鼓形塔身和二、三层六角形塔身，以及六角形华盖、宝珠刹等。须弥座每边长0.68米，高0.45米。一层鼓身径0.7米，高0.48米，正面凿有方龛。二层塔檐径1.16米，塔身高0.45米，正背两面浮雕有跏趺坐佛，已风蚀模糊。六角形华盖径0.8米，刻有脊楞和瓦垄。

构件均布满苔藓，清理后可套接、复原。

◎塔残件

381 · 莲花寺舍利塔

清代六角形单层幢式石舍利塔·县文物保护单位。位于宁陕县太山庙乡长坪村莲花寺北约 100 米处。寺早年废毁，近年恢复。

塔坐落于山崖上，通高 1.8 米。塔基为六角形须弥座，底径 1 米。塔身呈六角柱状，正面镌刻塔铭，多漫漶，可辨"光绪十二年"款。顶置六角翘檐华盖，承宝珠式塔刹。宝珠被信众用红绸缎缠裹，时有祭拜活动。

◎莲花寺舍利塔

三、商洛古塔

商洛因境内有商山洛水而得名。其位于陕西省东南部，东经108°34′20″～111°1′25″，北纬33°2′30″～34°24′40″之间，地处秦岭东段之南，与湖北、河南两省交界。辖境东西长229公里，南北宽138公里，总面积19 292平方公里；辖商州区和洛南、丹凤、山阳、商南、镇安、柞水6县。

商洛地质构造跨秦岭地槽褶皱带和华北地台南缘的商渭台缘褶皱带，地形地貌结构复杂。境内有六大山脉和五条河流纵横交错，岭谷相间排列，素有"八山一水一分田"之说。地势西北高、东南低，由西北向东南伸展，呈掌状分布。最高点在柞水县北秦岭主脊牛背梁，海拔2 802.1米；最低点在商南县梳洗楼附近丹江谷地，海拔215.4米。域界跨黄河、长江两大水系，属半湿润山地气候，生态旅游资源丰富，素有"秦岭药库"之称。商洛市区坐落于丹江之北，南屏龟山，北依金凤山，形如鹤翔，故有"鹤城"之美誉。

商洛为华夏黄河文明与长江文明碰撞、融合之地。夏商时属《禹贡》九州中的"梁州"和"豫州"，西周时属都方，春秋属上都、晋上雒及楚地，战国时属秦、楚之域。秦始皇二十六年（前221）置上雒、商（县），汉因之，曹魏改"上雒"为"上洛"，西晋设上洛郡，领上洛、商县和丰阳3县。以后郡、州、路、道名称和隶属屡有更易，域界基本与今相若。商洛历史悠久，洛河、丹江、金钱河、乾佑河、旬河沿岸有多达数百处旧石器时代遗存。其中，洛南旧石器遗址群（以花石浪洞穴遗址为代表，被评为1997年度"全国考古十大新发现"）分布密度为国内外所罕见，所出阿舍利类型手斧、薄刃斧等工具，在迄今中国乃至东亚地区阿舍利工业器物发现中最为集中，证实了早在距今25～50万年的中更新世中晚期即有人类在此繁衍生息。商州紫荆遗址是南北原始文化并存或融合的典型遗存；东龙山遗址被国家"夏商周断代工程"列为"文化分期与年代测定"专题；其他重要遗存有武关道遗址、商山四皓墓、商洛崖墓群、棣花镇二郎庙、商州故城、龙驹寨船帮会馆、山阳骡帮会馆、洛南文庙、镇安黑龙庙、塔云山寺、米粮寺、朝阳观、太阳山乾初洞摩崖题刻、云盖寺及云盖寺镇老街等。

商洛市现存古塔 11 座，其中，商州区 2 座、丹凤县 3 座、山阳县 5 座、镇安县 1 座。坐落于山阳祖师梁上的丰阳塔，为商洛境内现存年代最早的砖塔，保留了北宋咸平元年（998）丰阳改名山阳前的冠名称谓，是地名沿革和早期风水塔研究的珍贵实物资料；位于丹凤县土门镇的老安沟石塔（2 座）为喇嘛塔造型，是研究陕南古塔形制和藏传佛教影响的舍利塔实例；同为喇嘛塔造型的还有山阳县的铁瓦殿僧人墓塔（2 座）和宝峰塔，后者塔脖四角饰刻山花蕉叶，仿若"宝箧印塔"的局部变异，为省内鲜见；坐落于镇安县塔云山寺的念功塔，为有明确纪年和名讳记载的道士塔，塔壁所题七言诗饶有趣味，塔碑载道士生平甚详。历史上，自春秋战国时期开辟的武关道（唐称商山路）和形成于唐天宝年间（742—756）的上津道均经过商洛，以大型风水双塔著称的东龙山双塔即位于武关道一侧，而前述丰阳塔位于上津道上，足证古塔与古道路的密切关系。

商洛古塔列表

序号	古塔名称	时代	形制	保护级别	地址
382	东龙山双塔（2座）	明代	八角多层楼阁式砖塔	省保	商州区大赵峪街道东龙山村西
383	凤冠山石塔	明代	六角四层楼阁式道士塔	未定	丹凤县县城北侧的凤冠山南坡上
384	老安沟石塔（2座）	明代	宝瓶式石喇嘛塔	县保	丹凤县土门镇八龙庙村
385	丰阳塔	宋代	六角九级密檐式空心砖塔	省保	山阳县城西北隅的苍龙山祖师梁上
386	庙沟石塔	明代	多宝塔式三层石舍利塔	未定	山阳县色河铺镇庙沟村
387	铁瓦殿僧人墓塔（2座）	明清	宝瓶式石喇嘛塔	未定	山阳县莲花池乡东寺沟村
388	宝峰塔	清代	宝瓶式石喇嘛塔	未定	山阳县南宽坪镇安家门石梯子村
389	念功塔	清代	六角三层道士塔	"省保"附属遗存	镇安县柴坪镇关坪村塔云山上
合计	11座	含县级以上文物保护单位及其附属遗存共4处6座。其中"省保"2处3座，"县保"1处2座；"省保"附属遗存1处1座			

商州区

商州，汉以名县，北周以名州，历代设州置县，或州县同设，交替沿革繁复。商州区前身为商州市、商县、商州、洛州、上洛侯国、上洛县、上雒、上都、都方，治所分别在今商州城和古上洛（寒川佛诞公园孝义古城村）附近。商州盆地位于丹江上游，处于低山丘陵区域，盆地周边有高山环绕。丘陵区域山势低缓，坡塬较多；在丹江流域两岸，分布有南秦河、砚川河、荆河等较大支流。商州区现存东龙山双塔 2 座，地处古时候的武关道上。所在地东边即为龙山自然村，位于商州城城郊，南临丹江，北依高山，西（安）南（京）铁路从其北边穿过，其南侧有 312 国道、陕沪高速穿过，东西两侧与邻村相连成街。

382 · 东龙山双塔（2座）

明代八角多层楼阁式砖塔，2 座·省文物保护单位。位于商州区大赵峪街道东龙山村西。均建于明万历十九年（1591），南临丹江，耸立东龙山上，为旧时商州的风水塔和标志性建筑。双塔南北相望，间距约 300 米。

南塔九层，高 31.5 米，底边长 4.2 米。底层西北向辟券门，门高 1.9 米，宽 0.97 米；二至四层相间辟券门；五至九层素面。层间叠涩出檐，施菱角牙子。塔顶平砖攒尖，置仰莲座，托宝瓶式塔刹。底层檐下施仿木结构额枋，饰砖雕神龙、麒麟、糜鹿、水鸟、牛、马、虎、兔等瑞兽和花草图案一周。塔内中空设梯，可登临至四层。塔身整体挺拔，收分柔和。

北塔七层，高 19.6 米，底边长 2.66 米。底层西向辟券门，门高 2.06 米，宽 0.94 米；二至五层相间辟券门；六、七层素面。层间叠涩出檐，施菱角牙子。底层檐下有波浪式额枋装饰，并施砖雕动物和花卉图案，转角处饰垂莲柱；二层每面依次刻八卦图案；三层以上收分骤急，整体造型有如锥状。塔顶平砖攒尖，塔刹残损。

南北双塔虽大小有别，但因北塔矗立位置较高，远观高低相若，浑然无异。

关于建塔缘起，传说有二。一说为震慑龙头，因东龙山南端南伸，堵截丹江成湖，危及州城安全，故建风水塔以镇之。二说万历年间（1573—1620）修葺商州城墙，所用城砖皆由百里之遥的龙驹寨运来，由于山道崎岖，运输队列成了长蛇阵，以致砖已足数，后续还源源不断，待停运令传至龙驹寨，城砖已多出50余万块。于是，抚治商洛道王孟煦和知州王以孚议定，将多余城砖运至东龙山分别修筑了两座宝塔，以祭尧女和镇守商州风水。

双塔于1983年有维修。

2008年9月，陕西省人民政府公布"东龙山双塔"为第五批陕西省文物保护单位。保护范围以塔中心为基点，东到商洛师范学校（现商洛学院）总务楼，西、南、北均至学院院墙；建设控制地带为保护范围四周各外延25米。

◎ 东龙山双塔（南塔）

◎ 东龙山双塔（北塔）

丹凤县

丹凤县因县城南临丹江、北依凤冠山而得名。地势西北较高，东南偏低，河谷相间，呈"掌"状地貌，被称为"九山半水半分田"的土石山区。丹凤古为殷契所封之商国，商周时为古都国地，春秋时为楚地；公元前351年被秦国占据，后为商鞅封地。汉初为四皓隐居之处。唐代元稹、白居易等诗人常吟游于此。金代修有二郎庙，香火绵延至今。丹凤县现存凤冠山石塔和老安沟石塔共3座，前者为道士塔，后者为藏传佛教舍利塔遗存。

383 · 凤冠山石塔

六角四层楼阁式石塔。位于丹凤县县城北侧的凤冠山南侧半山坡上。凤冠山原名鸡冠山，因山的形状犹如凤凰鸟的头冠，故名。北宋时，这里是张紫阳修道之地。

塔为花岗岩质地（当地俗称磨子石），残存基台、塔座和一层塔身，周围有散落的塔檐等构件。基台叠涩四层，最底层高约40厘米，最上层每边雕刻覆莲花瓣。塔座束腰为六边形，每面长方形框内无图案，束腰上部残损严重。一层塔身每面刻浮雕团花菊纹图案1个。从残存的塔体造型和塔身菊花纹图案风格判断，该塔应是明代中晚期的道士塔。

2005—2008年，丹凤县整修凤冠山道教洞窟遗存，在石塔原址上，保留了原塔基台和塔座束腰，重新修建石塔，恢复了塔身一、二、三、四层及塔顶和塔刹。

◎凤冠山石塔（历史照片）

◎凤冠山石塔

384 · 老安沟石塔（2座）

明代宝瓶式石喇嘛塔，2座·县文物保护单位。又称庵村石塔、大安明古塔、八龙庙舍利塔。位于丹凤县土门镇八龙庙村八组，两塔相距约400米。均由整石套雕而成，各高3.8米和4.5米。塔座方形三级，仿须弥座式样，底边长1.5～1.6米。塔身一为圆鼓形整石，一为上下圆石套合，周长2.9～3.1米，皆南、北各辟一方龛。上置仰莲座，承塔脖子，刻作"十三天"相轮；塔脖上复置莲座，承宝瓶式塔刹。塔身有裂隙、残缺、风化，塔基部分已被黄土掩埋。

老安沟石塔系藏传佛教舍利塔遗存，造型古朴，比例匀称，保存尚完整，为研究商洛境内的古塔形制及宗教文化传播提供了实物证据。

◎老安沟石塔一

◎老安沟石塔二

山阳县

山阳县因县城坐落于商山之南，故名。西晋泰始二年（266），分京兆南部及平阳北部设置丰阳县，属上洛郡，为置县之始；北宋咸平元年（998）改名山阳县；金贞元二年（1154），废县为镇；元代复设丰阳县，属奉元路；明成化十二年（1476）再改山阳县，沿袭至今。山阳县地处古上津道上，境内有陕南佛教名山天竺山、著名风景地金钱河谷。山阳县现存古塔5座。其中，丰阳塔是商洛境内现存年代最早、保存最完整的砖塔。

385 · 丰阳塔

宋代六角九级密檐式空心砖塔·省文物保护单位。位于山阳县城西北隅的苍龙山（古称丰山）祖师梁上。因地处古丰阳县而得名，是旧时山阳的标志性建筑。

塔始建于唐永徽三年(652)，宋代重修，清咸丰年间（1851—1861）及民国时修葺。塔身上部早年已毁。现残存七级，残高21米，底层每边长2.54米。塔砖以红土胶结、垒砌。塔身底层较高，正面辟券门；以上隔层相间辟券门或隐作假门、窗。层间砖雕斗栱、双排椽头、菱角牙子叠涩出檐，三层以上斗栱为五铺作出双抄，以下为六铺作出三抄，补间铺作上下均为一朵，布置疏朗。二层以上增设平座钩栏，有砖雕和线刻花卉、动物等图案装饰。第七层骤然收小、结顶，应为后代所补葺。底层东面嵌有清咸丰十年（1860）二月捐修的古塔碑1通。

据民间传说称，丰阳塔原为九层，高六丈许，为神祇所修。因邻近的镇安境内常有妖怪摄食路人，祖师派雷神把丰阳塔上的三层拿去镇降妖怪。由此推测，丰阳塔的七、八、九级塔身很可能毁于一场雷暴或地震。

据有关史料记载，"彼时置丰阳县，始有丰阳塔，县之徽兆也"。丰阳设县为西晋泰始二年（266），北魏、隋、唐因之，北宋咸平元年（998）改名山阳县。由此推知，丰阳塔重修年代最迟在咸平元年改易县名之前。丰阳虽改山阳，丰阳塔之谓，历千年不改。

2009年，山阳县人民政府出资维修。

2014年6月，陕西省人民政府公布"丰阳塔"为第六批陕西省文物保护单位。保护范围为东至祖师梁山根，南至祖师梁山根，西至祖师梁山根，北至公路。

◎丰阳塔

386·庙沟石塔

明代多宝塔式三层石舍利塔。位于山阳县色河铺镇北 8 公里的庙沟村三组杨学友宅南约 150 米台地边缘。为寺庙遗存，寺早年废毁，沿革不详。

塔通高 4.5 米，底径 1.75 米。由整石逐级套雕而成。塔基为八角形须弥座，束腰部位浮雕宝象、金刚力士。塔身底层为鼓形，原刻有塔铭，已佚；二、三层为八角形，浮雕有一佛二弟子、菩萨、罗汉及花草纹样浮雕。层檐亦作八角形，饰线刻花卉，雕出挑檐、瓦垄。顶置八棱华盖，承宝珠塔刹。现塔身稍有倾斜。

◎塔身佛造像一

◎塔身佛造像二

◎庙沟石塔

387·铁瓦殿僧人墓塔（2座）

明清时期宝瓶式石喇嘛塔，2座。位于山阳县莲花池乡东寺沟村古墓沟村，地处天竺山南坡山腰密林之中。天竺山为县境内最高的山峰，海拔高1 674米。山顶庙宇始建于唐代，后世沿用，为陕南著名的古刹之一。因山高风大，古刹屋面陶瓦常被大风掀起，遂改铸铁瓦覆之，称为铁瓦殿。古刹早年已毁，仅存石舍利塔2座，均残缺上部。一座残高2.4米，塔基为六角形须弥座，束腰部位浅浮雕花卉，其上为仰莲座，置覆钵式塔身，周长3.2米，面南辟龛。原有塔铭已佚、塔刹不存。另一座残高2.2米，塔基为六角形须弥座，塔肚子（塔身）为覆钵式，周长2.8米。塔刹无存。两塔处于潮湿林地，周身布满苔藓。

◎铁瓦殿僧人墓塔

388·宝峰塔

　　清代宝瓶式石喇嘛塔。位于山阳县南宽坪镇安家门石梯子村十里沟村北500米。系藏传佛教舍利塔遗存，残高2.9米。由整石逐级套雕而成。塔座呈八角形，底边长0.6米。塔肚子（塔身）为覆钵形，上下沿浅浮雕仰覆莲瓣，周围线刻缠枝花纹；面西辟拱龛，其内线刻佛像。上置方形重台刹座，覆"四阿顶"盖，如汉阙式样；塔脖子四角饰刻山花蕉叶，仿若"宝箧印塔"的局部造型；塔脖刻有平行线纹10多道，为"十三天"相轮的变型。刹顶无存（原坠落近旁，已佚）。该塔上部形制较异，为陕西省内鲜见。塔旁立清同治年款"宝峰塔"碑1通，已泐。

◎宝峰塔

镇安县

明景泰三年（1452）因安置咸宁、长安二县散民设县，名镇安，沿袭至今。其域界，商周时为蜀地，春秋时为楚之酆地，战国时归楚郇阳地；秦统一后，属汉中郡辖地；唐武则天通天元年（696）置安业县，属商州，为镇安设县之始。有唐一代及后世屡有改易，至明代始称镇安。镇安县是西安通往安康的必经之地，也是联系陕西与湖北的天然纽带，素有"秦楚咽喉"之谓。镇安县现存塔云山念功塔1座，该塔造型独特，塔壁所题七言诗饶有趣味，塔碑载道士成明达生平甚详，为商洛境内鲜见的珍贵道士塔遗存。

389 · 念功塔

清代六角三层道士塔·省文物保护单位"塔云山寺"附属建筑。位于镇安县柴坪镇关坪村海拔1 665米的塔云山上。寺始建于明万历二十五年（1597），清乾隆至光绪年间多次增建和重修。塔云山旧称"讨儿山""塔尔山（谐音）"，光绪三年（1877），进士晏安澜改今名，寺亦因之。它是一处依山势布局，集人文历史和自然景观为一体的道教建筑群落，共有寺观、庙殿、堂馆及道士塔等17处，大致分布南、北两区。南区位于塔云山主峰南侧，两边及北端为陡崖。建筑自南而北折向东，呈曲尺形布局。由山顶而下的南北轴线上依次有金顶（殿）、倚天门、舍身殿、八仙堂、五福楼、念功塔等，上下相差约200米。

念功塔为道士成明达"坐化藏身"之所，依崖而建，用页岩质石板材构筑。通高6.5米，基座底边长1.5米。塔身底层中空，面东设方框石门；二层平面稍不规则，面东辟方门；三层收分明显，低矮。一、二层正面出45度翘檐，其余各面出石板平檐。塔顶平行叠压长2米左右的规整石板数层，上置六角重台重檐刹座，承宝瓶式塔刹。底层门框刻"果满善圆千秋巩固，功高德厚万古流芳"楹联，落款"大清光绪壬辰年"。周壁题有"菩提本是善人栽，培得根深花自开，瑶枝遍满三千界，受福还需造福来"和"半世从未染红尘，自是蓬莱第一人，身古熏名云玉石，念功塔里贮阳春"等诗句。附近有光绪款"念功塔"碑1通。

念功塔碑，青石质，盝顶，座佚，高1.05米，宽0.6米。光绪十七年(1891)立石。额题"念功塔纪"4字，首句为"立出合同议立塔……"云云。文载"……在寺二十余年……赎回当地……重修山上山下庙宇七所……今年六十有九，勤苦不辍……其徒数人念乃师之功同于开山之祖，请立石塔以为坐化之所"，本来立塔"已开基矣"，然"左右居人谓其不便弗许"，遂相约"另择塔尔山山根五福楼左右可以立塔，既无损于名胜亦无碍乎庙宇"，因议约签此合同"立石塔……日念功塔……刊石永远为据"。由碑文知，今塔云山寺旧称塔尔山寺，寺内五佛堂旧称五福楼。

2003年9月，陕西省人民政府公布"塔云山寺"为第四批陕西省文物保护单位，同时公布保护范围。文物保护区面积1.17平方公里：东至龙头山中垭，西至西翅山三道凸，南至吴宅房后，北至打儿窝下侧。建设控制地带面积1.63平方公里：东至龙头山三道凸，西至西翅山长槽圈眼洞，南至头道崖，北至曾家沟老朳畔。

◎念功塔

下编

寂灭与呈现

JIMIE YU CHENGXIAN

第四章 近百年消失的陕西古塔

简 述

古塔为华夏文明的载体之一,自汉明帝永平年间(58—75)佛教获得朝廷承认,初步建立了它的传播基础和规模,这种源于古印度,音译为"窣堵波""浮图""浮屠""佛图"等名谓的瘗埋佛舍利或僧人灵骨的"圆冢"和"方坟"就在古代中国留下了踪迹。随着时代的演进,它嬗化出崭新的建筑形制,出现了原型(覆钵式塔)以外的多形状、多层级建筑个体。这无疑是融入和继承汉民族建筑传统并发扬光大的必然结果。塔的性质和用途则多样化,出现了供养塔、藏经塔、金刚宝座塔、料敌塔、风水塔、文峰塔、过街塔、喇嘛塔(藏传佛塔)、道士塔、宣礼塔(伊斯兰教"邦克楼")等,质地则砖、石、玉、木、土、铁、铜、琉璃等一应俱全。中国最早的木结构"浮图"见载于《后汉书》《三国志》《水经注》等典籍,所描述的是具有恢宏气势的木结构楼阁式塔。《水经注》谈到汉魏洛阳永宁寺有"九层浮图",即当时所见最高的九层木塔。由于年代久远,木质易朽,汉魏时期的木塔已无迹可寻,但其雏形在东汉至三国时期墓葬出土的画像砖塔、黄釉陶塔和绿釉陶望楼模型群里可窥一斑,其经典式样则在1984年洛川县土基镇鄜城村出土的北魏神龟元年(518)的刘文郎造像碑侧所刻佛塔图可领略大概。砖石塔因质地坚固,可抵风雨侵蚀,故遗存至今的古塔大多为砖石结构,时代多为唐宋迄于明清。

通过第三次全国文物普查获悉,截至2012年,陕西地面尚存不可移动古塔517座（含明清土塔，过去较少计入）。倘时间向前推移五六十年，陕西尚存不可移动古塔可能抵近乃至超过1 000座。笔者在编纂《陕西省志·文物志》和《陕西古塔全编》的过程中，在实地踏查与核对多种著述资料，以及检索个人拍摄、收藏的古塔照片时，为一些已经消失的古塔颇感遗憾和惋惜，也为一些名塔能躲过一劫而深感欣慰。就笔者掌握的资料而言，确知近百年消失的陕西古塔至少有400余座。其中，有一部分是在清末至民国时期毁圮的；有近350座是20世纪50年代至"文革"中被人为拆除的；有40余座是近30年颓毁、拆毁和盗毁的。追想20世纪50年代初，位于蒲城中学校园内的慧彻寺南塔（即蒲城南塔）因风雨剥蚀，常年有塔砖掉落，危及学生安全，校方曾写专题报告呈西北军政委员会，请示拆除该塔。时任军政委员会代主席的习仲勋先生批复："校可迁，塔不可毁"，遂由军政委员会拨出专款，于1953年秋对慧彻寺南塔进行了保护性维修，并派专家进行技术指导和监修。该塔完好保存下来后，于1957年被公布为第二批陕西省文物保护单位，2013年被公布为第七批全国重点文物保护单位。这仅仅是个侥幸的个案，试想，在当时和后来的"大跃进"及"文革"时期，坐落于城镇和乡村的许多著名古塔尚且因人为因素被拆除，那么分布于荒郊野地的知名或不知名古塔，因保护措施缺席，被人为或自然因素摧毁的又有多少？

通过调查、梳理、分析和考证，我们得出古塔毁没的主要因素有以下几点：

（1）自然因素。主要受地震、暴雨、雷击、滑坡等影响，如1920年甘肃海原（今属宁夏）发生里氏8.5级特大地震波及陕西，宜川丹州文峰塔顷刻倒毁。

（2）人为因素。主要与社会大环境相关联，比如历史上的"禁佛""毁佛"之举，又如1958年"大跃进"和"文革"中民众的拆塔行为。据不完全统计，因后者毁没的陕西古塔接近300座。

（3）盗掘因素。盗掘行为自古至今皆有，尤其在崇尚物质的年代，盗掘古塔、古墓已经成为某些人图谋发财的捷径。

（4）年久失修。这是古塔普遍存在的问题，即使是在相对稳定的年代，倘若缺失经常性的巡察，或者保护措施和维修经费滞后，古塔的逐日颓圮乃至在不知不觉中毁没，就会成为一种常态。

古塔是宗教信仰和多元文化交融的结晶。文化是一个民族的根脉和最终的家园。

一、已消失的关中古塔

关中地区包括西安、铜川、宝鸡、咸阳、渭南、杨凌6市（区），涵盖秦岭以北，子午岭、黄龙山以南，陇山以东，潼关以西的区域。这一区域被文史和地理学者誉为"八百里秦川"沃土，是历史上周秦汉唐的京畿地区和中国古塔的荟萃之地。因受多重因素的影响，古塔的毁没情况也显得较为突出。据不完全统计，清末至21世纪初，关中消失的古塔至少有46处约320座，大致集中于3个时段：

（1）民国时期。突出事例是民国三十年（1941）前后，国民党中央陆军军官学校第七分校占据长安县百塔寺办学，陆续拆除了寺院及百塔寺舍利塔林。当地民众因之流传着一个顺口溜："第七分校，真是胡闹。白天睡觉，晚上拆庙。只要砖瓦，不要木料。"

（2）"大跃进"和"文革"时期。主要事件有曾公布为"省保"单位的唐代兴平南塔、元代周至楼观台古塔、明代武功二水寺古塔和西安东郊罔极寺塔林等相继被拆除。规模性拆除事例则发生在1958年迁建"西安音乐专科学校（今西安音乐学院）"和之后成立"西安市儿童剧团"期间，因大量基建动土，大兴善寺附近数以百计的舍利塔被毁没。

（3）20世纪末和21世纪初。因盗掘文物的暴利驱动，一些稍偏僻和少人烟之地的古塔先后被盗毁。即使是在闹市区的大型古塔，也发生了盗掘地宫的事件，如1999年周至八云塔（瑞光寺塔）地宫被不法分子通过挖地道的方式盗扰，后予以抢救性发掘和修复（参见《考古》2012年第6期）。

已消失的关中古塔列表

序号	古塔名称	时代	形制	地址	备注
01	兴平南塔	唐代	方形七层楼阁式空心砖塔	兴平市东城区塔巷	1958年拆除；1992年撤销"省保"单位
02	兴龙寺塔	唐代	不详	扶风县城关镇南台村	1963年暴露地宫
03	圭峰定慧禅师塔	唐代	亭阁式石舍利塔	鄠邑区草堂镇圭峰山下	"文革"中拆除
04	兴福塔院舍利塔林（4座）	唐—明	亭阁式和喇嘛式石舍利塔	鄠邑区草堂镇圭峰山下	"文革"中拆除
05	法门寺塔（真身宝塔）	唐—明	八角十三层楼阁式砖塔	扶风县法门镇法门寺	1981年塌毁；2006年公布为"国保"单位"法门寺遗址"
06	梨园镇禅院塔	唐—明	七级砖塔	淳化县城南门内东侧	1952年拆除
07	灵感寺道宣律师衣钵塔	唐—明	八角楼阁式石造像塔	长安区五星乡灵感寺村	1992年撤销灵感寺"省保"单位
08	百塔寺舍利塔林（数十座）	唐—清	方形五层楼阁式塔和其他类型砖石舍利塔	长安区王庄乡天子峪村	1941年前后被陆军军官学校第七分校陆续拆除
09	清凉寺塔	五代	方形五层楼阁式空心砖塔	周至县广济镇黑凤山麓	1958年拆除
10	旬邑僧人舍利塔	北宋	方形石舍利塔	旬邑县马栏乡贺家村	20世纪末盗毁
11	贤山寺塔	宋代	方形五层楼阁式砖塔	扶风县午井乡南官村	1958年拆除
12	西明寺舍利塔	北宋	不详	澄城县孟庄乡赤城村	早年毁没；存塔碣
13	大定寺塔林（8座）	宋—清	不详	鄠邑区草堂镇八亩场村	"文革"中拆除
14	楼观台道士塔（公布为"周至楼观台古塔"）	元代	方形二层楼阁式实心砖塔	周至县楼观镇柏泥车村	1968年拆除；1992年撤销"省保"单位
15	东阳舍利塔	元代	八角三层楼阁式实心砖塔	华州区高塘镇李氏村	1958年拆除
16	罔极寺塔林（20余座）	元—清	喇嘛式砖石舍利塔	碑林区东关炮房街	1958年拆除
17	大兴善寺塔林（约200座）	元—清	砖或石舍利塔	雁塔区大兴善寺东南至东北一带	1950—1959年陆续拆除及"文革"中拆除
18	金峰寺舍利塔（2座）	明代	喇嘛式石舍利塔	鄠邑区石井乡曹家堡村	20世纪末埋入地下
19	高冠峪舍利塔林（5座）	明代	喇嘛式石舍利塔	鄠邑区秦岭高冠峪口	1988年盗毁

续表

序号	古塔名称	时代	形制	地址	备注
20	三里店半截塔	明代	八角二层楼阁式砖塔	三原县城关镇三里店村	1941年拆除
21	木塔寺木塔	明代	七级木塔	雁塔区丈八沟乡木塔寨村	清末颓废
22	乾县喇嘛塔	明代	宝瓶式砖喇嘛塔	乾县县城东南	1958年拆除
23	海国寺塔	明代	七级砖塔	乾县姜村乡双羊村	20世纪毁没
24	二水寺塔（公布为"武功二水寺古塔"）	明代	八角七级密檐式实心砖塔	武功县武功镇二水寺村	1969年拆除；1992年撤销"省保"单位
25	寒崇寺塔	明代	内折型八角七级密檐式砖塔	白水县南彭衙村	1966年夏拆除
26	王店村塔	明代	方形六层楼阁式砖塔	礼泉县药王洞乡王店村	1958年拆除
27	罗圈崖石塔	明代	多宝塔式二层石舍利塔	泾阳县蒋路乡罗圈崖村	"文革"中拆除
28	渊大海墓塔	明代	喇嘛式青石舍利塔	富平县宫里乡惠家村	21世纪初叶毁没
29	善宁寺石舍利塔林（5座）	明代	宝瓶式石喇嘛塔	富平县流曲镇淡村	"文革"中捣毁
30	安众寺琳公和尚塔	明代	不详	富平县庄里镇坛山中学	早年毁没，存塔铭
31	蟠龙寺塔	明—清	不详	富平县淡村镇西盘村	20世纪中叶毁没
32	碧云禅师塔	明代	六角四层楼阁式砖塔	陇县县城南门外刘家沟	1958年拆除
33	涧峪砖塔	明代	八角五层楼阁式砖塔	华州区高塘镇东涧峪	1986年遭暴雨倒毁
34	皇峪寺石舍利塔林（4座）	明—清	不详	长安区滦镇黄峪寺村	"文革"中毁没
35	仙游寺舍利塔林（6座）	明—清	喇嘛式石塔和楼阁式砖塔	周至县马召乡金盆村南	2001—2003年因修建黑河引水枢纽工程被拆除
35—1	普同塔	明代	宝瓶式石喇嘛塔	周至县马召乡金盆村南	2001—2003年拆除
35—2	月珠和尚墓塔	明代	喇嘛式石塔	周至县马召乡金盆村南	2001—2003年拆除
35—3	逼水塔	明代	喇嘛式石塔	周至县马召乡金盆村南	2001—2003年拆除
35—4	逼风塔	明代	喇嘛式石塔	周至县马召乡金盆村南	2001—2003年拆除
35—5	见明和尚墓塔	清代	六角三层楼阁式砖塔	周至县马召乡金盆村南	2001—2003年拆除
35—6	守贞和尚寿塔	清代	六角二层楼阁式砖塔	周至县马召乡金盆村南	2001—2003年拆除

续表

序号	古塔名称	时代	形制	地址	备注
36	灵泉寺石塔	明—清	多宝塔式石舍利塔	周至县哑柏镇仰天村	"文革"后期拆除
37	云霞禅师舍利塔	清代	六角形石舍利塔	临渭区南七乡北七村	21世纪初叶毁没
38	韩城五星塔	清代	八角十层楼阁式空心砖塔	韩城市老城区东南塬上	1986年浇灌农田倒塌
39	老县城佛殿石舍利塔	清代	不详	周至县厚畛子乡老县城村东	21世纪初叶毁没
40	黑峪道士墓塔	清代	方形二层实心砖塔	眉县汤峪镇黑峪村	21世纪初叶毁没
41	景禅寺舍利塔林（4座）	清代	六角三层楼阁式石塔和多宝塔式圆形五级石塔	凤县唐藏镇杨家庄村	21世纪初叶毁没
42	杨家山石舍利塔	清代	喇嘛式石舍利塔	凤县红光乡杨家山村	21世纪初叶倒毁
43	松平庵道士塔	清代	圆形砖塔	凤县平木乡高家庄村	21世纪初叶倒毁
44	二道沟僧人墓塔	清代	六角三层楼阁式砖塔	凤县坪坎乡碾子坝村	21世纪初叶倒毁
45	豆积山道士塔	清代	六角五层楼阁式砖塔	凤县凤州镇凤州村	2007年前后拆除
46	香积寺高僧墓塔（2座）	唐·清	方形三层和六角二层楼阁式砖塔	长安区郭杜镇香积寺村	1958年拆除
46—1	唐代高僧舍利塔	唐代	方形三层楼阁式砖塔	长安区郭杜镇香积寺村	1958年拆除
46—2	清代高僧墓塔	清代	六角二层楼阁式砖塔	长安区郭杜镇香积寺村	1958年拆除
合计	46处约320座				

01·兴平南塔

唐代。原址位于兴平市东城区塔巷。1957年5月由陕西省人民委员会公布为第二批陕西省文物保护单位。与同时公布的兴平北塔彼此相望，成为当时兴平县（现兴平市）的标志性建筑。清光绪本《兴平县乡土志》卷五："城内有两塔，南北并峙，一在保宁寺后，一在塔巷。"可见南塔所属寺院早年已毁，寺名不详，只留下"塔巷"之谓。

现存黑白照片摄于1956年9月21日。该塔为方形七层楼阁式空心砖塔，造型端庄典雅。塔身底层重檐，南面辟券门，额嵌匾额1方。二层以上每面辟券门，门两侧各设小龛1对，其中第三、五层券门洞内，置有石刻佛造像。塔壁每面作仿木结构一间，以砖砌出阑额、普柏枋、转角铺作和补间铺作，斗栱形式为单栱。一至五层檐下，每面置补间铺作五朵；六层檐下每面置三朵；顶层檐下无斗栱。层间以砖叠涩出檐，其中，底层重檐之下檐和顶层塔檐四角翘起，似为后代修葺所致。塔顶的刹座为汉白石质，雕刻成四层覆莲瓣形状，每个覆莲瓣上刻有精美的浮雕图案。塔刹为铁铸，呈宝葫芦形。该塔底层为重檐结构，系省内唐宋砖塔所仅见，或为明代修葺时所加。塔的高度不详，参考2013年公布为第七批全国重点文物保护单位的清梵寺塔（即兴平北塔，又称保宁寺塔），其残高为36.8米，两者高度或相若。1958年，兴平南塔被有关方以塔身倾斜危及人身安全为由而拆除，塔砖用于砌筑小高炉，铁铸塔刹与汉白石刹座收藏于兴平县文庙内（今兴平市博物馆）。

1992年4月，该塔"省保"名称被撤销[①]。

---

①陕政发〔1992〕4号·附件二：撤销陕西省第一、二批部分重点文物保护单位名单（共九十六处）。

◎兴平南塔

◎塔刹

◎汉白玉覆莲瓣刹座

02 · 兴龙寺塔

唐代。原址位于宝鸡市扶风县城关镇南台村班家谷。据清嘉庆本《扶风县志》载，寺建于唐贞观年间（627—649）。据当地村民说，寺的缘起与"班家龙重现班家谷上空"的传闻有关。唐以降，历代屡有重修。清代最后一次重修是在道光年间（1821—1850），该重修寺碑现藏于扶风县博物馆。

寺塔早年毁圮，1963年暴露寺塔地宫，出土铜像及瓷器100余件。铜像题材有鎏金一佛二菩萨、鎏金立佛、铜七佛、铜文殊菩萨、铜观音菩萨等，共48尊。后以"兴龙寺塔遗址"载录《中国文物地图集·陕西分册》。

03 · 圭峰定慧禅师塔

唐代。原址位于西安市鄠邑区草堂镇草堂寺南约500米处的兴福塔院内。圭峰定慧禅师（780—841），草堂寺高僧，华严宗第五代祖。法号宗密，俗名何炯，果州西充县（今四川西充）人。少通经史，负气节，慨然有大志。元和二年（807），从遂州道圆禅师出家，同年从拯律师受具足戒。后到长安拜见华严宗四祖澄观，常随澄观受学。元和十一年（816）春，入终南山智炬寺阅藏3年。长庆元年（821）游清凉山后，回鄠县（今鄠邑区）闭关于终南山草堂寺，旋迁丰德寺，其间专事弘法、著述。后入草堂寺南圭峰兰若，从事禅诵，世称圭峰禅师。其间，宰相裴休常从受法要。卒后，追谥定慧禅师。

草堂寺原为后秦姚兴所建的逍遥园，鸠摩罗什入居后，更名草堂寺。原址在汉长安城东南，唐时迁建今址，系佛教三论宗祖庭。圭峰禅师入驻并主持修缮后，易名"栖禅寺"，故草堂寺又被视为华严宗祖庭。宋初重修，改称清凉建福院，但草堂、栖禅之称谓，历金元明清仍沿用。今寺内尚存唐大中九年（855）《圭峰定慧禅师碑》，为柳公权篆额，裴休撰书。该碑全名《唐故圭峰定慧禅师传法碑并序》，通高2.08米，宽0.93米，碑文36行，每行65字。据碑文载："圭峰禅师……会昌元年正月六日，坐灭于兴福塔院……

俗岁六十二，僧腊三十四。"据 1995 年版《户县文物志》载："圭峰定慧禅师青莲之塔，在草堂镇草堂营村之西，草堂寺南里许兴福塔院内。该塔系唐代建造，'文化大革命'期间，塔院被开垦为耕地。舍利塔石散放于街头及地下，唯地室未动。"

现存圭峰定慧禅师塔照片摄于 1955 年 6 月 3 日。形制为唐代亭阁式石塔，高约 2.5 米，由塔基、须弥座、八角塔身、方形塔顶和宝葫芦刹等组成（与现存鸠摩罗什舍利塔形制相近）。其八角塔身呈亭阁式，雕有倚柱、阑额、板门和直棂窗；塔顶为四角攒尖式，雕出椽头、屋脊和瓦垄；塔刹由圆座、数层仰莲瓣和宝葫芦构成。据有关调查资料称，与圭峰定慧禅师塔同时期拆除的还有其他几座石舍利塔，皆为塔石散失，下落不明。

◎圭峰定慧禅师塔

04·兴福塔院舍利塔林（4座）

唐—明。原址位于鄠邑区草堂镇草堂寺南约500米处的兴福塔院内，与圭峰定慧禅师塔相邻。

现存黑白照片摄于1957年，有4座高僧石舍利塔。其中一座为唐代亭阁式石舍利塔，造型与草堂寺鸠摩罗什舍利塔相近，由底座、须弥山仙境、八角塔身、方形塔顶和宝葫芦塔刹等组成，残高约2米。底座和须弥山仙境雕有两层仰莲瓣、束腰和二重流云，由此构成了早期"须弥座"雏形；方形塔顶为四角攒尖式样，雕出椽头、屋脊和瓦垄；塔刹已坠落一侧。另一座为明代喇嘛式石舍利塔，残高约2.4米。塔基为束腰须弥座；塔肚子为覆钵形；塔脖子为圆柱状，饰刻"十三天相轮"；塔刹不存。这些高僧石舍利塔均在"文革"期间随兴福塔院一并被拆除。

◎兴福塔院舍利塔林

05 · 法门寺塔

唐一明。原址位于宝鸡市扶风县法门镇西北隅法门寺内。1956年8月，陕西省人民委员会公布"法门寺塔"为第一批陕西省文物保护单位。法门寺素有"关中塔庙始祖"之称，传建于东汉桓、灵年间，因寺内有"瘗佛手指骨一节"的阿育王塔，自汉至北魏亦名阿育王寺。隋开皇三年（583）改名"成实道场"，唐武德八年（625）始称"法门寺"。历史上因风雨侵蚀和兵燹、地震袭扰，原木结构塔屡建屡毁。明万历七年（1579）始，在唐代木塔地宫基址上重建为八角十三层楼阁式砖塔。清顺治十一年（1654），甘肃天水大地震波及陕西，法门寺塔开始倾斜。1976年受四川松潘地震影响，塔身倾斜程度加剧。1981年8月，塔身西半边倒塌，1984年，现场清理出唐、明、清及民国时各种质地的佛、菩萨造像共51尊，宋、元刻佛经多卷，一组佛教七珍和高1米的石舍利塔及铜牌等。1985—1986年拆除残存的半塔，1987年清理唐代塔基及地宫。

下图中的法门寺塔及坍塌后的"半塔"照片分别摄于1981年8月4日（塌毁前20天，由西北向东南拍摄）和8月26日（塌毁后3天，由西南向东北拍摄）。据有关记述称，原塔通高47.8米。基座方形，塔体壮硕。塔身底层南面辟拱券门，额嵌"真身宝塔"4字石匾；东、北、西三面各嵌"浮图耀日""美阳重镇""舍利飞霞"石匾；其余4面分别为易卦"乾、艮、巽、坤"4字，以记方位。二层至十二层每面均辟拱龛，计88龛，每龛置铜、石、泥质佛或菩萨像1～3尊，总计106尊。层间叠涩出檐，施砖雕额枋、转角柱。其中，一层檐施瓦垄滴水、双排椽头、垂莲柱及挂落；二层饰砖雕平座栏杆。一至八层檐下施砖雕斗栱，平身科置三攒；九层以上无斗栱。塔顶呈盔状收束，置铜铸宝瓶式塔刹。今所见法门寺塔为1988年后重建，形制已改变。

1992年4月，陕西省人民政府改"法门寺塔"为"法门寺"称谓，并公布为第三批陕西省文物保护单位。

2006年5月，国务院以"法门寺遗址"公布为第六批全国重点文物保护单位。

◎ 法门寺塔

◎ 法门寺塔（塌毁前摄）

◎ 法门寺塔（塌毁后摄）

◎法门寺塔身各层佛龛内的明、清时期铜佛像

◎塔身裂纹情况

◎塔身题额一

◎塔身题额二

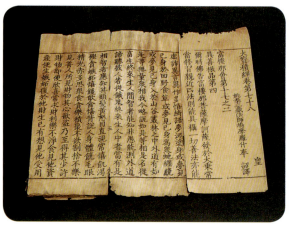 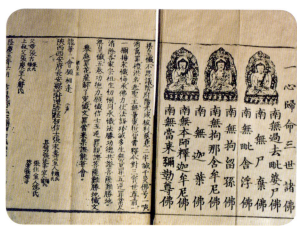

◎塔身佛龛内藏的宋代经卷

◎塔身佛龛内藏的明代经卷

◎塔身佛龛内藏的清代经卷　　　　　　◎塔身佛龛内藏的民国时期经卷

◎法门寺塔唐代地宫发掘现场

◎法门寺塔唐代地宫

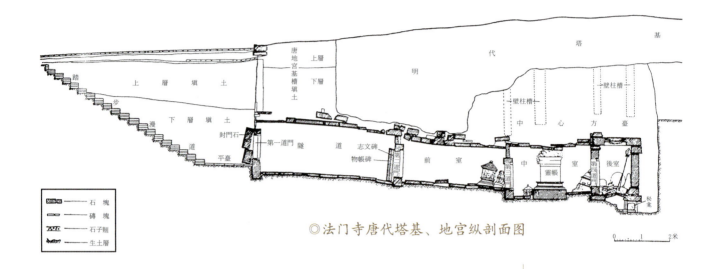

◎法门寺唐代塔基、地宫纵剖面图

◎唐中宗下发入塔铭（拓片）

◎慧茶支提之塔塔门（拓片）

◎地宫后室石门扇上的天王像一

◎地宫后室石门扇上的天王像二

◎法门寺宝珠顶单檐四门纯金塔与第一枚佛指舍利扣

◎法门寺第二枚佛指舍利及座棺

◎法门寺真身舍利和白玉棺

◎法门寺第四枚佛指舍利及座棺

紫红罗地蹙金绣织物

◎八棱净水瓶

◎鎏金鸿雁纹茶槽子

◎鎏金飞鸿毬路纹银笼子

◎捧真身菩萨

06 · 梨园镇禅院塔

唐—明。原址位于咸阳市淳化县城（唐时称梨园镇）南门内东侧（今县轻工机械厂内）。塔建于唐中晚叶，后代屡有修葺。明崇祯年间（1628—1644），知县赵之琴在原塔地宫上重修为七级砖塔。

该塔1952年被拆毁，于塔基地宫出土唐大中五年（851）《佛顶尊胜陀罗尼经幢》、大顺二年（891）经幢2通，另存《静难军梨园镇新修禅院建尊胜经幢铭记》碑1通。据文献记载，唐贞元元年（785）置邠宁节度使，属关内道，治邠州；中和年间（881—885）赐号静难军。北宋淳化四年（993），析云阳县梨园镇（今淳化县城）设淳化县。

07 · 灵感寺道宣律师衣钵塔

唐—明。原址位于西安市长安区五星乡灵感寺村北侧。据清嘉庆本《长安县志》载，灵感寺本永兴王府家中佛堂，原名西明寺（长安城内另有西明寺），唐贞观末年改今名。明正统二年（1437）、万历元年（1573）两次重修。1956年8月，陕西省人民委员会公布"灵感寺"为第一批陕西省文物保护单位，说明一栏提示："寺内现有唐代石塔，雕有飞天等装饰。"所言石塔，即道宣律师衣钵塔。

道宣（596—667），律宗三派之一——南山宗的创始人。俗姓钱，浙江吴兴人，一说丹徒（今江苏镇江）人。出身望族，是吏部尚书钱申之子。15岁出家，专究戒律。贞观十六年（642）入终南山，初居白泉寺，后长居丰德寺，与居终南山的孙思邈结林下之交。曾为长安城内西明寺上座，参加玄奘译场，负责润文。后在终南山创设戒坛，制定佛教受戒仪式，将佛教分为化教、制教，使律学成为专门学问，世称"南山律宗"。乾封二年（667）十月三日坐化示寂。道宣一生，学识渊博，著述甚多，有《四分律删繁补阙行事抄》《广弘明集》《续高僧传》等。受业弟子数千人，著名者有大慈、文纲、怀素等。

现存衣钵塔黑白照片摄于1953年7月26日。形制为八角楼阁式石造像塔，由束腰须弥座、八角塔身、斜坡屋面塔檐、圆柱状塔顶和宝葫芦刹组成，保留了明代重修时的痕迹，塔阴嵌万历元年（1573）重修塔铭1方。该塔的珍贵处在于，塔身每面嵌有精美的唐代石刻佛造像。如下图塔身石造像一，正中为主尊释迦牟尼结跏趺坐于长方形须弥座上，头顶上部有一华盖，上饰宝珠、璎珞；须弥座下方左右两角各有一跪姿、裸身的金刚力士，其一手托举须弥座，一手扶在大腿上，两力士之间放置一个带盖熏炉。在主尊左右两侧，各有一胁侍菩萨，结跏趺坐于仰覆莲瓣须弥座上。左边菩萨下方，是一个手持斧钺、身着甲胄，作跪姿状的天王像；右边菩萨下方，是一个手持槊、身着甲胄的跪姿天王像。在两菩萨头顶上端，各有一个一手托华盖、一手持花盘的飞天造像。道宣律师衣钵塔于1958年被拆毁，塔身石刻佛造像至今下落不明。

1992年4月，灵感寺"省保"名称被撤销[①]。

◎塔身石造像一

◎塔身石造像二

①陕政发〔1992〕34号·附件二：撤销陕西省第一、二批部分重点文物保护单位名单（共九十六处）。

◎灵感寺道宣律师衣钵塔

08 · 百塔寺舍利塔林（数十座）

唐一清。原址位于西安市长安区王庄乡天子峪村。1980年公布百塔寺遗址为县级文物保护单位。百塔寺是古长安著名的寺院之一，佛教三阶教的祖庭。据传，西晋太康二年（281）此地已建寺院；东晋王羲之在此题写《心经》碑（现藏于西安碑林博物馆）。史载，隋开皇十四年（594）复建，称至相道场。唐初改为信行禅师塔院，大历六年（771）改名百塔寺。据《陕西通志》载：百塔寺"本唐信行塔院，大历间，僧慕信行者皆葬于塔之左右，故名百塔"。北宋太平兴国三年（978）易名兴教院，旋复旧名。

信行（540—594），南北朝末隋初僧人，三阶教创立者。据《续高僧传》卷十六和《大唐内典录》卷五记载，信行，俗姓王，魏郡（治所在今河南安阳）人。出家后，博涉经论，凡有塔像，皆周行礼拜。后在相州法藏寺，舍具足戒，日乞一食，在道路行，无问男女，率皆礼拜。隋开皇初年，被召入京，仆射高颖邀住真寂寺（即化度寺）。信行开创的三阶教，曾风行一时。隋开皇十四年正月四日圆寂，葬终南山鸱号堆（今天子峪口）。

百塔寺在唐时极盛，占地千余亩，有"骑马关山门"之称。宋元明清仍香火不断。民国初年，寺院虽呈颓败之势，但仍存北门城楼（山门）垣墙和五开间的禅兴堂、德道堂、十方道场、藏经楼等殿堂楼宇4座，僧舍60余间。院内外有唐槐1株，重千余公斤的铁钟1口，直径四尺的黑铁锅2口，参天银杏1株，寺西侧有方形五级砖塔1座，寺东南有塔院40余亩，俗称"和尚坟"，存砖石舍利塔数十座。民国三十年（1941）前后，寺院被国民党中央陆军军官学校第七分校占据，殿宇及塔多被拆毁。在当地群众中流传着一个顺口溜："第七分校，真是胡闹。白天睡觉，晚上拆庙。只要砖瓦，不要木料"可作为佐证。20世纪50年代初，寺院仅存大殿三间、僧房6间，不久即荒圮、颓废。1987—1989年文物普查时，遗址面积约3万平方米，其东、西、北三面均发现僧人墓塔遗迹。原有唐显庆二年（657）《光明寺大德僧慧了法师塔铭》《化度寺僧海禅师墓铭》等均佚，尚存智该禅师碑、高僧舍利石塔2座和唐植银杏1株。后以遗址类载录《中国文物地图集·陕西分册》。

◎百塔寺舍利塔林之一

◎百塔寺舍利塔林之二

◎百塔寺舍利塔林之三

09 · 清凉寺塔

五代。又称黑山寺塔、清泰塔等，原址位于西安市周至县城西南15公里的广济镇南黑凤山麓。据《终南仙境志》载："（清凉寺）自汉唐以来，故志传闻，僧众百余，乃恒州（今周至）一大巨观也。"《续仙境志》载，清凉寺在太平南五里许，一名黑凤山，龙盘虎踞，青松排列于后，绿水曲绕于前，有茂林修竹之胜，涌泉湍流之雅。虽入山而未深，实清净其有余。寺内原有大雄宝殿、天王殿、菩萨殿等建筑，皆毁于战乱，唯塔存。

据历史文献记载，清凉寺塔建于五代后唐清泰年间（934—936），故俗谓"清泰塔"。现存黑白照片摄于1956年11月8日，由南向北拍摄。塔东侧有千年古黄连（又称药树）1株。虽枯死，尚存干枝。塔为方形五层楼阁式空心砖塔，底边长5米，高约15米，内设登梯。塔身一、二、三层较高，四、五层急剧收束，外观易认定为三层砖塔，亦可视为未按原设计完成的砖塔。究其原因，应与五代时期战乱频仍，修塔资费不足有关。塔身底层面南辟券门，门内东侧站立一躯彩绘泥塑护法神——韦驮造像，韦驮双手合十，雄壮威武，正中还塑有释迦牟尼和阿难、迦叶一组彩绘泥塑，都具有唐代雕塑的遗风。二层每面作仿木结构三间，饰砖砌隐形方柱和柱头铺作、转角铺作，斗栱形式为单栱。三层面南辟券门，门内似有泥塑造像。层间以砖叠涩出檐，一、二、三层檐下各施两排菱角牙子，四、五层亦有菱角牙子，塔顶构件残佚。

清凉寺塔作为五代十国后唐时期的佛塔，在陕西乃至全国均属鲜见。惜于1958年被当地群众拆除，塔砖用于修建土法炼钢炉。

◎清凉寺塔

10 · 旬邑僧人舍利塔

北宋。原址位于咸阳市旬邑县马栏乡贺家村。寺早年毁圮，沿革不详。1987—1989 文物普查时，尚存僧人舍利塔 1 座、造像碑 1 通。

舍利塔方形，石砌，高 1.65 米，底边长 0.76 米，宽 0.43 米。塔身四面开龛，内雕一佛二菩萨。顶置宝珠式塔刹。造像碑砂石质，圭首，高 0.9 米，宽 0.29 米，厚 0.17 米。四面开龛造像。碑阳、阴上下开双龛，内雕一佛二菩萨。主尊结跏趺坐于莲花座上，菩萨踏狮侍立于两侧。碑左、右侧龛内雕坐佛 1 尊，碑座刻发愿文。该塔和造像碑以寺址遗迹归入遗址类，载录《中国文物地图集·陕西分册》。20 世纪 90 年代末，该石塔被盗毁。

11 · 贤山寺塔

宋代。原址位于宝鸡市扶风县城南 7.5 公里的午井乡南官村。扶风八景之一的"贤山晚照"，即指此地。据清嘉庆本《扶风县志》载，贤山寺建于北宋淳化五年（994），理学大儒张载（1020—1077）曾隐居此处读书讲学。

现存黑白照片摄于 1956 年。方形五层楼阁式砖塔，高约 15 米，造型端庄俊秀。塔身底层较高，檐下施砖雕椽头和菱角牙子。二层以上壁面作仿木结构三间，层间叠涩出檐，檐角微翘，檐下施普柏枋、柱头铺作和转角铺作，斗栱形式为单栱。二层当心间为砖雕板门，次间下部各设一壸门，壸门内饰浮雕花卉一朵。三层当心间板门，两侧似有砖雕天王塑像侍卫，次间下部亦有壸门各一，内饰浮雕花卉一朵。塔顶平砖攒尖，塔刹不存。原寺院有明清建筑山门、大佛殿、张夫子殿及僧舍等。1958 年，当地群众破除迷信，将该塔和寺院建筑悉数拆毁。

◎ 贤山寺塔

12 · 西明寺舍利塔

北宋。原址位于渭南市澄城县孟庄乡赤城村内。寺及塔早年毁圮，存青石舍利塔碣1方，公布为县级文物保护单位。塔碣幅宽0.6米，高0.53米，厚0.25米。咸平四年（1001）寺主僧重真刊，边栏线刻蔓草忍冬纹。首题"西明寺佛舍利塔记"，正文楷书，27行，满行22字，记"寺主僧重真……咸平三年春子日，携竹杖，蹑云山……求得舍利千尊余粒"，并建舍利塔事宜。沙门德明撰。后以石刻类载录《中国文物地图集·陕西分册》。塔碣现嵌于小学山墙上。

13 · 大定寺塔林（8座）

约宋—清。原址位于西安市鄠邑区草堂镇太平峪八亩场村山梁上。"三普"时发现。寺始建于隋仁寿年间（601—604），名捧日寺，唐改云际寺，宋太平兴国三年（978）重修，改额大定寺。原寺庙建筑已毁，现为民房和耕地，遗址所在位置地势平坦开阔，东西长约150米，南北宽约100米，面积约1.5万平方米，分布在两处开阔地上。据当地村民陈述，20世纪50年代前后，此处尚有大殿和韦陀殿2座、砖塔8座，均于"文革"期间被拆除。寺址范围内，残砖断瓦随处可见，包括有联珠纹瓦当、手印纹砖、方格纹铺地砖、建筑构件等。

14 · 楼观台道士塔

元代。又称"会灵观塔"，原址位于西安市周至县楼观镇柏泥车村，即楼观台说经台东南约200米处闻仙沟东侧。1957年5月，陕西省人民委员会以"周至楼观台古塔"名称公布为第二批陕西省文物保护单位。楼观台又名宗圣观，地处秦岭终南山北麓，是中国著名的道教圣地。传周穆王曾游历至此，建造宫室，名"楼观宫"。春秋时，周大夫函谷关令尹喜在此结草为楼，以观天象，名"草楼观"；后老子西游入关，遂迎归草楼。老子在此著《道德经》五千言，并在楼南高岗筑台授经。又传，秦始皇曾在楼南立庙，汉武帝在楼北建祠。史载，晋惠帝元康年间（291—299）在此广植林木，并迁民300余户维修守护。隋开皇初年曾大加修葺。唐武德二年（619），高祖李渊敕令增建殿宇，并赐地10余顷；武德七年（624）十月，李渊谒老子祠，改楼观台为宗圣宫，次年下诏：道先、儒次、佛后，遂大肆营建；玄宗时，以夜梦老子为名，改宗圣宫为宗圣观，再次扩建，使其成为当时规模最大的皇家道观和道教圣地；李唐以降，楼观台屡遭兵燹。清末，宗圣观废毁，唯说经台（即老子祠）和楼观上院尚存。由于历史上的多次浩劫，道徒们的灵骨塔亦难幸免。至20世纪50年代初期，楼观台道士塔已所剩无几。

以"周至楼观台古塔"名称公布的道士塔，建于元至元十五年（1278）。1987—1989年文物普查时，尚存方形砖砌塔基，底边残长2.16米，附近散布有条砖及塔基压阑条石等。后以遗址类载录《中国文物地图集·陕西分册》。

现存黑白照片摄于1956年10月26日。形制为方形二层楼阁式实心砖塔。塔身由底层、平座腰檐和顶层3部分组成。因"腰檐"显著，公布时的说明一栏提示为"三层楼阁式"（实际相当于"二层三滴水"结构）。据原说明文字和照片观摩，底层正面作仿木结构三间，当心间饰砖雕板门；壁面施两根隐形倚柱，仅上部外露柱头部分。腰檐亦作三间，施砖雕平座钩栏。顶层亦三间，当心间饰砖雕板门，额悬匾额一方；门两侧各有一个身着甲胄、手持兵器的武士雕像；下部为砖雕平座钩栏，栏板上饰"寿"字、蔓草纹等砖雕图案。各檐下均施砖雕椽头、阑额、转角铺作和补间铺作；斗栱形式为五铺作出双抄，当心间置补间铺作两朵，次间一朵。塔顶平砖攒尖，因常年落尘积土，杂草丛生。

该塔造型特别，砖雕精美，是难得的元代道士塔范例。1968年11月，该塔被当地群众拆除，塔砖用于修建校舍和戏楼。

1992年4月，该塔"省保"名称被撤销[①]。

---

①陕政发〔1992〕34号·附件二：撤销陕西省第一、二批部分重点文物保护单位名单（共九十六处）。

楼观台道士塔

15 · 东阳舍利塔

元代。原址位于渭南市华州区高塘镇（原东阳乡）李氏村外。寺院早年已毁，沿革不详。

现存黑白照片摄于 1956 年 10 月。八角三层楼阁式实心砖塔，高约 8 米，造型沉稳庄重。塔身每面作仿木结构一间，以砖砌出角柱、阑额、转角铺作，斗栱形式为四铺作出单抄。层间叠涩出檐，檐角微翘。塔身底部为须弥座式样，有雕饰，稍残损。顶部形态介于宝葫芦与馒头形之间。底层嵌有青石塔铭一方，据塔铭记载，该塔建于元至元三十一年（1294）。1958 年，当地群众破除迷信，将该塔拆除。

◎ 东阳舍利塔

16 · 罔极寺塔林（20余座）

约元—清。原址位于西安市碑林区东关炮房街北侧。罔极寺敕建于唐神龙元年（705），系太平公主为其母武则天所立。典出《诗经·小雅·蓼莪》："欲报之德，昊天罔极。"开元二十年（732）曾易名"兴唐寺"，全盛时期常驻僧千余人。长庆元年（821），唐王朝与吐蕃立碑修盟，即历史上著名的"长庆会盟"，其结盟仪式即在寺内举行。现长庆会盟碑仍完好地保存在拉萨大昭寺内。罔极寺原址在唐宫城东侧大宁坊东南隅，宋、元两代有重修，约于元末明初迁建今址。

由于历史上寺院与藏传佛教（喇嘛教）的特殊关系，高僧大德圆寂后，其灵塔大都筑成喇嘛塔式样（即覆钵式塔），并予以粉白。民国十四年（1925），罔极寺始由僧寺改为尼寺，当时寺院东侧尚存塔林1处，有砖石砌筑喇嘛塔数十座，年代多为明—清，塔高约为2~10米；每座塔身都嵌有一方塔铭，镌刻高僧的法号、简历、生卒年等。20世纪50年代初，豫、冀、鲁等省的迁徙户在寺院西边空地搭棚建房，成为寺院外的第一代居民。1958年，全民大炼钢铁，居民在罔极寺塔林空地上修建"土法炼钢炉"，开始拆用塔林砖石。炼钢炉废弃后，拆塔愈演愈烈，形成圈地搭建私宅风潮，致使塔林毁圮殆尽。当时被拆的喇嘛塔，俗称"白塔"（砖塔刷白后的颜色），有人说达20余座，详情有待考证。

17 · 大兴善寺塔林（约200座）

约元—清。原址位于西安市雁塔区大兴善寺东南（今陕西省军区院内）和东北侧（今西安音乐学院院内）及东侧（今陕西歌舞剧院内）。大兴善寺为中国佛教密宗道场。隋开皇二年（582）迁建陟岵寺于大兴城（唐改长安城）靖善坊，取所在城、坊名，改称"大兴善寺"。

世称"开皇三大师"的印度僧那连提黎舍、阇那崛多和达摩笈多，以及誉为"开元三大士"的印度僧善无畏、金刚智和不空，先后驻寺主持译务或传授佛教密宗。当时寺院占尽一坊之地，面积约合今 26 万平方米，为长安城最负盛名的佛寺和佛经三大译场之一。唐会昌五年（845）禁佛时，寺院几近毁废。宋元时期曾修葺，明永乐年间（1403—1424）重建，清顺治、康熙、乾隆各朝曾数次重修、增建。1945 年，太虚法师在寺内创立世界佛学苑巴利学院。其时，寺院东南至东北一线尚存历代僧人墓塔 200 多座，时代多为明—清。20 世纪 50 年代初拓建省军区大院和 1958 年迁建"西安音乐专科学校"（今西安音乐学院）及 1959 年成立"西安市儿童剧团"（今西安歌舞剧院）后，该塔林被陆续拆除[①]，至"文革"初期尚余 20 多座，高 3～5 米，分布于西安歌舞剧院附近，当地（草场坡）孩童常在此间玩耍。未几，尚余的古塔也被逐一拆除，"文革"结束，仅剩清代"普通塔"1 座。

1990 年 8 月，该"普通塔"迁于今大兴善寺内。

18 · 金峰寺舍利塔（2 座）

明代。2 座。原址位于西安市鄠邑区石井乡曹家堡村外农田中。金峰寺始建于隋，臻盛于唐，著名天文学家、佛学家一行（683—727）曾驻锡于此。后世几经建毁，明代重修。据成化十年（1474）《重修金峰寺记》碑载，寺内置有前后大殿两座六楹，以及左右廊庑、祖师诸殿、伽蓝殿、僧寮、楼阁等；从碑阴刊刻殿堂图观摩，殿宇达 40 余间，规模仍很宏大。20 世纪寺院毁圮，21 世纪重建，已失原貌。

[①] 据陕西省军区离休干部王宏儒先生于 20 世纪 80 年代中期讲述，当初军区机构进驻时，尚见僧人墓塔 200 余座。另据陕西省文物系统古建研究专家何修龄、刘最长两位先生于 20 世纪 80 年代初期讲述，20 世纪 50 年代初，尚存大小墓塔 100 多座。由此推测，大兴善寺塔林曾经矗立有各种类型的舍利塔 100～200 座。有研究者认为，此处塔林应系外地僧人来寺庙挂单，在此期间不幸辞世，以及本寺和西安城内离世僧人的集中埋骨地。

现存黑白照片为鄠邑区赵生博先生摄于1987年6月麦收季节。两塔形制相同，均为喇嘛式石舍利塔，通高约2米。塔基为八角形，承仰莲瓣座，塔肚子为覆钵形，塔脖子、华盖和宝葫芦刹等石构件散落塔身周围。寺址早年被余下热电厂占用，两塔坐落于电厂南围墙外麦田中。20世纪末，村民嫌石塔妨碍耕种，遂将其埋于地下。据赵生博讲述，两塔俱有铭文，应为明中期之高僧墓塔。赵克礼先生在其《陕西古塔研究》170页采用了《户县文物志》所刊此幅黑白照，将其定名为"定慧禅师塔"，系误用照片。定慧禅师塔详情见本章"03·圭峰定慧禅师塔"条目。

◎金峰寺舍利塔（2座）

19·高冠峪舍利塔林（5座）

明代。原址位于西安市鄠邑区东南23公里的圭峰山高冠峪口西侧半山坡上。属寺庙遗存，寺早年废毁，沿革不详。

现存黑白照片摄于1986年8月，共有5座喇嘛式石舍利塔，均残。稍大者残高1.4米，塔基方形，承覆莲瓣座，塔肚子为覆钵形，塔脖子、华盖和塔刹不存。该塔林于1988年被彻底盗毁，部分方形覆莲瓣石塔座由文物部门收集，现置于鄠邑区文管会。

◎高冠峪舍利塔林

20·三里店半截塔

明代。原址位于咸阳市三原县城关镇三里店村。原为三原县城的标志性建筑，早年残毁，剩余半截，当地习惯称为"半截塔"。

现存黑白照片拍摄于1907年8月26日。塔为砖砌八角形，残存二层，残高约10米。塔身底层相间辟券门；二层收分明显，每面辟一券门或假券门，真假相间。层间叠涩出檐，施仿木构额枋、斗栱和转角垂莲柱。残存塔体为明代砖塔建筑风格。1941年，国民革命军三十七集团军总司令陶峙岳将军会同三原县政府，拆除三原县城墙之女墙和三里店半截塔，用女墙砖和塔砖筑修三原县城内居民饮水的水渠和东门内路南第一蓄水池。据三原县中山街小学（佛光小学）46届校友、原宁夏大学历史系教授白述礼的回忆文章讲述："我还清楚记得，当时，在市场文化馆展出过拆三原县三里店半截塔时候出土的金佛两尊，放在一个玻璃盒子里面。金佛像约10公分高。参观的人群，络绎不绝。"

◎ 三里店半截塔

21 · 木塔寺木塔

明代。原址位于西安市雁塔区丈八沟乡木塔寨村北侧。寺始建于隋仁寿三年（603），系文帝杨坚为独孤献皇后祈冥福所立，初名禅定寺，为当时国内最大的皇家寺院。

寺内有七级木浮图，"崇三百三十尺，周回一百二十步"（高约 97 米，周长 181 米）。唐武德年间（618—626）易名大庄严寺，其后屡修葺。宋、元数次重修，元末木塔毁于兵燹。明代重建寺院及木塔，明末废毁，仅存木塔。清康熙年间（1662—1722）重修，始易名"木塔寺"。同治年间（1862—1874）又遭兵燹，寺宇加速凋敝，再无力恢复。约清末至民国初期，木塔颓毁，仅存基址。1958 年，曾将塔基石条挖出作为大炼钢铁的填料。其后，塔基被临时建筑叠压。据当地老人讲述：临建房屋下，原是一方形夯土基址。1987—1989 年文物普查时，尚存砖券山门、东西偏殿、砖结构法堂和康熙、雍正年款碑石 5 通，以及木塔基址等。后以"木塔寺"载录《中国文物地图集·陕西分册》。21 世纪初，寺院荒圮。2010 年，建成"木塔寺遗址公园"对外开放。

22 · 乾县喇嘛塔

明代。原址位于咸阳市乾县县城东南，具体位置不详。现存黑白照片摄于 1953 年。宝瓶式砖喇嘛塔，高约 9 米，由须弥座、覆钵、四出轩、十三天相轮和华盖等组成。塔下部为双重须弥座，局部残损。塔肚子（塔身）为覆钵形，下饰一圈覆莲瓣。塔身上部砌作仿木构"四出轩"形式。其上为塔脖子，呈圆柱形，刻作"十三天"相轮，上覆陶质宝盖。塔顶残毁，原有宝珠刹不存。该塔与第五批"省保"单位——建于明正德十三年（1518）通高 9.1 米的武功县的寺背后塔（又称释迦文佛舍利宝塔）十分相似。鉴于此，乾县喇嘛塔的建造年代或在明正德年间（1506—1521）。1958 年全民大炼钢铁，该塔被拆除。

◎ 乾县喇嘛塔

23 · 海国寺塔

明代。原址位于咸阳市乾县姜村乡双羊村西侧。寺始建于唐代，早年毁圮。

据1987—1989年文物普查资料称，寺址平面呈长方形，南北长约80米，东西宽约50米，总面积约4 000平方米。寺内原有七级砖塔，高约15米，20世纪已毁。20世纪80年代，塔基暴露砖券地宫，其内四壁开五龛，龛内置黑釉瓷舍利罐等。后以"海国寺遗址"载录《中国文物地图集·陕西分册》。

24 · 二水寺塔

明代。原址位于咸阳市武功县武功镇二水寺村东北100米，坐落于漆水河与漠峪河交汇处的高地上，寺和寺塔因二水环绕而得名。另一说为顺恩寺附属建筑，又名顺恩寺塔，俗称二水寺塔。1957年5月，陕西省人民委员会以"武功二水寺古塔"名称公布为第二批陕西省文物保护单位。

现存黑白照片摄于1956年10月12日。八角七级密檐式实心砖塔，高约30米，造型古朴。塔身底层特高，嵌有青石塔铭1方。层间以砖叠涩出檐，砌两排菱角牙子。塔顶平砖攒尖，塔刹无存。"文革"期间的1969年10月，附近477号信箱单位负责人以安全为由，鼓动当地村民拆除了该塔。

1987—1989年文物普查时，尚存寺址面积约800平方米，遗留有砖砌塔基、条砖、残瓦及明代"创修菩萨庙碑"等。后以寺址归入遗址类，载录《中国文物地图集·陕西分册》。该塔属性还有一说：言大明万历年间，邑人张汲请命于县衙，倡议修塔，以祀文昌帝君和彰显武功县文脉兴隆、文笔鼎盛，遂于万历三十一年（1603）动工兴建。塔成，远望如一巨笔，直指云天。

1992年4月，该塔"省保"名称被撤销[①]。

①陕政发〔1992〕34号·附件二：撤销陕西省第一、二批部分重点文物保护单位名单（共九十六处）。

◎ 二水寺塔

◎ 塔铭（拓片）

25 · 寒崇寺塔

明代。原址位于渭南市白水县南彭衙村。传寺始建于南北朝时期，唐宋有重修，明成化六年（1470）重建。曾于明末发现后流失的前秦建元四年（369）"广武将军碑"，在民国九年（1920）修葺寺院时被重新发现于寺内。该碑书法疏朗，交浑飘逸，被康有为誉为"关中楷隶冠"，现藏于西安碑林博物馆。20世纪50年代，寺院尚存山门、钟楼、鼓楼、大殿、僧舍，以及十八罗汉像和砖塔1座。

现存黑白照片摄于1962年。塔立于鼓楼西南侧，为内折型八角七级密檐式砖塔，底平面呈"✦"形，即塔体每面内折，携带塔檐内折，与通常所见古塔相异，是国内十分罕见的密檐式塔型。塔身素面，层间以砖叠涩出檐，砌两排菱角牙子。塔刹为宝葫芦形，石质。该塔高约20米，也有说高12.3米。"文革"初期的1966年夏，以"破四旧"之名，该塔被当地群众拆毁。

◎ 寒崇寺塔

26 · 王店村塔

明代。原址位于咸阳市礼泉县药王洞乡王店村。寺早年废毁，沿革不详。

现存黑白照片摄于 1956 年。方形六层楼阁式砖塔，通高 10 余米，造型简洁。塔身以砖叠涩出檐，底层和顶层檐下砌菱角牙子，二至五层檐下砌平板枋，每面平板枋上承一斗三升斗栱，平身科置两攒。塔顶平砖攒尖，置相轮和宝珠刹。1958 年大炼钢铁，该塔被当地群众拆除。

◎ 王店村塔

27 · 罗圈崖石塔

明代。原址位于咸阳市泾阳县蒋路乡罗圈崖村附近。现存黑白照片摄于1956年。多宝塔式二层石舍利塔，高约3米。塔基为片石与青砖混砌；塔座一层为八角形，二层为仰覆莲瓣束腰圆形体。塔身一层为圆鼓形，辟一竖长方形龛，上置仰莲瓣圆座；二层为扁鼓形，上置方形宝盖，四角起翘，上置方形座，托宝珠刹。"文革"期间，该塔被当地群众拆毁。

◎ 罗圈崖石塔

28 · 渊大海墓塔

明代。原址位于渭南市富平县宫里乡惠家村。寺早年废毁，沿革不详。

1987—1989年文物普查时，发现喇嘛式青石舍利塔1座。塔身上部已残毁，下部埋于地下。露出部分为鼓形，高0.5米，直径0.63米。其上有嘉靖二十三年（1544）款"圆寂渊大海和尚灵"楷书题刻8字。后以墓葬类载录《中国文物地图集·陕西分册》。该塔今已不存。

29 · 善宁寺石舍利塔林（5座）

明代。原址位于渭南市富平县流曲镇淡村。寺始建于唐代，后世屡建屡毁。寺址内曾出土唐代陀罗尼经幢。

现存黑白照片摄于1956年。据原富平县安争地先生讲述：这几座石塔，应系明代善宁寺高僧舍利墓塔。从现存照片上来看，宝瓶式石喇嘛塔有5座之多。各塔基座均为八角形须弥座；塔肚子（塔身）为覆钵形；塔脖子各异，有的刻作"十三天"相轮（残），有的为仰覆莲圆盘；顶置宝盖托宝珠刹。其中，一座塔的覆钵体辟有佛龛1个，内雕结跏趺坐佛像1尊。"文革"期间，该塔林被捣毁。

◎ 善宁寺石舍利塔林之一

◎ 善宁寺石舍利塔林之二

30·安众寺琳公和尚塔

明代。原址位于渭南市富平县庄里镇长春村崔家组西侧坛山初级中学院内。"三普"时发现,为安众寺遗存。寺始建于北魏,历代屡有建毁、重修。20世纪中叶寺院颓废,改为学校。寺址内先后发现北魏正光五年(524)造像碑、唐代高浮雕石构件,二者现藏于富平县城区文管所;另存明代"琳公和尚塔铭",现置坛山中学院内。

31·蟠龙寺塔

明—清。原址位于渭南市富平县淡村镇西盘村张桥组东北方向赵氏河北二级台地上。"三普"时发现,为蟠龙寺遗存。寺址面积约3 000平方米,原有山门、献殿、钟鼓楼、寝殿及砖塔1座。20世纪中叶被人为破坏。遗址地表可见少量琉璃瓦件、脊饰残片及部分残砖。

32·碧云禅师塔

明代。原址位于宝鸡市陇县县城南门外刘家沟。现存黑白照片摄于1956年。六角四层楼阁式砖塔,高约12米,造型端庄瑰丽。塔基为须弥座式样;塔身层间以砖叠涩出檐,顶层檐角翘起,似为兽头;塔顶平砖攒尖,塔刹不存。各层每面均设一方龛,顶层方龛内各浮雕一个楷书大字,合读似为"南无阿弥陀佛"6字。1958年当地群众破除迷信,将该塔拆除。

◎ 碧云禅师塔

33 · 涧峪砖塔

明代。原址位于渭南市华州区高塘镇（原东阳乡）涧峪。秦岭七十二峪之一的涧峪分东涧峪和西涧峪，原分属东阳乡和高塘镇。2011年，裁撤东阳乡，并入高塘镇。涧峪砖塔原址在东涧峪，系祈神灵、镇水患之风水塔。

现存黑白照片摄于20世纪80年代初。八角五层楼阁式砖塔，高约15米。底层正面辟拱券门，二层以上实心。层间叠涩出檐，施砖雕额枋、垂花柱、椽头、瓦垄等。塔顶平砖攒尖，塔刹不存。该塔于1986年遭暴雨和雷击倒毁。

◎ 涧峪砖塔

34 · 皇峪寺石舍利塔林（4座）

明—清。原址位于西安市长安区滦镇黄峪寺村。此地依傍翠微山，唐初曾建有皇家避暑离宫"太和宫"，贞观初年废。贞观二十一年（647）改修废宫为"翠微宫"，元和元年（806）改为翠微寺。北宋太平兴国三年（978）改额永庆寺，金至明代仍称永庆寺，清代或改皇峪寺，颓废后讹为黄峪寺。据有关调查资料称，寺内原有舍利石塔4座，"文革"期间毁没。

35 · 仙游寺舍利塔林（6座）

明—清。原址位于西安市周至县马召乡金盆村南600米处的秦岭黑水峪口。寺始建于隋开皇十八年（598），原名仙游宫，系隋文帝避暑行宫；仁寿元年（601）易宫为寺，并立舍利塔；唐开元年间（713—741）重修；元和元年（806），诗人白居易驻寺作《长恨歌》；大中年间（847—859）扩建为三寺，分置黑水两岸，南岸的仍称仙游寺，亦称南寺；明正统六年（1441）重建，更名普缘禅寺；清康熙二年（1663）重修，复称仙游寺；乾隆、道光年间及民国初年又曾修葺。1988年文物普查资料显示，寺院尚存大雄宝殿五间、配殿三间、法王塔1座，另有明清僧人舍利塔6座（其中3座已残）、明代铁钟1口、清代碑石16通。

为配合西安市黑河引水枢纽工程，2001年8月至2003年10月完成法王塔整体搬迁复建工程，新址位于原址北约2.8公里的金盆村北梁上。其间，寺院殿宇和塔林被悉数拆除。之后，原址没于黑河水库。所拆塔林中，4座有纪年，2座年款缺失。分别为：

35—1 · 普同塔

明代。明天顺元年（1457），西域僧人桑加巴修建。位于原寺院墙外东南15米。现存黑白照片摄于1956年11月8日。宝瓶式石喇嘛塔，残高7.79米。下部为方形须弥座，边长2.5米。

塔身呈覆钵形，南北各辟一方龛。其上压石板两层，拼作方形华盖。塔脖子呈圆锥体，刻作七层相轮。刹顶为方形盔顶（"文革"中，刹顶毁佚）。

◎ 普同塔（右）

35—2 · 月珠和尚墓塔

明代。建于明天顺年间（1457—1464）。位于原法王塔西北约 40 米处。现存残塔彩色照片摄于 1988 年 4 月。喇嘛式石塔，残高约 3 米。塔基座方形，每边长 2.1 米。塔身为覆钵形，正南方有一长方形龛，所嵌碣石已失，塔脖子和塔刹不存。

◎月珠和尚墓塔

35—3 · 逼水塔

明代。位于原法王塔北约 40 米处。现存彩色照片摄于 1988 年 4 月。喇嘛式石塔，塔身坍塌，仅存方形基座。据清乾隆本《周至县志》记载："逼水塔在潭东南岸，高可八尺许，周砌以石，摩刻甚工，（苏）东坡佥判凤翔时，常游此，题记其上，历宋数百载完好如初。后好事者求长公遗书，模拓无已，寺僧苦于供应，乘寇变，遂揭沉潭底，以至古迹湮没。"说明塔上碑碣毁于明末清初。据仙游寺文管所资料记载，逼水塔为唐代所建，但从实际所存的方形石塔基座判断，应是明代遗物，当系明代重建，它与明天顺年间（1457—1464）修建的月珠和尚墓塔极为相似。

◎逼水塔

35—4 • 逼风塔

明代。位于原法王塔南 70 米处狮山山脚下。现存彩色照片摄于 1994 年 1 月。塔体早年坍塌，尚存方形塔座，底边长约 3.6 米。塔体石块堆于塔座旁。推测该塔形制应与逼水塔相似，亦为喇嘛式石塔。

◎逼风塔

35—5 • 见明和尚墓塔

清代。位于原仙游寺院墙东南约 400 米处。塔建于清乾隆三十五年（1770）。现存彩色照片摄于 1990 年 6 月。六角三层楼阁式砖塔，通高 5.9 米，底层每边长 0.95 米。塔身层间砖砌枋木构屋檐，檐下施砖雕椽头、斗栱、额枋、垂莲柱、花卉。塔顶平砖攒尖，塔刹无存。塔身二层南、北面各嵌碣石1方，分别题刻"传临济正宗三十五世见明和尚墓"和《见明和尚塔铭并序》等。三层正南券形塔龛嵌碣石1方，亦有题刻。

◎见明和尚墓塔

35—6 · 守贞和尚寿塔

清代。位于原仙游寺院墙东南约 400 米处，与见明和尚塔南北相峙。建于清道光五年（1825）。现存彩色照片摄于 1988 年 4 月。六角二层楼阁式砖塔，通高 8.5 米，底层每边长 2 米。塔身层间出檐平浅，檐下施砖雕斗栱、额枋、垂莲柱、花卉。塔顶平砖攒尖，置宝珠式塔刹。一层嵌塔铭 7 方，二层嵌塔铭 5 方，内容多为颂扬之辞。其中，一石刻有"传临济正宗第三十七世守贞和尚寿塔"字样；另一石为清代关中大儒路德疗眼疾痊愈后，为守贞和尚题写的四言诗塔铭。

◎塔铭一

◎塔铭二

◎守贞和尚寿塔

36 · 灵泉寺石塔

明代。又称"仰天石塔"，原址位于西安市周至县哑柏镇仰天村，为灵泉寺附属遗存。灵泉寺始建于唐，后世屡有建毁。清乾隆四十九年（1784），盩厔知县杨义曾主持修缮；道光六年（1826）重修后殿；道光二十年（1840）重修前殿；民国时期曾作村塾；1949年5月，中国人民解放军于此设立粮草供应第四兵站；1958年改为"粮草管理站"，后改哑柏粮站；新中国成立初期，前殿已不存；20世纪70年代后期因粮站扩建，后殿被拆除。据"三普"调查资料称，寺址东西宽约40米，南北长约110米，总面积约4 400平方米，遗有道光二十年重修灵泉寺前殿碑、石塔构件及莲花座等。重修灵泉寺前殿碑记有道光六年重修灵泉寺后殿和道光二十年重修前殿的经过，碑阴刻有当地"晋泰生""永泰恒"等商号和周围的庄严村、西上堡等村村民捐资额等。

现存黑白照片摄于1956年3月。塔为花岗岩质地，多宝塔造型，通高约2.4米。塔基为石砌八角形，由五层块石垒砌。塔身四层，底层为圆鼓形，东侧正中辟方形佛龛；二层为八角形，每面刻有铭文，多漫漶，可辨张、毛、刘、朱等姓氏；三层东、南、西、北各辟一券龛，内雕跏趺坐佛1尊；四层为矮小圆鼓形。层间套接八角塔檐，顶置宝珠塔刹。该塔原立于灵泉寺南山门外，当地谓之"无影塔"，于"文革"后期被拆除，石构件散存于村民家中或埋于地下。1995年前后，村中兴建药王庙，遂将石构件集中拼对，重修立塔，因拼对有误，整体已失原貌。

近年，有居士发愿集资，于原址复建灵泉寺大雄宝殿等，形成了一定规模。早年寺内供奉有石雕释迦牟尼像1尊，扩建粮店时搬离，现不知所踪。

◎灵泉寺石塔

37 · 云霞禅师舍利塔

清代。原址位于渭南市临渭区南七乡北七村。云霞禅师，俗姓张，明末清初陕西华阴人。塔为寺院遗存，寺始建年代及沿革不详。

1987—1989 年文物普查时，尚存六角形石舍利塔，通高 4.5 米，底边长 1.2 米。塔身嵌康熙四十六年（1707）碣铭 1 方，上刻"传曹洞正脉云霞心禅师金身塔"13 字；朱磨柴撰文，朱子贵书丹。后以墓葬类载录《中国文物地图集·陕西分册》。该塔 21 世纪初毁没。

38 · 韩城五星塔

清代。原址位于韩城市老城区东南 3.2 公里的塬上。北为城古寨，东为金盆村，西为城古村。曾公布为韩城市文物保护单位。据有关地志资料记载，清雍正二年（1724），该塔由韩城县令杨宗泽创修。

现存彩色照片摄于 20 世纪 80 年代初。八角十层楼阁式空心砖塔，通高 30 余米。塔身以砖叠涩出檐，通体收分较小，造型耸拔俊丽。底层每边长 3 米，层高 3 米，面北辟拱券门，额刻"云路"2 字；二层以上至第九层，每层交替辟 4 孔券窗，隔层位置相错；第十层为八面辟窗。塔顶平砖攒尖，置铜质宝瓶式塔刹。塔身二层设有神龛，供奉彩绘泥塑魁星像，龛两侧砖刻"大丈夫别开生面，奇男子不压衣冠"楹联。根据塔身塑有魁星像以及在塔北曾建有"文昌祠"判断，该塔应是文星塔。塔的东北原建有小型土塔 5 座，取"五星连珠"之义，故又名"五星塔"。另外，在塔南曾建有"关帝祠"和"奎文书院"，塔周围的六社群众曾多次对其进行重修。后来，关帝祠和奎文书院皆毁。1986 年 8 月 16 日，因浇灌农田使五星塔地基下陷，塔身倒毁。塔身所藏"三乐斋龙门四书五经"图书 30 本以及铜质宝瓶式塔刹，由韩城市博物馆收藏。

◎韩城五星塔

39·老县城佛殿石舍利塔

清代。原址位于西安市周至县厚畛子乡老县城村东200米。所谓老县城,即佛坪厅故城。据清光绪九年(1883)《佛坪厅志》载,道光五年,析盩厔(今周至)、洋县两地置佛坪厅,属汉中府。光绪末年,因"匪荡掠城邑,袭杀同知",厅治迁今佛坪县址,斯城遂废。

1987—1989年文物普查时,佛殿遗址面积约1 500平方米,尚存条石砌筑前、后殿基址及残佛舍利石塔1座。有咸丰元年(1851)汉白石质"重修佛殿碑"1通和青石玄帝像、佛像各1尊。碑文述及"坪以佛为名",故有"佛坪"的由来。后以遗址类载录《中国文物地图集·陕西分册》。今残塔已不存。

40·黑峪道士墓塔

清代。原址位于宝鸡市眉县小法仪乡(2001年并入汤峪镇)黑峪村。道观早年已毁,沿革不详。

1987—1989年文物普查时,尚存道士墓塔1座。为方形二层实心砖塔,建于清光绪三十年(1904)。塔基方形,塔高3米,底边长1.12米。塔身底层正面中央嵌石碣,上刻道教华山派道士□弟子姓名及年款;二层有收分,层间叠涩出檐。四角攒尖顶。后以墓葬类载录《中国文物地图集·陕西分册》。据有关调查,该塔今已不存。

41·景禅寺舍利塔林(4座)

清代。原址位于宝鸡市凤县唐藏镇杨家庄村。寺早年已废,沿革不详。

1987—1989年文物普查时,尚存砂石质舍利塔4座。其中3座为六角三层楼阁式塔,底边长0.6～0.8米,残高1.3～1.85米,顶皆毁。塔身各层辟龛造像,一座正面嵌有清道光二十五年(1845)

款塔铭。另一座为多宝塔式圆形五级实心塔，刹已毁，底径0.7米，残高2.6米。塔身五层均为扁鼓形，一至四层浮雕莲花，第五层正面辟方形龛。塔旁遗存嘉庆十七年（1812）塔铭1方。另有同治十三年（1874）"景禅、广佛两寺合一碑"1通。后以墓葬类载录《中国文物地图集·陕西分册》。21世纪初，塔林已全部毁坏，尚余部分塔基、构件散落草丛中。

42·杨家山石舍利塔

清代。原址位于宝鸡市凤县红光乡杨家山村。寺早年毁圮，沿革不详。

1987—1989年文物普查时，尚存喇嘛式石舍利塔1座，残高2.1米。塔座为六角三级台阶式，塔肚子（塔身）为鼓形。塔身上下各置一石盘形构件。塔顶已毁。后以墓葬类载录《中国文物地图集·陕西分册》。21世纪初，该塔倒毁。

43·松平庵道士塔

清代。又称"玲珑塔"，位于宝鸡市凤县平木乡高家庄村。1987—1989年文物普查时，尚存圆形砖塔，残高1.6米，底径1.1米。塔基为六棱形，塔顶已毁。塔身嵌清嘉庆二十三年（1818）"玲珑塔碑"1通，据碑载，该塔系武当山太子坡邱祖十七代弟子初教臣所建。后以墓葬类载录《中国文物地图集·陕西分册》。该塔21世纪初毁没。

44·二道沟僧人墓塔

清代。原址位于宝鸡市凤县坪坎乡碾子坝村。属寺庙遗存，寺早年废毁，沿革不详。

1987—1989年文物普查时，尚存六角三层楼阁式砖塔，通高2.45米。塔基方形。塔身二层浮雕神话故事图案，三层刻咸丰元年

（1851）塔铭。顶置宝珠式塔刹。后以墓葬类载录《中国文物地图集·陕西分册》。该塔 21 世纪初毁没。

45 · 豆积山道士塔

清代。又称豆积山塔，原址位于宝鸡市凤县凤州镇凤州村豆积山下。属"果老洞"道观遗存，为纪念王姓道人生前募化重修果老洞庙宇而建。

六角五层楼阁式砖塔，残高约 8 米。塔内实以土坯；塔身收分柔和，层间出檐平浅；塔顶平砖攒尖，塔刹无存。因年久失修，塔体剥蚀严重。2007 年前后，当地为开发景区，将其予以拆除（据说后期将复原重建）。塔址附近遗存道光二十一年（1841）《王师塔铭序》碑 1 通，青石质，圆首，座佚，高 0.97 米，宽 0.47 米。正文 14 行，满行 27 字，记载王氏生平及募化维修果老洞庙宇事宜。

46 · 香积寺高僧墓塔（2 座）

唐代、清代。原址位于西安市长安区郭杜镇香积寺村。香积寺为佛教净土宗祖庭，始建于唐永隆二年（681），后世屡有建毁。清同治年间（1862—1874）遭兵燹，光绪年间（1875—1908）重修。1992 年 4 月，陕西省人民政府公布"香积寺"为陕西省文物保护单位。据相关调查资料称，此前已有 2 座高僧墓塔消失。分别是：

46—1 · 唐代高僧舍利塔

位于香积寺东侧约 200 米处今香积寺村。现存黑白照片为日本学者足立喜六先生于 1906 年拍摄，但该塔毁于何时，阙载。塔为方形三层楼阁式，砖石结构，高约 7 米。塔基为青石砌筑。塔身砖砌，层间以 7 排砖叠涩出檐，施菱角牙子。塔顶平砖攒尖，置青石质地塔刹。刹座为三层圆形仰莲瓣托方形刹柱，上置两层圆形仰莲瓣托宝葫芦形塔刹。该塔底层较高，上部正中辟方形佛龛，内嵌石刻造像不存；佛龛左右两侧辟竖龛，各嵌天王造像1尊。塔身二层正中偏上镶嵌一块券拱形顶石刻造像门（形同造像碑），造像门高43厘米，宽26.5厘米，厚9厘米。石门门框四周与券拱形门额上阴刻西番莲蔓草纹图案。石门正中有2尊浮雕天王造像，左侧天王身穿甲胄，双手拄剑；右侧天王身穿甲胄，左手叉腰，右手持矛，右腿微抬。石门下方左右两侧各有一个蹲卧的护法狮子。石门额上有一条断裂的斜缝。

1997年8月28日，香积寺村村民修建房屋在挖地基时发现这块造像石门，现藏于西安市长安区博物馆。根据塔身、塔刹造型和石刻造像、造像门纹饰特征等判断，该塔建筑年代应在唐中晚期。

◎唐代高僧舍利塔

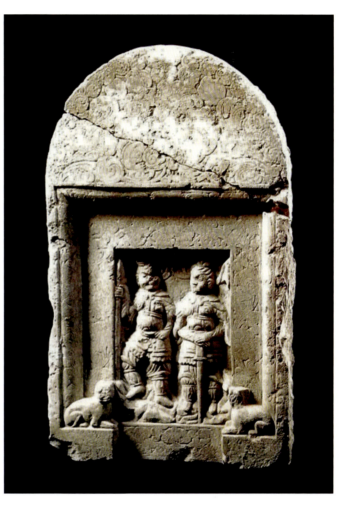

◎塔身石造像

46—2 · 清代高僧墓塔

　　位于香积寺善导塔东侧约 100 米，与前述唐代高僧舍利塔毗邻。现存黑白照片摄于 1956 年 10 月。六角二层楼阁式砖塔，底层每边长约 0.7 米，通高约 4.5 米。塔身一、二层东面辟券门，一层券门额嵌长方形石匾 1 方。塔身层间出六角挑檐，施砖雕椽头、斗栱、额枋、垂莲柱、花卉。塔顶平砖攒尖，置宝珠式石塔刹。整体造型与周至仙游寺守贞和尚寿塔极为相似，据此推断，该塔应建于清道光年间（1821—1850）。1958 年"大跃进"期间，该塔被拆除。

◎清代高僧墓塔（右）

二、已消失的陕北古塔

陕北地区包括榆林和延安两市，涵盖子午岭、黄龙山以北，毛乌素沙漠以南的黄土高原区域。这一区域为中国黄土高原的中心部分，占据黄土高原约1/6的面积，习惯上将其称为"陕北黄土高原"。陕北自古为中原民族与北方游牧民族交流、融合之地，汉以后逐渐发展为半农半牧区，被看作拱卫京师的咽喉之地（延安）和前沿阵地（榆林），中原文化与边疆地域文化的融合发展在寺庙及塔的构建上也有体现，如延安市多处寺址的石舍利塔为白水工匠修筑。由于受多重因素的影响，古塔毁没的情况屡见不鲜。据不完全统计，近百年陕北消失的古塔至少有16处约55座，大致集中于以下3个时段：

（1）民国时期。主要由自然灾害因素造成，如1920年12月16日，甘肃海原（今属宁夏）发生里氏8.5级特大地震波及陕北，宜川丹州文峰塔顷刻倒塌。这是记录在案的地震塌毁事件，相信未载的塌毁事例还有不少。

（2）"大跃进"和"文革"时期。主要事件：延安清凉山石窟寺塔林，历经1958年大炼钢铁和平整土地、平坟等运动被悉数拆毁；黄龙县曹溪寺塔、府谷县孤山铁塔、横山县盘龙寺喇嘛塔等，在"文革"中被毁。

（3）20世纪末和21世纪初。主要由盗掘和修建民居等因素造成，如志丹县的空太禅师塔、甘泉县的本空禅师塔等遭盗掘崩毁，志丹县的瓦子川舍利塔因村民修建窑洞被拆除。

已消失的陕北古塔列表

序号	古塔名称	时代	形制	地址	备注
47	瓦子川舍利塔	宋代	二层楼阁式石塔	志丹县永宁乡瓦子川村	20世纪末拆除
48	空太禅师塔	宋代	八角三层楼阁式砖塔	志丹县永宁乡王庄村	21世纪初盗毁
49	灵泉院砖塔	金代	不详	洛川县菩提乡王家河村	20世纪毁没
50	本空禅师塔	明代	八角四层楼阁式砖塔	甘泉县桥镇乡刘家沟村	21世纪初盗毁
51	容公塔	明代	多宝塔式石舍利塔	宝塔区柳林乡龙寺村南	21世纪初盗毁
52	清凉山万佛寺石塔林（40余座）	明—清	喇嘛式和六角形石舍利塔	宝塔区清凉山万佛洞石窟寺东约500米处山坡上	1958年至20世纪60年代被毁
53	丹州文峰塔	明代	八角形砖塔	宜川县丹州镇街南600米的宝塔山上	1920年地震塌毁
54	曹溪寺塔	明代	六角五层楼阁式实心砖塔	黄龙县界头庙乡皂角寺村	"文革"初被毁
55	宝堂禅师塔	明代	六角二层楼阁式石舍利塔	黄陵县腰坪乡大庄村	20世纪末盗毁
56	串坡舍利塔	明代	方形三级实心砖塔	富县吉子现乡串坡村	20世纪末拆毁
57	卜家沟石塔	明代	九层楼阁式石塔	绥德县中角镇卜家沟村	20世纪中叶倒塌
58	孤山铁塔	明代	方形十二层铁造像塔	府谷县孤山堡高家峁山	"文革"中被毁
59	红缨寺塔	明代	十一级密檐式砖塔	定边县王盘山乡石涝城村	20世纪60年代坍塌
60	仙姑河僧人墓塔	明—清	方形砖石舍利塔	洛川县槐柏乡仙姑河村	20世纪倒塌
61	盘龙寺喇嘛塔	清代	喇嘛式砖塔	横山县响水乡响水村西的无定河南岸	1973年拆除
62	弥家河魁星楼	清代	方形两层楼阁式空心砖石塔	洛川县京兆乡弥家河村	21世纪初拆除
合计	16处约55座				

47 · 瓦子川舍利塔

宋代。原址位于延安市志丹县永宁乡瓦子川村东咀沟。寺早年废毁，沿革不详。

1987—1989 年文物普查时，尚存二层楼阁式石塔，高 1.65 米。底层平面为方形，边长 0.6 米，四面均辟龛，内置佛像；二层平面呈八角形，每面雕佛龛及造像。层间石雕仿木构飞檐，顶置宝珠式塔刹。后以古建筑类载录《中国文物地图集·陕西分册》。据有关调查资料称，20 世纪 90 年代末，村民建窑洞时，该塔被拆除。

48 · 空太禅师塔

宋代。原址位于延安市志丹县永宁乡王庄村西 9 公里。寺早年毁圮，沿革不详。

1987—1989 年文物普查时，尚存八角三层楼阁式砖塔，高约 6 米。底层南面刻有"宋空太禅师塔"铭。塔身各层均辟龛，内有浮雕佛像。层间叠涩出檐，檐角饰兽头，檐下砖雕斗栱、佛像、花卉等。顶为仰莲座托宝珠式塔刹。后以古建筑类载录《中国文物地图集·陕西分册》。据有关调查资料称，该塔于 21 世纪初遭盗掘崩毁。

49 · 灵泉院砖塔

金代。原址位于延安市洛川县菩堤乡王家河村东 50 米。灵泉院始建于金代，元代重修，何时废毁不详。1987—1989 年文物普查时，遗址面积约 1 000 平方米，遗存有金代砖塔塔基和元代"重修灵泉院碑"1 通。后以遗址类载录《中国文物地图集·陕西分册》。

50 · 本空禅师塔

明代。原址位于延安市甘泉县桥镇乡刘家沟村南 7 公里。为县级文物保护单位，载录《中国文物地图集·陕西分册》。八角四层楼阁式砖塔，残高 5.9 米，底边长 1.3 米。塔基为仰覆莲须弥座。塔身底层正东辟券门，第二层正东石刻"本空禅师塔"铭及明万历年款。层间以砖叠涩出檐，施菱角牙子；二、三层隐出角柱，并饰砖雕假门、窗等。塔顶已毁。据有关调查资料称，该塔 21 世纪初遭盗掘崩毁。

51 · 容公塔

明代。原址位于延安市宝塔区柳林乡龙寺村南 100 米山坡上。1987—1989 年文物普查时，尚存四级石塔，为多宝塔造型，通高 3 余米。底座方形，边长 1.1 米。塔身一、二层为鼓形；三、四层方形；顶置石雕四级串珠式塔刹。二层北面辟一方龛；三层南面刻有"开山副都纲容公塔"铭；顶层四面辟佛龛，并浮雕造像或莲花。后以古建筑类载录《中国文物地图集·陕西分册》。据有关调查资料称，该塔 21 世纪初遭盗毁。

52 · 清凉山万佛寺石塔林（40 余座）

明—清。原址位于延安市宝塔区清凉山万佛洞石窟东约 500 米处半山坡上。现存黑白照片摄于清末至民国年间。塔林分布较密集，石砌喇嘛塔、六角形舍利塔及石构件参差散落其间。总数 40 余座，完整者较少，大部分仅存基座或半个塔身，残高 0.5～3.5 米不等。其中，较完整的六角形舍利塔，形体较高，可视下部有仰覆莲须弥座，塔身五层，出翘檐；喇嘛塔则形体较矮，塔肚呈圆鼓形，塔脖子刻作"十三天"相轮。塔林面对延河和延安城，近处和稍远处落差明显。

清凉山万佛洞开凿于北宋元丰年间（1078—1085），宋以降，不少高僧圆寂后，灵骨即葬于此，遂形成塔林。20世纪50年代初，塔林尚存。2016年调查时，据延安文物保护研究所王沛先生回忆，他的同学在童年时，还曾经在塔林中玩捉迷藏的游戏。历经1958年大炼钢铁和平整土地、平坟等运动，塔林被毁。近年，清凉山文管所在塔林原址挖出一些石舍利塔构件，现藏于清凉山文管所内，暂未进行恢复。

◎清凉山万佛寺石塔林

53 · 丹州文峰塔

明代。原址位于延安市宜川县丹州镇街南 600 米处的宝塔山上，周围有凤翅山、虎头山、太子山、七郎山等。丹州，为宜川古地名。西魏废帝三年（554）改汾州置，以丹阳川得名。治所在义川（今宜川东北），唐迁今宜川，宋改宜川，辖境相当今宜川县地。元至元六年（1269）废。

1987—1989 年文物普查时，尚存塔基。平面呈八角形，夯筑甃砖，底边长 3 米，残高 1.5 米，夯层厚 12 厘米。塔砖长 40 厘米，宽 19 厘米，厚 8 厘米。后以遗址类载录《中国文物地图集·陕西分册》。据《宜川县志·地形山水志》载，该塔为明代举人刘子诚所建。1920 年 12 月 16 日，甘肃海原 8.5 级特大地震波及陕西，该塔顷刻倒毁。另据"三普"资料称，2009 年尚存塔基为不规则形，中空。

54 · 曹溪寺塔

明代。原址位于延安市黄龙县界头庙乡皂角寺村。曹溪寺乃禅宗寺院，今广东韶关、云南安宁尚存有同名寺院。陕西黄龙曹溪寺在明弘治本《延安府志》卷六有记载："曹溪寺，在（洛川）城东南一百五里（即今黄龙现址）。"曹溪寺毁圮已久，久而久之，当地讹为"皂角寺"，塔亦称"皂角寺塔"。

现存黑白照片摄于 1956 年。六角五层楼阁式实心砖塔，高约 8 米。塔身以砖叠涩出檐，层间施砖雕斗栱、额枋和花卉图案。各层檐角翘起。塔刹不存。该塔于 1966 年毁没。

据"三普"资料称，寺址面积约 1 500 平方米，曾出土西魏大统年间（535—551）造像碑、交脚弥勒画像砖和"嘉靖五年六月……"款铭文砖等，为寺院的始建和修葺年代提供了证据。

◎曹溪寺塔

55 · 宝堂禅师塔

明代。原址位于延安市黄陵县腰坪乡大庄村西侧。寺早年废毁，沿革不详。

现存黑白照片摄于20世纪80年代初。形制为六角二层楼阁式石舍利塔。1987—1989年文物普查时，塔体尚完整，通高5.2米，底径1.4米。塔基为六角形须弥仰莲座，各角雕天王力士。其上承仰莲瓣圆盘，塔身为六角形，底层辟龛，内雕跏趺坐佛，并嵌有宝堂禅师塔碣2方；第二层每面浮雕坐佛。每层檐下石雕额枋、斗栱、瓦垄等；塔顶置宝珠式塔刹。据塔铭记载，该塔建于明洪武二十年（1387）。后以古建筑类载录《中国文物地图集·陕西分册》。20世纪90年代末，该塔被盗毁。

◎ 宝堂禅师塔

56 · 串坡舍利塔

明代。原址位于延安市富县吉子现乡串坡村塔儿坪。寺早年废毁，沿革不详。

1987—1989年文物普查时，尚存方形三级实心砖塔，通高3.6米。塔身嵌有碣铭1方，层间以砖叠涩出檐。塔顶以砖叠涩收顶。据塔铭记载，该塔建于明景泰年间（1450—1456）[1]。后以古建筑类载录《中国文物地图集·陕西分册》。据有关调查资料称，该塔于20世纪90年代末拆毁。

57 · 卜家沟石塔

明代。原址位于榆林市绥德县中角镇卜家沟村。有学者称其为卧龙山石塔。原为九层楼阁式石塔，高约10米。每层雕有佛像、天王、弟子等。该塔载录《中国文物地图集·陕西分册》。据有关调查资料称，塔于20世纪中期被推倒，有残件遗留原地。另据"三普"资料称，该塔遗存有明万历年修塔记事柱1通，现置卧龙山祖师殿门口左侧。

58 · 孤山铁塔

明代。原址位于榆林市府谷县孤山堡高家峁山西，清道光年间（1821—1850）迁建孤山堡南屏山上[2]。原为方形十二层铁塔，高5米余，塔身四面铸造佛像。据有关调查资料称，该塔于"文革"期间被毁。现仅余砖砌塔座。

[1] 延安地区文物普查队：《延安地区古塔调查记》，《文博》1991年第2期。
[2] 井宽胜：《陕西现存古塔录》，《考古与文物》1987年第5期。

59 · 红缨寺塔

明代。原址位于榆林市定边县王盘山乡石涝城村南 500～750 米处山崖下，三面临沟，洛河绕寺而过。据传，该寺系嘉靖年间（1522—1566）为纪念药王孙思邈而建，原名红缨寺，讹为红英寺。当地有"康熙怒烧红缨寺"之传说。寺内原有献殿、药王洞和十一级密檐式砖塔。

1987—1989 年文物普查时，尚存砖砌塔基，底径约 5 米。该塔 20 世纪 60 年代坍塌时曾出土 13 尊铜造像。后以"红英寺遗址"载录《中国文物地图集·陕西分册》。

60 · 仙姑河僧人墓塔

约明—清。俗称"望云塔"，原址位于延安市洛川县槐柏乡仙姑河村。寺早年毁圮，沿革不详。

原塔较高，1987—1989 年文物普查时，尚存方形砖石塔基，底边长 3.1 米。砖长 35 厘米，宽 15 厘米，厚 6.5 厘米。塔基上有僧人晏航塔铭，年款磨泐。后以墓葬类载录《中国文物地图集·陕西分册》。

61 · 盘龙寺喇嘛塔

清代。原址位于榆林市横山县响水乡响水村西 1.5 公里的无定河南岸盘龙寺内。寺始建于明代，清代重修。

1987—1989 年文物普查时，尚存砖券窑洞式硬山顶正殿 1 座和僧人土窑 5 孔。正殿窑内有清代壁画多幅、残碑 3 块和残经幢座 1 个。现存黑白照片摄于 1955 年。形制为喇嘛式砖塔，高约 6 米。塔座底部为八棱四层，每面设有一壸门；上部为束腰圆形。塔身由两个覆钵形组成。塔脖子呈圆柱体，刻作"十三天"相轮，刹顶不存。1972—1973 年修筑无定河堤坝时，该塔被当地群众拆除。后以"盘龙寺"名称载录《中国文物地图集·陕西分册》。

◎盘龙寺喇嘛塔

62 · 弥家河魁星楼

清代。原址位于延安市洛川县京兆乡弥家河村南400米。方形两层楼阁式空心砖石塔，通高8.23米。底层石砌，高2.23米，边长4.2米，宽3.6米；二层砖砌，高6米，边长3米，宽2.3米。平砖攒尖收顶。二层檐下砖刻楷书"魁星楼"3字，其下辟券龛，额书"文昌阁"3字[1]。据有关调查资料称，该建筑于21世纪初被拆除。

[1] 延安地区文物普查队：《延安地区古塔调查记》，《文博》1991年第2期。

三、已消失的陕南古塔

陕南地区包括汉中、安康和商洛 3 市,涵盖秦岭以南、大巴山以北的秦巴山地和汉江盆地。这一区域属于中国长江流域偏北的地区,自古为秦蜀、秦楚文化的交流、融合之地,沿秦岭古道和汉江黄金水道修筑的寺庙及塔较为多见,毁没情况和因素也与关中、陕北相似。如汉中市最具规模的洋县智果寺舍利塔林因当地修建学校,于 20 世纪 50 年代被悉数拆毁;与安康市的旬阳东宝塔(第六批"省保"单位)遥相对峙的旬阳西宝塔,于 1958 年大炼钢铁时被拆除;享有盛名的安康老县城的文兴塔在"文革"中被拆毁;等等。因资料和调查条件所限,更多的毁没情况尚不得而知。据不完全统计,近百年陕南消失的古塔至少有 18 处约 70 座。

已消失的陕南古塔列表

序号	古塔名称	时代	形制	地址	备注
63	塔湾石塔	宋代	六角楼阁式石塔	平利县水坪乡塔湾村	20 世纪塌毁
64	智果寺舍利塔林(约 50 座)	元—清	砖质舍利塔	洋县谢村镇智果寺村	20 世纪 50 年代建校拆除
65	文兴塔	明代	六角七层楼阁式砖塔	汉滨区文兴街	"文革"中拆除
66	田梁上僧人墓塔(2 座)	明代	方形和喇嘛式石舍利塔	西乡县大河乡田梁上村	21 世纪毁没
67	旬阳西宝塔	明代	六角七层楼阁式砖塔	旬阳县构元镇羊山村	1958 年拆除
68	普贤寺塔林(5 座)	明—清	砖石舍利塔	西乡县沙河镇茶条村	20 世纪末至 21 世纪初毁圮
69	寺垭子石塔	明—清	方形三级楼阁式石舍利塔	镇安县茅坪回族乡羊山贯村	21 世纪初倒塌
70	金峰禅师塔	明—清	多宝塔式四层石舍利塔	宁陕县龙王庙镇棋盘村	2008 年前后倒塌
71	双龙寺舍利塔	清代	三层砖舍利塔	略阳县接官亭镇林口村	20 世纪末至 21 世纪初毁圮

续表

序号	古塔名称	时代	形制	地址	备注
72	福仁山塔	清代	石质方形道士塔	洋县金水镇野庙沟村	20世纪倒塌
73	观堡庙舍利塔	清代	八角三级石舍利塔	宁强县三道河乡草川子村	20世纪末至21世纪初毁没
74	南宫山舍利塔（2座）	清代	石舍利塔	岚皋县花里乡郭家坪村	20世纪塌毁
75	兴福寺舍利塔	清代	方形砖舍利塔	商南县魏家台乡兴福寺	"文革"中拆除
76	华祖庙舍利塔	清代	石舍利塔	商南县太子坪乡秋木沟村	20世纪毁没
77	秋木沟僧人墓塔	清代	六角形石舍利塔	商南县太子坪乡秋木沟村	20世纪塌毁
78	普济寺僧人墓塔	清代	六角形宝瓶式砖舍利塔	平利县普济乡普济寺村	20世纪末拆除
79	塔坪石塔	不详	不详	旬阳县太山庙乡龙凤村	20世纪毁没
80	马家坡僧人舍利塔	不详	六角楼阁式石舍利塔	汉滨区复兴乡马家坡村	21世纪初毁没
合计	18处约70座				

63 · 塔湾石塔

宋代。原址位于安康市平利县水坪乡塔湾村南 300 米。六角楼阁式石塔，早年坍塌。1987—1989 年文物普查时，遗存石塔构件 150 余块，其上有莲花、凤凰、白象等浮雕图案。各构件以若干束腰形铁榫连接。当地以"塔湾石塔遗址"公布为县文物保护单位。后以遗址类载录《中国文物地图集·陕西分册》。

64 · 智果寺舍利塔林（约 50 座）

元—清。原址位于汉中市洋县城西约 12 公里的谢村镇智果寺村。据清光绪本《洋县志》记载，寺始建于唐仪凤年间（676—679），宋、元、明相继重建、修葺。万历初，神宗之母颁赐智果寺御制大藏经六百七十八函（6 780 卷），并捐金，命太监会同知府督工，增建藏经楼，寺周围筑城约二里许。当时寺院占地约 53 亩，周环高大的垣墙和护寺河，寺内分布楼阁殿堂、庭院廊庑和高僧大德的舍利塔林，是一组规模宏敞、形制完备的城堡式敕建寺院。清代多次修葺。

舍利塔林坐落于智果寺西北方向，据寺院周围群众反映，原有约 50 座砖塔；20 世纪 50 年代，当地修建智果寺中学，将塔林全部拆毁。

1992 年 4 月，陕西省人民政府公布"智果寺"为第三批陕西省文物保护单位。

65 · 文兴塔

明代。原址位于安康市汉滨区文兴街。文兴塔原名文星塔，为金州泰山庙附属建筑。泰山庙建于北宋，明代重修。明万历十一年（1583）大水毁州城，遂于赵台山下筑新城，改名兴安州。从此，文星塔与泰山庙分离，被圈入新城内。清康熙初年，道教泰山庙与佛教金堂寺互换，泰山庙更名双溪寺，文星塔遂易名文兴塔。乾隆四十八年（1783），州升为府，以原兴安州并汉阴地在府城设县，取"安民康泰"之意，称安康县。

现存文兴塔黑白照片摄于1956年。形制为六角七层楼阁式砖塔，高20余米。塔身底层较高，素面。层间叠涩出檐，檐角起翘，檐下施砖雕斗栱、椽头。二层以上相间辟门和方窗，门窗形状各异，数目不等。顶置石质宝珠形塔刹。据新编1989年版《安康县志》载，文兴塔毁于1967年12月两派武斗。

◎ 文兴塔

66 · 田梁上僧人墓塔（2座）

明代。原址位于汉中市西乡县大河乡田梁上村。1987—1989年文物普查时发现，共2座。其一，方形石舍利塔，通高1.89米。底座方形三级，呈阶梯状，高0.70米，底边长0.75米；塔身高1.19米，底边长0.69米，四面均雕刻蔓草、花卉图案，正面题刻楷书塔铭。其二，宝瓶式喇嘛塔，下为仰莲座；塔身呈鼓形，残高1.3米，底径0.60米，正面题刻"圆寂亲教无相和尚之塔"，明成化十三年（1477）款。后以墓葬类载录《中国文物地图集·陕西分册》。据有关调查资料称，该两座墓塔现已不存。

67 · 旬阳西宝塔

明代。又名红安寺西塔，原址位于安康市旬阳县构元镇羊山村西庵塔坪上，与东庵"东宝塔"遥相对峙（2014年，旬阳东宝塔被公布为第六批"省保"单位）。原红安寺有东庵、西庵两处寺院，早年皆毁。

西宝塔建于明正德年间（1506—1521），六角七层楼阁式砖塔，高约15米。1958年大炼钢铁时拆除。据当地村民讲述，1968年学大寨、兴修大寨田时，曾在塔址附近乱石堆下刨出青石板，石板下有青砖砌筑小室，内置瓷钵、石砚、铜镜等遭哄抢。

68 · 普贤寺塔林（5座）

明—清。原址位于汉中市西乡县城西30公里的沙河镇茶条村四组（原万山工学院内），其地四山环抱，二水合围。寺始建于唐代，元末废毁。明宣德、正统年间复建普贤殿。成化元年（1465）僧人募铜铸普贤像，扩建佛殿、禅房48间，寺侧有塔5座，大小铜佛像26尊，僧众300余人，为西乡县之名刹。清康熙年间（1662—1722）毁于"三藩"之乱，嗣后重修。20世纪50年代初，仅余大雄宝殿及铜佛像8尊。1958年全民大炼钢铁，铜佛以废铜出售。

1987—1989 年文物普查时,遗址面积约 3 万平方米,地面散布残砖瓦等建筑材料。尚存舍利塔数座,以及明代庙碑、石狮等。后以遗址类载录《中国文物地图集·陕西分册》。据有关调查资料称,原存明代石狮 1 对,于 2000 年移至午子观山门处保管。原舍利塔林于 20 世纪末至 21 世纪初毁圮。

69 · 寺垭子石塔

约明—清。原址位于商洛市镇安县茅坪回族乡羊山贯村东北 200 米。寺早年毁圮,沿革不详。

1987—1989 年文物普查时,尚存石塔 1 座,为方形三级楼阁式石舍利塔,由六块石构件拼接而成,通高 2.1 米。下部为八卦莲花须弥座,上部为重檐楼阁式。造型端庄、小巧,周身雕刻华丽。该塔于 21 世纪初倒塌。

70 · 金峰禅师塔

明—清。原址位于安康市宁陕县龙王庙镇棋盘村素里沟。多宝塔式四层石舍利塔,通高 4.5 米。塔基为六角形须弥座,底径 1.5 米,上置仰莲座。塔身为圆鼓形,正面刻铭:"临济宗派／金峰禅师□□世偈:金峰金峰,祖印相同,出离三界,明月清风。"落款磨泐不可辨。二、三、四层为六角形,每层正面浮雕跏趺坐佛,其余各面浮雕花卉图案。层间均作六角挑檐,刻出瓦垄、滴水。顶置宝珠式塔刹。据当地管理部门陈述,该塔于 2008 年前后倒塌,构件被文物部门收藏。

71 · 双龙寺舍利塔

清代。原址位于汉中市略阳县接官亭镇林口村塔坡寺国有林场。寺始建于明万历年间(1573—1620),清同治年间(1862—1874)重修。"文革"期间遭破坏。

1987—1989年文物普查时，寺址面积约8 000平方米，尚存清代三层砖舍利塔1座，高3.5米，底边长1.2米。遗址内可见寺庙墙基、铺地石条、柱础石及道光、同治年间重修双龙寺碑3通。后以遗址类载录《中国文物地图集·陕西分册》。该舍利塔于20世纪末至21世纪初毁圮。

72 · 福仁山塔

清代。当地称"回龙寺塔"，似讹传。原址位于汉中市洋县金水镇野庙沟村福仁山东麓山脚下。道观及塔早年废毁，沿革不详。

"三普"资料显示，塔呈倒塌状，石构件散落塔基四周。塔基东西长12米，南北宽8.5米；塔基正中有盗洞。塔基东南20米处有原塔记事碑1通，青石质，方首，高1.45米，宽0.5米，厚0.08米，碑身左下角残。碑文11行，满行46字，述及塔主甘明理为道教龙门正宗宏道真人门徒，原籍湖北黄安县建正河人氏，因早年从军，战场杀戮太多，后出家悟道，云游四方，曾任福仁山主持等事。

73 · 观堡庙舍利塔

清代。原址位于汉中市宁强县三道河乡草川子村。庙早年毁圮。

1987—1989年文物普查时，尚存八角三级石舍利塔1座，残高1.8米，底边长0.35米。塔身二层正面辟券龛，东北面楷书题刻建塔人捐资名录及乾隆丙辰年修塔题记。一、二层间以方石出檐，二、三层间及顶层为石雕八角翘檐，塔顶及刹已毁。后以墓葬类载录《中国文物地图集·陕西分册》。该塔于20世纪末至21世纪初毁没。

74 · 南宫山舍利塔（2座）

清代。原址位于安康市岚皋县花里乡郭家坪村东的南宫山（旧名笔架山）上。据有关资料记载，此地原有南宫观，始建于北宋靖康二年（1127），时有庙宇19间，道士10余人，是陕南最早的道观之一。清嘉庆初，改修为观音殿，成为佛教道场。嘉庆二十五年（1820）七月初二，主持弘一达慈和法众达鉴自觉大限将至，全跏趺坐于木制莲盆内，弟子通鉴等跪拜于前，二人题偈一首："红（弘）光闪烁下灵台，一派恩爱若尘埃。达彻十三劫前事，慈光巍巍大我怀。法语重重点孔毅，众口作词透心才……"（此为藏头诗，隐含了二位僧人的法号与生平）。语毕，二人溘然长逝。通鉴分别修建舍利塔，将临终偈语刻作塔铭。未几，改观音殿为弘一寺。清末及20世纪70年代，两座舍利塔先后崩塌，仅存塔基。

1987—1989年文物普查时，寺址面积约180万平方米，遗有石砌墙基、石台阶、条石砌方池及石舍利塔基2座，嘉庆二十五年"法众达鉴舍利塔铭"1方，另存达鉴干尸1具，置坐于半朽木缸中。后以遗址类载录《中国文物地图集·陕西分册》。

1992年，当地政府对南宫山进行旅游开发；1997年，南宫山森林公园正式开园；2000年，被公布为国家森林公园，新辟有南宫观、达鉴"真身殿"等观瞻景点。

75 · 兴福寺舍利塔

清代。原址位于商洛市商南县魏家台乡魏家台村兴福寺一侧。据1958年调查，尚存方形砖舍利塔1座，高6米，底边长5米。1987—1989年文物普查时，塔已不存，仅余塔基。后以墓葬类载录《中国文物地图集·陕西分册》。据附近寺庄子村郝续雅老人讲述，该塔于1967年被拆毁。

76 · 华祖庙舍利塔

清代。原址位于商洛市商南县太子坪乡秋木沟村。庙早年颓废。1987—1989年文物普查时，尚存庙殿基址、石舍利塔构件6块、石狮1只、青石碑2通。其中一碑方首，高1.4米，光绪十一年（1885）立。后以遗址类载录《中国文物地图集·陕西分册》。

77·秋木沟僧人墓塔

清代。原址位于商洛市商南县太子坪乡秋木沟村。与华祖庙相去不远。原有六角形石舍利塔 1 座，已毁。1987—1989 年文物普查时，尚存塔身底座，露出地面部分高 0.3 米。底座三面浮雕跏趺坐像，上刻六位禅师法号。后以墓葬类载录《中国文物地图集·陕西分册》。

78·普济寺僧人墓塔

清代。原址位于安康市平利县普济乡普济寺村。寺早年颓废，沿革不详。

1987—1989 年文物普查时，尚存封土圆丘形，底径 2 米。上建六角形宝瓶式砖舍利塔，残高 2.5 米。后以墓葬类载录《中国文物地图集·陕西分册》。该塔于 20 世纪末被拆毁。

79·塔坪石塔

时代不详。原址位于安康市旬阳县太山庙乡龙凤村。此处原有石塔 1 座，早年毁圮，仅存宝瓶式塔刹。

80·马家坡僧人舍利塔

时代不详。原址位于安康市汉滨区复兴乡马家坡村。原有块石垒砌六角楼阁式石舍利塔 1 座，塔身上部坍塌，仅留二层，残高约 1.5 米。据有关调查资料称，现塔毁圮，仅存塔基。

第五章 陕西发现的佛教供奉塔、造像塔、壁塑塔和画像砖塔

简 述

塔的梵文（Stupa）本义是"坟冢"，其最初形式为覆钵形圆冢（瘗埋遗体或佛舍利），融入中国传统建筑因素后成为供奉佛的特定场所，形式为耸立地面的点式建筑或其模型（可置于室内或雕凿于壁面）。东汉至三国时期 Stupa 的音译有"窣堵波""窣堵坡""浮图""浮屠""佛图"等名谓，到东晋葛洪《字苑》才第一次出现了"塔"字。唐朝释玄应《一切经音义》卷六云："塔字，诸书所无，唯葛洪《字苑》云：塔，佛堂也。"由此可见，在中国古代，佛塔是佛教徒、信士、居士们心目中最崇高的圣物和崇拜的场所。为了表示对佛的虔诚和信仰，并妥为供奉和保护佛舍利（真身舍利、法身舍利），信徒们造出了不同类型、不同用途和不同质地的塔。

随着时代的演进和社会的发展，塔的建筑形式也逐渐被其他宗教团体和民众所使用。如道教参考佛教为高僧建舍利塔这一形式而为高道修建的道士衣钵塔，伊斯兰教参考佛教藏经塔的高大形式而修建的宣礼塔（邦克楼），特别是明清时期，城镇和乡村民众为了弥补当地山川风水的不足，冀望文脉兴旺，多出人才，一般都会在城镇或乡村的东南方向修建风水塔，塔上一般都会有魁星造像。这种风水塔，根据经济条件，通常是用砖筑或土筑，称谓有魁星楼、文星塔、文峰塔等。另有相当数量的土塔建于乡野地势较低、距沟壑较近且正对村庄的位置，目的是补地气、引祥瑞、逢凶化吉。但上述道士塔、宣礼塔、风水塔等，皆与佛塔有着本质的区别。

自 20 世纪 50 年代以来，有关机构和学者对陕西地面现存的各类佛塔、僧人墓塔、道士塔，以及城镇和乡村风水塔的调查、研究和著录逐渐增多，初步形成了古塔形制和年代的研究序列。但这些著述，基本是研究或介绍陕西地上现存的不可移动古塔，鲜少谈及佛塔塔身、佛塔地宫中瘗入佛舍利的塔或称作宝帐（灵帐）的塔，以及石窟寺中的石造像塔、佛教徒在寺院和家庭佛堂中供奉的各类小型佛塔。关于这一类塔的作用，罗哲文和黄彬先生在《漫谈塔的来源及演变》一文中说，佛教徒们在苦修过程中，为了随时拜佛和礼佛，将塔（窣堵波、佛图、浮图）移到僧侣们修行的禅房或石窟寺中，在石窟寺中刻出小型佛塔。印度称这种刻有佛塔和其他佛像雕刻的石窟为"支提"，意译为庙或塔庙，而里面的塔，我们称之为"支提"式塔。葛洪则在《字苑》一书中强调："塔，佛堂也。"北京故宫内也有不少数量装饰华丽、制作精美的珐琅喇嘛式支提塔，供皇室礼佛崇拜。一言以蔽之，这一类塔是"为了随时拜佛和礼佛"而设立的。

　　本章所述的佛教供奉塔、造像塔、壁塑塔和画像砖塔，其质地、形制、称谓各异，供奉场所和摆放位置亦因实际需要而有所不同，但它们共具和各具的特点却显而易见。形体小，易于挪动或便于携带者有之；造型简洁、明快，呈"模型"式样，具象征意义者有之；雕凿于洞窟壁、造像碑、画像砖或塑于墙壁者有之，且基本都在室内（包括地宫、佛龛、石窟寺、殿宇墙壁、家庭佛堂乃至信徒墓室等），可避免风吹、日晒、雨淋等自然因素的侵蚀。笔者通过悉心梳理和研究，得出了以下几点启发及认识：

　　（1）佛塔曾在古代中国的很长一段时期内，是"佛堂"所在，佛事活动均围绕佛塔进行。如安塞区云岩寺彩绘石造像塔是陕西目前发现的唯一在石窟内以中心塔柱为礼佛场所的例证，保留了佛教传入中国后，佛教徒、信士和居士礼佛活动的原始场景，是研究佛塔与寺庙始合后分、逐步发展演变的重要实例；西安市西大街桥梓口发现的善业泥塔和善业泥佛堂同时出土的实例，则说明佛塔与佛教徒集会礼佛的场所在唐宋时期已经分开。

　　（2）和耸立地面、不可移动的佛塔同时肇创并发展的瘗藏佛舍利的葬具——灵帐、宝帐等，也是舍利塔的一种形式，且是高等级的供奉塔，它们与皇室礼佛活动密切相关。如扶风法门寺塔唐代地宫出土的彩绘汉白石灵帐和临潼庆山寺塔地宫出土的唐开元二十九年（741）睿迁"释迦如来舍利宝帐"皆属此列。史载，唐王朝曾经先后有7次大的迎佛骨活动，将佛舍利供奉在皇宫佛堂。如显庆五年（660），唐高宗迎佛骨于东都洛阳皇宫，供养3年送归法门寺塔地宫，并诏令和尚惠恭、意方等重修法门寺塔。《法苑珠林》记载其盛况曰："于时京邑内外道俗，连接二百里间，往来相续。"

（3）为了礼佛方便，僧侣们造出了不同类型、不同质地的小型佛塔。它们有的置于修行的禅房中，有的雕刻于石窟寺内（称为"支提"式塔），有的甚至可以随身携带、随时随地供奉，如关中地区发现的众多隋唐善业泥塔和陕北与内蒙古接壤的神木市发现的小到高5厘米左右的清代香泥塔。后者形似蒙古包，既是地域风格的体现，也间接地反映了北方沙漠草原一带的民族生活习俗。

（4）源于古代中国"事死如事生"的传统丧葬习俗，佛教信士、居士们辞世到了阴间，也有将佛塔模印、雕刻在墓砖上，用来继续供奉的事例，如近年延安地区陆续发现的金代墓室画像砖塔即是佐证。而这一类画像砖塔还往往伴有组合题材，融入了传统二十四孝故事之一的"王裒闻雷泣墓"等场景，它们从一个侧面反映了宋金时期延安地区民众的社会生活、信仰、伦理和思想意识形态。

（5）元帝国覆灭后，随着儒学正统思想在明王朝的重新确立，推崇理学，倡导儒家伦理道德，用儒学规范佛教成了一种社会常态。如地处陕南的城固县文化馆征集到的一座仿木结构楼阁式六级象牙塔，雕工精致，塔身每层置平座栏杆，圆雕各种姿势的人物56个，分别组成祝寿、拜谒、宴请、进贡、做佛事活动等场面，其中的佛教人物表现出世俗化的倾向。这座象牙塔便是佛教和儒教合璧的真实写照，同样的实例在西安市蓝田县水陆庵壁塑中亦有明确的反映。

综上，本章择要介绍陕西发现的佛教供奉塔、造像塔、壁塑塔和画像砖塔，旨在厘清一些概念和基本认识，并试图从当时的社会生活、地域环境、伦理教化和意识形态等方面，为目前陕西乃至国内古塔研究者、爱好者提供一个新的思路，或有欠妥之处，谨请方家指正。

陕西发现的佛教供奉塔、造像塔、壁塑塔和画像砖塔列表

序号	古塔名称	时代	形制	原地址（出土地）	收藏单位
F01	醴泉寺石造像塔	北魏	攒尖顶四方亭式造像塔	莲湖区醴泉寺遗址出土	西安博物院
F02	阿育王石造像塔	北魏	覆钵顶方形造像塔	碑林区夏家庄出土	西安博物院
F03	药王山阿育王石造像塔（3座）	北魏	宝箧印塔顶方形造像塔	铜川市耀州区出土	药王山博物馆
F03—1	阿育王石造像塔之一	北魏	宝箧印塔顶方形造像塔	铜川市耀州区出土	药王山博物馆
F03—2	阿育王石造像塔之二	北魏	宝箧印塔顶方形造像塔	铜川市耀州区出土	药王山博物馆
F03—3	阿育王石造像塔之三	北魏	宝箧印塔顶方形造像塔	铜川市耀州区出土	药王山博物馆
F04	阿育王塔形背光构件	北魏	铜鎏金塔形背光构件	西安市公安局查获文物	西安博物院
F05	刘文郎造像碑浮雕塔	北魏	五层楼阁式造像塔	洛川县土基镇鄜城村出土	洛川县民俗博物馆
F06	善业泥造像塔（4座）	隋唐	灰陶和红陶三层楼阁式塔	西安、宝鸡等地出土	陕西历史博物馆
F07	彩绘汉白石灵帐	唐代	方形盝顶汉白石供奉塔	扶风县法门寺塔地宫出土	法门寺博物馆
F08	释迦如来舍利宝帐	唐代	方形亭阁式石供奉塔	临潼区庆山寺塔地宫出土	临潼区博物馆
F09	石雕彩绘阿育王塔	唐代	方形亭阁式汉白石供奉塔	扶风县法门寺塔地宫出土	法门寺博物馆
F10	鎏金铜浮屠	唐代	方形亭阁式铜鎏金供奉塔	扶风县法门寺塔地宫出土	法门寺博物馆
F11	宝珠顶单檐四门金塔	唐代	方形亭阁式纯金供奉塔	扶风县法门寺塔地宫出土	法门寺博物馆
F12	覆钵式汉白石塔	唐代	覆钵式圆形石造像供奉塔	长安区香积寺出土	长安区博物馆
F13	四面造像阿育王石塔	唐代	方形石造像供奉塔	华州区郭子仪祠堂	华州区文管会
F14	覆钵式造像石塔	唐代	覆钵式圆形石造像供奉塔	莲湖区庆安轧钢管厂出土	西安博物院
F15	歇驾寺石造像塔	唐代	八角亭阁式石造像供奉塔	灞桥区歇驾寺村出土	灞桥区文化馆
F16	彩绘涂朱石塔	北宋	八角亭阁式石舍利塔	白水县白水中学基建出土	白水县博物馆
F17	金银舍利塔	北宋	八角二层金银錾铭舍利塔	白水县白水中学基建出土 置于F16塔体内	白水县博物馆
F18	舍利石塔	宋代	方座圆鼓覆钵式石舍利塔	华州区少华乡封官台村	华州区博物馆
F19	报本寺金银舍利塔	宋代	方形套钵金银相轮舍利塔	武功县报本寺塔地宫出土	武功县博物馆

续表

序号	古塔名称	时代	形制	原地址（出土地）	收藏单位
F20	善业泥塔及佛堂	宋代	红陶质六角七层楼阁式塔	西安市西大街桥梓口出土	私人收藏
F21	六角亭式陶舍利塔	金代	灰陶质六角亭阁式塔	澄城县出土	澄城县博物馆
F22	六级象牙塔	明代	象牙雕六角六层楼阁式塔	城固县文化馆征集	陕西历史博物馆
F23	铜舍利塔	明代	喇嘛式铜舍利供奉塔	扶风县法门寺塔四层龛内	法门寺博物馆
F24	鎏金铜喇嘛塔	清代	喇嘛式金刚宝座铜供奉塔	绥德县征集	绥德县博物馆
F25	铜喇嘛塔	清代	喇嘛式金刚宝座铜供奉塔	定边县征集	定边县文管所
F26	香泥佛塔（8座）	清代	蒙古包式陶质微型供奉塔	神木市征集	神木市博物馆
F27	蓝釉描金瓷喇嘛塔（2座）	清代	喇嘛式蓝釉描金供奉塔	米脂县杜斌丞家藏	米脂县博物馆
F28	云岩寺彩绘石造像塔	北魏	方形三层楼阁式造像塔	安塞区云岩寺5号窟	"省保"石窟原址
F29	大佛寺摩崖浮雕塔	唐代	方形三层楼阁式摩崖塔	彬县大佛寺石窟罗汉洞西	"国保"石窟原址
F30	欧家湾摩崖浮雕塔	唐代	方形三层楼阁式摩崖塔	旬阳县昌河镇欧家湾崖上	"县保"摩崖原址
F31	石寺河石窟浮雕塔	宋代	方形七级密檐式壁雕塔	安塞区王窑乡石寺河3号窟	"省保"石窟原址
F32	樊庄石窟浮雕塔	宋代	方形七层楼阁式壁雕塔	安塞区王窑乡樊庄2号窟	石窟原址
F33	吕川石窟造像塔	宋代	八角十三级密檐式造像塔	志丹县杏河镇吕川1号窟	石窟原址
F34	万安禅院石窟造像塔	宋代	方形七层楼阁式造像塔	黄陵县双龙乡峪村西侧	"国保"石窟原址
F35	清凉山万佛洞石窟造像塔（4座）	宋代	八角十三级、六角四层和方形六层及五层造像塔	延安市宝塔区清凉山	"国保"石窟原址
F35—1	万佛洞石窟造像塔之一	宋代	八角十三级密檐式造像塔	延安市宝塔区清凉山	"国保"石窟原址
F35—2	万佛洞石窟造像塔之二	宋代	六角四层楼阁式造像塔	延安市宝塔区清凉山	"国保"石窟原址
F35—3	万佛洞石窟造像塔之三	宋代	方形六层楼阁式造像塔	延安市宝塔区清凉山	"国保"石窟原址
F35—4	万佛洞石窟造像塔之四	宋代	方形五层楼阁式造像塔	延安市宝塔区清凉山	"国保"石窟原址
F36	凤凰山千佛洞石窟造像塔	宋代	方形十三层楼阁式造像塔	延安市宝塔区凤凰山	"国保"附属石窟原址
F37	阁子头石窟浮雕塔	宋代	方形四层楼阁式壁雕塔	富县洛阳乡段家庄村	"省保"原址
F38	高家堡万佛洞石窟彩绘造像塔（2座）	明代	方形九级密檐式造像塔和喇嘛式造像舍利塔	神木市高家堡镇东约400米处土望山北断崖上	"县保"原址

续表

序号	古塔名称	时代	形制	原地址（出土地）	收藏单位
F39	水陆庵彩绘泥塑塔（11座）	明代	喇嘛式泥塑塔、方形七层和八层楼阁式泥塑塔	蓝田县普化镇王顺山下的河心岛水陆庵大殿内	"国保"原址
F39—1	泥塑喇嘛塔之一	明代	喇嘛式彩绘泥塑塔	佛坛上释迦佛背光右下方	"国保"原址
F39—2	泥塑喇嘛塔之二	明代	喇嘛式彩绘泥塑塔	佛坛上药师佛背光右下方	"国保"原址
F39—3	泥塑喇嘛塔之三	明代	喇嘛式彩绘泥塑塔	佛坛上药师佛背光左下方	"国保"原址
F39—4	泥塑喇嘛塔之四	明代	喇嘛式彩绘泥塑塔	佛坛背面文殊塑像右上角	"国保"原址
F39—5	泥塑喇嘛塔之五	明代	喇嘛式彩绘泥塑塔	佛坛背面普贤塑像左上角	"国保"原址
F39—6	泥塑喇嘛塔之六	明代	喇嘛式彩绘泥塑塔	前檐墙老子塑像左侧	"国保"原址
F39—7	泥塑喇嘛塔之七	明代	喇嘛式彩绘泥塑塔	前檐墙金刚力士塑像左侧	"国保"原址
F39—8	泥塑喇嘛塔之八	明代	喇嘛式彩绘泥塑塔	前檐墙大势至菩萨塑像右侧	"国保"原址
F39—9	泥塑楼阁塔之一	明代	方形七层楼阁式泥塑塔	南山墙释迦佛涅槃像右侧	"国保"原址
F39—10	泥塑楼阁塔之二	明代	方形八层楼阁式泥塑塔	南山墙释迦佛涅槃塑像左侧	"国保"原址
F39—11	泥塑楼阁塔之三	明代	方形七层楼阁式泥塑塔	北山墙偏右上方	"国保"原址
F40	李渠镇金墓画像砖塔	金代	方形六层楼阁式画像砖塔	宝塔区李渠镇金墓出土	延安市文物研究所
F41	冯庄金墓彩绘画像砖塔	金代	方形三层楼阁式画像砖塔	宝塔区冯庄乡王村出土	宝塔区文管所
F42	柳林金墓画像砖塔	金代	六角二层楼阁式画像砖塔	宝塔区柳林镇麻庄村出土	宝塔区文管所
F43	谭家营金墓画像砖塔	金代	方形亭阁式画像砖塔	安塞区谭家营乡金墓出土	安塞区博物馆
合计	43处70座				

一、供奉于寺院或信士家庭佛堂内的塔

F01 · 醴泉寺石造像塔

北魏。1987 年，西安市莲湖区隋唐醴泉寺遗址出土。攒尖顶四方亭式造像塔，砂石质，平面呈方形，残高 72 厘米，由塔基、塔身和攒尖顶 3 部分组成。塔基底边长 41～47 厘米，顶檐每边长 42 厘米，整体收分不明显。塔基残损漫漶严重，其正面有浅浮雕供养人像，供养人一侧各刻有"清信士□□"人名。塔身四面各辟一龛，拱形龛顶上饰火焰纹浮雕图案，龛内雕一佛二菩萨。释迦牟尼佛结跏趺坐于长方形束腰须弥座上，头束高发髻，椭圆面型，双耳垂肩，身着袈裟，内穿僧祇支，下着长裙。两侧站立的二菩萨，头和面部均残，胸佩璎珞，肩搭帛巾，下着长裙，跣足站立于护法狮子之后。左侧菩萨双手捧物置于胸前，右侧菩萨左臂下垂，手提宝瓶。塔身背面凿一帷幕龛，龛楣为盝顶形，以锯齿纹和菱形纹装饰的龛两边有方柱顶立。龛内浮雕为一弥勒二胁侍，弥勒头梳高发髻，面部已残，肩搭帔帛，身着长裙，双手贴于胸前，双腿相交跣足坐于高台座上，座两侧各雕刻一个护法狮子，二菩萨跣足站立，面部已残。塔身左侧雕刻的一佛二菩萨造型与正面造型相同。塔身右侧雕刻的佛龛与塔身背面佛龛相似，龛内的一佛二菩萨造型与左侧相同。塔顶四角攒尖，雕出素脊和瓦垄，四面坡度舒缓，原顶部或饰有宝珠，不存。

这件雕刻精美的造像塔，应系隋唐皇室供奉在佛堂内的小型佛塔。据考，醴泉寺所在醴泉坊，原名承明坊。隋开皇二年（582）掘得甘泉水，饮者疾愈，遂改名。隋文帝于此置醴泉监，取泉水供御厨，开皇十二年（592）改为皇家寺院，唐因之。遗址平面略呈"甲"字形，南北向。出土有大量石刻造像，多残，以青石佛头像、菩萨头像居多。从造型、衣饰、雕刻技法等方面分析，这些石刻造像可分为 4 期，即北魏迁都洛阳后到东魏西魏时期、北齐北周时期、隋代到初唐、初唐到武宗灭佛。

醴泉寺遗址的发现，为研究北魏至隋唐时期佛教的兴衰史提供了重要的实物资料。现藏于西安博物院。

◎醴泉寺石造像塔

F02 · 阿育王石造像塔

北魏晚期。20世纪五六十年代西安市碑林区夏家庄西出土。青石质，残高78厘米，基座每边长40厘米。塔由基座、塔身和塔刹3部分组成。基座为正方形，二层；一层较高，高20厘米；基座每面中部用阴线刻香熏1个，两边各刻一站立的供养人及铭文，铭文已浸漶不清。塔身各面均有一个壸门佛龛，佛龛内均高浮雕一佛二菩萨，佛高肉髻，身着通肩袈裟，结跏趺坐在仰莲座上，佛的袈裟遮盖了莲座上部。佛右手施无畏印，左手施与愿印，佛头与左手均残。佛两侧站立的菩萨，肩搭披帛，双手合十，菩萨头均残。菩萨的下方各有一护法蹲狮。塔檐刻三层楞面，叠涩出檐，中间一楞面上雕刻有蔓草纹图案。上为覆钵形塔顶，四角及中间饰浮雕卷云如意纹图案，方形刹座残损，塔刹不存。现藏于西安博物院。

◎ 阿育王石造像塔

F03 · 药王山阿育王石造像塔（3座）

北魏。药王山位于铜川市耀州区，因唐代名医孙思邈曾隐居于此而得名。此山原名磬玉山，北宋至清代称五台山，清以后称药王山。北朝时期始凿佛教造像，隋代增建宝云寺，唐时臻于鼎盛，宋崇宁三年（1104），朝廷拨款修建北洞庙宇，存留一批碑石。20世纪以来，陆续将耀县（今耀州区）境内的大部分造像碑移存于此。1986年5月设立药王山博物馆。该馆藏品中有北魏时期阿育王造像石塔3座：

F03—1 · 阿育王石造像塔之一

通高132厘米，由基座、塔身和覆钵塔顶3部分组成。基座方形，每边长44厘米，高50厘米。塔身方形，每边长35厘米，高38厘米，四面各辟一拱形龛。其中一面是空龛，无造像；另两面龛内均浮雕一佛二菩萨，佛为结跏趺坐像，着通肩袈裟，双手施禅定印；另一面龛内雕一佛二菩萨，佛为倚坐像，身着通肩袈裟。塔檐刻三层楞面，叠涩出檐。覆钵形塔顶，高44厘米，四角为短而厚壮的山花蕉叶，覆钵正中为一个圆锥形塔刹，顶部圆钝。整个塔顶呈"宝箧印塔"造型，保留了印度阿育王时代窣堵波的基本形态。塔上无铭文及其他纹饰图案。该塔应系佛教徒供奉于寺院或家庭佛堂内的造像塔，以下之二、之三亦情况相同。

◎阿育王石造像塔之一

F03—2 · 阿育王石造像塔之二

通高90厘米，由基座、塔身和覆钵塔顶3部分组成。基座方形，每边长35厘米，高34厘米。基座四面均刻有铭文，其中一面刻发愿文，其余三面刻供养人像和姓名，共18人。供养人名下均刻有"供养佛时"4字。方形塔身，每边长27厘米，高26厘米。四面各辟一个圆拱形龛：两个龛内各雕刻一尊立佛，身着通肩袈裟，右手施无畏印，左手施与愿印；另两个龛内各雕刻一佛二菩萨，佛为结跏趺坐，身着通肩袈裟，双手施禅定印。塔檐刻两层楞面，叠涩出檐较浅。覆钵形塔顶，高30厘米，覆钵四面各有一尊线刻佛像，结跏趺坐于仰覆莲瓣座上，身后有火焰纹背光和圆形头光，两边各有莲花1支。四角雕刻山花蕉叶，构成"宝箧印塔"形态。塔刹缺失。

◎阿育王石造像塔之二

F03—3 · 阿育王石造像塔之三

通高123厘米，由基座、塔身和覆钵塔顶3部分组成。基座方形，每边长49厘米，高40厘米。四面刻有铭文，其中三面为双排供养人及姓名，一面为单排供养人及姓名，总计70人。包括邑主康先，都维那傅□，化主姚俊资、杨容道、王斌□、寂妙但、傅延好、杨浚胜，邑师比丘昙辉、僧云，但官刘宝□、□敬□、典坐李敬□、傅□□，典录庞买文、拓王□，邑谓焦汝足、陈外□、香火李归香、田丰光、席阳女、姚阿香等，沙弥洪□，佛弟子梁□，邑子王照容、焦外妃、张敬妃、姚和容、谢念容、梁玉妃、萧要聪、任道花等。铭文多有磨泐。方形塔身，每边长37厘米，高40厘米。四面各辟一个圆拱形龛，龛眉饰阳刻忍冬纹图案，龛内均高浮雕佛造像。一个面龛内为一佛二菩萨，佛为立像，身着通肩袈裟，右手施无畏印，左手施与愿印，立佛前有一熏炉和两个护法狮子。一个面龛内为一佛二弟子，佛为倚坐像，身着通肩袈裟，右手持莲花，左手扶膝，佛倚坐在仰覆莲座上；左右两侧的阿难、迦叶均站在仰莲瓣台座上。佛前正中为一个力士，两侧各有一个蹲狮。第三个面龛内为一佛二弟子，佛为倚坐像，身着通肩袈裟，右手抚腿，左手抚膝盖，头背部有圆形背光。佛座前有莲瓣状宝炉，炉两侧各有一个蹲狮。第四个面龛内为一佛二菩萨，佛为倚坐像，身着通肩袈裟，右手施无畏印，左手施与愿印，佛座前有力士和蹲狮。塔檐刻三层楞面，叠涩出檐，塔檐四面均阳刻卷草纹图案。覆钵形塔顶，高40厘米，四角为山花蕉叶，构成"宝箧印塔"造型，上刻花瓣纹图案。覆钵四面各有一尊线刻佛像，结跏趺坐于仰覆莲瓣座上，身后有火焰纹背光和圆形头光，两边各有莲花一枝。顶部饰一周浮雕覆莲瓣，置两层方形刹座，四侧面上阳刻卷草纹图案，塔刹已残。据考，北魏时期民间盛行"义邑"佛教团体，少则几十人，多则数百人，其首领称"邑主"，指导信仰之僧人称"邑师"，修持事务者称"都维那"，收纳施财者称"化主"，一般成员称"邑子"。该塔供养人铭文为造像塔断代提供了依据。

◎阿育王石造像塔之三

◎塔身拓片

F04 · 阿育王塔形背光构件

北魏。1997 年，西安市公安局查获文物。铜鎏金塔形构件，高 15 厘米，中间为阿育王塔造型，两侧饰立体式祥云。塔座叠涩三层，下饰覆莲瓣。塔身四面拱形龛内各有一尊结跏趺坐佛，头后有圆形背光。塔檐三层，叠涩出檐。塔顶为覆钵形，四角饰山花蕉叶。覆钵上立刹座，为五层束腰须弥座形。刹座上并排置九层相轮 3 个，中间高、两边低，构成"山"字形组合，刹顶均饰圆光和宝珠形塔刹。

这件铜鎏金阿育王塔形背光制作精细，构件中的塔形与药王山博物馆收藏的 3 座北魏阿育王石造像塔十分相似，只是材质不同。现藏于西安博物院。

◎阿育王塔形背光构件

F05 · 刘文郎造像碑浮雕塔

北魏。1984年冬，延安市洛川县土基镇鄜城村出土北魏神龟元年（518）刘文郎造像碑1通，其碑侧上部刻有一座浮雕形式的五层楼阁式佛塔。塔身下面佛殿内刻有一位僧人，右手持木槌，正在敲击悬挂在佛殿檐下的钟，下刻"比丘僧妙侍佛时"7字。再下是功曹主和佛弟子两人手持莲花礼佛的形象，两人之间刻有"功曹主苌松侍佛时、佛弟子刘安国侍佛时"17字。塔身五层，每层均刻出方形塔室和塔檐、瓦垄；塔顶为攒尖形式，置刹杆、相轮、宝珠和经幡。底层塔室内刻有一尊结跏趺坐佛，塔外两侧各站立一个双手笼袖的侍女礼佛（其中一女头残），右侧塔身立柱上刻"清信士女董季玉"，左侧立柱上刻"清信士女刘金□礼佛图"字样；二、三层塔室内均有一尊结跏趺坐佛，塔外两侧各站立一个双手笼袖的礼佛侍女（其中一女上半身残）；四层和五层塔室内各有一尊结跏趺坐佛，两侧塔檐翘角上均悬挂风铃1个。塔刹高耸，刹杆上有三层相轮和宝珠刹，刹顶两侧对称刻有随风飘扬的经幡。

刘文郎造像碑侧浮雕的五层楼阁式塔造型，是陕西境内目前所知最早的楼阁式塔实物图形资料，弥足珍贵。现藏于洛川县民俗博物馆。

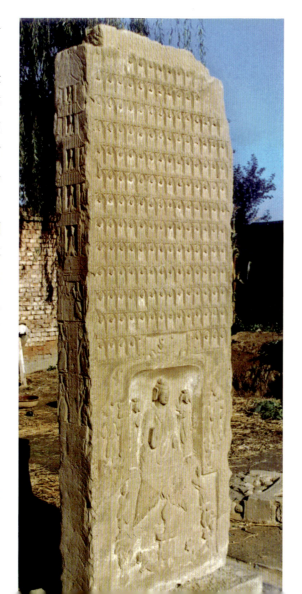

◎刘文郎造像碑浮雕塔

◎碑侧浮雕塔

◎碑侧浮雕塔（拓片）

F06 · 善业泥造像塔（4座）

善业泥是南北朝时期流行的小型模压而成经过焙烧的泥制浮雕佛像，俗称善业泥像，其含义是祈求"善业"、攘除"恶业"。隋唐时期还出现并流行有善业泥塔。20世纪和21世纪初，陕西各地发现的善业泥像和善业泥塔数以千计，因造型纤小，便于携带，流失情况较为严重，但仍有部分品相出众者被相关部门妥为收藏。如扶风县凤泉寺出土的隋仁寿四年（604）善业泥陶造像塔、麟游县博物馆馆藏的隋仁寿四年善业泥陶造像塔、西安市长安县（今长安区）百塔寺出土的唐代善业泥陶造像塔，以及1950年西北历史文物陈列馆（1955年改"陕西省博物馆"）收藏的唐永徽元年（650）比丘法律造多宝佛塔等。

这些善业泥塔有灰陶和红陶质两种，均为方形三层楼阁式塔造型，由塔座、塔身和塔刹3部分组成，一般高12～13厘米，幅宽9.5～10厘米，厚2.5厘米左右。塔座为三层台式，台面饰联珠纹和网格纹图案；塔身层间叠涩出檐，饰椽头和几何纹图案；塔顶四角攒尖，置三层串珠式塔刹，刹顶置一尊坐佛。塔身底层辟圆拱顶双联龛，内置释迦、多宝并坐像，龛外沿饰联珠纹图案；二、三层圆拱龛内各置一尊坐佛。塔身外两侧对称分布10个小坐佛、2个立姿协侍菩萨和2个托塔天王造像，间隙处布设环形联珠图案。

据考，释迦、多宝并坐像最早出现于北魏石窟造像中，其题材出自《法华经·见宝塔品》。西北历史文物陈列馆收藏的永徽元年比丘法律造多宝塔背面模印有49字铭文："大唐国至相寺比丘法律从永徽元年已来为□国及师僧父母法界苍生敬造多宝佛塔八万四千部流通供养永为铭记矣。"由铭文可知，这些佛教寺院出土的善业泥陶造像塔，是寺院的僧人为装饰寺庙佛殿所用，亦是寺院僧人为师僧、父母、法界和苍生们赠送的为方便供佛而创造出的一种艺术形式。佛教徒和信士们得到这种陶善业泥后，也会恭恭敬敬地供奉在家里的佛堂内。

◎善业泥造像塔之一

◎善业泥造像塔之二

◎善业泥造像塔之三

◎善业泥造像塔之四

◎塔背面铭文

F07·彩绘汉白石灵帐

唐代。1987年4月，宝鸡市扶风县法门寺塔唐代地宫中室出土。法门寺曾经是唐王朝的皇家寺院，皇戚贵胄信奉佛教者甚众。唐王朝曾经有7次大的迎佛骨活动，将佛骨供奉在皇宫。1981年8月24日，法门寺明代真身宝塔倒塌一半。1987年，在清理塔基过程中发现唐代塔的地宫，出土大批金银器、丝绸织物、瓷器、玻璃器、石刻等文物，特别是1枚真身佛指舍利和3枚舍利"影骨"的出土，是世界佛教史上的重大事件和中国佛教考古的重大发现。

灵帐为汉白石质，平面呈方形，残高162厘米，由禅床、须弥座、帐身和盝顶4部分组成。禅床边长120厘米，高21厘米。每面辟三个壸门，内刻浮雕托塔天王、持剑天王像等。须弥座断面呈束腰"工"字形，由两块石料合成，座高27.2厘米，底部每边长104.4厘米。束腰上部每面刻有6个浮雕力士首面，其下为五层叠涩楞面，自上而下逐级伸出，分别在四周刻折枝花图案。帐身为整块石材凿空而成，呈方筒状，四面均饰高浮雕串珠璎珞等宝幡纹饰图案。帐身上部四面为天盖帷幕，由两层雕有忍冬花头的"垂鳞"组成，其下为三角形与条形幕边，再下刻联珠纹一周。帐身外四角各雕莲结宝柱，宝柱由刻有柿状或桃状花结的鼓形节或刻仰莲瓣节组成。帐内四壁皆刻高浮雕菩萨像，南壁为大势至和观音菩萨，北壁为地藏和弥勒菩萨，东壁为文殊和普贤菩萨，西壁为"止诸障"和执金刚的"主菩萨"。帐檐为双层，形似两只仰斗。下檐檐下每面各饰六朵方形宝相团花。再下为7个方形佛龛，龛内均有一尊高浮雕佛，结跏趺坐于仰莲瓣台上，有桃形头光和圆形背光，每个佛龛右上角有墨书法号或姓名，如僧继孚、僧道真、僧傅休、僧敬言等。在灵帐帐盖内有行楷书体"大唐景龙年岁次戊申二月乙卯朔十五日，沙门法藏等造白石灵帐一铺，以其时舍利入塔。故书记之"刻石题记。盝顶底边长53.6厘米，中心有一个直径10厘米的圆孔，应该是插帐刹之孔，惜帐刹已失。在盝顶斜刹东侧阴刻"杨阿娄、仇潮俞、仇梦儿、范存礼"以及北侧阴刻行楷书体"仇思泰一心供养"等供养人姓名。

这件彩绘汉白石灵帐，是唐景龙二年（708）唐皇室供奉佛舍利时专门制作的宝帐，为瘗入佛舍利的用具，虽名灵帐，实乃供奉塔的另一种叫法。

◎彩绘汉白石灵帐

南壁　　　　　北壁　　　　　东壁　　　　　西壁

◎ 灵帐内的造像

◎ 灵帐栏额佛龛内的彩绘佛像及供养人题记

◎ 灵帐帐盖内的题记

F08 · 释迦如来舍利宝帐

唐开元二十九年（741）。1985 年 5 月 5 日，西安市临潼区新丰镇砖瓦厂在鸿门堡村东 500 米处庆山寺遗址取土时，在庆山寺塔地宫发现如下文物：释迦如来舍利宝帐（内置金棺、银椁）、鎏金须弥座、银首金法杖、鎏金高足杯、鎏金宝瓶、铜质人面执壶、虎腿兽面衔环熏炉；三彩南瓜、供盘、护法狮子；玻璃器皿；黑、白釉瓷器等佛教文物 127 件（组），造型和工艺均属上乘。

据记载，庆山寺创建于隋开皇年间（581—600），初名灵严寺。唐武宗会昌五年（845），寺院被拆毁。唐懿宗咸通五年（864）重修，易名鹫岭寺。北宋太平兴国六年（981）改额护国寺。宋代以后，寺毁塔倒，遗迹湮灭而不为后人所知。

重新发现的庆山寺塔地宫，其甬道正中竖立着"大唐开元二十九年四月八日"刊刻的《上方舍利塔记》碑，详细记述了舍利塔的位置、重修原因和主持僧、舍利棺具，以及安置舍利的时间和盛况等。地宫内置宝帐 1 座，自名为"释迦如来舍利宝帐"，平面呈方形，通高 109 厘米，由须弥座、四方形帐体、重檐挑顶、仰覆莲刹座和宝珠刹组成。须弥座有七层叠涩楞面，上面雕刻舞伎、团花、卷云、S 形纹饰图案。宝帐内放置有鎏金珍珠须弥座镶白玉、玛瑙、珍珠的银椁和金棺，棺内绿色玻璃瓶内装有水晶质舍利。帐体四面雕刻一组四幅释迦牟尼涅槃图，正面为佛说涅槃经图，上枋正中阴刻楷书贴金"释迦如来舍利宝帐"8 个大字，两侧分别雕刻天王力士和迦陵频伽鸟，下枋雕刻卷云和梅花图案；左侧为涅槃图，上枋雕刻悬挂铃铛的帷幔流苏，帷幔下雕刻卷云纹和两个飞天人物，下枋雕刻蘑菇云和梅花图案；背面为荼毗图，上枋雕刻卷云纹和二个飞天人物，下枋亦雕刻二个飞天人物和梅花图案；右侧面为八国王子分舍利图，上枋雕刻悬挂有铃铛的帷幔流苏，帷幔下雕刻卷云纹和两个飞天人物，下枋雕刻蘑菇云和梅花图案。宝帐盖为重檐二滴水，四个挑角上雕刻金翅大鹏鸟，双重檐下雕刻团花藻井，檐上面斜刹雕刻卷云纹和飞天人物。盖面作半球形状，其上雕刻卷云和三条行龙纹图案，四个角雕刻团花，分别插四株铜杆银叶菩提树。宝帐座前两角分别插金莲花。宝帐的刹座为仰覆莲瓣形，上置桃形宝珠，顶出尖刹。

　　这座石雕释迦如来舍利宝帐的整体造型，实际上就是一座装饰精美华丽的瘗藏释迦如来舍利的方形亭阁式塔，只是称谓不同而已。现藏于西安市临潼区博物馆。

◎释迦如来舍利宝帐

◎庆山寺塔地宫出土的金棺银椁

◎庆山寺塔地宫出土的三彩南瓜

◎庆山寺塔地宫出土的三彩盘

◎庆山寺塔地宫门扇上的天王像（拓片）

◎庆山寺塔地宫出土的三彩狮子

◎庆山寺塔地宫出土的唐代凤头人面铜壶

F09·石雕彩绘阿育王塔

唐代。1987年5月,宝鸡市扶风县法门寺塔唐代地宫前室出土。汉白石质,方形亭阁式塔,通高75.8厘米,由须弥座、塔身、宝盖和铜质塔刹组成。须弥座每面束腰部位有3个圆形的浅浮雕力士面首,用黑、红色勾绘;须弥座每层各面均饰祥云纹图案。塔身方形中空,外壁每面刻绘一门,门上饰4排、每排6枚泡钉并有门锁的红色门扇,门两侧各有一个脚踏仰莲座、手持不同法物、袒胸露乳、披帛巾的浮雕彩绘菩萨,背景为黑、白、石绿色绘的花卉图案。塔体内壁每面用石绿和墨线勾画有两株菩提树。宝盖四角攒尖,作三层叠涩出檐和九层逐级攒尖的形式。出檐的三层楞檐各面均饰祥云纹图案;攒尖的第八层楞阶各面均饰联珠纹图案,以下各层楞阶每面均饰祥云纹图案。顶置铜质宝珠形塔刹。

石雕彩绘阿育王塔内装有鎏金铜浮屠,盛放着第四枚佛指舍利。现藏于法门寺博物馆。

◎石雕彩绘阿育王塔

◎塔身局部一

◎塔身局部二

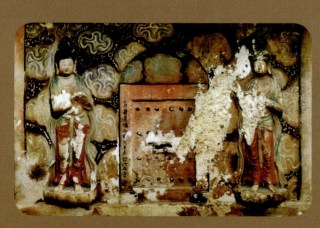
◎塔身局部三

◎塔身局部四

F10 • 鎏金铜浮屠

唐代。1987 年 5 月发现于宝鸡市扶风县法门寺石雕彩绘阿育王塔内。为铜质鎏金方形亭式舍利塔，通高 53.5 厘米。由基座、月台、塔身、宝盖和宝刹组成，塔内盛放着第四枚佛指舍利。基座方形，每边长 28.5 厘米。座上有三层月台，四周有雕花钩栏。底层月台钩栏上有宝珠、如意云头、葫芦形装饰；中层月台呈四级叠涩，钩栏四周中部树立一对"望柱"，柱顶置蹲狮；最上层月台侧面各有 4 个桃形壸门，柱顶饰宝珠。塔身方形，面阔三间，进深三间，施柱头铺作、转角铺作、人字栱形补间铺作、阑额、蜀柱等。当心间设板门两扇，门上饰三排泡钉，门中间闭合处有插杠，门外站立金刚力士 1 对；两次间辟直棂窗。从底层月台到当心间有左右阶升降，中间以丹墀分隔。宝盖为四角攒尖顶，饰瓦垄，上置方形须弥座和宝刹。宝刹高 23.5 厘米，下端为六层相轮，上端设华盖，上置十字相交的火焰背光、双轮新月和日轮，刹尖高耸，最上为摩尼珠。

该塔造型庄重瑰丽，细节制作精巧，是高规格亭式宝塔的模拟写照。现藏于法门寺博物馆。

◎局部

◎塔刹

◎鎏金铜浮屠

F11 · 宝珠顶单檐四门金塔

唐代。1987年5月发现于宝鸡市扶风县法门寺塔唐代地宫后室八重宝函内。金塔为铸造锤击成型，通高7.1厘米，四方亭式，由垫板、基座、塔身、宝盖和塔刹组成。垫板每边长5.4厘米，素面。基座（月台）每边长4.8厘米，四面錾刻仰莲瓣纹图案，座中心焊接有高2.8厘米、直径0.7厘米银立柱1根，其上套置佛指舍利1枚。塔身方形，四面各辟一壸门，门两侧各錾刻祥云纹一朵，以鱼子纹衬地。壸门下部錾刻有象征性的台阶踏步。宝盖四角攒尖，檐角起翘，屋面铸压成筒板瓦形与瓦垄，檐下和阑额均錾刻菱形网格纹饰。顶置宝珠刹，宝珠下半部錾刻三层仰莲花瓣，上半部錾刻火焰纹。

该塔造型端庄，用材珍贵，是典型的唐代宫廷供奉佛舍利的用具。现藏于法门寺博物馆。

◎宝珠顶单檐四门金塔

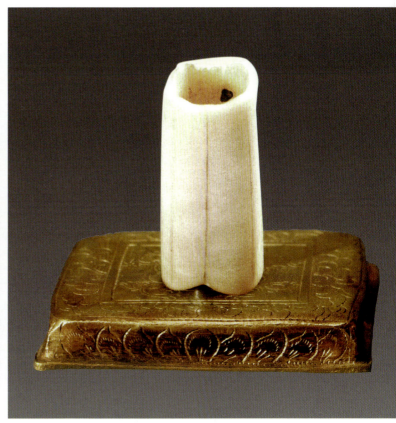

◎塔内第一枚佛指舍利

F12 · 覆钵式汉白石塔

　　唐代。西安市长安区香积寺出土。汉白石质，通高40厘米，由一整块石料雕成。塔座八角形，素面，较矮。塔身覆钵形，沿塔身一周等距离辟4个佛龛，龛内均雕刻一尊佛像，结跏趺坐于仰莲座上。佛戴高宝冠，项佩璎珞，右臂戴臂钏，宝缯由两肩直飘垂于莲座两侧，双臂已残缺。佛身后饰有火焰纹头光与身光。壶门形龛边沿饰莲瓣纹图案。4个佛龛之间各雕一尊菩萨，分别为白马座的宝波罗蜜菩萨、孔雀座的法波罗蜜菩萨、大象座的金刚波罗蜜菩萨和金翅鸟座的业波罗蜜菩萨。覆钵体上部浅浮雕两重宽大的覆莲瓣，其下装饰浅浮雕串珠和花蕾网幔。刹座为仰莲瓣，原有宝珠刹已残失。

　　这座覆钵式汉白石塔，制作精美、秀丽，代表着皇家的风尚，反映了当时供养者对佛塔的一种复古情结。现藏于长安区博物馆。

◎ 覆钵式汉白石塔

◎塔身佛龛内的菩萨一

◎塔身佛龛内的菩萨二

F13 · 四面造像阿育王石塔

唐代。原存放于华县（今华州区）东关村郭子仪祠堂内，1980年入藏华县文管会。青石质，平面呈方形，由整块石料雕成，残高34厘米。基座每边长20厘米，出三层叠涩楞面。塔身四面各辟一龛，正面和背面龛内各雕一佛，结跏趺坐于五层束腰方形须弥座上，右手施无畏印，左手施与愿印，身后有圆形头光；佛龛外两侧各有一个卧狮狮子头。左右两侧龛内各雕一尊菩萨，形态为右手托法器，左手持拖地帛巾，跣足立于仰莲座上。塔檐叠涩三层楞面，上部为宽厚的立面，其四面各辟有两个长方形龛，龛之间浮雕花草纹图案。塔顶为矮浅的半覆钵形，原置塔刹已不存。

◎四面造像阿育王石塔

◎塔身局部一

◎塔身局部二

F14·覆钵式造像石塔

唐代。1979年,西安市莲湖区庆安轧钢管厂出土。青石质,平面呈圆形,残高32厘米。塔座已失。塔身由整块石料雕成,呈覆钵形。沿塔身一周等距离辟有4个尖拱龛,正面龛内浮雕坐佛1尊,高肉髻,双耳垂肩,面形丰满圆润,弯眉,鼻梁直挺,双目圆睁,身着交领紧身通肩袈裟,内着僧祇支,双手置于腹前,施禅定印,结跏趺坐于仰莲座上,身后浮雕火焰纹圆形背光和桃形头光。其余三龛内的佛造型、服饰基本与正面龛内的佛造像相同,唯左侧龛内坐佛右手施无畏印,左手施触地印,结跏趺坐于仰覆莲束腰须弥座上。右侧龛内佛像结跏趺坐于仰覆莲束腰须弥座上。背面的佛则右手施无畏印,左手置于膝盖上,跣足趺坐在方形高台座上,双足下各踩一朵莲花。4个佛龛之间用阴线雕刻光头大耳、身着宽袍大袖交领袈裟的沙弥,或袖手于腹前,或双手合十躬身侍立,头光为圆形或桃形,均为素面。沙弥的周围及塔身下方饰线刻流云卷草纹和莲花纹图案。塔檐天盖为中间厚而边缘渐薄的圆盘形,直径略大于塔身,其中心凿有榫槽。天盖上原置有塔刹,已不存。

此塔残缺塔座和塔刹,但其塔身、塔檐形状与山西运城报国寺遗存的唐长庆二年(822)泛舟禅师塔造型相似(泛舟禅师塔为国内目前仅存的不可移动的圆形唐塔实例和孤例),时代可以确定为唐晚期。现藏于西安博物院。

◎覆钵式造像石塔

F15·歇驾寺石造像塔

唐代。歇驾寺遗址位于西安市灞桥区灞桥街道东北 3 公里的歇驾寺村西 500 米处。相传，唐代有沙姓官人在此建家祀佛堂而称沙家寺，清嘉庆本《咸宁县志》载有"沙家寺东堡、沙家寺西堡"。清末"庚子国难"，慈禧太后和光绪帝逃亡西安。因传 1901 年 10 月，慈禧一行返京途经这里"歇驾"，遂将沙家寺改名歇驾寺。民国二十五年（1936）邵力子作序的《咸宁长安两县续志》载有"歇驾寺东、西二村"，可见慈禧歇驾一说并非空穴来风。

◎歇驾寺石造像塔

遗址面积约 3 600 平方米，断崖处可见倒塌的建筑堆积，厚约 0.5 米，东北部有长 12 米、宽 8 米的夯土台基。20 世纪 60—80 年代，当地村民在遗址上相继建房。其间，曾发现唐代陀罗尼经幢、碑石、青石门墩及石造像塔等遗物。

石造像塔拍摄于 1987 年 11 月 23 日。塔为青石质地，八角亭阁式造型，高约 1.3 米，由塔基、塔身和塔顶 3 块石料雕刻套接而成。塔基底层为八角形，其上须弥仰莲座与塔身连为一体，须弥座束腰部位雕有 8 个半圆形倚柱。塔身为八棱形，窄面、宽面均相间，宽面各辟一壶门形龛，内雕坐佛 1 尊，佛坐于长方形座上，右手施无畏印，左手抚膝，身后有圆形背光和头光。塔顶套接八棱华盖，雕出垂脊和瓦垄，其上为束腰仰莲座和宝珠刹，仰莲部位已断裂。由塔身佛造像和仰莲座的造型风格判断，该塔为唐代早期遗物。现藏于灞桥区文化馆。

F16 · 彩绘涂朱石塔

北宋。1996 年 10 月 30 日，白水县白水中学基建时，在校园内发现妙觉寺塔地宫，出土北魏、西魏、北周至隋的造像碑 6 通，以及北宋乾兴元年（1022）彩绘涂朱石塔等遗物多件。

彩绘涂朱石塔置于地宫正中部位，青石质，通高 158 厘米，由塔座、塔身和塔刹 3 部分组成。塔座由八角束腰须弥座和圆形覆莲座构成。须弥座高 25 厘米，每隔一面刻一个壶门，间隔雕饰瑞兽 4 只和线刻团花 4 幅。覆莲座高 12 厘米，雕饰二层莲瓣，石料呈白色，与其他部位石色不同。塔身八角形，高 34 厘米，内部凿空（置放金银塔）。塔身一面刻有两扇涂朱板门，呈闭合状，锁具清晰，门上饰三排泡钉，门左侧刻"乾兴元年岁次壬戌二月庚子朔十五日甲寅建立舍利塔记"24 字铭文。塔檐为八角攒尖式，中空，高 24 厘米，形似盔顶。其上刹座线刻如意云头，置七层相轮，覆八角形宝盖，盖上置仰莲座，以榫卯套接涂朱宝顶。

该石塔空心塔身和塔檐内存放金银舍利塔 1 座，内有一个六曲圆形银盒，装大小不等的五色舍利子。现藏于白水博物馆。

◎彩绘涂朱石塔

F17 • 金银舍利塔

北宋。置于彩绘涂朱石塔空心塔身和塔檐内，通高 50.2 厘米，由 7 部分组成，主体为银质，塔座上层莲瓣和宝顶为金质。塔座高 11.8 厘米，底部一层为八棱形，每面錾刻一个壸门；二层为覆莲瓣；三层为八棱形；四层为覆莲瓣；再上由银质莲瓣和金质莲瓣组成双重仰莲座。塔身两层，一层塔身八棱形，高 15.4 厘米，其三面錾刻铭文，每面竖刻两列，铭文为："维大宋同州白水县妙觉寺／舍利宝塔记，当天圣元年岁次癸亥／二月乙未朔十五日乙酉建，施主杨福政、妻阿龙／文林郎守县令孔继周、河中府修塔僧义缘／上生院赐紫僧德诠、副使谢景忠／打造金银塔人张义、同造人田守志。"一层出檐深远，如盔状，为冲压成型的八角攒尖式，檐楞清晰，檐顶饰一周覆莲瓣，上置仰莲座。二层塔身八棱形，柱状，高 6.6 厘米，亦出檐深远，仍为冲压成型的八角状，檐楞清晰，檐顶饰一周覆莲瓣，上置圆鼓台，承金质仰莲座，置金质宝珠形塔刹。

金银舍利塔内有五曲圆形银舍利盒 1 个，高 4.7 厘米，最大腹径 5.5 厘米。银盒侧面饰一周坐佛纹样，盒内装有红、黄、青、黑、白等多种颜色的舍利子，重 16.98 克，皆细小，除少数光洁如玉外，

◎ 五曲圆形银盒及舍利子

大多数如小沙粒,应是民间供奉法身舍利的一种形式。《如意宝珠金愣咒王经》云:"若无舍利,以金银、琉璃、水晶、玛瑙众宝等造作舍利……行者无力者,即至大海边,拾清净沙石即为舍利。亦用药草、竹木根节造为舍利。"

从妙觉寺塔地宫出土造像碑和金银舍利塔塔身錾刻的铭文,可以窥见白水妙觉寺自北魏到北宋时期,应是渭北地区一个重要的佛教文化中心,并得知元代以后阙载的妙觉寺及妙觉寺塔的地理位置。

◎ 金银舍利塔

F18 · 舍利石塔

宋代。1982年11月，渭南市华州区少华乡封官台村出土。青石质，高18.3厘米。塔座方形，四角各雕一个盘腿坐地、双手扶腿的力士，每面辟两个壶门，壶门下沿饰覆莲瓣纹。塔身圆鼓形，紧凑低矮，内装舍利。塔檐八棱形，浮雕8朵如意云头，檐上8个斜面间隔饰浮雕兽面和联珠纹。刹座为三层仰莲瓣，上置宝珠刹。该石塔原放在青石函内，石函置于长方形石座上。石函的束腰须弥座两侧各辟两个壶门，壶门之间有一个线刻兽头，两端各有一个壶门。石函的一侧面正中线刻一佛，结跏趺坐于圆形仰莲座上，双手施禅定印，身后有圆形背光和头光，佛两侧饰缠枝西番莲纹，四周饰卷云纹，斜刹坡面饰球路纹图案。石函的另一侧面，正中为一尊卧佛，右手扶头，睡卧在仰覆莲瓣须弥座上，实际就是佛涅槃图。卧佛上面和左右两侧为浅浮雕缠枝西番莲纹，四周饰卷云纹图案。石函两端分别为童子戏莲纹图案。石函顶面饰两个头留长辫，身穿长裙，手托盘子的飞天人物线刻图。

该石函浮雕纹饰精美，构图严谨，线条流畅。现藏于华州区博物馆。

◎ 舍利石塔

◎石函

◎须弥座上的四角力士

F19 · 报本寺金银舍利塔

宋代。20世纪80年代,武功报本寺塔严重倾斜,塔顶残毁;按照"修旧如旧"的原则予以拆除重修。1987年5月24日,在清理塔基地宫时,发现北宋彩绘石椁、银椁、金棺、金银舍利塔、舍利子、铜镜、钱币、白釉净水瓶、琉璃葫芦瓶及彩绘仰覆莲圆形束腰须弥石座等。金银舍利塔高15厘米,主体为银质,塔刹顶部为金质。塔座为仰覆莲束腰须弥座,方形,下部已残损。塔身方形,四面各辟一壸门,周围饰祥云图案。塔檐大部分残毁,形状已难辨。塔顶置一银钵,承刹杆,杆上有三层相轮,上部两层相轮为金质,原有宝珠刹已不存。

据宋敏求《长安志》卷十四载,报本寺原为唐高祖李渊别宅,太宗李世民于隋开皇十八年十二月二十二日(599年1月23日)生于此宅。李世民登基后,为报母恩,舍宅为寺,名曰"报本"。作为皇家寺院,报本寺塔地宫瘗入的供奉品颇丰,出土了包括金、银、玉、铜、石、丝织品6大类100余件文物,其中"豹斑玉樽"的出土属国内首次发现,对玉种、玉器的研究有了突破,填补了国内考古方面的空白,解决了器物学上长期悬而未决的课题。现藏于武功县博物馆。

◎地宫出土的豹斑玉樽

◎地宫出土的舍利子

◎报本寺金银舍利塔

◎银函上的题词

◎地宫出土的彩绘石椁和金棺、银椁

◎银函上的说法图

◎地宫出土的彩绘仰覆莲瓣纹石棺座

F20 · 善业泥塔及佛堂

宋代。西安市莲湖区西大街桥梓口基建工地出土。20 世纪 90 年代伊始，西安市实施西大街拓宽重建工程，在原桥梓口街北端一带挖掘处理地基时，发现一大批造型各异的宋代善业泥佛像、善业泥塔、武财神关羽塑像、男女童子塑像以及制作它们的模具等。这些遗物皆经过低温焙烧，为红陶质地。其中，一小部分被文物部门收藏，大部分则流散于民间乃至古玩交易市场。

下图所示的善业泥塔是这批出土物中的佼佼者，形制为六角七层楼阁式塔，通高 15.6 厘米，由基座、塔身和塔刹 3 部分组成。淡红色陶胎，外表涂一层银色，现状呈灰黑色。基座仿氅砖七层，高 1.3 厘米，正面底宽 4 厘米，饰刻十三级踏阶直抵塔门。塔身底层正面辟矩形塔门，高 1.4 厘米，宽 1 厘米，门内置一佛二弟子塑像。塔身底层每面一间，高 2.5 厘米，面宽 2.5 厘米，施角柱、阑额、转角铺作和补间铺作斗栱。角柱上细下粗，有圆形柱础；斗栱形式为单栱。塔身二层每面三间，高 2 厘米，面宽 2.1 厘米。三层高 1.5 厘米，面宽 2.5 厘米。四层高 1.7 厘米，面宽 2 厘米。五层高 1.5 厘米，面宽 2 厘米。六层高 1 厘米，面宽 1.7 厘米。七层高 1 厘米，面宽 1.5 厘米。层间出檐适度，檐部雕出瓦垄，檐角翘起，似有兽头装饰。二至七层每面结构基本相同，均施角柱、阑额、转角铺作和补间铺作斗栱，只是空间狭窄，斗栱布局省略了柱头铺作，使得补间铺作尤显突出，占据了各层每面的主要空间。塔刹肥硕，高 3.1 厘米，组合形式为束腰仰覆莲座，承火焰宝珠刹。

同时出土的善业泥佛堂，呈组合形式，淡红色陶质。通高 8.8 厘米，宽 9 厘米，厚 3 厘米，由一间庑殿顶主殿和一间偏殿勾连搭而成，左侧饰一株菩提树，枝叶茂盛，树冠高过屋顶。佛堂台基仿氅砖九层（左下残缺），堂前设十级踏阶。主殿辟矩形大门，施角柱、阑额、转角铺作和补间铺作，斗栱形式为单栱，殿内置一佛二菩萨塑像。庑殿顶雕出瓦垄和华头筒瓦，正脊两端饰鸱尾，脊正中饰宝珠刹。偏殿形制同于主殿，唯正面辟矩形槛窗。

这两件善业泥塔和善业泥佛堂同时出土，说明佛塔与佛教徒集会礼佛活动的场所在宋代已经分开。该两件实物现由西安市收藏家协会某会员收藏。

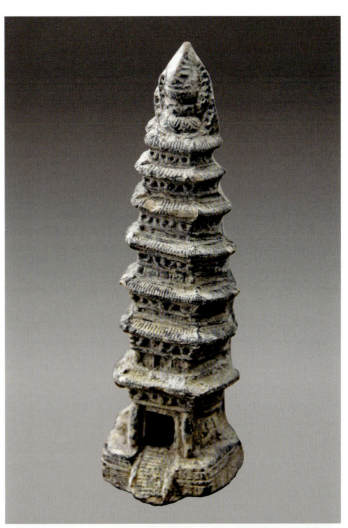

◎善业泥塔

◎善业泥佛堂

F21·六角亭式陶舍利塔

金代。灰陶质，残高 45 厘米，由六角形塔座、塔身和攒尖顶 3 部分组成。塔座为叠涩束腰须弥座，每边长 13 厘米，底部饰覆莲瓣，已残。塔身每边长 10 厘米，各面浮雕牡丹、莲花、菊花等图案，其中一面刻双扇槅扇门，上饰球路纹样。塔顶六角攒尖，刻饰瓦垄、椽头和华头筒瓦，檐下饰阑额和四铺作转角斗栱。塔刹残缺，估计原为宝珠刹。

该塔整体造型为六角亭式样，每面一间，转角铺作相对较大，几乎占满了阑额上部空间。现藏于澄城县博物馆。

◎六角亭式陶舍利塔

◎ 六级象牙塔

F22·六级象牙塔

明代。原是佛教徒供奉在佛堂里的礼佛圣物。20世纪80年代城固县文化馆征集，现藏于陕西历史博物馆。淡黄色象牙质，通高35.9厘米，由圆形塔座、六角塔身和宝瓶式塔刹3部分组成。造型为仿木结构楼阁式塔，采用透雕和圆雕技法，整体修长、俏丽。塔座镂空，底部为圆盘形，置圆雕大肚罗汉1尊，罗汉袒胸露乳，带臂钏，双手托举塔身。塔身六级，每层均雕平座栏杆，置各种姿势的圆雕人物，共计56人，分别组成祝寿、拜谒、宴请、进贡、做佛事活动等场面，其中的佛教人物表现出世俗化的倾向。层间翘角出檐，雕饰瓦垄和勾头滴水。塔刹由仰莲瓣刹座、镂空鼓形刹身、二层相轮和宝葫芦刹组成，整体呈宝瓶形态，高耸、峭拔。

明代推崇理学，倡导儒家伦理道德，并用儒学规范佛教，这座象牙塔便是佛教和儒教合璧的真实写照及珍贵的实物遗存。塔身栏杆内雕饰的人物，形态各异，刻画入微、传神，个性独具，雕工精致灵巧，是一件明代牙雕工艺品的佳作。

◎ 塔身局部

F23 · 铜舍利塔

明代。原置于宝鸡市扶风县明代法门寺塔塔身第四层佛龛内。铜舍利塔内藏有串珠、珍珠等七色舍利子。清顺治十年（1653）六月初九日地震时，从佛龛内震落；顺治十二年（1655）二月初七日重造后，仍然送上塔身第四层佛龛内；1976年8月23日，四川松潘大地震，再次从佛龛内震落。

铜舍利塔为喇嘛塔造型，通高64厘米，由塔座、塔肚子、塔脖子和塔刹4部分组成。塔座为束腰八角形，作仿氍砖三层，上层饰一圈联珠纹图案。塔肚子（塔身）为覆钵形，正面辟一个桃形佛龛，龛外饰一圈联珠纹图案，龛内镶嵌桃形铜牌和长方形银牌各1枚。铜牌高10厘米，上宽7.2厘米，下宽5厘米，厚0.1厘米，正中阴刻"万历三十五年七月造"，左右两边刻"顺治十年六月初九日地大震，佛像跌落，十二年二月初七日重造，仍送上顶"字样。从刻铭得知，这座铜舍利塔为明万历三十五年（1607）铸造。同时，铭文也记录了清顺治十年六月初九日发生的一次地震，这是我国研究地震史的重要实物资料。银牌长7.2厘米，宽3.6厘米，上下浮雕莲花叶纹样，周边饰两圈联珠纹，牌面阴刻"岁次庚寅永乐八年五月初五日，住持沙门口贤"字样。塔脖子呈圆锥体，刻作七层相轮，每层楞面饰联珠纹。塔刹为宝葫芦形，如三层串珠，顶部尖俏。

这座铜舍利塔，系供奉法身舍利的用具。现藏于法门寺博物馆。

◎塔内的桃形铜牌，方形银牌以及葫芦形玻璃瓶、玛瑙、珍珠、手串等

◎铜舍利塔

F24 · 鎏金铜喇嘛塔

清代。黄铜质地，平面呈方形，残高15.8厘米，由须弥座、金刚宝座、塔肚子、塔脖子和宝盖等构成喇嘛塔造型。方形束腰须弥座每边长11.1厘米；束腰四面各浮雕护法狮子2只，两狮之间饰火焰宝珠。金刚宝座为叠涩梯形五级方台，最底层为覆莲瓣，莲瓣上浮雕如意云头。须弥座与金刚宝座通高7.1厘米。塔肚子（塔身）为覆钵形，高3.4厘米，正面辟桃形壶门，壶门下部饰联珠纹和覆莲瓣纹，壶门内沿饰联珠纹一圈，外沿饰卷云纹，其上镶嵌绿松石和红色玛瑙。塔肚子两侧浮雕天王像。塔脖子高5.3厘米，下部为方形束腰须弥座，上为九层相轮，相轮两侧饰透雕火焰纹。宝盖由8个覆莲瓣组成，上置仰月和宝刹已不存。

这座鎏金铜喇嘛塔，应是佛教徒供奉在家庭佛堂内的存放佛舍利或佛经的圣物。现藏于绥德县博物馆。

◎鎏金铜喇嘛塔

F25 · 铜喇嘛塔

清代。黄铜质地，平面呈方形，通高 18 厘米，由须弥座、金刚宝座、塔肚、塔脖子和宝盖等构成喇嘛塔造型。方形束腰须弥座每边长 9.3 厘米，素面。金刚宝座为叠涩梯形五级方台，素面。塔肚子（塔身）为覆钵形，正面辟桃形壶门，其周边饰卷云纹，顶部正中饰圆形红珊瑚。塔脖子下部为方座，上为十三层相轮。宝盖圆形，上置仰月和宝葫芦刹，刹顶镶嵌红珊瑚 1 颗。

这座铜喇嘛塔，应是佛教徒供奉在家庭佛堂内的圣物。现藏于定边县文管所。

◎铜喇嘛塔

F26·香泥佛塔（8座）

　　清代，8座。香泥佛塔又称善业泥塔，玲珑纤小，一般高4～6厘米。造型为蒙古包样式，亦像圆亭子和谷仓。塔身呈圆筒状，素面。塔顶为圆锥形，多数直径小于塔身，个别大于塔身，形成出檐，边缘饰联珠纹一圈。沿塔顶一周有模压成型的8个喇嘛式小塔装饰。

　　这种小型香泥佛塔，在一些寺院遗址出土较多，其用途是送给佛教徒在家庭佛堂内供奉，甚或在游牧的草原和旷野之地，可以随时随地供奉。神木地界连缀毛乌素沙漠，与内蒙古接壤，这些小型便携的供奉塔被做成蒙古包样式，既是地域风格的体现，亦间接地反映了北方沙漠草原一带的民族生活习俗。现藏于神木市博物馆。

◎香泥佛塔

F27·蓝釉描金瓷喇嘛塔（2座）

清代，2座。米脂县杜斌丞家藏，捐赠。喇嘛式瓷供奉塔，通高 41.5 厘米。底部为方形束腰须弥座，每边长 19 厘米，高 4.4 厘米，施白釉红彩蔓草、缠枝花卉、回字和覆莲瓣纹等图案。塔肚子为覆钵形，辟壶门形龛，施蓝釉描金覆莲瓣、西番莲纹、缠枝花卉等图案。塔脖子作"十三天"相轮，施蓝釉描金覆莲瓣、蔓草纹等。华盖为圆形，施白釉红彩花卉纹。宝珠形塔刹，施绿釉红彩花草纹图案。

这两座瓷塔，为家庭佛堂供奉塔，制作精美，画笔细腻流畅，纹饰繁复，具有较高的文物研究和艺术观赏价值。现藏于米脂县博物馆。

◎蓝釉描金瓷喇嘛塔之一

◎蓝釉描金瓷喇嘛塔之二

二、供奉在石窟寺中的石造像塔和寺庙壁塑中的泥塑塔

F28 · 云岩寺彩绘石造像塔

北魏。云岩寺石窟位于安塞区镰刀湾乡杨石寺村北 20 米处寺湾山麓的延河东岸。坐北面南，共有 7 窟。

彩绘楼阁式石造像塔位于 5 号窟内。该窟平面略呈方形，面阔 2.8 米，进深 2.9 米，高 2.3 米，穹隆形窟顶。石窟正中央有一接地连顶的中心柱式方形三层楼阁式石造像塔，该塔是在石窟内就地取材雕刻而成的。塔身平面呈方形，每边长 0.83 米，通高 2.3 米，塔身四面均雕刻石造像。正面塔身底层、二层和三层的角柱下端均饰刻方形柱础，角柱上端饰刻方形阑额和补间铺作两朵，斗栱形式为单栱。塔檐刻出方形椽子和筒瓦、瓦垄。塔身底层正中雕刻右手施无畏印、左手抚膝的结跏趺坐释迦牟尼佛和二菩萨造像。释迦牟尼佛面庞清秀、身材修长，穿红色袈裟，衣裙曳地，身后饰桃形背光，背光用红色绘有火焰纹和八朵团云状图案；二菩萨跣足站立在红色圆形仰莲瓣台上，双手合十，头背后有圆形背光。塔身二层雕刻交脚弥勒和二胁侍菩萨造像。交脚弥勒着红色绿边袈裟，双手作禅定印，身后有桃形绿色火焰纹背光；胁侍菩萨双手合十，立于红色圆形仰莲台上，身后有圆形背光。三层雕刻舒足观音及二胁侍菩萨。塔身右侧底层雕刻一佛二菩萨，二层雕刻释迦牟尼涅槃像，三层雕刻一佛二菩萨造像。塔身左侧三层的每层佛龛内，均刻一佛二菩萨。塔身背面底层雕刻一佛二菩萨，二层雕刻释迦牟尼鹿野苑说法造像，中间有法轮，释迦牟尼膝前有两只鹿相对。塔顶与石窟相连接，窟顶面上绘有祥云。整座造像塔的塔檐、铺作、阑额以及佛与菩萨造像，分别用红、石绿、白色等矿物质颜料彩绘，庄重浑厚。部分颜色已经脱落。

2018年7月，陕西省人民政府公布"安塞云岩寺石窟"为第七批陕西省文物保护单位。

◎ 云岩寺彩绘石造像塔

◎云岩寺石窟外景

◎云岩寺石窟外崖壁上的题记

F29 · 大佛寺摩崖浮雕塔

唐代。位于彬州市城西10公里的清凉山崖壁塔龛内。大佛寺石窟，始凿于北朝晚期，唐贞观二年（628），唐太宗李世民为纪念在邠州浅水塬大战和五龙坂大战中阵亡将士而开凿大佛窟，其后历代屡有增凿。现存洞窟136个，分为"东窟""中崖""西崖"三区，遗存造像1498尊。大佛窟为全寺中心，两侧有罗汉洞、千佛洞等。

摩崖浮雕塔位于"西崖"罗汉洞西侧塔龛内。龛为尖拱形，下部面阔50厘米，通高150厘米，进深40厘米。龛内浮雕一塔，方形三层楼阁式，通高145厘米。塔座方形，高18厘米。塔身逐层收分，层间出檐凸显。塔顶攒尖，浮雕宝珠形塔刹。由于是红砂岩质地，较为疏松，历经千年风雨侵蚀，塔体风化严重，已是满目疮痍。据有关研究资料称，以罗汉洞为主的"西崖"窟、龛主要开凿于盛唐至中唐时期，据此，该浮雕塔应是唐代之物。

大佛寺石窟地处古丝绸之路的主干线上，是陕西境内规模最大的石窟群。主尊坐佛高近18米，是陕西境内最大的佛造像。

1981年1月，"彬县大佛寺石窟"由国务院公布为第三批全国重点文物保护单位。

2014年6月，以"丝绸之路：长安—天山廊道路网"而入选《世界遗产名录》，为丝绸之路陕西省7个遗产点之一。

◎彬县大佛寺外景

◎大佛寺摩崖浮雕塔

F30 · 欧家湾摩崖浮雕塔

唐代。位于安康市旬阳县昌河镇欧家湾崖壁上。摩崖面以塔为中心，两边呈不规则四边形，通面阔 5.5 米，幅高 1～2.5 米，表面平整，有明显的凿磨痕迹。摩崖浮雕塔为方形三层楼阁式，通高 2.15 米。塔身底层高 0.9 米，宽 0.6 米；二层高 0.8 米，宽 0.45 米；三层高 0.45 米，宽 0.3 米。层间浮雕叠涩出檐，底檐至顶檐依次伸出 0.35 米、0.2 米、0.15 米，整体收分适度，造型简洁。塔顶大体与碥道相接，塔底高出旬河水面约 15 米。这种浮雕式样的摩崖塔在陕南地区属首次发现。从旬阳石窟寺的凿建和分布情况观察，至少在唐宋时期，佛教已在本地传播。

2012 年 6 月，该摩崖浮雕塔被公布为县级文物保护单位。

◎ 欧家湾摩崖浮雕塔

F31 · 石寺河石窟浮雕塔

宋代。石寺河石窟位于延安市安塞区王窑乡石寺河村西南，地处石寺河与小沟河交汇处的崖壁上，坐北向南，西距秦直道约 3 公里。石窟开凿于北宋，现存洞窟 5 个，由西向东依次编为 1～5 号窟，其中 1、2、4、5 号为空窟，3 号窟尚存石雕佛像、菩萨像 6 尊和佛传故事说法图、涅槃图、礼佛图等彩绘浮雕像多组，但均遭破坏，雕像大多缺失首、手等部位。

3 号窟为主窟，面阔 8.2 米，进深 7.4 米，高 3.2 米。窟中央设置佛坛，坛东、西角各有一托举力士，两力士之间雕一鹿衔莲梗画像，坛上置一佛二菩萨二弟子雕像，均残损。窟顶平整，中心部位饰莲花藻井。佛坛东西壁外侧各有浮雕组图，东壁外侧是一组浮雕彩绘的"释迦佛涅槃图"。图中央雕刻一座歇山顶殿宇，殿内雕刻一具释迦佛涅槃卧像（该卧像 1984 年后被人盗凿不存）。涅槃图右侧上部雕刻一组释迦佛"鹿苑说法图"，右下部雕刻一座方形六级密檐式舍利塔，通高 1.05 米。塔座为须弥座式样，中间凿刻一跪地仰天号啕者，须弥座上为二层方台，素面。塔身底层一间较高，两侧为方形倚柱，当中为涂朱双扇板门；二至六层素面，较矮，塔檐上翘，饰黑彩方椽；塔顶为方柱体，宝珠刹。舍利塔左下方为两个匍匐跪地拜塔礼佛的弟子；塔左侧是一具彩绘石棺，棺盖上爬伏两个俯首痛哭的佛弟子。

在"释迦佛涅槃图"须弥座下有一方北宋宣和四年（1122）题铭，曰："安塞堡，纠首人何青、白贵廿修释迦佛入涅槃一所。伏以皇帝万岁，重臣千秋。察那川施主白太才共修一半，豹子掌合社施主张进、贺青、任子于共修一半。各人合家安乐，千灾速去，万福归崇。宣和四年三月二十四日，白政。石匠王志，画匠丁木。"该题刻明确记载了修凿涅槃组图的名称和纠首（纠首）、施主、石匠、画匠姓名及修凿年月日等。此外，在石窟寺西壁、中央佛坛东西壁上还有题刻或墨书"宣和元年""宣和二年""宣和三年""建炎""至元""万历"等宋、元、明纪年题记多处。这些为研究石窟寺的沿革、当地民间组织和民众信仰等提供了珍贵的实物资料。

2016年4月，"安塞石寺河石窟"被公布为第六批陕西省文物保护单位。

◎石寺河石窟浮雕塔

◎石寺河石窟外景

◎ 宣和二年题记

◎宣和四年题记

F32·樊庄石窟浮雕塔

宋代。樊庄石窟位于延安市安塞区王窑乡樊庄村。共有4窟，皆坐北面南，由西向东依次编号。1号和4号窟内无造像，应是僧侣居室。3号窟顶刻有八卦莲花纹藻井，一尊主佛结跏趺坐于束腰须弥座上，左右两侧基坛上各有5尊菩萨像，窟内的这些造像仅仅残留的是躯体。2号窟为主窟，窟口左右两侧各有一尊护法天王造像，窟内中央佛坛四角各有一个石柱与窟顶相接。佛坛中央为三世佛：阿弥陀佛（接引佛）、释迦牟尼（现在佛）与弥勒佛（未来佛）造像。窟内四壁及四石柱上雕刻佛传故事说法图、涅槃图、礼佛图及众多的小型佛造像。在石窟的西壁上，还雕刻有拜塔礼佛图。

塔为方形七层楼阁式浮雕塔，通高1.3米。基座为方形束腰仰覆莲瓣形。塔身底层左右两侧各雕刻一个沙弥，手抚塔檐，作低头痛泣状。每层塔檐均为三层叠涩出檐，塔身逐层收分。三至七层塔身正面各有一个券门。塔顶四角攒尖，塔刹为宝珠形。塔身通体以朱红和石绿色彩绘。

据石窟后壁右上方一处造像题记记载，该窟凿建于宋哲宗元祐八年（1093）。宋哲宗绍圣三年（1096），西夏进扰鄜延，至宋徽宗政和三年（1113）再修竣工，可证该塔及佛造像凿刻于1093—1113年。

◎樊庄石窟浮雕塔

F33 · 吕川石窟造像塔

宋代。吕川石窟又称石空寺石窟，位于延安市志丹县杏河镇吕川村东，凿建于北宋元祐二年（1087）。石窟坐北面南，北依山，南临杏子河。由西向东，依次共有12个洞窟和2个造像龛。其中10至12号洞窟已经被王窑水库的淤泥淹埋。

1989年10月30日，笔者和志丹县文管所袁继峰先生考察该石窟时，在1号窟万佛洞东壁发现一个石造像塔，其造型端庄秀丽。该塔为仿木结构八角十三级密檐式塔，通高197厘米。塔身底层较高，正中辟一龛，龛内浮雕一佛二弟子。佛结跏趺坐于仰覆莲座上，佛头不存；二弟子为阿难、迦叶，亦残损。各层塔檐密接，檐角翘起。刹座为方形须弥座，其上雕刻仰月和宝葫芦形塔刹。在塔身两侧的石壁上，雕刻有众多纤小的结跏趺坐佛、弟子和菩萨等造像。

◎ 吕川石窟造像塔

F34 · 万安禅院石窟造像塔

宋代。万安禅院石窟,第六批全国重点文物保护单位。俗称双龙千佛洞石窟,亦名石空寺石窟,位于延安市黄陵县双龙乡峪村村西半山石崖间,开凿于北宋绍圣二年(1095),竣工于政和五年(1115)。石窟坐西面东,山下沮水环绕。

主窟平面呈方形,面阔9.2米,进深8.4米,高5.3米。窟中央石基坛雕刻彩绘三佛二弟子二菩萨。窟内前壁甬道口上方,雕刻彩绘浮雕千手千眼观音像;北壁东侧雕刻一尊彩绘药师佛,左手持钵,右手施"疗病印"。在药师佛左侧下方,浮雕一座方形七层楼阁式造像塔,通高70厘米,形制规整,收分柔和。塔基为矮方台,台下饰两朵浮雕祥云。塔身底层辟一尖拱龛,内有浮雕结跏趺坐佛1尊。层间出檐平直,檐楞稍大于塔身。塔刹为宝葫芦形。塔体下方雕刻两个比丘尼造像,作昂首仰望状。该石造像塔的刻制年代应在1095—1115年。

◎ 石窟北壁造像

◎万安禅院石窟造像塔

F35 · 清凉山万佛洞石窟造像塔（4座）

宋代。清凉山石窟又称万佛洞石窟，位于延安市宝塔区清凉山半山腰。山高百余米，方圆4公里，依傍延河。北宋康定元年（1040），时任陕西经略安抚招讨副使的范仲淹曾登临吟咏："金明阻西岭，清凉寺其东。延水正中出，一郡两城雄。"清凉山寺肇创于隋唐时期，宋代臻盛，共有4个洞窟。窟内造像题记最早为宋元丰元年（1078），亦有金章宗泰和年间、元成宗大德年间、明宪宗成化年间等造像题记。其中的主窟面积较大，面阔16.1～17.6米，进深12.9米，高6.7米；中央有佛坛，长11米，宽5米，高1.43米。坛四角各有屏柱1根，上承窟顶。在主窟四壁和屏柱上雕满神态各异的大小佛像及浮雕造像塔4座。

2013年3月，国务院公布"清凉山万佛洞石窟及琉璃塔"为第七批全国重点文物保护单位。

F35—1 · 万佛洞石窟造像塔之一

位于主窟左侧屏壁外侧石壁上，是一组下刻佛涅槃图、两侧站立持剑天王，上部刻一座仿木结构密檐式塔的供奉场景。塔为八角十三级，高约210厘米。塔身每层辟有佛龛，龛内浮雕一尊结跏趺坐佛。层间檐角起翘。塔刹为宝葫芦形。塔身两侧壁面为众多小型的浮雕结跏趺坐佛。从该塔的造型风格来判断，应与周围的佛造像属于同一时期作品，当系北宋元丰年间（1078—1085）所刻。

F35—2 · 万佛洞石窟造像塔之二

位于主窟基坛左侧屏壁外侧偏南上方。造型为仿木结构六角四层楼阁式塔，通高81厘米。塔基为四方形。塔身底层为圆形，绕一周刻满坐佛；二层六角形，每面刻一佛二菩萨；三、四层亦六角形，有平座腰檐，每面刻一佛二菩萨。二、三、四层檐角翘起，但无风铃装饰。塔刹为宝葫芦形。该塔应系北宋元丰年间（1078—1085）所刻。

F35—3·万佛洞石窟造像塔之三

位于主窟东壁中间,在众多的结跏趺坐佛和千手千眼观音造像中,刻有两座基本相同的石造像塔。其中一座在偏下正中位置,为仿木结构方形六层楼阁式塔,通高64厘米。塔座为钵形,塔身底层有副阶周匝,四面各辟一壶门,内雕坐佛一尊;二层有平座腰檐,每面辟一壶门龛,内雕坐佛1尊;三层有平座腰檐,每面辟方形佛龛,内雕结跏趺坐佛1尊;四、五、六层相同,无腰檐,每面均辟方形佛龛,内雕坐佛1尊。塔刹为宝葫芦形。

F35—4·万佛洞石窟造像塔之四

居主窟东壁中间偏上位置,为仿木结构方形五层楼阁式塔,通高60厘米。塔座为钵形,塔身一、二、三层每面辟方形佛龛,内雕坐佛1尊;四、五层矮浅,无佛龛。塔刹为宝葫芦形。

上述主窟东壁上的两座石造像塔,应系北宋元丰年间(1078—1085)所刻。

◎万佛洞石窟造像塔之一

◎万佛洞石窟造像塔之二

◎万佛洞石窟造像塔之三

◎ 万佛洞石窟造像塔之四

F36 · 凤凰山千佛洞石窟造像塔

宋代。全国重点文物保护单位"凤凰山革命旧址"附属遗存。凤凰山位于延安城中心,因"叶生吹箫引凤"的传说而得名,延安旧城沿山而建。清《延安府志》载:"城跨其上,雉堞巍然,为郡山首,上有镇西楼,宋范仲淹建,残碑犹存。"

千佛洞石窟位于凤凰山山脚,开凿于北宋时期,20世纪30—40年代曾作为中共领导人的居所和防空洞使用。现存洞窟若干,暂未开放。其中一窟保存尚好,该窟基坛前排方形石柱南起第二根石柱的西侧下部,雕有一座石造像塔,通高243厘米,为方形十三层楼阁式塔。塔基为一方形台,塔身底层面宽67厘米,由下向上逐层收分。塔身每层三间,当心间各辟一个方形佛龛,内雕一尊结跏趺坐佛。由于风化严重,各层龛内的佛造像已经不存。目前,塔身底层龛内的结跏趺坐佛依稀可辨。塔身出檐平直,较短,无翘角。塔刹为宝葫芦形。塔身两侧均浮雕结跏趺坐佛。

凤凰山千佛洞石窟的浮雕结跏趺坐佛和浮雕石造像塔的风格,与清凉山万佛洞石窟造像塔的风格极为相似,可以判断为宋代石窟。

◎ 凤凰山千佛洞石窟造像塔

F37 · 阁子头石窟浮雕塔

北宋。阁子头石窟又称段家庄石窟，位于延安市富县洛阳乡段家庄村洛河西岸崖壁，始凿于北宋元符三年（1100），完工于政和二年（1112）。现存4窟，坐西向东。1992年4月公布为第三批陕西省文物保护单位。

1号窟为主窟，面阔5.2米，进深4.34米，高2.07米。窟内有4根接顶石柱，石柱四面刻满小千佛、罗汉、弟子、供养人像。窟内右壁浮雕说法图及五百罗汉，多已残损；左壁浮雕一组释迦牟尼涅槃图，周围61尊比丘像，保存较完整。窟后壁下部凿壁为坛基，供奉主尊为圆雕三世佛，佛首、手皆毁失。

值得注意的是，右壁正侧雕有一组拜塔礼佛图。礼佛图分为三组三层，最下层一组有6个佛弟子，2个弟子匍匐跪地，另外4个弟子相视而坐；中层一组有5个弟子；最上层有5个弟子和1座浮雕舍利塔，其中2个弟子伏地相向跪拜在塔的下方，塔左侧有2个弟子，右侧有1个弟子坐地仰望着舍利塔。舍利塔为方形四层楼阁式，高0.7米；塔身每层雕刻一个券门；层间出檐平直；塔顶雕仰莲瓣刹座、宝珠刹。

窟门顶部刻有施主皇甫吉一家三代名录及鄜州工匠介处、介元、介子用等开凿石窟的题记。该题记记述了阁子头石窟始凿于北宋元符三年，竣工于政和二年之经过。

◎阁子头石窟浮雕塔

F38·高家堡万佛洞石窟彩绘造像塔（2座）

明代。高家堡万佛洞石窟位于榆林市神木市高家堡镇东约400米处的土望山北侧断崖上，西距秃尾河约1公里，北近明长城，东临石峁遗址。2004年公布为县级文物保护单位。

石窟依崖凿修，坐北朝南，平面呈长方形，通面阔13米，进深15米，总面积约195平方米。窟门前沿雕凿成仿木结构廊檐三间，廊深0.93米。廊柱为4根八角形石柱，柱高2.63米。廊檐上石雕额枋、五踩斗栱，平身科置一攒。其上为雕凿的二层楼阁，亦三间，明间辟四扇槅扇门（已毁），次间石雕菱格假窗、槛墙和栏杆，上檐为石雕额枋、五踩斗栱，平身科置一攒。廊檐与二层楼阁组合为石窟寺前檐，石雕精细，独具匠心。

窟门早年已毁，近年新修四扇槅扇门，面宽2.55米，高2.68米，进深1.76米。窟内平面略呈方形，东西宽10.1米，南北进深11.2米，高6.59米。窟内四壁及石柱上刻满小佛像，多风化严重；窟顶中央雕刻八角形彩绘藻井，饰龙凤、八卦纹图案。藻井向外依次分为5个层区，分别雕刻瑞兽、蔓草、道教故事人物和宫殿、城楼等建筑，以及释迦牟尼、佛弟子及造像塔等，再外是彩绘斗栱，总体显示了佛、道、儒合璧的特色。因山体渗水潮湿，整个藻井风化严重，纹饰漫漶，唯有藻井周围浮雕的方形九级密檐式造像塔、喇嘛式造像塔、释迦牟尼、佛弟子、道教故事人物及宫殿、楼阁、庙宇等基本保存完好。

方形九级密檐式造像塔位于藻井西南部位，目测高约1.3米。塔座方形，雕有踏跺。塔身底层雕刻券门，内雕坐佛1尊，高发髻，着红色袈裟，右手施无畏印，左手抚膝，结跏趺坐于仰莲瓣须弥座上；二、三层各雕券门；四层以上均刻为壸门。各层门均涂赭红色。塔檐起翘，刻出瓦垄，着石绿色彩绘。塔顶雕祥云1朵，云上侧坐1人。塔身周围布置有佛弟子、道姑、童子，以及场景宏大的道教故事人物、宫殿、城阙等彩绘雕刻图案。

喇嘛式造像塔位于藻井正南部位，目测高0.7米。塔座为方形束腰须弥座，中间刻一壸门。塔肚子为覆钵形，正中刻一券门，门内雕一尊立姿佛像，高发髻，着赭红色袈裟，双手合十立于仰莲座上，身后有背光。塔脖子为五层相轮；塔顶雕宝珠刹，着橙黄色。塔体烘托有桃叶形背光，着石绿色。背光上部两侧各雕有一尊结跏趺坐佛像；下部两侧各雕有立姿佛弟子、童子、道姑等。塔身外围布置众多佛教、道教人物和宫殿、庙宇、祥云等彩绘雕刻图案。

该石窟藻井周围的彩绘雕刻图案，场景宏大，人物繁多，是陕西境内可以媲美蓝田水陆庵明代彩绘泥塑的又一处佛、道、儒三教合一的雕塑作品，为研究陕北地区明代社会意识形态和民间信仰提供了珍贵的实物资料。

◎高家堡万佛洞石窟外景

◎ 高家堡万佛洞石窟穹顶藻井

◎高家堡万佛洞藻井上的方形九级密檐式造像塔

◎高家堡万佛洞藻井上的喇嘛式造像塔

F39 · 水陆庵彩绘泥塑塔（11座）

明代。水陆庵，全国重点文物保护单位。位于西安市蓝田县城东10公里的普化镇王顺山下，坐落在一个形似卧鱼的小岛尾部，坐西向东。现有山门、前殿、中殿、大殿（诸圣水陆殿）、南北厢房等建筑。据《蓝田县志》记载，水陆庵本是悟真峪悟真寺（下寺）北普陀蓝渚庵内的水陆殿，因位于蓝水一分为二的河心岛上，故名水陆庵。悟真寺有上悟真寺和下悟真寺之分，水陆庵在下悟真寺。

悟真寺创建于隋开皇年间（581—600），唐时这里已经佛寺林立，香火旺盛，有南北普陀之分，常住僧达千人以上。悟真寺是佛教净土宗的发祥地，是一座著名的皇家寺院。净土宗二祖善导大师和净业大师曾在此开坛讲经。其后，净土宗的高僧法成、慧远、慧超等都曾先后在此长时间居住。诗人白居易、王维、杜甫等许多文人墨客在这里都留下了诗篇。唐末因战乱，诸寺遭兵燹，寺院渐趋荒芜。明代，秦藩王朱怀埢喜爱这里的山水，于嘉靖四十二年（1563）动工，大兴土木，修建庙宇，至隆庆元年（1567）竣工，历时5年。同时，聘用山西能工巧匠——"佛像士山西匠人作像人乔仲超"等，精雕细绘，重塑壁塑。朱怀埢的母亲经常到这里烧香拜佛，蓝诸庵水陆殿（今称水陆庵）遂成为明代秦藩王府的一处家祀佛堂。

水陆庵壁塑为国内同类保存比较完整的彩绘泥塑组群之一。原前殿、中殿壁塑毁于民国时期。"文革"期间，红卫兵曾闯至庵前欲捣毁壁塑，因有驻军保护，得以幸免。现存壁塑集中于大殿（诸圣水陆殿）内，大殿坐西朝东，面阔五间，进深四间。殿内前檐墙南、北梢间墙壁，北山墙东侧壁，北梢间隔墙东壁和西壁，北山墙西侧壁，后檐墙壁，南山墙西壁，南梢间隔墙西壁和东壁，南山墙东壁，前檐墙南梢间墙壁，殿正中的背光墙东壁与西壁，共13个墙面上，精确、合理地安排和塑造了各式人物像3 700多尊，个体高在一掌至真人大小之间。作者融绘画、雕塑、镂刻等艺术手法为一体，采取连环画塑的表现形式，纵横罗列、叠塑佛本生和各种经变故事，间以佛道儒三教并尊，同排塑释迦、老子、孔子三像，以及中国历史上的十大名医和取材于民间传说的五百罗汉过海等。其内容丰富、布局精妙、气势恢宏，实为现实生活的写真。其中的人物有帝王将相、隶役走卒、商贩屠户、农樵牧渔、妇孺仆妪，又布以山川湖海、金殿玉宇、古刹宝塔、园林瀑布，还点缀花卉、城池、街市，以及珍禽异兽等，构成一幅幅包罗万象的大千世界图景。当地人以"三石六斗菜籽"形容其内涵丰富以至不可计数。经多次实地考察，我们发现壁塑组群中布置有泥塑喇嘛塔 8 座、楼阁式塔 3 座，总计 11 座，依次为：

F39—1 · 泥塑喇嘛塔之一

位于大殿佛坛正中释迦牟尼佛背光右下方，为彩绘泥塑喇嘛式塔，通高 35 厘米。基座为方形束腰须弥座，束腰和下楞台已残；塔肚子为覆钵形，正面饰刻券门；塔脖子为圆柱形，塑五层相轮；顶塑宝珠形塔刹。除两扇门涂朱红色外，塔体其余部分皆为粉白。塔体粉白，是明清藏式喇嘛塔的共有特色，国内许多地方的喇嘛塔，习惯称为白塔，即因于此。值得注意的是，在释迦牟尼佛塑像束腰须弥座正面刻有"佛像士山西匠人作像人乔仲超"题记 1 则，给出了壁塑匠人的籍贯和姓名。

◎ 彩绘泥塑释迦牟尼佛

◎ 泥塑喇嘛塔之一

◎ 释迦牟尼佛束腰须弥座上的题记

F39—2 · 泥塑喇嘛塔之二

　　位于大殿佛坛正面右侧药师琉璃佛背光右边下方，为彩绘泥塑喇嘛式塔，通高 35 厘米。基座为方形须弥座；塔肚子为覆钵形，正面饰刻券门；塔脖子为圆柱形，塑五层相轮；顶塑宝珠形塔刹。除两扇门涂朱红色外，塔体其余部分皆为粉白。该塔与前述喇嘛塔如出一辙。

◎彩绘泥塑药师琉璃佛

F39—3 · 泥塑喇嘛塔之三

位于大殿佛坛正面右侧药师琉璃佛背光左边下方，为彩绘泥塑喇嘛式塔，通高35厘米。塔体已经倾斜，基座和塔肚子也已风化残损，仅存塔脖子、相轮和塔刹。残存的塔体涂白色。

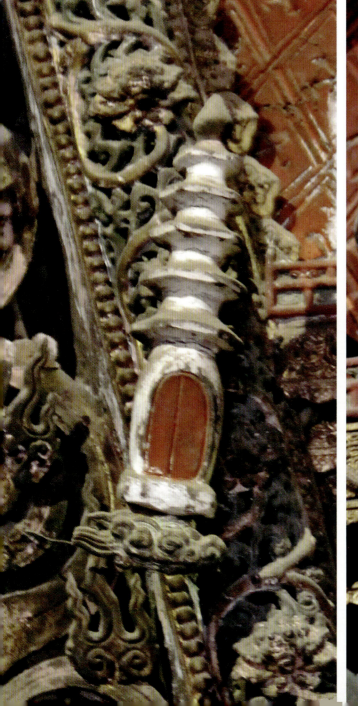

◎泥塑喇嘛塔之二

◎泥塑喇嘛塔之三

F39—4 · 泥塑喇嘛塔之四

位于大殿佛坛背面右侧文殊菩萨塑像右上角须弥山顶，为彩绘泥塑喇嘛式塔，通高40厘米。基座为方形束腰须弥座；塔肚子为覆钵形，正面辟椭圆形佛龛；塔脖子为圆柱形，塑五层相轮；顶塑宝珠形塔刹。除椭圆形佛龛涂朱红色外，塔体其余部分皆为粉白。其中第三、四、五层相轮有红色滴染，估计为作业时不慎所致。

◎彩绘泥塑文殊菩萨

◎泥塑喇嘛塔之四

F39—5 · 泥塑喇嘛塔之五

　　位于大殿佛坛背面左侧普贤菩萨塑像坐骑狮子头顶上方须弥山顶，为彩绘泥塑喇嘛式塔，通高40厘米。基座为方形束腰须弥座；塔肚子为覆钵形，正面辟椭圆形佛龛；塔脖子为圆柱形，塑五层相轮；顶塑宝珠形塔刹。除椭圆形佛龛涂朱红色外，塔体其余部分皆为粉白。

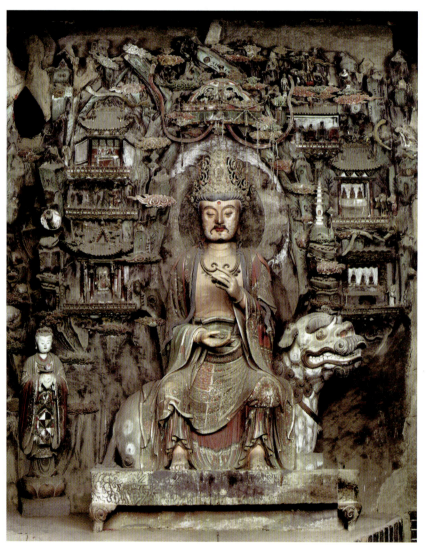

◎彩绘泥塑普贤菩萨

◎泥塑喇嘛塔之五

F39—6 · 泥塑喇嘛塔之六

位于大殿前檐墙北梢间墙壁上方偏左的道教始祖老子李耳塑像的左侧，为彩绘泥塑喇嘛式塔，通高40厘米。基座为方形束腰须弥座；塔肚子为覆钵形，正面辟券龛；塔脖子为圆锥形，塑七层相轮；刹座为仰月形，置橄榄形塔刹。除券龛涂朱红色外，塔体其余部分皆为粉白。

◎泥塑喇嘛塔之六

F39—7 · 泥塑喇嘛塔之七

位于大殿前檐墙北梢间墙壁中部左沿的红脸金刚力士左侧，为彩绘泥塑喇嘛式塔，通高35厘米。基座为八角形束腰须弥座；塔肚子为覆钵形，正面辟券龛；塔脖子为八棱锥形，塑有七层八边形相轮；塔刹为宝葫芦形。除券龛涂朱红色外，塔体其余部分皆为粉白。

◎泥塑喇嘛塔之七

F39—8·泥塑喇嘛塔之八

位于大殿前檐墙南梢间壁面上方偏北的大势至菩萨塑像右侧，为彩绘泥塑喇嘛式塔，通高60厘米。其大貌与上述7座泥塑喇嘛塔十分相似，只是细节部分尚有区别。基座为方形须弥座，下部已残；塔肚子为覆钵形，正面辟一圆龛，龛内原似塑有一尊结跏趺坐佛，因风化严重，现已漫漶不清；塔脖子为六棱锥柱形，塑有六层相轮，向上逐层收分；塔刹为宝葫芦形，已风化残缺。值得注意的是，在塔刹侧面有一圆形小龛，或为"天宫"所在。

◎泥塑喇嘛塔之八

F39—9、10 · 泥塑楼阁塔之一、之二

位于大殿南山墙正中的释迦牟尼佛涅槃塑像、庵婆罗利塑像和鹿野苑说法塑像的左右两侧，为两组诵经拜塔塑像。

其中右侧的诵经拜塔塑像，为仿木结构彩绘方形七层楼阁式塔，通高130厘米。塔身周围为众罗汉诵经拜塔、聆听释迦牟尼佛说法，罗汉们神态生动、表情各异。塔身底层饰刻成氆砖覆钵形，正面辟一壸门龛，内塑一尊释迦牟尼结跏趺坐像，释迦牟尼饰螺髻，面庞丰腴，身穿通肩袈裟，内穿僧祗支，下着长裙，右手施说法印。一层塔檐四角翘起，檐面饰刻筒瓦和瓦垄，每个檐角悬挂风铃1个，四角垂脊各有一个龙首形垂兽。檐下施角科斗栱和五踩单昂平身科斗栱一攒。塔身二、三、四、五、六、七层均为四柱三间。明间宽大，辟作方门，涂朱红色；次间窄小，仅为明间的一半，设落地菱形隔扇。每层的塔檐饰刻均与一层塔檐相同。塔刹为宝葫芦形。

左侧的楼阁塔与右侧楼阁式塔造型、结构、饰刻和高度基本相同，唯塔身塑作八层。由此可鉴，所谓"七级浮屠"并无定制，多塑一层已然常见。

◎泥塑楼阁塔之一（左）、之二（右）

F39—11 · 泥塑楼阁塔之三

位于大殿北山墙偏右上方，是一座众罗汉拜塔听经彩绘泥塑塔，为仿木结构六角七层楼阁式塔，通高 115 厘米。塔身底层饰刻成氇砖覆钵形，正面辟一券龛，内塑一尊释迦牟尼佛，结跏趺坐于长方形壸门座上，佛饰螺髻，面庞丰满，神态端庄，双耳下垂。身穿通肩袈裟，内穿僧祇支，下着长裙，双手合十。一层塔檐四角翘起，檐面饰刻筒瓦和瓦垄，每个檐角悬挂风铃 1 个，各角垂脊均有龙首形垂兽。檐下施五踩角科斗栱，平身科二攒。塔身二、三层结构、高度均相同，每面辟两扇菱形隔扇门，设平坐栏杆；各角檐角翘起，悬挂风铃 1 枚；檐下施五踩角科斗栱，平身科二攒。四、五、六、七层塔身、塔檐结构、平坐栏杆与二、三层做法相同，只是平身科减为一攒，且第七层塔身高度也偏低一些。塔刹为宝葫芦形。

◎泥塑楼阁塔之三

三、信士墓室内的画像砖塔

F40 • 李渠镇金墓画像砖塔

金代。2005年8月，延安市宝塔区李渠镇金代墓葬出土。画像砖为灰陶质，砖长48厘米，宽32.5厘米，厚6厘米，出土时已断为两截。砖正面刻一座浅浮雕仿木结构六级密檐式塔，通高43厘米。塔身坐落在两边有收分的方台上，台顶周围浅浮雕护栏，台正中设七级踏步直抵塔门。塔身底层较高，四柱三间。当心间设方形塔门，饰一僧人立于半掩门口；两次间辟直棂窗，下为槛墙。二层以上塔檐层层密接，饰刻瓦垄和脊兽；檐角起翘，悬挂风铃1枚。塔顶攒尖，置宝葫芦形塔刹。塔身右侧刻一幡杆，杆与塔近乎齐平，杆顶有装饰图案，并浅浮雕一幅随风飘扬的长经幡。现藏于延安市文物研究所。

◎李渠镇金墓画像砖塔

F41 · 冯庄金墓彩绘画像砖塔

1992年，延安市宝塔区冯庄乡王村金代墓葬出土。画像砖为灰陶质，砖长49.3厘米，宽33.5厘米，厚5厘米，左、右上角略残。砖正面左侧刻一座浅浮雕仿木结构三层楼阁式塔，通高49.3厘米。基座为一方台，较矮。塔身方形，底层两柱一间，内刻释迦牟尼佛半身像，饰螺髻，额头正中刻白毫相，两目微睁，鼻梁高耸，双唇翕合，面庞丰满、和善。身穿右衽袈裟，左手施无畏印，头顶祥云缭绕。两侧的圆形角柱之间以方形阑额相连，施单栱形式的转角铺作。塔檐刻出瓦垄，檐角翘起。二层塔身设为三柱两间，施柱头铺作，斗栱形式为单栱。塔檐饰刻八层砖楞，叠涩出檐。三层塔身为四柱三间，饰柱头铺作。塔顶攒尖，檐角翘起，饰刻瓦垄。塔刹为宝葫芦形。塔身通体涂染朱红色。在塔身右侧，浅浮雕一赤身婴儿，头发与眼睛用墨色勾画，双手持一支莲花，婴儿与莲花用朱红色涂染。婴儿持莲应是表现佛本生故事的民间演绎版本。现藏于延安市宝塔区文物管理所。

◎ 冯庄金墓彩绘画像砖塔

F42 · 柳林金墓画像砖塔

1990年，延安市宝塔区柳林镇麻庄村金代墓葬出土。画像砖为灰陶质，砖长30.2厘米，宽29.5厘米，厚6厘米。砖面正中辟一壶门龛，龛内雕刻二十四孝故事之一的"王裒闻雷泣墓"场景，其由两个景象组成。景象一：龛内右侧雕刻一座二层塔，通高12厘米。基座方形，边长8厘米。塔身一、二层为六棱柱形，层间无塔檐，只以粗细分别。二层塔身有收分，侧面辟一小券龛，内雕佛像一尊。景象二：龛内左侧加刻一券龛，内雕王裒坐像，头披长巾，双目紧闭，一副悲哀表情。其身穿左衽长袍，双手笼于袖内，结跏趺坐于蒲团上，表现了王裒结芦守墓的悲怆情景。

王裒，字伟元，三国时期魏国城阳营陵（今山东昌乐东南）人。据《晋书》卷八十八记载，裒父王仪，高风亮节，气度优雅清正，曾任晋文帝司马昭的司马一职。"东关战役"因晋文帝司马昭指挥失误而兵败，晋文帝问众人曰："近日之事，谁任其咎？"仪对曰："责在元帅。"帝怒曰："司马欲委罪于孤耶？"因此触怒晋文帝而招来杀身之祸。王裒认为父亲是受冤而死，便不臣西晋，三征七辟皆不就，发誓永不作晋臣。隐居以教书为业，终身不面向西坐。并且经常在父亲的墓前痛哭悲号。王裒的母亲生前害怕听到响雷的声音，母亲死后，每逢刮风下雨，只要一听到雷声，王裒就跑到母亲坟前，跪拜哭泣，并安慰说："孩儿在这里，不要害怕。"画像砖上的二层塔，应是王裒之母的墓塔。同时，这也表明王裒之母生前是一位虔诚的佛教信徒，死后也要以佛教的葬式建塔埋葬。据《晋书》卷八十八记载，王裒带领门人受业者，每读到《诗经·蓼莪》中的"哀哀父母，生我劬劳"句时，都会悲从中来，痛哭流涕，以至于他的门人弟子们也不忍读这首诗了。后人有诗赞曰："王裒慈母怕雷声，每至春间不得宁。乃至百年亡殁后，语坟犹怕阿娘惊。"现藏于延安市宝塔区文物管理所。

◎柳林金墓画像砖塔

F43 · 谭家营金墓画像砖塔

延安市安塞区谭家营乡井湾村金代墓葬出土。画像砖为灰陶质，出土时中间断为两截。砖长29.5厘米，宽15厘米，厚5.8厘米。砖面正中辟一壶门龛，龛内雕刻二十四孝故事之一的"王裒闻雷泣墓"场景，由两个景象组成。景象一：龛内右侧雕刻1座王裒母亲的墓塔，造型与扶风法门寺塔唐代地宫前室出土的彩绘阿育王石塔极为相似。墓塔为方亭式样，通高9.5厘米。基座饰刻砖楞四层，叠涩收分。塔身方形，塔檐饰刻三层砖楞出檐，塔顶四角攒尖，饰刻宝珠刹。该塔基座、塔檐、塔刹皆涂朱红色，塔身仅四边涂朱红，以像角柱和阑额。景象二：龛内左侧浮雕王裒立像，高与墓塔齐平，其头戴圆毡帽，身穿右衽长袍，腰系带，左手自然下垂，右手以长袖掩嘴，两眼皮下闭微睁，作哭泣状。

另外，延安市甘泉县城关镇袁庄村一座金代墓里出土有"王裒闻雷泣墓"壁画砖，左侧有金"明昌四年十一月初一日砖匠工毕、砖匠张□、妆画王信、出工资人朱孜"墨书题记。金"明昌四年"为1193年，佐证了有"王裒闻雷泣墓"题材墓的埋葬时间。再者，在延安市宝塔区麻洞乡西村出土飞天画像砖、金刚菩萨画像砖，李渠镇小王庄村出土的迦陵频伽画像砖、天王画像砖；安塞区谭家营出土的一佛二弟子画像砖、招安乡新庄科村出土的迦陵频伽画像砖和上述四处出土有造像塔的画像砖，以及延安地区分布众多的宋代石窟造像等。这些遗存的历史文物，从一个侧面反映了宋金时期延安地区民众的社会生活习俗、信仰和意识形态。现藏于延安市安塞区博物馆。

◎谭家营金墓画像砖塔

◎飞天画像砖　　　　　　◎天王画像砖

◎一佛二弟子画像砖

参考文献

[1] 中国历史年代简表[M]．北京：文物出版社，1974．

[2]〔清〕毕 沅著．关中胜迹图志[M]．西安：三秦出版社，2004．

[3]〔明〕赵廷瑞修．马 理，吕柟编纂．陕西通志[M]．西安：三秦出版社，2006．

[4]〔清〕舒其绅修．严长明编纂．西安府志[M]．西安：三秦出版社，2011．

[5] 罗哲文著．中国古塔[M]．北京：中国青年出版社，1985．

[6] 陕西省文物管理委员会．陕西名胜古迹[M]．西安：陕西人民出版社，1986．

[7] 张驭寰，罗哲文著．中国古塔精萃[M]．北京：科学出版社，1988．

[8] 文化部文物事业管理局．中国古代建筑[M]．上海：上海古籍出版社，1990．

[9] 赵立瀛．陕西古建筑[M]．西安：陕西人民出版社，1992．

[10] 程 平著．陕西古塔[M]．西安：陕西科学技术出版社，1994．

[11] 顾延培，吴熙棠．中国古塔鉴赏[M]．上海：同济大学出版社，1996．

[12] 国家文物局．中国文物地图集·陕西分册：上、下[M]．西安：

西安地图出版社,1998.

[13] 张驭寰著. 中国塔[M]. 太原:山西人民出版社,2000.

[14] 国家文物局. 中国名胜词典[M]. 上海:上海辞书出版社,2001.

[15] 李魁元. 华夏古塔集锦[M]. 西安:陕西旅游出版社,2001.

[16] 崔乃夫. 中华人民共和国地名大词典:第一卷[M]. 北京:商务印书馆,1998.

[17] 崔乃夫. 中华人民共和国地名大词典:第二卷[M]. 北京:商务印书馆,1999.

[18] 崔乃夫. 中华人民共和国地名大词典:第三卷[M]. 北京:商务印书馆,2000.

[19] 崔乃夫. 中华人民共和国地名大词典:第四卷[M]. 北京:商务印书馆,2002.

[20] 崔乃夫. 中华人民共和国地名大词典:第五卷[M]. 北京:商务印书馆,2002.

[21] 葛剑雄. 中国人口史:六卷本[M]. 上海:复旦大学出版社,2002.

[22] 白寿彝著. 中国交通史[M]. 北京:团结出版社,2007.

[23] 赵克礼著. 陕西古塔研究[M]. 北京:科学出版社,2007.

[24] 中国文物学会专家委员会. 中国文物大辞典[M]. 北京:中央编译出版社,2008.

[25] 丘富科. 中国文化遗产词典[M]. 北京:文物出版社,2009.

[26] 罗哲文,柴福善. 中国名塔大观[M]. 北京:机械工业出版社,2009.

[27] 宿 白著. 中国古建筑考古[M]. 北京:文物出版社,2009.

[28] 张驭寰著. 传世浮屠——中国古塔集萃:全三卷[M]. 天津:天津大学出版社,2010.

[29] 任继愈. 宗教词典[M]. 修订本. 上海:上海辞书出版社,2009.

［30］赵朴初著．佛教常识答问［M］．北京：北京出版社，2011．

［31］陕西省文物局编，赵　荣主编．陕西省第三次全国文物普查丛书：全107册［M］．西安：陕西旅游出版社，2012．

［32］马建岗．陕西古塔［M］．西安：三秦出版社，2014．

［33］陕西省文物保护研究院，西安建筑科技大学．陕西古塔实录［M］．北京：中国建筑工业出版社，2016．

［34］陕西省文物志编纂委员会．陕西省志·文物志：上、中、下［M］．西安：陕西人民出版社，2016．

［35］陕西省文物局编，吴晓丛主编．陕西文物年鉴：2006—2016［M］．三秦出版社，陕西人民出版社，2007—2017年（顺年出版）．

［36］陕西省考古学会．陕西考古重大发现：1949—1984［M］．西安：陕西人民出版社，1986．

［37］王仁波．隋唐文化［M］．北京：学林出版社，1991．

［38］王仁波．秦汉文化［M］．北京：学林出版社，2001．

［39］西安市地方志办公室．唐代长安词典［M］．西安：陕西人民出版社，1990．

［40］西安市地方志办公室编，张永禄主编.汉代长安词典［M］.西安：陕西人民出版社，1993．

［41］西安市地方志办公室编,张永禄主编.明清西安词典［M］.西安：陕西人民出版社，1999．

［42］西安市地方志办公室编,张永禄主编.民国西安词典［M］.西安：陕西人民出版社，2012．

［43］陕西省文物事业管理局编．王文清主编．陕西文物古迹大观：全国重点文物保护单位［M］．西安：三秦出版社，1998．

［44］陕西省文物局编．张廷皓主编．陕西文物古迹大观：全国重点文物保护单位巡礼之二［M］．西安：三秦出版社，2003．

［45］陕西省文物局编．赵　荣主编．陕西文物古迹大观：陕西省省级文物保护单位巡礼［M］．西安：三秦出版社，2006．

［46］武伯纶，武复兴．西安史话［M］．西安：陕西人民出版社，1981．

［47］西安文物管理委员会．西安文物与古迹［M］．北京：文物

出版社，1983．

［48］何金铭．陕西县情［M］．西安：陕西人民出版社，1986．

［49］渭南县志编纂委员会．渭南县志［M］．西安：三秦出版社，1987．

［50］陈景富著．法门寺［M］．西安：三秦出版社，1988．

［51］畅耀编著．大慈恩寺［M］．西安：三秦出版社，1988．

［52］周文敏著．长安佛寺［M］．西安：陕西旅游出版社，1990．

［53］王天育著．三秦风采［M］．西安：陕西人民美术出版社，1990．

［54］张廷皓．法门寺［M］．西安：陕西旅游出版社，1990．

［55］韩保全著．西安的名刹古寺［M］．西安：陕西人民出版社，1990．

［56］张沛．安康碑石［M］．西安：三秦出版社，1991．

［57］袁明仁，等．三秦历史文化辞典［M］．西安：陕西人民教育出版社，1992．

［58］王忠信．楼观台道教碑石［M］．西安：三秦出版社，1995．

［59］渭城区地方志编纂委员会．渭城区志［M］．西安：陕西人民出版社，1996．

［60］王殿斌著．浮屠之秘［M］．北京：作家出版社，1996．

［61］周若祁，张光．韩城村寨与党家村民居［M］．西安：陕西科学技术出版社，1999．

［62］韩伟编著．中国石窟雕塑全集·第五卷：陕西、宁夏［M］．重庆：重庆出版社，2001．

［63］李淞著．长安艺术与宗教文明［M］．北京：中华书局，2002．

［64］赵力光．古都沧桑［M］．西安：三秦出版社，2002．

［65］解长峰．陕西名胜概览［M］．西安：三秦出版社，2007．

［66］咸阳市文化局．咸阳文物古迹大观［M］．西安：三秦出版社，2007．

［67］咸阳市文物事业管理局编，樊延平主编．咸阳市文物志［M］．西安：三秦出版社，2008．

［68］刘合心，雒长安．古代建筑壁画艺术［M］．西安：世界图

书出版西安公司，2008.

[69] 韩生编著. 法门寺文物图饰[M]. 北京：文物出版社，2009.

[70] 中国西安文物保护修复中心，美国西北大学学术技术部著. 影像水陆庵[M]. 北京：文物出版社，2009.

[71] 路　远著. 碑林语石：西安碑林藏石研究[M]. 西安：三秦出版社，2010.

[72] 原廷宏，冯希杰. 一五五六年华县特大地震[M]. 北京：地震出版社，2010.

[73] 陕西省地方志编纂委员会. 汶川大地震陕西抗震救灾志[M]. 西安：三秦出版社，2012.

[74] 宋久成. 千年古县概览[M]. 北京：社会科学文献出版社，2013.

[75] 西安市文物保护考古所. 西安文物精华（包括玉器、瓷器、青铜器、陶俑、佛教造像、金银器、三彩、印章、铜镜、书法、绘画等11册）[M]. 西安：世界图书出版西安公司，2004—2013年陆续出版.

后 记

编纂古塔一书的想法，始于 1995 年夏。其时，《中国文物地图集·陕西分册》编纂已进入收尾阶段，国家文物局专家组对 300 万字的文稿进行了初审。其间，专家组黄景略、叶学明、叶小燕、吴梦麟等先生建议：图集付梓后，陕西不妨做一些延伸工作，把诸如陕西古代帝王陵、陕西古塔等具有地域和时代特点的古迹遗存附上更进一步的研究和更多的历史图片与现状照片，编辑成书，做一系统介绍。分册主编张在明先生也认为可以尝试。

1999 年春，笔者回到陕西省文物鉴定组供职。7 年后，又奉命筹建陕西省文物信息咨询中心。鉴于笔者曾参与主持《中国文物地图集》编纂工作，2009 年冬，陕西省文物局决定将陕西二轮修志的重点项目——重修《陕西省志·文物志》一书交由陕西省文物信息咨询中心具体承担，组织相关单位专家集体修纂。也是在修志进入收尾阶段，延伸编一部关于陕西古塔的书的想法在特邀编辑程林泉先生的提议下，重新浮出脑海，《陕西省志·文物志》总编纂吴晓丛先生和副总编纂路远先生亦予以赞同和鼓励。

2015 年 12 月，《陕西省志·文物志》通过终审。与此同时，"陕西古塔·楼阁·阙台资料调查和研究项目"提纲亦拟定并呈报陕西省文物局。2016 年 3 月，项目组正式成立，特别邀请了刘合心先生加盟并执笔，计划两年内完成资料调查、核实、研究及编纂任务。在大家的协同勤力下，作为该项目子课题的《近百年消失的陕西古塔》和《陕西发现佛教供奉塔、造像塔和画像砖塔述要》先后结题并刊于《文博》。2017年1月，陕西省属事业单位改革进入实质阶段，陕西省文物信息咨询中心撤销建制，并入陕西历史博物馆，项目亦同时转入新平台。缘于撤并期及以后的客观条件变化，项目进展略有延缓，原编纂纲要和计划也有所改变。所幸此项有意义的工作继续得到陕西省文物局的有力支持，也得到有关基层单位的襄助，并被西北大学出版社遴选为重点出版项目，由陕西省内专家王炜林、贺林先生出具推荐意见书，经国家出版基金评审获准入列"2018年度国家出版基金资助项目"，终使阶段性成果《陕西古塔全编》得以付梓。在此，谨向给予关注、鼓励和帮助的各级领导、专家、学者及同人们表示衷心的谢忱；同时，还要特别感谢西北大学出版社社长马来先生和总编辑张萍女士对本书立项及编纂工作所给予的鼎力支持。

本书上编及"引言""概述"由徐进执笔，下编由徐进、刘合心共同执笔。责任编辑由许欢妮、李华担纲，版式设计由谢晶、田霁、王晶晶、杨景艳承担；陈亮、刘栓、翟丽薇、张姗姗、陈科、马育兴、任小兵、邢静、陈磊、杨君侠等，先后参与了实地踏查、资料提取、要素表填写、图片处理以及编务等项工作。所采图片，主要来源于信息中心资料室和"三普"数据库；部分照片由王宁宇、王勃海、王军强、徐勇、赵生博、穆晓军、李浪涛、段双印、谢妮娅、刘安红、王建域、刘国强、马德翼等提供，谨此致谢；另有部分历史资料照片系先辈学者和老一代文物工作者早年拍摄，如俞少逸、何修龄、陈少默、程学华、张斌元等，其姓名难以具署，谨致歉意和感谢。

全书由徐进统编、统稿。卷首"引言"和"概述"由陕西古塔编辑委员会审定。

编稿间隙，笔者曾与省作协朋友唠嗑，友人言："一塔关天。"此话击中某根神经，久久不能平静。想起10多年前曾带孩子眺望大雁塔，告知这座享誉天下的唐僧藏经塔，外表裹有厚厚一层如棉衣保暖的明代氁砖。孩子听后，心有戚戚，疑问："那还是唐代大雁塔么？"吾曰："当然是！只要筋骨在，苍天也认可。"

当书稿付梓之时，欣慰和忐忑也一并袭来。一则，本书是汇集并提炼了陕西乃至国内几代学者和文物工作者的学术成果，是共同砥砺前行的汗水和心血结晶；再则，限于学识和研究欠周，所述或有未及，脱略讹误之处也在所难免，缺憾萦怀，诚望识者与方家批评指正。

编　者
2018 年 12 月